书山有路勤为径，优质资源伴你行
注册世纪波学院会员，享精品图书增值服务

六西格玛实施指南
方法、工具和案例

缪宇泓 著

电子工业出版社
Publishing House of Electronics Industry
北京·BEIJING

未经许可，不得以任何方式复制或抄袭本书之部分或全部内容。
版权所有，侵权必究。

图书在版编目（CIP）数据

六西格玛实施指南：方法、工具和案例 / 缪宇泓著. —北京：电子工业出版社，2021.8
ISBN 978-7-121-41613-2

Ⅰ．①六… Ⅱ．①缪… Ⅲ．①企业管理－质量管理－指南 Ⅳ．①F273.2-62

中国版本图书馆 CIP 数据核字(2021)第 145734 号

责任编辑：杨洪军
印　　刷：三河市鑫金马印装有限公司
装　　订：三河市鑫金马印装有限公司
出版发行：电子工业出版社
　　　　　北京市海淀区万寿路 173 信箱　邮编 100036
开　　本：880×1230　1/16　印张：29.25　字数：749 千字
版　　次：2021 年 8 月第 1 版
印　　次：2021 年 8 月第 1 次印刷
定　　价：118.00 元

凡所购买电子工业出版社图书有缺损问题，请向购买书店调换。若书店售缺，请与本社发行部联系，联系及邮购电话：（010）88254888，88258888。
质量投诉请发邮件至 zlts@phei.com.cn，盗版侵权举报请发邮件至 dbqq@phei.com.cn。
本书咨询联系方式：（010）88254199，sjb@phei.com.cn。

写在前面
——一封很重要的信

亲爱的读者朋友：

  本书的诞生是一个偶然，因为我把自身更多的精力放在了新产品开发与项目管理领域，并没有想过会写这样一本书。在过去的那些年中，我因为各种机缘巧合与六西格玛结缘，从事了一段时间培训和项目辅导工作，也因此结识了六西格玛行业的很多前辈和专家朋友。对多年的工作总结后我发现，六西格玛这个年轻但富有生命力的方法在迅速发展的过程中出现了很多不和谐的声音，其中有一些成为推行这个方法的阻碍，甚至将这个方法推到了企业发展的对立面。所以在思想斗争了很久之后，我决定写一些东西，不仅是对自己过去这些年工作的总结，也可以为大家带来一些新的思路。

  首先，我想对本书的中心思想和大家做一个简短的分享，这将对大家阅读本书有积极的帮助。因为目前市场上与六西格玛相关的图书并不多见，而且部分图书内容已覆盖了六西格玛管理与执行的方方面面，所以我不想花太多时间去写重复的内容。对于目前已出版的图书中的部分理念，我持保留态度。在本书中我会针对这些有争议的理念做出我的思考。

  目前，市场上与六西格玛相关的图书大致有两类：一类以纯理念为主，国外的图书在这方面的倾向性尤为明显；另一类是纯统计工具书。这两类书原本都是为了推行六西格玛方法，但事实上却呈现出了两面性。这些图书虽然一方面对部分六西格玛从业者有帮助，但另一方面对六西格玛的推行造成了一定的负面影响。

  对于纯理念的图书来说，由于绝大多数六西格玛相关人员（尤其是初学者）在企业内基本以执行层居多，很少涉及企业的战略管理层，因此这些理念对他们来说成了那种"看上去很好，但和我没啥关系"的东西。如果这类图书看多了，非但起不到解惑的作用，反倒会让一些六西格玛的从业者感到迷茫。

  而一些纯统计工具的六西格玛图书虽然打着六西格玛的旗号，但基本没有六西格玛管理和执行的任何介绍。很多读者看完这类图书之后，或许会成为应用统计的专家，但依然对六西格玛的实施方法一无所知，甚至对六西格玛方法产生了错误的认知。

显然，这两类书的不良影响或造成的乱象是我动笔的最大初衷之一，所以在本书里我遵循这样一些指导方向：

首先，本书不是一本统计工具书。六西格玛需要统计，是因为在六西格玛的改善理念里需要统计提供足够的证据来证明逻辑的严谨性和改善的有效性。而在六西格玛中使用的统计知识不一定有多么高深，因为国内几乎每个理工科的大学毕业生，在大学期间都学过统计的相关课程。企业需要可以解决实际问题的员工，但在实操过程中又不愿意花额外的资源培训员工统计学，而事实上绝大多数企业也不需要统计学家。所以对本书中涉及的统计知识，我都将着重描述其应用方法和结果解读，尤其是统计工具使用的要点、步骤和应用场合，但尽量弱化计算过程（因为这个过程在实操中是由计算机完成的），基本不涉及计算公式。如果大家对统计工具已经遗忘，建议先参考专业的统计工具书进行补习。

其次，本书不是一本枯燥无比的工具书。虽然我也介绍了很多工具及其定义，但尽量去除了繁复的描述。例如，本书对六西格玛的组织环境只做了必要描述，同时把介绍的重点放在六西格玛方法在组织推行的要点上。我希望大家通过一个在组织内实施六西格玛方法论的具体案例来体会和理解实施六西格玛时所面对的困难与挑战，理解实施六西格玛的真实环境，理解六西格玛战略对项目执行的指导性意义。

最后，本书把重心放在六西格玛案例分析上。很多六西格玛书中的案例只针对单个工具的应用，或者某个六西格玛活动的描述，这些介绍不成体系也不连贯。本书将通过一个完整的案例，来介绍一个典型的六西格玛导入项目是如何开展的，并且展示了一份完整的项目报告供大家参考。

本书尽量采用简单、平实的语句，以帮助大家更容易理解六西格玛工具集和框架的应用方式。全书共4篇、15章。其中，基础篇适用于初步接触六西格玛的读者，能够帮助其了解六西格玛的基础和现状；工具篇适用于六西格玛实施人员，注重工具的应用逻辑和使用步骤；执行篇适用于六西格玛项目管理和实施人员，介绍了六西格玛项目推行的大致步骤和实施要点；案例篇适用于所有读者，作为六西格玛案例供大家参考。所以对于本书的阅读建议如下：

- 初步接触六西格玛的读者。快速浏览基础篇中的章节，然后系统学习工具篇中的内容，并尝试按照执行篇中的建议进行实操。在多次应用后，再回过头来品味基础篇中的细节，可能更易于理解和接受。
- 具有丰富经验的读者。可依照本书的正常章节顺序理解六西格玛的架构和执行理念。其中工具篇的介绍都以实操步骤为主，便于对项目实操过程中的步骤进行指导和检验。
- 案例篇是相对独立的部分，供不想阅读其他篇章的读者了解六西格玛项目的执行过程，同时也给一部分读者撰写六西格玛项目报告提供一些范本。

六西格玛的效益是长期而稳健的，所以企业要给予六西格玛足够的生存空间，理性看待其产生效益的机理和特征，相信方法的科学性。"勿以善小而不为"是六西格玛改善的重要哲学基础。当企业内的六西格玛项目足够多，或者企业内六西格玛改善文化足够深入时，各个团队的力量汇聚在一起将产生巨大的效益。

希望本书可以给大家带来一些六西格玛实操执行上的指引，让大家摆脱"六西格玛就是统计"

的错误理念。若本书可以为大家的工作带来便利，或者为企业产生些许效益，我也就深感荣幸了。

本书在成稿过程中，得到了李洁等专家朋友的帮助和建议。在此，我向所有对本书提出过中肯建议的各界朋友表示由衷的感谢！

因为本人编写水平有限，所以书中错误在所难免，欢迎大家斧正。以下是我的联系方式：

电话与微信号：18817895178

邮箱：yuhongmiao2020@163.com

缪宇泓

2020 年夏

注：本书中相关统计内容所使用的软件工具为 Minitab，其操作方法不另做详述。

书中部分图片的字体格式由 Minitab 输出决定，可能与正文不同。

目 录

基础篇——你必须知道的事

第 1 章　关于六西格玛 2
  1.1　定义与历史 2
  1.2　当前发展状况 3
  1.3　六西格玛的分类 4
  1.4　应用领域与最佳实践 6
  1.5　六西格玛和统计工具的关系 7

第 2 章　六西格玛实施的配置 9
  2.1　必要的组织架构与角色 9
  2.2　六西格玛战略与分解 13
  2.3　六西格玛的评价指标 18
  2.4　实施六西格玛的收益 23

第 3 章　企业环境与土壤 27
  3.1　内部环境要求 27
  3.2　组织类型和文化的影响 35
  3.3　导入风险与影响 45

第 4 章　面对挑战 48
  4.1　挑战的来源 48
  4.2　已知的挑战 50
  4.3　如何面对挑战 54

工具篇——所涉及的基础技能

第5章 项目管理概述 60
- 5.1 项目管理的组织、团队与层级 60
- 5.2 项目管理的阶段 68
- 5.3 项目交付的管理 70
- 5.4 项目管理的基本要素 72

第6章 战略和商务工具 75
- 6.1 战略愿景 75
- 6.2 项目路线图 77
- 6.3 项目的商业分析 78
- 6.4 项目的评价和决策 82

第7章 创新理论 85
- 7.1 六顶思考帽 85
- 7.2 奔跑法则 87
- 7.3 头脑风暴 88
- 7.4 TRIZ 91
- 7.5 其他创新工具 101

第8章 需求管理工具 106
- 8.1 客户需求基础 106
- 8.2 访谈技术 108
- 8.3 亲和图法 110
- 8.4 质量功能展开 115
- 8.5 概念选择矩阵 118

第9章 基础应用统计 123
- 9.1 基础统计概念 123
- 9.2 数据分布 125
- 9.3 常用统计工具 131
- 9.4 过程能力研究 166
- 9.5 试验设计 183

第 10 章 辅助工具 233
- 10.1 精益理论及其工具集 233
- 10.2 测量系统分析 251
- 10.3 抽样和抽样计划 270
- 10.4 控制计划 273
- 10.5 风险分析工具 276

执行篇——实现六西格玛的价值

第 11 章 培训 291
- 11.1 培训与认证的战略和战术 291
- 11.2 培训的基础工作 293
- 11.3 培训对象的选择 299
- 11.4 培训的实施形式 302
- 11.5 培训师的能力建设 306

第 12 章 项目发起与阶段划分 311
- 12.1 项目来源 311
- 12.2 项目选择 313
- 12.3 项目启动评审 316
- 12.4 阶段划分与交付物 319

第 13 章 项目执行、辅导与评审 326
- 13.1 项目流程框架与执行方式 326
- 13.2 项目辅导与推进 333
- 13.3 项目监控与改善措施 335
- 13.4 项目结项评审 338

第 14 章 持续改善体系 344
- 14.1 经验教训总结与分享 344
- 14.2 最佳实践 346
- 14.3 知识库构建与应用 347
- 14.4 持续改善体系建立 348

案例篇——给你一个真实的世界

第 15 章　案例与报告 352
　　15.1　案例背景与说明 352
　　15.2　精彩的故事 355
　　15.3　案例简要分析 413
　　15.4　项目报告 420

参考文献 455

基础篇

——你必须知道的事

第1章

关于六西格玛

1.1 定义与历史

六西格玛是一个针对现有过程，以数理模型为事实基础，通过特定的逻辑框架，进行过程改善，减少变异带来的不良影响的方法。六西格玛方法拥有自己独特的工具集和推行阶段划分，在企业内长期推行的过程中已经形成了较为成熟的方法论。

六西格玛在数学上代表百万分之三点四的缺陷率，即平均下来，每生产 100 万个产品仅存在 3.4 个缺陷产品。事实上，六西格玛并不是一个确定数，它代表的是人们追求"零缺陷"的一种愿望。企业应用六西格玛方法不仅可以极大地提升产品质量的稳定性，而且可以解决各类棘手问题。

简言之，六西格玛的主要研究对象是系统过程中的变异，即系统变异。在自然过程中，波动始终存在。这些波动导致产品或过程的输出变得不稳定，甚至不可接受。而六西格玛则是通过对系统变异的研究，找到关键的变异因子，加以控制，使过程变得稳定，减少出现不可接受的输出结果的可能性。企业不希望系统过程中存在变异，但存在变异是一种客观存在的自然规律，不随企业的意志而改变。在自然界中，当样本足够多时，产品特征值或各类参数都服从正态分布，其特点就是该特征值或参数会随着其重复发生的次数增加而出现随机波动的现象。产品特征值的自然分布特性如图 1-1 所示，图中堆点的高度代表着特征值出现频次的高低（同一产品或过程的特征值在持续交付过程中出现不同的测量值，这是由系统波动导致的变导），曲线代表堆点数据的拟合正态分布曲线。

六西格玛虽然诞生于偶然，却是偶然中的必然。对各种生活现象进行数字化研究几乎伴随着整个人类发展史。在六西格玛方法确立之前的很多年，人们就已经在应用统计领域有了卓越的成果。大量卓越的统计学家的涌现，为人们的统计应用和六西格玛的发展打下了坚实基础。

六西格玛的诞生可以追溯到 20 世纪 80 年代。当时，摩托罗拉的比尔·史密斯在"无意间"发现了产品质量特性与数理统计之间的关系，并且提出了与之对应的一个改善产品加工过程、改善产品质量的方法论，这就是六西格玛的雏形。之所以说"无意间"，是因为他并不是第一个注意到这种关系的人，而六西格玛工具集中的很多工具在此之前就已经诞生，但摩托罗拉对六西格玛发展的贡献不容忽视。经过长达10年的发展和演化，六西格玛逐渐开始崭露头角。

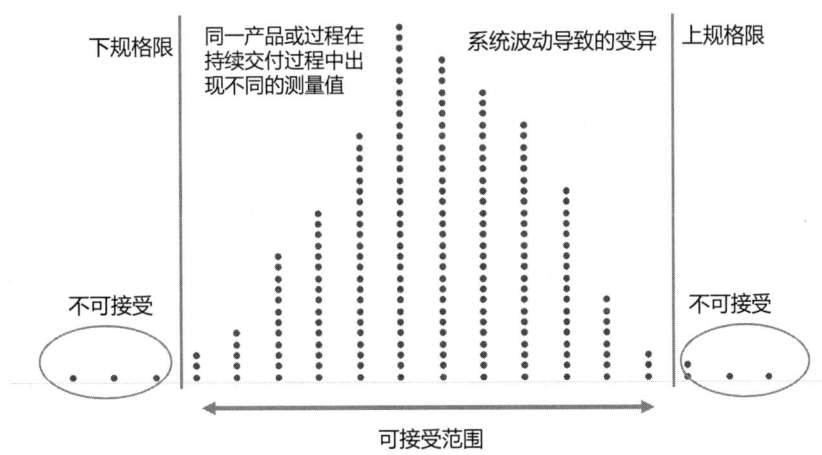

图1-1 产品特征值的自然分布特性

在获得北美质量大奖——马尔科姆·波多里奇奖之后，六西格玛声名鹊起，在20世纪90年代初被导入通用电气成为其核心改善方法论。在实行六西格玛若干年之后，通用电气成效卓越。有数据显示，在通用电气导入六西格玛方法的前5年里，累计节省成本20亿美元。如此辉煌的战绩让六西格玛几乎在一夜之间传遍了全世界。

经过30年的发展和演化，六西格玛这个年轻而富有活力的方法论已经普遍被全球各大企业所接受。尤其是在经历了几次金融危机之后，六西格玛改善和成本优化为企业带来了巨大收益。目前几乎所有的大型企业和部分中小型企业都开始实施或部分实施六西格玛方法。

1.2 当前发展状况

六西格玛方法对推行者的综合素养要求很高，因此在其发展初期一直是很小众的方法论，真正的全面推广发生在近十几年。这和人们对六西格玛的认知有很大关系。

一些老牌的外资咨询机构在六西格玛的全面推广中扮演了重要角色，以美国SBTI、BMGI等为首的机构以专业的教材、严谨的教学，以及严苛的认证条件为全世界培养了一群精英。其中，SBTI几乎可以被视为众多六西格玛教材的源头。直至今日，这些机构依然是六西格玛行业的龙头企业，代表了六西格玛行业的最高水平，其证书的含金量也最高。

由于六西格玛方法诞生于质量领域，因此很多国家的质量协会或专业质量组织都把目光投向了六西格玛。它们也为社会培养了很多人才，但就学术专业性和推行有效性而言，与一流的专业机构依然有一定差距。

六西格玛进入中国的时间并不久。六西格玛方法在2000年前后第一次进入中国，由最早实行六西格玛的跨国企业导入，如通用电气、摩托罗拉、三星、柯达、惠普等。在最初的几年，六西格玛的发展相对较慢，仅以这些大型企业的内部培训和项目实施为主。这些优秀企业为中国的六西格玛发展培养了一大批基础人才，他们中的很多人都成为今天的六西格玛推行专家。

目前，企业推行六西格玛的方式主要有两种：内部管理与业务外包。

（1）使用内部管理方式的企业通常具有一定的规模和稳定的业务流。由于生产或运营的需要，企业长期存在业务改善机会。企业会组建相应的持续改善部门，由全职的六西格玛专业人员在企业内部进行相应的方法论培训、项目发起与指导、六西格玛文化推行等。这类推行方式以减少运营成本为主要目的，提倡全员参与。

（2）使用业务外包方式的企业通常分为两种。一种是当企业规模不大，迫切需要进行改善或问题解决，但改善收益不足以支撑一个辅助部门长期存在时，企业会选择外部资源，由这些外部资源协助企业发起并执行有针对性的改善项目。另一种是具有一定规模但相对封闭或自我意识很强烈，以自我管理为主的企业，当企业发现自身能力不足以实现战略目标时，会导入以六西格玛为代表的改善方法论。由于此时企业对六西格玛这个未知的方法论依然存在一些恐惧，因此会以业务外包的方式邀请外部专家或咨询机构来协助改善。对于这种企业，业务外包方式很可能是暂时的。如果初次尝试应用六西格玛方法且获得成功，多数企业会转型成内部管理方式，成立专门的持续改善部门。如果初次尝试失败，则可能不会再尝试推行六西格玛。

六西格玛在企业外的推行更加多样化，包括各大咨询机构的专业六西格玛公开课培训、行业间的项目案例交流、六西格玛工具的应用展示、工具的适用性研究等。很多交叉学科也开始逐步导入六西格玛作为知识体系的一部分，如在物流管理、供应链管理、项目管理、新产品开发等诸多方法论中都可以看到六西格玛的身影。甚至在一些国际级的跨专业认证考试中，也出现了相关考试内容，如项目管理专业人士考试、新产品开发/国际产品经理考试等。这些公开的学术交流、应用研究、考试认证也为六西格玛的推行做出了巨大贡献。

1.3 六西格玛的分类

最初的六西格玛主要为提升产品质量稳定性服务，这个初衷多年来未曾改变。时至今日，质量领域依然是六西格玛的主战场。但随着人们对方法论的认知逐渐深化，六西格玛的应用领域在不断扩大，并演化出了不同的分类和发展方向。

首先，人们对质量的认识发生了很大变化。因为质量包含了客户所有明示与隐含的需求，所以六西格玛的研究对象就不应该只是可见的产品质量。因此，这些年六西格玛也致力于在非可见的质量领域的改善，如项目质量、服务质量、流程质量等。这些研究对象的质量被称为感知质量，它们通常呈现在过程中，多数以被企业或客户感知的方式体现。

其次，随着企业逐步加深对客户需求的理解，客户需求的满足程度、产品的可靠性等内容也愈发重要。此时的产品质量不能只依靠传统的加工制造或者服务运营来实现。设计出质量（Design in Quality）成为一种趋势，企业希望依靠六西格玛方法仅通过一次设计就设计出正确或合适的产品，一次设计就能满足客户所有需求，依靠稳健的设计提升产品质量。

因此，目前六西格玛方法的应用类型大致可以按两个维度来划分：一是既有产品流程和质量的改善，二是从无到有的产品或者流程开发。图 1-2 是不同六西格玛项目之间的典型关系。

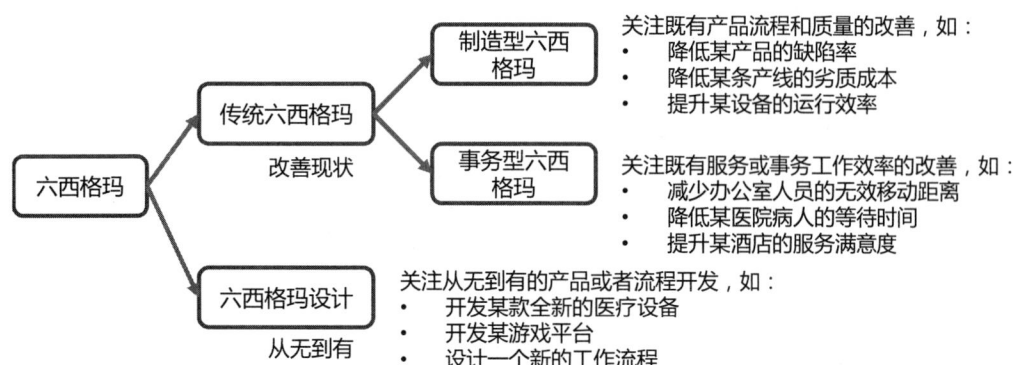

图 1-2　不同六西格玛项目之间的典型关系

传统六西格玛就是针对既有产品流程和质量的改善的，其主要遵循 DMAIC 的框架流程，即定义（Define）、测量（Measure）、分析（Analyze）、改善（Improve）、控制（Control），是目前应用范围最广的类别。其中，制造型六西格玛几乎被所有大型制造企业所接受；事务型六西格玛是从制造型六西格玛中衍生出的方法，主要针对非生产运营领域的流程改善，其应用行业几乎包含全行业全领域，不仅在制造型企业的非生产运行领域中实施，在金融、财会、服务等行业也都有很多实践案例。

六西格玛设计针对从无到有的过程及其优化。六西格玛设计的研究对象和优化目标相对复杂得多，研究对象可以是具体的产品，也可以是非实物的流程，而优化目标从客户需求的满足程度到产品的可靠性甚至产品开发过程的质量等。很多企业把六西格玛设计作为目前六西格玛领域最完整的工具集和最高应用层级，在传统六西格玛基础上添加相应的模块组成六西格玛设计方法。目前，六西格玛设计的框架流程并不统一。由于各企业间的产品存在明显差异，因此企业都在实施各自的框架理论。目前比较主流的框架包括：DMADV，即定义（Define）、测量（Measure）、分析（Analyze）、设计（Design）、验证（Verify）；IDOV，即鉴别（Identify）、设计（Design）、优化（Optimize）、验证（Verify）。图 1-3 是不同六西格玛的常见框架。

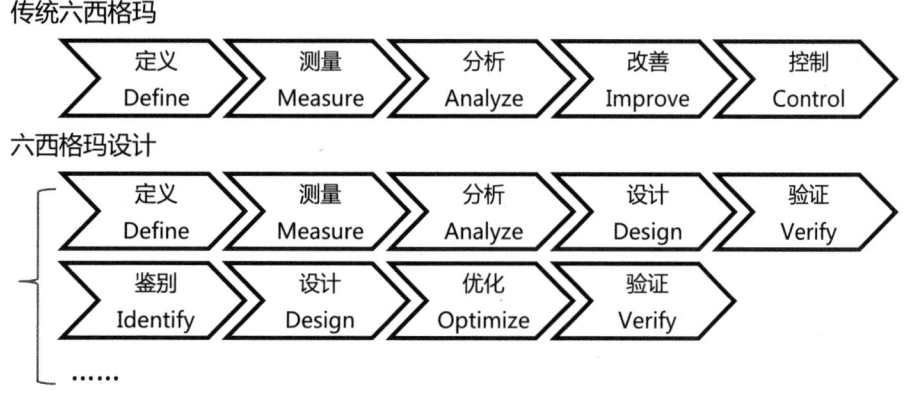

图 1-3　不同六西格玛的常见框架

传统六西格玛和六西格玛设计的分类与框架都针对企业的特点，为企业的改善目标服务，所以只要能达成目标，采用哪种框架是次要的。六西格玛从业者不应纠结于框架本身的定义。

注：由于篇幅有限，本书着重介绍的是传统六西格玛。六西格玛设计请参考其他书。

1.4 应用领域与最佳实践

六西格玛工具集中很多工具的诞生时间要早于六西格玛方法成形时间。换句话说，六西格玛工具中的工具比六西格玛更早诞生，六西格玛只是通过其特定的逻辑框架将这些工具纳入六西格玛方法中。因此，时至今日，六西格玛方法依然在不断吸纳新的工具，使之在六西格玛框架下发挥更多的价值。六西格玛工具的发展轨迹可以部分代表六西格玛在不同领域内的发展轨迹。

六西格玛工具集中的统计工具最早可以追溯到 200 年前，这归功于一大批杰出的统计学家。著名统计学家、现代统计学的奠基者费雪（Sir Ronald Aylmer Fisher）就是其中之一。费雪在剑桥大学所学的专业是农业，但受到孟德尔遗传学（其中涉及大量统计学知识）的影响，因此对统计学产生了浓厚的兴趣。他的一生几乎都和统计学有关，现代统计学的大部分内容都与他的研究有关。他将这些研究应用于农业领域获得了丰硕的成果。时至今日，农业、生物研究、制药行业依然是统计学研究的前沿阵地，不断有新的应用案例出现，为统计学的现实意义提供了丰富的验证素材。

部分工具的诞生是人类认知发展的自然结果。随着人们对产品质量的理解深化，或者对某些需求的矛盾激化，人们自发改善的动力不断被激发，随之诞生了一些质量工具。例如，控制图就是一个典型代表。休哈特，现代质量管理的奠基者，通过对质量控制、质量改善的思考，提出了控制图理论。这些工具不仅满足了企业的客观需求，也使企业管理更加科学化和系统化。

六西格玛工具集中包含大量管理工具，这和现代管理学的发展密不可分。虽然人类可归纳提炼的文明史有数千年之久，但对管理学的深刻理解仅仅是近一百年的事。尤其是在第二次世界大战后，随着和平时代的到来，科学技术进入了高加速发展时期。20 世纪 60 年代前后，质量功能展开、失效模式分析、项目管理等工具都如雨后春笋般涌现出来。航天航空领域一直代表着科学技术应用和发展的最高水平，也是最早开发和应用这些工具的领域之一，它们更关注产品质量的稳定性和可能出现的风险。而建筑行业则把项目管理和成本管理发挥到了极致，系统地提炼了项目开发与执行所需要的各个要素，并归纳总结成方法论加以应用。

对这些工具的深化应用和全面推广，还必须感谢汽车和医疗行业。20 世纪 70 年代前后，诸多工具都开始应用于汽车和医疗行业。由于汽车和医疗行业与人们的生活息息相关，受众面更广，涉及的企业更多，因此它们为这些工具的推广提供了良好的受众范围。这两个行业的产品，往往都与生命有关。出于对生命的尊重，汽车和医疗行业会更加严格地审视工具的使用条件，更加客观严谨地对待工具的输出结果，这极大地规范了工具的使用方法并形成了相应标准，使工具的推广更加便利。电信、能源、自动化等行业也很早开始借鉴汽车和医疗行业的经验，对这些先进的工具进行不同程度的应用。尤其是自动化行业，由于其产量极高，因此对产品质量的要求会更加严格。在实操过程中，自动化行业也形成了具有行业特点的应用模式。

由此可见，六西格玛在诞生之前就已经通过碎片化的方式出现在各个行业中，今天的六西格玛在成形的框架脉络下，有机地将各种工具结合起来，更加系统化地应用于各行业。

时至今日，除个别小众行业依然采用家族式或封闭式管理外，绝大多数行业和企业都在应用六西格玛方法进行内部改善，基本已经做到全行业、全领域、全功能（Function）的应用。在这个过程中，一个管理学的概念被凸显出来，即最佳实践。

最佳实践本质上是一个理念或方法发展到一定阶段的必然产物。由于六西格玛方法中的工具众多、六西格玛框架复杂，因此初学者往往难以掌握，这在一定程度上影响了该方法论的推广。人们在不断应用六西格玛方法进行改善的过程中发现，存在很多类似的问题和改善方法，它们不管是成功的或失败的，都是企业可以借鉴的宝贵经验。为什么不能提炼出它们的共性呢？所以六西格玛方法应用了最佳实践的理念，对历史经验进行总结，其中那些成功应用方法论且取得重大收益（无论是财务上还是非财务上）的项目可能被列为六西格玛应用的最佳实践，在组织内部进行推广，以作为其他组织的标杆。最佳实践已经成为推行六西格玛的必要企业文化元素之一。

1.5 六西格玛和统计工具的关系

六西格玛方法中引用了大量统计工具，这与六西格玛的起源和改善框架的逻辑有关。六西格玛和统计学之间虽然有非常密切的关系，但依然有明确的边界，两者不能混淆，更不能等同。

统计学是一门博大精深的学科（本书后续章节仅仅涉及部分的统计工具）。所谓统计工具，即应用统计学原理来获得期望结论的手段。区别于方法论，工具更强调其输入与输出。对于一个统计学工具，输入相应的原始数据，该工具会按照既定的方式（如某数学模型）进行数据处理，从而获得一个确定的或不确定的整体描述或计算意义上的推论。工具能做的只有这么多，也就是说，统计工具会协助使用者得到一个描述或推论，但并不能实现改善目的。这也就是统计工具的诞生会远远早于六西格玛的原因。统计工具可以用于战争统计，可以用于产品统筹，可以用于质量描述等，却无法实现任何改善功能。

六西格玛是一种方法论，具有清晰的框架脉络，集成了大量工具。如果把六西格玛的框架比作树干，那么工具集中的各个工具就是枝和叶。六西格玛是一种理念，本身并不包含统计，只是提供了一种解决问题、改善现状的思路。

与拍脑袋的问题解决方式相比，六西格玛提供的思路非常清晰。借用部分数理统计的应用，六西格玛方法会构建事实现象（研究对象 y）与潜在影响因素（输入因子 x）之间的关系，尝试构建 $y=f(x)$ 的关系式。这个关系式可以是实际可计算的数学模型，也可以是逻辑上的关系。通过对输入因子 x 的改善与控制，实现改善研究对象 y 的目的。在这个过程中，统计工具扮演了至少两种角色：既为构建 $y=f(x)$ 的关系式提供坚实的数理基础，也为寻找显著因子关系提供数学证据。由此可见，六西格玛中的统计应用是为了研究改善对象的内在关联，并提供有效的数理推理，所以统计本身并不是六西格玛的主体。

六西格玛借用统计学的符号（σ，西格玛）为自己命名，本意是为了强调使用者应当应用统计思维来思考改善对象。所谓统计思维，就是描述对象和内容要客观具体且可测量；所做结论，要有事实数据，要有正确且合适的数理推断，符合科学评价的准则。

没有统计的六西格玛是空洞的、没有灵魂的，但单纯的统计工具集合不能被称作六西格玛。应用六西格玛框架与统计工具提供的事实基础相结合，才构建起完整的六西格玛方法。

第 2 章

六西格玛实施的配置

2.1 必要的组织架构与角色

六西格玛的推行与组织架构有关。前文已经提及，针对目前六西格玛推行的两种方式（内部管理和业务外包），组织架构也相应不同。

小型企业或初步实施六西格玛的企业，多数采用六西格玛业务外包方式。对于小型企业，由于企业规模小，寻找业务外包就是为了减轻企业负担，因此企业一般很少设专职部门，很多都由质量或运营部门牵头，罗列明确的改善项，然后寻找外包资源。在这种方式下，企业的推行力度一般较弱，即使企业最高管理层高度重视，但由于无法配备完整的实施人员，最后实施的重担往往都会落在质量或运营团队身上。这将极大地考验外包机构的业务能力，他们会以近似企业员工的身份进驻项目，直接面对企业一线员工带来的阻力（一线员工通常是改善活动的执行者，通常对改善活动有抗拒心态）。这种改善范围较小，改善幅度有限，周期较难控制。对于初步实施六西格玛的企业，虽然企业具有一定规模，但导入六西格玛仅仅是一种尝试。企业通常也不会设专职部门，但会组建相对完整的项目团队，指定专人以确保项目实施。如果六西格玛实施成功，企业就会组建相应的部门。凡是以业务外包方式实施的企业，多数还未完全接受六西格玛文化。

实施六西格玛的成熟企业常采用内部管理的方式，会成立专职部门，其名称以（精益）六西格玛、持续改善、问题解决等居多。其汇报线根据企业特点有所不同，最常见的做法是将该团队设立在总经理的直属团队中，这在非生产型企业里最为多见。而生产型企业有时会将该团队下挂在质量或运营团队中。这种设置与团队的工作形式和组织文化有关。六西格玛的实施需要企业管理层强有力的支持，它是一种典型的需要自上而下推行的方法。该团队汇报层级越高，则管理层对于六西格玛的推行支持力度越大，团队的执行力越强。这种方式下的六西格玛实施团队常以内部专家身份出现，可以单独工作，在推行时会得到下属层级团队的支持，现场配合度相对较高。同时企业也会有针对性地建立六西格玛推行的细则来规范组织内部推行的方式，并明确考核和奖惩方式。

相比之下，真正从六西格玛方法推行中获益的还是成熟企业居多。通常，这样的企业需要一个框架体系来支撑。这个体系定义了与六西格玛相关的组织架构、角色、职责和关键指标，以及实施六西格玛的战略方向和基本规则。有的企业甚至会描述与六西格玛相关的工具设定、交付物评审等细节。

在实施六西格玛的组织中，有一些相对固定的角色。这些角色可以全职，也可以兼职，他们组成了六西格玛方法的实施体系，即六西格玛带级分层。这些角色如表2-1所示。

表2-1 六西格玛角色

角 色	特 征
六西格玛倡导者	为六西格玛执行扫除障碍，制定六西格玛战略，准备培训和认证体系
六西格玛黑带大师	辅助制定和部署六西格玛战略，实施培训和认证，培养黑带及以下带级
六西格玛黑带	项目领导者、中坚力量，培养绿带及以下带级
六西格玛绿带	项目执行者、关键群体，培养黄带
六西格玛黄带	数据收集者，项目基础

1. 六西格玛倡导者

六西格玛倡导者（champion），也称六西格玛盟主（广东、福建、台湾企业常见）或六西格玛冠军（内地企业根据英语直译）。该角色是企业内部推行六西格玛的最高层级，其主要职能是在企业内部推行六西格玛的实施。该角色可以以导师的身份直接进行六西格玛培训和项目辅导，也可以作为一个纯管理角色，后者是这个角色的基本职责。所以这个角色不一定是六西格玛专业人员（如果是，则会有极大的便利），但必须接纳六西格玛理念，愿意为六西格玛推行做出努力，能够为六西格玛的推行扫除障碍，所以这个角色也称六西格玛实施的"清道夫"。同时，该角色也会参与六西格玛体系建设、六西格玛战略管理及项目组合管理的决策和评估过程。

鉴于该角色应实现的功能以及所需的权限，该角色通常是企业的高层管理者，在中小规模的企业中一般直接向企业的最高管理层汇报，在大型企业中则可能向某个功能块的最高管理者汇报。只有这样的设置，才能实现该角色的应有价值。

该角色要有极强的协调能力和解决资源冲突的能力，其个人综合能力和主观推行意愿可直接影响企业实施六西格玛的有效性和可持续性。但在目前实施六西格玛的企业中，六西格玛倡导者并非企业的必要角色，部分企业由高层管理者兼任，部分企业甚至不具备该角色，该角色的部分职能也可由业务外包团队的专业人员来实现。但不论企业是否设置该角色，该角色的重要性都不言而喻。在目前已知的较成功地推行六西格玛的企业中，基本都配有全职六西格玛倡导者。

2. 六西格玛黑带大师

六西格玛黑带大师（Master Black Belt，MBB），也称大黑带（日韩企业居多）或资深黑带，是六西格玛技术层面的最高层级。该角色的主要职能包括规划并实施六西格玛的项目目标和战略分解、方法论和工具的具体导入与实施、培训黑带和相应的技术梯队、准备六西格玛的推行资料（含培训教材）等。

该角色通常不亲自带领具体项目，在项目中多以导师身份出现，审查项目是否应用正确的工具，纠正项目中的应用错误，参与项目的评估和价值判断。该角色更偏向于管理角色，而非具体实施者。但对于组织所面对的重大问题，该角色也可以亲自带领项目，并加以实施和解决。

与六西格玛倡导者类似，六西格玛黑带大师更偏管理职能，需要极强的综合能力，包括对企业业务的理解能力、战略规划分解能力、优秀的培训新学员能力和培训培训师（TTT）能力、出色的演讲技巧等。该角色是企业实施六西格玛最重要的管理角色。在六西格玛倡导者缺失的企业中，该角色往往会扮演六西格玛倡导者，全部或部分实现扫除项目障碍和推行六西格玛文化的功能。相比推行六西格玛工具和理念，该角色应更注重于六西格玛文化的推行，这是保障企业良好推行氛围且可持续推行六西格玛的基础保障。

六西格玛黑带大师在很多地区都属于稀缺资源，而且并非所有实施六西格玛的企业都配备了该角色（无论是全职或兼职），所以企业在规划该角色时都会相对谨慎。部分企业会依靠业务外包机构实现该角色的功能。

3. 六西格玛黑带

六西格玛黑带（Black Belt，BB）是六西格玛推行的中坚力量，也是实施六西格玛企业的必备角色。该角色可以全职或兼职，这取决于企业的六西格玛体系设置。

六西格玛黑带原则上已经是六西格玛统计技术的最高层级，应通晓与六西格玛相关的所有应用统计知识，尤其是与质量管理相关的统计知识。与六西格玛绿带相比，六西格玛黑带更注重项目管理和实施效果追踪，而非一个纯技术角色，应具备一定的领导力和组织建设的能力。

六西格玛黑带是介于管理和技术之间的角色，或者说两者皆有。一方面，该角色要扮演项目经理，组织规划项目的实施、推行、评估和收尾（应用提升）；另一方面，该角色要协助团队使用六西格玛方法中的各种工具，并确保其使用的准确性。

如果黑带是专职人员，那将是最佳选择。但因为该角色的定位是"领导者"，所以常见做法是该角色由企业某个功能管理者兼任。一个组织的六西格玛推行能力是否强劲，并不取决于黑带人员是否专职，而是由组织内所有黑带人员的数量和实力所决定的。六西格玛黑带要负责对六西格玛绿带以及更低层级的角色进行培训和培养，所以自身应具备足够的演讲能力和教练技术。

4. 六西格玛绿带

六西格玛绿带（Green Belt，GB）是企业中推行六西格玛的最关键群体，应具备一定的应用统计知识，尤其是与质量管理相关的统计知识。该角色是统计工具应用的主力军，各种测量和统计报告主要由该角色完成。

和六西格玛黑带相似，该角色可以全职或兼职。该角色的定位是"执行者"，也就是项目的主要实施者，以工程师、技术专家、专业顾问居多。绿带项目可能被包含在黑带项目中，也可能是独立的项目，由六西格玛绿带自行带领。该角色虽然以执行为主，但也略带管理项目团队的功能。

随着六西格玛方法的推行，六西格玛绿带的人数越来越多，这种情况在企业中已经非常普遍，甚至有的企业已实现或近似实现全员绿带认证。由于六西格玛倡导者和黑带大师并不是企业的必要配置，因此企业实施六西格玛主要就是依靠黑带与绿带的贡献。足够多的绿带是六西格玛在企业内持续实施的基础条件。

5. 六西格玛黄带

六西格玛黄带（Yellow Belt，YB）是六西格玛正式带级中最基础的角色，是关键可靠的数据来源。

六西格玛黄带应具备一定的应用统计知识，但仅限于基础的描述性统计、极少量的推断性统计以及正确理解数据收集计划的能力。因为六西格玛项目对数据质量的要求很高，部分高阶统计要求数据满足一定的格式或数量，所以黄带作为数据收集者，应理解这些高阶统计工具的设置，并且提供可靠的数据来源。

六西格玛黄带的定位同样是"执行者"，但工作更加具体，所以黄带大多是六西格玛项目的一线员工，主要完成六西格玛项目的数据收集工作以及项目的其他基础工作，包括具体改善和目标验证等。

由于六西格玛绿带逐渐普及，因此有些企业即便完成黄带应有的培训后，也不再称呼其为黄带，而是直接为其准备绿带或更高带级的发展路径。黄带这个角色正逐渐从正式舞台（六西格玛正式带级系统）中退去，其所应具备的能力或职能逐渐被常规的现场角色吸收或承担。拥有足够多黄带或等同于黄带的角色是企业可以成功实施六西格玛方法的前提条件。

6. 其他带级

除以上正式角色外，六西格玛还有一些被部分企业特殊定制的角色，如红带、棕带、蓝带、红黑带、白带等。这些都是非正式角色，由企业自行设定。

其中，红带、棕带等是介于绿带与黑带之间的角色。因为定位的差异，绿带与黑带之间差距较大，对于非全职配置的企业，绿带与黑带这两个角色之间可能有较多中间层级（如普通工程师与技术经理甚至技术总监的差距）。如果企业把六西格玛带级作为一种员工发展路径，这些带级就起到了过渡作用。

白带的定位比黄带更低。接受过六西格玛基础知识的宣贯和初步培训（如六西格玛意识培训）的员工，即视为白带。这是企业贯彻六西格玛的一种策略和形式，目的是让六西格玛文化传播得更顺畅，减少六西格玛推行过程中的阻碍。作为白带，需要至少认同六西格玛的理念，并且愿意尝试。

六西格玛的角色经过几十年的发展，分工已相对成熟。同其他技术路径不同的是，这些带级不仅代表了各自掌握六西格玛技术的程度差异，也成为一种类似职业阶梯的职业发展渠道。在很多组织中，企业直接使用这些带级名称作为正式职位的名称（如职位名称即六西格玛黑带），或者以这些带级层次作为内部职级的晋升机制（如当前职位是绿带，下一步晋升目标即黑带），这为六西格玛体系在组织内持续发展奠定了良好基础。

如果企业存在推行六西格玛的专职团队，则该团队可以直接由各个带级形成汇报线关系。而在其他情况下，六西格玛黑带大师、黑带、绿带等带级之间不一定存在直接汇报线关系。一方面是因为很多相关角色为兼职，另一方面可根据六西格玛项目的规模选择对应带级的人员，实施过程中可能不会出现不同带级人员之间的交叉。

需要注意的是，这里所说的六西格玛角色中正式的带级如黑带大师、黑带、绿带，一般都是指被认证后的身份。仅参加过培训并不代表达到该带级水平。部分企业会要求六西格玛人员无论全职还是兼职，在没有被认证前不得在签名中添加六西格玛相关带级的描述，即仅参加过黑带培训，却没有完成黑带认证项目的学员并不能称为黑带。所以正式进行六西格玛人员培训的企业或机构都会为学员准备两张证书——培训完即发放的培训证书，认证后再发放的认证证书。

六西格玛角色的认证可以由各大企业（具有相应的六西格玛体系）或各大咨询机构完成。目前世界范围内并没有统一的认证标准或官方认证机构。但大型企业和主流咨询机构的认证条件大致类似，一般都遵循以下规则：

- 完成对应带级应满足的培训时间，如黑带 200 小时等；
- 完成对应带级规模的项目，项目数量和结项标准由认证方设定；
- 通过对应带级的考试，通过标准由认证方设定，如黑带考试正确率应为 80% 以上；
- 有能力进行低一带级的课程开发和教学，如黑带应具备传授绿带课程的能力；
- 获得企业或社会相关组织的认可；
- 获得六西格玛更高带级人员的认可或推荐，如黑带大师需要获得多位其他黑带大师的认可。

以上仅为比较常见的认证条件，越知名的企业或机构的认证条件越严苛。部分认证条件甚至要求被认证者在指定学术期刊发表相应论文，或者进行公开演讲等。六西格玛认证是漫长而痛苦的过程，但也是保证六西格玛人员基本素养的重要环节。企业推行六西格玛的质量，与满足认证条件的六西格玛人员的数量息息相关。

2.2 六西格玛战略与分解

要全面实施六西格玛，最佳实践均来自企业自上而下的贯彻执行，但六西格玛作为企业改善的重要方法，需要和企业战略进行对接。多数企业会以实现企业业务增长为主要战略目标，部分企业亦会把产品技术开发或市场防御作为关键战略目标，但这些目标与六西格玛的目标无直接关联，或者无法使用这些目标来直接指导六西格玛推行的相关工作，企业需要先将战略目标分解至对应的六西格玛战略中。

当企业的愿景与使命传递到战略层级时，可能已被分解成不同战略职能，其中大多数企业战略都与六西格玛有关，主要体现在运营战略、质量战略、新产品开发战略等方面。这些战略（包括六西格玛战略）之间有很多相互交叉的领域。例如，质量战略既可能影响运营战略，又可能影响六西格玛战略。图 2-1 显示了企业战略和各职能战略之间的关系。

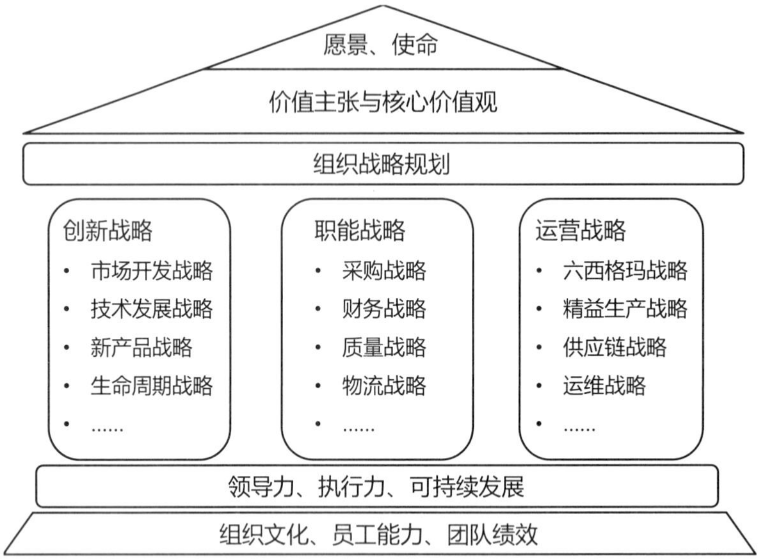

图 2-1　企业战略和各职能战略之间的关系

六西格玛战略通常是运营战略的一部分，为了辅助企业实现长期战略的业务目标，其覆盖范围与企业期望实施的区域应保持一致。多数企业在导入六西格玛的初期会选择在运营团队内寻找机会，这与六西格玛方法的特点有关，运营成本优化是企业能直接看到的成果。而多数企业也只有在运营团队应用六西格玛获得一定成果后，才会向其他团队拓展，如人事、行政、物流等事务型业务团队，以及开发设计团队等。所以六西格玛战略同时具有两个维度，一个是当前战略的覆盖范围，另一个是战略发展的时间线。不少企业会使用类似产品开发路线图的形式来描绘六西格玛的战略规划。作为企业战略的一部分，六西格玛战略及其框架包含对组织和角色的规划、项目的发起和执行方式、团队合作的形式、项目评价方式、奖惩机制以及经验教训库的建设等。

六西格玛战略代表了企业实施六西格玛的战术策略，应紧密与企业业务目标保持一致，但也应与六西格玛的基本原则和关注点（见图 2-2）一致。

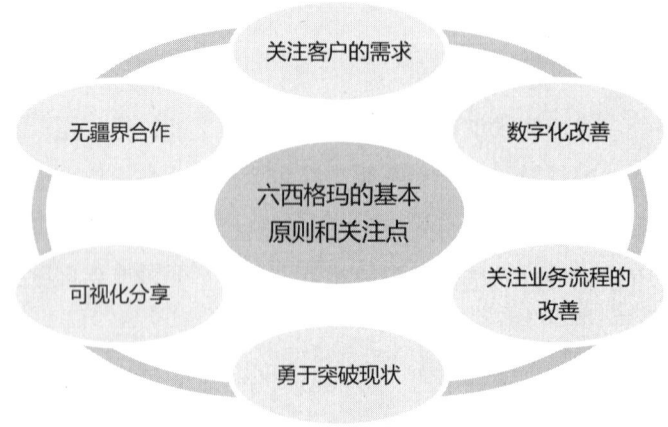

图 2-2　六西格玛的基本原则和关注点

1. 关注客户的需求

作为企业改善的重要手段，六西格玛方法自身并不是业务主体。任何改善活动都会带来成本压力，在追求企业业务优化的过程中，六西格玛也在寻找必要成本与项目节省的平衡点。任何改善都是以实现企业财务增长或其他更多战略指标提升为目的的，所以六西格玛方法并不强调把所谓的改善做到极致，而且团队会考虑六西格玛实施的成本压力。企业在实施六西格玛时，不仅要面对最终客户，同时企业也是六西格玛项目输出的客户之一。所以实施六西格玛不仅要满足客户的需求，还要进行符合当前企业自身需求的改善，并且寻找成本和收益的最佳比值。

关注客户的需求要求企业清楚地了解各级客户的关注点，包括客户关心的核心产品质量、交付时间、过程稳定性等，以解决企业当前最棘手的问题为主要目标，而不应过多地满足不显著的，甚至客户不关心的潜在问题。所以在六西格玛战略中，一般都会将需求管理放在较高位置，用科学且系统的方式进行客户需求的全生命周期管理。关注客户（这里的客户是广义的）原始需求的收集、分解、传递、实现及验证的全过程，以满足客户所有明示和隐含的需求。

六西格玛和普通项目管理一样，不过度满足客户需求。例如，要求交货期一周，项目团队无须把交货期压缩到三天以内。事实上，过程改善也很少做到过度满足需求。六西格玛项目大多很难实现项目的既定目标，但企业通常也不会据此直接判断项目失败，而这并不妨碍六西格玛文化在组织内部的推行。其主要原因有两个：一是六西格玛项目多数因企业有难以解决的问题而被发起，通常项目要解决的目标都极富挑战、不易达成。对于这种项目，企业管理团队通常都有心理准备，即便项目未完全解决问题，管理团队也不会太多责难六西格玛项目团队。二是六西格玛文化推崇动手实干，以突破人们的固有思维，所以尽管有一些项目的目标未完全达成，但事实上有所改善就已经是企业所希望看到的。

2. 数字化改善

六西格玛文化强调一切结论都应有清晰证据，而最有力的证据就是以数字及数理统计为基础的证明。如果六西格玛在改善时可以用数据来展示其关注的特征指标，使用统计学的方式寻找其内在关联，那么改善就不再是一种随机行为。所以六西格玛的实施，无论是上层的战略层级，还是具体的项目执行，都强调了以数字及数理统计来展现改善过程的思考逻辑。

在面对各种棘手问题时，人们总会本能地根据自己的经验或知识库来构建一种解法，其中有一些问题可以根据历史经验来解决。人们根据以往的经验构建了 $y=f(x)$ 这个数学模型，并且在解决新的问题上应用了这个模型。但是，在没有统计基础或者没有数字化思考的框架下，人们很可能看不见这些模型，只是把这样的数学模型当成一种理所应当的关联而已。

在实操过程中，更多情况则是人们无法直接根据经验来解决问题，但此时 $y=f(x)$ 的数学模型依然存在，只是人们无法直接获取或构建。本质上，$y=f(x)$ 是一种特殊的经验公式。项目中的每个参数通过应用统计所获得的经验公式都不相同。企业在面对这种客观存在却无法直接获得的模型时，只有通过应用特定的方法论，经过特定的数据收集和处理方式来获得该模型，而六西格玛就是寻找这种数学模型的重要载体。

通过数字化分析和思考，问题的分析和解决变得系统化和科学化。组织内部长期推行数字化思考和利用统计来分析问题的方式，不仅会使决策变得更加科学，也会让所有人都使用同样的方式进行思考，统一认识。

3. 关注业务流程的改善

六西格玛并不是一种数学游戏。无论多么强调数理统计，无论在寻找经验公式或数学模型的道路上花了多少精力，无论是否找到了最佳模型或解法，最终我们都要回到实操环境中对它们进行验证。

在实操环境中，承载这些改善的实际对象就是对应的业务流程。六西格玛方法关注流程中的各种波动，而企业希望通过六西格玛方法来研究引起这些波动的因素，并对这些因素加以适当控制，从而实现企业业务流程改善的目的。

由于引起业务流程波动的因素往往过于复杂，在多数情况下，其波动无法快速被鉴别。如果这些因素显而易见，那么依照六西格玛的哲学也不应使用复杂的方式处理，而是直接动手解决。而对于复杂的波动因素，六西格玛会应用相应的工具和逻辑框架进行分析，协助团队寻找根因，从而构建六西格玛项目的主体。所以流程改善是六西格玛项目的首要目标之一。

4. 勇于突破现状

要实现流程的改善，需要人们改变固有的思考和行为模式，很多潜在的关键因素都隐藏在常规作业模式内。改变人们固有的思考和行为模式非常困难，因为这些思考和行为模式都具有惯性。要改变现状，至少要有两方面的前期准备。一是有足够的证据证明过程的改善根因确实存在于某个现状流程内，这是六西格玛很多分析（包括数理推断）的主要输出。二是要有足够充分的事先沟通交流，让组织和团队充分理解这个改善的重要性。前者是流程改善必要性的重要证明，希望用事实来说明问题的来源，后者是项目推行的良好群众基础。

在多数情况下，即便新方式更合理或优点更多，人们依然不愿意改变自己已经习惯的思考和行为模式。即便已经证明了某些流程中可能存在显著问题，人们也会寻找各种理由和借口来维持现状。充分的前期沟通虽然可以减少人们的负面情绪，但对于实际动手改善的帮助依然有限。

所以任何一个六西格玛项目在发起或执行阶段，都会面对来自组织内外部的一系列挑战，甚至包括一些无理的挑战。这时六西格玛团队要敢于面对挑战，具备身先士卒的勇气和毅力。所有的变革都会存在牺牲，可能会损害一部分人的利益，也可能会让团队感到疲惫，但相较于成功的喜悦与项目实际的收益而言，这些代价都是值得的。六西格玛项目团队不仅要抱有这种信念，也要把这种信念传递到组织中。

要鼓励组织内部成员主动发现流程中的问题，可以用数理统计的结果作为辅助手段，让大家主动产生不满足于现状和勇于突破的积极情绪，并且以此作为六西格玛推行的重要动力源泉。

5. 可视化分享

六西格玛项目存在清晰的逻辑脉络，这为项目执行与报告奠定了良好的可视化分享基础。可视化分享可以使项目执行透明化，组织内所有人都可以随时看到项目进展，所有人都处在同一个平台内，信息的交流与沟通没有明显障碍。

可视化分享符合现代企业管理的基本理念，而建立一个公平公正的数据化管理体系是现代企业管理的基础。六西格玛体系包括项目数据的可视化管理与分享，企业管理团队可以借此提升大家对项目执行的信心，并且可以实时掌控项目进展，必要时也可以实时评估风险。

可视化可分成不同维度来实现。对于项目内部而言，项目数据的可视化可以显示单个项目的健康状态。项目各种基础数据（尤其是源数据）的可视化可以让团队成员自由地分析结果。同样的项目数据，在不同的分析者手中会得出不同的结果。六西格玛团队接受不同的声音，这样的讨论与冲击会大幅提升项目执行效果，也可以让项目输出更加稳健。对于项目外部而言，多个六西格玛项目组成的项目组合管理，是企业六西格玛战略组成的重要部分。企业在整体看待六西格玛项目执行情况时，可以对项目的健康程度进行判断，便于管理层进行资源的合理分配与项目优先级排定，及时做出纠偏或叫停的动作。

六西格玛战略注重文化的传播和分享，良好的可视化管理也便于企业进行六西格玛最佳实践活动的分享，这些活动可以极大地增加六西格玛在企业内部的曝光率，使其更贴近基层员工，以避免出现曲高和寡的情况。

6. 无疆界合作

在企业实施六西格玛的过程中，通常会面对两个壁垒：一个是企业内部的部门壁垒，另一个是方法论之间的壁垒。部门壁垒是导致企业业务封闭的主要原因，也是导致变革改善推行困难的主要原因。六西格玛项目推行是典型的水平向推行，其首要作用就是打破部门壁垒，让信息可以自由地在各个部门之间流转，并且减少功能团队固有思考和行为模式的影响。而方法论之间的壁垒，则不仅与实施贯彻六西格玛的方式有关，还受六西格玛自身关注点的影响。例如，精益和六西格玛在早期曾出现过一些摩擦。从比较极端的角度来看，精益认为所有检验都是浪费，即使必要的检验其本质依然是浪费，而六西格玛认为对每个流程都要进行检验和控制，是保证流程的稳定性良好并减少变异的基础条件。显然，如果仅针对这两点，这两个方法之间有一些矛盾，但如果能打破方法之间的壁垒，求同存异，就可能找到解法。例如，在这个例子中，团队可以先鉴别关键流程，然后仅在关键流程位置设置必要的检验。这样既能最大程度地控制流程变异，也能将必要的浪费控制在最低水平。

六西格玛方法与其他方法的融合，可以使企业的改善面大幅突破，不再局限于生产或质量领域。实践证明，六西格玛在人事管理、物流供应链等很多领域都可以和其相应的专业方法论相结合发挥积极作用。实现无疆界合作，可以让方法论之间产生交叉共鸣，甚至可以在不同行业之间相互结合。而企业内部的壁垒被打通后，企业运作也可以变得平顺。这些都可以拓展六西格玛方法的应用范围。

实施六西格玛战略本身也是一种文化，需要企业全员共同执行，其难点在于战略执行的可持续性。由于实施六西格玛的见效时间比精益等方法论稍长，因此过于追求短期效益会导致六西格玛战略无法长期维持。六西格玛战略实施需要业务团队打破现有思维方式，在短时间内使用内部运动式的方式实现，但如果没有长期驱动力或控制手段，业务团队很快就会失去热情，甚至失去应有的纪律性，不再有效实施六西格玛的战略意图。为了避免上述问题，六西格玛战略需要被分解到各个业务部门，成为其业务指标的一部分。

六西格玛战略分解主要包含两个方面：一是评价指标分解，二是业务流程执行分解。六西格玛的评价指标主要是指成本节省和六西格玛文化建设（2.3 节会详细描述）。业务流程执行分解则要求各业务团队具备与六西格玛中央管理团队或企业最高管理团队相同的业务流程执行方式。六西格玛的实施是自上而下的，各带级的分布也基本呈金字塔结构。六西格玛战略会被分解到各部门，并成为各部门的业务指标。例如，成本节省的指标会被各部门按企业制定的规则分摊。各部门在承接这些分解到部门的业务指标之后，也需要设立对应的业务接口，同时团队内部也需要建立相应的六西格玛日常活动，包括改善机会的鉴别，项目的具体发起流程，设立专职或兼职的六西格玛人员等。要承接六西格玛战略，各业务部门必须清楚企业对六西格玛活动的期望，并且接纳六西格玛的思想和文化。在业务部门内部执行六西格玛时，应尽可能将其与既有业务流程相结合。大量实践证明，单独存在的六西格玛业务流程，虽然易于管理，但很容易受到其他团队的排斥，无法长久存在。

2.3 六西格玛的评价指标

在实施六西格玛的过程中，存在组织和项目两个不同的层级。组织层级是六西格玛的整体管理层级，而项目层级是六西格玛具体实施和解决问题的层级，两者分别对应不同的评价指标。六西格玛的评价指标被分为战略指标和战术指标。其中，组织层级的评价指标以六西格玛战略指标为主，而项目层级以战术指标为主，可以认为战术指标由战略指标分解而来。从指标类型的角度，评价指标又可以分为财务指标和非财务指标。图 2-3 显示了六西格玛高层级的指标结构，较低层级的指标由这些高层级指标分解而来。

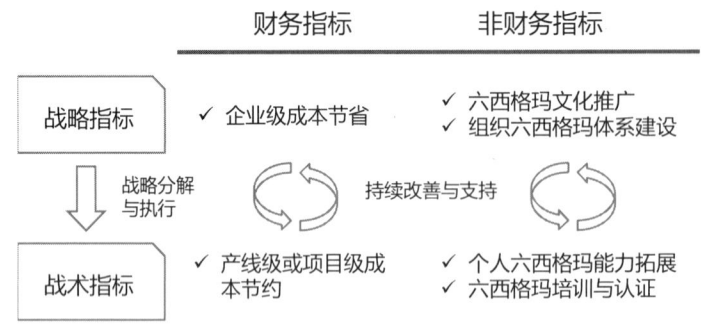

图 2-3 六西格玛的高层级指标分类

由于六西格玛文化是自上而下推行的，因此其指标也是先从战略指标开始制定的。六西格玛倡导者是制定这些指标的主要负责人，如果企业没有该角色，那么可以由黑带大师完成相应的职责。

2.3.1 六西格玛的财务指标

六西格玛的财务指标通常是企业的成本节省。六西格玛在解决问题的同时，给企业带来的最直接收益就是劣质成本的降低。自六西格玛诞生以来，绝大多数企业把成本节省作为六西格玛的战略财务指标，该指标常与企业运营成本挂钩。在损益表中可以由企业运营成本直接解读出企业整体的运营情况。

损益表中的成本通常被分成三大类：资本成本、固定成本、可变成本。其中，资本成本的优化会涉及会计准则，虽然其优化过程也可以使用六西格玛的框架逻辑，但这不是六西格玛研究的主体。固定成本主要由企业运行过程中需要被固定分摊的费用组成，如支持办公室运维的房租、水电费用或其他行政与管理营销费用等，这类成本可以通过事务型六西格玛项目进行优化。可变成本主要由生产或运营产生，与产品或过程的重复数量有关，这是传统六西格玛研究的主要对象。通常传统六西格玛项目会对某个具体问题进行改善，这个改善往往会直接影响单个产品或某个过程单次实施的成本。在改善之后，如果该产品继续被重复生产或该过程被反复实施，则企业可获得较高的成本节省。一个很简单的例子是：某玻璃瓶产线每千只瓶子就有约 20 只不合格品，每只不合格品会产生 6 元的劣质成本。经过六西格玛改善后，每千只瓶子的不合格品降至 5 只。假设该产线一年生产 100 万只瓶子，则该项目可以为企业节省：(20−5)×6×1 000 000÷1 000=90 000（元）。这种节约可以让企业直接获益，也是六西格玛项目的主要目标。

企业级成本节省有很多来源，但多数都是六西格玛方法可以支持和提供的。每个六西格玛项目都可以提供一部分成本节省。这些项目成本节省的总和构成了企业级的六西格玛战略指标。企业在定义其六西格玛战略指标时，往往会拿生产运营指标作为参考基数，取其百分比作为年度六西格玛战略指标，把运营费用的 3%~20%作为六西格玛降本的目标是很常见的情况。也有一些企业（经过讨论和协商后）会直接设定一个数字作为年度六西格玛战略指标。除很小型的企业或刚导入六西格玛的企业外，绝大多数实施六西格玛的企业内的六西格玛项目数量都足够多，而企业级的指标就依靠这些项目来共同完成。

为了达成企业的六西格玛战略目标，六西格玛人员都会尽可能在组织内寻找改善机会。这些机会的来源多种多样，有来自客户抱怨的，也有企业内部鉴别的。这些改善机会可能都对应成本节省机会，但并不是每个成本都一定会发生。以之前的玻璃瓶产线不合格率为例。20‰的不合格率是一个长期数据，也就是说，这个数据导致的成本几乎一定会发生。把 20‰的不合格率降至 5‰的成本节省也肯定会发生，这种成本节省真实地帮助企业减少了未来可能存在的损失。如果项目针对的问题是该玻璃瓶外观检查困难，那么可能出现漏检，导致不合格品流到客户端，给公司带来损失。此时企业通过立项改善，使得外观漏检率降低，有效提升了检验能力。这种改善可能会减少客户的抱怨和与之对应的成本，但这种成本并不必然发生。因为漏检产品不一定都不合格，虽然该项目使工作效率和结果有所改善，但实际上只是为企业避免了一部分未来可能发生的成本。

因此，六西格玛项目的成本节省又被分为硬节省和软节省。硬节省是指企业长期存在且几乎必然会发生的劣质成本。这类节省往往对应的是企业长期存在的各种缺陷和产品报废问题，这些物料和加工成本浪费几乎不可避免。针对这类成本改善的六西格玛项目所获得的节省就是硬节省。而软节省是指企业内可能发生或不直接发生的成本。这类六西格玛项目并没有实际节省某些真实存在的成本，而是减少了未来可能发生的成本。因此软节省有时也称成本避免（Cost Avoidance）。多数事务型六西格玛项目获得的都是软节省。

硬节省和软节省可能同时体现在单个项目中，所以通常不以单个项目的节省类型来判断项目优劣。但如果希望该六西格玛项目与六西格玛人员的能力认证挂钩，则会考虑其项目节省的金额大小和对组织的贡献程度。六西格玛从业人员，尤其是黑带等高带级的人员应合理分配组织内的项目资源，不在个别项目上刻意追求高额财务节省。

六西格玛项目的财务指标往往是六西格玛从业人员最重要的关键绩效指标，这本身是合理的。但企业和六西格玛从业人员看待该指标时，不应过度追求财务收益，以免落入为了做六西格玛项目而做项目的误区，甚至出现项目作假、节省数字有水分、降本同时也降了质量等负面结果。实事求是是六西格玛文化的一部分，要求项目规划仅追求合理的财务节省目标。

企业要在六西格玛体系中事先规划好硬节省和软节省的明确定义，否则极易出现混淆。常见的硬节省和软节省有：

- 硬节省：持续存在的报废成本、长期存在的过程或劳动效率提升、间接物料成本节省（不降质量）、永久性减员等。
- 软节省：业务流程优化、短期的间接物料成本节省（不降质量）、为生产运行所做的过程优化或产品优化设计、短期的报废成本、偶发的客诉解决等。

硬节省的改善对象是固有的劣质成本，其关键在于固有劣质成本的定义。如果该成本是一次性的或只在短时间内发生，则无法被定义为固有劣质成本。通常，固有劣质成本是由存在至少半年以上的问题导致的。不同企业对具体时间跨度有自己的定义，也有不少企业以一年甚至更久的时间来衡量固有劣质成本。而软节省的计算相对比较宽松。只要在成本节省的逻辑算法上成立，或有足够证据证明该项目确实减少了企业未来可能发生的潜在费用，即可认为软节省。对于非固有的劣质成本节省，或时间跨度不够长的劣质成本节省，都可以被归到软节省中。多数的软节省都是针对未来可能发生的成本，有不确定性。不少企业也会抱着侥幸心理认为，软节省对应的劣质成本不一定会发生，所以不加以关注。这样的做法显然不合适。软节省通常是有效的，并且是六西格玛项目关注的重要对象之一。同时也必须承认，相较于软节省，硬节省对企业的收益确实更加直接可见，所以在成本节省的构成中，设定硬节省的比例或指标是合理的做法。例如，企业在设定六西格玛项目总收益（所有项目的收益总和）的目标中，硬节省的比例不少于总节省的50%等。

常见的六西格玛项目财务计算表通常使用损益表。表 2-2 为典型的六西格玛常见项目损益表范例。

表2-2 常见的六西格玛项目损益表范例　　　　单位：元

项　　目	损　　益	备　　注
Revenue / 收入		
Hard Saving / 硬节省	13 000 000	
Cost Avoidance / 成本避免	2 000 000	
Revenue Enhancement / 销售收入增长	500 000	
New Business Wins / 获得新业务	700 000	
Manufacturing Expense / 制造费用		
Hourly Labor Cost / 小时工的工时成本	−340 000	
Overtime Cost / 加班成本	−50 000	
Salary Employee Cost / 固定薪资人员成本	−200 000	
Absenteeism/Turnover/Training 旷工/翻班/培训费用	—	
Quality / 质量		
Warranty / 售后退货费用	—	
Rework / 返工费用	−64 000	
Scrap / 报废费用	−550 000	
FCC / 客户正式抱怨	—	
Cost Recoveries / 供应商的成本索赔	—	
Material & Freight / 材料费和运费		
Material Cost / 材料成本	−680 000	
Excess / Obsolete / 过量/废弃物品的成本	—	
Freight / 运费	−20 000	
All Other Costs / 其他成本		
Travel & Other Sundry / 出差和其他杂费	—	
Rent & Outside Services / 租赁费和外部服务费	—	
Energy Cost / 电费/水费/燃气费	−45 000	
Implementation Costs/Expenditures / 项目花费		
Project Others / 项目其他费用	−9 400	
Working Capital Change / 运营资金的变化		
Inventory / 库存	−15 000	
Other / 其他	—	
Investment / 投资		
Facilities / 设施费用	−7 300	
M&E / 机器和设备费用	−18 600	

续表

项　　目	损　　益	备　　注
Tools／工装	−95 000	
Total Profit Drivers／总收益	16 200 000	Finance Staff Approval
Total Capital／总投资	−2 094 300	财务人员签字批准/日期
Net Project Valuation／项目净节约	14 105 700	

项目财务计算表与财务损益表非常相似，主要差异在于，财务损益表中收入为单一的销售额，而项目财务计算表中收入则为节省金额，附加一些因项目实施而产生的销售额增量。项目财务计算表的其他部分则显示与项目相关的各种费用，通常包括可变成本、固定成本等。该表中应罗列所有可计算的成本，甚至包括六西格玛专职人员的薪资等，以便进行准确评估。该表形式多样，复杂项目可能包括更多的财务成本指标，如改善过程所需的设备投资折旧分摊等。有些企业根据其自身特点也会加入更多的选项作为标准评估模板，这需要根据企业的实际情况来定义。该表通常需要获得财务人员签字认可。财务人员会仔细审核表内的所有数据。由于可能会对部分数据进行年化处理或进行预测，因此即便在项目结束之时这些数据未全部发生，项目团队依然需要和财务人员进行仔细核算，并获得财务人员认可。这个过程是确保六西格玛项目在财务上真实有效的必要条件。

▶ 2.3.2 六西格玛的非财务指标

项目的财务指标是企业实施六西格玛最重要的商业评价，但很多项目成果很难直接使用财务指标去衡量，如提升全员质量文化意识、提升某产线的员工满意度等。不少企业会想尽办法对项目的非财务成果进行量化处理，该过程可能带有一定的主观成分。例如，降低员工的离职率，可以考虑重新招募员工可能存在的潜在费用，如猎头费用、工时损失费用等，还可能包括新员工培训费用以及新员工工作效率低下带来的成本等。这些估算远不如物料成本或加工成本等计算准确，但合理的测算依然可以为评估项目的价值提供参考。例如，评估企业凝聚力提升等确实无法量化的指标，也应从非财务角度进行定性评价。管理团队可以从企业管理角度对六西格玛项目的非财务指标进行综合评价，并将其纳入最后的项目结项评审中。

六西格玛的战略非财务指标通常聚焦于六西格玛体系建设和六西格玛文化推广上，这类指标通常以各种活动的次数和影响力来衡量。例如，每年举办两次最佳实践分享活动，每年完成三次对外同业六西格玛交流活动，每年获得一次某专业组织的六西格玛大奖等。这类活动注重六西格玛文化建设，期望在员工之间形成六西格玛理念并统一认识。虽然形式上略显呆板，但实质上，这是反复强调六西格玛文化的过程。所以这些活动并不过度关注活动结果，企业希望通过这些活动，把六西格玛文化嵌进员工工作意识中。不少国外企业认为六西格玛文化应该成为企业或员工"基因"的一部分，比单纯做活动或拿某个奖项更重要。而获奖或其他社会认可则是对企业实施六西格玛的一种认可，是水到渠成的自然结果。

六西格玛的战略非财务指标是通过一种务虚的形式来打造六西格玛文化的，鼓励全员参与，鼓励全员用突破性的思维方式来思考如何打破现状，如何构建六西格玛意识。健全的六西格玛体系可以规范人们的行为方式，也可以成为固定实施这些活动的指导方向。例如，最佳实践的分享活动可以被定义为每年固定的分享活动，可以通过标准化程序进行，并且有标准化的发布和评价方式。这样不仅让整个活动看上去更加正式和隆重，也可以大大增加活动仪式感，给员工更深刻的感知冲击。

战术指标是为了实现战略指标而设置的过程指标。战术非财务指标则聚焦于员工和团队的能力建设上。由于六西格玛体系中有不同带级，因此企业在推行六西格玛的过程中，在追求企业成本节省的同时，也在同步进行员工能力建设。

战术级能力建设主要通过与六西格玛相关的培训和认证实现。不少企业会要求每年的六西格玛培训次数不得少于多少次，虽然六西格玛的培训次数不直接与员工的六西格玛能力挂钩，但充足充分的培训为实现全员参与和实现六西格玛文化传播起到了积极作用。六西格玛培训需要注重培训模块的适用性与企业实操的可用性。由于六西格玛课程体系庞大，模块众多，因此在设计培训时要注意必要的剪裁。

培训时效和评估往往与员工的认证与认证率有关，企业应对认证数量有详细的规划和考量，不应过度追求全员资质。例如，要求企业全员达到黑带带级，这样的要求对于绝大多数企业（除非咨询或培训机构）既不科学，也不合理。比较常见的指标设定往往是：全员都接受六西格玛培训，其中两年内80%的员工达到黄带，三年内50%的员工达到绿带，五年内5%的员工达到黑带，五年内拥有至少一名黑带大师等。一个好的认证体系，会考虑企业人才梯队建设，并进行合理的资源分配。

个人的资质应是一种能力的体现，各个带级需要名副其实。所以企业在准备六西格玛认证时，往往会设定一些硬性要求。目前，各大企业的六西格玛内部认证要求不尽相同，导致六西格玛黑带或绿带等从业人员能力差异巨大。一般认为，六西格玛认证都要达到一定要求，有的机构或企业的认证要求甚至达到了严苛的程度。但这并不违背六西格玛文化推广的本意，在一定程度上，这是符合六西格玛方法特征的。通常，各个带级的认证都需要经过相应级别的培训、考试和项目考核。项目考核是指被认证人员在参与的项目中，发挥相应作用，完成项目和项目报告，并通过上一带级或更高带级的认可等。

不同企业在推行六西格玛的过程中，应选择适合自身的认证标准。除黑带大师外，认证标准不应过高，以免打击员工信心，当然也不可过低，以免导致员工对六西格玛认证产生误解，或对六西格玛实施产生不必要的质疑。由于黑带大师认证是六西格玛体系中的最高认证级别，且人数稀少，因此作为典型的六西格玛方法的传道授业解惑的传播者，该级别应从严认证。

2.4 实施六西格玛的收益

财务收益是企业实施六西格玛的直接收益，很多企业也是因为追求成本节省才开始导入六西格玛方法的。不可否认的是，财务收益使企业有更多动力来实施六西格玛方法，这是六西格玛方法在企业中得以长久生存的基石。

事实上，在实施六西格玛的过程中，企业更关心的是非财务指标，这些指标代表的是企业追求卓越文化的收益。推行六西格玛的过程中有大量活动，对外有企业交流和宣传活动，对内有员工认证和人才梯队建设活动，这些活动构建起六西格玛文化，即卓越文化的基础。

卓越文化是一种建立在数字基础上的、可视的且可持续的良好企业运营文化，是推行六西格玛后给企业带来的最大收益。卓越文化不仅体现企业某一方面的卓越成就，而且涵盖企业整体的运营优化，涉及企业自上而下几乎每个层级。卓越文化通常具有如下特点：具有可持续衡量的关键指标和评价方式，具有高绩效的组织推行，具有系统的流程管理体系，以及良好的企业文化与传承精神。

六西格玛方法可用于企业各个层面和功能领域，可以实现企业卓越文化的全方位展开，但这需要一定的时间和过程。六西格玛方法的实施细则和指标系统构成了一个持续改善体系，其精髓在于改善企业自上而下（从管理层到一线执行层）的思考方式，让他们敢于挑战现状。这通常需要几年甚至更久的时间才可以实现。一些拥有固有思维或"一言堂"情况比较严重的企业，可能要花更长的时间甚至中途夭折。

多数企业在其发展进程中都会经历从无卓越管理到引领这样的过程。图 2-4 就展示了一个典型的发展阶段模型。

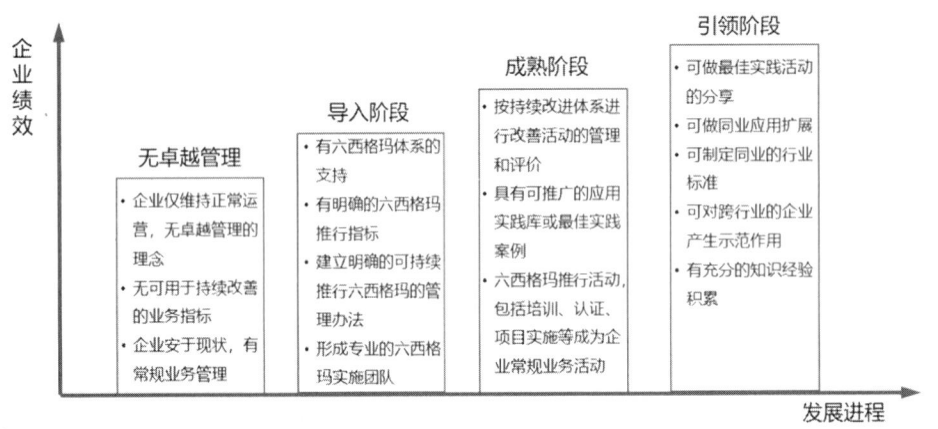

图 2-4　企业实施六西格玛的典型的发展阶段模型

在企业成立之初，生存是企业的最高目标，此时企业的目标管理主要集中在业务发展和现金流上。企业的管理体系和过程管理都比较薄弱，企业规模不会非常大，其管理职能或各功能团队很可能不够齐备，所以企业不可能花太多精力在过程改善上。此时六西格玛方法的作用并不大，企业很难真正导入六西格玛方法。或许企业会发起一些零星的六西格玛项目来解决运营过程中的棘手问题，但此阶段没有相应的体系或指标作为支撑。这是一个无卓越文化的管理阶段，但几乎所有企业都经历过这样一个阶段。不能说这样的企业管理有问题，因为此时维持企业运营比任何事情都重要。由于此时几乎没有六西格玛文化，因此也没有实施六西格玛的财务收益或卓越文化。

随着企业的发展，企业发现运营过程中的浪费和过程变异带来的影响，只是一个时间早晚的问题。有些企业选择救火式的问题解决方法，很快陷入疲于奔命的状态；而另一些企业则导入六西格玛方法，不仅解决了企业长期存在的顽疾，而且开始培训具有六西格玛思考逻辑的人才，此阶段称作六西格玛导入阶段。劣质成本会显著降低，客户的抱怨等问题会迅速得到解决。在企业内部，六西格玛文化初步形成，全员高绩效的团队开始逐步构建，这是企业直接收益最大的阶段。

导入阶段是六西格玛体系建纲立制的阶段。企业之所以导入六西格玛，是因为对六西格玛方法已有足够信任，且希望能够通过系统化的实施来持久提升企业能力。六西格玛指标和体系在此阶段初步成型，并应用于早期六西格玛试点项目。但企业在该阶段还没有卓越文化，只是打基础的阶段。

在持续实施六西格玛和推广六西格玛文化一段时间后，企业会进入六西格玛成熟阶段。此时实施六西格玛的财务收益会略微降低。持续推行后，六西格玛推行会进入一个短暂的疲劳期，六西格玛项目的硬需求会略微减少，同时鉴别六西格玛新项目的机会也会略微减少。这是六西格玛进入常态化推行的自然结果。六西格玛推行初期，大量既有问题被暴露和解决；但在常态化管理过程中，企业的既有问题会比推行初期少一些，尤其是在客户满意度上升后，迫切需要解决的问题会相应减少。而新项目的机会鉴别，取决于团队对六西格玛的持续热情，以及鉴别新项目机会的基础能力。如果团队对六西格玛产生倦怠感，则新项目的机会很难被主动鉴别。

成熟阶段的企业不仅从六西格玛前期推行过程中获得了财务收益，而且人才梯队、六西格玛文化等也都取得了一定成果。此时如何激发团队的持续改善热情成为关键。各种六西格玛交流活动成为持续推行的重要标志性活动。企业通过各种六西格玛经验分享活动把六西格玛推行的经验分享给所有员工，这种分享活动不仅成为企业日常工作的一部分，也是六西格玛建设的一部分。企业会把这种文化融入企业的血液中。尽管企业的直接收益不一定会增长，但六西格玛的文化根基已经稳固，而且企业的各个层级都实现了六西格玛推行和落实，此时的卓越文化已经初具规模。

很多企业可能长时间停留在六西格玛成熟阶段，即常态化推行阶段，因为企业从六西格玛实施过程中可以持续地获益。如果此时停滞不前，那么企业从六西格玛实施获益的增量部分也就到此为止，仅限于前文叙述的财务收益和组织文化收益。部分企业不满足于该现状，希望进一步推广六西格玛文化，随即进入引领阶段。

因为内部已经实现了常态化管理，企业每年通过六西格玛项目可以直接获得的收益也相对固定，所以在引领阶段企业不再局限于内部，而需要"走出去"，与其他企业进行六西格玛推行的经验交流。这种交流，不仅是交流六西格玛推行的经验心得，而且是在研究六西格玛实施过程中的标准和方式。在这个阶段，企业会逐渐形成六西格玛推行标准，这种标准可以在行业内甚至行业间进行推广。进入这个阶段的企业，企业的管理意识已经上升到较高层级。企业之间相互交流促进，可实现知识共享和经验共享。此时的企业产生了一定程度的卓越文化，并获得了额外收益。这些收益通常为非财务收益，如企业知名度扩大、企业口碑提升、获取潜在的业务需求、成为行业标杆等。

卓越文化在企业中的具体表现包括组织的决策能力、业务流程的能力、自我学习和自我发展的综合能力。不少企业也会使用六西格玛专属的平衡计分卡来管理和评价企业的卓越文化。平衡计分卡包含四大维度：财务、内部业务流程、学习与成长、顾客。其中，财务相关的内容在前文已经多次提及，内部业务流程正是六西格玛研究的主要对象，学习与成长是组织能力发展的重要标志，而顾客则是企业综合实力提升后自然获得的潜在收益，广义的顾客甚至包含整个供应链范围内的所有对象，以帮助他们推行六西格玛和提升绩效。企业可以从这些维度的优化过程中持续获益。

实施卓越文化管理的企业都具有完整清晰的企业管理流程体系，能在一定程度上抗击业务风险，决策也相对稳健和准确。同时，六西格玛文化在企业内部生根发芽，让企业形成良好的运作机制、常态化的运行管理、持续的改善意识。可以认为，企业通过完整实施六西格玛方法来获得整体改善的形式，类似于中医调理的方法，实施六西格玛方法使整个企业的内部运行环境慢慢发生改变，从而产生的卓越文化是企业整体能力的改变。需要清醒地认识到，这个过程需要经过很长时间的努力和变革才可能发生。所以实施六西格玛不应过于关注企业的短期收益，而应从整体上布局规划，为企业的长期愿景和使命而服务。

第 3 章

企业环境与土壤

3.1 内部环境要求

在研究六西格玛导入环境之前,我们先客观地解读一下六西格玛方法或方法论。很多企业认为,六西格玛方法仅仅是一套工具集或方法,而六西格玛专业人员则认为其是科学的方法论。方法和方法论的差异在于,前者只关心怎么做,而后者不仅关心怎么做,还研究为什么这么做,怎么才可以做得更好。这与企业看待六西格玛方法的视角有关,而这种视角差异决定了企业内部环境的巨大差异。如果只关心六西格玛的操作层面,即如何使用六西格玛来解决问题,那么这只是方法的应用;如果从企业治理的角度来看待六西格玛如何系统地改善企业运营环境,那么这是方法论的典型特征。无论从哪个视角来看待六西格玛都没有严格意义上的对错,因为这与企业的实际业务环境和战略规划有关。

六西格玛方法的推行之路是一条艰苦卓绝的道路,其根本原因在于很难改变人们的固有思维或让其走出舒适区。良好的企业内部环境对六西格玛的推行有着至关重要的影响。

实施六西格玛并非不受外部环境的影响,外部环境的压力都通过企业绩效来体现。实施六西格玛方法在企业高度竞争的环境下有利有弊,是否实施也无法一言蔽之。企业内部环境由企业自行主导,绝大多数因素都是可控的,这些因素直接决定了六西格玛在企业内是否可以生存或发展。

良好的企业内部环境通常从三个维度进行评价,包括选择正确的导入时机、基于适合推行的环境土壤,以及众志成城的决心。这三者与天时、地利和人和的理念非常贴切。

▶ 3.1.1 天时:选择正确的导入时机

通过不同企业之间多年的六西格玛推行经验交流活动,我们发现一个有意思的现象,即六西格玛推行也要看运气。六西格玛是一个非常严谨的系统方法论。为什么推行一个方法论要看运气呢?这与六西格玛导入企业的时机有很大关系。

很少有企业在创立之初就开始推行六西格玛。不少企业在长达十几年甚至几十年的时间内，一直都在为企业的生存做斗争。此时没有理由也不可能要求企业去推行一个辅助企业改善的方法论。

在什么情况下企业会开始思考或寻找改进方法呢？通常会有这样几种情况：

- 企业发展遇到了瓶颈，需要花费巨大代价才能前进或完成很小的改善；
- 传统经验判断已经无法做出准确决策，各种策略实施后的结果与预期大相径庭；
- 面对巨大危机或长期存在的顽固问题，团队无从入手；
- 企业结构臃肿，各种改善已经无力实施或收效甚微；
- 企业在发展过程中，发现科学方法论对企业的重要性，主动寻求方法论的导入。

以上除最后一种是企业在正常健康发展过程中主动研究并导入方法论外，其他几种都是企业在比较被动的情况下做出的应对反应。事实上，多数企业在寻找六西格玛方法帮助的时候，都属于前几种情况。而这正是很多人提及的：六西格玛是被逼出来的方法。

企业管理的思维模式，本质上就是最高管理者的思维模式，这符合人类常规思考模式。例如，小型企业的会议往往很少，而大型企业各种繁杂的会议很多。人们不禁会问，难道小型企业就不需要做决策吗？并非如此。当企业规模很小的时候，决策往往在企业业主的脑海中迅速形成，并且通过一个很短很直接的信息渠道传达到基层并落实。而在大型企业中，这个过程会非常漫长。随着组织规模的变化，小企业业主自我判断、迅速决策的能力会很快退化。当组织发展到一定程度后，企业主就无法再依靠个人能力进行判断和决策了。但此时，尽管在行为上企业主或企业最高管理者的决策行为可能被管理团队所取代，但其思维模式会继续传递下去，而且在新的管理团队中会存在更多的决策者，他们同样会有这样的思维模式。所以在一个自然企业中，决策的方式往往倾向于简单和粗暴。这本是常事，但不利于六西格玛方法在企业中的实施。如果一个企业长期使用惯性思维进行思考和决策，那么六西格玛方法几乎没有被导入并且实施的空间。

好在多数企业会"被迫"改变其传统的思维模式。说其被迫，是因为企业很可能受到外部压力或内部需求的强制推动。如前文提及，企业在自身的适应能力下降时，通常会考虑进行一些系统性的改善，而六西格玛是非常知名且有效的改善方法论。所以多数企业并不会主动排斥六西格玛方法，并且愿意进行尝试。企业管理者可以从各个渠道了解六西格玛方法，思考六西格玛导入可能存在的问题。他们最关心的问题通常是：实施六西格玛需要花多少钱？多久能见效？是不是一定会成功？……

事实上，有以上顾虑的根本原因是管理团队把六西格玛方法当作了额外的一种方法，而不是企业必须拥有的能力。没有人可以针对这些问题给企业管理者一个明确答案，这导致很多企业在寻找突破阶段前就停滞不前。企业一方面理解六西格玛的优势，另一方面担心推行六西格玛不会给企业带来实质性的改变。有些管理者出于对自身绩效的考虑，认为六西格玛方法在其任期内不会见效，所以置之不理。

此时六西格玛只是一个被企业员工熟知的名词，并不会真正地被实施，所以通常实施六西格玛要等待一个机会——一个真正让企业感觉到痛的机会。所谓痛的机会，就是让企业真正受到冲击和影响的机会。例如，企业的销售业绩大幅度下滑，被客户严重投诉等。多数企业管理者是理智的，即便之前未考虑过深层次的企业改善方法论，但当面对这样的挑战时，也会深刻反省并寻找长久之计。此时就是实施六西格玛方法的最佳时机，因为它不仅能够帮助企业"灭火"，安抚客户情绪或稳定市场，而且提供了完整的结构性方法帮助企业构建问题解决的思路。

六西格玛导入时虽然要给出详细的推行计划，但要特别强调推行速度，因为企业面临的重大冲击往往不会持续很长时间。企业的第一反应通常会把精力放在短期补救措施上。这种补救是临时性的，可能有效，但通常不会在较长时间内有效，而且有时这种补救是有副作用的，会出现拆东墙补西墙的情况。企业管理者很清楚这一点，但短时间内无法获得或验证长期措施。企业必须面对两种潜在情况：一种情况是企业可能从此一蹶不振，甚至消亡；另一种情况是企业迅速调整战略，规避当前的业务危机。如果想导入六西格玛，那么这两者是企业管理者都不想看到的。如果企业被击垮或不复存在，六西格玛自然没有生存环境。如果企业将当前的业务危机进行风险转移，如将有质量问题的产线出售给其他企业，那么六西格玛导入项目的对象可能就不存在了，那即便当下该问题依然存在，但已经失去改善的必要性。

六西格玛的导入点与导入速度都是成功导入的关键，负责六西格玛导入的团队必须尽快让企业管理者看到实施六西格玛的效果，哪怕这个效果不是特别明显。导入团队需要迅速建立企业对六西格玛方法的信任，并且愿意将其纳入自身管理体系中。

看上去似乎先要让企业吃点亏才可以导入六西格玛，这其实是一种错觉。六西格玛导入之所以需要等待时机，是因为这符合企业管理者的思维发展过程，也符合企业发展的自然规律。在企业的整个生命周期中，总是会发生各种业务危机，这是客观存在的必然现象，这些业务危机不是为了导入六西格玛而被创造出来的。六西格玛的导入只是借助了这样一个客观存在的机会而已。

如果企业文化是开放的，并且愿意纳入各种成熟的方法论，那么六西格玛导入会在企业生命周期的任何阶段发生。这和管理者的素养与管理理念有关。居安思危，在平顺阶段就考虑导入六西格玛方法并加以改善的企业最终都会取得巨大成功。所以企业在顺境时就以开放的心态接纳六西格玛是最佳的推行模式。

3.1.2 地利：基于适合推进的环境土壤

即便企业在合适的时机开始导入六西格玛，其成功与否还取决于当时的企业内部环境。如果没有足够的准备，仓促上阵，最后往往只能是一个失败的导入项目，同时企业也会丧失导入六西格玛的信心。所以企业的内部环境必须达到一定条件，才可以考虑导入六西格玛。

企业内部环境的准备主要取决于组织的成熟度，通常表现为以下特征。

1. 功能团队的成熟度

六西格玛是一种依附于企业现有功能团队的方法论。当功能团队不完整的时候，企业不能期待六西格玛的导入补全原本应有的功能。良好的企业功能团队应完整覆盖整个业务范围。功能团队之间或许存在部分功能重叠或极少数的空白地带，但如果功能重叠部分较多，则很可能成为潜在的改善机会，而如果功能团队之间的空白地带较多，则很可能出现资源不足或后续项目实施不力的情况，这都需要前期解决。

功能团队还应具有一定的抗冲击能力,包括对团队资源的柔性或弹性调整能力、功能的可转换能力、应对业务变化的能力等。六西格玛项目会占用部分团队资源,但六西格玛项目本身应尽可能不对现有业务造成冲击。在六西格玛导入过程中不应出现本末倒置的现象,即六西格玛的导入不应导致现有业务出现缺少资源而无法正常开展的情况。同样地,六西格玛项目的改善对象往往与团队自身的功能不同。例如,采购团队自身的功能是获取生产或运营物料,但采购团队发起的六西格玛项目很可能是优化采购流程或者提高采购团队与其他团队的沟通效率等,而后者往往不是采购团队自身的功能。六西格玛项目团队不仅要求团队成员具备多技能,还要求团队成员可以接受变化的业务需求等。

功能团队的成熟度是衡量企业最基本业务能力的重要指标,功能团队的能力建设也是企业管理的基础内容。但功能团队的成熟度提升是一个漫长的过程,与企业的整个生命周期为伴。在这个过程中,企业从基本的功能构建,到基本业务的实现,到组织能力的积累,再到标杆建设是层层递进的。

六西格玛导入不需要功能团队的业务能力非常出众,但至少各功能团队要实现其基本的业务功能。六西格玛在导入的过程中会逐步帮助功能团队实现能力提升,以及知识经验库的建设,从而实现功能团队的完全自治与发展。

2. 流程体系的成熟度

流程体系是六西格玛导入项目的主要改善对象之一。要成功导入六西格玛,需要企业有一定成熟度的流程体系,此处的流程是指企业自身的流程管理所关注的对象,而非工艺。流程管理能力的成熟度是指企业自身流程体系的完整程度,以及流程自上而下贯彻的顺畅程度。六西格玛导入不需要企业具有非常成熟的流程体系,但至少要满足可维持日常业务运营的最低要求,即该流程体系可以支持企业完成日常运营活动。

首先,企业应具备必要的流程体系和执行框架,如常见的 ISO 9000 系列等。企业依据这些体系和框架建设的内部流程可保证企业的基本运作能力。在构建流程体系的过程中,企业应明文罗列企业的运作模式、信息的流转方式等企业运营的基本要素。既有流程的受控程度和执行水平反映了企业信息传递的有效性。

其次,为支持六西格玛导入,企业在流程体系中要明确定义各功能角色、职责分配和反馈机制,这些都是支撑流程体系运作的最基本模块。这些模块在六西格玛实施的过程中确保了信息可以有效地在各个层级、各个部门之间传递,相关指令被执行。

如果企业不具备基本的流程体系,或者实际运营不按照既有流程执行,那么这种企业的内部环境会给六西格玛导入带来巨大隐患。部分企业直接将完善流程体系作为六西格玛项目的目标,这是对企业运作模式的巨大冲击,企业所需耗费的精力远远在普通六西格玛项目之上,需要慎重行事。这一类项目的目标并非不可实现,只是企业要投入足够的精力,并且做好充分的抗冲击准备。

如果流程体系的有效性不受内在变化的影响,那么这种抗击性被称为流程体系的稳健性。优秀的流程体系可以在一定程度上摆脱对人的依赖性，即流程体系可实现自我运行和自我管理。即便发生人员或职能变动，企业也不会受到重大影响。六西格玛项目亦可辅助实现这样的效果（通常这不是项目的主要目标）。在六西格玛面前不存在完美的流程体系，无论流程体系多成熟，从持续改善的角度都可以对其进一步优化。

3. 业务能力的成熟度

与功能团队的成熟度不同的是，业务能力的成熟度关注的是各个业务角色实现业务的能力，以及组织持续获取业务的能力。功能团队的成熟度则更关注功能团队和业务覆盖的完整性。

六西格玛导入项目往往是企业的辅助项目，在实施过程中，要完全不影响业务的正常运作几乎不可能。优秀的六西格玛导入项目团队会尽可能减少这种影响，这要求业务团队有足够的抗冲击能力。简单来说，每个业务角色都要精通自己的职能业务，至少能够独立应对日常工作需求。六西格玛项目不可能在一个大多数人是企业新人的环境内成功实施，因为当环境内的员工都忙着应付日常工作时，基本没有精力来应对六西格玛项目提出的额外要求。

另外，熟悉业务的员工在面对企业实施六西格玛所提出的改善或各类指令时，会有自己的独立思考。在这个过程中，六西格玛实施团队（实施六西格玛导入项目的专门团队）可能会获得很多有价值的反馈来进行目标纠偏或进度更新。实施团队在技术上或业务上不太可能超越专职的业务人员，而业务能力不成熟的员工无法提供适当的反馈。

业务能力大多与员工的个人技能、素养、工作经验有关，这通常不会成为六西格玛项目的改善对象，但组织的整体能力提升可以作为六西格玛项目的目标。

4. 协作能力的成熟度

协作能力是一个软性指标，很少出现在组织评价的指标列表里，但它是组织实施项目的重要基础能力。内部沟通的有效性就是协作能力的重要体现。在很多情况下，协作能力与企业文化息息相关。简而言之，协作能力就是团队内的成员协作，以及团队间的跨团队、跨功能的协作能力。该能力主要受到三个因素影响：个人沟通能力、组织架构、环境文化。

个人沟通能力受员工的个人经历、背景、性格、素养等因素的影响，决定了员工与其他同事之间的沟通方式。其中，性格因素的影响是最直接的。性格内向的员工可能会成为实施项目的潜在障碍。而丰富的职业经历在一定程度上可能缓解这种沟通障碍，即便员工不愿意主动沟通或接受安排，但鉴于对组织的信任或职业道德，员工会做某些改变。安抚员工、获取信任、促进团队交流是提升协作能力的最常见方法。

组织架构对协作能力的影响主要体现在部门壁垒或功能壁垒（例如，负责员工薪资福利和负责员工招聘的小功能团队都在人力资源部门，但两者经常在新员工定薪问题上产生分歧且互不相让）上，这与组织架构形式有关。例如，传统的职能型组织、项目型组织、矩阵型组织之间的部门壁垒差异性很大。实施六西格玛无法挑选组织架构，但无论企业采用哪种组织架构，都需要实施团队打破壁垒来实现信息的横向传递。

环境文化与企业文化强相关。例如，有些企业实施狼性文化，以激进的方式推行日常业务，其项目执行效率可能较高，但员工之间的交流协作可能较为机械化，不利于企业长期发展。而一些实施蓝色文化（以宽松的管理模式，鼓励员工积极向上，是较为人性化管理的企业文化，与之对应的是较为激进的红色文化）的企业，虽然员工之间协作融洽，但很可能在个别分歧点上出现不配合的情况。所以很难说哪一个环境文化更好，企业只能引导当前团队尽可能适应六西格玛实施所需要的文化环境。

协作能力虽然无法量化，但直接影响着项目成败，而且体现着企业对项目的调节和干预能力。

5. 专业人才的成熟度

专业人才的成熟度即企业内所有六西格玛专业人员的数量及其方法论掌握的熟练程度，其中六西格玛专业人员的数量和能力尤为重要。六西格玛是非常专业的方法论，即便企业之前从未开展六西格玛项目，也从没进行过正式导入，但是企业一旦决定导入六西格玛，就必须获取足够多的六西格玛专业人员。如果企业内部资源不足，可以从外部获取。

究竟是先设立六西格玛专职岗位或团队，还是先开展六西格玛导入项目，这是一个很矛盾的问题。多数企业不会在导入六西格玛之前就设立专职岗位，所以获取足够多的专业人才就成了一个难题。企业深知导入六西格玛可能存在的潜在风险。如果贸然设立专职岗位，当导入失败时则会增加企业负担，但如果不设专职岗位又难以获取人才。多数企业会挑选内部精英，将其外派学习六西格玛，然后待他们回到企业后他们进行后续的六西格玛导入。从逻辑上看，这符合实操要求，但效果往往不尽如人意。六西格玛学习是一个长期过程，这是一个时间跨度非常长的学习过程，六西格玛导入人员无法在短期内学习所有内容。尤其在六西格玛导入阶段，需要的往往是六西格玛倡导者或黑带大师来规划和实施，所以尽管企业花费了一定的精力进行人才规划，但往往在导入六西格玛之前依然缺乏足够的六西格玛专业人才。如果企业贸然使用内部培养的人才，并将成败全部倾注于他们身上，企业将面临非常高的项目实施风险。所以企业在导入阶段临时启用外部咨询团队是可取的做法，因为外部咨询团队派驻企业的多数为成熟的六西格玛专业人员，他们可以帮助企业度过导入阶段的人才窘境。最常见的做法就是外部专业人员一边导入六西格玛项目，一边为企业培养接班人。这样也为企业更加谨慎地看待和接受六西格玛留下了足够的思考空间。

必须指出的是，专业人才的培训和建设是企业需要思考并解决的事情，不能依赖于外部咨询团队。这里不存在绝对正确的做法，如果企业确有能力自己培养优秀人才，且愿意在导入六西格玛之前就设立专岗进行，也是可推荐的实施方案。

由上面这些成熟度来看，企业在导入六西格玛之前必须保证一定的健康程度。如果一个企业已经风雨飘摇，病入膏肓，就指望六西格玛成为灵丹妙药，那么导入六西格玛几乎不可能成功。因为此时企业的主要目标并不是改善某个问题，而是尽可能保证存活。此时企业没有其他精力来实施六西格玛项目，实施团队更不可能获得有效的支持。

但总有一些企业在拖到上述状态后才开始考虑改善或导入六西格玛。此时，企业应清醒地知道，整合资源，规范运作，完成必要的前期准备是必须的。当外部咨询团队协助企业导入六西格玛时，经过对企业的初步诊断后，可能要求企业先进行一些内部整改，然后再导入六西格玛。这种做法完全合理。当企业面临巨大冲击，需要考虑生存问题时，缩小企业规模是一种切实有效的做法。在这个过程中，各功能团队的规模、资源和业务范围都开始收缩，企业散乱的流程也随着组织规模变小而发生变化，一些原本冗余的流程随之消失，企业运营的主线流程逐步凸显。上述变化都是企业导入六西格玛所期望的环境。所以在推行六西格玛之前，企业需要对六西格玛导入做深入的环境可行性分析，避免盲目启动六西格玛导入活动而产生不必要的成本浪费，更重要的是，不希望企业员工的士气因此受到负面影响。

3.1.3　人和：众志成城的决心

方法论的导入都是由人来推行和实施的，六西格玛也不例外。任何硬技能都可以通过一段时间的学习获得，哪怕是一些稀缺的专业人才也可以通过资源外包或设立专岗招聘获得。但对于导入或推行六西格玛来说，最重要的要素不是纯粹的专业技能，而是企业员工对六西格玛的接纳程度。如果一个企业从思想上或意识上无法做到自上而下的统一，那么六西格玛很难在该企业中立足。

思想意识的统一应从企业最高管理者开始建立。企业最高管理者受六西格玛影响的渠道多种多样，可能与其资历和学识有关，也可能受到外部信息的引导。无论哪种形式，企业最高管理者都一定是六西格玛的拥护者，是企业接纳六西格玛的源头。对于这个角色而言，六西格玛并不是具体的，而是一个概念上可以改善企业运营环境的重要方法论。该角色很清楚自己并不是具体实施者，而是需要整个团队来分解六西格玛的战略及其指标，并且将它们转化成具体的实施步骤。

凡是需要自上而下推行的方法论都存在一个难题，即如何将企业最高管理者或最高管理团队的意志传递到下面的执行层。企业管理者需要说服整个团队来贯彻执行其意图。宣贯六西格玛的过程会比其他方法论更困难一些，因为到目前为止，六西格玛可能是企业内部需要全员执行的复杂程度最高的方法论。在导入六西格玛之前，企业的内部员工（包括部分管理者），很可能不具备六西格玛的任何知识，这些员工在面对最高管理者的指令（导入六西格玛的要求）时，会变得茫然无措，产生本能的抗拒。

根据经验，六西格玛的导入不能强行实施。尽管可能极少部分执行力极强的企业（这并非一定是好的企业）通过强行实施也可以获得一定的成果，但最终这类企业很难长期获益。所以在六西格玛导入之前，企业必须将六西格玛方法和企业管理者希望导入六西格码的意图在企业内部反复进行宣贯，这个过程依然是自上而下的。企业管理者可以通过这些宣贯活动获得各个层级的员工对于六西格玛导入效果的预评估。此时的反馈必然存在一些负面情绪，如员工对企业实施新方法论的不理解等，这是对变革的正常反应。而企业也可以收获一些积极反馈，如对新方法论的期待或主动学习的欲望等。在正式导入六西格玛之前，实施团队可能无法完全消除所有员工的疑虑，也不可能进行大规模（完整的六西格玛知识培训）或大范围（面对多数员工的培训）的基础知识培训（因为六西格玛培训会消耗企业的大量资源），所以这种宣贯的主要目的是营造一种意识氛围，并且消除推进过程中的一部分阻碍。

这个过程非一朝一夕可以完成的。首先最高管理者在接纳六西格玛思想后，需要将贯彻实施的意图明确地传达给各功能团队的负责人，同时采取两个强有力的辅助措施：设立六西格玛倡导者以及制定六西格玛战略。由于企业最高管理者需要面对繁杂的事务，没有足够精力进行六西格玛宣贯，后期更不可能成为六西格玛体系的直接管理者，而倡导者可以代替最高管理者来实现应有的推进职能。设立倡导者既可以集中资源，又可以把六西格玛导入变成项目形式，进行统一管理和推行。倡导者本身的职能包括扫平六西格玛实施过程中的障碍，所以宣贯等活动就是倡导者的本职工作之一。虽然不要求该角色是六西格玛专业人员，但该角色需要具备一定的六西格玛知识，这样就可以直接解答执行团队有关六西格玛的一些基础问题。如果企业并不愿意在正式导入之前就设立倡导者，也可以先临时以兼职形式指定一个等同于倡导者的角色来进行前期管理。倡导者可以代替最高管理者进行六西格玛高层会议的组织和精神传达，同时该角色作为制定六西格玛战略的重要负责人，肩负着实现六西格玛战略部署与企业经营战略的一致性规划的使命。另外，制定六西格玛战略可以使六西格玛导入的准备变得正式化，并为所有企业员工提供一个六西格玛未来的推行状态和路径图，便于员工理解六西格玛对组织可能产生的影响和结果。所有的前期准备都是为了实现企业全体员工对六西格玛的认同，至少消除他们不必要的恐惧和疑虑。

六西格玛导入所涉及的实施团队将扮演重要角色，这个实施团队在前期很可能是临时性的，多数只是为了实现六西格玛导入所组成的临时虚拟团队。实施团队的成员有可能是被高层管理者指定的，所以不排除其中的成员有抵触情绪，对于这些成员需要先进行思想工作以保证实施团队内部的高度统一。这些成员可能具备六西格玛的基础知识，也可能完全是零基础的外行。由于团队的使命是导入六西格玛，因此这个团队需要具有极高的使命感，并以成功导入六西格玛为最高目标。在导入阶段，这个团队需要将六西格玛的相关知识导入企业中，同时发起相应的项目作为具体实施对象。这个过程非常痛苦，用文化开荒来形容也不为过。包括管理层在内的企业员工在真正面对六西格玛时都会望而却步。因为六西格玛会改变人们思考和做事的方式，同时又需要大量统计学知识作为基础，这两点都会让很多人产生心理障碍。而实施团队在面对这些困难时，必须抱有充分的信心、执着的信念，耐心且有方法地逐步推行。在六西格玛导入获得一定成果之后，这个团队可能变得更加正式化。

在实操过程中，有些企业的实施团队不够坚定，甚至只是为了完成上级交代的任务。此时团队为了有所建树，可能采用一些简单粗暴的方式，如洗脑式宣贯。这种方式有效但不推荐。从实际行为上，这种方式在短时间内能使员工对六西格玛形成一定认知，但本质上并没有真正获得员工的认同，多次宣贯之后甚至会招致员工反感。这种实施方式通常很难长期保持，实施团队原本就信心不足，当推行热情减弱之后，无论是实施团队还是其他员工都很容易快速回复到原来的样子，导致改善成果昙花一现。

六西格玛导入是一种文化变革，所以六西格玛导入实施的成功，也标志着企业文化的转变，是全员认同六西格玛的过程。企业员工对于六西格玛的信心由企业的管理层和实施团队传递而来。成功导入六西格玛不是一个人的战斗或胜利，而是企业全员努力的结果。可以认为，坚信六西格玛导入会成功的决心会极大影响最后的导入结果。

3.2 组织类型和文化的影响

六西格玛的导入和推行与组织类型和组织文化有很大关系。不同组织类型的企业在不同文化背景下有截然不同的表现。这些表现主要受企业管理的整体思路和员工构成的复杂度影响，两者相辅相成，企业管理中并不存在绝对好或绝对正确的方法。多数企业现行的管理思路是根据企业现状和员工实际情况不断调整而获得的。员工构成不仅与企业的人才策略有关，也与企业实际可获取的人才环境有关。由于地区性的文化差异，以及员工对于新事物的接纳意愿、理解能力和执行程度不同，因此实施团队的构成会产生巨大差异。

在导入六西格玛时，实施团队必须针对组织文化进行深入研究，制定有针对性的实施策略。否则即便管理层有资源有决心，也很难营造实施六西格玛的必要环境。这种策略没有固定模式，但根据企业特点可以归纳一些显著的有针对性的实施策略。

3.2.1 企业性质的差异

企业性质的差异主要由企业的出资方式决定。由于出资方对企业管理有直接影响，因此企业性质的差异会导致企业管理方式的差异。有的管理方式的差异在企业资本构成被确定的那一刻就已自然形成。尽管企业在实际管理过程中会制定一些特殊管理策略来改变这些差异，但这些差异导致的企业文化的差异根深蒂固，不仅会影响六西格玛的推行，而且会影响企业对任何管理活动的干预。

很多西方国家的企业性质相对单一，即便合资形式，本质上也不改变其私人企业的特质。私人企业是世界范围内最常见也是数量最多的一种企业。在资本主义的社会中，私人企业相对专制，但并不代表绝对的一言堂，即企业业主的意志必须绝对服从。根据企业规模和地域差异，企业高层管理模式也会进行分化。

在欧洲和南美洲，多数企业规模较小，家族企业很常见，这类企业的管理较封闭，决策基本由一两个人直接完成，是否实施六西格玛或实施六西格玛的执行力度和有效性往往由这一两个决策者决定。这种推行方式简单高效，但不一定符合人性化管理。因为企业业主对员工有绝对的控制权，家族式管理又保证了极高的执行度，加之企业规模一般较小，决策者的管理意图很容易被贯彻到执行层。只要决策者能接受六西格玛，那么无论员工是否愿意，往往都必须执行。

在北美洲，一些大型私人企业却有不同的表现。由于企业规模较大，功能非常细化，即便在某一个区域存在区域总负责人，这个角色也很难对区域内的各种活动直接发号施令。虽然该角色拥有很高的权限，且可能有强烈的管理理念，但他的决定很大程度上依然受到两方面限制：企业总的经营策略和各功能团队负责人的支持。

此时推行六西格玛，需要企业内所有团队的支持。由于管理团队中的角色各自负责自己的功能团队，而他们之间会相互牵制，即便在最高管理层中亦是如此。此时如果管理团队不能对实施六西格玛的想法达成一致，那么企业最高管理团队或企业业主一定会质疑该想法的可行性。员工数量多是这类企业的典型特征，其员工数量往往达到数万甚至更多。在这类企业中，任何管理决策要想真正落实到基层都要跨越很多层级。在网络时代，基层员工或许可以通过内部邮件或特定的活动直接从企业最高管理层获得一些信息，但这些信息仅仅停留在告知层面。管理团队要想将这些信息转化成实际管理活动，通常还需要将这些信息通过功能团队逐层分解，最终落实到基层。这种层层传递为企业实施管理活动带来了困难，对企业各层级之间沟通的有效性产生了巨大影响。所以大型欧美企业，尤其是北美企业非常重视团队协作，他们以功能团队的形式用科学的方式推行六西格玛。

近一个世纪以来，企业管理的主要方法均来自西方，这些方法很早就被欧美企业所接受，并且形成了其独特的企业管理文化。在国内，一方面很多企业成立时间较短，企业管理团队对企业管理的方法较为陌生，即便采用了一些国际上较为成熟的管理方法，但仍停留在生搬硬套的阶段。另一方面，企业性质多样化，致使企业文化差异巨大。这些都使得国内企业与欧美企业在推行六西格玛等方法时有显著不同。国内企业大致可分为国有企业、外资独资企业、合资企业、本地私人独资企业。这些企业在面对六西格玛时，实施方式都有其独特性。此处不对其他一些少数类型的企业或非营利组织进行研究。

1. 国有企业

国有企业即国家拥有且管理的企业，这类企业通常涉及国计民生或国家基础建设和运营，其中多数企业是国家关键支柱类产业。国有企业规模较大，员工人数众多，管理层级极其复杂。

这类企业对于六西格玛这种外来的管理方法接纳程度较低。主要原因是这类企业的工作环境稳定，缺少足够的内部冲突，也就是俗话说的"激情"。员工长期处在一种旱涝保收的状态下，缺乏足够的危机意识，不会主动去追求改善的新方法。另外，多数国有企业在几十年的发展过程中，组织变得臃肿，人员出现冗余，功能被过于精细化，导致很严重的功能壁垒或部门壁垒，组织内形成了小范围的功能封闭。这些特点会导致企业管理层对六西格玛置之不理，甚至认为六西格玛是导致额外工作量或影响其常规绩效的负面工具。从国内企业导入六西格玛的历史进程来看，国有企业对六西格玛的认知时间较晚，导入进度明显滞后于其他类型的企业。但国有企业导入六西格玛又是一种必然趋势，这与企业的自我发展和认知过程有很大关系。

以前，国有企业从体制上限制了员工的自由发挥，也限制了管理团队的创新能力，所以导致国有企业的发展速度可能落后于其他类型的企业。但历史的脚步不会停下，随着时代的发展，国有企业也受到了市场和同行业的不断挑战。外部竞争在某种程度上成为刺激国有企业内部改革的一种驱动原动力。国有企业也逐渐认识到企业需要改进，而改进则需要更先进的改善方法来支持。大型国有企业有很多潜在的改善机会，如企业臃肿、功能重复、人员冗余、工作效率低下等，这些问题都是六西格玛最擅长的改善对象。

近年来，国有企业纷纷改制，以克服各种已知的弊端来满足日益发展的市场需求。今天很多国有企业相对独立自主的管理模式也使企业拥有更多的自我决策能力，这对六西格玛的导入来说，无疑是一个天赐良机。此外，国有企业的管理层逐渐年轻化和高学历化，他们不再对六西格玛这种舶来品怀有成见，这使得企业可以得到科学的管理。

国有企业虽然进行了各种改革，但本质上依然保留了国有企业的运作模式。国有企业内部指令的上传下达非常有效，且员工对指令的服从度很高。当国有企业的管理层接受六西格玛的理念，并开始尝试推行六西格玛的时候，这种模式对于贯彻某种精神或执行某些活动非常有利。针对这样的企业文化特点，多数国有企业在导入六西格玛的时候都选择了运动式推行方式。例如，某省的电网企业就提出了"精益八年"的理念（借用精益的名义，实际以六西格玛项目为基础）全面推行六西格玛改善。企业每年贡献一百余个优秀的六西格玛项目。国有企业在小范围的组织内效率很高，即便执行者对执行对象有疑问，往往也会严格执行上级领导的指示。这种做法虽然死板，但不失为推行方法论的有效做法。另外，国有企业往往资源丰富，宣传力度也明显优于其他类型的企业，所以企业内部很容易营造氛围，形成自上而下的统一认识。很多国有企业的知名度往往较高，其社会影响力也远优于其他类型的企业，在各种与六西格玛相关的社会分享活动中，国有企业的改善也会获得更多的关注。

所以国有企业虽然在六西格玛推行进程中介入较晚，但推行速度之快不亚于其他任何类型的企业，而且改善效果显著，社会影响力更优于其他企业。从推行方式上看，国有企业这种相对封闭甚至有些僵化的企业管理模式，对于六西格玛的实施却可能有正面影响。一旦国有企业管理层接纳并决定实施六西格玛，就很容易在企业内形成规模效应，并取得一定的成绩。例如，国内某化工集团在推行六西格玛若干年后，宣称其企业已拥有 2 000 名六西格玛黑带人员。虽然企业外部人员无法验证该数字的有效性，但从企业绩效来看，六西格玛的导入确实为该企业带来了巨大的改变和收益。

需要注意的是，国有企业文化对推行六西格玛或许有利，但当企业注意力转移到其他方向时，这种文化或许又会成为阻力。国有企业发展的强大推动力源自运动式的推行活动，那么在运动热情高涨的时候，企业会获得非常好的活动结果，但运动式推行的缺点在于运动热情无法长期保持。因为运动总有结束的一天，一旦企业内部推行活动的热情消退，那么推行对象很快会被冷落。事实证明，有的大型国有企业在推行六西格玛一段时间后获得了巨大收益，但当企业把资源转向其他管理活动时，六西格玛的活动成果迅速在企业内部消亡。甚至出现了员工对六西格玛方法只字不提的现象，更不用说继续推行六西格玛项目了。如何保证国有企业的员工真正从内心接纳六西格玛，是国有企业需要解决的重要课题。企业管理团队要避免改善热情来得快、去得快的现象。

总体来说，国有企业接纳六西格玛方法的过程正日趋成熟，六西格玛导入也对国有企业的文化推广产生了积极作用。

2. 外资独资企业

在中国国内的外资独资企业以欧美和日韩企业为主，其中欧美企业是国内最早导入六西格玛的企业，也是六西格玛在国内传播的起源。这些企业对六西格玛在中国的传播功不可没。这类企业大多是大型欧美企业，能够在中国开设海外业务即代表其业务能力卓越，资金实力达到一定规模。而日韩企业由于地理位置的便利性，在国内也有很重要的影响，但这类企业对实施六西格玛可能抱有不同的看法和态度。

国内很多欧美企业的总部已经实施了六西格玛体系。目前，国内最早应用六西格玛的企业当属摩托罗拉。2000年前后，通用电气、柯达等老牌美资企业也在中国区分公司推广六西格玛。这个时间点明显滞后于这些企业在北美总部实施六西格玛的时间。这些企业在中国推行六西格玛的方式几乎一样。这些企业在海外总部已经具备了完整的六西格玛体系，有专业实施人员，不论是培训教材还是实操案例都相当完善。换言之，这些先驱企业内部已经形成了较稳固的六西格玛文化基础，如在通用电气甚至已经接近全员培训和认证。当这些企业在海外新增事业部或业务团队时，会直接把六西格玛拓展到新增团队。

欧美企业这种从既有团队拓展到新增团队，从总部（大型团队）到分部（小型团队）的做法相对轻松。这是一种企业文化的渗透，其难度远远小于在一个新企业里完全从零开始推行新方法。可以认为，在新增团队刚建立的时候，组织内部就基本具备了实施六西格玛的环境。有的企业在中国新设立业务团队时，甚至会直接设立六西格玛专职岗位，进行专岗招聘。更成熟的做法是，企业会从总部派驻六西格玛专职人员，包括六西格玛倡导者、黑带大师，来支持新业务，并且支持本地人才的培养，帮助本地业务团队顺利过渡。

欧美企业的文化明显区别于国有企业或国内的私人独资企业。这些企业对于制度的尊重甚至比国内本土企业更加严苛，但人文环境却相对宽松。在推行六西格玛的过程中，由于企业已经拥有六西格玛的成熟体系，也具有专职人员，因此原则上推行六西格玛就是一种必须执行的活动。实际上，欧美企业却强调员工自己在整个推行活动中的自我意识和主观能动性，可以认为这是人本主义的体现。因为企业清楚地知道，虽然六西格玛是很好的方法论，但企业不应强行实施。尊重员工也是尊重这个方法论的一种体现。企业通过组织文化去感染员工，给员工充足的资源和适宜的环境，让员工自发地参与到六西格玛活动中。只有这样，才能保证六西格玛的长久实施。

大量实施经验证明，这种让员工自主参与的方式所获得的实施效果是最好的。当整个企业都沉浸在推行六西格玛方法的氛围中时，少数新员工或未参与推行活动的老员工就会受到潜在的环境压力，进而主动参与推行活动。即便企业暂时将精力转移到其他业务活动，由于六西格玛文化氛围已经形成，所以短时间内六西格玛推行活动依然可以延续下去。通常，企业也会考虑个别员工对六西格玛抱着偏执的抗拒态度。所以从体系上，企业一般会设定一些强制执行的标准，如新员工在入职两年内必须完成六西格玛认证等。未达标的惩罚手段通常不是针对大多数员工设立的。因为大多数员工会受到企业文化的影响，在设定的期限前会自发完成相应的培训和认证。这些惩罚手段仅仅是针对那些相对特立独行、对六西格玛有成见的员工的。企业通过这样的推行方式来保证企业自上而下全员接受六西格玛文化。

欧美企业在六西格玛的推行上积累了大量经验。目前，国内各类企业在推行六西格玛的时候大多都借鉴了这些企业的经验。我们认同欧美企业这种文化渗透式的推行方式，即营造良好的企业文化，用多数人去影响少数人。这样即便企业出现了人员更替，也可以保证六西格玛文化的传承。由于多数本土企业都是从零开始推行六西格玛的，此时在企业内并没有一个成熟团队可以被复制，所以本土企业依然要根据具体场合来决定推行六西格玛的方式，不可盲目复制欧美企业的做法。

日韩企业在面对六西格玛时则完全呈现另一种态度，这个差异主要由地域文化差异导致，将在后文分享。

3. 合资企业

合资企业是很难实施六西格玛导入的企业类型。这类企业的诞生往往是因为在某些业务上，合资双方都需要对方的关键资源，"不得已"才走到一起。合资企业的差异主要来自合资方业主的文化差异和管理方式差异，这种差异会使企业文化难以统一，导致企业内环境不稳定。所以这类企业会抗拒几乎所有新方法，对六西格玛的导入通常比其他类型的企业更难。

合资企业是业务战略合作的产物，任何企业本质上都不愿意和其他企业合作，尤其是合资开设企业和管理企业。这种合作的动因基本只有两个：缺少对方持有的某些关键资源，以及期望介入对方的经营管理以取得自身业务优势。所以在合资企业中，企业希望通过合作来解决当前的业务难点，很少会将关注的重点放在六西格玛等辅助改善企业管理的方法上。通常只有当企业的运营到了迫不得已的情况下，管理团队才会思考导入新的方法论。

因为资本方的实力有差距，所以企业必然要面对资本方的权重问题，权重较大的资本方在管理上存在巨大的决策优势。这种情况下，人事管理或企业文化会变得古怪，甚至不通人情。企业的人事管理会像维和部队一样花大量精力来调和企业内部不同团队之间的内在矛盾，而不是进行真正的企业文化建设。而员工则可能陷入各种资源冲突和管理陷阱，无心关注新的方法论。

要让合资企业的所有资本方的负责人都接受六西格玛的思想才可能进行六西格玛导入。合资企业在实施内部活动前必须获得多方的一致认可，其难度可能数倍于其他企业，尤其是一些资本方来自本土私人业主，他们如果仅关注企业的短期经济利益，则可能完全不在意是否导入六西格玛。在很多人眼里，所谓合资就是企业间相互利用的合作模式，不同资本方的员工时刻在提防对方。如果某些核心资源被对方掌握后，自己或自己所在的资本方很可能再无优势，自身的生存都可能受到威胁。或许从企业业绩的角度来看，合资企业的效益是优秀的，但这样的企业文化氛围极差。多数合资企业的企业文化非常不利于六西格玛方法的导入。企业应尽可能营造内部宽松的文化氛围，缓解各功能团队或各资本方之间的敌对情绪，企业建设应以团结合作为主要目标，为六西格玛导入铺平道路。

合资企业的管理和文化差异则很大程度来自国内外文化的差异，这和纯粹的国内本土多方合资企业有所区别。因为本土多方合资企业主要矛盾仅在于资源争夺和决策方式，各资本方的管理模式很可能类似或相通。而合资企业的管理模式之间可能存在一定差异，如中西方文化的差异。那么两种截然不同的管理模式混杂在企业内部，更不利于企业导入专业方法论。所以合资企业成功导入推行六西格玛的案例并不多，普遍认为这类企业独特的组织文化是一种阻碍。

部分合资企业仅仅是资本由多方融合，但管理上和独资企业无异，企业内部不存在各资本方自己的专属员工。这类企业的管理模式和其他独资企业一样，可以根据企业特点进行有效的组织文化建设和六西格玛导入活动。

4. 本地私人独资企业

本地私人独资企业在六西格玛导入时呈现出了明显的两极分化，这取决于企业业主个人对于六西格玛的接纳程度，同时企业所处的生命周期阶段也会对企业文化和六西格玛产生影响。现阶段在中国国内，企业的平均寿命约为 7 年，其中本地私人独资企业的平均寿命为 5~10 年，制造型企业的寿命相对长一些。六西格玛导入的短期效益相对偏弱，较短的企业生命周期不利于六西格玛体系建设。本地私人独资企业业主更注重企业的生存状态，尤其在企业创建的起步阶段。

所有企业在创建的起步阶段都非常类似，保业务求生存是企业的首要大事。此时哪怕企业里有六西格玛专业人士，或业主完全认可六西格玛，也不可能在这个阶段导入六西格玛。通常企业业主或管理团队第一次考虑企业改善是在企业度过了第一次爆发式增长阶段之后。在这个阶段，一方面企业获得了一定量的原始资本积累，另一方面企业从创业初期积累下来的负面问题开始逐渐暴露出来，而企业业主和管理团队也开始有时间审视企业自身的问题。此时企业业主的个人主观意愿就成了关键影响因素，因为本地私人独资企业业主对于企业的管理有绝对的控制权，该角色对于如何处理问题、如何制定管理模式有绝对的决定权。在面对当前阶段的企业管理方式时，企业业主常常关注这样几个问题：业务是否会稳定发展？企业的问题是否可以自行解决或快速解决？企业的未来状态是什么样子？此时，对于这些问题，不同的业主会做出截然不同的选择。

有一类业主或管理团队出于对业务未来的恐惧，非常注重短期利益，认为企业活在当下，应更关注现阶段的效益，企业管理活动应以"短、平、快"的方式实施。在这种思想下，企业的管理活动务实且会被快速实施，但这些管理活动缺乏长期规划。业主甚至会采取一些不合适的管理手段，如比较激进的狼性文化等。六西格玛方法在这种环境下很难生存，业主自身可能就对六西格玛有抗拒心态，认为六西格玛冗余复杂，见效慢且不适合自己的企业。最严重的情况是，业主或管理团队可能对六西格玛有一些误解，如六西格玛就是在玩数字，改善是虚假的等错误想法。这会导致六西格玛导入完全找不到切入点，六西格玛甚至被背上骂名。此时的六西格玛在没有进入企业之前就已经直接被业主或管理团队排除在外，导入和推行更无从谈起。

另一类业主则会居安思危，从更长远的角度来思考企业的出路。虽然这类业主同样会考虑企业当下的状态，也清楚企业潜在的生命周期状态，但他们认为早期将科学的方法论导入可以有效延长企业的寿命，而且在后续的经营过程中这些方法论可以使企业的长期绩效变得更好。这类业主对企业导入新的方法论抱着较开放的心态，所以六西格玛方法对这类企业的导入成功率会高很多。当然即便这类业主也会对六西格玛方法中的复杂工具产生疑问，但周密充分的部署和成功的导入案例分享会帮助消除业主和管理团队的疑虑。私人企业的内部执行效率较高，与国企一样，这种企业文化则非常有利于六西格玛方法自上而下进行传递和渗透。

在很长一段时间内，人们认为上述两种截然不同的业主心态是由业主的个人素养（包括学历、背景）导致的。例如，低学历的实干家更倾向于前者，高学历的具有丰富管理经验的业主更倾向于后者。事实上，这是一种误解。个人素养确实在很大程度上会影响业主和管理团队的思维模式和决策方式，但在今天，绝大多数的企业业主在管理企业的行为模式上是成熟的，其会做出相对正确的评估。如有必要，这些业主会选择更专业的管理负责人来进行决策。甚至有一些业主即便在自身认知不足的情况下，也愿意花一定的代价尝试新的事物。所以企业业主的个人素养并不是六西格玛方法能否在这类企业内实施的决定性因素。

必须指出的是，本土私人独资企业的组织文化其实就是企业业主的意识传递。如果业主对于六西格玛充分肯定，则对于六西格玛的导入非常有利；反之，六西格玛则完全没有任何被导入的可能性。在这类企业中进行六西格玛传播时，导入团队必须想方设法获取业主或最高管理团队的认可。

虽然本土私人独资企业的生命周期整体较短，但对于多数此类企业来说，六西格玛依然适用，成功导入六西格玛会极大地延长企业寿命并改善企业的生存状态。而目前一种新型企业开始增多（其中本土私人独资企业居多），这些企业仅以短期临时性的业务成功为生存目标，并未以企业长期生存为目标。例如，为了某个基建项目的交付便利性和成本节省而临时就近设立的工厂等。这些企业在设立之日就已决定了关闭之期，企业的生命周期很短，最长的也很少超过 2~3 年。在这样的企业内推行六西格玛的意义非常有限，甚至没有意义，管理团队只能借用六西格玛的一些理念和工具做些许的日常管控与改善。

▶ 3.2.2 地域文化差异

地域文化的影响是指企业在不同区域内受到当地员工文化差异带来的影响。这种地域文化差异主要是由民族文化差异、地方风俗差异、地域习惯性差异导致的。这些差异是一种固有差异，无法完全消除，而且会直接影响六西格玛的推行过程。

前文提及六西格玛方法起源于北美，在以北美为代表的区域内，企业一直在推崇结构化的管理模式。而六西格玛的 DMAIC 框架就符合这种结构化模式，所以在以北美为代表的区域内，六西格玛符合多数企业的管理思路，更易被企业员工接受。这种接受是指在思维模式上的接受，而员工对于复杂方法论的恐惧并未减少。很多欧洲企业以非常强硬的管理模式来传递管理层对六西格玛的认知态度。很多欧洲企业是家族式的中小企业，这与国内的本土私人独资企业非常类似，推行方式也类似。

其他区域企业的地域文化差异则有着更多更复杂的表现。例如，南美、非洲、中东和东南亚（非中国）的很多国家，受当地教育和文化习俗的影响，企业内管理工具的普及度不高。即便一些经济基础较好的地区，企业的管理模式也比较简单粗暴。不仅是六西格玛方法，其他先进的管理方法也很难导入这些地区的企业。这些地区的企业对于六西格玛的认知状态非常类似于 2000 年前后的中国国内对于新方法论的认知状态。此时六西格玛的传播基本只有两种情况：要么企业对六西格玛一无所知或完全没兴趣，要么由外来的大型企业在内部进行拓展实施。这其实是企业受到经济发展阶段的影响而产生的自然现象。随着时间的推移，当地企业会逐渐接纳六西格玛等先进方法。

在这些企业中，日韩企业的地域文化差异有些特殊，这与其经济发展程度相关。经济发展程度与企业管理的成熟度在一定程度上成正比。企业经营状况可以侧面体现其管理认知的先进程度。日本企业在世界范围内有一定知名度，已形成企业品牌效应。有大量知名的日本企业一直是其他国家企业学习和效仿的对象，其中也不乏北美企业。但通过很多年的研究发现，日本企业的管理模式具有特殊性，这与其独特的民族文化相关，而韩国企业亦有相类似的地方。日韩企业的管理者通常都具有强烈的自我意识，注重企业自身的经验积累和总结，并不会盲目"借鉴"其他国家的做法。这些企业虽然会学习六西格玛，也深刻理解六西格玛的作用，但实际上真正实施六西格玛的日韩企业并不多。取而代之的是，企业会研究和吸取六西格玛中的先进思路，但实施时却采用更"古朴"或"原始"的方式，用更传统的方式来实施企业的改善活动。这种"原始"的做法就是强调人的实践作用。日韩企业认为人是改善的原动力，也是改善的实施主体，如果人也就是员工自身具有很强烈的质量意识，那么企业的产品质量就不会差。这种把人的因素放在结构化方法论之上的做法与日韩的民族文化有关，并不是其他国家或地区的企业可以简单复制的。所以，今天在很多日韩企业里很少能看到完整的六西格玛实施项目，可能会看到一些零碎的六西格玛应用工具，但不可否认日韩企业的产品质量在世界范围内都非常优秀。这可以认为是地域文化特殊性的另一种表现。当然，也并非所有日韩企业都不接受六西格玛文化。例如，韩国三星集团就根据自身特点演化出了具有三星集团特色的六西格玛体系，由于该体系有三星集团强烈的自我意识和特点，因此其表现形式与其他欧美企业的六西格玛体系有一定差异。

在中国，不同区域的企业对六西格玛的接纳程度也大相径庭，同样受到了经济和当地文化的影响。就当前阶段的六西格玛导入分布来看，国内六西格玛导入最热点的区域是长三角和珠三角两个经济开发区。两个区域内导入六西格玛的企业数量和整体相关从业人数大致相当，位居全国之最。其中，珠三角的相关企业可能稍多一些，但就高端六西格玛人才的分布数量而言，长三角占绝对优势。在其他大型城市中各类企业推行六西格玛的趋势在快速上升，但尚无法与长三角和珠三角匹敌，如京津冀地区的不少企业已经开始逐步导入六西格玛等。在国内西南、西北、东北等区域内，仅部分大型企业或外资企业根据其自身特色导入六西格玛，而大多数企业对于六西格玛的认识还处于原始状态。

尽管企业可以通过管理手段来影响企业文化，但地域文化对企业文化的冲击力和影响力不一定都可以用管理手段来消除。曾有一家大型跨国美资企业在上海设有工厂和管理团队，六西格玛很早就被导入该企业且卓有成效，该企业也是很多其他企业效仿学习的标杆。但该企业鉴于金融环境和企业成本等各种压力，将工厂搬到了四川。通过这个做法，该企业在短期内实现了人力成本等各方面的降低和优化，但企业必须面临一个现实问题，就是绝大多数基层员工不得不换血，企业必须从当地重新招聘新员工。在完成基层员工的替换之后，企业发现之前所建立的六西格玛体系变得无法继续实施，企业的所有员工都需要重新培训。如果仅仅如此，那企业只是损失一些工时而已，但事实上企业发现本来在上海导入六西格玛并不是那么困难，在新工厂重新导入六西格玛却困难重重，因为本地员工对六西格玛的接受程度非常低。最后企业花了数倍精力进行六西格玛的再次导入，但该新工厂的六西格玛依然处于较低水平，远远达不到上海工厂的程度，而管理层也对此一筹莫展。难道是上海的员工比四川的员工优秀吗？这种带有强烈主观偏见的判断是错误的。这种结果性差异更多来自地域文化的差异对企业文化的冲击。在上海，企业员工普遍压力较大，迫使员工尽可能在企业内部获取更多资源，很多员工把工作和学习结合得非常好，所以他们对于新事物的接受程度较高。很多员工甚至愿意牺牲私人时间，自掏腰包支付高昂的培训费进行额外的学习。对于企业提供六西格玛的培训，许多员工不只把它当作企业的要求，更把它看作个人发展的良好契机。而四川的很多员工技能出色，但学习新事物的动力不足，相比之下，他们更乐于做好自己的本职工作，所以对六西格玛这些方法的态度不冷不热，仅把它作为企业的要求来对待。这种现象并非发生在个别员工身上，而是整个地域范围内大多数企业的员工都存在的现象。从上海和四川两地的职业技能培训市场数据就可看出，在上海，周末有大量企业员工愿意花时间进行职业培训，甚至原意支付高额的培训费，而在四川，即便像项目管理PMP这种普及程度很高的职业技能培训，报考人数也远不及上海。这个原因也可以用于解释珠三角企业的六西格玛发展为什么优于京津冀地区的企业。例如，北京也拥有不少六西格玛的中高端人才，但由于北京的制造型企业相比珠三角并不算发达，而北京的地域文化更偏向于金融政治等领域，人们对六西格玛这种更贴近传统行业的方法论没有那么高的兴趣。天津、河北、山西等地又因经济发展阶段的需求所限暂时没有把六西格玛放在企业优先考虑的位置上。而珠三角的很多企业属于劳动力密集型企业，如电子、机械等加工制造业企业。这些企业对六西格玛有急迫的需求，企业员工自上而下都有强烈的危机感，深知企业与个人面对的生存压力。企业即便在本地六西格玛人才不十分充足的情况下，依然会积极引入外部人才，同时尽可能把六西格玛在企业内部进行宣贯落实。所以珠三角的企业文化反倒促使员工更好地学习和导入实施六西格玛。

至于六西格玛高端人才的区域分布数量问题，则和地域文化的关联程度不大。其集中在长三角的原因主要是大型外资企业刚进入中国时大量集中在以上海为代表的长三角地区。直到今天，长三角地区的跨国大型外资企业数量依然是全国之冠。因此导入六西格玛的初期所培养的高端人才聚集在长三角地区也不足为怪。随着六西格玛的普及，这个聚集效应会逐渐减弱，并向全国范围一点点辐射，最终实现全国范围内六西格玛的全面推行。

3.2.3 管理策略差异

企业性质与地域文化对企业实施六西格玛的影响是客观存在且难以控制的，这些影响对企业推行六西格玛有正面或负面的作用。企业在制定六西格玛导入形式时，会针对自身特点采取一些差异化管理策略。这些策略不仅影响企业的运营模式，也影响企业的文化环境，进而影响员工的主观意识。

所谓管理策略，主要是指企业导入新方法时采用的手段和形式。前文提到的欧美企业常常鼓励员工自主创新，并主动参与六西格玛项目就是一种管理策略。私人企业使用"一言堂"的方式推行六西格玛则是另一种策略。

管理策略是由企业业主或最高管理层决定的，不同策略之间不存在优劣之分，企业必须根据自身特点来制定相应策略。策略在没有被实施之前，无法确定其是否正确。所以企业制定管理策略需要谨慎，因为该行为存在一定的风险。企业的管理策略最常见的两种方式是红色文化和蓝色文化。

红色文化是一种比较激进且强制推进的文化。这类文化在部分国有企业、私人企业中比较常见，也较符合这类企业的特点。这种文化强调所有员工对上级指令的绝对服从，强调员工的执行力，并且强调以结果为导向。员工可能对新方法论存在抗拒，但受企业性质或企业文化的影响，依然会服从上级指示，此时企业的要求很容易实现全员贯彻。并非只在相对保守和刻板的企业里才会实施红色文化，一些新兴的互联网企业虽然非常推崇员工的主观能动性，在整体决策和企业发展过程中非常注重员工的心声和主观感受，但在制定管理策略时，也会采用红色文化。其原因主要在于企业需要员工的自主管理意识，但也明白过度的自由并非企业所需。企业在贯彻实施新方法时要使用高执行力的管理策略。这种企业不同层级的员工对这些管理活动的理解是不一致的，企业对员工要坦陈以待，并尽可能说服所有员工。如果企业采用过于强硬的实施方式，就会破坏员工对企业的情感，这是得不偿失的做法。

红色文化的特征并非只是管理活动的执行方式简单粗暴。由于企业员工的个性多样，即便在某些"老板文化即企业文化"的企业内，员工之间也会有不一样的"声音"。这些"声音"就是员工对企业管理活动的反对意见，它们会导致管理活动在实施过程中效率受损，更严重的是，它们可能会带来更多不同的"声音"。过多的"声音"会破坏管理层的权威，进而影响企业文化。所以企业需要从制度上保证管理活动的有效性，这类企业会制定非常清晰的评价指标来评估从企业到个人的各个层级的实施效果。六西格玛在这种环境下可以迅速在企业内推行。

红色文化要注意如何保持实施热情。有的企业喜欢搞一些运动或冲刺来实施阶段性的任务。这种做法在短期内可行，但不能长期实施。长时间的持续激励会导致员工精疲力竭，失去焦点，甚至对企业的管理活动产生厌烦。一旦企业内部出现这种现象，负面情绪就会迅速蔓延，最终受到损害的不仅是六西格玛实施的成果，而是整个企业的凝聚力。

蓝色文化则推崇在宽松的环境下看待新事物，强调企业员工在整个活动中的主观能动性。典型的欧美企业在管理上更偏向于这种策略，它们会把企业的指标锁定在企业经营的业务上，而在内部运营过程中提倡员工的自我管理。企业在推行六西格玛时会制定一些规则，但在执行过程中主要依靠功能团队的自我改善意识和企业文化的渗透。在这种文化策略下，企业虽然会对实施结果进行评估，但更看重实施的过程指标。企业并不强调单个项目的成败或短期效益，而看重的是阶段性的改善成果，哪怕只是较小程度的改进也会受到管理团队的鼓励。实施蓝色文化企业的六西格玛项目数量可能不会像实施红色文化企业的那么多，但更容易出现一些高质量项目。

蓝色文化并非只存在于外资企业，部分本地企业在推行六西格玛的过程中也会抱着相对轻松的心态，仅以辅助改善为主要目的，因为这些本地企业不希望实施六西格玛的过程对企业正常的业务产生负面冲击。尽管企业理解实施六西格玛会产生基础成本，而且存在导入失败的可能性，但企业以宽容的心态进行尝试就已经是一种蓝色文化的表现。事实上，即便再死板的企业在实施管理活动的过程中，也都会考虑实施蓝色文化来顾及员工的感受。从长期效果来看，这种文化的实施效果会保持得更加长久。

除了红色文化和蓝色文化，还有一些特殊的企业文化，如放羊式管理、敌对式或竞争式管理等，这些企业文化往往对六西格玛的导入不利。例如，放羊式管理这种企业文化非常松散，可以说企业没有企业文化，员工仅仅以完成最基本的交付为目的，而改善只是管理层的意愿或较小程度的快速改善活动，这些活动对员工几乎没有影响。企业对员工的管理，如放羊一般，只要不犯错，只要能完成任务，基本不做限制。在这种环境下，多数员工不可能落实六西格玛理念。这种情况在服务行业的企业（如呼叫中心、餐饮连锁、售后服务等）中普遍存在。而实施敌对式或竞争式管理的企业则完全把精力放在了业务指标上，一切以业务指标为最终目标。员工除了对业务指标有兴趣，不关注其他任何管理活动。团队之间也以特定的业务指标为行动的最高指挥棒。在这种情况下，团队到个人都以彼此高度敌对的状态在企业内共存，几乎不存在跨功能团队的协作。为了实现业务指标，企业内部甚至会出现恶性竞争或破坏性竞争。企业则认为这种状态不失为一种实现高绩效的手段，管理团队较少直接干预这些竞争活动，仅在出现破坏性竞争行为时才进行最低程度的干预。部分企业所实施的所谓狼性文化就有类似的特点。这种文化在业务型企业（如销售团队、供应链团队等）中相对常见。显然，在这种文化下六西格玛很难成功实施。

无论企业实施哪种文化，都是企业实现自身业务指标的方式之一。只要符合其业务特点，符合员工特点，那么这种管理策略就可能为六西格玛导入铺平道路。即便企业内存在一些不利于六西格玛推行的管理策略，企业对其稍加调整，做合理的改善，也一样可以为推行六西格玛提供便利。例如，前文提及的呼叫中心这样的企业，其企业文化相对比较淡漠，员工作业以个人服务的形式存在。但企业可以通过丰富的企业活动营造宽松的企业文化，提升员工归属感，在员工工作以外的时间增加相互了解、相互信任，使员工认可企业文化以及企业希望贯彻实施的活动。目前，国内有不少大型呼叫中心成功导入了六西格玛并形成了最佳实践。

3.3 导入风险与影响

任何项目或活动都存在风险，六西格玛导入也一样。六西格玛导入成功后对企业的效益见效较慢，但其导入失败的结果却立竿见影。在导入过程中存在哪些风险主要取决于管理策略的变化、企业业务变化的冲击、企业的成熟度、人员的变化、项目管理的实施效果等。很多人认为，六西格玛导入失败无非给企业带来一些经济损失，即实施成本损失。但事实上，企业如果忽视导入风险，最后造成的影响会涉及企业的方方面面。

通常，企业一旦准备开始导入六西格玛，就代表企业已经完成自我评估，对六西格玛实施可能出现的结果有一定预期，也对相应风险有应对准备。所以企业导入六西格玛的风险主要出现在实施过程中，主要来源于两个方面：环境的变化和项目的不确定性。

1. 环境的变化

环境是变化多端的，从企业业务的变化到管理层人员或理念的变化、外部政治因素的变化、关键人员的变化等，这些都可能导致企业经营策略或六西格玛实施策略发生根本性变化。在这些变化中，很大一部分因素属于不可抗力，即其发生不受六西格玛实施团队的主观意愿或客观绩效的影响。这类风险在企业生命周期内都客观存在，是企业事业环境因素的一部分。六西格玛导入如遇到这类不可抗力风险，基本就会失败，任何人都无力回天。但有一些环境变化是可以控制的，如内部人员的调整、产品业务线的调整等。这类变化由企业自身决定，通常是为了应对业务需求而做出的一些自然反应。但企业并非一定要实施这些变化，或者说这些变化可以延后实施。如果这些变化会严重影响六西格玛的导入，那么实施团队可以及时向管理层说明情况，希望企业暂停这些"破坏"活动。因为在推行六西格玛的过程中，期望有一个相对稳定的环境。六西格玛本质上是在追求企业的变革，但在一个动荡的环境中，很难发挥其应有的效果，而混乱的企业内部环境会导致其推行的失败。

2. 项目的不确定性

项目的不确定性来源于两个方向的影响：一是项目推行过程中未知因素的影响，二是项目管理能力的影响。项目有明确的时间属性，而六西格玛导入依赖项目活动，所以项目管理风险也是一种固有风险。与事业环境因素变化的风险相比，这类风险较小，且并非完全不可控制。例如，实施团队在推行六西格玛的过程中与某些功能团队产生了摩擦。实施团队是不希望出现这类摩擦的，因为它们很可能具有破坏性。实施团队可以自行调整，与对方和解，也可以请管理层介入。项目管理的能力会直接影响项目的结果。即便项目是在一个完美的企业内部环境下进行，如果实施团队缺乏项目管理的基本能力，那么对项目也是一种灾难。项目的各个基础属性（见第 5 章）都可以理解为成功实施六西格玛的关键资源，有机结合这些资源才可以实现六西格玛导入的最终目标。正确应对项目推进过程中的不确定性是实施团队推行六西格玛的重要体现。

一味强调六西格玛实施过程中的风险并没有意义，因为任何活动都存在风险，而且有的风险是固有的或不可回避的。与其说企业要面对六西格玛导入存在的风险，不如说企业要承受六西格玛导入失败带来的影响。对于六西格玛的实施团队和企业管理层来说，更重要的是，正视和管理这些风险的潜在后果。

与其他导入活动类似，如果六西格玛导入失败，那么整个实施过程中所耗费的人力、物力、工时损失等都直接可见，这些损失通常可以直接用财务成本来衡量。六西格玛导入不太可能全然失败，多多少少会获得一些成效，如对企业员工的六西格玛知识培训、全员的质量意识提升等都会有一些积极帮助。但从导入项目的财务收益来看，如果项目的收益没有达到预期标准，那么依然认为导入不成功。企业尚可接受导入带来的成本损失，但如果还存在某些其他负面影响，企业则不一定可以接受。这些负面影响主要是员工士气低落、团队协作意愿下降、流程体系破坏、业务基础恶化等。

员工士气低落是六西格玛导入失败的最直接体现。因为六西格玛活动都是附加活动，在导入前，企业会花费相当大的代价进行自上而下的宣贯，甚至对员工进行"洗脑式"的培训。这样营造起来的文化氛围来之不易，但随着导入失败的影响，员工会对导入六西格玛的正确性产生置疑，会对之前所做的努力产生悔意，并且这种情绪非常容易在员工之间相互传递，形成聚集效应。更严重的是，这种士气的影响不仅针对六西格玛活动，而且会对企业的其他后续活动会产生负面影响。几乎所有企业管理者都明白一个道理，员工的士气会影响企业的运营状态。当士气低落到一定程度时，最严重的结果就是大面积人员流动，包括关键人才流失、不必要或不合适的内部岗位转移等，这些都会严重破坏企业的现有架构和文化基础。

团队协作意愿下降也视作员工士气低落的衍生产物。六西格玛活动贯穿在整个企业内，项目通常是以横向拉动的形式使项目信息在企业内不同功能团队之间进行传递。因为打破部门壁垒并非易事，所以在六西格玛导入时，实施团队花费了大量精力来实现部门间的协作。这是一个艰难的磨合过程，但如果六西格玛导入失败，则会瞬间将这种努力化为泡影。各个团队之间的协作关系会迅速恢复到之前的状态，甚至更糟。而一些原本协作还不错的功能团队，也可能因为导入失败而相互产生隔阂。团队协作关系恶化是一种潜在协作意识退化，其影响会慢慢渗透到功能团队之间日常的业务交流过程中，并逐渐显示其负面作用。例如，有些团队原本可以在不耗费太多额外精力的前提下帮助其他团队顺带完成项目的一些任务，此时则不愿插手。由于导入失败而导致各团队之间水火不容的情况也时有发生，但这种情况多数是因为这些团队之间本就已经存在巨大矛盾，以此次事件（导入失败）为契机爆发出来而已，其根本原因并不是六西格玛导入活动的风险所致。

流程体系破坏的情况不多见，但影响巨大。多数企业在导入六西格玛时，所使用的导入方式还是比较温和的，即管理团队抱着试探性的想法，以阶段性的评价作为导入成果的价值导向。管理团队在制定六西格玛战略和导入六西格玛项目时，虽然会制定一些六西格玛的实施细则，但基本不会涉及企业的核心业务流程或体系。这种做法比较保守但风险较低，如果导入成果不理想，那么实施六西格玛的要求作为管理活动的附加物可以被剥离，导入失败不至于严重影响既有体系。但有的企业在导入六西格玛的过程中采取了比较激进的做法，他们会大刀阔斧地进行六西格玛的基础建设，提倡全面彻底实施，此时管理团队制定的流程体系往往会涉及企业的核心业务，修改原来的核心体系。例如，企业要求研发部门的所有开发项目都做成六西格玛设计项目，生产运营现场所有可视化系统都要匹配六西格玛管理的统计图表要求等。这些要求都会彻底改变企业的原有做法。如果导入过程不顺利，或导入结果不理想，结果可能就是灾难性的。因为原有运营模式被打破，新模式效果又不佳，所以企业不得不面对艰难抉择。企业需要决定是否要退回原来的流程体系，如果退回，企业付出的代价可能比导入六西格玛的成本更高。这对企业伤害巨大，如企业文化会受到影响、员工士气下降等是必然的结果。

业务基础是否受到影响，则取决于企业导入六西格玛的目标对象。六西格玛改善的对象比较繁杂，包括企业中方方面面的流程体系、各种产品或工作效率等。在这些改善对象中有一部分会涉及企业现有的生产资料、客户资源等，这些都是企业赖以生存的基本要素。六西格玛导入的本意是希望这些要素可以更好地结合，并为企业创造更高的价值。如果导入失败，不仅原本的改善目的无法实现，而且因导入活动而发生改变的生产资料等会影响现有的企业运营模式，从而使企业的业务范围和目标也发生巨大变化。部分企业可能不得不面对是否转型的窘境。例如，很多企业在企业变得臃肿或效率低下时，希望借助六西格玛来实现企业和人员效率的提升。面对人员富余的情况，企业无论是采用精益还是六西格玛都会采取缩减人员的策略，即裁员。与此同时，企业也可能缩小部分生产规模。如果六西格玛导入成功，企业就会获得人员效率的提升和业务收益的增加；反之，人员缩减，也未使企业提升效益，反倒使企业不得不损失部分原有业务。所以很多企业导入六西格玛时都会尽可能避开对现有业务基础的优化，或选择把这类优化延后，当六西格玛导入较为成功时再进行考虑。

综合以上分析，对六西格玛从业者来说，需要牢记一点，企业导入六西格玛的机会往往只有一次。如果导入失败，很多企业就会对六西格玛失去信心，从此不再导入六西格玛。甚至有的企业会认为六西格玛无用，会给六西格玛带来负面舆论评价。一些私人业主还可能把六西格玛导入失败看作一种失败的交易，从此给六西格玛冠以恶名，并对导入过程中付出的代价耿耿于怀。这些负面评价会在企业之间和行业之间一点点传递，给六西格玛带来恶劣影响。在实操过程中，这种情况并不少见，这是目前全行业推行六西格玛举步维艰的重要原因之一。

第 4 章
面对挑战

在前面的章节中作者分享了不同企业类型在自身发展的不同阶段面对六西格玛方法时的众生相。在这些描述中已经包含了企业实施六西格玛所面对的各种挑战。研究这些挑战，不难发现其中的内在规律。本章对这些挑战进行了提炼，并且补充了一些与推行者有关的挑战。六西格玛导入是一个极具挑战性的任务。要成功实施六西格玛，必须识别这些挑战，并做好充分的应对准备。

4.1 挑战的来源

实施六西格玛的挑战，主要来自企业实施六西格玛过程中自然形成的阻力。实施六西格玛的挑战无外乎企业环境和人员意识两个方面。

前文针对企业环境的影响已经做了详尽描述，此处不再赘述。从已知的企业实施案例来看，并非所有企业都适合导入六西格玛方法，也不存在导入绝对会成功或导入绝对会失败的企业。如果企业的最高管理团队有绝对的信心，那么企业环境的影响可以被避免或消除。相比之下，人的主观意识问题则可能根深蒂固，不容易被改善。

在日常工作过程中，上至企业业主，下到基层员工都会对未知事物存有天然的恐惧，这种恐惧与生俱来。多数企业管理者都理解项目与运营之间的区别，他们倾向于把精力集中在日常的企业运营上，因为企业真正的赢利来自日常运营，而员工也依赖于企业的日常运营来谋生。但六西格玛研究的很多改善对象是企业的日常运营过程，这自然会引起企业内部所有人的警觉，因为这意味着他们原本舒服的工作环境很可能发生变化。恐惧的根源是他们并不清楚这种变化会带来什么样的后果。六西格玛不是从企业中自然诞生的，而是人为总结和构造出来的。在刚接触六西格玛时，企业和员工都不清楚六西格玛到底能不能给企业带来改善收益。虽然多数人抱着积极的态度和开放的心态，但这不代表从行动上就一定支持六西格玛导入。尽管很多人认为一个附加的未知事物或许真的对企业有利，但出于保守的心态，企业没有必要冒险尝试，或者认为这种尝试不值得。他们并非不相信六西格玛，而是不相信未知事物。他们面对六西格玛如此，面对其他方法论也如此。

企业是功利的，很多企业管理者都抱着不赚钱无效益就坚决不实施所谓新方法的管理方针。包括企业正常运营管理在内的所有企业活动都存在不确定性，没有人保证企业业绩永远上升，也没有人保证客户永远不会流失，或者业务不会减少。在面对起起伏伏的业绩时，多数业主或管理团队或多或少会抱着些许宽容心态。三十年河东三十年河西，行业和业务状况总会有波峰和波谷，或许熬过当前的波谷就好了。这种心态往往只是在企业遭受重大挫折时，业主和管理团队用于安抚自己和员工的一种手段。事实上，为什么这种心态不可以被应用在六西格玛方法导入上呢？因为不少管理者出于功利的角度会将六西格玛活动的收益与直接的业务销售活动进行比较，他们会得出这样一个结论：企业经营活动带来的是企业的实际收入，而六西格玛项目带来的是企业可能的潜在支出节省。在同样存在不确定性的情况下，前者更实际也更传统，所以企业的重心就应该在实际经营活动上，而起着辅助作用的六西格玛活动则可有可无，甚至没有会更安全。显然，这句话的前半句是正确的，而后半句是片面的。把精力放在看得见的真金白银上是一种务实的态度，但忽视客观存在的成本因素的想法是错误的。之所以出现这样的想法，是因为对企业"开源节流"的运作模式理解得不够深刻。其实，勤俭持家的道理对于企业同样适用，勤可以开源，俭可以节流。企业管理者认为，六西格玛的产出是潜在收益，而这种收益不一定会发生，这就是一种侥幸心理。几乎所有成熟的管理者都明白一个道理：不希望发生的劣质成本并非真的不会发生。企业短时间内的优秀绩效很可能只是特殊情况，如果不改变其内在机理，那么劣质成本依然会发生。不少企业在每年制订其劣质成本计划时，直接将其定为零，这是一种非常天真且不务实的做法，因为没有企业真的可以在短时间内就将劣质成本清零。比较务实的做法是，企业认真研究实际的产品质量与每年业务增长之间的关系，然后在这个基础上设定一个合理的劣质成本优化目标。这么做是因为绝大多数企业知道，每年的劣质成本基本固定在一定范围内，不能因为该成本当下还未发生就认为它不会真发生。敢于面对现状、保持认真务实的心态是实施六西格玛方法的基本前提。

充足的资源投入是实施六西格玛的重要保障。六西格玛导入也是一种资源消耗与平衡的过程，这是一种博弈。在为企业节省成本的同时，六西格玛活动本身也在消耗资源。一般来说，在决定实施六西格玛导入时，实施团队获取项目的人力资源承诺相对容易，因为在项目启动会议上，人员配置（人力资源计划、功能分布等）可以通过管理团队的授权获得。即便在实施过程中出现了部门壁垒的阻碍，通过自上而下的管理活动也可以保证人力资源的有效性。但与项目相关的物料等其他资源常常成为团队之间相互争夺的对象。最常见的资源冲突就是项目研究或验证所需的样品不足，这类资源在前期虽然可以事先规划，但在导入项目的过程中依然很难获取。其主要原因有两个：一是前期很难对样品量进行准确估计。如果在项目执行过程中出现多次分析失败（项目无法通过数据分析找出关键因子），则很可能要多次准备样品，致使最终实际消耗的样品量远超预期。二是准备这些样品对于相关部门来说很可能是额外的工作量，涉及的员工可能是扩展团队（非项目核心团队）的成员，而项目团队没有直接驱动对方的权力。无论出于哪个原因，最后的结果都是项目团队无法获取足够的样品量。事实上，在实操过程中，各种临时性资源的短缺会经常发生。虽然这些冲突都可以通过管理层的决策与协调来解决，但反复沟通会增加管理团队的负面情绪，进而出现对六西格玛团队的信任危机。

企业自身的发展路线对六西格玛导入的影响更为直接。多数企业有着明确的企业愿景、使命和核心价值观。也就是说，企业的未来目标和发展方向是既定的，虽然可能发生变化，但在短时间内不会轻易改变。绝大多数企业是以业务目标为导向的，如市场占有率第一、全世界每个家庭都使用我们的产品等，这些目标引领企业的发展方向。但在企业发展过程中，这些目标更接近于一种口号，很少有人关心这个目标如何实现。甚至有的员工以为只要企业目标定好了，而且今天的企业绩效不错，那么在不久的未来企业很快就会实现这个目标。国内很多企业都抱有这样的想法，尤其是以互联网为基础的新型轻资产企业，企业的快速爆发式增长使部分企业过于自信。这和六西格玛又有什么关系呢？如果企业管理者抱有这样的想法，那么企业不可能把精力真正放在六西格玛上。今天很多企业的短期财务目标达成得太轻松，以至于他们认为实施六西格玛这个目标同样可以迅速达成。这就是这些快速成长的企业与一些有着百年历史的老企业之间的典型差异。在企业中，通常20年就是两代员工交替的时间，而百年企业的企业文化都经历了五代甚至六代员工的不断努力才逐渐形成。在漫长的发展历程中，企业兴衰有其自然规律，这些百年企业的管理者很清楚企业的目标并非那么容易实现。一些百年企业最初的愿景即便在百年之后依然未完全实现，但不能因此就断言这些企业老旧或效率低下。虽然六西格玛导入用不了一百年，但绝对不是朝夕之间就能完成的，所以不能只看结果不看过程。相较于结果，六西格玛更关注过程，而结果是一个过程优化后的自然产物，即当企业流程优化后，企业的过程效率必然会提升。如果过于追求纯粹的业务目标，企业就不可能考虑额外的方法论。人人都懂磨刀不误砍柴工的道理，但在企业实操的情况下，很多企业管理者就只记得砍柴而不记得磨刀的重要性了。

在识别六西格玛导入挑战时，团队需要面对的就是价值观的考验。几乎所有的挑战都来自企业管理者与员工的价值主张。如果企业与员工之间的价值观失去了平衡，或者企业战略与六西格玛战略之间失去了平衡，相应的挑战就自然产生了。实施团队需要学会如何平衡企业与员工之间的关系，完成两者之间的价值博弈。

4.2 已知的挑战

在企业的长期发展过程中，挑战几乎遍布企业管理的各个维度。这些维度包括企业的发展阶段（导入阶段或成熟阶段）、企业环境（内部或外部）、行业差异（同行业内或跨行业）等。另外，实施团队还会面对学术层面的挑战。这些挑战相互交织在一起，使六西格玛的推行环境错综复杂。企业必须认清这些挑战并且加以克服，才可能成功导入六西格玛。

如前文所述，厌恶新事物或未知事物是最常见的挑战，也是人类的天性。员工不仅有对未知事物的恐惧，而且对新事物普遍存在厌恶情绪。这与厌恶的对象本身无关，也就是说，有的员工并不是因为担心导入六西格玛会失败，也不是因为不了解六西格玛而抗拒，仅仅是因为要导入新的方法论。这种现象在年龄较大或在企业内工作年限较长的员工身上尤为显著。这部分员工由于长期在一个企业内工作，甚至常年在一个岗位上工作，工作状态相当稳定，工作流程千篇一律。这个群体从内心深处害怕所有新事物，尤其是未知新事物。任何新事物的导入都会导致其自身平稳的生活发生变化。在这种情况下，这个群体主观上不会接纳任何新事物，包括六西格玛。即便实施团队用充分的案例向他们证明六西格玛是强有力的工具，可以帮助他们提升工作效率，也很难说服他们。在周围环境发生变化，多数人接纳六西格玛的情况下，他们依然可能无动于衷。而由于这些员工在企业内的资历较深，因此管理层很难直接干预。如果一个企业内部存在大量此类员工，企业要实施六西格玛的环境就不充分。只有克服这个挑战，在大多数员工愿意接纳新方法论的情况下，才可以实施。部分国有企业正是这个原因才难以实施六西格玛。

在研究企业管理方法论时，我们发现员工的个人背景一致性会对群体决策产生影响。如果员工所在的团队是科研型团队，或团队成员均具备高学历，那么这个团队在决策时会更加理性。这种团队对六西格玛的接受程度非常高，但这样的团队相对较少。多数企业的员工来自各个阶层，学历和知识层级千差万别，此时团队的工作模式倾向于简单的定性分析。也就是说，多数企业的员工在工作时都喜欢使用"是/否""成功/失败"等简单定性的方式做出基本判断。乍看，这种做法似乎没有问题，但在今天这个数字化时代，这是非常粗浅的思维模式。统计学的诞生已有数百年，并且很久以前就已经具备了完整的应用体系。六西格玛是建立在统计学基础上的一种思维模式，对于工作过程中的各种数字非常敏感，通过对这些数字的分析来帮助企业做出理性思考。在六西格玛项目执行过程中，实施团队在各个阶段做判断时都需要有足够的数据分析作为支撑结论的依据。显然，这与多数员工的常规思维模式相悖，他们宁愿冒一定风险做出简单的定性判断，也不愿意花精力去收集数据或使用科学的统计方法来处理数据。这种现象的出现与学校的教育方式有一定关系。尽管在国内几乎所有的理工科学生都在大学阶段学习过基础统计学，但这种学习基本都停留在书本上，没有实际应用过。由于长时间不进行实际应用，绝大多数人在毕业之后很快就遗忘了这些知识，更不会在实际工作中再次应用。在企业中，不少员工会使用一些描述性统计工具，如饼图、直方图等，但他们仅仅是把这些应用作为某些报告的展示形式，几乎没有人意识到这些也是基本的统计学工具。当他们听到"统计学"这个词汇时，脑海中几乎一片空白。此时这些员工对统计学非常排斥，一方面没有回忆起统计学的内容，另一方面直接认为统计学工具对其工作基本无用。虽然有些员工不会那么排斥统计学，但面对繁复的统计学公式也会退避三舍。应试教育的环境让学生即便通过了考试，也没有理解统计学的现实意义和应用方式。随着时间的流逝，学生进入企业后，就不再愿意面对统计学，进而产生对六西格玛的抗拒心态。这种情况已经普遍存在于企业内，而国内高校的教学方式无法在短时间内改变，因此企业一方面无法直接获取令人满意的员工，另一方面无法直接影响企业员工的能力。所以企业在导入六西格玛时，不宜过度强调六西格玛与统计学之间的关系，可以适当培训员工统计学知识，以工具的实际应用为主，帮助员工减少抗拒心态，一点点重拾对统计学应用的信心。

六西格玛中存在大量工具，其中统计学的内容几乎占据了半壁江山。这既是六西格玛科学严谨的一面，也是其实施的最大障碍之一。在早期的六西格玛教材中，涉及统计学的教学部分并不多，教材内容多数都是直接引用工具名称和结论。之所以出现这种情况，是因为当时六西格玛的培训理念认为这些统计学基础在学校中被讲授过，没必要在企业中进行重复培训，企业顶多只是帮助员工温习一下相关知识。但在六西格玛的推行过程中我们发现，这种想法太过于乐观，所以今天在培训六西格玛时不得不将统计学的比重加大，甚至出现了将整个应用统计学都放进六西格玛中的趋势，这实在是不得已的做法。统计学并非那么简单易懂，要员工真正掌握统计学且可以在企业实操案例中应用这些工具，需要员工进行长时间的积累和应用。统计工具繁多，且很多工具相对独立，如属性数据和连续型数据的处理方法就完全不同。这要求员工不仅通晓这些工具，还要根据现实数据的特征来选择合适的分析方法。与传统的线性思维不同，这要求员工能够从各种统计工具中主动鉴别。因此员工在工作中应用统计学的难度大大增加。以典型的 DMAIC 框架为例，除了分析阶段，其他阶段内的分析逻辑相对线性化，分析活动可以排出较为清晰的应用顺序。在分析阶段，分析者需要对潜在因子列表中的因子一一进行分析排查。在这个过程中很难区分是否一定要先分析哪个因子或后分析哪个因子，而且根据数据类型不同和分析目的不同，分析者存在多种不同选择。例如，某产品的长度是关键特性，测量获取了一组连续型测量值之后，分析者既可以对其进行单样本 t 检验，也可以将其与其他数据进行一元方差分析或相关性及回归分析等。这里有极大的自由度。如果分析者对统计工具掌握得不够透彻，就会极易陷入混乱，不知道该使用哪个工具。

通常，六西格玛专业人员，无论是从学术上还是从实操能力上都是优秀的。在六西格玛推行的进程中，六西格玛专业人员需要掌握大量工具，尤其是复杂的统计工具。在六西格玛工具教学培训或实施过程中，这些专业人员很容易被其他同事视作老师并且受到额外的尊重。这个现象本身并无不妥，这是大家对知识的尊重与认可，但有些六西格玛专业人员因此开始自我膨胀。事实上，每个人的知识体系或多或少都存在一些缺陷或短板，由于六西格玛知识的专业性很强，如果读者的理论基础不够扎实，很难分辨已公开的各种分享材料（包括书籍、论文、专业期刊、演讲、公众号文章或其他公开发行物）的正确性。而这些六西格玛专业人员所分享的内容也并非都正确。

在诸多错误言论中，最常见的一个问题就是把六西格玛和应用统计学混淆或等同，让人们误以为六西格玛就是应用统计学。在这些言论中，基本没有完整的六西格玛分析问题的逻辑架构，取而代之的都是单个统计工具的应用案例。单个的统计工具和质量改善的关系是紧密的，可以非常好地支撑日常的质量管理工作。但统计工具并不等同于六西格玛，而六西格玛也不仅被应用于质量管理。笔者曾经与国外不少工程师团队进行过业务交流，在产品设计开发、技术研究等项目中，对方均会采用相应的统计工具计算结果作为产品参数的验证依据。当笔者询问对方是否了解六西格玛或是否因为公司实施了六西格玛项目才使用这些工具时，对方的回复都是一致的：这些工具在大学都学过，是每个工程师都应该掌握的基本知识，和六西格玛没有关系。这些实例与在六西格玛最初的教材中很少涉及具体统计工具的理念完全一致。但目前国内的现实情况非常糟糕，很多六西格玛初学者受上述错误理念的影响，已经无法准确区分六西格玛和统计学，甚至没有意识到自己无法区分这两者。一些受影响的六西格玛初学者在网络上，甚至在某些公开的正式场合开始挑战正确且系统的六西格玛。不得不说，这种情况的出现是一种悲哀，这种认知上的错误，可能需要六西格玛行业花费很长时间来逐步纠正。

学习和应用六西格玛是一个漫长的过程，学识增长的同时也会带来一部分个人收益。随着六西格玛专业人员资历的丰富，企业会越来越认可他们在企业内的地位，这一点无论是从职位还是从收入上都会有所体现。这本是好事，体现了员工的能力与收益的平衡。但部分六西格玛专业人员因此将追求个人利益放在首位，关注个人发展重于企业发展。这些员工会盲目追求个人的资质，从绿带到黑带，从黑带到黑带大师，以此为主要的工作目标。在这种情况下，企业无法全面推行六西格玛，员工会把精力放在与自身资质认证有关的项目上，对其他的项目漠不关心。这种现象在高带级（主要指绿带和黑带，尤其是黑带）的六西格玛专业人群中非常明显，他们不仅是项目的辅导者，同时也是资质的追求者之一。这些员工往往把资源和精力全部放在两类与资质认证相关的项目上：一类与自身业绩（认证人数等指标）有关的认证项目，另一类是自身通往更高六西格玛带级的认证项目。无论是哪种情况，结果都会导致企业内只有少数"重点项目"受到重视，而其他项目处于点到为止的状态。由于六西格玛的资质认证阶梯有多层，而且耗时持久，随着带级的逐渐增高，员工所需耗费的资源越来越多。如果六西格玛专业人员处于这种状态，对现有的六西格玛体系就会造成退化式的破坏。另外，这些员工中有些人在获得更高级别的资质后，往往会选择离开当前企业，寻找更高收入的工作。面对这种情况，企业陷入了两难的境地：一方面企业需要对员工进行培训和能力发展来匹配六西格玛实施的基本要求，另一方面不希望员工获得高级别资质后流失。原本企业对员工进行资质认证是一种对人才的尊重，也是企业人才梯队建设的需要，但此时却成了部分员工追求个人利益的跳板。这与资质认证体系的初衷是背道而驰的。此外，部分企业在导入六西格玛初期由于内部资源的匮乏，会将一些有潜质的员工外派进行委托培训，企业因此要承担一笔不小的培训费用。如果员工在取得资质后就离开，那么对企业的伤害也不言而喻。虽然有的企业使用绑定协议或赔偿制度来限制员工的离职，但事实证明，这种做法收效甚微。改变员工对资质的过分追求以及建立正确的事业观是企业管理的一项功课。

在实施六西格玛过程中，重复实施和浪费资源也是常见的挑战之一。这与六西格玛的实施策略以及推行者的实施方式有关。在制定六西格玛实施策略时，实施团队不能将高层的战略意图简单地通过成本节省的方式来进行分配，而要充分考虑企业各业务单元的相似性，避免在不同的业务单元内重复发起类似的项目。例如，某企业在国内有十几家工厂，其中有五六家工厂的产品类似，其差异仅仅在于分布的地域不同，这种设置便于减少物流成本以及提升客户响应速度。但在实施六西格玛的时候，各家工厂却各自为政，在不同的工厂里发起类似的六西格玛项目来处理类似产品的同一问题。看上去似乎各家工厂都在有序地进行自我改善，但实际上对企业整体来说是一种资源浪费。这些项目本质上都是在解决同一问题，等同于项目在重复实施。这还不是最差的结果。如果各家工厂针对同一产品问题，得出了截然不同的处理方式，就会让整个业务团队茫然无措。企业往往无法在短时间内判断哪个项目的分析有效，甚至有些企业还不得不再做一个项目或进行若干次验证试验来研究这个结果。所以在制定实施策略时，高层管理者（如倡导者）不应简单以单个工厂的节省来发起项目，而应该合并这类产品问题，统一资源集中解决。这种统筹安排应该在六西格玛战略分解的阶段就完成。在日常六西格玛项目发起和实施过程中，企业各业务团队之间应进行足够充分的内部对标和分享。另外，六西格玛体系本身也强调项目经验和改善经验的积累和分享，那么有效的项目历史库和固定的长期最佳实践分享也有助于六西格玛成果的向外延展，减少重复实施的概率。

管理策略是否有效对六西格玛能否实施有决定性影响。有的企业可能采取了一些错误的管理策略，如比较激进的管理策略或过于懒散的管理策略。管理层往往是"顽固的"，因为他们的管理策略通常不会在短时间内被验证为正确或错误的。即便错误或不合适的管理策略，也不可能让企业在一夜之间倒塌。所以管理策略的优劣对于企业的影响往往有滞后性，很多管理策略的作用需要很长时间才能逐渐显现出来。另外，六西格玛作为一个企业内的非自然产物，从外部导入时也可以认为导入一种新的管理策略。所以实施团队在面对这种管理策略相互冲突的情况时会变得无所适从。对于这种挑战，实施团队需要给管理层进行意识上的灌输，明确管理方针。如果不能改变其管理思路，则不适宜推行六西格玛。

要长期保持实施六西格玛的热情非常困难，事实上，其他方法的导入也会面临这个问题。六西格玛导入的前期是试探性的，但导入的后期则需要系统化和常态化。仅仅继续依靠短期的导入团队来长期实施六西格玛是不合适的。通常，导入团队会转变成长期实施的专职团队。企业需要制定明确的实施细则和流程体系来保证这个转变过程以及后续的实施形式。企业可能在导入六西格玛的前期就已经规划了后期的实施形式，并且实施了部分规划，但在后期实施常态化管理时，企业需要将其正式化，如发布正式的程序文件。

实施过程中的挑战数不胜数，企业管理者和员工都要调整心态，不要过于关注短期收益，否则很可能使六西格玛在企业内部尚未形成规模效应的情况下就被扼杀。其实，功利主义的心态很难调整。此时如果没有有效的挑战应对机制，那么在最初的推行热情消退之后，六西格玛最终还是很快会从员工的视线中消失。

4.3 如何面对挑战

实施者应清楚所面对挑战的影响，不刻意回避，不激进冒险，而是通过合理充分的准备和日常管理来面对这些挑战。面对挑战的方式多种多样。虽然无法简单复制他人的推行经验，但对这些方式进行提炼后，可以找到它们的一些共性。

系统规划在六西格玛导入的全生命周期过程中都需要被重视，这是规避很多已知风险的有效手段。在导入六西格玛之前，团队就需要对六西格玛导入全过程中可能存在的风险进行扫描，并评估企业的内部环境。企业实施六西格玛要达成什么样的效果在导入阶段的初期就应规划成型。即便在初期导入仅仅是实施一个或几个六西格玛项目作为试推行，也要做系统规划。系统规划也与企业的战略部署挂钩，为六西格玛导入所准备的战略、指标和流程文件等都应在导入之前做好准备。这些战略、指标和流程文件在企业实施六西格玛的不同阶段会有不同的形态，且彼此之间有关联。例如，六西格玛的体系文件在前期相对粗略，以描绘六西格玛在本企业内发展的未来状态为主；在逐步导入的过程中，该文件则会强调六西格玛实施过程中各个角色的设立及其职责定位，并且会将实施细节尽可能精细化；在导入后的常态化过程中，以实施的效率为主，企业将实施流程的精益化，该文件内的角色和流程数量会做相应优化。所以该文件无法在短时间内一蹴而就。为避免该文件在不同阶段中出现相互割裂的情况，需要对该文件整体规划后才可以成文并逐步实施。

充分的系统规划可以减少在实施六西格玛过程中发生"意外"的可能性,为企业做好迎接六西格玛的内部环境的准备工作。对于企业内的一些不和谐的声音,可以通过这个规划来调整其中部分关键角色的抗拒心态。即便出现了一些极端的结果,如六西格玛导入初期未能实现原定目标,或六西格玛导入失败,较好的系统规划也不会使企业的正常运作受到严重影响,甚至可以减少对企业文化和员工士气的伤害。系统规划不仅是实施团队的工作,也需要公司最高管理团队或业主作为倡导者。跨部门的统一支持是业务规划的重要环节之一,也是六西格玛提倡的无疆界合作的最佳表现。

六西格玛实施团队站在企业运营第一线直接面对挑战,这不只是他们的使命,也需要企业所有员工共同面对。不少员工并非全程参与项目,仅仅当项目涉及他们的工作任务时,他们才进行交付,所以他们只有在需要交付时才会生产压力。实施团队可以通过项目计划提前预知什么时候需要面对这些员工的挑战。这种挑战是针对企业资源管理的被动式挑战。因为员工自身的资源往往有限,在面对额外的工作要求时没有足够的资源应对这些改善要求。实施团队在项目前期应提前预见执行过程中可能存在的资源瓶颈,制订资源计划或提前从功能团队获取资源承诺,甚至准备额外的资源支持,如寻找临时工等。另外,部门间的协同配合非常重要,不同团队之间应达成一致,愿意牺牲一些小团队的利益来获取组织的整体成功。要解决协作过程中的挑战,与其说是不同团队的相互支持,不如说是团队之间对六西格玛理念和文化的认同。

营造组织的文化氛围,并且进行文化渗透是解决很多挑战的软性手段。企业内规模最大的组织文化就是企业文化,而较小的组织文化可能是以功能团队或业务单元为单位的,所以企业内部可能存在多个组织文化。没有一种固定的组织文化可以适用所有团队,但所有团队都具备自己的组织文化。在六西格玛的推行过程中企业将改善意识、协作意识、数字化分析等理念一一融入组织文化后,可以大幅度减少推行阻力。当组织文化发生整体变化,或者组织认同某一理念时,个体因素造成的负面影响和挑战可以被组织文化所感染进而被淡化。组织文化的转变对企业的影响更为长久,尤其在六西格玛导入的后期更为明显。在该阶段,企业在长时间实施六西格玛之后,逐渐失去了最初的热情,即便实施团队也可能出现倦怠。此时成熟的体系建设或许可以驱动企业持续实施六西格玛,但员工可能对六西格玛项目出现厌倦甚至反感的情绪。例如,企业要求所有员工每年完成一个六西格玛项目,并把该要求纳入考核指标中。员工在最初一两年的工作过程中会尽可能满足这个要求,但随着时间的推移,可能越来越多的员工会忽视这个要求。当管理团队指出这是体系文件或绩效要求时,员工流露出的情绪并非敬畏而是不满和抱怨。此时良好的六西格玛组织文化氛围则可以起到稳定团队的作用,同时可以保证企业内部对六西格玛实施的热度以及各层员工的参与度。组织文化建设会被企业业主和最高管理团队的意志所影响,一旦形成后,在短时间内很少会因为个别人的影响而发生改变。

针对企业长期推行六西格玛可能出现的团队疲劳和热情退化问题,持续更新的培训依然是有效的应对方式。任何企业都可能面临人才流失或人员轮岗的现象,这种现象多数对企业的运营有害(以人才培养为目的的轮岗除外)。除了必要的轮岗,其他形式的人员流动应控制在较低水平上。但不可避免地在较长时间范围内,企业会面临人员的自然流失。随着人员的变化,推行六西格玛的关键人才(如黑带大师这种高带级的培训师)可能逐渐流失。随着时间的推移,在大量普通员工被更替之后，六西格玛实施的成果将被一点点抹除。所以对员工进行持续更新的培训是必要手段，要保持固定的培训频次和培训强度，以保证所有员工都掌握六西格玛基本的工具和理念。持续稳定的培训体系是文化渗透的重要方式之一，企业内部的六西格玛学习、分享、应用的氛围尽可能长时间地保持下去。由于企业内负责推行六西格玛的实施团队，除了专职团队，其余都是兼职，因此如何保证兼职的实施团队成员长期支持六西格玛推行是一个难点。掌握六西格玛并且将其应用于实施项目会花费大量精力，这对于专职团队来说责无旁贷；对于兼职成员来说，企业应对他们的学习与应用行为进行激励，包括但不限于项目奖励、资质认可、公开表扬，甚至升职等。这些人才发展手段有助于企业建设有六西格玛特色的人才梯队，并与企业人事管理系统相互结合，共同管理和发展六西格玛人才。

在企业文化建设方面，除了在导入初期进行的全面培训可以营造企业内部的学习氛围，鼓励经验教训总结和分享也是一种增强六西格玛文化的有力手段。六西格玛实施以项目为基础。每个项目都是一次改善的经验积累，这些项目的经验汇总在一起就形成了企业的六西格玛知识经验库。实施六西格玛的企业几乎都有一个这样的知识经验库，这个经验库并非项目数据和报告的集中堆砌。较好的经验库要求每个输入的项目报告都有明确的类别属性，并且有统一的关键词或关键信息以供检索。例如，项目报告在输入系统时，被要求标注为 DMIAC 的制造型改善项目，属于企业某 A 类产品的某条产线，改善对象以工艺稳定性为主等。这些信息可以让其他参考团队迅速对已经完成的历史经验进行检索，从而大幅度减少企业内重复实施和资源浪费的问题。另外，对这些项目经验的日积月累，六西格玛实施团队从中可以提炼出更多的共性，将对单个点的改善上升到对某个平台或某个系列产品及工艺家族的改善。对同一时期的改善项目还可以进行最佳实践的分享和评比，从而帮助团队认识到自身与其他项目团队之间的差距，形成新的改善动力。建设知识经验库是一个已经被证明的最佳实践形式之一，该平台可作为企业长期实施六西格玛的基础支持。

评价六西格玛是否成功的主要因素是六西格玛实施的收益是否达到预期。这些收益决定了前期六西格玛导入活动的价值所在，即便在系统化实施六西格玛体系之后，六西格玛体系运作的有效性也由具体的六西格玛项目收益来体现。所以实施的收益是否达到预期始终都是六西格玛实施需要面对的最大挑战。关于评价的具体实施方式将在后续章节介绍。这里需要指出的是，企业管理团队需要给六西格玛足够的生存空间。尤其在六西格玛导入的初期，企业应更加宽容地看待实施效果。即便导入没有完全达成目标，企业也应以鼓励团队为主要管理手段，充分肯定团队取得的成绩。

在六西格玛推行过程中需要进行对标管理，这正如非洲大草原的原则，所谓生存法则的要点不在于自己一定要跑得多快，至少不能是跑得最慢的那个人。企业不应孤立地看待企业内部的变化。任何企业活动都是希望企业获得更好的业务发展，六西格玛方法的本意亦是如此。企业的发展评价是相对而言的，这取决于其他企业，尤其是同行业竞争对手的业务水平。进行对标管理时，对内，企业可以在不同业务团队、不同地域的类似业务单元之间进行对标；对外，企业可以进行同行业之间的指标对标，也可以与其他行业进行类比对标，寻找差距并加以改善。很多对标管理都具有竞争性，但六西格玛实施对标管理却不以纯粹的对标竞争为主要目的。企业内部的横向对标可以带有一定的竞争性，因为企业内部的团队之间有类似的业务或类似的团队结构，此时一定程度的竞争可以激发必要的改善动力。使用特定指标的差异评比可以激发这种改善。例如，两个不同地区的分公司的产品类似，规模也类似，就可以使用相同的年度成本节省指标作为彼此对标的依据。企业对外实施对标管理，往往抱着学习和持续改进的心态。即便与竞争对手对标，企业寻找的也是彼此实施手段的差异而非指标上的差异。不同于业务指标的对标，六西格玛追求的是企业的健康发展，而业务的健康发展则是企业强大的表现。如果把六西格玛对标变成赢取业务的手段，则很可能出现较为激进的推行模式，给企业员工带来一种急功近利的暗示，这与六西格玛推行的本意相悖。

全面推行变革管理或推行变革文化是一种突破现状的有效手段。这些年变革管理越来越受到企业的认可，这种管理理念可以改善员工害怕改变的恐惧心态。几乎所有的六西格玛活动都会引起变革，而害怕新事物和害怕改变是企业和员工的天性。自古以来，几乎所有的国家变革都曾遭遇巨大阻力。现在的企业改革者也深知"没有革命是不需要流血牺牲的"，企业要谋求更长远的发展就必须打破一些现状。因为很难从根源上阻断员工害怕改变的原因，所以改善团队就需要通过技巧和耐心来实现变革。"流血"可能无法完全避免，但优秀的六西格玛导入团队会使这种代价尽可能小，尽可能让所有人都接受企业需要变革这个事实，并用成果来回应大家的恐惧。

六西格玛推行过程中的挑战可能不计其数，实施团队不可抱着侥幸心理放任自流。在具体应对时，实施团队应因地制宜，因时制宜，充分准备，谋定而后动。在本书后续章节中会描述应对这些挑战的具体方法。

企业和实施团队应时刻牢记六西格玛导入可能只有一次机会，一旦开始规划实施，就需要全力以赴，抱着必胜的信念。如果导入成功并进入常态化推行阶段，应立刻创建充分的保障机制，系统化地持续改进。本章所描述的部分应对挑战细节将在后续的执行篇内详细展开。推行六西格玛是一个自上而下、全员参与的改善活动，任重而道远。

工具篇

——所涉及的基础技能

第 5 章
项目管理概述

项目管理是实现六西格玛项目目标的基本管理方法，也是部署与推行六西格玛体系或文化的重要实施手段。六西格玛能否融入企业，与实施团队能否成功完成六西格玛项目有最紧密的关系。没有充分而且稳健的项目管理，六西格玛方法几乎不可能在企业内实施成功。

项目管理是一门独立的学科，六西格玛项目只是项目管理范围内众多项目类型中的一种，其规划、治理、执行与评价等方法都符合项目管理的一般要求。

所谓项目，就是在一定的时间范围内，为实现某个特定目标而交付的产品、服务与流程。这个项目的定义所描述的三个交付类型恰恰与六西格玛的两大分类（三大细分类型）分别对应。

- 产品开发项目：六西格玛设计。
- 传统六西格玛项目：
  - 服务：事务型/交易型六西格玛。
  - 流程：制造型六西格玛。

无论哪种类型的六西格玛项目，都可以使用通用的项目管理模块和工具进行管理。项目管理，就是将合理的知识、技能、工具与技术应用于项目活动，以满足项目要求的过程。在对六西格玛各带级人员的基本要求中，都或多或少带有相应的项目管理要求，所以也可认为项目管理是六西格玛专业人员最基本的技能之一。

5.1 项目管理的组织、团队与层级

项目的实施依赖于一个专业或特定的团队，即项目团队。而这个团队在组织内的呈现形式多种多样，这与组织本身的特征相关。在不同的组织架构下，项目团队的形成和评价方式存在巨大差异。

5.1.1 项目管理的组织

项目管理在企业内部的位置取决于企业对待项目管理的方式。由于项目管理在现代企业管理方法论中是一个年轻的成员，因此并不是所有企业都把项目管理列为最重要的管理工具。

传统企业达成一个特定业务目标并不以项目的方式来实现。在传统企业中，业务目标往往是以上级指令的形式在各个部门之间进行流转，直到达成业务目标。尽管形式上和今天的项目管理非常像，但两者有本质的区别，因为在达成业务目标这个过程中并没有一个真正的项目负责人来管理整个过程。这种形式就是所谓的职能型组织。在这样的组织中不存在项目管理者或项目经理，可能高层会指定一个形式上的负责人，而这个负责人通常只是实现信息传递，其项目管理能力非常弱。

随着企业管理方法的发展，越来越多的企业认识到了项目管理的重要性。因为传统职能型组织虽然在人员管理上非常稳健，但整体信息的流转效率很低，而且存在潜在的部门壁垒问题，所以专职的项目管理者就出现了。这个角色成为业务目标推进的重要角色，他在各个传统纵向功能团队（职能部门）中穿针引线，协调各个功能团队的人力资源，大幅加快项目的推进进程，同时也使业务推进变得更加科学和系统。而这就是项目管理的基本形式，相对于传统纵向功能团队的执行方式，这是一种水平向推进项目的方式，也称横向管理模式。为了保证项目管理者在各个业务部门中顺利获取资源和推进目标，通常也会赋予这个角色相应的权力。这种组织称为矩阵型组织。在矩阵型组织内，项目团队成员可能存在两个汇报对象：一个是职能部门的管理者，另一个是项目管理者。需要区别普通双线汇报（通常双线汇报往往是一条职能管理线与一条行政管理线）与矩阵汇报线的差异，矩阵汇报是职能管理和项目管理的交叉。有时也可能需要将矩阵汇报与普通双线汇报又交织在一起，这种情况很复杂，对于资源管理非常不利。

矩阵型组织根据项目管理者的权限大小，又分成了强矩阵组织、平衡矩阵组织和弱矩阵组织。根据实操经验，绝对的平衡矩阵组织其实很难实现。因为职能管理者与项目经理之间很难做到绝对的平衡，所以实际上以强矩阵组织或弱矩阵组织居多。又因为组织发展的自然规律的限制，事实上，弱矩阵组织在这个类型中占到了绝对多数。项目管理的重要性正逐渐被各个企业所接受，所以整体上矩阵型组织在不断增加。

一些完全以业务目标为驱动的组织，如果很早就导入了项目管理的概念，且管理层深刻理解项目管理的重要性，则可能把项目管理放到一个非常高的位置，淡化甚至取消传统职能管理者的角色。组织则完全变成了项目型组织。项目型组织一切以项目目标为指导方向，项目执行效率最高。项目型组织也存在一定的弱势，即项目团队的建设、组织知识的积累，以及组织文化的推广等都可能受到挑战。

并不存在绝对完美的项目管理组织，每种组织都有优点和缺点。不可否认的是，项目管理在组织内部的重要性逐渐被强化，且扮演着越来越重要的角色。表5-1为项目管理的组织结构及其特点，用于比较不同类型的项目组织中的角色及其影响力的差异。

表 5-1 项目管理的组织结构及其特点

项目特点	职能型组织	矩阵型组织			项目型组织
		弱矩阵	平衡矩阵	强矩阵	
项目经理权力	很小或没有	有限	低—中等	中等—高	高—全权
资源可利用性	很小或没有	有限	低—中等	中等—高	高—全权
谁控制项目预算	职能经理	职能经理	混合	职能经理	项目经理
项目经理角色	兼职	兼职	全职	全职	全职
项目管理行政人员	兼职	兼职	兼职	全职	全职

通常，企业的常规业务目标就是通过项目形式实现的。即便日常运营，如果在更大的时间范围内考察，也可以被列入项目的范畴（运营终有结束的那一天）。企业为了实现对所有项目的统一管理，会形成项目管理办公室或类似的部门来对这些项目进行管理，六西格玛项目管理也可以用同样的方式。

在实操环境下，企业在规划六西格玛组织时会采取两种常见的形式。

第一种是将所有的项目管理（包括六西格玛的项目管理）都纳入企业统一的项目管理部门，如项目管理办公室进行统筹管理。在这种情况下，企业可能对六西格玛项目设立专门的管理者，但也可能要求业务部门对六西格玛进行整合，将六西格玛的要求融入日常项目管理中，此时传统的项目经理同时扮演着六西格玛推行者或专家的角色。这种形式的效率最高，但对实施人员的个人能力要求非常高，企业往往要耗费很大的精力来培养这样的复合型人才。企业的收益也显而易见，企业既避免了额外的人力资源投入，又可以使所有的项目执行都得到优化。因为项目经理不仅实施六西格玛项目，也会在常规的新产品开发等其他项目中融入六西格玛思想，这将大幅提升企业执行项目的有效性和稳健性。通常，实施这种形式的企业都是高度自治且成一定规模的企业，这种企业有先进的管理理念、强有力的执行力、稳健的流程体系和优秀的人才库或人才梯队建设，这些都成为实施这种形式的有力保障。

第二种则是为六西格玛的项目管理单独设立部门，这是最常见的形式，如独立的持续改善部门等。这个部门囊括了六西格玛各个带级的专家，他们通常为全职，但也可能存在一些兼职但被授权的其他部门员工。这些全职/兼职专家就成了组织内部进行六西格玛专项推行的生力军。此时的六西格玛推行非常专业且有针对性，但如果这个部门没有被充分授权，往往会面对各业务部门的资源压力。所以在这种组织形式下，该部门在组织中的位置通常较高，汇报线较短，可以直接与最高管理者对话，以获得自上而下的支持。在六西格玛初期推行的企业中，这种形式最受欢迎而且有效。

无论哪种项目组织形式，都与企业的特征和六西格玛在企业内部成长的阶段有关，不能一概而论。寻找适合企业当前业务模式的六西格玛组织形式是推行六西格玛的关键。此时如果企业内存在六西格玛倡导者或黑带大师，这样的角色将至关重要。他们的前期部署活动往往是六西格玛文化在企业内存活和发展的重要支柱，而他们也需要取得企业管理团队对六西格玛的支持作为推行六西格玛文化的动力源泉。

在六西格玛项目中，在某些场合下，我们很难区分项目经理和六西格玛专家，尽管他们在职能上是不同的。虽然项目经理注重项目的管理与执行，六西格玛专家扮演的是技术专家，但在推荐的组织形式中，这两个角色有很多交集。我们希望项目经理具备足够的六西格玛技能，而六西格玛专家具备足够的项目管理技能。所以有一种趋势，就是两个角色在六西格玛项目上会逐渐合二为一，而且大多数企业已经实现了这一点（前文提到的第一种组织形式就是这种表现形式）。

5.1.2 项目的团队建设

项目经理是项目的负责人，但他无法独自完成任务，完成一个项目需要一个团队。团队成员的构成也是项目管理的关键。通常，项目管理往往都由业务目标驱动，其团队成员多数来自对应的功能团队。例如，在新产品开发项目中，团队中研发人员的人数可能占多数。但一个成功的团队不可能仅由单一的功能角色构成，否则项目经理也将失去其存在的价值。因为项目团队由人组成，人员管理自然也就成了团队建设管理的重点。即便团队具有强大的技术，但如果失去了人这个基本载体，那么所谓项目也就成了空谈。所以项目团队的建设要考虑很多因素，如职能覆盖、资源承诺、技术成熟度、人才可用性、团队凝聚力、合作管理等。团队的规模往往会根据业务范围的规模而变化，小型团队可能仅仅由项目经理和核心成员组成；而大型团队可能由项目经理和核心成员组成一级团队，而每个核心成员各自负责相应的扩展团队形成二级团队。

在高绩效团队管理的理念下，一个高绩效的项目团队至少要优先解决两个问题：职能的覆盖面，以及团队的合作管理。

职能的覆盖面如何覆盖项目所需的各个功能是团队建设之初就应考虑的问题，即项目团队应包括哪些职能以及哪些专业人才。对于新产品开发来说，最常见的核心团队通常由销售、市场、财务、研发、运营、质量、供应链、服务等团队代表构成。对于六西格玛项目来说，项目团队所涉及的功能团队可能略少。以传统六西格玛项目为例。它往往会涉及财务、运营、质量、供应链等业务部门。在项目构建之初，项目经理需要根据项目需求从各个功能团队中获取足够的资源（或资源承诺），以保证在项目执行过程中有足够的资源可以使用。

相对于职能的覆盖面，团队的合作管理则显得更为复杂。团队的合作管理所涉及的理念很简单，最常见的模型（如贝尔宾模型或塔克曼模型等）都展示了一个团队的人员配置以及项目进程中可能出现的人际关系问题。这些模型或人力资源管理的方法论都不复杂，但执行过程则困难重重，因为人与人之间的沟通会受到个体差异的影响。团队合作的成功与否往往不取决于个人的技能水平（个人专业能力也很重要），而取决于团队成员的内部沟通是否有效。

在六西格玛项目团队中存在两类团队形式：第一类团队中既存在项目经理，又存在六西格玛专业人员，以及其他职能成员；第二类团队中仅存在六西格玛专业人员（同时作为项目管理者）和其他职能成员。如果是前者，项目经理就成为一个纯粹的项目管理者，行使项目管理和团队建设的职能，而六西格玛专业人员则对项目过程中的方法论实施和工具使用负责。当两者产生冲突时，以项目经理的决定为最终决定，这是作为项目管理的权威；如果是后者，则六西格玛人员同时具备项目管理以及方法论指导的角色。

作为一个团队，其首先要完成职责的划分，一个最基本的工具就是RACI矩阵。RACI矩阵为团队中的每个角色都做了基本设定，以明确各自的职责和工作范围。表5-2是RACI各角色的定义与特征。

表5-2 RACI各角色的定义与特征

角 色	定 义	特 征
R（Responsible，负责人）	负责执行的人或角色	对于每个行动项来说，负责人至少要一个以上，否则代表该行动项没有实际的负责人
A（Accountable，责任人）	对最终结果承担风险的人	责任人应该是唯一的，每个行动项应该有且只有一个责任人。如果没有A，就代表该行动项没有责任人，即便项目出错了，也不会有人被问责；同样地，不能有多个A，否则会出现多个责任人却无人决策或实际上无人被问责的情况
C（Consulted，被咨询人）	在决定或行动之前，必须被咨询或被征求意见的人	并非必要角色，但在重大决定或关键行动项执行前，应被征求意见。C往往是该行动项涉及的专家或有绝对权威的角色
I（Informed，被通知人）	采取决定或行动后，必须被告知的人	并非必要角色，通常是需要知道行动后果，或者对行动项输出有后续动作的对象，如团队的领导、关键干系人、被执行的对象员工等

典型的RACI矩阵如表5-3所示。

表5-3 典型的RACI矩阵

行动项	项目经理	六西格玛专家	核心成员A	核心成员B	核心成员C	核心成员D	……
制订项目计划	A/R	R	R	R	C/I	C/I	……
定义项目目标	A	R	C	C	C	R	……
确定数据收集计划	C	A	C	R	I	I	……
规划试验设计	C	A	R	R	R	R	……
进行试验验证	C	C	A	I	R	C	……
……	……	……	……	……	……	……	……

之所以需要形成团队，是因为需要实现内部分工，明确分工只是团队建设的第一步。而团队的输出是所有成员各自按其分工以及各自的功能或特点，持续协同努力获得的成果。项目经理应该清楚地知道团队成员的特点，并且尽最大可能将他们整合成一个有效输出的团队。

塔克曼模型解释了团队在不同阶段时团队的表现特征。深刻理解该模型可以帮助项目经理了解他的团队状态，并根据团队所处的阶段及时做出相应的管理手段（见表5-4）。该模型的普适性非常好，可以被应用在绝大多数项目团队的管理和建设上。该模型描述了项目绩效随团队发展阶段的变化曲线，其基本的四个阶段是形成、震荡、规范与成熟。解散阶段是模型的增补阶段，因为有些团队可能长期存在，而有些团队则会在项目结束后解散，这两种团队会出现不同的发展趋势，对应的管理模式也不同。塔克曼模型可以和情境领导等管理模型结合使用。表 5-4 显示了该模型各阶段的典型特征，图 5-1 显示了该模型在不同阶段团队绩效的典型表现差异。

表 5-4 塔克曼模型的阶段特征

阶 段	特 征
形成阶段	团队成员从各个功能团队被召集，有可能是短期的外部支持人员。多数成员会呈现一种面对未来期望的兴奋状态。以个人单独作业和贡献为主。由于团队成员的积极性较高，因此整体绩效有可能呈上升趋势。团队管理以指导为主
震荡阶段	这是团队的磨合期，也是团队建设和管理最危险的阶段。在团队成员的兴奋期过去后，由于各个成员的专业背景、功能职责各不相同，而且专业技术的熟练程度也可能有很大差异，加上个人性格喜好等多重因素的影响，因此团队之间的沟通变得困难，不同的思想和意见会导致执行力下降、交付质量下降等一系列问题。比较糟糕的团队甚至会在此阶段直接解散。高质量的管理沟通很重要，团队管理以教练或辅导为主
规范阶段	在经历磨合期之后，团队成员开始相互理解对方。多数成员开始调整自己的作业模式来配合其他成员，团队内部沟通上的问题也会逐渐被解决。团队成员之间的协同作业模式开始显现出来，团队绩效逐渐缓缓上升。团队开始进入一个真正发挥团队优势的阶段。此阶段也可以被认为团队建设的主体阶段。团队管理以支持为主
成熟阶段	此阶段的项目团队是成熟的团队，该阶段也称为绩效阶段。团队成员之间已经形成默契，可以相对独立地进行交付，团队绩效达到最高，且可以稳定输出。团队管理者的作用相对之前阶段略有淡化，团队管理以授权为主
解散阶段	这是模型的最后阶段，团队会出现两种不同的走向。虽然前一个项目结束了，但团队很快会迎来新的项目，大多数团队成员不会变化。解散阶段仅仅是形式上的，针对前一个已结束的项目而言，而对于团队来说，实际上并没有解散这个动作。团队依然可以保持高绩效的状态，只需做短暂的休整，就可以很快为新项目工作和交付。此时这个阶段也称休整阶段。而另一部分团队则很可能在项目结束后就会释放资源，解散团队。团队管理者要处理部分人员在团队解散前的一些心理负担，如对团队的留恋，以及对未来的恐惧等

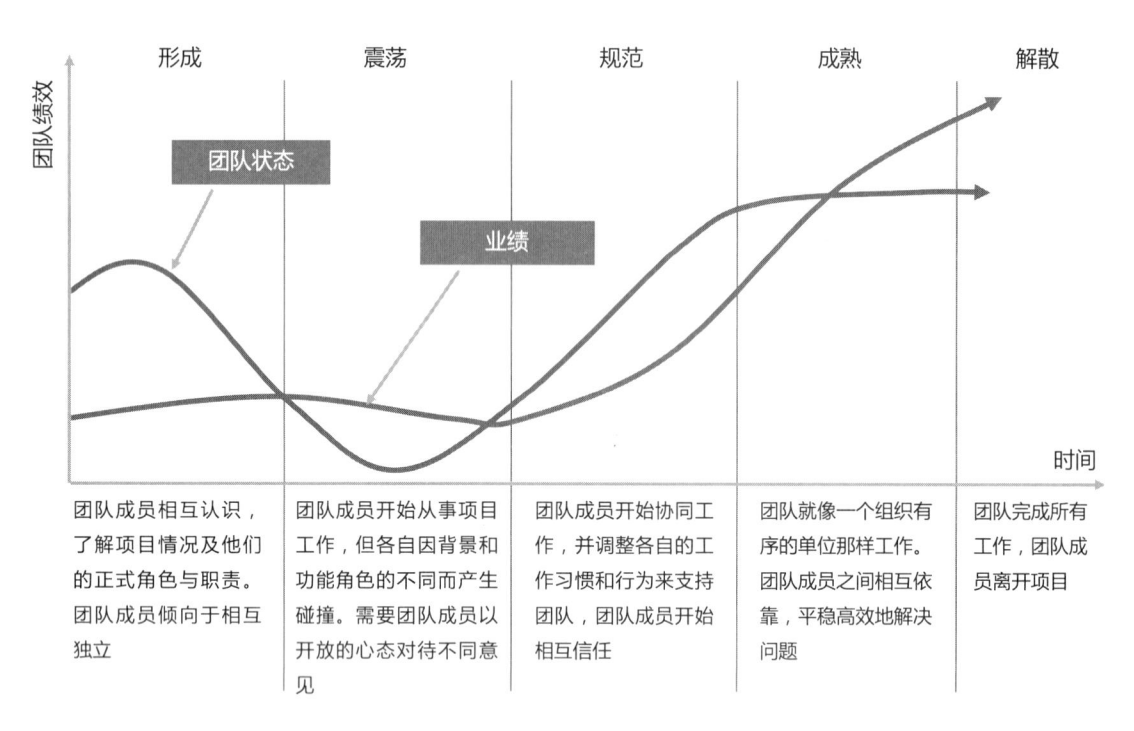

图 5-1 塔克曼模型各阶段的团队绩效

在团队建设时，除了考虑团队成员的职能分布，也要考虑成员个性等因素。如果忽视这些非技术因素，则可能为项目带来很多不确定的风险。以贝尔宾模型为典型代表的一些人力资源模型提出了一些想法。在贝尔宾模型中，一个合理的团队或者一个自然情况下的团队可能存在以下角色：

- 智多星（Plant，PL）
- 执行者（Implementer，IMP）
- 鞭策者（Shaper，SH）
- 审议员（Monitor Evaluator，ME）
- 专业师（Specialist，SP）
- 协调者（Co-Ordinator，CO）
- 外交家（Resource Investigator，RI）
- 完成者（Completer Finisher，CF）
- 凝聚者（Teamworker，TW）

从这些角色名字上不难看出，一个团队内部可能存在多种多样的性格角色，这样才能使一个团队在协同作业时发挥其最大的作用，必要的个性碰撞也可以使团队变得更加健康。

对于团队建设有很多不同的模型和方法论，管理者需要慎重思考进行取舍。团队管理是一种特殊的管理艺术，需要大量实践作为基础，并且需要不断提炼与总结。

5.1.3 项目的层级

项目本身存在一定层级，层级划分取决于企业规模，以及企业对层级管理的定义。对于较小规模的企业来说，项目仅仅以实现当前目标为主，不再分层级。但对于较大规模的企业来说，由于其可能面对数量众多、规模大小不一的项目，因此需要对项目进行层级管理，以有效提升资源的利用率。层级管理也是对所有项目进行统筹管理的手段。

项目的层级通常以项目的规模来划分，最常见的划分方式可参考新产品开发的项目模式（见图 5-2），这也是目前适用范围最广的方式，可以向其他领域拓展。

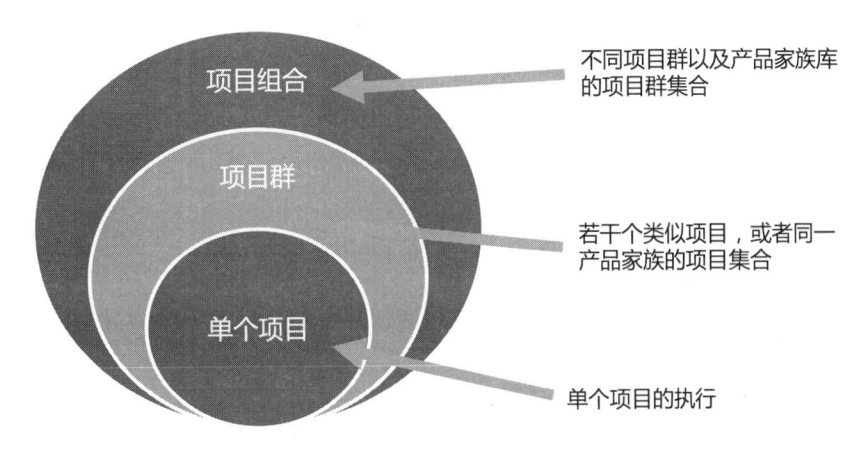

图 5-2 新产品开发的项目模式

这种方式与六西格玛项目的带级形成了一种对应关系。前文曾提到，六西格玛的各个带级以项目节省金额大小来划分并不是非常合理的方式，而项目的层级管理则对应了不同的带级。

- 六西格玛绿带项目。以解决单个产品、单个工艺的问题为主。项目目标往往是单个较小的业务指标，如某工站的一次性通过率提升等。
- 六西格玛黑带项目。以解决某个系列产品、整条流水线（多个工站组成）或某个产品平台的整体问题为主。项目目标往往是整体业务指标，如某个客户的满意度提升、某个系列产品整体滚动合格率提升、某条产线缺陷率降低等。这些业务指标往往由若干个下级指标构成，在项目目标制定过程中需要进行必要的分解。
- 六西格玛黑带大师项目。以解决企业级的关键问题为主，这类问题往往都是企业的老大难问题，它们长期存在，影响重大，构成复杂，可能是跨领域、跨功能团队，甚至跨区域（针对具有全球性业务的企业）的协同问题。例如，降低某集团全年劣质成本，提升某企业整体过程能力指标，等等。这些目标通常都无法直接分解到具体业务团队，需要黑带大师通过缜密的分析，逐层分解，逐步落实到各个业务团队。这种项目常常由多个子项目来承接且共同完成。

通过对不同项目层级的设定，企业可以形成系统化的项目管理体系。该体系包括各个层级的项目是如何发起、监控、评审、关闭和评估的。而六西格玛的专家团队也可以借层级管理来实现团队架构的建设。这通常也是一个自上而下的管理模式。

六西格玛倡导者会制定企业的六西格玛项目战略目标和短期、中长期的目标规划，这为整个企业的六西格玛项目发起指明了方向。例如，在未来三年先关注传统六西格玛项目，同时落实创新工具的部署，并在两年后开始逐步推行六西格玛设计等。这种规划确定了六西格玛项目的层级框架和主导方向。

六西格玛黑带大师会根据六西格玛项目战略进行项目组合的构建。这个过程涉及企业项目的各种类型，不仅要考虑六西格玛项目常见的三大细分类型，同时要考虑不同职能对六西格玛方法的诉求。黑带大师会制定项目平台分类的基本规则，包括项目的关注对象、交付物、评价方式与标准等。重要的是，这些项目平台分类的基本规则会传递到六西格玛黑带的手中，成为六西格玛项目执行的基本规则。

六西格玛黑带是项目执行的主要负责人。根据项目平台分类的基本规则，六西格玛黑带会根据既定的项目发起标准来寻找项目机会和发起项目。由于企业不一定存在黑带大师和倡导者，因此黑带往往就是项目执行的实际管理者。一个专职黑带往往都要负责一个项目平台，有时会更多。黑带项目也可能由一些子项目（绿带项目）组成，所以黑带本身不仅要执行企业关键的改善项目，同时要负责下一级项目的执行。

六西格玛绿带是项目的实际执行者。虽然有些企业有黄带，但通常绿带是项目层级的第一线，而黄带是以现场数据收集为主的群体，很少涉及项目管理。绿带项目占所有六西格玛项目的比例是最高的，所以绿带项目才是六西格玛方法为企业带来最高收益的项目群体。绿带会承接黑带项目所分解下来的指标，绿带本身也可以主动寻找改善点发起项目。

不难看出，通过项目的层级管理，六西格玛专业人员也根据项目规模划分了带级，同时在业务上也形成了独特的以项目层级为基础的业务汇报关系，从而实现了六西格玛层级与行政汇报关系的两者统一，这种业务汇报关系是六西格玛的最佳实践形式之一。

5.2 项目管理的阶段

项目管理的过程错综复杂。虽然项目管理的方法众多，但并没有哪个方法可以一统天下，并明确将项目管理的过程固化下来。因为项目的研究对象实在过于复杂，无法用教条的方式来进行定义。在美国项目管理协会的体系（PMBOK）中项目管理被分成了五个过程组：启动、规划、执行、监控和收尾。但实际上这五个过程组是由四个阶段（启动、规划、执行和收尾）和一个监控过程组成的。本节主要讨论项目阶段的划分和管理问题。

PMBOK 中的过程组的划分非常宽泛和笼统，但确实有非常好的通用性。因为在这个划分中并不涉及项目类型和产品，划分依据主要由项目执行的特征来决定。

首先，不管是一个项目还是一个普通活动，要实现一个业务目标，都存在启动、执行和收尾三大基本阶段。其次，在启动阶段后增加规划阶段，是因为按 PMBOK 的理念，项目执行应谋定而后动，应做好充分的项目规划才可以开始执行项目，因为项目在执行过程中充满了各种不确定因素，所以在前期做好充分的规划和风险预案，可以大大降低项目的后期风险。在执行过程中，项目的规划和执行有可能出现迭代。再次，项目管理和其他管理活动类似，都需要进行监控，而监控无时无刻不存在，所以监控应贯穿整个项目执行的各个阶段（所以图 5-3 将监控放在了项目所有阶段的下方）。而在 PMBOK 中将监控放在执行的后面，仅仅是因为项目的主体是执行阶段，在执行阶段中监控会变得更加频繁，相对于其他阶段，监控在执行阶段的比重更大一些而已。图 5-3 显示了项目的阶段划分与典型特征。

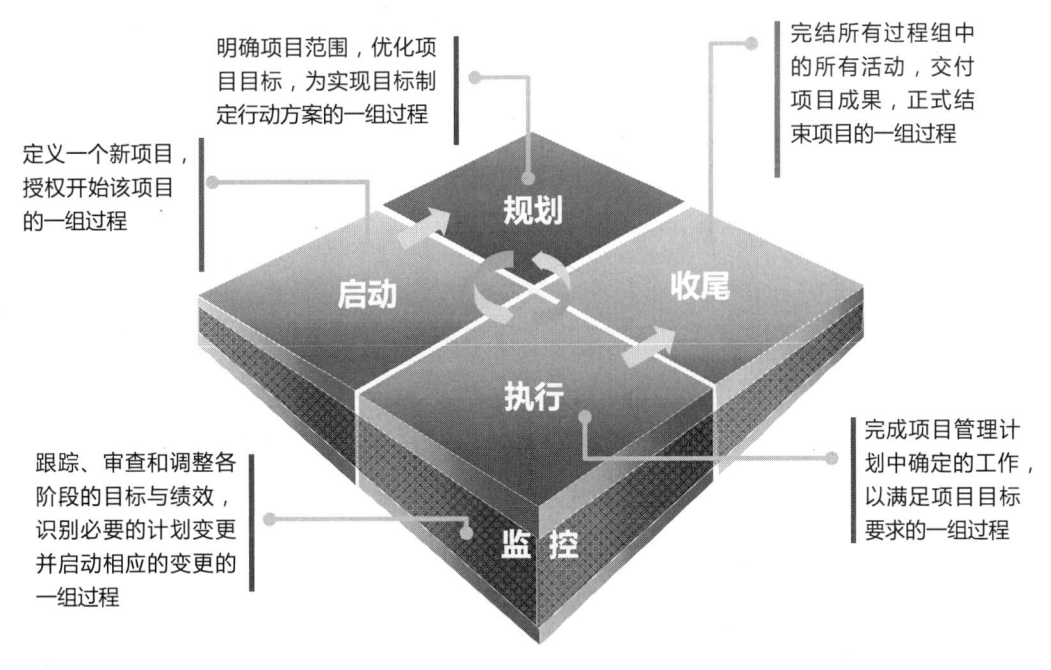

图 5-3 项目的阶段划分与典型特征

PMBOK 所描述的项目管理模式是一个适用性广泛的通用模型，几乎可以被应用于绝大多数的项目。所以六西格玛项目可以应用该模型进行整体管理。而前文提到六西格玛项目有自己独特的项目阶段划分，如 DMAIC 等，这是针对六西格玛项目特征所设立的，与这里所描述的并不冲突。如果尝试把两者结合在一起，那么以 DMAIC 为例，大致可以得到这样一个对应关系：启动阶段对应定义阶段（D）；规划阶段对应一部分测量阶段（M）（前期数据收集计划和现状研究等）；执行阶段对应一部分测量阶段（M）（测量系统分析、数据收集等）、分析阶段（A）以及改进阶段（I）；收尾阶段对应控制阶段（C）；而监控阶段对应整个六西格玛项目管理过程。

项目的阶段划分其实就是把项目进行阶段化的划分，这是一把"双刃剑"，其优缺点都非常明显。如果不对项目进行阶段划分，那么对小型简单的项目的绩效可能没有太大影响。但对大型复杂的项目，如果不进行阶段划分，则可能导致项目执行出现偏差。因为此类项目活动繁多，项目周期可能以年为单位计算，那么在这么长时间的项目执行过程中可能会出现交付问题。此时项目不进行中期评审，就无法在项目执行过程中进行纠偏。对项目进行阶段划分，可以帮助企业在项目执行过程中及时进行纠偏，解决已经出现的问题，甚至可以做必要的中期奖惩和团队调整。企业在执行过程中进行监控管理也可以更好地实现项目的层级管理，及时关停一些低质量的项目，释放企业的资源进入其他项目中。

对项目进行阶段划分，也会带来一些显著的副作用。阶段数量的增加，意味着评审的次数和耗费的时间增多，这会降低项目执行的效率。一部分的评审有价值，但有的评审的意义可能不显著。由于各个阶段结束前的阶段评审点客观存在，因此项目为了等待通过这些阶段评审点的评审，必然导致项目周期变长，而且组织评审等都会耗费额外的资源。如果项目在后期因为某些原因被关停，那么之前所发生的成本都将成为沉没成本。所以企业需要对于项目阶段划分的合理性和必要性做一些平衡和决断。

六西格玛项目阶段遵循门径管理系统（Stage-Gate）的基本特征，而门径管理系统是目前绝大多数企业项目管理的基本形式。PMBOK 的阶段划分也符合门径管理系统的特点。门径管理系统推荐的项目阶段数量为 3~7 个，所以对于六西格玛项目来说，传统的五阶段（DMAIC）的划分是合理的。而且六西格玛项目的 DMAIC 五阶段的划分非常明确，每个阶段都有自己独特的交付，所以在结合传统项目管理理念的基础上，可以按这些阶段来管理各个层级的项目。

项目的阶段划分的关键在于每个阶段的输出和交付。如果这些输出和交付是合理的、可执行的、符合企业业务目标的，这种阶段划分就可以认为是适合的划分方式。但不管哪种划分方式，针对阶段交付的评审结果都是衡量其有效性的重要指标。不满足交付标准的项目不可以进入下一阶段。即便项目出现一定的成本损失，也要对其进行必要评估。例如，某项目在前期规划时可以节省 100 万元成本，但执行到中期时发现只可以节省 20 万元成本，同时另一个项目有超过 20 万元的成本节省，但由于资源不足而没有启动，那么当前项目则很可能被中止，并且释放资源去执行另一个项目。

5.3 项目交付的管理

执行项目就是在完成项目目标分解后所需要完成的一系列交付，而项目阶段的划分也是根据各个阶段的交付内容不同而不同的。可以简单地理解为，如果一个项目的交付物（交付的载体）都完成了，且被客户接受了，那么这个项目基本可以认为完成了。

那么合理的项目交付管理就成了项目管理的最主要对象。不难理解，项目最终交付物就是项目的最初目标或该目标的载体（表现形式），而项目执行过程中的交付物就是阶段交付物，这些阶段交付物可能不一定与最后的交付物关联，但阶段交付物的质量会影响最终的交付物的质量。项目的交付管理主要从几个不同的维度来思考：项目交付物、项目交付质量、交付的评价标准等。

1. 项目交付物

项目交付物的构成受项目规模与类型的影响。为了统一项目的交付管理，多数企业都会沿用项目的层级管理来构建项目的交付物，即不同层级的项目分别采用不同的项目阶段交付物。那么项目的规模越大，则项目的交付物越多，评价过程也越漫长。

项目交付物通常分成两类：过程类交付和成果类交付。其中，过程类交付又分成项目过程类交付和技术过程类交付。

项目过程类交付就是项目管理技术独特的管理交付，这些交付是项目过程管理的核心交付，承载了项目管理的理念和管控形式。比较典型的交付物有项目章程、项目计划、预算规划、阶段小结、评审计划、项目总结等。这些交付物记录了项目从开始到结束的全过程，不仅在项目执行过程中对项目起到了指导性的作用，即便在项目结束后依然可以成为企业用于经验教训总结的资料。

技术过程类交付则是在项目执行过程中，为了实现最终交付物所产生的一些技术文件或其他重要交付。这些交付都与最终交付有一定的关联，但也可以独立存在，并且为后续其他项目服务。例如，某企业要改善某工艺的不合格率，其间需要使用一个全新的技术。企业为了实现该工艺改善，先自行开发了相关新技术，那么这项技术很显然与项目最后的交付成果有重要联系，但该技术可以独立存在，成为企业的后续核心技术，并为其他项目服务。另外，在项目执行过程中，可能产生或更新很多技术文件，有些是企业为了实现项目目标必须产生的过程文件，使用对象是企业自身。例如，更新的作业指导书对客户来说没有价值，但企业需要该作业指导书来指导产线。另外，有些过程文件则会成为企业知识库内的历史经验，如过程失效分析等。

成果类交付是客户所关心的最终交付（物）。随着不同的项目阶段，成果类交付的交付物形态可能存在很大差异。如果项目目标是一个产品特性的改进，那么项目团队在项目前期会交付产品改进的方案，但客户其实并不关心方案本身如何，客户关心的是最后该产品能否改进并且达到预期特性目标。所以前期的交付（改进方案）虽然与最后交付密切相关，但不一定就是最终的交付物。而对于软件产品来说，项目中期的交付物可能就已经具备了一定的功能，中期交付物很可能是最终交付的一部分。有些项目前期或中期的交付物就已经成为最终交付物。例如，某产品的设计规格书在前期设计完产品后，虽然产品还没有被生产出来，但这份设计规格书就是客户最终指定的交付物。所以成果类交付物的形态复杂，但这些交付物不外乎都与客户的原始需求有关。

2. 项目交付质量

项目交付质量的管理有两个不同的维度：交付物自身的质量和交付过程的质量。

交付物自身的质量就是交付物本身满足项目需求的程度。企业在评价这些交付物自身质量的时候，要根据其特点分别制定不同的标准来进行。例如，评价项目的收益就要设立相应的财务指标，如净现值、报酬率、投资回报期等指标。如果要评价一个流程工艺技术文件，则要考虑该技术文件是否实现目标工艺或工艺改善的目的，满足程度如何。很多时候，交付物自身的质量并不直接由项目管理来控制，而取决于功能团队的业务能力，但优秀的项目管理干预可以对其产生积极的影响，如定期开展技术评审会来评审技术交付物的质量等。

交付过程的质量则是项目管理能力的重要体现，这个质量由交付行为与交付结果来体现，如项目递交评审的次数（反复评审）、项目执行的周期长度、交付进度、报告及时性、工程变更数量等。交付过程的质量受到诸多因素的影响，但主要都与项目执行过程中的问题有关。交付过程的质量难以用量化的形式来进行评估，尽管可以找到一些相对量化的指标，但评估还是以主观评价为主。因此客户满意度是评价交付过程质量的重要参考依据。

3. 交付的评价标准

项目交付的质量由项目评价决定。项目评价被分成两个部分：一是企业的自我评价，二是客户的接受与评价。其中，企业的自我评价在前，无论是中期评审还是最终评审，企业都会先进行自我评价。只有企业完成了项目交付评价且认为项目团队完成目标之后，才会向客户交付并进行客户评价。客户可能并不在意项目的中期评价结果，客户是否参与评价中期的交付质量完全取决于客户对于该项目的重视程度。如果客户不参与或不关心中期评价的过程，那么项目是否可以进入下一阶段则由企业自行决定。如果客户在意项目的中期交付，且介入中期评价，那么以客户是否接受中期交付为项目是否能进入下一阶段的标准。不管是哪种情况，在项目的尾端，客户都会对项目的最终交付进行评价。只有当客户最终接受项目的全部交付物后，项目才可以被关闭。企业自我评价的标准由企业自行设定，通常高于客户的需求；而客户评价的标准通常以项目初期确定的项目需求为准。

项目可能存在多个客户，其中可能有内部客户，也可能有外部客户，还可能两种客户都有。但对于传统六西格玛项目（如制造型过程改善项目）来说，项目的客户很可能就只是内部客户，即生产运营团队。所谓完成一个项目，是指所有的客户都接受了项目的交付成果。

5.4 项目管理的基本要素

项目管理需要考虑的因素有很多，也没有统一的说法来定义项目管理必须考察哪些因素。虽然提及的 PMBOK 对项目管理的要素有很好的提炼与总结，但企业可以自行确定项目管理的重点关注对象。项目管理比较常见的维度包括范围、成本、进度、质量、资源与风险。事实上，根据项目类型的不同以及项目管理方法的差异，可能有更多的维度，如干系人的影响、采购与供应链的影响、沟通的有效性、变更管理、流程管理与改进技术等。随着企业对项目管理的认知逐步加深，这些维度会越来越多。图 5-4 显示了项目管理的基本要素与整合管理的关系。

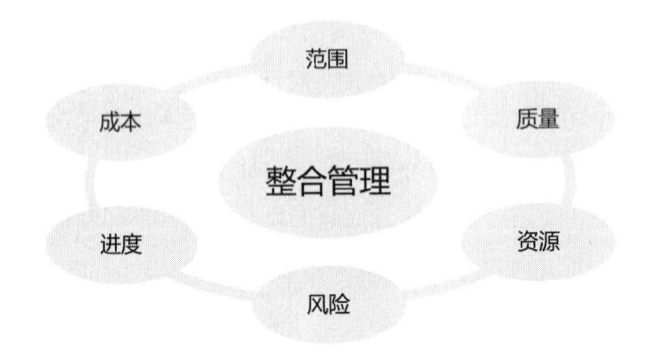

图 5-4 项目管理的基本要素

项目整合管理包括一系列过程和活动，这些过程和活动是为了识别、定义、组合、统一与协调项目管理过程中的各过程及项目管理活动。在项目管理中，"整合"要考虑项目的几乎所有维度，所以这也是项目管理的核心要素。整合管理对完成项目、成功管理干系人期望和满足项目要求都至关重要。项目整合管理主要包括六个过程：制定项目章程，制订项目管理计划，指导与管理项目执行，监控项目工作，实施整体变更控制，结束项目或阶段。这与项目的阶段划分基本是对应的。

1. 项目范围管理

这是对项目工作范围的管理过程，包括定义和控制项目的交付目标，以及如何按要求完成交付的过程，如确定项目的需求、定义规划项目的范围、范围管理的实施、范围的变更控制管理以及范围核实等。范围管理是项目的基本要素之一，项目就是实现客户需求（范围）的过程。在项目执行过程中，不能随意变更项目目标的范围，同时要避免范围潜变（Scope Creep），否则对企业会造成重大冲击和损失。范围管理给项目界定了相应的界限，是规范企业与客户的重要的双向制约手段。范围管理也是需求管理的一部分，在项目执行过程中，要经历收集、整理、分类、转换、分解、传递、实现与验证等若干个过程。

2. 项目进度管理

合理地安排项目进度（时间）是项目管理中的一项关键内容，其目的是保证按时完成项目、合理分配资源、发挥最佳工作效率。项目有独特的时间属性，项目管理受到时间的强烈约束，项目的来源以及业务窗口期等都受到项目执行时间的影响。项目的整体进度用时间来衡量，一般也以时间为评价标准。个别项目对时间维度不敏感，但从宏观管理的角度依然逃脱不了对时间的依赖性。而企业在面对大量的项目时，需要从企业层级对每个项目进行必要的调整，其中项目的进度（时间管理）是一个重要指标。项目管理应对所有的项目活动做时间上的约束和分配。典型的项目时间管理就是通过工作分解结构把项目目标任务分解到各个业务单元进行执行与管理的过程。

3. 项目成本管理

成本管理是为了确保在批准的预算内完成项目。成本管理要依靠制订成本管理计划、成本估算、成本预算、成本控制四个过程来完成。项目的运作是依托于实际的资金链，包含项目人员的雇佣、物料的成本以及项目运作费用等，这些都依靠成本控制来实现。项目执行与管理在一定预算内执行，所有费用都受该成本预算控制，这要求项目经理有强大的成本估算和统筹分配能力。项目的成本核算一般由独立的专业人员来完成，即便是项目管理团队也应受项目成本（财务）的限制。六西格玛专业人员应具备一定的基本财务知识。

4. 项目质量管理

通常，质量是指产品质量，但项目管理中的质量是指项目质量，准确地说就是项目执行和交付的质量。项目质量管理强调项目交付与预期目标之间的一致性，这种一致性可以用质量成本来量化。质量成本分为一致性成本和非一致性成本。一致性成本是指为了达成业务指标所花费的成本，如六西格玛培训成本、项目评审成本、产品检验成本等。一致性成本常常是企业的主动成本，即企业主动的管理行为产生的成本。非一致性成本，也称劣质成本或缺陷成本，是指项目或产品与预期目标不一致所产生的成本，如产品报废成本、客户投诉成本、返工返修成本等。非一致性成本往往是企业的被动成本，即事后发现的成本。项目质量管理要对项目执行和交付的质量进行评价，主要为了减少质量的一致性成本，如减少项目的评价次数、缩短项目的执行时间等。项目质量管理可以用于评价项目团队的执行能力。六西格玛几乎涉及绝大多数的质量工具，这些工具都可以被应用于项目质量管理的评价。

5. 项目资源管理

项目资源管理中所涉及的内容就是如何发挥"人"的作用。在企业中，如果不对"资源"这个词做特别说明，资源即人力资源。所以项目资源管理就是项目人力资源管理。项目人力资源管理是识别和记录项目角色、职责、所需技能、报告关系，并编制人员配备管理计划的过程，主要作用为建立项目角色和职责、项目组织图、人员招募等。人力资源管理是项目实施的根基，是项目经理的基本任务之一。高效的团队可以使项目的执行效率大幅度提升。人力资源管理包含了各项任务的分配、执行以及结果汇总与评审，项目经理也有义务为项目成员提升执行项目所需要的技能，提供相应的培训机会。项目经理应对项目人员做全生命周期管理，从团队的组建到项目执行，乃至后期项目收尾后的解散，都应做完整的规划。广义的项目资源管理也包含企业为项目准备的其他资源，如设备、原料、资金等。这些都是基于项目成员的工作任务分配来决定的，亦可将这些资源的管理过程视为人力资源管理的拓展过程。

6. 项目风险管理

项目风险管理是指对项目风险从识别到分析乃至采取应对措施等一系列过程，它包括使积极因素所产生的项目风险管理流程的影响最大化和使消极因素产生的影响最小化两方面内容。风险管理是一种主动行为，风险以预防和控制为主，风险发生后的改善措施仅仅是一种弥补行为。风险管理关注于：历史风险再现性，风险发生的识别，风险危害的评估，风险对应的措施，风险成本的控制，后续风险的预防。

项目管理是一个综合考量各种因素的管理过程，上面提及的要素只是项目管理的一小部分。六西格玛项目管理的全过程符合项目管理的一般过程，也同样适用这些要素。六西格玛项目在执行过程中应充分贯彻项目管理的理念，应用项目管理工具来保障项目的执行质量。

第 6 章

战略和商务工具

6.1 战略愿景

从字面上来解读，战略就是作战的谋略，是一种经过规划用以克敌制胜的方法。世界范围内并没有统一的定义来解释战略，但这并不妨碍战略成为一个企业最重要的指导纲领。

战略是为了实现企业某些特定目标而产生的指导性纲领。不少学者都对战略做过描述。例如，有的认为战略定义和传递了一个企业的独特定位，说明企业应当如何整合资源、技能与能力以获得竞争优势；有的则认为战略是基于行业定位、机会和资源，为企业实现长远目标而制定的规划等。

战略通常都会覆盖企业的愿景、使命、规划、核心价值观和价值主张等一系列标准模块，其典型特征为：目标导向，注重长期效应，正视内部冲突，重视资源规划与承诺。合理的战略会将企业最高管理团队的意图和理念传递给每个功能团队甚至每个员工。

企业通常会针对其业务模式自上而下地制定相应层级的战略。战略的种类繁多，六西格玛战略就是其中一个重要的组成部分。六西格玛团队在企业中不是传统的职能部门，所以其战略定位属于辅助职能战略。需要注意的是，战略虽然有层级关系，但绝对不存在不重要的战略，不同战略之间也不存在优劣之分。图 6-1 显示了六西格玛战略在企业整体战略体系中的典型位置。

企业的本质是获取更多的剩余价值，那么企业内的战略从愿景、使命向下分解，经由企业整体战略、经营战略分解到职能战略，这个路径即企业实现企业目标并获取经济利益的途径。包括六西格玛战略在内的各种辅助职能战略，都为了保证企业持续健康发展而存在。各种战略组合在一起使企业可以在更长时间内持续稳定地获取利益，并且使其自身具有更多的知识与资源积累，提升企业的长期竞争力。

在世界范围内，有一些企业已历经百年，甚至更久。这些企业之所以能如此长久地存在，不仅是因为有好几代员工的努力奉献，同时企业战略的贡献也是巨大的。成功的企业战略可以使得企业保持旺盛的生命力，使企业在时间长河之中屹立不倒。

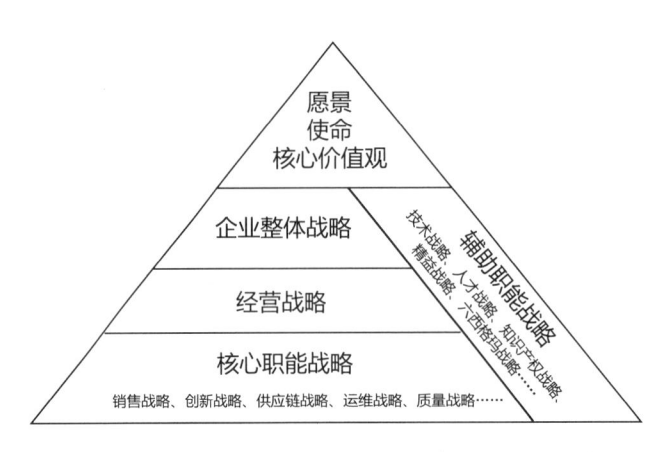

图 6-1 六西格玛战略在企业整体战略体系中的典型位置

企业要获取剩余价值，无外乎开源与节流两种方式。大多数企业都关注于新价值的创造，即"开源"，所以多数战略都在想尽办法为企业打开更多的市场、拿下更多的订单、服务更多的客户等，这些都是企业开源的重要方式。六西格玛战略则是少数"节流"战略之一。只有开源和节流都做好了，才能保证剩余价值的最大化，从而实现企业利益的最大化。更重要的是，六西格玛战略不只关注节流，对开源也有卓越贡献。

六西格玛是普遍适用的方法，所以其战略本身有一个固定愿景：让六西格玛成为企业内部共同的语言，甚至成为企业基因的一部分。这个愿景几乎适用于所有推行六西格玛的企业。六西格玛被导入企业往往随着某些契机来实现，如为了解决某些重大问题。随着六西格玛项目的实施，多数员工都是通过培训、辅导以及参与项目的过程来接触六西格玛的。根据六西格玛导入的特点，员工很容易对其形成这样一个印象——六西格玛是一种工具集或一种方法论来帮助企业解决问题，仅此而已。虽然解决问题是六西格玛的典型输出，但六西格玛在企业内的作用不只是解决一两个重大问题。我们期望在企业内部形成良好的六西格玛文化氛围，希望所有人都学会用数据说话，用六西格玛特有的结构化的逻辑思路，科学系统地实施内部改善。

作为重要的辅助职能战略，六西格玛战略的存在不仅是必要的，而且该战略可以直接影响企业的整体战略。六西格玛战略同样继承了企业的愿景与使命，并且在企业纵向战略的各个层级中体现出来。例如，通用电气导入六西格玛时，是在整个企业范围内进行贯彻执行，几乎所有部门都在应用六西格玛。六西格玛在通用电气的成功最终通过企业的财务报表体现出来。所以与六西格玛战略相关的指标可以直接与企业各级战略的指标挂钩。例如，六西格玛项目最直接的输出是财务节省，这个指标可以成为企业整体业务指标的一部分，也可以直接被分解到各个职能部门，并在职能战略中被体现出来。

与其他战略一样，六西格玛战略也有一些独特的战术指标。战略与战术的区别在于，战略着眼于整体布局的规划，而战术是实现战略的具体手段。六西格玛的战略指标通常就是企业运营成本的节省，而所对应的战术指标就是如何实现运营成本节省的过程指标。要实现企业运营成本的节省，通常需要通过实施六西格玛项目的形式，因此六西格玛项目的数量变得非常关键。企业要有足够的知识储备、足够的六西格玛专业人才来实施项目，因此六西格玛培训和认证就成了项目实施的前提条件。多数六西格玛的战术指标至少包括企业员工的带级认证人数或认证率、培训的次数或时长、接受培训的员工数量、完成的六西格玛项目数量等。这些战术指标通常以年或月为单位进行统计，不少指标之间还存在相互关联。

六西格玛倡导者是制定六西格玛战略的主要负责人，六西格玛黑带大师也应参与制定。这些战略要有足够的前瞻性。倡导者在制定六西格玛战略时，要获得最高管理层的充分认可和授权，要对企业未来实施六西格玛的整体状态进行规划。六西格玛战略应该具有阶段性，描绘现阶段与未来阶段的关注重点。黑带与其他带级人员都是实施战术指标的核心主体。

6.2 项目路线图

项目路线图是与中长期业务指标相关的未来项目规划，在创新项目中，常常与产品路线图、市场路线图相互关联。在六西格玛体系中同样存在六西格玛的项目路线图。六西格玛项目路线图与六西格玛项目组合管理有关，该路线图体现了企业从当下到未来某个时间点这个过程中六西格玛项目的整体规划。该路线图还会涉及一些六西格玛的战术指标，因为这些指标都是实现该路线图目标的基本保证。图 6-2 为六西格玛的项目路线图范例。

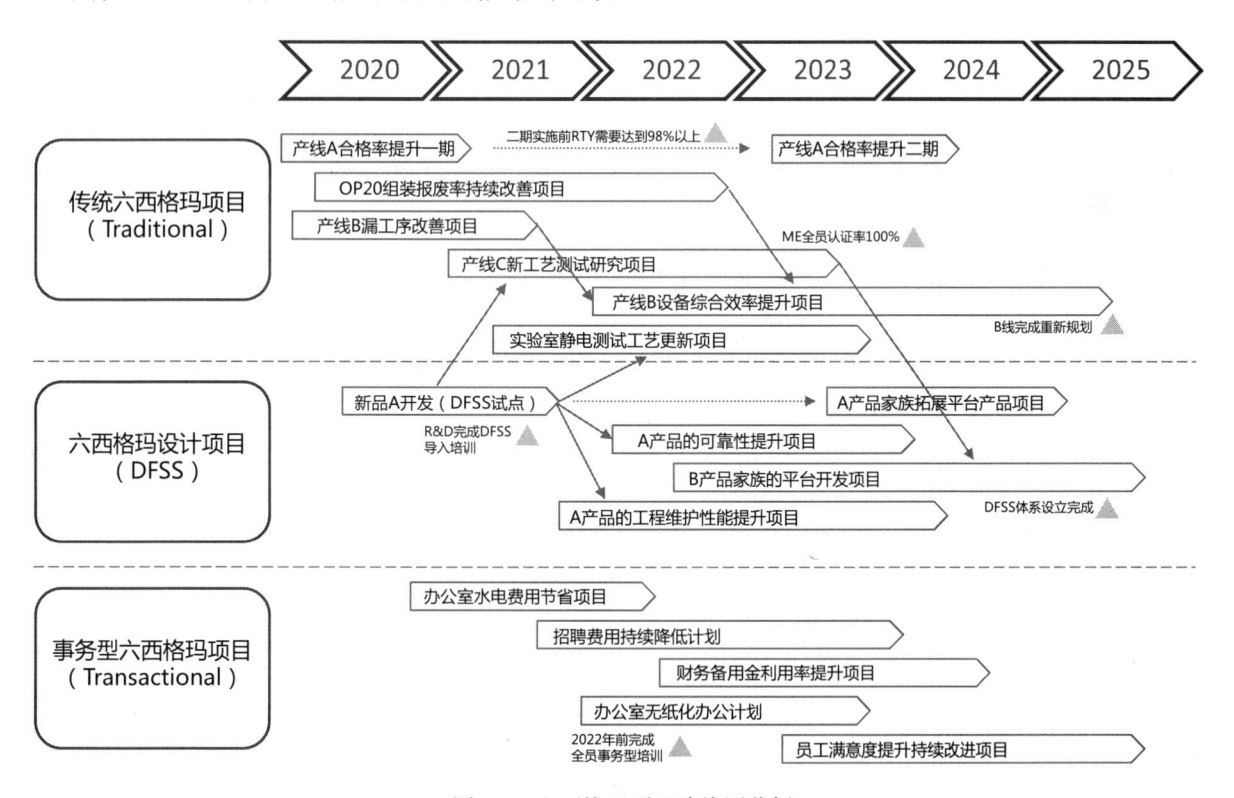

图 6-2 六西格玛项目路线图范例

与产品开发等项目管理相比，六西格玛项目管理并没有特殊的地方。但六西格玛项目路线图则略不同于产品开发项目路线图。六西格玛项目路线图主要依赖于企业对六西格玛推行的策略和阶段性成果。由于六西格玛项目属于辅助性项目，因此多数企业都把六西格玛项目置于战略项目的范畴。那么这类项目即便在前期有所规划，但实际上是否真正实施则取决于企业当下的资源和主要业务战略。

企业在初步导入六西格玛时基本不存在该路线图。此时的企业以评估当前实施项目的成果有效性为主要目的，但这个评估会成为企业未来制定六西格玛项目路线图的主要依据。六西格玛项目路线图并非孤立存在，通常要考虑企业未来一段时间发展的目标以及在此时间内企业资源的可用性。

六西格玛项目路线图由六西格玛战略分解获得。路线图中所描述的项目分类和项目规划都是为了实现企业在未来 3~5 年，甚至更长一段时间内的商业目标而服务的。在分解六西格玛战略的过程中，企业必须考虑项目实施的两个最基本要素：人力资源和财务预算。这两个要素在项目未实施的情况下就要提前规划。其中，人力资源主要确保在规划的时间点上，有足够的六西格玛人员投入项目中，并且这些人员具备足够的专业能力；财务预算则是企业为实现六西格玛项目所准备的专项预算。原则上，这两个要素在规划阶段都会被考虑，但由于未来具有不确定性，因此这两个要素的变化会非常快。绘制六西格玛项目路线图时会考虑人力资源和财务预算的综合影响，但不能确保这些要素不发生偏移。

绘制六西格玛项目路线图至少受两个因素的制约，分别是技术或产品开发路线图，以及六西格玛项目的队列管理（Pipeline Management，也称管道管理）。这两者相辅相成。首先，不论企业是否实施六西格玛，其技术或产品开发路线图是一定存在的，该路线图标志着企业满足市场需求的可能性和企业的价值主张。该路线图从较高的管理视角决定了企业在未来这段时间所需要的技术、设备、工艺甚至人才专业能力的储备。其次，六西格玛项目的队列管理主要关注发起六西格玛项目的机会数以及潜在的项目数量。六西格玛项目的来源众多，凡是可见的可分析的改进点皆可发展为六西格玛项目，但受到企业资源的限制，即便企业将六西格玛放在较重要的战略位置也很难全部实施这些项目。此时，项目路线图成为项目选择的依据，一方面通过队列管理将潜在项目进行优先级排序，另一方面实施团队参考技术或产品开发路线图来评估项目的可行性。如果一张项目路线图不能实现项目选择的目的，那么这张路线图就是不合格的。

与其他类型的路线图一样，六西格玛项目路线图也是动态的，需要定期更新。通常，该路线图的更新应与企业战略的更新或其他路线图的更新保持同步。

6.3 项目的商业分析

在明确六西格玛项目的大方向之后，企业需要正确发起合适的六西格玛项目。在有限资源条件下，充分利用环境把握机会至关重要。由于六西格玛项目关注项目的财务收益，因此项目团队在选择项目时就需要对项目的商业价值进行评估。这是发起项目的必要条件。如果项目没有足够的商业价值，那么该项目往往不会得到足够的资源和相应的支持。

项目的商业分析并没有特定的模式，这是一个自由度很高且需要全面分析的过程。除了前文提到的财务指标，还有很多其他考虑的因素。商业分析通常要考虑以下几点。

1. 项目提出的背景和必要性

六西格玛项目需要分析企业的内外现状，了解企业当前的痛处。项目团队应分析该项目如果成功对企业当下业务指标有何贡献。另外，项目背景和必要性分析明确了项目立项和启动的迫切程度。此时团队进行企业内外对标的结果可以成为有效的参考依据。

2. 项目目标和改善内容

六西格玛项目的目标应是具体的、可量化的。改善的目标应解释该目标和项目收益之间的关系，尤其是与财务的关系。如果商业分析足够充分，改善的目标应包含改善的具体内容。项目团队应分析项目目标与改善内容的一致性，以避免后期出现项目目标漂移、范围蔓延等结果。

3. 项目实施的方案

六西格玛项目的执行框架相对固定，但也并非一成不变。只要符合六西格玛的框架逻辑，即便对传统的 DMAIC 阶段进行适当的裁剪来匹配项目执行也是可以的。如果面对的是六西格玛设计型项目，执行框架就会变得更加多样。此时项目团队要考虑的内容非常繁杂，包括项目的技术路线、工艺的合理性和成熟性、关键技术的先进性和创新点、产品技术性能水平、外部同类产品或工艺的比较、技术优势、人才成熟度等。

4. 项目实施的现有基础

现有基础分析是针对企业获取项目能力的分析。六西格玛发起人应非常清楚和了解当前企业的基础环境，即企业内部环境。这个分析需对企业的六西格玛专业基础、员工对六西格玛的接受程度、企业的当前资源负载、企业财务状况等诸多因素分析后，确认项目团队是否可能获取足够的资源。如果没有足够的资源，那么即便有充分的立项理由，项目团队也将面临无资源可用，或者无有效支持的窘境。企业六西格玛专职人员的个人能力包括获取项目资源的能力。项目发起人或六西格玛倡导者（或等同人员）应对项目的资源进行预规划，如草拟项目的六西格玛专职人员、项目经理、必要成员等。

5. 项目实施的进度计划

企业应针对潜在项目机会制订相应的项目计划，包含六西格玛项目各个阶段的时间规划、资源分配、交付成果和可预见的风险管控。合理的项目计划应针对项目中可能存在的风险做必要的应对措施。例如，项目团队对可能存在的时间损失，如返工等情况，应预留足够的缓冲时间；又如，项目团队对可能存在物料或经济上的损失，应预留相应的管理储备。尽管此时的分析都是停留在纸面上的分析，项目并没有真正被执行（资源还没有被消耗），但项目计划应充分考虑这些情况并进行对应分析。

6. 项目收益分析

六西格玛项目最关心的是财务收益，即更少的成本或更多的业务收入。在项目的商业分析中，项目团队需要预测项目的成功带来的短期收益与长期收益。如果项目团队实施了一个改善类项目，企业在短期内就能实现质量问题"灭火"，提升客户满意度等效益。有些项目获得的收益可使企业长期获益，此类收益可以使用年化的财务收益作为参考。如前文所述，项目团队应对未来1~5年的生产成本、质量成本等各种财务指标进行测算。这些指标都是项目选择和立项的重要依据，都是动态的，需要实时更新。在项目发起后，财务收益发生巨大变化而导致项目夭折的可能性是存在的。

7. 其他需要说明的事项

上述内容是项目商业分析最常见的因素。事实上，由于项目对象千差万别，因此项目团队所需考虑的内容也包罗万象，远不止上述几点。在必要的商业分析过程中，还有更多更复杂的因素要思考，如项目的事业环境因素，包括人机料法环等，尤其是那些有可能对项目造成重大冲击和影响的风险因素或人为因素。另外，所有与项目计划有关的支持文件、实现项目计划内容的基础文件、各类证明和表单以及对业务陈述有帮助的辅助文件，都将是重要的辅助证明。

8. 商业分析的工具

进行项目的商业分析是相对层级较高的工作，通常由黑带或更高级别的专业人员完成，这也意味着该工作对分析者提出了较高的要求。进行六西格玛商业分析的人员不仅需要精通六西格玛方法，也需要是优秀的项目管理者或商业分析的专家，并具备一定的财务和管理技能。在高级别的六西格玛人才培养中一般都会涉及这些内容。

在做这些分析的时候，我们常常会问自己三个问题（RWW方法）：

- R（Real，真实的）：这个项目机会是真实的吗？
- W（Win，可成功的）：这个项目真的能成功吗？
- W（Worth，值得的）：这个项目真的值得我们去做吗？

商业分析存在很大风险。为了回答上述三个问题（RWW方法）以协助企业进行六西格玛项目的商业分析，项目团队可以借助一些成熟工具，如SWOT、PESTLE等。

SWOT称为态势分析法或优劣势分析法，它被用来确定企业自身的竞争优势（Strengths）、竞争劣势（Weaknesses）、机会（Opportunities）和威胁（Threats），从而将企业的战略与企业内部资源、外部环境有机地结合起来。SWOT的主要功能是鉴别企业在某个业务上的优势与劣势，找到与竞争对手之间的差距，协助项目团队做出合理的判断，争取扬长避短，使企业自身的竞争力最大化。

SWOT分析的结果是项目价值的商业分析中最典型也是最重要的部分，是决策团队重要的参考对象。SWOT可以帮助管理团队思考问题，也可以帮助项目发起人了解企业当前的痛点，整合企业内部资源，找出瓶颈，以其专业、客观的数据分析证明项目的有效性。优秀的SWOT分析可以帮助管理层避免思考上的盲区，使得项目分析更全面，从而降低业务的潜在风险。图6-3为典型的SWOT分析流程。

第6章 战略和商务工具

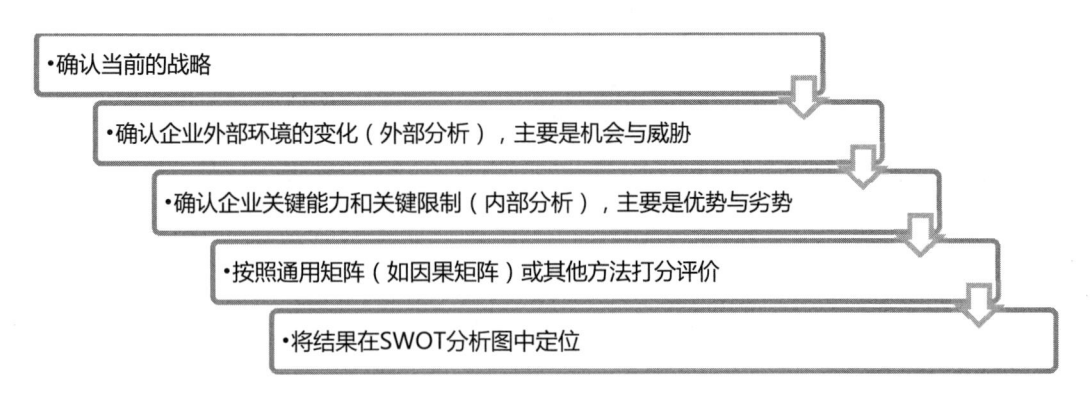

- 确认当前的战略
- 确认企业外部环境的变化（外部分析），主要是机会与威胁
- 确认企业关键能力和关键限制（内部分析），主要是优势与劣势
- 按照通用矩阵（如因果矩阵）或其他方法打分评价
- 将结果在SWOT分析图中定位

图 6-3　SWOT 分析流程

SWOT分析图多种多样，其中最常见的是SWOT的二阶交互分析，这种分析可以两两分析SWOT四个维度的交互作用，如图6-4所示。

	Strengths 优势	Weaknesses 劣势	
	SO 发挥优势，利用机会	WO 利用机会，克服劣势	Opportunities 机会
	ST 利用优势，回避威胁	WT 减少劣势，回避威胁	Threats 威胁

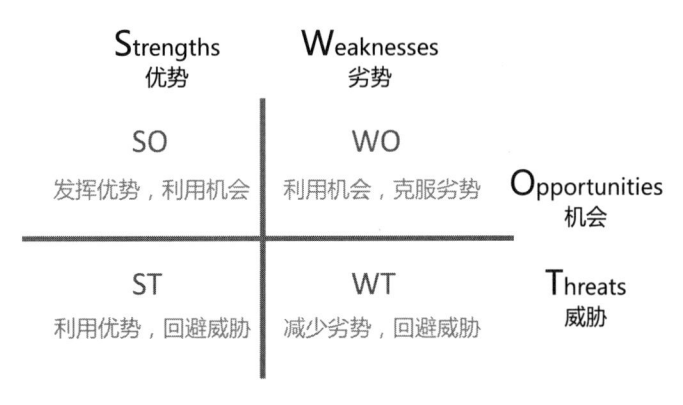

图 6-4　SWOT 的分析维度

示例背景：某企业某新产品产线的产能不稳定，不合格品数量多，使得客户多次投诉，并引发数次退换货。产品的订单数量也受到一定的影响。企业初步研究发现其产线的部分工位的工艺有问题，从而导致产品出现质量问题。六西格玛团队将此问题鉴别为潜在的项目机会，并进行SWOT分析，如表6-1所示。

表 6-1　SWOT 分析示例

外部因素	内部因素	
	S	W
	• 产线技术成熟 • 有充分的技术经验积累 • 有专业的六西格玛改善资源	• 工艺问题原因不明，无历史数据 • 员工对该产线工艺改善的积极性不高 • 根据同类产品参照，可能需要工具类的投资
O	SO 发挥优势，利用机会	WO 利用机会，克服劣势
• 产线品质改善可能为企业获得双倍订单 • 客户明确要求进行关键技术的突破	• 与客户合作，共同攻克工艺问题 • 进行业务拓展，争取形成专利产品，提高竞争力	• 进行该产品家族工艺参数的原始积累 • 通过项目进行员工满意度的提升，改善团队作业环境和员工的主观能动性

81

续表

T	ST 利用优势，回避威胁	WT 减少劣势，回避威胁
• 时间压力大，距离大批量交货期紧凑 • 当前产品成本高、工艺繁杂，较竞争的对标企业的产品质量更差	• 加速培养专业技术人员，以便扩大产线规模和产能 • 利用项目进行产品的成本优化，包括物料成本、工艺优化等	• 进行标准化作业，尽可能避免未知的意外状况 • 尽量安排熟练技术工种，减少不必要的劣质成本 • 优化其他产线和工装，尽可能减少新工具的投入

六西格玛项目本质上是企业内部的常规项目之一，所以常规项目管理的分析内容基本都适用于六西格玛项目。项目的商业分析结果，主要用于确定项目是否可以被立项，是否可以获取足够的项目资源。商业分析的内容在很大程度上会影响后续的项目评价与决策。

6.4 项目的评价和决策

六西格玛项目管理过程复杂多变，其评价方式不仅要查看财务节省，还要查看相当多的过程指标。与财务节省指标相比，这些过程指标的商务价值稍弱一些，但这些指标显示了项目的健康程度，以及项目的执行效率等。在项目执行过程中，这些指标是项目能否顺利通过阶段评审的主要评判标准，如项目的投资回报期、项目的执行周期等。

1. 评价指标

（1）投资回报期。投资回报期是指项目投产后获得的收益总额达到该投资项目投入的投资总额所需要的时间（年限）。该指标与盈亏时间点类似，但主要用于评估资金周转效率，对于一定时期内企业的现金流有较大影响。通常情况下，投资回报期越短意味着更小的资金风险和更高的回报。

（2）投资回报率。投资回报率是指回报金额与投资额的比值。通常，该比值大于100%的项目即可通过管理团队的评审。大型企业会提升该比值的标准，要求该比值超过300%才可以立项的情况也很常见。该指标体现了项目投入的总体回报能力，其缺点是没有考虑时间，故企业在使用该指标时通常会综合考虑投资回报期。

（3）项目平均周期。项目平均周期是指六西格玛项目的平均执行周期（从项目启动到关闭，不包含前期立项审查阶段）。该指标可以直接衡量六西格玛团队的改善能力和项目执行能力，是最常见的和普遍适用的指标。

（4）评审一次通过率。评审一次通过率是指在六西格玛项目进行阶段评审的过程中，第一次评审通过的项目数量与参与评审的项目总数之比。很多项目在阶段评审时会因为各种原因无法顺利通过评审，这也是项目周期拖延的主要原因。事实上，项目会受到人员、资金、技术等诸多因素的影响，很少有项目一次就通过所有评审。该指标体现了六西格玛项目执行的综合效率。

（5）知识产权数量。在六西格玛项目执行过程中，项目团队会发起大量创新活动，这些活动可能产生一些新增的知识产权。知识产权数量通常可以用于评估企业的创新能力。企业拥有的知识产权数量并非越多越好，因为过多的知识产权意味着庞大的维护开支。很多知识产权的申请是出于企业的战略保护，或者技术防卫目的。

2. 考察评价指标的维度

六西格玛项目的评价指标不针对个人能力，所以管理团队在评价六西格玛项目绩效时，关注整个项目团队应用六西格玛工具并实现项目目标的能力。在建立上述这些指标的过程中，管理团队要考察其评价能力的适用性，考察维度包括以下四点。

（1）评价的有效性。所有评价都要基于有效的数据采集，因此数据本身要客观与及时，评价也应在正确的时点进行。无论是针对正在进行中的项目还是针对整个企业的日常运作，评价所生成的结果都要及时反馈给相关方。指标的设立要科学，要能够清晰地被测量，不要过多。如果涉及计算公式，则要对公式有合理的解释和设定必要的边界条件。管理团队要充分考虑指标在实现过程中可能出现的各种场合。

（2）结果的公正性。指标要覆盖六西格玛目标范围内的所有改善项目，要使用统一的度量标准。六西格玛有统一的框架，在度量项目指标时也应使用相同的标准。对于改善对象比较独特的项目，管理团队可以在评价时略做调整，但不应影响指标的整体度量和计算方式。如果不同项目之间的目标或类型差异过大，那么对应的指标也可以不同。如果管理团队选用了相同的度量指标，就必须遵守既定的规则。可能存在极个别的特殊情况，即某个指标在度量时，因项目的环境、人员和背景等诸多因素的变化，而无法使用原来既定的评价方式，那么管理团队应充分和项目团队进行沟通，然后选择适用的评价方式。

（3）过程的透明性。项目评价指标一般都是公开的指标，这些指标可以作为企业绩效目标的一部分与项目团队的成员一起分享。明确团队共同的目标对项目的成功有显著贡献。在项目执行过程中，管理团队会实时将这些指标主动告知项目团队成员。很多企业都有公共在线系统，如企业内网，管理团队会在网页上的显著位置或通过专门通道让企业成员看到这些指标的实时状态和相关数据，有时也会附上度量评价的结果。对于部分敏感的商业指标，如企业的财务数据，管理团队有可能在短期内选择不向全员公开，但可以在小范围的高层管理团队内部公开。分享形式可以根据企业管理的实际需要进行选择。不论采用哪种形式，都不能影响指标的公正性。

（4）可追溯性。项目的部分指标在过程中需要持续关注，而所有指标都有可追溯性，有些企业的指标可以追溯到十几年前，甚至更久。具有良好可追溯性的指标能为企业实施六西格玛指明改善的方向，也可以作为判断企业健康程度的依据，避免企业管理团队的冲动行为。例如，面对近年来频发的行业经济危机，部分企业会盲目采取事业线缩减、整编，甚至裁员的措施。但如果有相应的衡量指标，从更长的时间维度来看企业的绩效，很多所谓的危机其实是一种自然波动，企业应冷静看待。如果指标的长期趋势出现下滑，企业才需要考虑业务的拓展和转型等问题。指标的可追溯性不仅包括时间跨度，也包括指标的有效性。企业为了衡量六西格玛项目的效率，可能在不同时期使用不同的指标。例如，在一个阶段强调六西格玛项目的总节省指标，在另一个阶段强调硬节省的比例。事实上，在这些指标中可能有部分数据是重合的，它们只是为了一个共同目标而使用的两种不同的度量手段。指标的可追溯性通常是由某个特定的系统进行管理的。

在建立可靠合理的评价指标体系后，企业要有合适的管理评价方式和评价团队来评价六西格玛项目的整体执行情况。在自然情况下，六西格玛的带级结构就构成了这样的评价体系，即黑带可以评价绿带级的项目，黑带大师可以评价黑带级的项目，黑带大师小组可以评价黑带大师级的项目等。在很多高级别的项目中，最高管理层的直接干预也是常见的情况。

通常，在评价团队里可能存在这样一些成员：六西格玛高级别的专家、六西格玛倡导者、企业高层管理者、项目发起人、其他重要干系人等。这些成员的介入，主要是为了评价项目是否实现了预期的目标以及所实施的逻辑是否正确。评价团队需要一个负责人或主席，对项目是否可以继续执行或能否进入下一阶段进行决策。

在评价方式上，评价团队会根据不同的企业或不同的评价指标来选择不同的方式。有一些通用的做法可以借鉴。例如，一般情况下，在六西格玛项目要进入下一阶段之前，评价团队需要对项目是否满足当前阶段的交付要求进行评审，同时查看项目的财务与非财务指标。原则上，项目需要得到所有评价团队成员的一致认可才可进入下一阶段。如果出现了反对票，则需要由评价团队负责人进行最后判断。

在评价的过程中，评价团队要考虑企业资源的可用性。如果项目的设立和执行受到了企业当前资源的限制，评价团队则需要对当前的六西格玛项目进行队列管理，将项目执行的优先级让给高收益低风险或者符合企业当前战略目标的项目。评价团队可借鉴项目的战略水桶等方法对现有项目进行必要的取舍，以实现合理分配资源的目的。

无论项目评价的结果如何，即便项目的执行结果不佳，管理团队也不应做太多负面评价。因为六西格玛是对企业绩效锦上添花的方法，企业不应打击项目团队的积极性。正视项目执行的不确定性，合理且公正地评价项目团队的绩效，鼓励微小的进步等都是正确评价项目的重要原则。

第 7 章

创新理论

在六西格玛方法中需要应用创新工具来实现过程优化，在六西格玛设计项目中也需要应用创新工具来实现产品功能。由于创新工具种类繁多，本章仅介绍六西格玛方法中最常见的部分创新工具。对于传统改善型项目，这些工具往往在改善阶段发挥作用；对于六西格玛设计项目，这些工具往往在前期创意或设计阶段就已经被应用。实际上，创新工具并不限定在哪个阶段被应用，它们在任何需要进行创新思考的时候都可以被应用。

7.1 六顶思考帽

六顶思考帽是一种被开发出来的思维训练模式，它通过六个不同的维度来帮助使用者进行思考。通常，人们在思考某些事物时会存在一些盲点。如果人们在一定模式下进行思考就可以尽可能避开这些盲点，很多创新工具的开发都基于此。六顶思考帽从不同维度帮助人们思考，而且这些维度可以进行排列组合进而产生更多的思考模型，从而成为有效的创新工具。

六顶思考帽是简单且高效的工具，团队在小范围内可以快速实施，并产生多种方案或结论。之所以取名六顶思考帽，是希望使用者（团队）分别站在不同的维度来思考问题，各自思考自身所代表的帽子颜色，仅从自身所代表的角色出发进行陈述，进而启发他人。这是一种集体探索的技术，无法个人使用。使用者（团队）在应用过程中应避免争论对错，而应从这个活动的执行过程中探究潜在的创新点。

六顶思考帽由六种不同颜色的帽子组成，这些帽子的颜色所代表的含义也符合心理学中对应颜色的特点。六种颜色分别是白色、黑色、红色、黄色、绿色和蓝色。六顶思考帽分别通过客观事实、反向质疑、主观感受、正向说明、创意提议、程序控制六个方面进行集中思考。六顶思考帽本身不存在顺序和相互关系，但在实际的活动过程中，这些帽子会有意或随机地进行搭配组合。表 7-1 解释了不同帽子的功能描述。

表 7-1 六项思考帽中不同帽子的功能描述

帽　子	描　述
白帽	白色代表客观事实，思考研究对象的事实、数据和信息，是对信息的客观描述。使用白帽时，应避免任何含个人情感的描述，且不做任何判断
黑帽	黑色代表反向质疑，使用黑帽需要集中思考真相、判断和合理性。这是对研究对象的一种质疑，使用者须寻找对象负面的观点，甚至指出逻辑上的错误等
红帽	红色是血液的颜色，代表热情和奔放。使用者将思考和陈述自身对目标的主观感受，甚至直觉和预感（不一定需要证据，也不需要思考其正确性）
黄帽	黄色是黄金的颜色，代表收益。使用者需要思考实施对象的优点、好处、收益或其他有利于企业的方方面面
绿帽	绿色是绿叶或青草的颜色，代表生命力，即创造性。使用者应聚焦于建议、创意或各种解决方案的探讨，可以进行天马行空的表述
蓝帽	蓝色来自水流，代表实施对象的流程、步骤。使用者要思考实施对象的可行性和具体的步骤、方法甚至相应的工具、手段等

使用这个工具的方法有很多，帽子组合可以有不同的顺序，帽子数量也可进行适当的裁剪，即仅使用个别颜色的帽子。六项思考帽的应用有随机模式和指定模式两种。

在随机模式中，六项思考帽会随机发给不同的使用者，每位使用者仅从自身被分配到的帽子颜色这个角度进行思考和陈述。陈述顺序是随机的（这是随机模式与指定模式的区别），直至所有人陈述完成。由于不同的陈述顺序会产生不同的结果，因此随机模式可多次重复使用，团队可以借此获得不同的方案。

在指定模式中，六项思考帽随机发给使用者后，活动主持人会事先确定陈述的顺序。指定的陈述顺序会得到一些预期的结果，而且通过帽子数量的裁剪和不同的陈述顺序，使用者（团队）会得到更多的结论组合。比较常见的陈述顺序为：

- 适合寻找创意的顺序：白、绿、黄、黑、绿、蓝、黑、红。
- 适合选择方案的顺序：红、黄、黑、绿、白、绿、黑、红。
- 简易顺序：黄／黑／红、白／绿、黑／绿、蓝／绿、蓝／黄。

简易顺序的应用极为快速，往往可以在小范围内（几个人之间）完成，该过程仅使用几分钟。六项思考帽非常适用于团队集体思考，而且轻松幽默。轻松的氛围便于团队寻找解决方案，所以六项思考帽也可以作为团队建设的一种活动形式。

【案例 7-1】六项思考帽应用示例

某产线发现，工人的技术不熟练导致其产品报废率偏高，在设立六西格玛改善项目之初，团队希望使用六项思考帽快速确定项目的可行性和可能存在的解决方案。六西格玛黑带召集了产线员工和相关团队的部分员工，使用随机模式进行思考和表述，得到表 7-2 所示的信息，并在此基础上进行后续的改善分析。

表 7-2 六顶思考帽应用示例资料

帽　子	描　述
白帽	• 产线白班月均报废率3%，夜班月均报废率7.2%，月均损失20万元； • 产线工人月流失率12%，平均每班有新员工（工作不足半年）5人； • 客户近3个月，平均每月抱怨3次，其中正式书面投诉月均1次以上； • 未来3个月的月均订单量下降15%，且被要求降价5%
黑帽	• 产线工人整体工作积极性低，部分员工对工艺不熟练； • 工艺复杂，部分工位对工人的技能等级要求较高，且容易出错； • 部分工位的工装夹具没有明确的标识，存在混用的工位设计，包括动线规划有潜在问题
红帽	• 该产线的位置在车间的角落，光线暗，环境太差，员工心情差，工作质量就差； • 该产线的员工都太年轻，不好管理，整天嘻嘻哈哈； • 出问题的几个工艺都是老大难问题，大家都不愿意去碰； • 但有几个新来的年轻同事提出过改进建议，他们一定能找到方案
黄帽	• 如果该产线质量可以提升，则订单数量有可能恢复到正常情况，甚至更多； • 该工艺问题长期存在，可以借这个项目进行工艺技术的突破； • 该产线没有实施改善项目的经验，可以通过这个项目推行六西格玛方法
绿帽	• 该工艺涉及部分工装夹具，可以重新改造来进行改善； • 工位需要重新设计，调整工位顺序，并且解决照明灯环境问题； • 团队需要定期的交叉培训，尽快把新人培训成熟练工
蓝帽	• 需要进行六西格玛改善项目立项，并建立团队和分工； • 确认项目的资源可用性，调查投资新工装夹具的可能性； • 研究当前工艺的改进点，并且实施必要的六西格玛分析过程； • 召集改善小组，按标准改善活动的模式进行改进； • 借调其他产线资源在闲时进行小批量验证

7.2 奔跑法则

奔跑法则（SCAMPER），也称奔驰法，是一种辅助创新的创意工具，主要通过七种思维启发方式帮助人们拓宽解决问题的思路。SCAMPER 是 Substitute（替代）、Combine（组合）、Adapt（调整）、Modify（修改）、Put to another use（挪为他用）、Eliminate（消除）和 Reverse（反转）的首字母缩写，根据组合后的单词字面意思被翻译成奔跑法则。

奔跑法则是一种快速的发散思维工具，经常在人们陷入窘境或缺乏全面思考的时候，帮助使用者从不同的思考维度去思考。这个工具常被用于寻找解决问题的突破点。另外，该工具在产品开发、创意研究等方面也有不错的应用。奔跑法则亦可和其他一些工具（如头脑风暴）相结合使用。

- 替代：思考当前产品工艺或功能中有哪些内容可以被替代。例如，系统/产品中是否有可被替换的原材料、组件、人员、工艺等。
- 组合：思考哪些元素需要组合在一起来改善当前的问题点。例如，将不同产品/服务整合在一起，将不同改善目标/想法结合在一起，是否能产生意想不到的结果。
- 调整：思考当前设定中有哪些元素可以被调整，包括工艺、参数、功能等。例如，有哪些功能可以被调整，是否可从他处借用部件、工艺或创意。
- 修改：思考如何修改当前研究对象的关键要素，以获得相应的改进。例如，哪些属性可以改变（大小、颜色、形状、味道、声音、包装、名字），哪些范围可以放大或缩小。
- 挪为他用：思考如何将当前要素运用到他处。例如，是否能将该创意或概念用到不同的场合/行业，废料是否可以回收并产生新产品。
- 消除：简化已有的设计和工艺规划，去除非必要的构成元素。例如，确定产品核心功能和非必要功能，如无必要则去除。
- 反转：思考当前功能、工艺设计、完全相反的应用会产生什么情况。例如，改变工艺顺序，把产品结构里外反转或上下颠倒等会产生什么结果。

奔跑法则是非常快速的小型工具，即便一个人也可以快速应用。该工具虽小，但知名度非常高，应用普及性很强。使用者通过七个方向的思考，可以找到一些突破现有思维框架的想法，而且七个方向之间可能存在不同的排列组合，从而找到新的突破点。

【案例7-2】改进订书器使其成本更低且功能更多

- 替代：尼龙钉替代订书钉，搭扣替代弹簧，可降低成本，并提升使用安全性。
- 组合：利用订书器底座，增加挡条形成定位装置，既能装订又可以自动对齐被装订的文件。
- 调整：利用订书器中空的空间，在顶端设置备用尼龙贮备夹，可以临时存放更多的订书钉。
- 修改：改变结构设计，进行模块化设计，使之可拆卸维修。
- 挪为他用：在底座与新增加的挡条上增加刻度，使之可以当格尺或直尺使用。
- 消除：参考部分使用者习惯单手操作，只简单装订几页纸的特点，可以考虑去掉底座。
- 反转：不再定义装订的方向，正向反向都可以装订。

7.3 头脑风暴

头脑风暴是一种群体创新工具，它通过一群使用者对一个共同话题进行无约束的思考，在使用者之间相互沟通的基础上，爆发出连锁反应式的新想法。这是一种简单易用，且流行度非常高的工具。头脑风暴在思考和寻找解决方案的过程中没有思想限制，但整个过程依然要遵循一定的模式。该工具在大量的实践过程中产生了多种不同的规则和应用方式，现已演化为一个工具族。

头脑风暴在六西格玛项目的各个阶段都可以使用，尤其在寻找方案时。进行头脑风暴通常需要先挑选参与者，一般 6~10 人为宜。如果人数过多，可以分组讨论。活动时间以 20~60 分钟为宜。如果时间不够，可以适当延长。头脑风暴需要主持人。在头脑风暴正式开始前，主持人要为整个活动过程设定流程、时间和方法，并解释活动的基本原则，然后公示要讨论的问题。

需要注意的是，头脑风暴并不是简单的发散思维过程，完整的头脑风暴在收集完大家的想法之后，需要进行聚合思维，即将团队获得的想法进行归类。主持人在整个活动中，既需要引导大家发散思维，寻找方法，也需要带领团队整理想法并归类评估，使团队获得共识。

进行头脑风暴有如下几个步骤。

1. 定义问题

主持人描述需要研究的问题或对象。如果有必要，主持人需要对问题进行分解或详细解释。为保证参与者充分理解问题，主持人可以带领大家实施一些热身活动。典型的热身活动是这样的：首先，主持人写下问题说明和头脑风暴的一些基本原则，以确保所有人都明确活动的目标和执行方法。其次，主持人提出启发性的问题，并且将参与者的反馈写在白板上。最后，团队讨论，共同进行必要的修正，并达成所有参与者的认同。理解研究对象并遵守活动基本原则很重要，这将决定活动的成败。

2. 发散思维

参与者针对问题各自进行思考，形成创意想法。参与者可以采用不同的方法来完成，如各自独立书写和绘图，或者在各小组内轮流口述个人意见等。建议的方法是：小组内各参与者先表达自己对研究对象的看法和理解，然后由各参与者进行书写或绘图来表达他们的想法。在这个过程中，参与者可以参考其他人的想法，并形成新的创意。由于这个过程较漫长，且不易控制活动节奏，因此一旦活动产生了足够多的创意，就可以停止发散思维过程。如果在计划时间内未获得足够多的创意，主持人可适当考虑加时。

3. 归类评估

主持人带领所有参与者从问题出发将所有发散思维的成果进行归类评估。团队可以采用多种归类方式，如简单聚类、思维导图等。在评估的过程中，团队需要借助一些外部材料作为参考。专家判断也是一种常见的归类评估方式。在这个过程中团队不进行成果判断，而应尽最大可能保留所有的创意信息，包括那些看上去不可思议甚至疯狂的想法。

4. 聚合思维

所有参与者共同选择，得出最有价值或令大家都满意的方案，并作为活动的输出。在共同选择的过程中团队可以采用多种决策手段，如手势投票、圆点投票等。如果团队无法在短时间内统一意见，可以先进行意见汇总，后期使用其他群体决策技术来统一意见，如德尔菲技术、亲和图法等。活动的输出结果应获得所有参与者的一致认同。

头脑风暴是一个先发散思维（获取创意），后聚合思维（整理创意）的过程。图 7-1 显示了典型的整理归纳方式。

图 7-1 头脑风暴的整理形式

进行头脑风暴务必遵守一些基本原则，这些原则也被称为绝对性原则，因为这些原则在活动中几乎不可被打破。

- 延迟评判。不要在头脑风暴过程中否定任何想法。对别人的任何想法都应做到不评判、不阻拦、不质疑，确保每位参与者不会因受到冒犯而思维受限，从而确保头脑风暴在发散思维阶段产出大量出人意料的创意。
- 追求数量。围绕目标问题，参与者应迅速抛出大量想法。团队得到的想法越多，越能活跃大家的思维，越能增加高质量想法的产出概率。
- 鼓励疯狂的想法。主持人不用过多考虑实施障碍，鼓励大家随心所欲，想法越大胆越好，内容越广泛越好。让所有参与者都感到安全和舒适，有助于打开思路，得到意想不到的创意。
- 群体效应。主持人应鼓励参与者基于他人想法进行补充和改进，形成真正的群策群力，即通常所说的 1+1 > 2。

头脑风暴适合解决相对简单的问题，对于一些复杂度高、专业性强的问题则较难获得有效结果。如果将复杂问题进行细分，再针对细分问题进行头脑风暴，团队就容易忽视问题的系统性，所以不建议这么做。对于专业性问题，可以邀请专家进行专题的头脑风暴。

【案例 7-3】头脑风暴示例

需求：如何减少交通事故

小张：减少汽车。

小白：减少行人。

老李：叫行人小心点。

李四：叫司机慢点开。

赵六：每个路口设置警示牌。

小王：把尸体摆在路上。

经理：多装监控。

……

7.4　TRIZ

TRIZ（Theory of Inventive Problem Solving，发明问题解决理论）是一种系统化的发明理论，TRIZ原文为俄语"发明家式的解决任务理论"的英语发音音译后的首字母缩写。这个名字来源于其创始人根里奇·阿奇舒勒（G. S. Altshuller）博士。TRIZ是一种极富创意的创新方法，它通过对既有发明创造进行归纳总结，尝试提炼发明创造的内在规律，并使用技术推演的方式，来实现新的发明创造。从本质上，它改变了人们发明创造的随机性，并且把发明创造变成了一种系统化的、顺理成章的流程输出结果。TRIZ大大加快了技术演化和发明创造的速度，甚至可以让发明创造在某些产品平台上批量生成。

随着时间的推移，越来越多的发明案例为TRIZ这种方法提供了充足的素材。这种方法不断地在各个领域应用与验证，也在随着科学技术的进步而更新演化。

TRIZ分为经典TRIZ和现代TRIZ，这是技术发展和自然演化的结果。从应用原理上说，由于人类早期的科学技术发明多以传统的机械结构居多，因此TRIZ早期的经典理论也是从这些以机械结构发明为主的案例中提取的。研究者经过多年的实践发现，TRIZ在与机械结构相关的实物开发方面具有更好的应用，而在电子、软件等新兴行业（相对于机械行业）里的应用会有一定的局限性。这些年关于TRIZ在新领域里应用的研究从未停止，研究者也取得了一些突破性的进展。今天TRIZ几乎在所有行业都有出色的表现，尤其是航天、汽车、能源等前沿行业。

TRIZ对于打破惯性思维有极佳的作用，所以TRIZ对于思维不活跃但技术功底深厚的人非常适用，或者在某些研究领域陷入僵局时，应用TRIZ可以另辟蹊径。对于部分具有强烈跳跃性思维的人来说，TRIZ的帮助相对较少。

经典TRIZ解决问题的步骤大致可以分成四个阶段，包括具体问题描述、TRIZ通用问题（应用TRIZ工具）、TRIZ通用解、具体问题解决方案。而现代TRIZ的范围更大，它考虑到了经典TRIZ所无法解决的一些问题，利用科学效应库和其他一些历史经验来更有效地解决发明问题，是对经典TRIZ的极大补充。TRIZ涉及的模块与工具众多，现代TRIZ的发展则更加复杂。TRIZ解决问题的逻辑如图7-2所示。

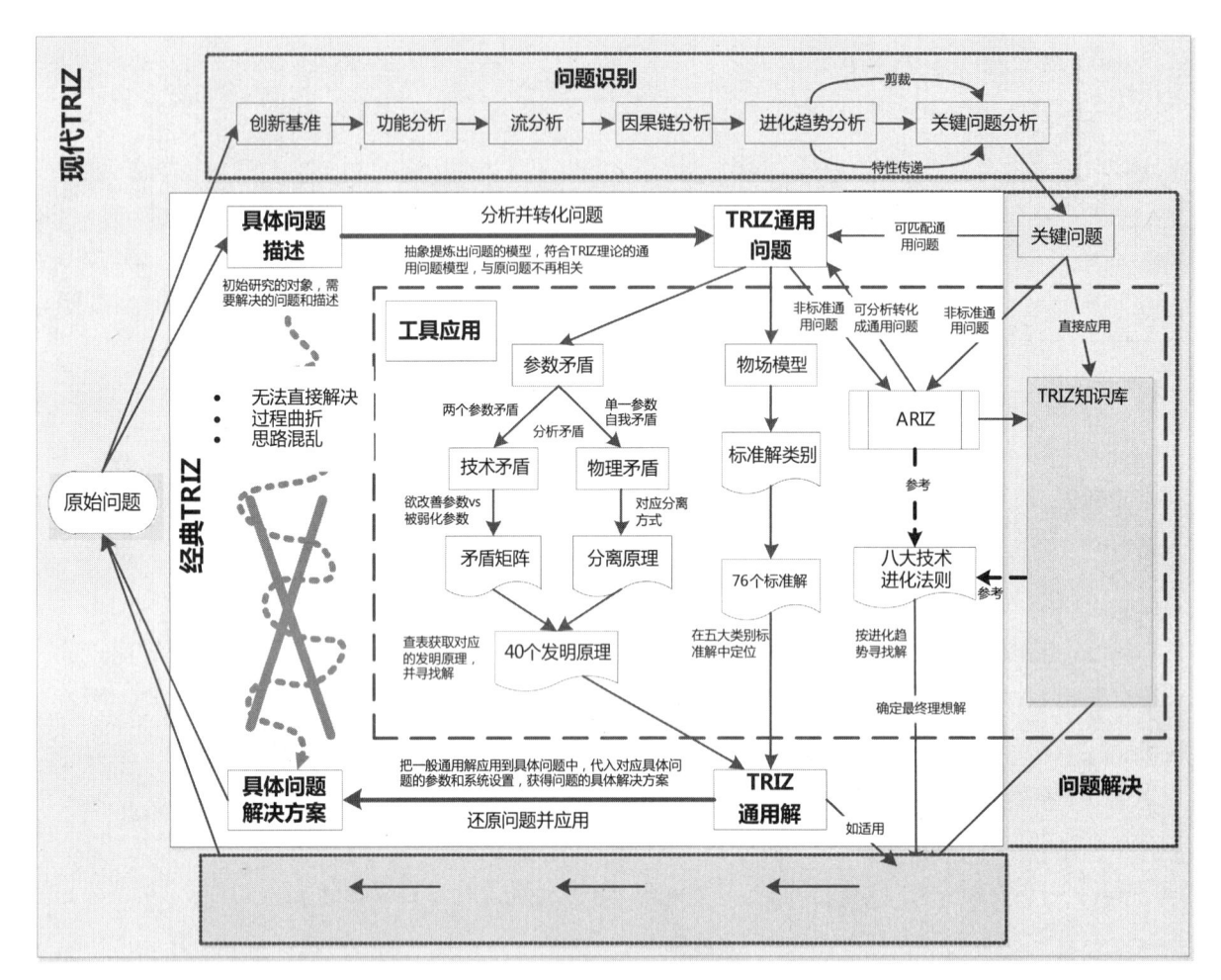

图 7-2　TRIZ 解决问题的逻辑

▶ 7.4.1　功能与矛盾

功能是 TRIZ 研究的主要对象，而发明问题多数都是为了解决研究对象的功能问题。功能分析是在定义问题的过程中会使用到的必要工具之一，是寻找创新切入点与简化现有系统最实用的工具。对研究对象进行完整的功能分析是团队进行系统创新最重要的一步。

在产品开发的过程中，多数问题都是因为产品的功能与特征之间存在某些矛盾而产生的，也就是说，某个功能在实现或加强的同时，系统（产品功能的组合）很可能会削弱另一个功能。在最严重的情况下，甚至出现两个功能之间水火不容的情况。这种针对功能之间矛盾情况的分析，就是矛盾分析。

矛盾分为技术矛盾和物理矛盾。其中，对技术矛盾，团队通过其对应的参数类型（见 7.4.2）和矛盾矩阵（见 7.4.3）分析，查找对应的发明原理（见 7.4.4）进行问题解决；而对物理矛盾，可应用分离原理（见 7.4.5）分析后，再应用对应的发明原理（见 7.4.4）来解决。

经典 TRIZ 尝试使用各种参数和原理的历史经验关系，来解决功能与矛盾问题，从而实现发明或解决问题的目的。在求解过程中，团队可能获得多个解决方案。在这些解决方案中，如果有某种解决方案可以（相对）更好地解决技术问题，那么这种解决方案也称最终理想解。在这个理念下 TRIZ 衍生出了更多工具。

TRIZ 把发明问题分为五级。低等级（通常指 1 级和 2 级）发明或标准问题可使用发明原理或标准解（见 7.4.7）来解决，而高等级发明或非标准问题则需要更先进的方法。物－场模型和 ARIZ（见 7.4.6）是研究物与物之间的作用关系以及物理矛盾的方法，它们是 TRIZ 高等级发明或非标准问题解决方案中的典型工具，也可用于处理非典型的低等级发明案例，与标准解也有紧密联系。

在功能与矛盾的分析过程中，为了让问题的分析更加系统化，TRIZ 引入了价值或流的分析、因果链分析（寻找关键缺点），并引用进化法则（见 7.4.8）进行系统功能和部件的剪裁与特性传递分析，以获得简洁清晰的问题定义。

7.4.2　39 个通用参数

在技术矛盾中，所有研究对象都有相应的衡量或描述的参数，在 TRIZ 中将这些参数进行整理和归纳，获得了 39 个通用参数（见表 7-3，该表在不断演化过程中也发展了不同版本）。这些参数是最终用于选择发明原理的重要依据。表 7-4 为前 4 个参数的解释说明。

表 7-3　TRIZ 中的 39 个通用参数

编号	参　数	编号	参　数	编号	参　数
1	运动物体的重量	14	强度	27	可靠性
2	静止物体的重量	15	运动物体作用时间	28	测试精度
3	运动物体的长度	16	静止物体作用时间	29	制造精度
4	静止物体的长度	17	温度	30	物体外部有害因素作用的敏感性
5	运动物体的面积	18	光照度	31	物体产生的有害因素
6	静止物体的面积	19	运动物体的能量	32	可制造性
7	运动物体的体积	20	静止物体的能量	33	可操作性
8	静止物体的体积	21	功率	34	可维修性
9	速度	22	能量损失	35	适应性及多用性
10	力	23	物质损失	36	装置的复杂性
11	应力或压力	24	信息损失	37	监控与测试的困难程度
12	形状	25	时间损失	38	自动化程度
13	结构的稳定性	26	物质或事物的数量	39	生产率

表 7-4　通用参数及其定义的部分示例

参　数	简要说明
运动物体的重量	如运动物体作用于其支撑或悬挂装置上的力
静止物体的重量	如静止物体作用于其支撑或悬挂装置上的力
运动物体的长度	运动物体的任意线性尺寸（不一定是最长的）都可认为是长度
静止物体的长度	静止物体的任意线性尺寸（不一定是最长的）都可认为是长度

7.4.3 矛盾矩阵

矛盾矩阵是经典 TRIZ 中最重要的工具之一。人类之前的发明技术所承载的参数之间存在某些关联，TRIZ 就是通过历史上的发明案例，把这种关联提炼出来并形成了矛盾矩阵，为使用者提供直观的解决方案。

矛盾矩阵的横纵坐标分别是技术矛盾对应的两个参数，传统矩阵就是一张 39 格×39 格的矩阵表，每格都代表一个典型参数。由于相同参数自身一般不存在矛盾，因此当横纵坐标为同一参数时，矩阵没有提供解决方案。同样，部分参数之间存在逻辑矛盾，如参数 1（运动物体的重量）与参数 2（静止物体的重量）两者显然是对立的，所以矩阵也没有提供解决方案。而在其他参数组合的情况下，矛盾矩阵都提供了若干解决方案（对应 40 个发明原理）。表 7-5 为参数矛盾矩阵的部分展示（原表过于巨大，此处不再展示）。

表 7-5 矛盾矩阵的部分示例

改善的参数 ↓	→ 恶化参数	运动物体的重量	静止物体的重量	运动物体的长度	静止物体的长度
		1	2	3	4
1	运动物体的重量	+	-	15,8 29,34	-
2	静止物体的重量	-	+	-	10,1 29,35

这样使用者把一个随机化的发明工作，变成了一个查表工作，从而实现了系统化创新的过程。需要注意的是，矛盾矩阵只提供历史经验，没有出现在表中的技术矛盾依然可以通过其他方式找到解决方案，也可以应用未列出的发明原理来解决。

7.4.4 40 个发明原理

所谓发明原理，就是在众多的发明案例中寻找其共性，并提炼归纳出来的原理（解决方案）。这些发明原理在一定程度上揭示了发明创造的内在机理，并可用于未来新发明的参考。使用者从矛盾矩阵中查找到历史案例中对应参数的常用原理，借此启发自己的思路来解决问题。表 7-6 为 TRIZ 的 40 个发明原理，表 7-7 为其中部分发明原理（前 4 个原理）的解释和快速范例。

表 7-6 TRIZ 的 40 个发明原理

编号	原理	编号	原理	编号	原理	编号	原理
1	分割	11	事先防范	21	减少有害作用的时间	31	多孔材料
2	抽取	12	等势性	22	变害为利	32	改变颜色
3	局部质量	13	反向作用	23	反馈	33	同质性
4	非对称	14	曲面化	24	中介物	34	抛弃或再生
5	组合	15	动态特性	25	自服务	35	物理或化学状态的改变
6	多面性、多功能性	16	过度作用	26	替代品	36	相变

续表

编号	原理	编号	原理	编号	原理	编号	原理
7	嵌套	17	空间维数变化	27	廉价品替代	37	热膨胀
8	重量补偿	18	振动	28	机械系统的替代	38	强氧化剂
9	预先反作用	19	周期性作用	29	气压、液压机构	39	惰性环境
10	预先作用	20	有效作用的持续性	30	柔性膜片或薄膜	40	复合材料

表 7-7 TRIZ 的 40 个发明原理的部分示例（前 4 个原理）

编号	原理	重要分类	快速范例
1	分割	把一个物体分成相互独立的部分	将计算机工作站的主机分割成个人电脑；将巨型载重汽车分解成卡车及拖车；大型项目中设置子项目
		将物体分段组装	组合家具；乐高玩具；消防器材中水管的可拆卸连接
		提高物体分割的程度	为提高焊点的强度，用粉末金属熔焊代替箔焊
2	抽取	从物体中抽出产生负影响的部分或属性	空调压缩机在室外工作，将其产生噪声的部分移到室外；用光纤或光缆分离光源
		从物体中抽出必要的部分或属性	用电子狗代替真狗充当警卫，以减少伤人事件的发生和减少环境污染
3	局部质量	将物体的均一构成或外部环境及作用改为不均一	让系统的温度、密度、压力由恒定值改为按一定的斜率变化
		让物体的不同部分各具不同功能	在食盒中设置间隔，在不同的间隔内放置不同的食物，避免相互影响味道
		让物体的各部分处于各自动作最佳状态	带橡皮的铅笔；多功能锤子；瑞士军刀
4	非对称	变对称物体为非对称	为增强混合功能，在对称容器中用非对称的搅拌装置（水泥搅拌车、蛋糕搅拌机）
		已经是非对称的物体，增强其非对称性	为提高焊接强度，将焊点由原来的椭圆形改为不规则形状；用散光片聚光

7.4.5 物理矛盾与分离原理

物理矛盾和技术矛盾不同，技术矛盾是两个不同参数之间的矛盾，而物理矛盾则是单一参数的矛盾。例如纸张的厚度，通常纸张越厚书写性能越好，成本越高。要节省成本，就需要薄的纸张。像这样单一参数合情合理但需求相反的矛盾就是物理矛盾。

分析物理矛盾需要使用分离原理，然后再使用发明原理来解决问题。TRIZ 用三种形式来解决物理矛盾：分离矛盾需求，满足矛盾需求，绕过矛盾需求。

1. 分离矛盾需求

把矛盾的参数在不同条件下将其分离,这种分离方法被分成了五大类,并分别对应相应的发明原理,如表 7-8 所示。

表 7-8 分离原理

分离方法	发明原理
基于空间的分离	1(分割)、2(抽取)、3(局部质量)、4(非对称)、7(嵌套)、17(空间维数变化)
基于时间的分离	9(预先反作用)、10(预先作用)、11(事先防范)、15(动态特性)、34(抛弃或再生)
基于关系的分离	3(局部质量)、17(空间维数变化)、19(周期性作用)、31(多孔材料)、32(改变颜色)、40(复合材料)
基于方向的分离	4(非对称)、7(嵌套)、14(曲面化)、17(空间维数变化)、32(改变颜色)、35(物理或化学状态的改变)、40(复合材料)
基于系统级别的分离	1(分割)、5(组合)、12(等势性)、33(同质性)

2. 满足矛盾需求

直接满足矛盾需求的做法没有真正应用分离原则,而是使用者直接尝试同时满足矛盾需求以达成目的。对应的发明原理通常为发明原理 13(反向作用)、28(机械系统的替代)、35(物理或化学状态的改变)、36(相变)、37(热膨胀)、38(强氧化剂)、39(惰性环境)。

3. 绕过矛盾需求

绕过矛盾需求是一种风险回避策略。使用者并没有真正解决问题,而是绕过了矛盾,或者改变了工作原理,所以绕过矛盾需求的做法不对应发明原理。这或许是一种"聪明"的做法,但原本的矛盾需求依然存在。如果使用者处理不当,很可能为系统埋下隐患。

▶ 7.4.6 物 - 场模型与 ARIZ 发明问题算法

物 - 场模型可以帮助使用者厘清问题,理解物体之间相互作用的方式。物 - 场模型是一种重要的问题描述和分析工具,用以建立与技术系统问题相联系的功能模型。图 7-3 为物 - 场模型示意图。

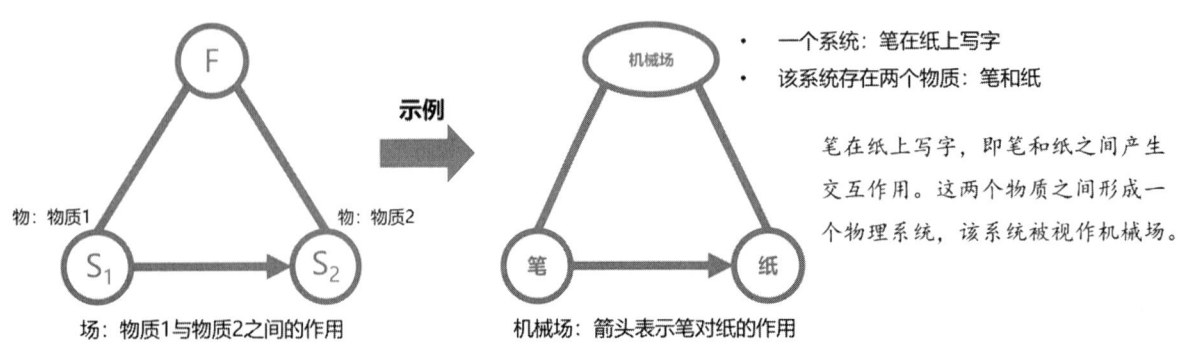

图 7-3 物 - 场模型示意图

物-场模型会研究物与物之间、物与场之间的相互作用及其形式，并寻找其中有问题的物，包括不完整的、有害的、作用不足的物。不同的物对应的标准解都会有所不同。

物-场模型通过研究物和场之间的关系，把一个发明问题划分为标准问题或非标准问题。对于标准问题，使用者可以采用 40 个发明原理或 76 个标准解（后续分享）进行求解；而对于非标准问题，则需要更复杂的求解方法。ARIZ 就是这样一种工具方法。

ARIZ，即发明问题解决算法，是 TRIZ 中一个进阶的分析问题和解决问题的方法，其目标是解决问题的物理矛盾。该算法主要针对问题情境复杂、矛盾及其相关部件不明确的技术系统。它是一个对初始问题进行一系列变形（下列算法的第一部分和第二部分）及再定义等非计算性的逻辑分析过程（下列算法的第三部分），在求解过程中 ARIZ 对问题的逐步深入分析和转化，进而帮助使用者寻找解决方案（下列算法的第四部分）。ARIZ 算法尤其强调矛盾如何产生与理想解的标准化，该算法希望各个解决方案（如存在多个方案）的技术系统向理想解的方向进化（下列算法的第五部分和第六部分）。在此过程中，使用者须从这些解决方案中选出最终理想解。与此同时，如果使用者没有找到解决方案，或者解决方案（包括最终理想解）存在矛盾问题需要克服，该矛盾问题就变成一个新的创新问题，需要使用者另外单独解决（下列算法第五部分的条件分支）。

ARIZ 算法至少包括六个部分（含顺序）：

第一部分：设计方案将问题公式化，并进行情境分析，构建初始问题模型。

第二部分：基于物-场模型分析完成初始问题模型的变形，并获得变形后的模型。

第三部分：对变形后的模型进行分析，并定义最终理想解与物理矛盾。

第四部分：设计（多种）解决方案来准确地消除参数矛盾，或解决物理矛盾。

第五部分：逐一分析解决方案的有效性，并选择最终理解想。如果矛盾不能解决，须调整或重新构建初始问题模型。

第六部分：对解决方案（最终理想解）进行评价与总结，将其转化成实际解决方案，并尝试研究其拓展应用。

ARIZ 算法以其优秀的易操作性、系统性、实用性和易流程化等特性，成为 TRIZ 的重要进阶工具。

7.4.7 76 个标准解

标准解是 TRIZ 的高级工具，既可以解决初级问题和标准问题，也可以解决从高等级且非标准的发明难题转化成的标准问题。这些标准解对物-场模型的拆解和分析结果提供了对应的解决方式。

这些标准解针对系统的改善形式被分成五大类，每类对应的标准解数量如表 7-9 所示。由于篇幅限制，在此不对 76 个标准解一一展开。

表 7-9 76 个标准解分类

五 大 类	标准解数量
不用改变或微小改变来改善系统	13 个标准解
通过改变系统来改善系统	23 个标准解

续表

五 大 类	标准解数量
系统转换	6个标准解
探测和测量	17个标准解
简化和改善的策略	17个标准解
合　计	76个标准解

76个标准解可以显著提高现有系统的能力。它提供了系统化的解法，帮助使用者根据问题的特征类型来求解。这种方法对非标准的发明问题尤为有效。在ARIZ中，有一些复杂问题如果通过物－场模型的拆解并被转化成标准问题，这些复杂问题就可以使用76个标准解进行求解。

7.4.8　S曲线与八大技术进化法则

进化法则是TRIZ在解决问题时必须考虑的技术进化方向，因为发明创造是有一定时间属性的，技术与产品创新必须向前发展。随着技术的进化，问题解决方案也应具有一定的前瞻性。使用者通过对历史发明案例的研究，可以看到产品可能存在的未来形态，这是寻找解决方案的重要思路。

S曲线是技术进化的基础依据，技术的S曲线包括婴儿期、成长期、成熟期和衰退期。各个系统都存在类似的S曲线，且这些曲线可以形成S曲线族。图7-4为单条技术进化的曲线图，某些技术可能存在多条不同的进化曲线，从而形成一个S曲线族。

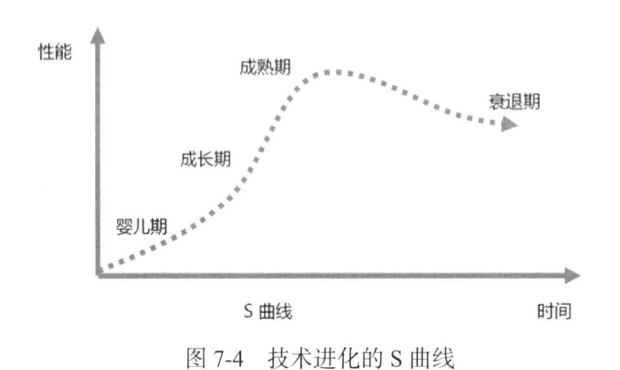

图7-4　技术进化的S曲线

基于对S曲线的研究，发展出了经典TRIZ的八大进化法则，如表7-10所示。

表7-10　经典TRIZ的八大进化法则

序号	法　则	特　征
1	提高理想度进化法则	理想度=系统所有有用的功能/（系统所有有害的功能+成本）。应用该法则的目标是提高技术系统的理想度。 技术系统包括技术系统本身、技术系统子系统、技术系统的超系统和物质
2	子系统的不均衡进化法则	一个系统一般都由多个子系统构成，而系统的短板往往是由最落后的子系统（短板子系统）决定的，通过找出短板子系统，将其加以进化，或者使用较先进的子系统将其替代，就可以实现技术系统的改进目的

续表

序号	法则	特征
3	动态性和可控性进化法则	系统会朝着更灵活、更方便的方向进化，且可控性会增强和提高
4	增加集成度再进行简化法则	先对产品或技术进行整合，将它们的功能或参数进行归类和集成化；然后再将这些集成化之后的功能或参数进行新的分配，使系统最终得以简化
5	子系统协调性进化法则	技术发展会使各个子系统之间的协同运作效率更高。这种协调包括外形的协调、连接的协调、位置的协调等
6	向微观级或增加场应用的进化法则	技术系统或其子系统一般朝着尺寸减小方向进化，这是通常的方向，但如果出于功能需要，也会逆向发展
7	能量传递法则	能量传递是系统工作的基本形式，也是系统产生价值或功能的基本途径。该法则要求在传递过程中能量损失最小化
8	完备性进化法则	系统要正常工作，只需具备四个功能模块，包括执行机构、传动机构、能量源机构和控制机构

经典 TRIZ 的八大进化法则是 TRIZ 寻找解决方案的基础，但由于这些法则过于抽象，因此在最近几十年的研究和发展中它们又逐步演化出了现代 TRIZ 的八大进化趋势，而现今 TRIZ 的各种发明原理、标准解等内容都可以在现代 TRIZ 的进化趋势内体现。现代 TRIZ 的进化趋势如表 7-11 所示。

表 7-11 现代 TRIZ 的进化趋势

序号	趋势	特征
1	任何工程系统都遵守 S 曲线进化趋势	S 曲线进化是任何工程系统都需要遵守的，也是所有进化趋势的纲领，对新产品开发、技术储备、市场规划都有指导作用
2	提高价值的进化趋势是 S 曲线进化趋势的子趋势	现代 TRIZ 用价值来取代理想度，并且将功能、成本、价值都进行量化，通过提高价值来实现系统进化
3	流增强进化趋势	该趋势由经典法则中的能量传递法则演化而来，不仅包括最初的能量流，还包括物质流和信息流
4	提高价值进化趋势的子趋势	提高价值进化一般也由多个子系统来完成，其他几个进化趋势也都以提高子趋势价值的形式实现了系统价值的提升
5	减少人工介入	人工影响的成分逐渐减少，从减少人的作用，到减少人的执行指令、减少人的控制、减少人的决策机制
6	子系统不均衡进化趋势是系统协调性进化趋势的子趋势	类似于水桶原理，子系统的进化必然是有先有后的，落后的子系统进化后，总会有新的落后子系统出现
7	可控进化趋势是系统协调进化趋势的子趋势	系统进化受到环境和研究对象的变化而变化，是一种动态平衡协调后的结果

续表

序号	趋　势	特　征
8	动态性进化趋势是可控性进化趋势的子趋势	系统通过进化后获得更多的自由度，而这些自由度使系统的可控性能得以改善

技术进化法则对构建 TRIZ 的科学效应库有重要意义。科学效应是指在自然界中原因和结果存在必然某种关系的例证。我们所熟知的很多科学定律，如电磁感应等都是一种科学效应。科学效应通常可以使用科学的语言来描述，如数学模型之间利用理论公式即可相互推演。科学效应库即这些因果关系的集合。随着人类对自然认知的了解逐步深入，不断有新的案例加入该效应库，所以科学效应库的规模也越来越大。在 TRIZ 中，有一些非标准的问题很难找到解决方案。如果使用者可以在使用 ARIZ 方法之后依然没有找到解决方案来处理这些难题，那么使用者可以尝试在科学效应库中寻找解决方案，这时参考技术的进化法则和趋势会帮助使用者寻找最终理想解。

【案例 7-4】典型 TRIZ 案例

具体问题：希望找到车辆低能耗且高速行驶的解决方案。

系统分析：车辆行驶需要消耗能量，但传统车辆的重量决定了能耗，车辆越重，行驶所需要的能耗越高。车辆行驶的消耗能量主要通过车轮与路面的摩擦形成能量损耗，而车重增加会增加车轮与地面的摩擦力，从而增加能量的消耗。

参数分析：该问题所对应的系统里存在车重、车速、消耗的能量三个参数。这三个参数之间都存在一定的矛盾关系。其中，车速是需要改善的参数，车重是被削弱的参数（车重减轻会降低安全性），消耗的能量也是被削弱的参数。

TRIZ 通用问题：这个问题里的参数主要分成两对矛盾，即车速与消耗的能量，车速与车重。这两对都是传统的技术矛盾，这些矛盾问题是 TRIZ 的标准问题。消耗能量和车重也存在矛盾，但因为最终为了解决车速问题，所以这里就不再继续分析。

矛盾矩阵应用：分别在矛盾矩阵中寻找对应的解决原理。表 7-12 为查找矛盾矩阵获得的信息。其中，车是运动物体，车速对应的是你想改善的参数"速度"，而车重对应的是你想削弱的参数"运动物体的重量"，消耗的能量对应的是你想削弱的参数"运动物体的能量"。

表 7-12　矛盾矩阵（部分）

你想改善的参数	你想削弱的参数	
	运动物体的重量	运动物体的能量
	1	19
速度　　　　9	2、28、13、38	8、15、35、38

- 车速与车重对应的原理：2（抽取）、28（机械系统的替代）、13（反向作用）、38（强氧化剂）。

- 车速与运动物体的能量对应的原理：8（重量补偿）、15（动态特性）、35（物理或化学状态的改变）、38（强氧化剂）。

TRIZ 通用解：根据上文提到的原理寻找方案（并非所有的原理都适用）。因为车轮与路面是主要能源消耗的途径，所以这是一个机械系统，可以考虑被替换成其他系统（原理 28）。车重与摩擦力呈正比，如果路面可以产生反向推力（原理 13），来抵消车辆的自然重力，那么可以减少摩擦力和能耗。而重要补偿中也提到了使用某种形式对车重可以进行补偿（原理 8），如使用轻型材料，同时可以应用流体力学/空气动力学来改变车辆外形的形态（原理 15）以减少能耗。而如果应用改变物理或化学状态的原理（原理 35），则可针对车轮系统进行改进，使用低摩擦力的材料，甚至改变其作用形式。

具体问题解：应用上述原理并代入具体材料，可改变车辆外形，进行流线型设计以减少风阻；减少车轮与路面接触面积；使用复合材料减少车重；取消车轮设计，以改变车辆与地面的作用形式，可使用电磁场或其他系统替代机械系统；等等。磁悬浮列车是诸多解决方案中较为出色的一种方案，该方案的特点包括流线型子弹头车头，利用磁力产生推力来克服车身的重量，改变车轮系统而悬浮工作，并且实现高速与低能耗。

在实践中，使用者不一定要同时寻找多对技术矛盾的对应发明原理，因为往往通过寻找一对技术矛盾的解决方案过程就可以获得不错的解决方案。而本例中，运动物体的重量和能量之间也存在矛盾关系，使用者如再次查找矛盾矩阵以寻找这对矛盾参数的解决方案，或许会获得与上述解决方案类似的结论。

7.5 其他创新工具

所有的创新工具都是为了帮助使用者尽可能全面地打开思路，甚至希望使用者从看似不可能实现的方案中去寻找突破。创新工具本身没有优劣之分，也不一定在项目执行过程中需要全数使用。找到合适的解决方案是应用创新工具的最终目的。创新工具众多，很多创新工具都可以相互结合使用。前文提及的工具都是在六西格玛项目中最常用的。除此之外，还有一些非常有价值的创新工具也逐步被企业所接受。下面将简单介绍其他一些创新工具。

7.5.1 脑力书写法

脑力书写法是一种在他人思想上产生新想法的创新工具。这个工具的应用形式简单，不受人数限制，既可以在几个人的小范围内进行，也可以远程应用。该工具耗费的时间不长，使用者往往可以在很短时间内就能完成这个工具的应用。

脑力书写法活动通常以圆桌会议的形式进行。参与者围着圆桌坐下，由指定的参与者开始描述并在纸上写下第一个想法，然后将其传递给下一个人。每个人都看着纸上其他人写下的想法，然后在此基础上写下自己的想法，并继续传递给下一个人。当所有人都完成后，把纸回传给第一个参与者，继续循环。当有人无法提供新的想法时，可直接传递给下一个人（但如果将纸再一次传到他手里，他依然有权决定是否要提供新想法）。纸的传递直至所有人都没有新想法为止。在整个过程中，其他人都可以查看之前的成果。如果该工具使用远程形式进行，组织者只需提前设定好信息传递顺序即可，活动最后由组织者收集最后的意见。

这个工具对内向的人或者不善表达的人很有帮助，对本来占中立地位的人有催化作用。可以匿名使用这个工具，这样不仅使参与者更放松，也不容易让别人的想法影响自己的思路。当书面文字表述产生困难时，参与者也可使用其他可视化的手段来展现，如图画、图表等。凡是可以激发更多创意的形式都可以被接受。

需要注意的是，这个工具对第一个写下想法的参与者有一定的要求，通常希望他是有经验的，且有自己的建设性想法，因为他写下的第一个想法将在很大程度上成为引导后续参与者想法的风向标。有时为了避免第一个参与者的个人主观影响太大，组织者会轮换第一个写想法的参与者并多次实施。

7.5.2 强制链接法

强制链接法是一种不得已而为之的强制创新方法。使用者一般在"山穷水尽"毫无突破点的时候应用该方法。研究表明，当人们面对冲突或感觉紧张时，会有特别的灵感来激发意识，用来设法脱困或缓解紧张的情绪。强制链接法就是利用人们在面对极度困难时的特别灵感来寻找解决方案的。

强制链接法简单快速，一个人也可以快速实现。其典型做法如下：

（1）明确要研究或突破的对象；

（2）罗列与突破对象相关的至少五个属性；

（3）将这些属性进行两两链接，强制将两者进行联系思考（可采用随机结合、排列组合的形式）；

（4）罗列所有强制获得的想法，并从中寻找突破点。

强制链接法可以通过以上强制链接形式在短时间内帮助使用者迅速获得一大批稀奇古怪甚至荒唐的想法。在常规思维下，人们主观上认为某些想法可能无法实现或不合常理而直接跳过这些解决方案，但往往有一些突破点隐藏在这些被跳过的方案中。强制链接法通过强制的排列组合使这些原本会跳过的方案重新被呈现出来。使用者需要在这些方案中剔除无法实施的想法，然后把可行的方案挑选出来。当两两链接依然找不到突破方式时，使用者可以考虑扩大属性数量，或者进行三个甚至更多属性的强制链接。

需要强调的是，该方法是不得已的方法，使用者不可过于依赖它，因为通过它获得的结果极有可能是一堆纯粹的垃圾创意或完全不可行的想法。

7.5.3 德尔菲法

德尔菲法（Delphi Method）是一种集体决策技术，也可用于创新管理。典型的德尔菲法以专家匿名和集体多轮函询反馈的方法来实现信息和意见的收集。通常，这个过程需要一个专门的组织或主持人来实施。函询的方式可以通过远程邮件完成，也可以现场实施，但无论哪种形式，在整个过程中，所有参与者（除主持人外）都是匿名的。德尔菲法会耗费较长的时间，远程函询甚至可能花费数个月的时间，但是通过该方法可以得到一个相对具体且可实施的专业方案。

德尔菲法的典型实施步骤如下：

（1）形成特定的专业团队和主持人。团队成员一般都是专业人员，具备足够的专业知识。主持人需要有足够的活动经验来组织多轮函询活动。需要注意的是，团队成员可以知道其他成员的身份，但全程不可获知意见的来源（提出者）。

（2）主持人向全员发布统一的研究主题，保证所有人获得的信息一致，以便所有人都公平、公正地进行分析。

（3）主持人向全员收集团队的意见，但仅主持人知晓各个意见的出处。随后主持人将整理这些意见，并汇总发送给所有人，要求所有人在此基础上求同存异，提供新的意见并反馈给主持人。汇总信息中不包含人名，即团队成员都不知道其他意见是谁提出的。

（4）主持人将重复以上操作，进行多轮。通常在数轮过后，团队的意见和反馈会一点点趋同，直至最后多数团队成员就结论达成统一的认识。

德尔菲法是寻找解决方案的重要工具，在整个过程中，反馈可以是多种多样的。由于团队成员基本都是专业人士，因此反馈可以包含产品、技术、工艺、质量等各种专业信息，但也可以是简单的决策信息。主持人在收集信息时，可以使用专业的图表或工具进行归纳整理，但不可以额外添加或改变已收集到的信息。如果要研究的对象或问题比较复杂，活动组织者则可能使用更加正式的框架（特定的活动规则）来实施这个工具。表 7-13 是一个典型的应用步骤示例。

表 7-13　德尔菲法应用的典型步骤

步　　骤	特　　征
前期准备	主持人分享主题，并编制研究主题的专业咨询表（表中说明研究目的、德尔菲法简介、参与者的作用、参与者的信息收集方式、具体征询问题和必要的填表说明）
第一阶段（开放阶段）	第一轮调查表的问题是开放式的，不带任何限制，只提出主题，请参与者围绕主题提出意见。要避免限制太多，以防漏掉一些重要意见。待参与者反馈后，主持人汇总归并同类意见，排除次要意见（排除动作要慎重，意见能保留则尽量保留），用准确术语总结出意见一览表，并依此形成第二轮调查表
第二阶段（评价阶段）	参与者对第二轮调查表所列的每个意见做出评价，包括自己的意见、意见的数理统计信息，并对各种方案进行判断，可附上第一轮调查表的匿名信息作为参考。主持人整理统计第二轮反馈并形成第三轮调查表
第三阶段（重审阶段）	参与者重复第二轮的动作，给出自己新的评价。如果参与者修正自己的意见，应叙述修正的理由。该轮可多次重复，直至主持人获得相对统一的结论。该阶段结束前主持人应收集、总结所有的新评论和新争论，统一意见并形成最终调查表

续表

步骤	特征
第四阶段 （复核阶段）	主持人发放最终调查表，参与者再次评价和权衡，此时应以确认之前的成果为主。参与者是否需要做出新的论证与评价，将取决于活动组织方的要求。主持人回收最终调查表，综合各轮意见进行统计分析，归纳总结各种意见

德尔菲法是多轮函询技术，但如果主持人可快速使全员达成统一，也可结束活动，不必刻意追求活动的顺序。由于活动是匿名的，因此参与者在线下也不可相互讨论，以免干扰活动结果。与通常的调查表不同，德尔菲法的函询调查表除了有通常的问题并要求回答的内容，还要向被调查者提供相关信息。该调查表是参与者交流思想的工具，需要谨慎设计。

如果德尔菲法是在现场召集团队实施的，那么各个参与者在反馈时应相互隔离，如背靠背思考和反馈，以免反馈信息泄露，干扰活动的公正性。

▶ 7.5.4 思维导图

思维导图（Mind Mapping）是一种结构分解图，它本质上是经典质量工具鱼骨图的一种特殊表现形式。与常规鱼骨图不同的是，思维导图不过于强调寻找对策或原因，而更接近于事理的内在结构分析，且表现形式上与鱼骨图略有不同。通过这个工具，使用者能够自由发散思维，并且将各种想法、概念、信息、图示、数据进行分类组织连接，以类似神经元链接的方式呈现出来，有利于定义问题和主次要因素。

思维导图可以供个人使用，也可以供团队使用。绘制思维导图的方法是，围绕一个中心主题绘制多个分支，每个分支针对不同的方面还可以继续细化。使用者要兼顾主题和分支的图文信息，在主题和分支上写下关键词，或添加图示，以方便理解和记忆。如果有必要，使用者可以将某个分支作为另一张思维导图的中心词进行分层描绘。该工具的使用方法如下：

（1）聚焦目标。使用者将空白纸横向放置，将中心主题的名称简述或中心主题的示意图放在空白纸的中央。使用者可用线条将中心主题圈起来，方便从中心主题引出分支。

（2）发散思维。使用者对中心主题的每个方面进行头脑风暴，从中心向外绘制发散的线条（分支），将想法总结成关键词写在不同的分支上。

（3）细化分支。使用者在分支的基础上添加必要的下层分支，并不断细化，也可以后续对需要强调的关键词增加小图标。使用者不断添加元素、想法和关联补充信息直到无法添加新信息为止。

（4）研究总结。使用者研究思维导图，并从中找出各个想法之间的相互关系，提出解决方案。

（5）整理图标。使用者可以根据需要重新组织图上的分支结构，也可以整理绘制新的思维导图。

思维导图的应用并不复杂，可以和很多其他工具结合使用。人们不应过度夸大该工具的用途或过度使用该工具。在使用之前，如果使用者有先期研究，就可以大致形成一级或二级框架，从而提高该工具的功效。图7-5是以工具为基础的思维导图示例。

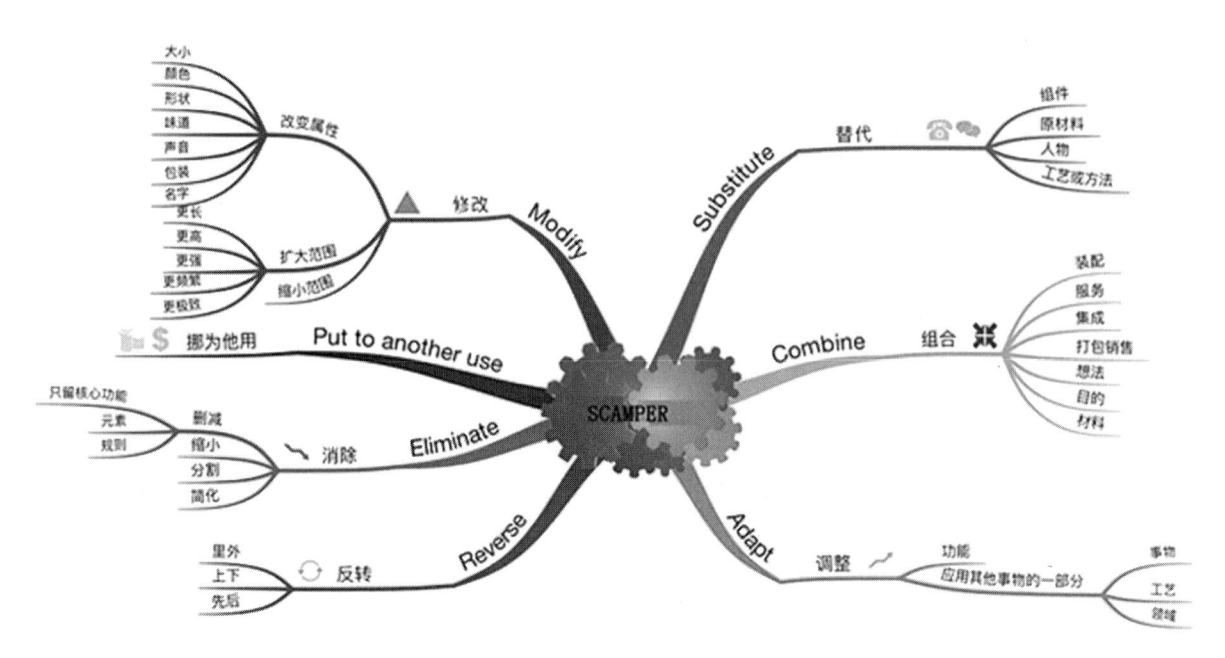

图 7-5 思维导图示例

第8章

需求管理工具

8.1 客户需求基础

六西格玛项目非常关注客户的需求，以满足客户的基本需求为目标。但六西格玛项目的需求与产品开发项目的需求有所区别。六西格玛项目的需求通常是指客户所限定的改善目标范围，该需求描述了项目应实现的所有改善预期要求的总和。也就是说，六西格玛项目的需求是客户对改善对象的一种期望。

为了有效保证客户的需求被满足，项目团队需要进行需求管理。需求管理是指企业收集、整理、传递并最终实现客户需求的全过程。在六西格玛项目中，需求管理是实现改善目标的基本前提。所有改善需求的项目发起方都可以视作为客户，这些客户可来自企业内部，也可来自企业外部。这些客户把改善需求或目标传递给项目团队，并且由项目团队通过执行六西格玛项目来最终实现目标的改善。

需求管理与客户需求（Voice of Customer，VOC）密切相关。企业管理的一些研究表明，客户的确切需求难以捕捉。需求在企业内部的传递过程中极易"失真"，从而最终导致项目失败。需求"失真"是指在客户需求传递的过程中，各功能团队根据各自的理解，或从己方团队的利益考虑，有意或无意地改变客户的需求，这种改变客户需求的行为将导致项目目标与预期要求发生偏差。图 8-1 描述的是一个产品开发项目的需求是如何发生偏差的。事实上，在六西格玛项目中也会发生同样类似的故事。这些差异不仅会导致客户需求失真，也会为企业带来不必要的损失。

需求管理帮助企业正确地看待需求、管理需求并且满足需求。需求管理跨越多个知识领域，有自己的阶段划分方式和工具集，并且常与企业的开发流程、工艺流程等核心流程密切结合在一起。需求管理对产品的属性或工艺流程并不敏感，所以它有良好的通用性，在各行各业的项目管理中都有非常好的应用。

图 8-1 客户需求的变化是如何产生的

需求管理具有明显的时间属性，可以根据不同的任务目标来进行阶段划分。通常需求管理大致分成需求收集、分析整理、概念生成、需求实现、验证实施几个阶段，每个阶段均拥有一些特定的模块和交付物。

（1）需求收集。这是典型的项目可行性分析阶段，项目团队需要明确需求的来源和急迫程度。需求的来源主要有三个：客户（急需改善的发起方）直接表述的需求、各种调查反馈的需求（包括潜在的未来需求）和企业根据历史经验总结的需求。无论是哪个来源的需求，企业都需要通过一系列特定的活动（如客户访谈、问卷调查等）获取客户的原始需求。通过这些需求收集活动，项目团队可能获取一些明确的客户需求，但也可能获取一些模糊的需求。

（2）分析整理。在大多数情况下，客户的原始需求难以解读或与实际情况有出入。在收集涉及现场实际作业环节的六西格玛项目需求时，项目团队从现场一线员工获得的需求描述可能是五花八门的，需要使用一些工具对这些需求进行整理和分类。通过一些定性分析工具，项目团队可以尝试将客户需求分成若干类别并将这些需求与六西格玛战略相匹配。同时企业还会对客户的模糊需求进行必要的"翻译"。所谓翻译，就是把客户的原始需求转换成内部功能团队可识别、可操作的语言。亲和图是分析和整理客户需求的常见工具。

（3）概念生成。本阶段包含概念产生和概念选择两部分。概念可以被理解为实现客户整体所有需求的一种方式，而概念产生是获取这些实现客户需求的概念的过程。企业通过"翻译"获得客户的意图与期望，并据此研究如何满足客户需求。项目团队应尽可能寻找可以满足这些需求的方案。在获取足够多方案后，项目团队通过方案的排列组合得到多个概念（每个概念都可满足客户的所有需求）。在概念产生的过程中，项目团队往往需要应用大量创新工具，进行发散思维来寻找突破口。概念选择则是项目团队确定最终概念的重要环节。项目团队在已经获得的多个概念中，通过需求对比进行不同概念的优劣比较。在概念选择的过程中，项目团队需要平衡企业资源，客观评价并选择最终概念，并将该概念作为后续实施具体改善活动的指导方向。

注：概念和方案都是满足客户需求的方式，在中文释义中它们的含义有一些类似的地方，所以在企业内部的日常交流过程中往往不严格区分两者。但在需求管理中，概念和方案是两个具有特定

含义的词汇。客户的需求往往会有很多条，企业须逐一满足这些需求。企业针对其中某一条或某几条需求做出的应对方式，称为方案。显然，企业为满足客户需求会产生很多个方案（分别对应不同的需求和需求组合）。而企业为了满足客户所有需求，则需要在这些方案中进行排列组合，产生可以满足客户整体所有需求的方式，即概念。由于方案排列组合的形式有很多种，所以概念也可产生许多个。较为合理的概念应与企业的战略意图相匹配。

（4）需求实现。这是需求管理的核心部分，包含需求在企业内部传递并被实现的主要过程。在这个过程中，客户需求、产品设计、工艺和质量特性都被相互关联起来。质量功能展开（QFD）是该阶段的重要工具。质量功能展开形成了从客户需求到产品功能，到产品设计规格，再到过程规范/作业规范，最终到质量控制计划的整个需求传递链。质量功能展开是企业内部生命周期最长、跨部门协作最多的工具之一，涉及企业内部常规的所有业务部门。质量功能展开的作用非常多，不仅为六西格玛改善项目提供了明确的需求传递链，而且在六西格玛设计的方法中扮演着非常重要的角色。

（5）验证实施。这是需求管理的闭环环节。以六西格玛项目中常见的产品生产过程优化项目为例，当项目完成改善后，产品进入批量生产或常态化作业之前，需要通过一些测试和试运行来验证客户需求被满足的程度。这些测试的种类很多，其目的也各不相同。部分测试以验证产品的质量特性为主，即关注产品的功能性；部分测试以验证产品批量作业的可行性和稳定性为主；部分测试是为了验证工艺能力是否有所提升。这些测试结果都应与客户的原始需求一一进行对比，以检验需求的满足程度。此时项目团队应尽量获取客户对改善结果的确认。在典型情况下，在各种测试都通过验收标准之后，产品通常会被批准进入量产或常态化作业。

需求管理在各个企业里的实施和规划方式不尽相同，这与企业的产品特性和工艺特性强相关。需求管理的过程会涉及多个功能团队，而各功能团队在实现客户需求的过程中会产生各自重要的交付物，这些交付物都是需求管理的成果之一。

8.2 访谈技术

访谈技术在收集六西格玛项目需求的过程中扮演着重要角色，也用于项目各阶段的信息收集。除了企业自身已知的项目需求，以及团队主动鉴别出的项目需求，很多潜在的项目需求都隐藏在企业日常运营的过程中。这些潜在的项目需求拥有者就是六西格玛项目的潜在客户。团队需要通过某些方式与这些特殊的"客户"进行沟通，并且获得相应的项目信息。这个沟通过程并非想象中那么简单，因为沟通过程会涉及客户以及相关团队的自身利益，这使得一个原本简单的过程变得异常复杂。

访谈技术是访谈者在与客户沟通的过程中，取得客户信任，改善团队与客户之间的关系，获得有效信息的一种技术。这种技术有良好的普遍适用性，不仅可以应用在六西格玛项目上，而且可以应用于其他各种内外部沟通上。

访谈客户是为了在有限的时间内尽可能了解客户以及他们的改善需求。由于很多有价值的信息并不一定是通过口头或书面的形式表现出来的，因此面对面的沟通形式可以帮助访谈者发现很多从其他间接渠道无法获得的信息。在访谈过程中，访谈者看到的所有信息都可能对后续的六西格玛项目带来重要影响。需要注意的是，访谈不是给客户制造麻烦和额外工作量，也不是为了解决对方的内部矛盾，访谈者应关注需求收集，而与客户之间的良好关系是访谈的副产物，不应刻意追求。

访谈客户需要提前做好准备。因为所有客户，不管是内部的还是外部的，都有其正常的工作，而访谈在某种程度上打扰了对方工作，所以不能浪费客户的时间。为了提升访谈效率，项目团队通常要做好以下准备：

- 明确访谈客户的目的；
- 对客户进行前期研究，确认客户的潜在原始需求；
- 建立访谈计划或访谈指南；
- 如访谈者不止一个人，则须组成访谈小组并且进行内部分工；
- 模拟访谈（如果必要的话）。

访谈者或访谈小组的成员可以来自项目团队，也可以来自外部团队。

通过一次访谈不可能获得太多信息，而通过多次访谈可以获得较多的信息。虽然访谈不限定次数，但访谈次数并非越多越好，再多的访谈也不可能获得所有信息，因为客户总是会有所保留的。

访谈可以一个人进行，但如果项目团队有足够的资源，则最好由一个团队来进行，其中三人一组的访谈小组被证明是一种最佳实践。这个访谈小组需要三个不同的角色：采访者、记录者、观察者。扮演这三个角色的访谈者最好来自不同的功能团队，这种组合可以使访谈小组进行更全面的思考。

访谈计划可以帮助访谈小组提高访谈效率。一个成功的访谈计划需要尽可能考虑到访谈过程中遇到的各种情况，包括对方可能存在的负面情绪。访谈中的问题是应该开放式的，而不是可以被对方简单快速地用"是/否"回复的封闭式问题。访谈的问题数量不宜太多，但这些问题之间要有清晰的逻辑。访谈小组考虑访谈计划时应预测可能出现的访谈结果，并做出对应措施。例如，访谈小组应事先模拟访谈并做好客户引导，以避免对话陷入僵局或彼此跑题。

在访谈过程中，访谈小组应根据访谈计划来完成访谈活动，应尊重客户的所有主观情感，不要引起其反感。如果客户许可，访谈小组可拍下现场需要改善的工作环境和相应信息作为参考。在完成访谈后，访谈小组应尽快总结信息，并反馈给客户。

在访谈过程中，访谈小组的角色与分工如表 8-1 所示。如果访谈由单个访谈者完成，则该访谈者须兼顾访谈技术的所有要点。

表 8-1 访谈小组的角色与分工

角 色	主要分工
采访者	• 营造和谐与轻松的氛围； • 主要负责提问及引导访谈的整个过程
记录者	• 准确并尽可能详细地记录访谈的全过程； • 参照访谈计划做必要的提醒

续表

角色	主要分工
观察者	• 观察采访者无法直接得到的信息并记录； • 留意讨论中字里行间的意思，以及客户的潜台词； • 作为第三者观察客户的微表情和动作； • 将必要的信息及时反馈给采访者，以便及时调整

访谈技术是有一些技巧的。著名人类学家川喜田二郎先生在研究人类行为时，总结了信息收集的五项原则。这些原则可以帮助人们全方位地思考，并提升访谈质量。

- 背景调查：已经发生的历史信息是最好的参考。
- 实景观察：相信自己看到的事实，让事实和数据说话。
- 积极倾听：尽可能了解对方的想法，听对方陈述。
- 逐级抽象：抽象（提炼）并理解对方的意图，进一步探索对方深层次的需求。
- 试探虚实：对方并不总是说实话，也不可能完全陈述现状，需要对其试探和引导。

在访谈过程中，临场随机应变才是最好的方式，任何所谓提升访谈质量的技巧和方法都仅供参考。

8.3 亲和图法

日本著名人类学家川喜田二郎（Kawakita Jiro）先生假设了一种收集意见并且归纳总结的应用形式，他提炼了这个应用的过程并将它发展为今天的亲和图法。亲和图法亦使用他的日语名字的罗马音首字母缩写，称作 KJ 法。亲和图法不同于一般统计方法，因为统计方法强调用数据说话，而亲和图法主要用事实说话，希望使用者靠"灵感"发现新思想，从而达到解决问题的目的。亲和图法是一个利用语言数据来理解复杂情况的工具，该工具包括过程定义、澄清问题、企业定性数据、集中思考和统一团队认识等步骤。这个工具的部分实施步骤与头脑风暴相似，可以将亲和图法认为是头脑风暴的一个特殊演化应用。

亲和图法可以在所有需要创造性思维的场合应用，但由于这个工具较为复杂，因此也存在一些不适用的场合。表 8-2 显示了该工具被推荐的适用场合和不适用场合。如果在不适用的场合下，切勿强行推行。

表 8-2 亲和图法的适用场合与不适用场合

适用场合	不适用场合
• 与研究对象相关的信息量庞杂； • 信息或相关的讨论出现了无组织化的想法和意见； • 需要突破传统观念；	• 项目简单，事实非常清晰，信息中没有过多的杂音； • 已经做出执行决策且决策不可动摇； • 不需要做进一步归纳总结；

续表

适用场合	不适用场合
• 必须达到团队共识； • 数据为非数字形式，或者数理统计技术不适用	• 客户的需求清楚，或者已经被量化； • 团队中有强势的干系人

制作一个亲和图有很多步骤（见图 8-2），整个过程会耗费很长时间，而且该工具需要项目团队成员共同参与。通常，一个亲和图制作小组的参与者需要 6~8 人。如果人数较多，可将参与者分组后分别进行制作。

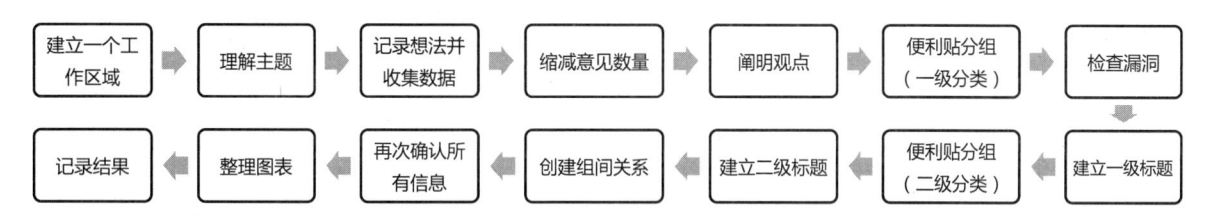

建立一个工作区域 → 理解主题 → 记录想法并收集数据 → 缩减意见数量 → 阐明观点 → 便利贴分组（一级分类）→ 检查漏洞

记录结果 ← 整理图表 ← 再次确认所有信息 ← 创建组间关系 ← 建立二级标题 ← 便利贴分组（二级分类）← 建立一级标题

图 8-2 亲和图的制作步骤

制作亲和图要求所有参与者都熟悉整个过程，并且尽可能按照亲和图法特定的要求来执行整个过程。制作亲和图的步骤和注意点如表 8-3 所示。在制作过程中要求使用某些特定的颜色来制作图表或者书写标题，这已经是约定俗成的做法，制作小组必须遵循该要求执行。制作小组可以选定一个组长来扮演主持人的角色，但该角色仅起到推进活动和组织者的作用，在制作亲和图的过程中并无其他特权。

表 8-3 制作亲和图的步骤与注意点

步　骤	执行方式	注　意　点
第一步： 建立一个工作区域	（1）制作小组使用足够大的图纸。 （2）主持人使用黑色记号笔在图纸左上角写下研究的对象/主题/问题	• 事实上，制作小组经常使用一面墙。 • 突出重点：如使用中文，应尽量加强表示；如使用英语，应将字母大写
第二步： 理解主题	（1）制作小组成员就问题或研究对象轮流给出意见。 （2）每个人的陈述时间是均等的，一般不超过 2 分钟	• 主持人应严格控制时间，本步骤易出现超时现象。 • 非陈述人只聆听，可提问，但不可做任何判断，尤其是反驳他人意见
第三步： 记录想法并收集数据	（1）主持人发给每个人足够多的便利贴。 （2）每个人都利用便利贴记录自己的想法。一张便利贴只记录一个想法（需求）。这些便利贴通常用黑色笔书写，所以也被称为黑色级别的需求。 （3）主持人将所有便利贴都集合起来，并且将它们混合在一起	• 便利贴上的想法描述应简洁明了，不使用过多的文字。 • 便利贴的数量越多越好。 • 不要让小组成员明显知道每张便利贴的作者是谁。 • 书写便利贴的字迹要清晰，避免造成其他人辨识困难

续表

步　　骤	执 行 方 式	注 意 点
第四步： 缩减意见数量	（1）便利贴的想法控制在20~30个，以便后续的分类整理。 （2）每个小组成员用红色笔，在其认为重要的便利贴的右下角上标注，即投票过程。 （3）主持人将所有被标注过的便利贴挑选出来	● 如果被标注过的便利贴太多，小组可进行第二轮投票，或者在开始投票时即限定每个人最多可投的票数，这两个方法都可以有效控制最终的想法数量。 ● 每个人都可以对自己的想法进行投票
第五步： 阐明观点 （关键步骤）	（1）主持人首先将所有的"挑选出的"便利贴放在工作区域左侧，并用铅笔在工作区域的中间画出一个圆。 （2）主持人将每个便利贴依次放在圆中。 （3）每个选择这个便利贴的小组成员轮流向大家解释为什么选择这一个。 （4）在投票成员都阐述过之后，由该便利贴的原作者向大家解释他为什么这么写。 （5）擦掉圆	● 在整个过程中，除陈述人外，其他人都要保持安静，可以提问但不得反驳
第六步： 便利贴分组 （一级分类）	（1）主持人将便利贴随意放在工作区域内，请大家保持安静。 （2）每个人轮流对这些便利贴进行分组。在分组过程中，彼此不能交流，仅以分组结果来展示自己的意见。任何人都可以挪动当前的分组。该步骤直至获得所有人一致认可的分组结果，且所有人都不再移动便利贴为止	● 这是一个痛苦的过程，因为每个人都有自己的想法，但这也是小组成员之间博弈的过程，有人坚持自己的意见，也有人放弃自己的意见。每个组内的便利贴数量不宜太多，通常每组2~4张便利贴，不便分组的便利贴可单独为一组
第七步： 检查漏洞	（1）分组之后，制作小组应查看是否有漏掉的关键想法，思考是否要加入新的便利贴。 （2）制作小组在查看之前没有被投票的便利贴是否要加入进来	● 是否要加入新便利贴的过程实行小组全员的集体投票，该投票执行一票否决制，且否决者无须陈述理由
第八步： 建立一级标题	（1）制作小组为了解每组便利贴的核心思想，要总结每组的内容，并建立标题。这是亲和图的一级分类，由于标题要求用红色标出，因此也称红色级别的需求分类。 （2）主持人将一级标题用红笔写在新的便利贴上，并将其覆盖在该组的最上方	● 标题是一个高度概括总结的描述，该描述应覆盖组内所有内容，所以这个标题不只是一个简单的词语。 ● 标题是对组内信息的摘要，不要加上新的东西。 ● 无法分类或很难描述的信息不需要标题

续表

步　　骤	执行方式	注　意　点
第九步：便利贴分组（二级分类）	（1）主持人将红色标题的便利贴作为该组的代表，将它们与剩下的无法分类的便利贴在亲和图中随机放置。 （2）制作小组重复第六步的分组动作以进行更高一级的分组动作	• 亲和图需要进行二级分类，所以制作小组在完成红色级别的分类后，就要立刻开始做二级分类。二级分类是需求的高度概括。 • 本步骤执行原则及注意事项和第六步一致
第十步：建立二级标题	（1）在二级分类完成后，制作小组需要建立二级标题，过程要求与第八步类似。二级标题要求用蓝色标出，所以也称蓝色级别的需求分类。 （2）主持人将二级标题用蓝笔写在新的便利贴上，并将其覆盖在该组的最上方	• 本步骤执行原则及注意事项和第八步一致
第十一步：创建组间关系	（1）最后的分组最好不要多于5组，先将这些分组在工作区域内随机放置。 （2）制作小组在二级分类之间做一些红色的箭头，用这些箭头来建立这些组之间的逻辑联系	• 整个布局需要仔细规划后再进行箭头链接。此时的箭头先不要直接画在纸上，可先用便利贴代替（将箭头画在便利贴上）。 • 制作小组只能使用因果或矛盾箭头，不要使用双向箭头（不要进行互为因果的标注）
第十二步：再次确认所有信息	（1）制作小组再次确定未分组的便利贴是否能融入这个大家庭，或者是否要加入新想法。 （2）制作小组需检查图上所有内容是否存在错误	• 这是最后一次检视信息是否有遗漏的机会。 • 本步骤执行原则及注意事项和第七步一致
第十三步：整理图表	制作小组整理图表将所有便利贴都转换成文字和箭头，并完成以下细节工作： （1）对各组进行合理布局，并将组间箭头用红笔画出（画在亲和图上）。 （2）在一级分类中用黑色笔描出黑色级别的组框。 （3）在二级分类中用蓝色笔描出红色级别的组框	• 所有级别的标题都应着重突出，如使用英语字母，应大写。 • 有些制作小组会在此时用红色、绿色和蓝色等颜色的阴影线来标出关键需求的重要等级，是否要这么做由团队自行决定
第十四步：记录结果	（1）制作小组在工作表的右下角记录日期、地点，并让参与者签名。 （2）制作小组在亲和图右上角写下必要的注释或评论，也可以添加类似于口号的宣传语	• 全员的签名不仅增加了活动的仪式感，也是全员对活动成果的认同。 • 进行必要的活动记录会有效促进团队的合作

在亲和图的分类过程中会有一些特殊的便利贴。这些特殊的便利贴虽然存在于亲和图上，但它们无法分类或无法描述，自成一脉。这是正常现象。这类便利贴被称作"孤狼"。这些"孤狼"往往是至关重要的角色，不可被忽视。如果在一级分类时，有一些"孤狼"无法被分类，那么它们就自

动升级为一级分类；同样，如果二级分类时它们依然无法分类，它们自动升级为二级分类。对"孤狼"无须做标题概括。

亲和图的制作过程非常艰辛，制作小组要取得所有人的一致意见并非易事。但在这个过程中，权威的作用被抑制到了最低程度。每个人全程都参与其中，所以也可将制作亲和图作为一种团队建设活动。制作小组在面对最后的成果时会非常有成就感。亲和图的输出非常重要，是很多其他工具的原始输入。

亲和图的类型一般被分成两种：图像亲和图（也称图像KJ）与需求亲和图（也称需求KJ）。人的认知是先从图像开始的，也就是说，当一个人看到一个问题或一个现象时，首先在他的大脑中出现的是一组图像，然后大脑对这些图像进行分析处理才产生进一步的需求。所以在制作亲和图时要先制作图像亲和图，再制作需求亲和图，从而实现需求的收集、鉴别与转化。

图像亲和图大量被应用于客户访谈后的信息分析与整理，此时图像亲和图有助于描述客户现场的各种情况。访谈小组可在访谈和观察中收集客户环境，并把这些信息作为图像亲和图的原始输入。图像亲和图也可以被应用于各种内部改善的场合，通过从需要改善的现场收集到的图片和影像来进行整合分析。

需求亲和图是在图像亲和图的基础上绘制的图。在此之前，制作小组需要把模糊的描述和图像（客户需求的载体），通过某种技术（如需求转化表）转化成企业熟悉的语言，即需求"翻译"的过程。在此基础上，需求亲和图将翻译后的客户需求进行分类和整理。需求亲和图是企业真正所需要的，而且需求亲和图也是后续其他分析工具的重要输入源。从图像亲和图到需求亲和图的实践方法一直都在发展，不建议使用僵化的形式来完成这个过程。

图像亲和图与需求亲和图其实是两张不同的亲和图，也就是说，制作小组需要进行两轮亲和图的制作活动才能分别获得图像亲和图和需求亲和图。两轮制作活动对很多企业来说是巨大的负担。事实上，图像亲和图与需求亲和图的绘制步骤大致是一样的，只是前者的分析对象是人们对研究主题的第一印象，而后者的分析对象是具体的客户需求。所以如果制作小组在绘制完图像亲和图后，再从头开始绘制一次需求亲和图就会产生厌烦感。但在有些情况下，两个亲和图又无法被合并成一个，因为很多案例显示，图像亲和图往往无法一次就完成全部的需求转化，或者制作小组无法直接从图像亲和图获得所需要的需求描述。根据大量案例并结合东方人的思维模式，我们建议的亲和图做法如下：

（1）完成图像亲和图的绘制。

（2）根据已经得到的图像亲和图，挑出不确定的信息或者无法识别的信息。

（3）单独对这些不满足企业内部要求的信息进行"翻译"，将其转化成具体需求。

（4）将上一步转化获得的需求与图像亲和图整合在一起，形成新的亲和图，即需求亲和图。

以上做法可以大幅度简化亲和图的绘制时间，简单且高效。如果研究对象很复杂，制作小组还要分别绘制图像亲和图与需求亲和图。

亲和图作为原始需求的收集工具，一般情况下不需要反复绘制。如果客户的需求或者项目环境发生重大变化，那么制作小组要根据实际情况重新收集信息并更新亲和图。

【案例 8-1】亲和图示例

某企业在内部讨论新概念汽车的基本功能,由于参与讨论的同事意见纷杂,因此管理团队使用亲和图法进行信息收集,获得的结果如图 8-3 所示。

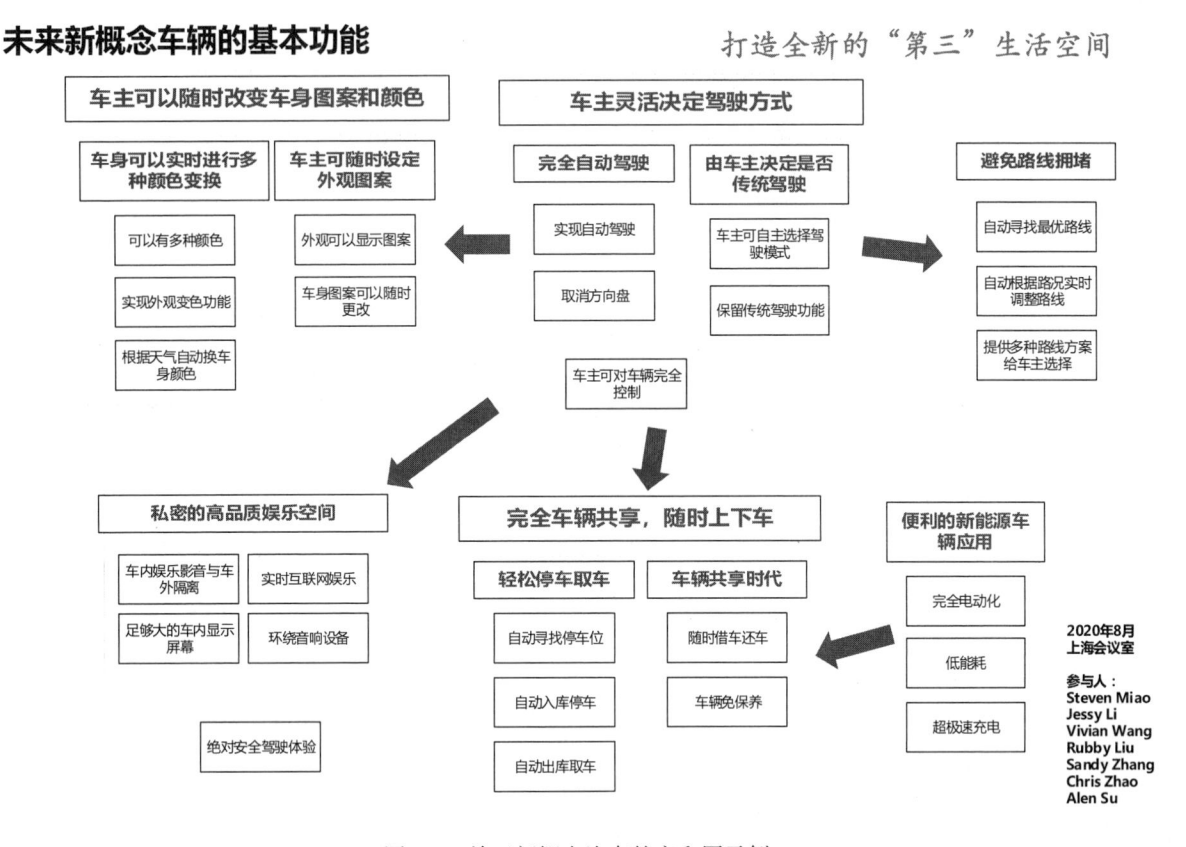

图 8-3 关于新概念汽车的亲和图示例

8.4 质量功能展开

质量功能展开（Quality Function Deployment，QFD）是 20 世纪 60 年代由日本的两位专家赤尾洋二和水野滋先生创建的,该工具经过了很多年的发展和演化才形成今天使用的版本。目前,QFD 有固定的模块,但各个企业在使用 QFD 时,并没有统一的量化和评价方式,不同企业的 QFD 在应用方式和风格上也存在较大差异。

QFD 的出现是为了减少客户需求在企业内部分解和传递过程中的差异,并将客户需求形成有效的需求链。通过这个需求链,QFD 将客户信息有效传递到各个功能团队并最终实现客户需求。QFD 通过一系列连续的转置矩阵来传递需求,这些矩阵相互关联,构成了 QFD 不同阶段的版本,如图 8-4 所示。

QFD 一般可分为四个阶段（在实际应用时企业会自行定义某些阶段而导致差异）,这四个阶段的 QFD 并非同一份文件的不同版本,而是四份不同的文件,它们各自承载的使命是不同的。QFD 各版本的特征如下：

- QFD 1.0：从客户需求到产品功能的转化。
- QFD 2.0：从产品功能到设计细节的转化，也有图书把设计细节描述成零件特征，两者在本质上没有差异。对于非实物新产品开发，使用"设计细节"来描述该阶段特征更为准确。
- QFD 3.0：从设计细节到过程细节的转化。
- QFD 4.0：控制计划或等同的文件。该阶段的文件通常不以 QFD 4.0 的名称出现，而直接使用控制计划。该阶段的内容和形式也与之前的矩阵有较大差异。

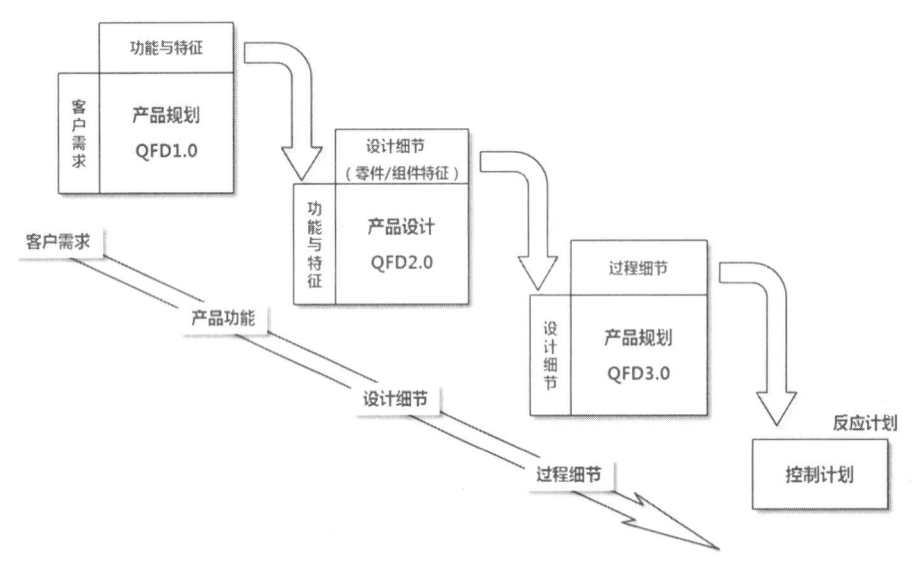

图 8-4　QFD 的不同阶段

各阶段之间的小版本使用小数点区分，如 QFD 1.5 版或 QFD 2.5 版。出现此类版本的原因是，在分解传递客户需求的过程中，QFD 这个工具可能存在过渡版本，如用 1.5 版本把产品系统功能分解为子系统/组件功能等。

在 QFD 的各个版本中，QFD 1.0 是模块最多、最完整的版本，也是对客户需求进行转化的源头，故下文以 QFD 1.0 的模块为例进行介绍（见图 8-5）。通常，QFD 1.0 的模块被分成以下几部分，各部分的评分机制或标注符号可以由企业自行定制。制作 QFD 需要一个跨功能团队的制作小组来完成，无法由个人完成。

（1）客户需求。这里的需求即被整理或翻译后的需求，制作小组常使用亲和图或客户需求列表作为原始输入。

（2）客户需求的重要度。这个重要度打分是企业对客户需求重要程度的理解，也可理解为需求权重，通常为 1~10 分，其中 10 分为最重要。建议制作小组在打分时拉开分差，否则最终各个方案的分值可能因为无法拉开有效分差而无法排定它们的优先级。

（3）产品功能特征。这是通过客户需求分解获得的潜在产品功能特征列表。通常建议每个客户需求至少被分解为 3~5 个对应可实施的功能特征。

（4）特征期望。制作小组要根据被分解获得的功能特征，确定其目标的最终期望形式。通常，这些特征期望被分为望大（目标最大化）、望小（目标最小化）、望目（实现目标）等，如材料成本

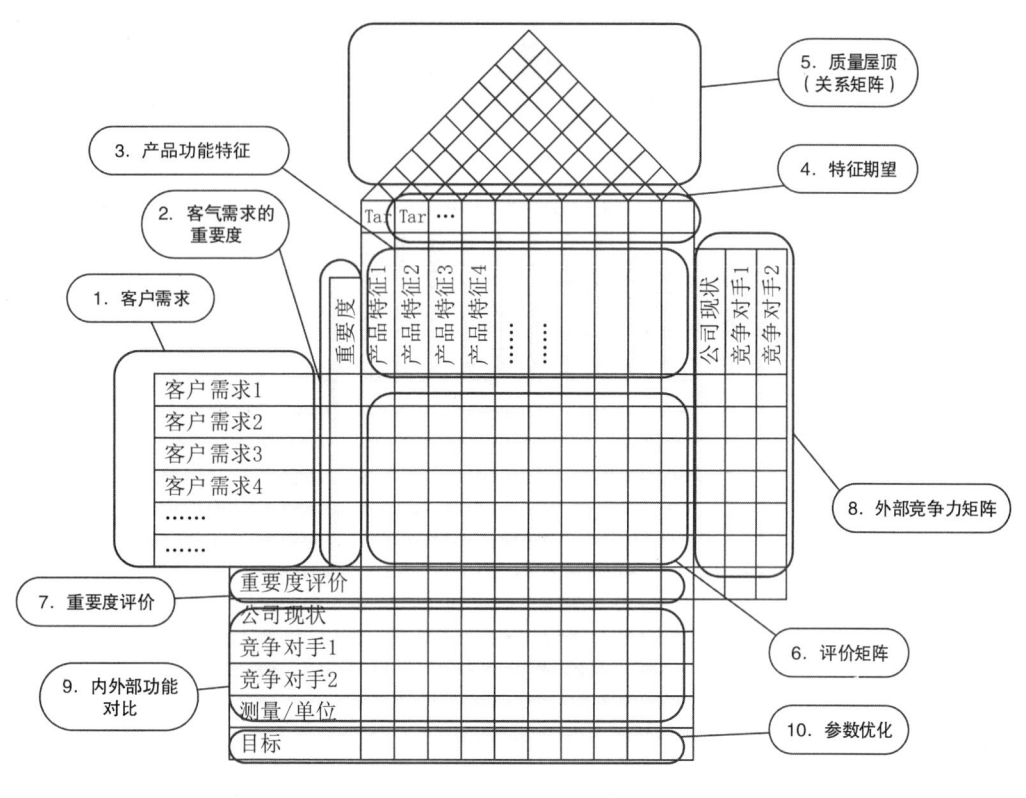

最小化（望小）、实现控制功能（望目）等。

图 8-5　QFD 1.0 模块分布

（5）质量屋顶。这个屋顶就是功能特征的关系矩阵。功能特征之间可能存在某些关联，如相互促进、相互排斥，也可能互不相关。制作小组对这些功能特征的关联性判断可以帮助团队寻找解决方案，同时还可以避免出现功能特征的互斥或系统性问题。通常情况下，两个功能特征之间的关联被分成五类：强烈正相关（相辅相成）、正相关（一定程度上相互促进）、负相关（轻微矛盾）、强烈负相关（功能互斥，无法共存）、不相关（两者不关联，或者关系不明显）。例如，车重和油耗，在不改变车辆工作原理的情况下，车辆越重油耗越高，两者呈强烈负相关关系。

（6）评价矩阵。评价客户需求与产品功能特征之间的影响，这种影响可能是正面的，也可能是负面的。为了拉开分差，通常以 0、1、3、9 分居多，9 分代表存在强烈的影响；3 分为一般影响；1 分为轻微影响；0 分为无影响，可以不填写。每个需求的评价项（矩阵中水平方向的每一行）至少应具备一个 9 分，否则即代表该需求没有很好的实施方案或对应的功能特征。

（7）重要度评价。每个功能特征都与客户需求进行关联评价，所以该分值等于矩阵内每个值与该需求的权重相乘后的纵向累加。该分值可以被认为就是该功能特征对客户需求的响应程度。评价通常会被排序，分值越高的功能特征即代表影响程度越高，项目团队应优先处理对待高分值的功能特征。

（8）外部竞争力矩阵。该模块为 QFD 工具的附加矩阵，较依赖市场研究的数据。制作小组通常会罗列关键的竞争对手，并考虑当前竞争对手和自身企业关于客户满足程度的打分。制作小组应对每个需求的满足程度单独打分，通常是 1~5 分。分值越高，代表客户满足程度越高。有的企业也使用图形评价的方式来代替打分。该矩阵对比了竞争对手和企业的当前情况，这是一种差距分析，帮助企业完成自我定位与调整。

（9）内外部功能对比。该模块不仅依赖市场研究的数据，也涉及企业产品与竞争对手产品的相似度。该模块依然以竞争对手的功能特征参数为参考对象，同时罗列企业当前规划的产品功能特征参数。制作小组考察这些功能特征参数的差异来调整自己的项目目标。如果竞争对手的产品与企业的新产品差异不大，则该模块的充盈度较高；如果两者差异巨大，则该模块中很可能有相当多的数据空缺（因为两者的功能特征不存在可比性），如传统能源汽车和新能源汽车比较其动力系统，一个以燃油为动力，另一个以电能为动力，有些参数可能完全无法比较。

（10）参数优化。该模块罗列产品功能特征的参数期望值。在经过与竞争对手的参数对比之后，制作小组需要对当前规划的参数进行调整。此处应合理规划功能特征参数，因为这些参数将成为企业后续更新产品规格的重要依据。需要注意的是，即便企业当下的产品强于竞争对手，制作小组也应进行参数优化；如果企业当下的产品弱于竞争对手，那么制作小组不应简单地以竞争对手的参数为目标，而应该平衡企业资源和战略意图，合理规划可实现的功能特征参数。

QFD其他版本的各个模块也大致依据以上设定进行。各个版本的QFD都可以对其模块进行必要的裁剪。QFD在传递客户需求的过程中扮演着重要角色，但该工具也存在某些适用性问题。QFD通常很庞大，对于需求较多的产品开发，由于产品的功能特征非常多，此时的评价矩阵会过于复杂，所以不建议在小型项目上使用该工具。QFD的应用领域很广泛，无论在传统行业还是服务行业都有非常好的应用。

QFD是六西格玛设计型项目中的常用工具，将贯穿整个项目的生命周期。在传统六西格玛项目中，QFD可以作为客户需求的转换工具出现，成为从改善需求到工艺细节的转换桥梁。

8.5 概念选择矩阵

概念选择矩阵，又称普式概念选择矩阵（Pugh Concept Selection Matrix），是斯图亚特·普先生在标准基础矩阵方法上改进而得到的，并以他的名字命名。该工具通常采用定性分析，所以常被用于分析和比较那些无法量化的对象。虽然定性分析不是非常准确，但应用定性分析工具可以减少人为偏见。该工具的输出可作为改善或设计的参数选择，有时该工具也用于统一团队意见。

当只有一种概念可以选择时，概念选择矩阵没有有效的应用价值。当众多概念中并没有特别合适的概念时，概念选择矩阵可以帮助团队找出一个比较合适的概念。这个工具可用于具有多维度概念的选择，如概念设计选择、工艺改善方案选择、供应商选择、产品选择等。对于非实体的概念设计，如果衡量标准明确，且可横向比较，那么团队亦可使用该工具。对于要研究改善的问题，如果只有非常少的创意或方案可应用，那么该工具的作用会降低。

这里需要澄清几个术语（方案、概念、概念选择）之间的差别，因为在中文环境下它们的含义非常接近，但在应用该工具时它们各自有着特殊的含义。

- 方案（Solution），即满足客户某个特定需求的实现方式。
- 概念（Concept），即满足客户整体需求的整体解决方案，由不同的方案组合构成。
- 概念选择（Concept Selection），即在诸多满足客户需求的概念（整体解决方案）中挑选最佳概念。

不难看出，三者之间存在包含关系，这决定了应用概念选择矩阵时它们之间存在一定的先后顺序。使用概念选择矩阵前，首先，团队要应用各种创新工具或方法，针对客户需求获得大量的创意或方案，并形成方案矩阵。其次，团队在方案矩阵中进行概念组合，获得满足客户需求的多种概念组合，即概念矩阵。最后，团队实施概念选择矩阵来寻找最佳概念。概念选择矩阵常常与各种创新工具配合使用，并作为创新阶段后期的思维聚合工具。

概念选择矩阵需要整个团队一起来完成，而且团队成员最好来自不同的功能团队。概念选择矩阵的典型步骤如下：

（1）确定标准、需求和指标。团队可以使用客户需求列表或者亲和图的黑色级别需求作为需求标准，还可以从访谈或其他渠道收集获得原始输入。

（2）罗列可选概念。入选的概念应得到团队的一致认可。这些概念可以通过各种创新工具来获得，但团队需要提前做必要的组合和整理。每个概念都要有一定的可实施性。

（3）具体阐述概念。团队成员各自陈述自己对概念的理解，并保证其他成员理解自己的陈述。团队成员在陈述时必须客观。其他团队成员要保持安静，既不要做任何判断，也不要试图影响别人的判断。团队必须共同创建一个公平、公正的分享平台。

（4）挑选基准。在众多概念中挑选一个概念作为参考概念，或称基准概念。团队必须达成一致，并定义出合适的参考概念。其他方案都会和这个参考概念进行比较。通常，这个参考概念是一种比较中庸的概念，便于在后续打分时可以显示出概念之间的差异。

（5）进行打分。针对某个客户需求，团队分别把每个概念都与参考概念进行比较。如果该概念比参考概念更好，则打一个"+"号；反之则打一个"–"号；如果两者不相上下，则打"S"，代表相同；如果两者没有可比性，则不打分，使用"NA"。

（6）统计结果。团队对每个概念的打分分别进行统计，如有多少个"+"号、多少个"–"号、多少个"S"等。"+"号最多的概念从逻辑上就是较好的概念。第一轮分析到这里结束。

提示：对于参考概念的选择，团队不要选择太好或太差（预判断）的概念，否则会面临同一个需求的打分行内出现过多"+"号或过多"–"号的情况，这会使评价变得异常困难。有时，第一轮（第1~6步）就已经得到最佳概念，这是合理的。但很多时候，第一轮只是一个预扫描。此时团队在分析过程中，可能已经获知哪些思路或想法是有巨大优势的。团队可以对第一轮的结果进行优化，将优势概念进行排列组合，这样可以形成更优秀的概念组合。对于复杂概念的选择，团队需要进行第二轮矩阵评价，即以下步骤。此时团队需要创建混合概念矩阵，以期望找到最好的概念组合。

（7）创建混合矩阵。团队思考之前那些获得"+"号的想法，并把它们挑出来，重新进行排列组合，创建一个新的矩阵。在这种情况下，第二轮新矩阵中的概念通常比第一轮的更好。

（8）重新选择基准。团队可以选择新的概念作为基准概念，也可继续选择原基准。

(9)再次评估。团队再次给矩阵打分,评价各概念之间的差异。规则同第5步和第6步。

(10)选择最佳概念。通常,此时"+"号最多的概念就是最好的概念。如果不确定,团队可以邀请客户或需求方与团队一起评价,这样会使结果更加有效。

注:概念选择的结果是主观的,并不一定准确,所以建议由资深专家来主导选择过程。在没有量化的系统中,普氏概念选择矩阵被证实是相当有效的。注意,"+"号多的概念并不意味着一定就是好的概念,很多需求往往会存在一票否决权。例如,某概念有很多"+"号,而"−"号很少,但"−"号中有一条对应的是成本不可以过高。因为任何概念都受成本制约,所以这个"−"号的影响力可能会超过其他所有"+"号的总和。因此该工具不要僵化使用。

(11)后续规划。在选择最佳概念后,团队需要在项目中逐步实现这个最佳概念。这个过程涉及多个步骤,如收集信息、可行性分析、详细规划改善步骤、验证试验、过程评审、项目需求满足度确认等。

由于概念选择矩阵在某种程度上与QFD 1.0有一定的相似性,且前者比后者简单,因此概念选择矩阵常被用在QFD不适用的小型项目上,二者也很少在同一个项目中使用。

【案例8-2】概念选择矩阵示例

在研究产线布局优化时,某企业的团队收集了产线的一些相应信息,并获得了一系列改善需求。团队通过各种创新工具,先创建方案矩阵(见表8-4,方案中的需求编号是便于后续进行方案组合)。

表8-4 方案矩阵示例

需 求	需求编号	方 案
可实现一人多工位	A	A-1 培养多技能工人;A-2 单元布局小型化;A-3 手动作业与自动化作业剥离……
作业时间最短	B	B-1 合并部分工位;B-2 工时瓶颈工位扩容;B-3 部分长作业过程外包……
工装夹具需求量少	C	C-1 设计组合模具;C-2 提升DFM/DFA效率;C-3 设计更新;C-4 优化切换过程……
可实现多产品快速换线	D	D-1 合并家族产品产线;D-2 培训核心熟练工人;D-3 提升现场自动换线能力……
便于质量断点管理	E	E-1 有合适的质量检查点;E-2 更新Andon系统;E-3 提升质量系统的适用性……
便于工艺步骤调整	F	F-1 尽量减少特殊工具的使用;F-2 作业进一步标准化;F-3 提升自动化作业比例……
可实时监控现场数据	G	G-1 配置RTA系统;G-2 确定可检测数据的测量点;G-3 现场配置可视化屏幕……
……	……	……

根据对方案矩阵的研究,现场团队根据常用的布局方式从方案矩阵中进行选择,并设计了 U 形、L 形、X 形等多种布局概念,如表 8-5 所示,每个概念都由方案组合而成。

表 8-5 概念矩阵示例

概 念	方案矩阵选择
U 形布局	A-2 单元布局小型化；B-1 合并部分工位；C-1 设计组合模具；C-2 提升 DFM/DFA 效率；D-1 合并家族产品产线……
L 形布局	A-2 单元布局小型化；B-2 工时瓶颈工位扩容；C-3 设计更新；C-4 优化切换过程；D-1 合并家族产品产线；E-1 有合适的质量检查点……
X 形布局	A-3 手动作业与自动化作业剥离；B-2 工时瓶颈工位扩容；C-2 提升 DFM/DFA 效率；C-3 设计更新；D-3 提升现场自动换线能力；E-3 提升质量系统的适用性……
平行布局	A-1 培养多技能工人；B-2 工时瓶颈工位扩容；C-1 设计组合模具；D-1 合并家族产品产线；D-3 提升现场自动换线能力；E-2 更新 Andon 系统……
U 形和 X 形混合布局	A-2 单元布局小型化；A-3 手动作业与自动化作业剥离；B-1 合并部分工位；B-2 工时瓶颈工位扩容；C-1 设计组合模具；D-3 提升现场自动换线能力；E-3 提升质量系统的适用性……
……	……

团队可以采用概念选择矩阵对这些概念进行对比和选择,如表 8-6 所示(按该表所示的示例,团队很有可能选择"+"号较多的概念 E,但并不绝对,这取决于团队最后的综合决定)。

表 8-6 概念选择矩阵示例

		概念 A	概念 B	概念 C	概念 D	概念 E
	概念特征	U 形布局	L 形布局	X 形布局	平行布局	U 形和 X 形混合布局
需求或标准	可实现一人多工位	参考基准	−	−	+	+
	作业时间最短		−	+	S	+
	工装夹具需求量少		−	−	NA	NA
	可实现多产品快速换线		S	+	+	−
	便于质量断点管理		NA	−	+	S
	便于工艺步骤调整		S	−	+	−
	可实时监控现场数据		−	+	S	S
	产线自动化程度高		−	S	+	+
	工作环境安全系数高		S	−	+	−
	不受其他产线干扰		+	+	−	S
	换班无须等待		+	−	−	−
	……		……	……	……	……

续表

	概念特征	概念A U形布局	概念B L形布局	概念C X形布局	概念D 平行布局	概念E U形和X形混合布局
汇总	+	–	10	13	11	16
	–	–	11	8	7	6
	S	–	6	5	10	5
	NA	–	3	4	2	3

第 9 章

基础应用统计

注：本章仅介绍最基本的概念、工具的应用步骤，以及结果的解读方式。统计的公式与计算，请参考专业统计类图书。由于篇幅限制，本章仅讨论六西格玛中最常见的相关工具，如有遗漏，请另行参考。本书统计内容所使用的软件工具为 Minitab，其操作方法不另做详述。本章中大部分图表均为 Minitab 软件输出所得，因此存在与正文字体格式不一致的情况。

9.1 基础统计概念

"统计"一词来自西方，原意是指国家的状态，是一种为政治服务的工具。今天统计已经成为众多企业了解企业生存运营状态、管理企业的重要手段。统计的范畴非常庞大，六西格玛领域的统计主要以了解事实现状、分析事物内在机理、构建科学的数学模型为主要目的。

统计通常被分成两大部分：描述性统计和推断性统计。

（1）描述性统计。对于给定的一组数据，对其状态的数学描述。例如，该企业有多少员工，其中有多少男性和多少女性，多少管理人员和多少一线人员等。描述性统计是对已知现状的整体客观描述，这种描述是确定的。

（2）推断性统计。如果给定的数据是一个从总体中获取的样本数据，那么通过对这个样本数据的研究，可以推测总体的状态。例如，从某批产品来料中抽取部分样本测量其合格率，然后以此推测整批产品的合格率。推断性统计是根据现有数据对未知数据的推测，其依据是事物的潜在规律（自然分布）或经验公式（统计获得的数理模型），这种推测是不确定的，且存在误判的风险。

由于描述性统计是对现有数据的描述，是对已经发生的数据进行统计和描述，因此不具备预测和优化的能力。而对于推断性统计，虽然其推论具有不确定性，但其应用形式与企业的实际需求更匹配。所以在六西格玛统计中，描述性统计大多仅以了解现状为主，更多则使用推断性统计对改善对象进行推断分析，甚至建模优化。

根据数据类型的差异，应选择不同的统计工具。数据通常被分成两大类：连续型数据与离散型数据。这里的数据是指未被加工和处理（包括算式计算）的原始数据。

（1）连续型数据，也称量测数据、计量数据等。该数据的典型特点是具有测量单位。连续型数据小数点后的数字是有意义的。可以根据测量精度对连续型数据进行无限分割（如有必要的话）。通常可以对连续型数据直接进行计算。

（2）离散型数据具有不同的表现形式，如属性数据（类别数据）、计数型数据等。属性数据通常没有单位，如男性、女性，合格、不合格，A班、B班、C班等。计数型数据仅存在描述上的不可计算的单位，如若干个缺陷、多少个不合格品等。离散型数据小数点后的数字（如存在的话）通常没有意义。

虽然不管哪种类型的数据都有对应的统计工具，但离散型数据的推断性统计的准确度远远不如连续型数据，所以在六西格玛实施过程中应尽量采用连续型数据。

统计工具的应用是通过一些特定的统计量来实现的，常见统计量包括均值、中位数、众数、方差、标准差等。假设总体数量为 N，样本量为 n，均值为 μ，中位数为 $m_{0.5}$，方差为 σ^2，标准差为 σ，那么它们的特征与公式如表9-1所示。

表9-1 常见统计量的特征与公式

统计量	特　　征	相关公式
均值 （Mean）	• 一组数据的和除以这组数据的个数所得的商，表示一组数据集中趋势的量数。 • 在六西格玛中如不特别说明，均值即数据的算术平均值。 • 当数据符合正态分布时，尽量使用与均值相关的统计工具	均值：$\mu = \frac{\sum_{i=1}^{n} x_i}{n}$
中位数 （Median）	• 按顺序排列的一组数据中居于中间位置的数。 • 将数据集合划分为数量相等的上下两部分。 • 当数据不符合正态分布时，可采用中位数检验工具	一组源数据有 N 个数值，分别为 $X_1, \cdots, X_N$，排序后获得 $X_{(1)}, \cdots, X_{(N)}$： 当 N 为奇数时，$m_{0.5} = X_{(N+1)/2}$； 当 N 为偶数时，$m_{0.5} = \frac{X_{(N/2)} + X_{(N/2+1)}}{2}$
众数 （Mode）	• 在一组数据中，出现次数最多的数据。 • 可靠性较差，但不受极端数据的影响。 • 在同一组数据中，众数可能不止一个	
方差 （Variance）	• 每个样本值与总体样本值的平均数之差的平方和的平均数。 • 描述了随机变量的值相对于其数学期望值的离散程度。 • 方差分析是大多数统计工具的后台工具，是很多分析工具的基础前提之一	总体方差：$\sigma^2 = \frac{\sum_{i=1}^{n}(x-\mu)^2}{N}$ 样本方差：$s^2 = \frac{\sum_{i=1}^{n}(x-\mu)^2}{n-1}$

续表

统计量	特　征	相关公式
标准差 （Standard Deviation）	• 每个样本值与总体样本值的平均数之差的平方和的平均数的算术平方根。 • 反映组内每个个体间的离散程度。 • 应用统计中最常用的统计量之一，常与现实中的公差进行比较（不等同），是六西格玛研究和优化的主要对象	总体标准差：$\sigma = \sqrt{\frac{\sum_{i=1}^{n}(x-\mu)^2}{N}}$ 样本标准差：$s = \sqrt{\frac{\sum_{i=1}^{n}(x-\mu)^2}{n-1}}$

统计量有很多，以上统计量在大量工具中被反复涉及，对其他统计量可以根据实际需要选择研究和使用。

9.2 数据分布

在自然界中，我们总会获取各种各样的数据，但这些数据并非孤立而且没有规律。事实上，很多数据根据其采集的方式，就已经服从某些特定的数据分布。数据分布是指数据按其出现的频次进行排列，其结果可能有规律，也可能没有规律。有一些分布服从特定的规律，如果采集的数据分布符合某数学模型的曲线，则认为其服从某分布。例如，在研究产品的缺陷数量的时候，发现其数据分布与泊松分布近似，则认为该数据分布服从泊松分布。

常见的分布有很多种，其中最重要的分布是正态分布。因为在自然界中，绝大多数自然行为（包括日常的工作、生活、生产、学习等）的数据都服从正态分布。

相传，正态分布是由德国数学家高斯提出的，所以也称高斯分布。由于其分布呈现出完美的对称图形，与铃铛（钟）非常类似，所以也称钟形曲线或贝尔（Bell）曲线。

注：事实上，正态分布并非高斯第一个提出的，而统计学发展史上几乎所有以人名命名的重要定理和公式都不是其本人第一个提出的。

之所以正态分布如此重要，是因为中心极限定理给了我们基础解释：自然界中的数据，不管其总体是什么分布，当样本量足够大的时候，其均值都将趋近正态分布。这给了正态分布一个至高无上的地位。正态分布的概率密度函数公式为：

$$f(x) = \frac{1}{\sigma\sqrt{2\pi}} e^{-\frac{(x-\mu)^2}{2\sigma^2}}$$

式中，μ 为正态分布的均值；σ^2 为正态分布的方差。

不难发现，在这个公式中，除去常量和自变量，剩下的两个参数（均值 μ 和标准差 σ）决定了数据分布的形态。这也就是上文描述的最常见的几个统计量大致可以分成两类的原因，一类描述的是数据中值的位置（均值、中位数、众数），另一类描述的是数据的离散程度（方差、标准差）。在六西格玛项目，甚至更大范围的数据研究中，中值和离散程度是最重要的研究指标。

当正态分布的均值 $\mu=0$ 和标准差 $\sigma=1$ 的时候，记作 $N(0,1)$，该分布被称为标准正态分布，即 Z 分布，其概率密度函数公式为：

$$f(x) = \frac{1}{\sqrt{2\pi}} e^{-\frac{x^2}{2}}$$

正态分布是很多统计工具的前提条件，但当数据样本量不够大或数据的完整性被破坏时，数据可能不服从正态分布。此时，数据很可能服从其他分布。其他常见分布的定义与特征如表9-2所示。

表9-2 常见分布的定义与特征

分布	定义与公式	期望与方差	特征与应用
χ^2 分布	设 $X_1, X_2,...,X_n$ 相互独立，都服从标准正态分布 $N(0,1)$，则称随机变量 $\chi^2 = X_1{}^2 + X_2{}^2 + \cdots + X_n{}^2$ 所服从的分布为自由度为 n 的 χ^2 分布，即卡方分布	$E(\chi^2) = n$ $D(c) = 2n$	χ^2 分布具有可加性，若 $\chi_1{}^2 \sim \chi^2(n)$，$\chi_2{}^2 \sim \chi^2(m)$，且二者相互独立，则 $\chi_1{}^2 + \chi_2{}^2 \sim \chi^2(n+m)$。 χ^2 分布是由正态分布组成的新分布，可以看作特殊的正态分布。 χ^2 分布在属性数据检验中被大量应用，是卡方检验、列联表检验的基础应用，也是很多工具的后台公式
t 分布	设 X_1 服从标准正态分布 $N(0,1)$，X_2 服从自由度为 n 的 χ^2 分布，且 X_1、X_2 相互独立，则称变量 $t = \dfrac{X_1}{(X_2/n)^{\frac{1}{2}}}$ 服从自由度为 n 的 t 分布	$E(T) = 0$ $D(T) = \dfrac{n}{n-2}$， $n > 2$	t 分布可以视作小样本下的正态分布，主要用于均值差异性检查，在企业中大量用于不同样本之间的均值比较，以及进货检验（样本均值与目标值之间的比较）
F 分布	设 X_1 服从自由度为 m 的 χ^2 分布，X_2 服从自由度为 n 的 χ^2 分布，且 X_1、X_2 相互独立，则称变量 $F = (X_1/m)/(X_2/n)$ 所服从的分布为 F 分布，其中第一自由度为 m，第二自由度为 n。 若 $F \sim F(m,n)$，则 $1/F \sim F(n,m)$	$E(F) = n/(n-2)$ $D(F) = \dfrac{2n^2(m+n-2)}{m(n-2)^2(n-4)}$	F 分布是两组数据方差的比值，用于检验两组数据的方差是否有显著性差异，这是很多统计工具的后台，常与方差分析一同出现
二项分布	二项分布即重复 n 次独立的伯努利试验。在每次试验中只有两种可能的结果，而且两种结果发生与否互相对立，且相互独立，与各次试验结果无关。 ξ 表示随机试验的结果，如果事件发生的概率是 p，n 次独立重复试验中发生 k	$E(\xi) = np$ $D(\xi) = np(1-p)$	企业内通常提及的合格与不合格的判定数据即可应用二项分布。 事件发生与否的概率在每次独立试验中都保持不变。当试验次数为1时，二项分布就是伯努利分布

续表

分 布	定义与公式	期望与方差	特征与应用
二项分布	次的概率是： $P(\xi = k) = C(n,k) \times p^k \times (1-p)^{(n-k)}$ 式中，$C(n,k) = \frac{n!}{k! \times (n-k)!}$		
泊松分布	泊松分布适合描述单位时间内随机事件发生的次数。概率函数为： $P(X = k) = \frac{e^{-\lambda}\lambda^k}{k!}$ 式中，λ为单位时间（或单位面积）内随机事件的平均发生率	$E(X) = \lambda$ $D(X) = \lambda$	当二项分布的n很大而p很小时，泊松分布可作为二项分布的近似，式中，λ为np。通常当$n \geqslant 10$，$p \leqslant 0.1$时，就可以用泊松公式近似计算。 产品的缺陷数量通常服从泊松分布；另外，很多与时间有关的事件也服从泊松分布
指数分布	指数分布描述了事件以恒定平均速率连续且独立地发生的过程。 概率密度函数：$f(x) = \begin{cases} \lambda e^{-\lambda x} & x > 0 \\ 0 & x \leqslant 0 \end{cases}$ 累积分布函数： $F(x;\lambda) = \begin{cases} 1 - e^{-\lambda x} & x > 0 \\ 0 & x \leqslant 0 \end{cases}$ 式中，λ为率参数，即单位时间内发生某事件的次数	$E(X) = \frac{1}{\lambda}$ $D(X) = \frac{1}{\lambda^2}$	指数函数的一个重要特征是无记忆性，它也是威布尔分布的一种特殊形式，常用于电子元器件的可靠性研究，以描述发生的缺陷数
对数正态分布	对数正态分布是对数为正态分布的任意随机变量的概率分布。如果X是服从正态分布的随机变量，则$\exp(X)$服从对数正态分布；同样，如果Y服从对数正态分布，则$\ln(Y)$服从正态分布。 设x服从对数正态分布，其概率密度函数为： $f(x) = \begin{cases} \frac{1}{\sqrt{2\pi}\sigma x} e^{-\frac{(\ln x - \mu)^2}{2\sigma^2}} & x > 0 \\ 0 & x \leqslant 0 \end{cases}$	$E(X) = \int_0^{+\infty} xf(x)\mathrm{d}x$ $= e^{\mu + \sigma^2/2}$ $D(X) = \int_0^{+\infty}(x - E(x))^2$ $f(x)\mathrm{d}x$ $= (e^{\sigma^2} - 1)e^{2\mu + \sigma^2}$ 式中，μ为期望；σ^2为方差	对数正态分布与正态分布非常相近，但它可以更好地处理一些极端数据，也常用于产品的可靠性研究，如产品的寿命测试等
对数分布	对数分布是一种离散概率分布形式，也称对数级数分布。 $\ln(p)$分布的随机变量在$x \leqslant 1$且$0 < p < 1$时的概率密度函数： $f(x) = \frac{-1}{\ln(1-p)} \frac{p^x}{x}$	$E(X) = -\frac{1-p}{p\ln p}$ $D(X) =$ $-\frac{1-p}{p^2 \ln p}\left(1 + \frac{1-p}{\ln p}\right)$	对数分布可以处理大尺度的数据，很好地弥补了正态分布的应用缺陷，在数据中存在污染的情况下（或者存在极端错误的数据），对数分布可以用于数据的转换，以获得正态性较好的数据

续表

分 布	定义与公式	期望与方差	特征与应用
三角形分布	三角形分布是低限为 a、众数为 c、高限为 b 的连续概率分布。其概率密度函数：$$f(x\|a,b,c)=\begin{cases}\dfrac{2(x-a)}{(b-a)(c-a)} & a\leqslant x\leqslant c \\ \dfrac{2(b-x)}{(b-a)(b-c)} & c<x\leqslant b\end{cases}$$	非自然分布	三角形分布是一种特殊的人工分布，也就是说，它并不是一个自然分布。它被大量用于商务决策上，用于模拟某些可能出现的情况。例如，在项目管理中大量将三角形分布应用于项目评审技术以及关键途径的输入信息，以建立在最大值与最小值之间事件发生的概率模型
威布尔分布	威布尔分布是连续性的概率分布，对于随机变量 x，其概率密度函数为：$$f(x;\eta,\beta)=\begin{cases}\dfrac{\beta}{\eta}\left(\dfrac{x}{\eta}\right)^{\beta-1}\mathrm{e}^{-(\frac{x}{\eta})^{\beta}} & x\geqslant 0 \\ 0 & x<0\end{cases}$$ 式中，η 为比例参数；β 为形状参数	$E(x)=\eta\varGamma(1+\dfrac{1}{\beta})$ $D(x)=\eta^2[\varGamma(1+\dfrac{2}{\beta})-\varGamma(1+\dfrac{1}{\beta})^2]$ 式中，$\varGamma$ 为伽马函数	威布尔分布是可靠性分析和寿命检验的理论基础，广泛被用于产品以及流程的可靠性研究，对涉及电子元器件的行业尤为重要。 威布尔分布与很多分布都有关系。例如，当 $\beta=1$，它是指数分布；$\beta=2$ 时，是瑞利分布
均匀分布	均匀分布是一种等概率的分布，也称对称概率分布，用于描述等概率事件。均匀分布在 $[a,b]$ 上的连续型随机变量 x 的概率密度函数：$$f(x)=\begin{cases}\dfrac{1}{b-a} & a\leqslant x\leqslant b \\ 0 & \text{else}\end{cases}$$	$E(x)=(a+b)/2$ $D(x)=(b-a)^2/12$	例如，掷骰子的时候任何一个面出现的概率都是等同的。在产品均匀随机抽样时，它可以被用于生成随机的样本序列数
超几何分布	超几何分布是指在抽样试验时抽出的样品不再放回去的分布情况。 在一个容器中有 N 个球，其中 M 个黑球，$(N-M)$ 个红球，从容器中抽出的 n 个球中，有 k 个黑球的概率（概率密度函数）：$$f(k,n;M;N)=\dfrac{C_M^k\times C_{N-M}^{n-k}}{C_N^n}$$ $$=\dfrac{C(M,k)\times C(N-M,n-k)}{C(N,n)}$$ 式中，$C(M,k)=\dfrac{M!}{k!\times(M-k)!}$	$E(X)=\dfrac{nM}{N}$ $D(X)=\dfrac{nM}{N}\left(1-\dfrac{M}{N}\right)\dfrac{M-n}{N-1}$	超几何分布大量应用于抽样检验的过程中，这是符合企业常规检验逻辑和抽样作业方式的

事实上，还有更多的数学分布类型，数据可能服从它们中的一种，但在某些情况下，数据会服

从多种分布，但拟合程度略有差异。一般采用拟合程度最好的分布进行进一步研究。六西格玛方法希望获取服从正态分布的数据，但并非只有服从正态分布的数据才可以继续研究。如果数据服从其他特定的分布，也可以找到对应的分析方法。

之所以介绍这些分布，是因为要建立科学的数据处理方式。最常见的问题是：如果数据显示不服从正态分布，怎么办？建议遵循以下步骤。

1. 检查数据的应用场合

研究产品或流程缺陷，应直接考虑泊松分布；研究产品合格率，应直接使用二项分布。这是分布的自然特性，不应纠结于数据的正态性。如果研究对象分析需要使用正态数据，如研究稳态的过程能力，则进入下一步。

2. 寻找影响数据正态性的原因

此时应暂停项目或数据研究，检查系统，因为数据非正态多数是因为数据采集不合理，或者系统中存在影响因素，如人为测量因素、设备不稳定因素等。正确获取数据是一切分析的前提。

如果系统检查发现了可能存在的影响因素，应修正这些因素后再次获取数据；如果系统检查未发现影响因素，则可认为采集的数据真实有效，进入下一步。

3. 检查数据的"真实"分布

确认系统正常，即认可当前获取的数据。虽然数据非正态，但可能服从其他分布。在诸多统计软件中，均有工具可以拟合数据的分布情况。以 Minitab 为例，某组测量值的个体分布标识和测量的概率图如图 9-1 所示。

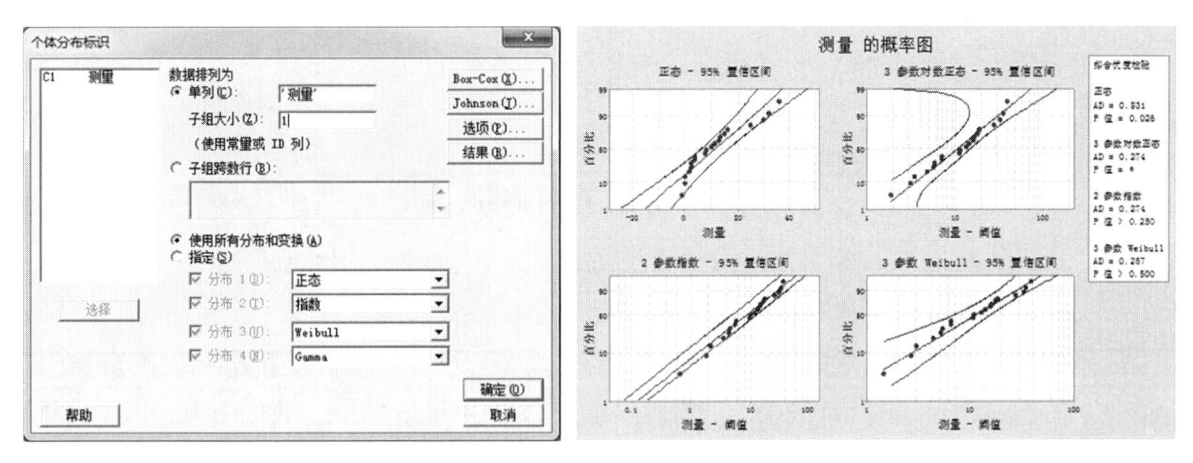

图 9-1　个体分布标识和测量的概率图

Minitab 可对所有常见分布进行拟合分析，其结果以 AD 值（Anderson-Darling）或 P 值（概率值）呈现。如果 P 值大于显著性水平，则认为该数据服从对应的分布。如果多张图的 P 值都大于显著性水平，则 P 值最大的分布拟合度最好。由于公式自身的限制，部分数据的 P 值无法计算，因此可以参考 AD 值。AD 值描述了数据拟合对应分布的离散程度，其值越大代表拟合度越差，其值越小则拟合度越好。AD 值没有明确的判定阈值，但如果大于 1，则通常认为拟合度不佳。

以图 9-1 为例，数据的正态性不佳，但 2 参数指数分布和 3 参数威布尔（Weibull）分布的 P 值都大于显著性水平，可认为其符合这两个分布。同时虽然 3 参数对数正态分布没有显示 P 值，但其 AD 值不大且与另两个分布相仿，也可认为符合该分布。

如果在本步内寻找到了相应的部分，则可以使用该分布进行后续的研究分析；如果在本步中发现的数据不符合所有的常见分布，则进入下一步。

4. 数据转换

在数据拟合失败后，可使用数据转换。这种方法是利用指数/对数可以处理极端数据的原理，对数据之间的间距进行调整，以达到数据正态性的目的。这是一种数据挽救的方式，严格来说，这是一种作弊，不推荐使用。仅在所有上述手段都失败的情况下，进行必要的数据分析，其结果仅供参考。

在 Minitab 中提供了 Box-cox 转换和 Johnson 转换法。两者是利用指数方程，对指数 λ 进行调整，使其在(-5,5)之间寻找一个最佳拟合值，进行数值映射，以达到改变数据间距的目的。Minitab 可以自动寻找该最佳拟合值，在 Box-cox 转换中也可手动设置。对数据进行 Johnson 转换后，可能会获得如图 9-2 所示的结果。

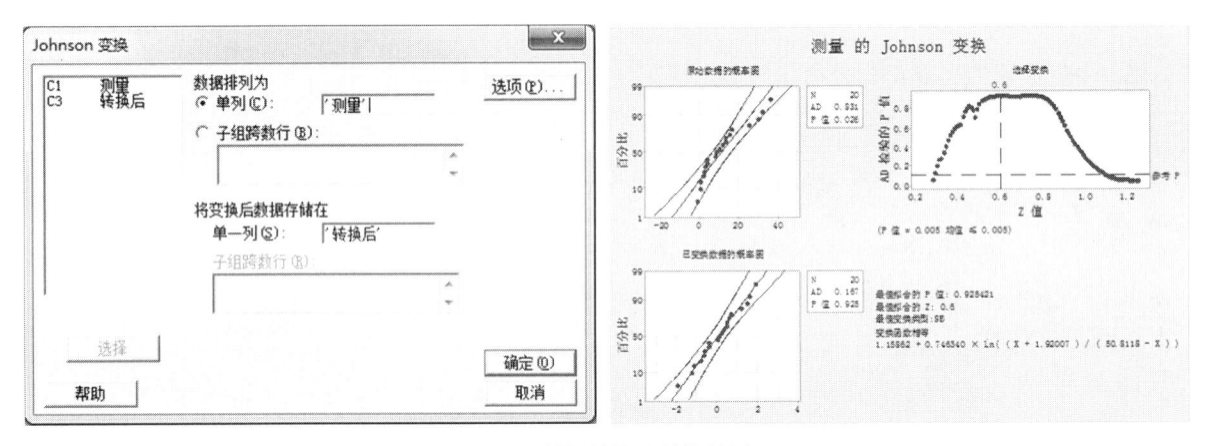

图 9-2　数据转换及转换结果

从图 9-2 中可以看到统计工具所获得的映射方程以及相关参数，而转换后的数据正态性极佳。此时可以使用该数据进行后续的研究分析，但对后续的分析结果要慎重对待。

对有些数据即便使用了数据转换，依然可能无法获得可分析的正态分布数据，说明该数据的质量极差，已经没有进一步分析的必要。此时应仔细思考系统中可能存在的问题，回到前两步进行系统检查。

5. 符合性检查

转换后的数据虽然正态性等分布情况变好，但其实际物理意义已经发生变化，所以在对其分析之后很可能要进行相应的逆转换将其还原到最初的物理尺度上，而这取决于实际的应用场景。另外，很重要的是，无论是对哪种数据进行分析，尤其是转换后的数据，都不能突破其现实的物理意义，否则会得出很荒谬的结论。

9.3 常用统计工具

统计工具众多，但在企业实操过程中被用到的却很少。忽略对这些工具的应用，往往是人们对于数据的盲目自信，或者偷懒所致。系统化应用统计思维、使用适当的统计工具来解决问题才是企业所期望的方式。本节仅介绍部分最常见的统计工具。

▶ 9.3.1 描述性统计工具

描述性统计工具仅涉及一些简单计算，对现状数据做整体描述，以陈述事实为基本目的。在传统质量管理的七大手法中，不少都属于描述性统计工具。描述性统计客观上仅描述了现状，但也可以成为推断和预测的基础数据。这类工具多数以图表类形式出现，多以统计对象的数量、百分比等为主。常见的统计图如表 9-3 所示。

表 9-3 常用统计图的特征与示例

图	特征或应用	示　　例
柱状图	• 直观表示了不同类别的比较值。 • 描述现状常用	消费增长柱状图（上海、北京、深圳、广州、杭州、苏州、南京）
折线图	• 通常用于随着时间所表现的某种趋势。 • 折线图本身只是以描点或描线的方式将各个时间点或属性的数据连接起来，不进行任何计算。 • 折线图是控制图的基础，也是时间序列图的基本表现形式	消费增长折线图（1995—2007）
饼图	• 用于表示各组成部分的百分比占比，是商业等领域最常见的图。 • 这种百分比研究是对客观状态的描述，圆内各区域的占比总和等于 1	饼图（成都 10%、上海 11%、北京 14%、武汉 14%、深圳 15%、南京 10%、苏州 8%、杭州 10%、广州 8%）

续表

图	特征或应用	示　例
条形图	• 柱状图的另一种表现形式，通常用于表示某活动的进度。 • 可用于不同类别的比较。 • 条形图不参与任何计算，仅呈现数据的当前状态	
面积图	• 强调数量随时间而变化的程度。 • 常用于多类别的数量对比	
散点图	• 通过由两组数据形成的坐标点的相对位置关系，来判断两组数据之间是否存在某种关联。 • 散点图本身不进行任何计算，仅以描点的形式在双坐标系内呈现。 • 如果点在坐标系内的位置散乱且无明显的线性趋势，可认为两组数据之间可能没有相关性。 • 如果点在坐标系内呈现了某种线性关系（包括二次，甚至三次曲线的趋势），则可以通过相关性分析来判断它们之间的相关性	
雷达图	• 用于考察多个独立维度的充盈程度，便于寻找短板和改善机会。 • 雷达图是对现状的客观描述，以直接描点和连线的形式呈现，不参与计算	

续表

图	特征或应用	示　例
直方图	• 描述了某组数据中特定数值出现的频次，可用于拟合分布，是典型的基础统计图表，易于与柱状图混淆。 • 直方图不参与计算，仅呈现数据出现的频次，但其统计区间往往需要设定，其频次是在数据指定区间内的频次	直方图
帕累托图	• 也称排列图，将一组类别数据以出现的频次从高至低进行排列，通常用于寻找当前数据中占比80%的主要因素，常用于寻找原因	问题原因 的 Pareto 图
箱线图	• 通过数据的中位数和四分位数来考察数据的异常值与离散程度。 • 箱线图的数据要进行相应计算方可呈现。 • 箱体本身中间的横线为数据的中位数，箱体上横线为 75 分位数或称 3/4 分位数 Q3，即 75%的数据小于该值；箱体下横线为 25 分位数或称 1/4 分位数 Q1，即 25%的数据小于该值。 • 箱体上方的线称为上触须线，下方为下触须线。 • 超过触须线的值可能为异常值，会以 "＊" 在图上表示，并不是所有箱线图都会出现异常值	箱线图 ←上触须线 ←75 分位线 ←中位线 ←25 分位线 ←下触须线 触须线的顶点计算值为： 上限= min（Q3+1.5IQR，最大值） 下限= max（Q1−1.5IQR，最小值） IQR = Q3 − Q1，IQR 为四分位间距

不难看出，描述性统计基本不涉及计算或只涉及很少的基础计算，它们客观描述了现有数据的整体情况，且很早就已经被应用到日常工作中。在企业中应用六西格玛时，应正确看待这些基础工具，不能产生错误的应用观点，如这些工具过时了、太简单了等。任何统计工具都有其积极的意义，将其应用在正确的场合下就能发挥重要作用。

▶ 9.3.2　推断性统计工具

推断性统计工具与描述性统计工具最大的差异在于，前者不仅对现有数据进行统计，同时期望从现有数据（样本数据）中获取足够的信息构建数学模型，并以此推测整体情况。很多推断性统计工具都会借助描述性统计工具作为其基础判断依据。

推断性统计工具非常关心样本的状态，以及样本与总体之间的关系，这将直接决定统计结果的准确性。本节将对常见的一些推断性统计工具进行介绍。

由于六西格玛方法论是希望构建 $y=f(x)$ 的数学模型，而数据本身又被分成了离散型数据和连续型型数据，因此根据数据的类型，应使用不同的统计工具。统计工具与数据类型的相关性简图如图9-3所示。

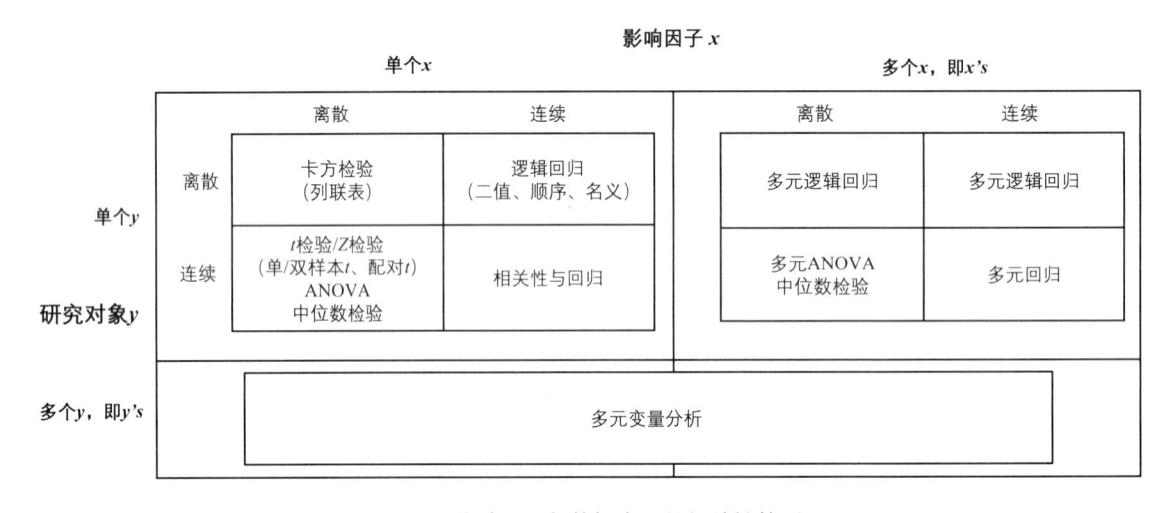

图 9-3 统计工具与数据类型的相关性简图

当 x 为离散型数据而 y 为连续型数据时，检验方法会异常复杂，但这种情况也是在六西格玛项目过程中应用最多、研究最多的。如果将这种情况扩展开，涉及的部分工具如表9-4所示。该表中，比率和泊松分布数据采用各自对应的比率和泊松率检验法进行分析，但该方案通常仅用于两组样本以下的情况。如果进行三组或更多组样本的比率或泊松率分析，可将该数据视为普通连续型数据进行单因素方差分析。由于计算方式的差异，不推荐过度使用该分析方法。

表 9-4 当 x 为离散型数据而 y 为连续数据时的部分统计工具

特征值	一组样本 （特征值与目标值相比较）	两组样本 （特征值之间相互比较）	三组或更多组样本 （特征值之间相互比较）
均值	• 单样本 t（未知标准差） • 单样本 Z（已知标准差） • 配对 t（状态差值与零比较）	• 双样本 t • 单因素方差分析	• 单因素方差分析
中位数	• 单样本符号（未知分布） • 单样本 Wilcoxon（对称分布）	• 双样本 Mann-Whitney • Kruskal-Wallis • Mood	• Kruskal-Wallis • Mood
比率	• 单比率	• 双比率	•（单因素方差分析）

续表

特征值	一组样本 （特征值与目标值相比较）	两组样本 （特征值之间相互比较）	三组或更多组样本 （特征值之间相互比较）
泊松分布数据	• 单样本泊松率	• 双样本泊松率	•（单因素方差分析）
方差	• 单方差	• 双方差 • 等方差分析	• 等方差分析

1. 假设检验基础

假设检验基于反证思想理念，即小概率事件在一次事件中基本不可能发生。这种反证需要建立相应的假设条件。只有在这种假设成立的前提下，假设检验的理论才可以做出相应的判断。

根据抽样结果来进行推断统计，具有一定风险。这很好理解，无论抽样获得的结果是什么，依然无法判定没有被抽到或检验的对象。例如，有 100 个球，可能是红球也可能是白球，即便抽出了 99 个红球，也无法判定剩下的那个是红球还是白球。

假设检验通过默认的假设条件，并通过现有抽样结果来进行总体推断。虽然这种方法依然有一定的风险，但这是科学的方法，可以尽可能减少主观判定的不确定因素。对于推断获得的数据，只是一个点的估计值，而且存在一个边界误差，因此形成了一个数据范围，这就是置信区间。

置信区间是从使用反复抽样数据的统计量所构造的总体参数的估计区间，体现了反复抽样样本的统计量占该总体参数区间的百分比。假设检验根据其参数设定的不同。置信区间的宽度也会相应不同。越窄的置信区间则表示推断的准确性越高，反之，则代表假设推断的准确性可能与现实情况有较大的潜在差异。通常置信区间的取值最常见的是 95%，即代表总体数据中潜在可能有 95% 的数据落在该置信区间中。

所谓的假设条件，按逻辑判断的规则被分成两类：原假设与备择假设。

（1）原假设（Ho），也称空假设或零假设，是一种默认假设。通常原假设是指检验对象之间没有显著差异的。

常见的原假设包括该数据是正态的（正态性检验），两组数据之间没有显著性差异，两组样本是相互独立的（相关性检验），某参数的影响不显著等。

（2）备择假设（Ha），也称备选假设或可选假设，通常指检验对象之间有显著性差异或有显著关联。常见的备择假设包括该因子的影响显著，某工艺改善前后的性能参数变化显著，两组数据相关等。

不难看出，原假设和备择假设互为补集，两者合并即全集。在应用假设检验时，可以通过假设检验推断出相对定性的结论，而这种判断需要借由一个关键的参数：P 值。

P 值，即概率值（Probability），是假设检验中最重要的参数。凡是在有假设检验的场合下，都会有 P 值，换句话说，凡是出现 P 值的场合，也默认有假设检验。P 值在用于判断假设条件时，就涉及假设判断的风险问题。通常这样的风险按图 9-4 被分成了两类：Ⅰ类错误（α 风险）和Ⅱ类错误（β 风险）。

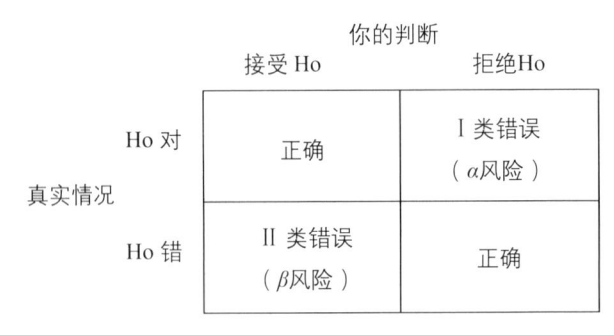

	你的判断	
	接受 Ho	拒绝 Ho
真实情况 Ho 对	正确	Ⅰ类错误（α风险）
Ho 错	Ⅱ类错误（β风险）	正确

图 9-4　假设检验的判断与风险关系

- Ⅰ类错误：也就是 α 风险，即明明原假设是正确的，却被拒绝了。
- Ⅱ类错误：也就是 β 风险，即明明备择假设是错误的，却被接受了。

有一种形象的说法是这样的：如果把没有显著差异（原假设）看作老好人，而把有显著差异（备择假设）看作坏小子，那么所谓 α 风险就是老好人被错杀了，而 β 风险就是坏小子被放走了。与原假设和备择假设不同的是，α 风险和 β 风险是两个不同维度的考量，两者不能相加也不能形成补集，在假设检验中的功能也不相同。

（1）α：显著性水平，被称作生产者风险。

α 是使用最为常见的参数，凡是对抽样数据的统计和判断，基本都与 α 有关。之所以称之为生产者风险，是因为抽样行为通常都是由生产者进行的，且是生产者把数据应用于总体推断。

α 与置信区间相加等于 1，即显著性水平决定了数据潜在的分布程度。α 最常见的取值为 0.05（此时的置信区间即 95%），根据需要也可能取 0.1 或 0.01。

（2）β：消费者风险。

β 被称作消费者风险，即代表这个参数检验的是未被抽样的总体情况，所以该参数通常被用于计算样本量的有效性（判断样本统计数据向总体数据推断的有效性）。未被抽样的产品失效通常是消费者端的风险。

β 与假设检验的功效（Power）相加等于 1，其中，假设检验的功效是指假设检验的结果可"正确否定原假设"的概率。功效值决定了抽样的有效性。通常功效值为 0.8，也可能取 0.9 等其他值。β 最常见的取值为 0.2（此时的功效值为 0.8），也会根据需要取 0.1 或其他值。

α 和 β 之间没有直接可以计算的公式，它们表示的是在同样本水平基础上，两种不同考量目标风险的维度，所以在应用时不应混淆。其中 β 多用于样本量计算，而 α 则与样本的统计值息息相关，所以在判断假设检验条件时，与 P 进行比较判断的参数是 α。如图 9-5 所示，α 确定了目标值的接受域与拒绝域。

重要的判断依据是：

- 当 $P > \alpha$ 时，接受原假设，或者没有足够的证据证明原假设不成立。
- 当 $P < \alpha$ 时，接受备择假设，或者没有足够的证据证明备择假设不成立。

在假设检验的实际操作过程中，可能出现一种特殊情况，就是无论原假设怎么调整，P 都大于 α。例如，在执行单样本 t 检验时（后续章节介绍），无论备择假设怎么设置（大于检验值、等于检验值或小于检验值），最后的计算获得的 P 都大于 α。出现这种情况，通常是因为样本数据的标准差太大导致的。这种情况使得各种情况下的假设检验均不显著，此时假设检验的可信度不高。如果一定要根据该样本情况做定性判断，则通常取 P 值最大的情况作为依据。

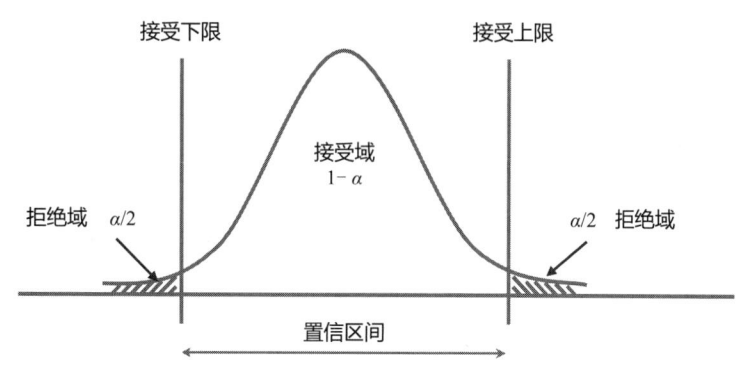

图 9-5　接受域对称的情况

2. 卡方检验

卡方检验（Chi-Squared Test 或 χ^2 Test）是用途非常广的一种假设检验方法，是当响应与输入都是属性时被用于检验数据组之间的差异性。它在分类资料统计推断中的应用，包括两个率或两个构成比比较的卡方检验，或者多个率或多个构成比比较的卡方检验。

卡方检验是统计样本的实际观测值与理论推断值之间的偏离程度。实际观测值与理论推断值之间的偏离程度决定卡方值的大小，卡方值越大，两者越不符合；卡方值越小，两者越趋于符合；若两个值完全相等，卡方值就为 0，表明理论值完全符合观测值。

卡方检验可用于两种情况的比例检验：匹配度检验和独立性检验。其中，匹配度检验是验证一组观察值的次数分布是否异于理论上的分布，而独立性检验则为了验证从两个变量中抽出的配对观察值组是否互相独立。

卡方检验包含三个步骤：

（1）把每个观察值和理论值的差进行平方后，除以理论值，再加总，获得卡方检验的统计值。

（2）计算统计值的自由度。

（3）依据研究者设定的置信水平，查出自由度的卡方临界值，比较它与第 1 步得出的统计值，推断能否拒绝原假设。

卡方检验在计算时服从卡方分布。卡方分布是概率论与统计学中常用的一种概率分布。k 个独立的标准正态分布变量的平方和服从自由度为 k 的卡方分布。卡方分布是一种特殊的伽马分布，是统计推断中应用最广泛的概率分布之一。其数学定义是：若 k 个随机变量 $Z_1,\cdots,Z_k$ 是相互独立的，且符合标准正态分布（数学期望为 0，方差为 1），则随机变量 Z 的平方和 X 被称为服从自由度为 k 的卡方分布，记作：

$$X \sim \chi^2(k)$$

式中，$X = \sum_{i=1}^{k} Z_i^2$。

卡方是基于自由度、期望和观察频率的分布。对于 r 行 c 列的表格数据来说，其卡方的计算公式是：

$$\chi^2 = \sum_{i=1}^{r}\sum_{j=1}^{c}\frac{(O_{i,j}-E_{i,j})^2}{E_{i,j}}, \quad E_{i,j}=\frac{\left(\sum_{n_c=1}^{c}O_{i,n_c}\right)\times\left(\sum_{n_r=1}^{r}O_{n_c,j}\right)}{N}$$

式中，$O_{i,j}$ 为观察频率；$E_{i,j}$ 为期望频率。

简单来说，期望频率 $E_{i,j}$ 就是数据的行总和乘以列总和去除以样本总量。将期望频率代入公式后可获得各个因子的卡方值，最后将所有的卡方值汇总求和后的数据与对应自由度的卡方分布进行检验。其中自由度等于（行数–1）乘以（列数–1）。卡方检验按卡方值对应的 P 值来判断检验对象之间是否有显著性差异。

【案例9-1】卡方检验

某企业为了某新产品寻找新型的外观设计方案，寻找了三个工业设计师进行方案征集，并将他们的设计在内部员工之间进行评选，借此来选择最终方案。投票结果如表 9-5 所示，企业想知道员工是否倾向于某个设计师的方案。

表9-5 投票结果　　　　　　　　　　　　　　　　　　　　　　　　　　　　单位：人

设计师	喜　欢	中　立	不喜欢
A	110	30	108
B	93	35	80
C	130	28	115

首先对所有数据进行处理。在简单表格中，可以进行手动计算。而对于多行多列数据则要借助计算机来完成。期望频率和卡方值的计算过程如表 9-6 所示。

表9-6 卡方检验的计算过程

设计师	喜　欢	中　立	不喜欢	总计
A	110 (110+30+108)×(110+93+130)/729=113.28 (110–113.28)²/113.28=0.095	30 248×93/729=31.64 (30–31.64)²/31.64=0.085	108 248×303/729=103.08 (108–103.08)²/103.08=0.235	248
B	93 208×333/729=95.01 (93–95.01)²/95.01=0.043	35 208×93/729=26.53 (35–26.53)²/26.53=2.700	80 208×303/729=86.45 (80–86.45)²/86.45=0.482	208
C	130 273×333/729=124.70 (130–124.70)²/124.70=0.225	28 273×93/729=34.83 (28–34.83)²/34.83=1.338	115 273×303/729=113.47 (115–113.47)²/113.47=0.021	273
总计	333	93	303	729

卡方检验的统计值$\sum \chi^2$=0.095+0.043+0.225+0.085+2.700+1.338+0.235+0.482+0.021=5.224。将该值与自由度等于4（2×2）的卡方分布进行检验后获得相应的P值（Pearson方法），即0.265。以该数字与假设检验的显著性水平进行对比。因为本例中的显著性水平为0.05，所以认为P值大于显著性水平，则接受原假设，即这些设计师的方案受员工欢迎的程度并没有显著差异，也就是这些方案中没有突出受欢迎的方案。

如果使用Minitab软件，可获得类似的计算结果，如图9-6所示。

	喜欢	中立	不喜欢	全部		卡方	自由度	P值
设计师 A	110	30	108	248				
	113.28	31.64	103.08					
	0.0952	0.0848	0.2350					
设计师 B	93	35	80	208				
	95.01	26.53	86.45					
	0.0426	2.7005	0.4816					
设计师 C	130	28	115	273				
	124.70	34.83	113.47		Pearson	5.224	4	0.265
	0.2249	1.3383	0.0207					
全部	333	93	303	729	似然比	5.081	4	0.279

图9-6　卡方检验案例的计算结果

注：图中数据和变量字体均由Minitab软件自动生成，可能与正文中的有出入，本章后面软件图同此。

卡方检验对自由度比较敏感，在自由度不足的情况下，尤其是自由度小于5的时候，可能出现比较大的偏差（前例仅作为计算演示）。卡方检验的结果仅供参考，但可以避免一些因自由度引起的不恰当分析，这相对于简单粗暴的比率分析更加科学。

3. t检验

t检验，也称学生t检验（Student's t test），主要用于样本含量较小（如$n<25$，也有人认为$n<30$），且总体标准差σ未知的正态分布。t检验是用t分布理论来推论差异发生的概率，从而比较两个平均数的差异是否显著。

t检验主要分为三大类别：

（1）单样本t检验：一组样本的均值与目标值之间是否有显著差异。

注：满足单样本t检验的条件，同时又知道历史标准差的检验为Z检验。

（2）双样本t检验：两组样本的均值之间是否有显著差异。

（3）配对t检验：一组样本在两种不同状态下的均值是否有显著差异。

t检验是一种均值检验，对应的t分布可以被看作小样本量下的正态分布。基于这种特性，t检验有以下一些特点：

- t检验适用于所有符合正态分布的事件，如抽样检验。

- t 检验之前要对样本量、数据的正态性、数据的独立性做一定的校验，只有对符合要求的数据做 t 检验，结论才有效。
- 对于大样本量的数据，即便数据非正态，也可使用 t 检验（不推荐）。
- 如果数据非正态，且样本量小，可尝试使用数据转换（不推荐）。
- 非正态数据分析可尝试使用中位数检验法，用非参数检验的方法来实现。

当希望样本均值与特定值（目标值）或其他样本均值进行比较时，我们可使用 t 检验。这种检验通过利用两个样本均值或样本均值和目标值得出一个 t 值。通过计算确定 t 值在 t 分布所在的位置，计算其相应的概率面积。t 分布近似于正态分布（在样本量足够大的情况下就是正态分布），若计算得到的 t 值落在参照分布的尾部，也就是概率面积 P 的值比较小（与显著性水平进行比较），则原假设被拒绝。

t 分布实际是一组分布族，随着样本量的变化而变化，当 n>30 时，即近似正态分布；当 n>120 时，则等于正态分布。此时数据正态性检验显示非正态，可近似当作正态分布进行推断，故亦可应用 t 检验。其接受域和拒绝域的划分如图 9-7 所示。

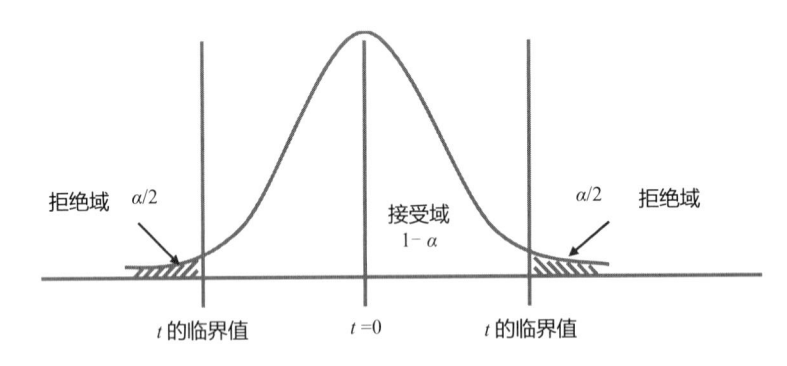

图 9-7 t 检验示意图

- 双尾检验中，当 α=0.05 时，如 n=30，t 的临界值 = ±2.045。
- 双尾检验中，当 α=0.05 时，如 n=120，t 的临界值 = ±1.960。

t 值的计算公式为：

$$t = \frac{\bar{X} - \mu}{\sigma / \sqrt{n}}$$

式中，$\bar{X}$ 为样本均值；μ 为假设总体均值；σ 为样本标准差；n 为样本量。

从公式中可以看到，t 值的大小不仅受均值与目标值（假设总体均值）的影响，还受到标准差（数据的离散程度）与样本量的影响，而 t 检验的有效性不仅考察 t 值，还与检验的拖尾形式有关，根据接受域的单边或双边形式，拖尾被分成单尾与双尾两种。

- 双尾检验在研究样本均值与目标值符合性的时候使用，此时目标值一般具有双边公差（容忍度）。样本均值或大或小，可能落在目标值的左侧或右侧，所以左右两侧的概率面积都要考虑。例如，某产品的长度或重量是否符合既定目标。
- 单尾检验在只研究样本均值与原假设中的目标值之间的单方向差值时使用，此时研究对象可能没有明确的目标值，或者只有单边公差。例如，某个流程的作业时间是否大于（或小于）既定目标。通常单尾检验比双尾检验更有效。

在执行 t 检验前需要研究样本量，t 检验的样本量计算公式根据检验对象的差异而有所不同。例如，单尾检验或双尾检验使用的公式会略有差异。但这些公式中的参数是类似的。例如，单样本 t 检验双尾检验的样本量计算公式为：

$$n = \frac{(Z_{\alpha/2} + Z_{\beta})^2}{\delta^2/\sigma^2}$$

式中，n 为样本量；α 为显著性水平，对应 I 类错误；β 对应 II 类错误；$1-\beta$ =功效（检出度）；δ 为均值与假设均值（目标值）之间检测的差值；σ 为样本标准差。

t 检验通用的执行路径，如图 9-8 所示。

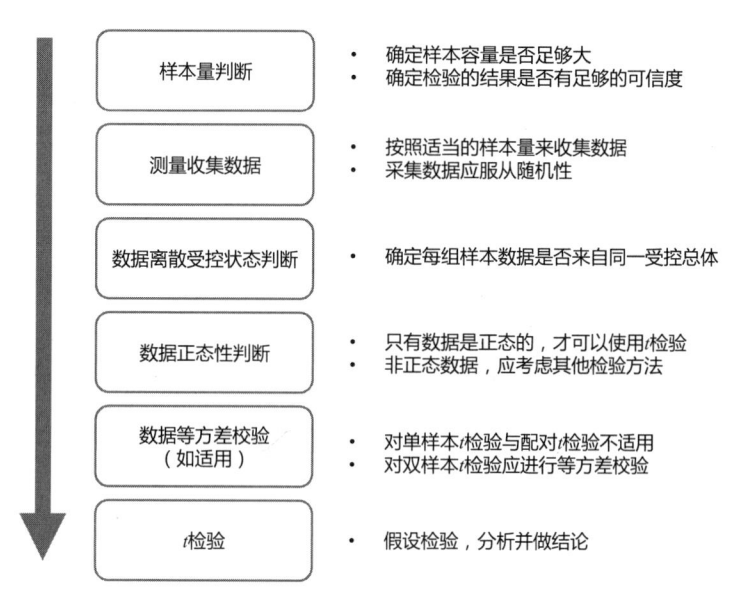

图 9-8　t 检验通用的执行路径

1）单样本 t 检验

单样本 t 检验是企业内部应用量最大的假设检验，其检验一组样本的均值与目标值的差异是否显著。例如，进货检验、新产品开发的验证试验、流程参数改善后的验证试验等，都符合单样本 t 检验的特征。单样本 t 检验既可以使用一组真实测量的样本值，也可以使用样本数据的汇总值。

对于非汇总数据，单样本 t 检验的数据采集要满足样本量的要求，应先计算采样的最小样本量，根据样本量要求采集足够的数据后，进行后续分析。打乱单样本 t 检验的数据顺序不会影响检验结果。单样本 t 检验先要进行数据的离散和受控性检查，最常用的工具是 I-MR（单值—移动极差图）。如果采样数据本身已经失去了顺序性，则只考虑控制图的第一法则（是否超出控制限）即可。如果数据过于离散，或者不稳定、不受控，则不可继续分析。此时系统中可能存在重大问题，应立刻停止检验，检查测量系统，以及系统各级参数或设置，查看是否存在异常点。通常情况下，应检查系统并改善后重新测量再进行离散受控检验。如果改善后依然不受控，则不可进行后续检验，也有理论认为可进行非参数检验但其结果仅供参考。

对通过离散受控检验的数据，应进行数据的正态性检验。因为 t 检验是基于正态性数据的检验，所以如果数据不服从正态分布，原则上不可进行继续检验。如果数据服从正态分布，则可以执行单样本 t 检验或单样本 Z 检验。两者的差别在于，单样本 Z 检验需要知道检验用的目标标准差，该标准差可以是历史标准差，也可以是设计目标标准差或者其他可对标的标准差。如果数据的正态性不佳，则可以使用非参数的中位数检验法，如单样本符号检验法和单样本 Wilcoxon 检验法。如果数据分布状态未知，应使用单样本符号检验法；而如果数据已经服从对称分布形态，如均匀分布等，则可使用单样本 Wilcoxon 检验法。这两种中位数检验法与单样本 t 检验类似，考察样本的中位数与目标值之间的差异性。

如果样本量大于 25（也有理论认为是 30），即便数据非正态，则依然可以近似认为其是正态分布而执行单样本 t 检验或单样本 Z 检验，但检验准确性将下降。数据在没有严重偏斜的情况下，也有理论认为样本量大于 20，即可按单样本 t 检验的应用场合执行。大样本量非正态数据应用单样本 t 检验的效果弱于正态数据的单样本 t 检验。

单样本 t 检验/Z 检验和中位数检验的结果是，样本的均值/中位数与目标值之间的差异性检验。检验结果根据 P 值与显著性水平之间的关系包括样本均值/中位数与目标值无显著差异、显著大于目标值或小于目标值。单样本 t 检验的一般执行路径如图 9-9 所示。

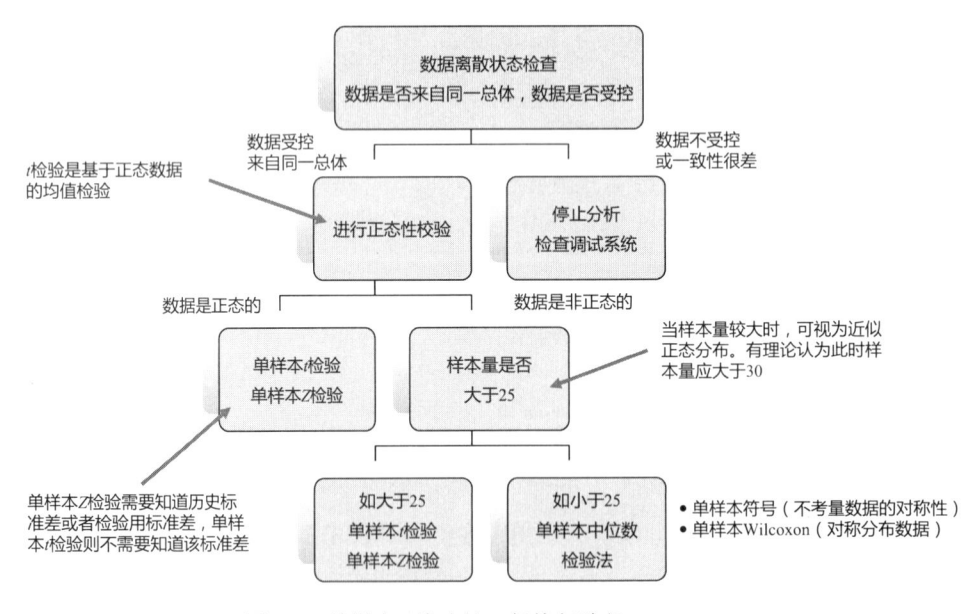

图 9-9 单样本 t 检验的一般执行路径

【案例 9-2】单样本 t 检验

某企业长期生产某轴类零部件，该轴类零部件的长度为关键尺寸。该企业发现某型号的轴类零部件的该长度尺寸经常超差（超出公差），导致客户投诉。故该企业改善了该型号轴类加工工艺，并且进行验证，希望能确认改善后的零部件是可以满足客户要求的。假设该轴类零部件的设计规范为 150mm±0.2mm，默认 $\alpha=0.05$，$\beta=0.2$，$\delta=0.1$，σ 为设计标准差。

首先，进行样本量的计算（本例作为演示，其他统计工具基本都涉及样本量，后续将不再赘述，请读者在实操过程中不要遗忘本步骤），结果如图9-10所示。

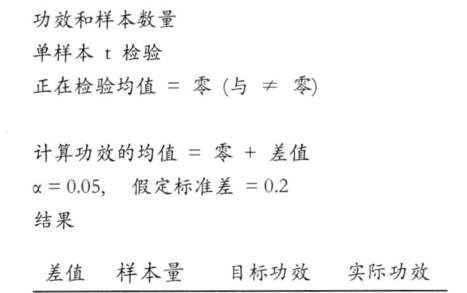

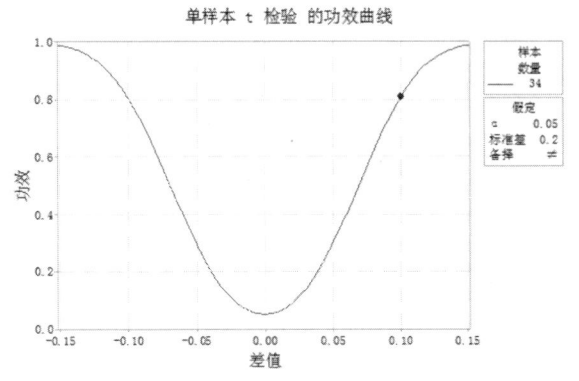

功效和样本数量
单样本 t 检验
正在检验均值 = 零 （与 ≠ 零）

计算功效的均值 = 零 + 差值
α = 0.05，假定标准差 = 0.2
结果

差值	样本量	目标功效	实际功效
0.1	34	0.8	0.807778

图 9-10 单样本 t 检验样本量的计算

根据计算，在该条件下，所需要的最小样本量为34个。企业根据这个样本数随机在同一批次内获取了相应的样本量，并对长度尺寸进行了测量，数据如表9-7所示（单位：mm）。

表 9-7 单样本 t 检验案例的数据

150.73	150.36	150.30	149.75	150.52	149.53	150.20	150.05	150.90
149.62	150.94	150.83	150.43	150.36	149.58	149.15	149.22	149.44
150.88	149.10	149.93	150.13	149.20	150.46	149.57	149.81	149.90
149.04	149.41	150.63	150.02	149.87	150.94	149.17		

按照单样本 t 检验的分析路径，首先对该组数据的稳定性和受控情况进行研究，随后进行正态性校验。分析数据的受控状态有一定的经验判断因素，使用单值控制图不是最合适的方法。因为 t 检验的样本并不一定存在时间属性，即在同次抽样内，样本不区分前后顺序，所以如果使用单值控制图来考量数据的离散程度，那么仅考虑控制图的第一法则，其结果也仅为参考。前置分析结果如图9-11所示。

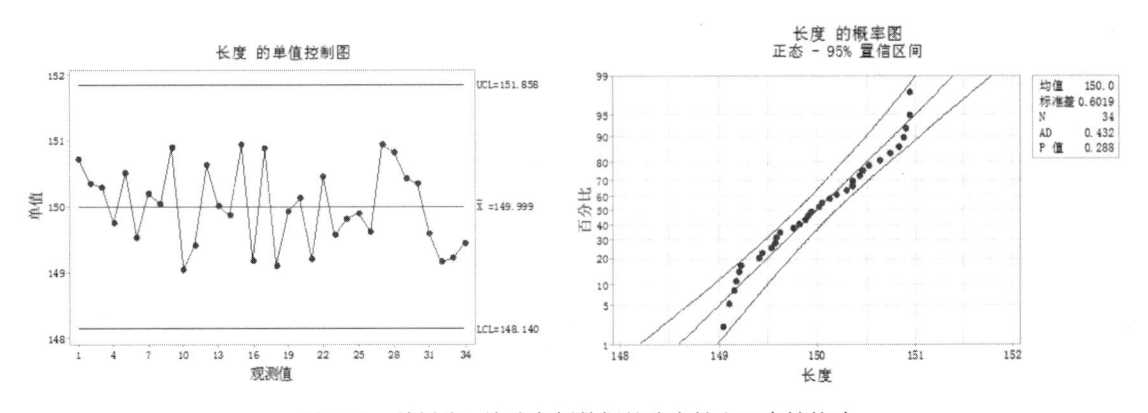

图 9-11 单样本 t 检验案例数据的稳定性和正态性校验

在本例中，长度的测量值无显著的过度离散，且正态性校验显示数据满足正态性要求。随即可

以进行单样本 t 检验，统计结果如图 9-12 所示。

```
     N      均值     标准差   均值标准误   μ 的 95% 置信区间         原假设   H₀: μ = 150
     34   149.999   0.602      0.103      (149.789, 150.209)      备择假设 H₁: μ ≠ 150
     μ: 长度 的均值                                                    T 值    P 值
                                                                    −0.01   0.993
```

图 9-12 单样本 t 检验案例的计算结果

根据 t 分布获得的 P 值为 0.993，远大于显著性水平 0.05，故接受原假设，即该批次样品的均值与目标值 150mm 没有显著性差异。

2）双样本 t 检验

双样本 t 检验考察两组样本的均值之间是否有显著性差异，如比较两组产品的同一关键特性、两条产线的绩效指标等。在六西格玛项目中，双样本 t 检验也常用于项目前后某一指标的变化。双样本 t 检验可以使用两组数据的样本真实测量值，也可以使用两组样本数据的汇总值。

对于非汇总数据，双样本 t 检验同样要计算最小样本量，两组样本中的任意一组样本量都应大于最小样本量。双样本 t 检验的两组样本量可以不一样多，且打乱数据前后的顺序不会影响检验结果。双样本 t 检验同样需要进行数据的离散和受控性检查，同样可使用 I-MR 进行考察，评估方式与单样本 t 检验一致。对通过离散和受控性检查后的数据，应进行数据正态性校验，评估方式与单样本 t 检验一致。对正态性校验后的两组数据应进行等方差校验，等方差和不等方差的均值检验公式是不同的。

执行两组样本的等方差校验有两种方式：两组方差的比值与 1 进行比较[F（Bonett）检验]，即 $\frac{\sigma_1^2}{\sigma_2^2} = 1$，或者两组方差的差值与 0 进行比较，即 $\sigma_1^2 - \sigma_2^2 = 0$。

很多统计工具都要求进行方差齐性分析，方差严重不等的样本组很可能存在巨大的内在差异，有可能是系统自身不可接受的原因导致的，而平稳受控或正常的系统多数都是等方差的。所以在六西格玛的方法论中对于等方差的数据是有偏爱的。在个别统计工具中，如果出现方差不等的情况，甚至会推翻结果判定的有效性。在双样本 t 检验中，如果方差不等，应使用不同的计算公式，如表 9-8 所示。根据等方差校验的结果，后续分析的路径也不尽相同。

表 9-8 等方差与不等方差的标准差计算公式

等方差分析	方差/标准差公式	自 由 度
等方差	公共方差由合并方差估计：$\sigma_p^2 = \frac{(n_1-1)\sigma_1^2 + (n_2-1)\sigma_2^2}{n_1+n_2-2}$ 标准差：$\sigma = \sigma_p\sqrt{\frac{1}{n_1} + \frac{1}{n_2}}$	$DF = n_1 + n_2 - 2$
不等方差	标准差：$\sigma = \sqrt{\frac{1}{n_1} + \frac{1}{n_2}}$	$DF = \dfrac{(VAR_1 + VAR_2)^2}{\dfrac{VAR_1^2}{n_1-1} + \dfrac{VAR_2^2}{n_2-1}}$

在表 9-8 中，σ 为标准差，σ_1 是第一组样本的标准差，σ_2 是第二组样本的标准差，n_1 是第一组样本的样本量，n_2 是第二组样本的样本量，$VAR_1 = \frac{\sigma_1^2}{n_1}$，$VAR_2 = \frac{\sigma_2^2}{n_2}$。

如果数据非正态，依然要执行等方差校验，然后要对样本量进行判断，根据不同情况选择正确的方法和公式。如果样本量大于 25，则类似于单样本 t 检验，可将数据近似认为正态分布数据并执行双样本 t 检验，则检验效果会比正态分布的双样本 t 检验差一些。

如果样本量小于 25，可使用非参数的中位数检验方法 Mann-Whitney 检验，该方法比较的是两组样本的中位数之间的差异性。有理论认为，当每组的样本量都大于 15，数据虽非正态但无严重偏斜时，双样本 t 检验的功效更好。

双样本 t 检验和对应的双样本中位数检验的结果是两组样本的均值/中位数之间的差异性检验，根据 P 值与显著性水平之间的关系，结果可能是两组样本的均值/中位数没有显著性差异，或者某一组样本的均值/中位数大于或小于另一组样本的均值/中位数。

双样本 t 检验的一般执行路径如图 9-13 所示。

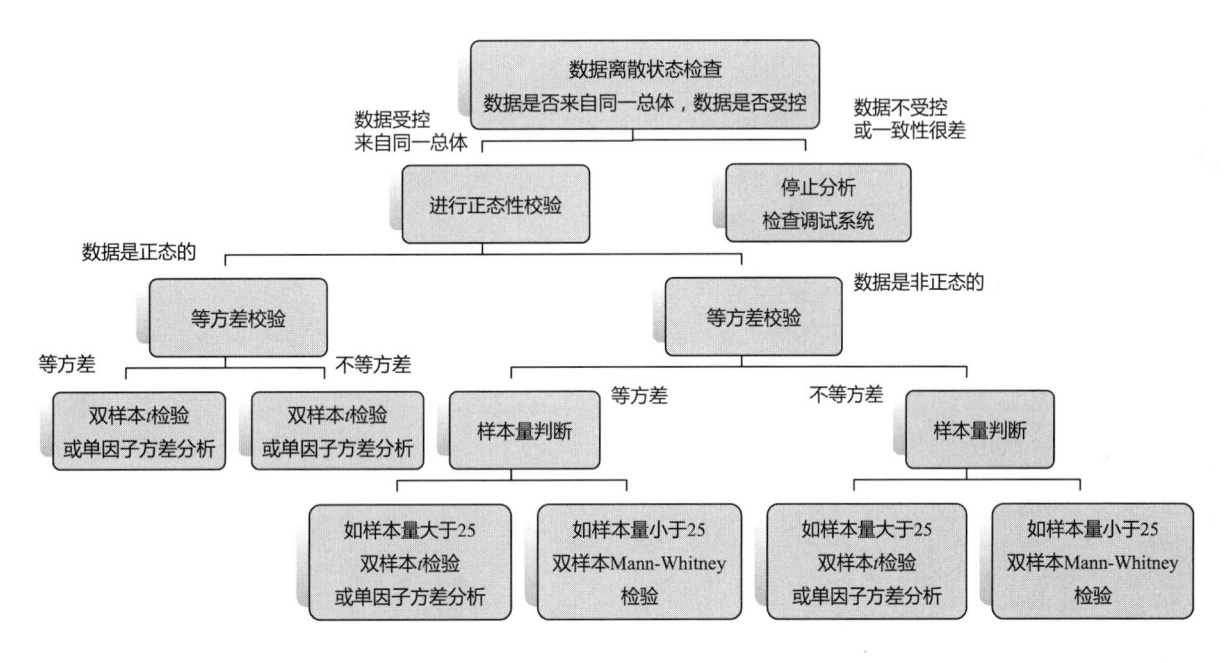

图 9-13 双样本 t 检验的一般执行路径

注：双样本 t 检验和单因子方差分析中，等方差与不等方差的计算公式有所不同。

【案例 9-3】双样本 t 检验

某企业在管理供应商质量的时候，发现某零件的品质不稳定，而该零件同时有两家供应商在供货，企业想了解这两家供应商的供货品质是否有显著性差异。该零件的关键测量指标是零件的重量。假设该零件的设计规范为 350g±0.1g，默认 $\alpha=0.05$，$\beta=0.2$，$\delta=0.1$，σ 为设计标准差。根据前期的研究和样本量的计算，至少需要 17 个样本（对于双样本 t 检验而言，每组样本量都要大于该计算值）。企业分别从 A、B 两家供应商获取了足够多的样本（样本量不一样），然后进行受控和正态性检验。分析方式同单样本 t 检验，检验数据如表 9-9 所示，分析结果如图 9-14 所示。

表 9-9 双样本 t 检验数据

供应商 A	350.08	349.95	350.02	349.98	350.04	349.90	349.91	350.03	350.07	
	350.00	350.10	350.08	349.93	350.04	350.10	350.08	349.91	349.98	
供应商 B	350.54	350.59	350.32	350.27	350.00	350.60	350.41	349.85	350.35	350.41
	349.98	350.36	350.52	349.87	350.34	350.07	350.10	350.35	350.38	349.87

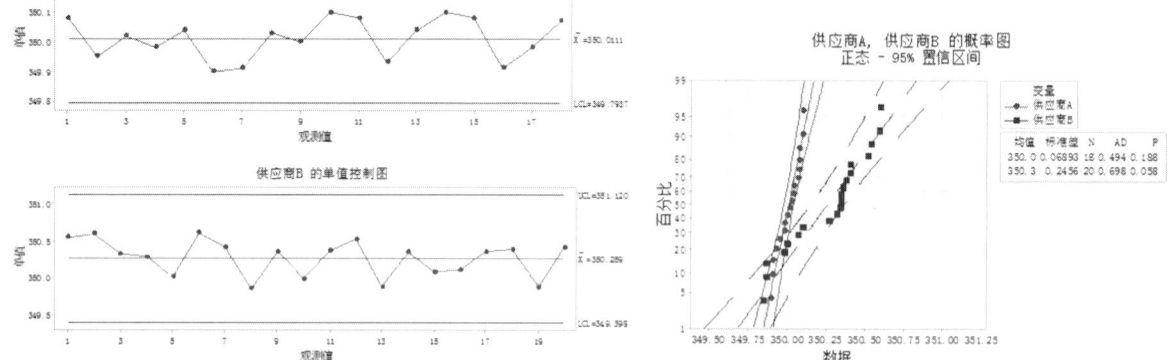

图 9-14 双样本 t 检验案例数据的稳定性与正态性校验

根据上面的分析可知，样本数据可用，可进行双样本的等方差分析。在 Minitab 中无论是双方差分析还是等方差分析都会得到类似的结论，分析结果如图 9-15 所示。

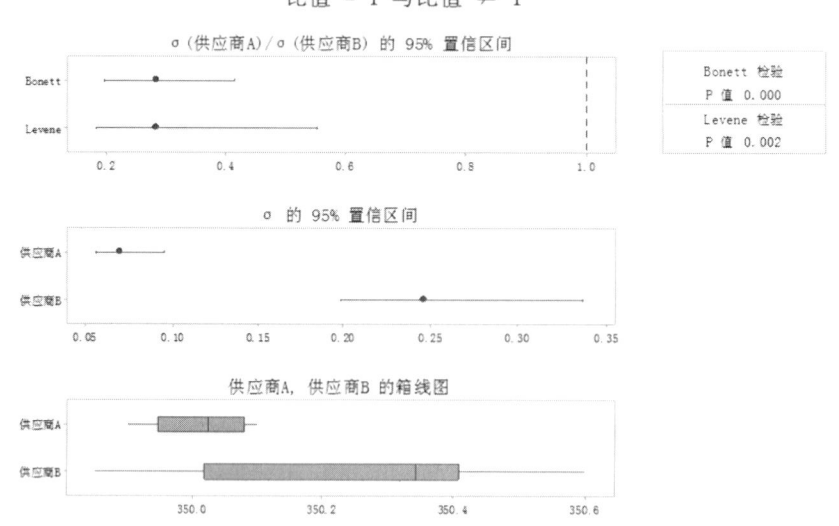

图 9-15 双样本 t 检验案例的分析结果

图 9-15 显示 F（Bonett）检验和 Levene 检验都显示两组样本的方差不等，故使用不等方差的双样本 t 检验进行分析。在选项设置中，不要选择"假定等方差"。选择方式及计算结果如图 9-16 所示。

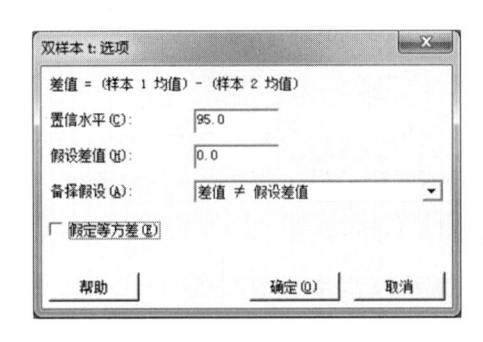

双样本 T 检验和置信区间: 供应商 A, 供应商 B

μ_1: 供应商 A 的均值

μ_2: 供应商 B 的均值

差值: $\mu_1 - \mu_2$, 未针对此分析假定方差。

样本	N	均值	标准差	均值标准误
供应商 A	18	350.0111	0.0689	0.016
供应商 B	20	350.259	0.246	0.055

原假设　　　$H_0: \mu_1 - \mu_2 = 0$　　　T 值　　自由度　　P 值

备择假设　　$H_1: \mu_1 - \mu_2 \neq 0$　　　-4.33　　22　　　0.000

图 9-16　双样本 t 检验案例的计算结果

根据双样本 t 检验的结果，P 值远小于显著性水平，故接受备择假设，即这两家供应商的产品在重量上有显著性差异。而且根据等方差分析的结果可知，供应商 B 的产品重量值的离散程度比供应商 A 的要大得多。如果此时执行单样本 t 检验也可以得知，供应商 B 的测量值也与目标值有所差异。所以无论是均值还是标准差，供应商 B 的产品不仅和供应商 A 的存在显著性差异，同时也不符合设计要求，是不合格的供应商。

如果对于数据的正态性产生置疑，而且在数据量不大的情况下，则可以考虑尝试使用非参数的中位数检验法。如在本例中，对供应商 B 的产品进行正态性校验的 P 值为 0.058，接近常用的显著性水平，如果不信任该数据的正态性，而且考虑到样本量都不足 25 个，则可以尝试使用双样本的非参数中位数检验法 Mann-Whitney 检验，计算结果如图 9-17 所示。

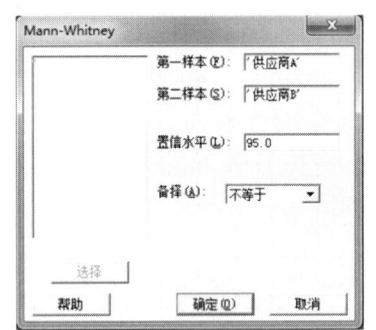

Mann-Whitney 方法: 供应商 A, 供应商 B

η_1: 供应商 A 的中位数　　　　　　　　原假设　　$H_0: \eta_1 - \eta_2 = 0$

η_2: 供应商 B 的中位数　　　　　　　　备择假设　$H_1: \eta_1 - \eta_2 \neq 0$

差值: $\eta_1 - \eta_2$

样本	N	中位数		方法	W 值	P 值
供应商 A	18	350.025		未进行结调整	254.00	0.005
供应商 B	20	350.345		已进行结调整	254.00	0.005

图 9-17　双样本的非参数中位数检验法检验结果

在本例中，中位数的检验结果与双样本 t 检验的结果类似，判定两家供应商的产品品质之间有显著性差异。但需要注意的是，在不同的实操环境下，中位数检验的结果有可能与双样本 t 检验的结果不一致。

3）配对 t 检验

配对 t 检验是一组样本在两种状态下某个特征值的变化显著性检验，这是一种特殊形式的单样本 t 检验，基本原理是一种状态下的某个特征值和另一种状态下的差值与零之间的比较。

配对 t 检验虽然只有一组样本，但会有两组数据，由于要比较差值，因此数据是成对出现的。

成对数据的顺序可打乱，不影响结果；但单独状态的数据顺序不可打乱，以免影响成对数据的差值。配对 t 检验的样本需要随机采样，由于主要考察的是差值，因此无须对两种状态下的数据做受控和正态性检验。但为了保证成对数据的差值可以与零进行类似单样本 t 检验的差异性检验，一般希望配对 t 检验的样本量不小于25。也有理论认为，如果数据不严重偏斜，只要样本量大于20，也可执行配对 t 检验。

配对 t 检验大量用于某一组产品在经过某个工艺或流程后，比较其前后的效果差异。例如，某一批钢材在经过某个热处理加工后，比较其前后的硬度差异。又如，为评估某个降血糖新药的效果，比较一组糖尿病病人服药前后的血糖值研究等。

配对 t 检验的结果，根据 P 值与显著性水平之间的关系，可能是某个特征值在经历了某个工艺或流程后，数值没有发生显著性变化，或者显著大于或小于之前的数据。

【案例9-4】配对t检验

某企业的产品以钣金加工件为主，其产品表面有抗腐蚀的要求，所以一般要在酸洗磷化后进行表面静电喷涂。为强化表面喷涂层的抗腐蚀能力，其研发团队开发了一种新的外表涂层，认为该涂层涂抹在产品表面可提升抗腐蚀能力。现企业希望验证该涂层是否能显著提升产品表面喷涂层的抗腐蚀能力。

由于资源限制，研发团队尽可能去获取样本，最后取得28个样件。在涂层工艺前后，分别测量了其抗腐蚀能力。由于喷涂层自身就具有较好的抗腐蚀能力，因此使用加速老化试验的结果进行分析，单位是小时。默认显著性水平为0.05，数据如表9-10所示。

表9-10 配对 t 检验案例的数据

涂层前	涂层后	涂层前	涂层后	涂层前	涂层后	涂层前	涂层后
857	868	838	841	790	806	771	782
750	763	781	787	854	864	790	798
803	826	756	749	849	867	763	782
819	827	737	732	846	871	861	884
747	745	744	756	892	897	756	763
840	832	858	858	872	870	770	784
769	787	843	849	767	781	751	749

配对 t 检验的试验数据都是成对出现的，不可打乱其顺序，且前后样本量一定是相等的。配对 t 检验无须对前后样本做正态性检验。由于本质上是两组数据的差值与零做单样本 t 检验，因此只要样本量足够，可直接进行配对 t 检验。检验结果如图9-18所示。

```
配对 T 检验和置信区间: 涂层前, 涂层后          配对差值的估计值

样本      N    均值     标准差   均值标准误     均值   标准差   均值标准误   μ_差 的95%置信区间
涂层前   28   802.64   47.49    8.97           -8.71   9.23     1.74         (-12.29, -5.13)
涂层后   28   811.36   49.08    9.28
                                               μ_差:(涂层前 - 涂层后) 的均值

原假设      H₀: μ_差 = 0                       T 值    P 值
备择假设    H₁: μ_差 ≠ 0                       -4.99   0.000
```

图 9-18 配对 t 检验案例的数据计算结果

根据配对 t 检验结果，P 值远小于显著性水平，所以接受备择假设，即涂层前后产品表面抗腐蚀能力有显著的变化。在上面的分析中，备择假设选择的是"不等"，如果选择"小于"，则也可获得产品表面涂层后的抗腐蚀能力大于涂层前的抗腐蚀能力这样的结果。

配对 t 检验很容易与双样本 t 检验发生混淆，关键在于双样本 t 检验是两组样本，样本量可以不同，数据顺序可打乱，可以考量两组方差有较大差异的样本均值；而配对 t 检验本质上是单样本 t 检验，前后数据必须配对，且数据量必相等，也无等方差校验的要求。如果混用这两种方法，则很可能获得完全相反的结论。如本例误用双样本 t 检验的方法，则会得到图 9-19 的结果（省略双样本 t 的前置分析，默认非等方差）。

```
双样本 T 检验和置信区间: 涂层前, 涂层后

μ₁: 涂层前 的均值                      样本    N    均值    标准差   均值标准误
μ₂: 涂层后 的均值                      涂层前  28   802.6   47.5     9.0
差值: μ₁ - μ₂                          涂层后  28   811.4   49.1     9.3
未针对此分析假定等方差。
                                        差值的估计值

原假设      H₀: μ₁ - μ₂ = 0            T 值    自由度   P 值
备择假设    H₁: μ₁ - μ₂ ≠ 0            -0.68    53      0.502
```

图 9-19 误用双样本 t 检验的结果

以上结果的 P 值明显大于显著性水平，将接受原假设，即涂层前后没有显著性差异。很显然，这个结果与之前的配对 t 检验结果截然不同。仔细查看统计量也会发现，这并非我们需要研究的对象。所以使用配对 t 检验时务必考虑场合的适用性，同理在使用双样本 t 检验时也不可误用配对 t 检验，以免出现重大的判断失误。

4. 方差分析

方差分析（ANOVA）是指两个及两个以上样本均值差异的显著性检验，可以用于比较多个样本的均值差异，如多条产线的产能差异、多个班次的产品质量差异、多个业务团队的交付能力差异等。方差分析包含多个概念，如样本方差的组间差异和组内差异分析、样本的等方差校验，以及一般线性模型等。方差分析通过对样本方差的显著性检验来判定样本组之间的均值和方差。由于数据存在自然波动和有因波动，因此无论是哪种，都会使数据的一致性发生变化。每个数据都有可能导致方差的变化，而在方差分析中，系统总方差主要由组间方差和组内方差的和组成。

$$SS_{系统总方差} = SS_{组间方差} + SS_{组内方差}$$

式中，SS 为平方和（Sum of Square）。

- 组间方差。外界客观存在的条件差异，以及试验或抽样等系统性差异组成的方差。例如，不同时间获取的试验数据，不同产线获得的产品参数等。
- 组内方差。由产品或对象自身个体差异或随机测量差异所导致的方差。例如，同一时刻以同样方式反复多次测量同一个产品参数的值。

通常，进行均值检验的方差分析为单因子方差分析，主要考量样本组的均值一致性以及各自方差的离散程度；而多因素方差分析可用于测量系统分析等其他工具，多数以线性回归的计算形式出现。等方差分析可参照双样本 t 检验中的方式进行。

在以均值检验为目的的试验中，单因子方差分析与 t 检验非常相似，一般具有相同的试验条件和数据质量要求，如检验所需要的最小样本量要求、数据的独立性要求、稳定受控要求、正态性要求、等方差校验等，相应的判定条件和方式均可参照 t 检验。同样地，在数据非正态且样本量较小的情况下，可使用相应的中位数检验法。而对于偏斜不明显的数据，则尽量使用方差分析。

在方差分析过程中，对所有因子水平做等方差校验是非常必要的。如果因子水平的方差不相等，则和双样本 t 检验类似，将使用特殊的 Welch 检验进行计算，其公式与等方差方法是不同的。一般认为，如果各因子水平之间是等方差的，那么等方差的单因子方差分析比 Welch 方差分析更有效，但差异不大；但如果各因子水平之间是不等方差的，而继续选择等方差的单因子方差分析则可能产生重大错误。

单因子方差分析的一般执行路径如图 9-20 所示。

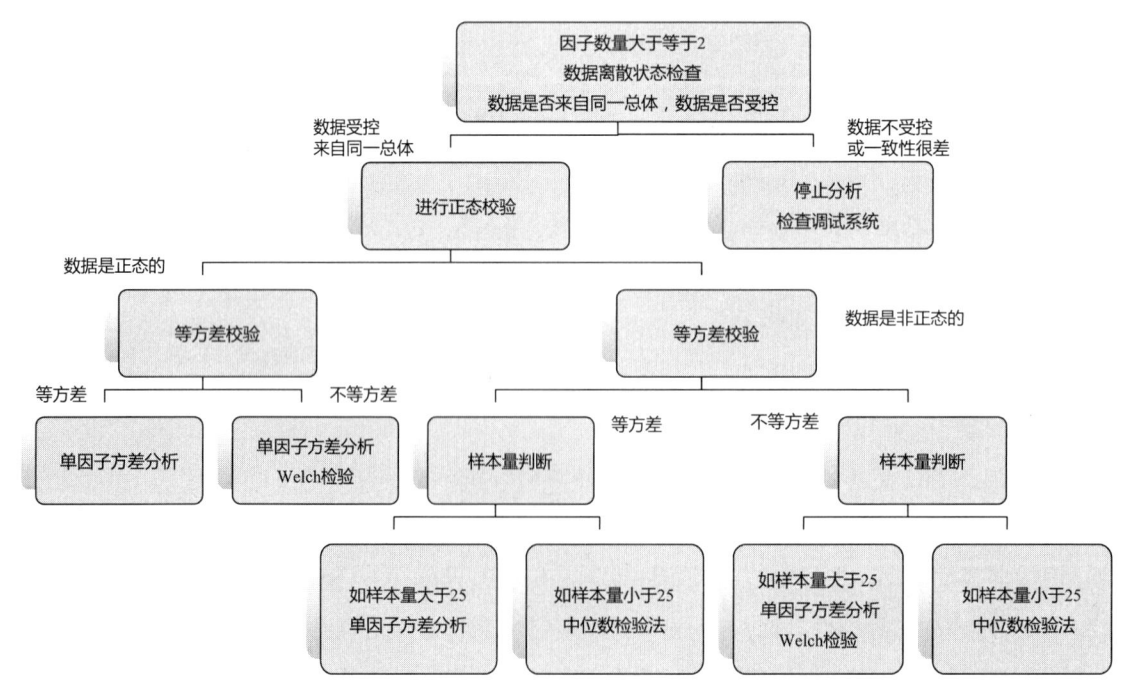

图 9-20 单因子方差分析的一般执行路径

注：这里涉及的非参数中位数检验法包括 Mann-Whitney、Mood、Kruskal-Wallis、Friedman 等检验法。

与 t 检验稍有不同的是，单因子方差分析原假设的条件更为严格，默认所有样本组均值是相等的。这样的假设致使假设检验分析的 P 值往往会非常小，因为只要有一组样本的均值与其他组有显著性差异，P 值就会小于显著性水平。

- 原假设 H_0：如有 n 组样本，则所有样本组的均值都相等，$\mu_1 = \mu_2 = \cdots = \mu_n$。
- 备择假设 H_1 或 H_a：至少有一组样本的均值与其他组的均值有显著性差异。

如果检验对象的样本组较多，P 值就容易出现小值，甚至近似等于 0，而这样的检验结果往往与实际项目需求有所差异。此时应检视所有组的均值，可以根据项目的检验需求，适当剔除均值差异显著的因子（样本组），然后执行单因子方差分析。如果依然无法得到项目所希望考察的目标，则可多次重复以上步骤，多次执行单因子方差分析，以获得较好的分析结论。

方差分析是应用统计学中最重要的工具之一，是很多其他工具的后台工具，即其他很多工具在分析过程中都引用了方差分析。

【案例 9-5】方差分析

某企业新配置了四条产线，由于很多现有因素的制约，产线的产量不稳定，对生产计划的排定带来了不小的麻烦。在经过现场改善项目后，企业想研究这四条产线的产量是否稳定下来，是否还存在显著性差异。测量值为每条产线的日产量，单位为产品件数。根据历史经验，该产品平台的产能均值差值大约在 40 上下，而产量标准差约为 20，所以默认 $\alpha = 0.05$，$\beta = 0.2$，$\delta = 40$，$\sigma = 20$，因子水平数即因子的数量，在本例中即四条产线，则先计算样本量，如图 9-21 所示。

功效和样本数量： 单因子方差分析
$\alpha = 0.05$， 假定标准差 = 20
因子：1， 水平数：4

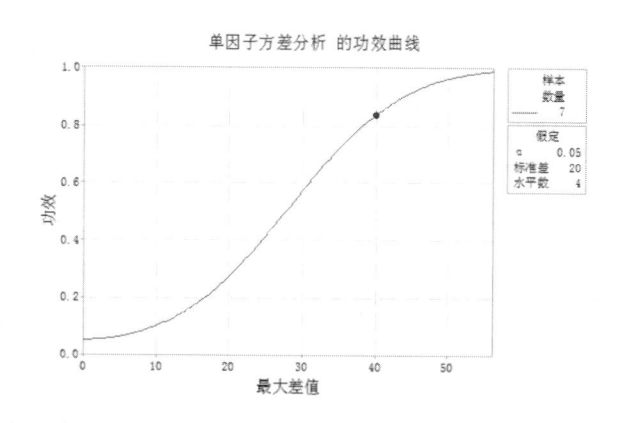

最大差值	样本数量	目标功效	实际功效
40	7	0.8	0.836129

样本数量是指每个水平的。

图 9-21 单因子方差分析案例的样本量计算

根据图 9-21 的计算结果，本例后续分析仅需要 7 个样本，团队可根据该结果进行数据收集。其前置分析按分析路径执行，不再赘述。数据及正态性分析结果如图 9-22 所示。

与双样本 t 检验一样，方差分析必须执行等方差分析，并由此决定后续分析是否要使用等方差的方法。如果这些数据的方差不相等，则需要及时设定并使用 Welch 检验，否则结论可能出现错误。分析结果如图 9-23 所示。

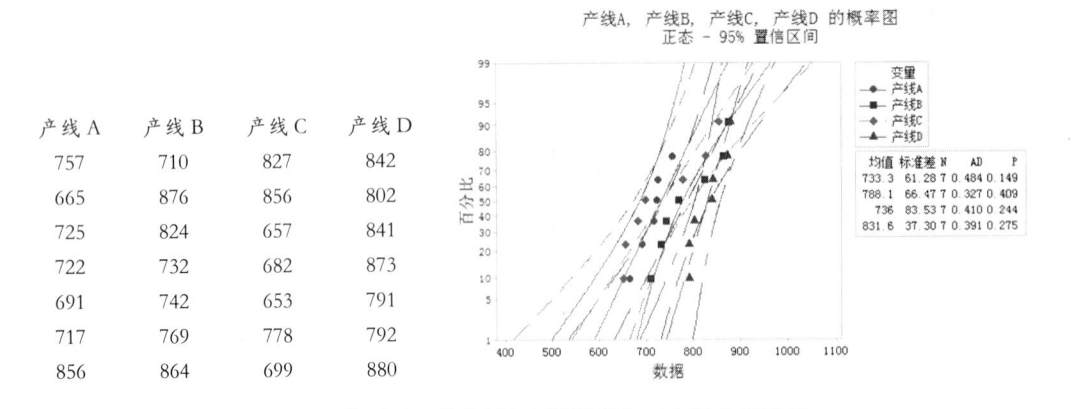

产线 A	产线 B	产线 C	产线 D
757	710	827	842
665	876	856	802
725	824	657	841
722	732	682	873
691	742	653	791
717	769	778	792
856	864	699	880

图 9-22 单因子方差分析案例的数据及正态性分析结果

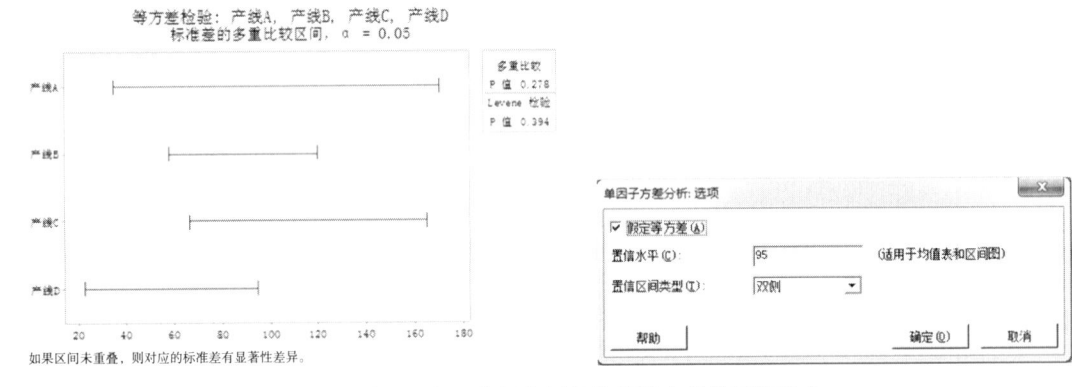

图 9-23 单因子方差分析案例的数据等方差分析及设定

在本例中，方差相等，可假定等方差后进行后续分析，结果如图 9-24 所示。

单因子方差分析: 产线 A, 产线 B, 产线 C, 产线 D

原假设　　所有均值都相等
备择假设　并非所有的均值都相等
显著性水平　α = 0.05
已针对此分析假定了相等方差。

均值

因子	N	均值	标准差	95% 置信区间
产线 A	7	733.3	61.3	(683.1, 783.5)
产线 B	7	788.1	66.5	(738.0, 838.3)
产线 C	7	736.0	83.5	(685.8, 786.2)
产线 D	7	831.6	37.3	(781.4, 881.7)

合并标准差 = 64.3079

来源	自由度	Adj SS	Adj MS	F 值	P 值
因子	3	46227	15409	3.73	0.025
误差	24	99252	4135		
合计	27	145479			

S	R-sq	R-sq（调整）	R-sq（预测）
64.3079	31.78%	23.25%	7.14%

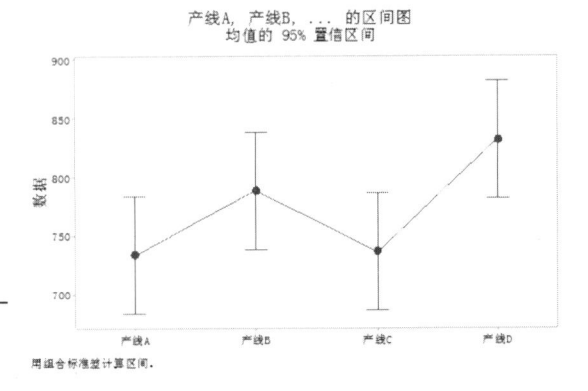

图 9-24 单因子方差分析案例的数据分析结果

根据以上的结果，P 值小于显著性水平，则接受备择假设，即可以认为四条产线的产量并非全部都相等，至少有一条产线与其他产线之间有显著性差异。另外，从图 9-24 中也不难看出产线 D 与其他产线是有显著性差异的。

在实操案例中，有时会比较很多样本组的均值差异。这时如果一次就选入所有样本组数据，则很可能出现 P 值很小的结果，而这样的结果可能无法直接让我们得到想要的分析结论。所以在进行多样本组数据的均值分析时，可能需要反复多次对不同因子组合进行检验，然后综合判定哪些因子水平是显著的。

5. 相关性分析

相关性分析研究的是两个或更多个变量之间的相互关系，研究其可能存在的关系强度和方向。最常见的两因子线性关系就是在寻找 $y=kx+c$ 的线性关系，其中 k 为斜率，c 为常数；如果 k 存在且拟合效果显著，则认为两因子之间存在显著的相关性，反之则无相关性。

以两因子的相关性分析为例。定性的相关性分析通常用散点图来评估，该分析不进行任何计算，仅真实描述两个因子的相对关系。但如果希望用定量的方式来评估两个因子的相关性，则需要一个系数来评估两者的关系。这个系数即相关性系数 r，其数值与研究对象之间的关系如图 9-25 所示。

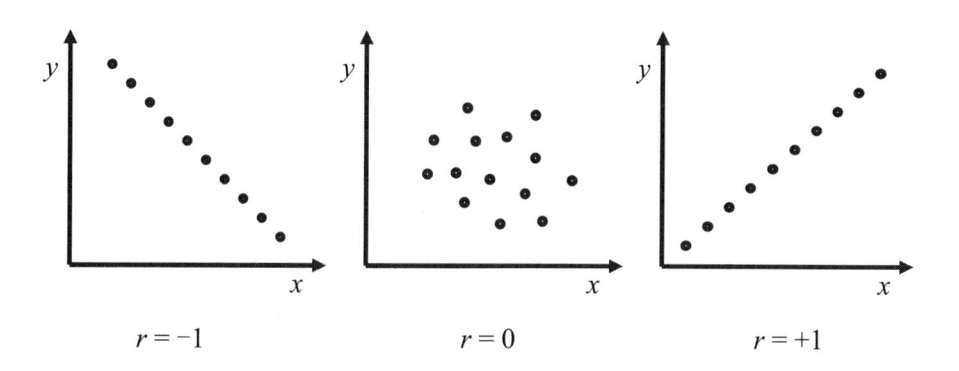

图 9-25 不同相关性系数的示意图

相关性系数有多种计算方式，其中 Pearson 相关性系数的公式及判定方式为（假设有 n 组数据）：

$$r = \frac{n\sum x_i y_i - \sum x_i \sum y_i}{\sqrt{n\sum x_i^2 - (\sum x_i)^2} \cdot \sqrt{n\sum y_i^2 - (\sum y_i)^2}}$$

将上式变形后，可得：

$$r = \frac{\sum_{i=1}^{n}(x_i - \overline{x})(y_i - \overline{y})}{(n-1)S_x S_y}$$

式中，S_x 和 S_y 为两个变量的标准差。

相关性系数的判定方式是：

- 相关性系数 r 落在 –1 至 +1 之间（可由柯西不等式证明）；
- 相关性系数 r 的绝对值 >0.8，代表数据的相关性显著；

- 相关性系数 r 的绝对值<0.8，代表数据的相关性不显著；
- 相关性系数 $r=0$，代表数据完全没有关系。

在研究数据时，应先考虑数据的相关性，不仅可以使用相关性系数，还可以使用 P 值应用假设检验的方式进行评估。Pearson 相关性系数对应的 P 值是根据 t 分布计算的：

$$t = \frac{r\sqrt{n-2}}{\sqrt{1-r^2}}$$

式中，r 为 Pearson 相关性系数；n 为观测值个数。

只有当数据被证明有显著相关性时，进行数据后续的回归分析才是有意义的，反之则可能产生不必要的资源浪费，所以相关性分析往往与回归工具结合在一起使用。

【案例9-6】相关性分析

某咨询公司在研究某企业的销售额变化时发现，其变化很可能与该企业的销售员工数、总资产金额和网络广告的投放次数有关。为了研究这些参数之间的具体关系，咨询公司进行了这些因子的相关性分析。咨询公司获取了该企业过去一年内的月度相关数据，如表9-11所示。

表9-11 相关性分析案例的数据

月 份	1	2	3	4	5	6	7	8	9	10	11	12
销售额（万元）	6 201	6 145	7 053	5 730	7 725	7 410	6 259	5 163	7 778	5 184	7 728	5 009
销售员工数（人）	45	44	50	42	56	52	46	39	53	36	53	37
总资产金额（万元）	15 192	14 824	15 869	7 735	17 767	15 097	10 562	12 197	17 111	7 840	18 547	8 327
网络广告（次）	151	259	282	184	286	244	233	185	217	266	223	141

根据相关性分析获得的计算结果如图9-26所示。

	销售额	销售员工数	总资产金额	
销售员工数	0.986			
	0.000			
总资产金额	0.865	0.864		
	0.000	0.000		单元格内容
网络广告	0.483	0.465	0.365	Pearson 相关系数
	0.112	0.127	0.244	P 值

图9-26 相关性分析案例的计算结果

在计算结果中，每个参数的第一行数字为 Pearson 相关性系数，第二行数字为 P 值（默认的原假设为数据之间无显著的相关性）。根据相关性系数的判定方式，可以认为销售额与销售员工数、总资产金额是显著相关的，而销售额与网络广告之间没有显著的相关性。同时 P 值的计算结果也与相关性系数的判定一致。如果需要进一步的数据关联性研究，则应重点考虑销售员工数和总资产金额的影响。

6. 回归分析基础与简单回归

回归是研究一个预测变量与一组输入因子变量（简称输入因子）之间的关系，这种关系以一种特定的数学模型形式来体现，符合典型的 $y=f(x)$ 的形式，其中 y 即预测变量，x 即输入因子。通常回归以一个预测变量作为响应变量（简称响应），而输入因子则可以是多个；多个回归模型可以形成回归模型组来评估更复杂的情况。回归模型本身是根据普通最小二乘法获得的，观测值与回归模型的拟合值之间的差异被称作残差。残差的概念类似于方差，残差（和）越小，则回归模型的拟合优度越好。

在回归的最初应用中，输入因子的数据类型应与响应的一样，是连续型变量。但近些年的研究扩展了输入因子的数据类型，不仅可以使用连续型变量，也可以使用属性变量。在计算时属性变量会被进行编码，会被视作连续型变量进行计算。不难看出，连续型变量的分析结果将远优于属性变量，所以在尝试应用回归分析时，应尽量使用连续型变量。

回归的常见形式包括：

- 简单回归。如果只存在单个输入因子，则研究其与响应之间的模型关系。
- 多元回归。如果存在多个输入因子，则回归被称为多元回归。多元回归的模型要研究模型中是否存在多重共线性。
- 逻辑回归。通常响应是连续型变量，但随着统计学的发展，对于离散型变量也可以进行回归分析，这样的回归称为逻辑回归。
- 泊松回归。类似于普通回归，但响应是缺陷值。由于缺陷值是整数，本质上是离散型数据且服从泊松分布，因此构成的模型为泊松回归。

简单回归的模型类似于一元方程，输入因子可以根据需要选择一阶或更高阶。在回归中，因为人们不希望模型过于复杂，所以在拟合优度相仿的情况下，倾向于选择低阶的模型。拟合优度是指模型拟合数据的符合程度，由一系列参数所决定，其中最重要的参数为 R^2。

R^2 是确定系数，也称回归的判定系数，是回归分析中最重要的参数之一。这个系数描述了模型对于观测值的符合程度。在回归中，模型与实际观测值肯定存在一定差异，也就是说，残差是不可能等于零的，那么这些残差加上其他一些统计或客观存在的差异就组成了回归的误差。R^2 的计算公式如下：

$$R^2 = \frac{SS_{回归}}{SS_{系统总方差}} = 1 - \frac{SS_{误差}}{SS_{系统总方差}}$$

式中，$SS_{系统总方差} = SS_{回归} + SS_{误差}$。

不难得到一个结论，R^2 的值介于 0 和 1 之间，且值越大则代表模型拟合优度越好。该值由于是两个方差的比值，因此常以百分数的形式出现。目前，没有统一的评价方式来判定 R^2 值多大可认定模型拟合优度良好。比较常见的普通标准为，该值>80%则判定模型拟合优度良好，而部分对数据比较敏感的企业则要求该值应>90%，使用者应根据具体情况自行使用恰当的判定标准。

由于回归可能受到一些异常值的影响，该影响不仅包括异常值数量的影响，还包括其异常程度的影响，如图 9-27 所示。此时仅考虑 R^2 是不合适的，所以要对 R^2 进行一定程度的修正，使用更多参数来评价回归模型的有效性，这些参数即 $R^2_{调整}$ 和 $R^2_{预测}$，统计软件里也常用 $R^2_{adj.}$ 和 $R^2_{pre.}$ 显示。

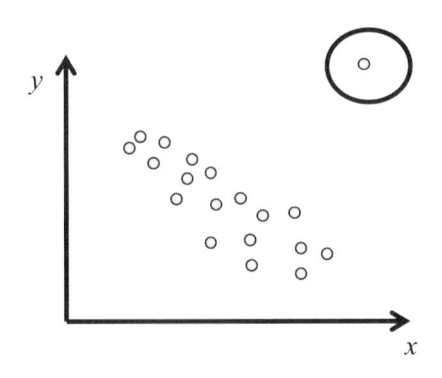

图 9-27 异常值对回归模型的影响

$$R^2_{调整} = 1 - \frac{MS_{误差}}{MS_{系统总方差}} = 1 - \frac{SS_{误差}}{SS_{系统总方差}} \times \frac{模型的自由度}{误差项的自由度}$$

由于模型的自由度由回归的自由度和误差项的自由度组成，因此模型的自由度一定大于误差项的自由度。所以 $R^2_{调整}$ 一定小于 R^2，且有可能小于零；当 $R^2_{调整}$ 小于零时，部分软件显示值为零。$R^2_{调整}$ 越接近 R^2 越好。$R^2_{调整}$ 表达了模型中误差项数量的影响。

$$R^2_{预测} = 1 - \frac{PRESS}{SS_{系统总方差}} = 1 - \frac{\sum_1^n \left(\frac{e_i}{1-h_i}\right)^2}{\sum_1^n (y_i - \overline{y})^2}$$

式中，y_i 为第 i 个响应的观测值；$\overline{y}$ 为响应的平均值；e_i 为第 i 个残差；h_i 为第 i 个对角线元素；n 为观测个数；PRESS 为预测平方和（Prediction Error Sum of Square）。

显然，$R^2_{预测}$ 的计算异常复杂，涉及矩阵运算，其计算值也小于 R^2，且可能小于零；当 $R^2_{预测}$ 小于零时同样部分软件显示值为零。$R^2_{预测}$ 虽然计算复杂，但更好地评估了模型中异常值的数量和影响，且考察了模型是否存在过度拟合的情况。该值越接近 R^2，则模型拟合越好。

回归模拟不仅要通过 R^2、$R^2_{调整}$、$R^2_{预测}$ 来评价模型的拟合优度，同时要考虑残差的影响。残差不仅从数值上作为衡量模型与真实观测值之间的差异，同时残差的分布也显示了模型拟合的合理性。如果说残差均匀且随机地分布在拟合模型两侧，则说明模型拟合是合理的。反之，残差如果显示出一定的规律，则说明模型的拟合可能存在问题（阶数不匹配或系统存在固有误差因素）。残差的常见拟合状态如图 9-28 所示。

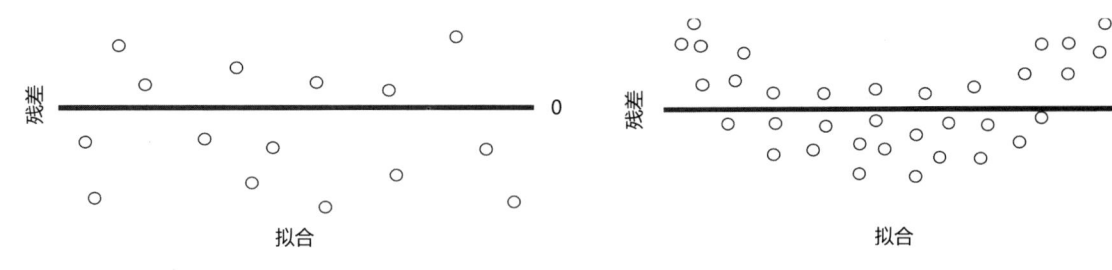

模型合适：残差均匀散布在拟合模型两侧的带状范围内

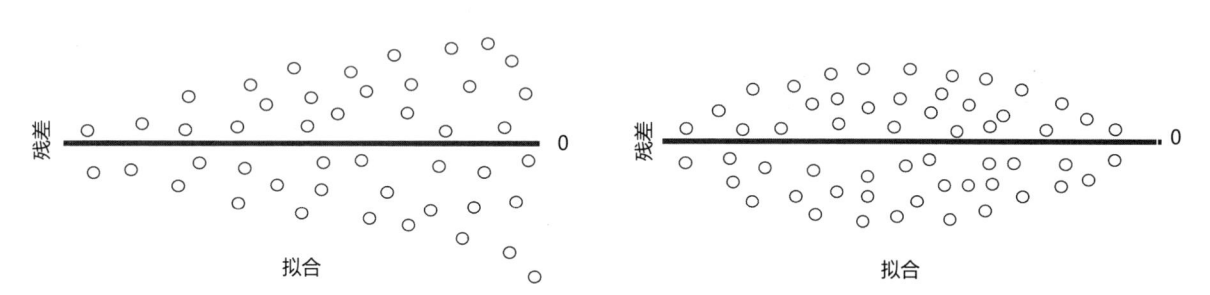

模型不合适：残差呈二次曲线，可能二阶回归拟合更好

模型不合适：残差呈喇叭状放大或者缩小，系统不稳定

模型不合适：残差呈周期性变化，系统可能存在固有周期因素

图 9-28　残差的常见拟合状态

只有考量了上面所有因素之后，才可以判定模型的拟合是否合适。如果模型拟合被证明是合适的，那么该模型可以被用来预测响应值。也就是在获得 $y=f(x)$ 这个模型后，通过对 x 的调整，获得对 y 的优化和调整。通常来说，这样的优化是要在 x 的既有范围内的，因为模型是在 x 这个范围内建立起来的，在此范围内进行拟合预测是合理的。如果突破该范围，选择既有范围外的变量，则有可能使模型失效，甚至使模型失去现实意义。例如，如果为了证明气温与冷饮销量之间是有关系的，获得了某个模型的关系式，其中气温是 x，其范围是(20,40)摄氏度，那么模拟在(20,40)摄氏度范围内对冷饮销量 y 进行预测和模拟是合理的；如果将 x 设成 100 摄氏度再去预测冷饮销量，则是一件很荒唐的事。在有的情况下，可能 x 稍稍超出既有范围也一样是有效的，但这种情况要进行一定的验证。只有在充分考虑模型向外推演是有效的情况下，才可以进行这样的设定。

【案例 9-7】简单回归

继续沿用之前相关性分析的案例。咨询公司发现该企业的销售额与销售员工数呈强烈的相关性。从业务层面分析，这合情合理，但并非所有企业都遵循这个规律。咨询公司进行了进一步的回归分析，试图研究两者之间的数学关系。由于已经进行了相关性分析，因此直接进行回归分析，结果如图 9-29 所示。

从拟合线图（左下）可以看出拟合曲线与各个点之间的关系以及拟合程度。从模型表（右上）来看，回归的 P 值很小，回归是显著的，同时获得了拟合模型方程（左上）。该方程的 R^2 值非常大，$R^2_{调整}$ 值也非常接近 R^2 值，同时模型的残差分析显示残差是正态的，且与拟合值之间没有显著的分布特征，故可以认为模型拟合良好。

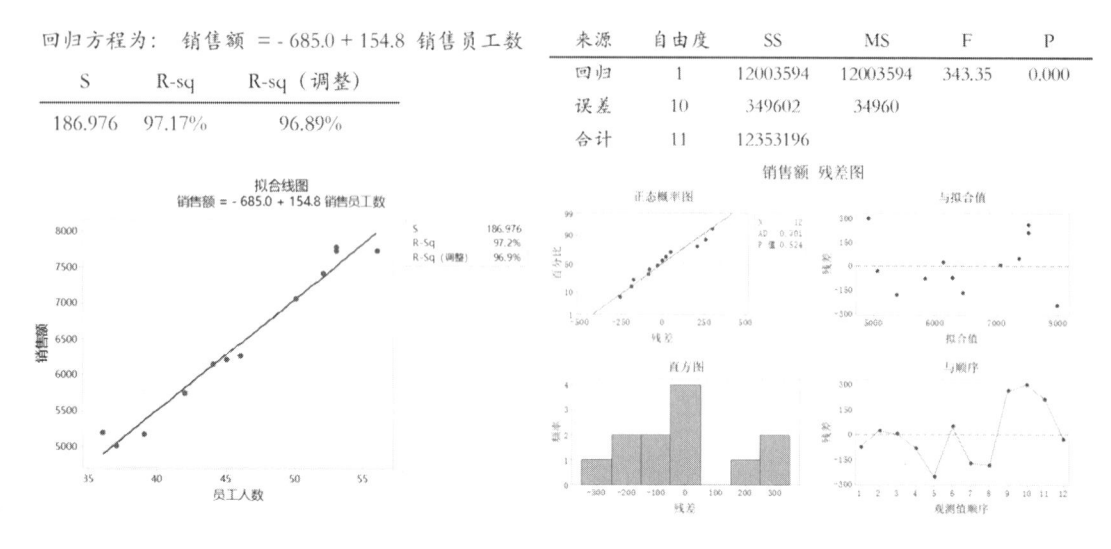

图 9-29 简单回归案例的分析结果

7. 多元回归分析

多元回归会分析多个输入因子对响应值的影响。在多元回归模型中，每个输入因子对应的模型项称为因子项，因子项被分成显著项和不显著项，这取决于分析者设定的显著性水平。在一个多元回归模型中，可能存在显著项，也可能存在不显著项。不显著项本身对于模型的应用帮助并不大，保留在模型中，不仅无法让人们准确快速地获得模型的预测，也会使模型变得异常复杂。但如果将不显著项逐一去除，那么这些不显著项会变成误差项。误差项和显著项之间的比值则成了衡量模型回归拟合优度的重要判断值。显然，代表不显著项影响的误差项所占的比例越小，则模型回归的拟合优度越好。

在去除不显著项的时候，可以手动从最不显著项开始，逐一去除。去除不显著项的原则是，根据因子回归显著性的 P 值与显著性水平进行比较，凡是 P 值大于默认的显著性水平的因子，则被认为回归不显著的因子。回归使用的显著性水平通常比假设检验中的常用值要大一些，这个设定由研究的实际情况来决定。

每去除一个不显著项，都会使模型中的误差项重新计算，所以不可同时去除所有的不显著项。应每次仅去除一个不显著项后即查看方差表，以确定下一个需去除的不显著项，直至获得由全部为显著因子构成的模型。除手动去除不显著项外，也可使用逐步法（包括步进法和步退法）由软件来构建数学模型，其中步退法和手动去除法是一致的，一个个去除不显著项，而步进法则是每次逐一加入因子项并查看其显著性。步进法和步退法的结果有可能不一样。逐步法同时考虑了步进和步退两种方法，进行了综合考量。需要注意的是，很多软件在使用逐步法计算多元回归时，默认使用的显著性水平是不同的。另外，步退法和步进法也默认使用不同的显著性水平，这是根据计算方法的特征决定的。

多元回归其实是简单回归的复杂应用，所以其模型分析方式和评估方式包括简单回归的所有内容，而且在此基础上还有更多考量的要素。

与简单回归相比，多元回归的输入因子 x 不再是一个。如果多个 x 均是独立存在的，则模型也可以简单地被描述为（假设有 n 个 x）y=f(x₁,x₂,…,xₙ)。但事实上，x 之间往往是存在一定联系的，有的 x 之间可能存在交互作用（若干个 x 共同对 y 产生影响），有的 x 之间甚至有相互重叠的效应。如果 x 之间有重复出现的情况，则需要将重复的部分去除，那么不仅让模型变得更加简捷有效，同时被去除的因子效应变成了模型中的误差项，可以用来检验模型的有效性。

当模型中某些变量与其他变量之间存在显著相关性时，被称为多重共线性。严重的多重共线性会使模型无法使用。处理多重共线性的方法很多，最有效的方法就是将相关的重复的变量从模型中剔除。这里有一个参数可以帮助进行评估，即方差膨胀系数（VIF）。

$$\text{VIF} = \frac{1}{1 - R^2_{x_j}}$$

式中，$R^2_{x_j}$ 是指把 x_j 作为响应、其他 x 作为变量时对应的 R^2 值。

VIF 越大则模型中的多重共线性越显著。通常，VIF 大于 10 就代表模型有严重的多重共线性，较好的模型中 VIF 应小于 5。对于 VIF 较大的因子，可以考虑在模型中去除，以达到优化模型的作用。

多元回归可以使用最佳子集法来寻找最佳模型因子组合，但最佳子集法无法考察模型的多重共线性，所以要和逐步等其他方法结合使用。在实操过程中，最佳子集法常用于正式回归模型分析之前的初步整体扫描，以获得对所有因子整体的理解和大致分析，为后续逐步法等模型分析法提供重要的参考依据。

如果多元回归可以寻找到合适的显著因子模型，则可以使用该模型进行响应优化。所谓响应优化，就是指在显著的因子取值范围内寻找目标响应的最佳解。使用者可以设定新的目标响应，虽然模型是一个线性模型，其解集中有无数组解，但软件可以给出合意性最高的解。合意性可以简单理解为，当因子被设定成优化解时出现目标响应值的可能性。与简单回归一样，通常情况下，因子的水平不会突破试验的水平，以免出现不合逻辑或不合物理意义的情况。如果需要突破边界，则需要更多的试验和验证。

【案例 9-8】多元回归

某玩具设计制造企业在研究其新型飞行器玩具的飞行性能。由于飞行器玩具都需要电力系统作为动力，尽可能减少能耗，因此延长飞行器玩具的滞空时间是最关键的目标。在初步研究中发现，影响滞空时间的因素有很多，包括飞行器的重量、旋翼数、滑翔翼的翼展长度、电机数量、飞行器长度和宽度等。该企业进行了一系列试验组合，并尝试进行回归分析，希望能使该飞行器玩具的滞空时间可以稳定超过 80 分钟。假设显著性水平为 0.1，数据如表 9-12 所示。

表 9-12　多元回归案例的数据

滞空时间（min）	82.2	81.0	82.5	85.8	76.7	40.5	45.3	87.3	39.1	66.6
长度（mm）	120.7	133.4	136.6	122.2	144.5	124.3	136.8	122.6	126.2	147.9

续表

宽度（mm）	69.4	88.3	81.3	79.5	90.9	48.8	45.3	83.3	36.2	66.5
重量（g）	369.0	377.4	254.0	459.0	282.9	181.4	148.8	273.2	193.7	257.1
电机数量（pcs）	4	3	4	4	3	3	3	4	3	1
旋翼数（pcs）	4	4	3	3	4	2	3	4	2	3
翼展长度（mm）	166	159	176	166	165	153	141	152	157	159
电池容量（mAh）	5 195	4 271	4 952	6 125	3 555	2 606	3 079	4 329	2 197	2 892
滞空时间（min）	84.7	47.3	78.9	80.2	36.6	65.6	58.7	59.9	49.2	53.1
长度（mm）	143.9	130.5	136.7	136.9	143.1	142.3	143.6	126.9	132.6	121.3
宽度（mm）	84.9	39.9	74.0	83.5	37.6	72.3	49.1	59.3	54.4	59.6
重量（g）	346.4	208.3	261.8	239.4	165.9	250.6	324.3	325.4	196.3	214.8
电机数量（pcs）	3	1	4	4	2	1	3	3	3	3
旋翼数（pcs）	3	1	4	3	3	1	3	2	3	1
翼展长度（mm）	139	179	167	160	157	174	170	167	148	162
电池容量（mAh）	4 885	2 042	3 708	4 627	1 956	2 798	2 282	2 709	2 763	2 944

在不选择逐步法的情况下，会获得图 9-30 所示的方差分析结果。

来源	自由度	Adj SS	Adj MS	F 值	P 值		项	系数	系数标准误	T 值	P 值	方差膨胀因子
回归	7	5673.13	810.447	32.11	0.000		常量	−40.0	32.5	−1.23	0.243	
长度(mm)	1	1.87	1.865	0.07	0.790		长度(mm)	0.051	0.189	0.27	0.790	2.13
宽度(mm)	1	512.06	512.056	20.29	0.001		宽度(mm)	0.537	0.119	4.50	0.001	3.50
重量(g)	1	37.03	37.034	1.47	0.249		重量(g)	0.0273	0.0225	1.21	0.249	2.45
电机数量(pcs)	1	0.29	0.288	0.01	0.917		电机数量(pcs)	−0.23	2.12	−0.11	0.917	3.36
旋翼数(pcs)	1	34.93	34.926	1.38	0.262		旋翼数(pcs)	2.15	1.83	1.18	0.262	2.55
翼展长度(mm)	1	77.97	77.970	3.09	0.104		翼展长度(mm)	0.215	0.122	1.76	0.104	1.29
电池容量(mAh)	1	105.92	105.918	4.20	0.063		电池容量(mAh)	0.00454	0.00222	2.05	0.063	5.34
误差	12	302.92	25.243									
合计	19	5976.05										

图 9-30 多元回归案例的数据初始分析结果

回归分析需要将不显著项去除，可以通过对 P 值的考量来完成。P 值越大，则其显著性越差（默认原假设为因子的影响是不显著的）。所以这里可以从最不显著的因子"电机数量"开始去除，相应的分析结果如图 9-31 所示。

可以看到在去除一个因子后，整个方差分析，不论是因子的 P 值还是方差膨胀因子都发生了变化，而刚去除的不显著项"电机数量"的方差被计入了误差项。此时由于依然有不显著项，则需要继续简化。反复以上步骤，直到获得全部的显著项，此时的分析结果如图 9-32 所示。

在显著性水平为 0.1 的情况下，获得了图 9-32 所示的回归模型。几个 R^2 值都较大，且残差分析没有显示异常，故可以信任所获得的回归方程。该方程可以在其对应的 x 范围内进行相应的预测分析。

来源	自由度	Adj SS	Adj MS	F 值	P 值
回归	6	5672.84	945.474	40.54	0.000
长度(mm)	1	4.00	3.998	0.17	0.686
宽度(mm)	1	513.63	513.629	22.02	0.000
重量(g)	1	42.03	42.027	1.80	0.202
旋翼数(pcs)	1	46.19	46.189	1.98	0.183
翼展长度(mm)	1	77.72	77.715	3.33	0.091
电池容量(mAh)	1	120.35	120.351	5.16	0.041
误差	13	303.20	23.323		
合计	19	5976.05			

项	系数	系数标准误	T 值	P 值	方差膨胀因子
常量	-41.6	27.5	-1.51	0.154	
长度(mm)	0.063	0.151	0.41	0.686	1.47
宽度(mm)	0.538	0.115	4.69	0.000	3.49
重量(g)	0.0279	0.0208	1.34	0.202	2.26
旋翼数(pcs)	2.04	1.45	1.41	0.183	1.73
翼展长度(mm)	0.215	0.118	1.83	0.091	1.29
电池容量(mAh)	0.00445	0.00196	2.27	0.041	4.51

图 9-31　多元回归案例的数据中间（手动去除不显著项过程）分析结果

来源	自由度	Adj SS	Adj MS	F 值	P 值
回归	3	5558.99	1853.00	71.09	0.000
宽度(mm)	1	905.25	905.25	34.73	0.000
翼展长度(mm)	1	90.79	90.79	3.48	0.080
电池容量(mAh)	1	332.06	332.06	12.74	0.003
误差	16	417.06	26.07		
合计	19	5976.05			

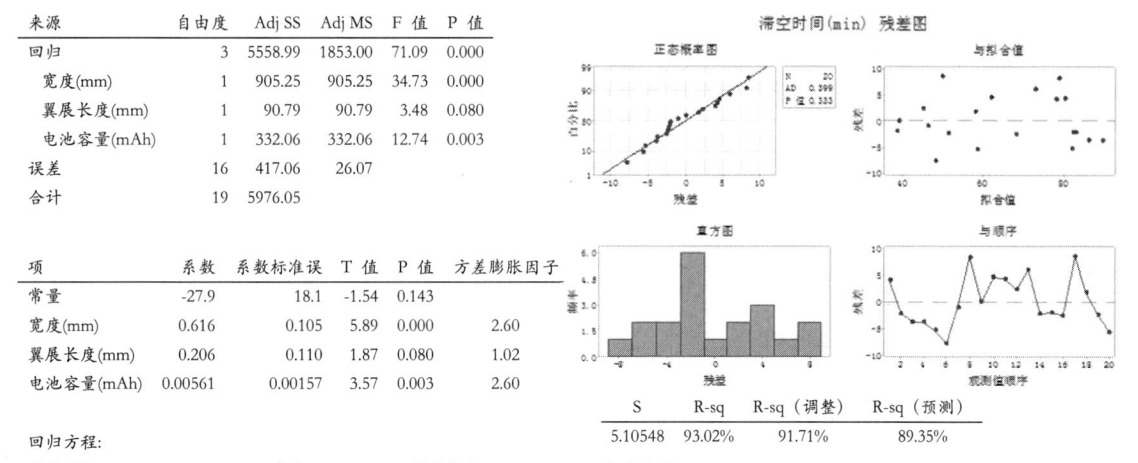

项	系数	系数标准误	T 值	P 值	方差膨胀因子
常量	-27.9	18.1	-1.54	0.143	
宽度(mm)	0.616	0.105	5.89	0.000	2.60
翼展长度(mm)	0.206	0.110	1.87	0.080	1.02
电池容量(mAh)	0.00561	0.00157	3.57	0.003	2.60

S	R-sq	R-sq（调整）	R-sq（预测）
5.10548	93.02%	91.71%	89.35%

回归方程：
滞空时间(min) = -27.9 + 0.616 宽度(mm) + 0.206 翼展长度(mm) + 0.00561 电池容量(mAh)

图 9-32　多元回归案例的数据模型（手动简化法）分析结果

回归方法有多种，使用不同的方法可能获得不同的结果。如果使用步退法，则与手动去除法的结果一致，但如果使用逐步法，在同样的显著性水平下，则可能出现其他结果。逐步法的分析结果如图 9-33 所示（入选用 $\alpha = 0.1$，删除用 $\alpha = 0.1$）。

来源	自由度	Adj SS	Adj MS	F 值	P 值
回归	3	5568.4	1856.12	72.85	0.000
宽度(mm)	1	876.2	876.16	34.39	0.000
重量(g)	1	100.2	100.17	3.93	0.065
电池容量(mAh)	1	121.4	121.37	4.76	0.044
误差	16	407.7	25.48		
合计	19	5976.0			

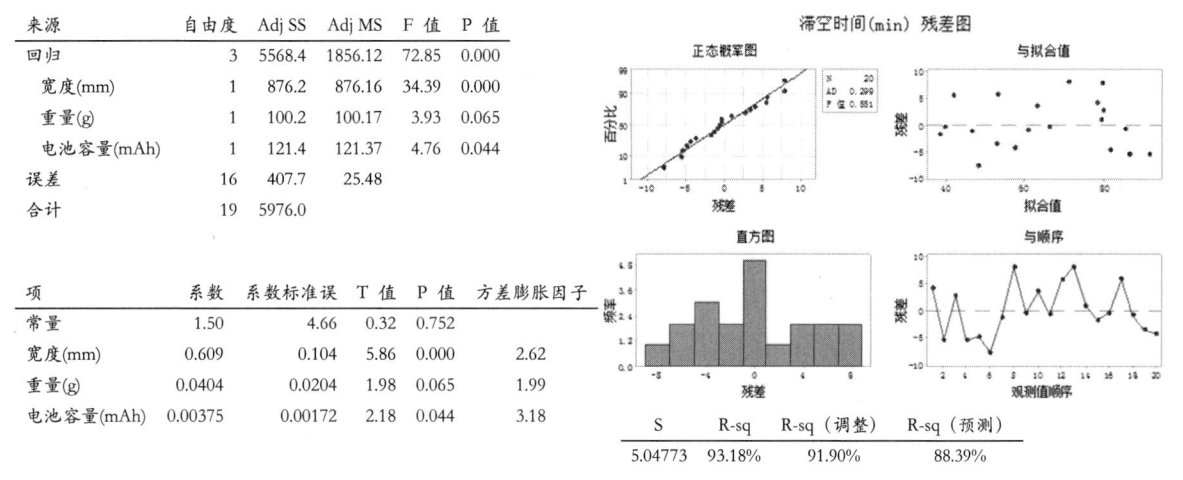

项	系数	系数标准误	T 值	P 值	方差膨胀因子
常量	1.50	4.66	0.32	0.752	
宽度(mm)	0.609	0.104	5.86	0.000	2.62
重量(g)	0.0404	0.0204	1.98	0.065	1.99
电池容量(mAh)	0.00375	0.00172	2.18	0.044	3.18

S	R-sq	R-sq（调整）	R-sq（预测）
5.04773	93.18%	91.90%	88.39%

滞空时间(min) = 1.50 + 0.609 宽度(mm) + 0.0404 重量(g) + 0.00375 电池容量(mAh)

图 9-33　多元回归案例的数据模型（逐步法）分析结果

显然，两个模型都是显著的，但结论是不同的。回归分析需要使用者仔细多次查看，并且考虑因子是否显著的实际物理意义，才能确定选择哪个模型进行优化。另外，在分析之前，也可以使用最佳子集法对所有因子进行扫描。最佳子集法的分析结果如图9-34所示，响应为滞空时间（min）。

变量	R-Sq	R-Sq (调整)	R-Sq (预测)	Mallows Cp	S	长度	宽度	重量	电机数量	翼旋翼数	翼展长度	电池容量
1	86.6	85.8	83.5	15.8	6.6801		X					
1	74.9	73.5	68.1	43.5	9.1336							X
2	91.5	90.5	88.6	6.1	5.4657		X					X
2	91.1	90.1	88.0	7.0	5.5785		X	X				
3	93.2	91.9	88.4	4.1	5.0477		X	X				X
3	93.0	91.7	89.3	4.5	5.1055		X				X	X
4	94.2	92.6	88.7	3.8	4.8154		X			X	X	X
4	93.9	92.3	88.6	4.4	4.9259		X	X			X	X
5	94.9	93.0	88.4	4.2	4.6843		X		X	X	X	X
5	94.3	92.3	88.0	5.5	4.9278		X	X	X		X	X
6	94.9	92.6	85.4	6.0	4.8294	X	X	X		X	X	X
6	94.9	92.5	87.4	6.1	4.8420		X	X	X	X	X	X
7	94.9	92.0	83.4	8.0	5.0242	X	X	X	X	X	X	X

图9-34 多元回归案例的最佳子集法分析结果

最佳子集法并没有直接确定回归模型，而是需要使用者自己寻找合适的模型。每行都代表一种模型的组合，图9-34右侧的X代表该组合中被选入的因子。如第1行的模型中仅"宽度"一个因子，第3行的模型中同时包括"宽度"和"电池容量"两个因子。

最佳子集法的第一判定是查看Mallows CP值，该值与模型中的项（含常数项）越接近越好。所以从图9-34中看到第5、6行的两个模型CP值均略大于4，而对应的模型项都是4（3个因子加1个常数项）。对比之前的结果就会发现，第5行的模型即逐步法获得的模型，而第6行的模型即手动去除法或步退法获得的模型。最佳子集法不仅查看CP值，同时第二判定也需要查看几个R^2和标准差S值。第5行的CP值更好，R^2和$R^2_{调整}$更好，但$R^2_{预测}$更差一些。所以第5行与第6行的模型由使用者根据实际情况以及因子对应的物理意义来进行选择。

注：使用最佳子集法往往会出现全模型最佳的情况，即所有因子入选时CP值最佳且R^2最佳，这其实是不合理的，此时的$R^2_{预测}$和标准差可能不是最佳的。所以使用最佳子集法一般不会考虑全因子入选的模型。另外，最佳子集法仅考虑因子入选的排列组合，并没有考量方差膨胀因子的因素，所以该方法仅用于模型的初步扫描和模型比较，不可直接由该方法的分析结果妄下结论。

在本例中，如果选择手动去除的模型进行优化，则可使用回归的响应优化器进行响应优化。将响应"滞空时间"设为企业的希望目标大于80分钟（最小值80，响应最大化）。响应优化的结果如图9-35所示。

	响应	目的	下限	目标	上限	权重	重要度
	滞空时间(min)	最大值	80	87.3		1	1

解	宽度(mm)	翼展长度(mm)	电池容量(mAh)	滞空时间(min)拟合值	复合合意性
1	90.9	179	6125	99.3884	1

优化
D: 1.000
高
曲线
低
预测

宽度(mm)
90.90
[90.90]
36.20

翼展长度(mm)
179.0
[179.0]
139.0

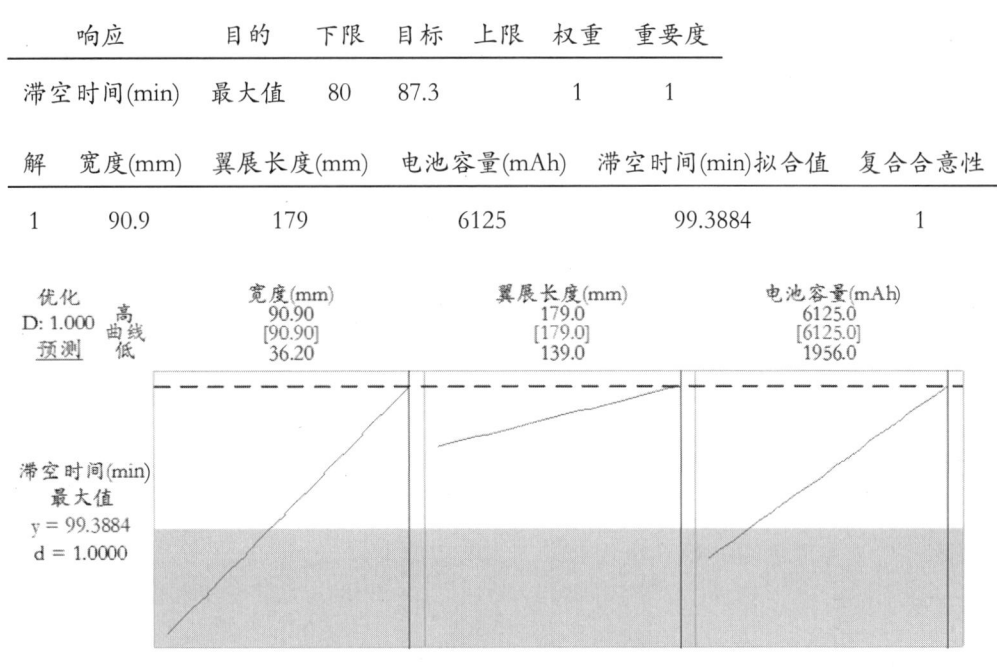

电池容量(mAh)
6125.0
[6125.0]
1956.0

滞空时间(min)
最大值
y = 99.3884
d = 1.0000

图 9-35 多元回归案例的响应优化结果

如果信任响应优化的结果,则需要改善设计,应将飞行器宽度设为 90.9mm,翼展长度为 179mm,电池容量为 6 125mAh,则可实现滞空时间得到 99min 多。合意性 1 代表,如果这样设置,则出现该响应值的可能性接近 100%。

8. 逻辑回归分析

无论是简单回归还是多元回归,都属于线性回归。逻辑回归则是另一种形式,它研究的是不同响应值出现的概率。其本质上也应用了普通回归的计算方式,但由于响应值是离散型变量,所以在普通回归的基础上,修正了响应的模型公式,通过链接函数来考察优势比,并以此判断出现离散响应值的概率。

逻辑回归根据其响应的特点,分成了二值回归、顺序回归和名义回归。

二值回归,也称二元回归,但为了与多个输入因子的多元回归相区分,故常用二值回归。二值回归,顾名思义,即响应值通常为两个值,且两个值互为补集。该响应形式类似于二项分布中的响应值,如合格、不合格。

顺序回归的响应一般会被分成若干个属性,且属性之间存在从低到高、从弱到强或等同于这种情况的分级属性,如学生成绩分成 A、B、C、D 四个等级。

名义回归是最通用的逻辑回归形式,在响应的若干个属性之间不存在相互比较的关系,各响应可独立存在和可独立解释,仅是研究对象的不同类别属性而已。例如,客户挑选午饭套餐时有 10 个不同的选择,从 1 号套餐到 10 号套餐等,它们之间可能不存在任何可比性。

本质上,逻辑回归依然是普通回归,但由于响应是属性变量,因此出现了离散状态,而这种状态是无法直接被解读的。逻辑回归在响应中要求指定一个参考对象,该参考对象对应的事件有其自

身的概率 P_1，那么其他响应对应的事件的概率假定为 $P_2, P_3, \cdots, P_n$。其中，n 为响应类别数，那么所有的其他响应事件的概率和参考事件的概率的比值成为逻辑回归的评估对象。这个概率的比值称为优势比。显然，这个优势比会和 1 进行比较，如果优势比大于 1，则分子代表的事件的概率更大，反之则分母代表的事件的概率更大。如果优势比的数字足够大或足够小，则可以判定该回归的结果更倾向于出现对应的响应事件。由于优势比是两个概率的比值，正态性和连续型都非常差，且可能出现较大的偏斜，所以在研究优势比的时候，一般取对数值，以使数据更加平稳。

优势比的引入，使普通的回归方程发生了变化，主要是把简单的连续变量 y，用优势比的对数值进行了替换，然后对该值进行研究。回归模型的通用公式如下：

$$y = \ln\left(\frac{P_i}{P_k}\right) = a + bx$$

式中，$a+bx$ 为传统的普通回归模型（可替换成更复杂的回归模型，此时仅作为示意）；P_i 为当前研究的事件概率；P_k 为参考事件概率；$i \neq k \leqslant n$，n 为响应类别数。

在研究优势比的时候，上述公式会根据响应的不同而发生变化。

二值回归中只有两个互为补集的响应，如果其中一个事件的概率为 P，另一个事件的概率为 $1-P$，那么其回归模型的公式如下：

$$y = \ln\left(\frac{P}{1-P}\right) = a + bx$$

顺序回归中的响应有三个及三个以上且成自然顺序，所以不能直接按 P 和 $1-P$ 来进行区分。考虑到响应的自然顺序，顺序回归可以使用累积概率进行评估。回归模型被修正后的公式如下：

$$y = \ln\left(\frac{P(y \leqslant k)}{1 - P(y \leqslant k)}\right) = a + bx$$

式中，k 为模型响应中按自然顺序从最小/低值开始排序的第 k 个响应分类；$P(y \leqslant k)$ 为从最小/低值开始的各响应事件的累积概率，$k \leqslant n$；n 为响应类别数。

$$P(y \leqslant k) = P_1 + P_2 + \cdots + P_k, \quad k = 1, 2, \cdots, k, \quad k \leqslant n$$

式中，$P(y \leqslant 1) \leqslant P(y \leqslant 2) \leqslant \cdots \leqslant P(y \leqslant k) = 1$。

一个快速的例子就是，假设研究某类学术论文的质量被分成 A、B、C、D、E 五个等级，A 级最好，E 级最差。假设出现各级论文的事件概率分别是 P_A、P_B、P_C、P_D、P_E，那么如果考察 B 级论文，就会考虑从 E 级开始一直到 B 级的累积概率。

$$P(y \leqslant B) = P_E + P_D + P_C + P_B, \quad y = \ln\left(\frac{P(y \leqslant B)}{1 - P(y \leqslant B)}\right) = a + bx$$

名义回归的响应有三个及三个以上的离散值，但名义回归不要求响应之间有自然顺序，所以其通用性会更好。其公式即上述的通用公式。

逻辑回归使用离散型变量作为响应，虽然其提供相应的计算方式，但分析精度有限，所以结果仅供参考，不应一味盲目相信其分析结果。

【案例9-9】逻辑回归：名义回归

某调查机构研究某城市应届生的求职意向，他们抽样的学生主要有本科生、研究生和海外归来人员，根据其性别以及期望工资，来了解他们选择企业的倾向性。目标企业主要来自电信、医疗与汽车行业。根据抽样结果，获得表9-13的数据。假设默认显著性水平为0.05，期望工资的单位是千元/月薪。

表9-13 名义回归案例的数据

企业类型	医疗	医疗	医疗	医疗	医疗	医疗	医疗	医疗	医疗	医疗	医疗	医疗	医疗	汽车	汽车
资历	研究生	研究生	海归	研究生	研究生	海归	研究生	研究生	研究生	研究生	研究生	本科	本科	本科	研究生
性别	男	男	男	男	男	男	男	男	男	男	女	女	女	女	女
期望工资	12.7	10.6	12.1	11.7	10.8	9.8	10.5	10.3	10.8	9.6	12.2	11.4	10.8	8.4	8.6

企业类型	电信	电信	电信	电信	汽车	汽车	汽车	汽车	汽车	汽车	汽车	汽车	汽车	汽车
资历	本科	本科	海归	研究生	本科	本科	本科	本科	本科	本科	本科	本科	本科	本科
性别	男	男	男	男	男	男	男	男	男	男	男	女	女	女
期望工资	10.7	8.6	10.2	9.3	8.8	8.1	9.2	8.7	7.8	9.1	7.6	8	8.9	9	9.2

企业类型	电信	电信	电信	电信	电信	电信	电信	汽车	汽车	汽车	汽车	汽车
资历	本科	本科	本科	研究生	本科	本科	海归	本科	研究生	研究生	海归	海归
性别	女	女	女	女	女	女	女	女	男	男	男	女
期望工资	8.7	10.2	10.5	8.5	9.5	8.6	8.5	9.2	7.6	8.2	8.2	8	8.8

在本例中，由于响应值有三个，而且其响应没有自然顺序，所以在逻辑回归中选择名义回归进行分析。逻辑回归一般需要设定参考事件，Minitab软件会进行自动选择，也可以在选项中手动设定参考事件，手动设定时需用单引号（''）将文本响应表示出来。这里将"电信"设为参考事件，分析结果如图9-36所示。

逻辑回归的结果通过P值来看因子回归的显著性，通过优势比来获得结论。在汽车/电信的响应研究中发现，只有期望工资的影响是显著的。其优势比为0.09，远小于1，则代表期望高工资的应届生更倾向于选择电信行业。在医疗/电信的响应研究中发现，在当前显著性水平下，没有显著因子，但其中期望工资（$P=0.081$接近显著性水平）可能影响应届生的就业选择，且其优势比远大于1，则代表该抽样群体普遍认为医疗行业的工资远高于汽车行业。

自变量	系数	系数标准误	Z	P	优势比	95% 置信区间 下限	上限
Logit 1:(汽车/电信)							
常量	21.9652	9.05184	2.43	0.015			
资历							
海归	-0.732288	1.32890	-0.55	0.582	0.48	0.04	6.50
研究生	-1.08227	1.27611	-0.85	0.396	0.34	0.03	4.13
性别							
男	1.15319	1.01094	1.14	0.254	3.17	0.44	22.98
期望工资	-2.45142	1.01117	-2.42	0.015	0.09	0.01	0.63
Logit 2:(医疗器械/电信)							
常量	-59.8874	33.9439	-1.76	0.078			
资历							
海归	6.32552	4.70956	1.34	0.179	558.65	0.05	5700701.38
研究生	9.43485	6.00386	1.57	0.116	12517.09	0.10	1.61435E+09
性别							
男	-2.30913	3.15495	-0.73	0.464	0.10	0.00	48.16
期望工资	5.59706	3.20613	1.75	0.081	269.63	0.50	144488.31

所有斜率等于零的检验

自由度	G	P 值
8	57.424	0.000

拟合优度检验

方法	卡方	自由度	P
Pearson	31.2996	72	1.000
偏差	32.8868	72	1.000

图 9-36 名义回归案例的分析结果

斜率为零检验的检验结果的显著 P 值远小于显著性水平，则拟合结果显示响应至少与其中一个因子有显著关系（原假设为所有因子均不显著）；拟合优度的 P 值远大于显著性水平，则认为没有足够的证据证明模型是失拟的，故综上可认为结论是有效的。

泊松回归的响应值是离散型数据，其分析方式与普通回归类似，不再赘述。回归的应用面很广，著名的试验设计就是应用了多元回归的计算方式。回归中的参数和扩展应用众多，这里不再一一介绍。

9.4 过程能力研究

六西格玛方法论意在控制和改善系统中引起目标数据波动的问题，换句话说，六西格玛方法论所研究的是如何改善系统的过程能力。所谓过程能力，即过程表现出的交付目标指标的能力，这是与产品或研究对象的目标和标准限（设计规格限或客户接受限）紧密相关的。简单来说，如果在一个过程中，产品或输出始终落在标准限范围内，则可认为该过程的能力是良好的。六西格玛的工具众多，大多都是针对引起系统波动的原因改善，其最终目标就是希望获得一个良好的过程能力。

要研究过程能力，通常需要先确定过程的稳定性，而控制图是最常见的研究过程能力的工具。过程能力研究根据数据类型的不同而不同，而且过程能力研究的结果不仅可以用统一的西格玛水平来评价过程，也为过程改进指明了大致方向。

▶ 9.4.1 控制图

控制图是时间序列图的特殊应用，本质上符合时间序列图的所有特点，但经过百年的发展演化，已经有了独特的规则和应用。

时间序列图即随着时间而变化的数据趋势分析。在时间序列分析中，数据之所以出现波动，主要是因为有四个因素的影响。假设 $y(t)$ 是随时间变化的响应变量，则：

$$y(t) = T + S + C + I \quad 或 \quad y(t) = T \times S \times C \times I$$

式中，T 为数据波动的趋势（持续增加或持续减少）；S 为数据呈季节性变化；C 为数据呈周期性变化；I 为自然随机波动。而模型可以是由加法或乘法组成的，乘法模型代表模型波动或趋势较加法模型更为明显。

凡是随时间变化的数据波动均由这四个因素决定，而根据数据呈现的趋势或离散波动程度将时间序列分成了稳态时间序列与非稳态时间序列。非稳态时间序列在数据分析中有极其广泛的应用，但数学模型非常复杂，这里不单独介绍；而在稳态时间序列中，控制图是最典型的应用之一。

控制图作为典型的稳态时间序列，希望数据稳定在一定的区间范围内，或者根据数据分布状态来预测数据可能出现的未来状态。所以在四个因素中，控制图不希望出现有明显的增加或减少的趋势；而剩下的季节性和周期性变化可能是可以接受的，也可能是不可以接受的，控制图演化出了相应的判定规则；而自然随机波动或称为白噪声是固有存在的纯随机波动，这是符合自然规律的。如果控制图上所显示的数据波动都是自然随机波动，则代表这是一个自然行为，无特殊人为因素或普遍原因影响系统。

控制图作为特殊的时间序列图，依然满足典型的时间序列图特点，水平坐标即时间轴（或具有时间属性，或按自然顺序抽样的数据），垂直坐标即响应变量数据。与时间序列图不同的是，控制图多了三条参数线，分别为中心线（Center Line，CL）、控制上限（Upper Control Limit，UCL）与控制下限（Lower Control Limit，LCL）。图 9-37 为单值控制图示例。

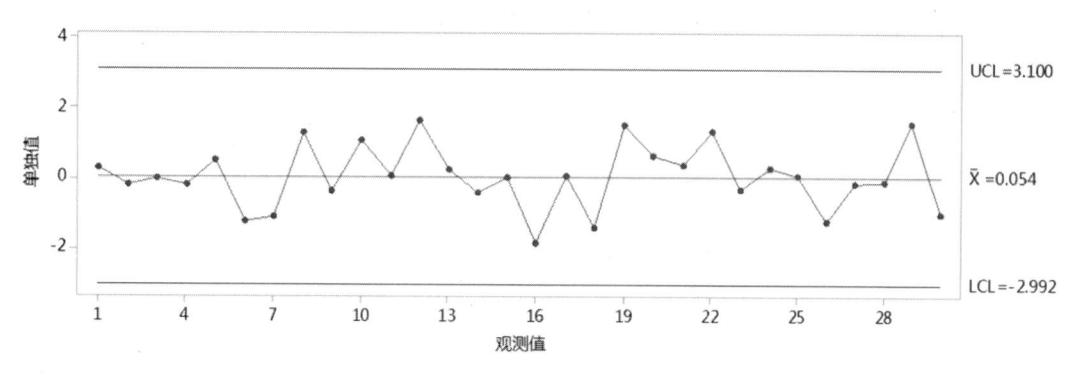

图 9-37 单值控制图示例

控制图有很多种，根据数据类型不同，控制图的类型不同，对应的三条参数线的计算方式也均不同。比较通用的描述是，中心线是当前数据所属分布的期望值，控制上限为中心线加上3倍的当前数据所属分布的标准差，控制下限为中心线减去3倍的当前数据所属分布的标准差。

用一个易于理解的快速案例来解释。假设某组数据是某条产线上的抽样数据，经校验服从正态分布$N(\mu, \sigma^2)$，此时绘制控制图时，其中心线即正态分布的期望值μ，标准差即正态分布的标准差σ。所以：

$$CL = \mu,, \quad UCL = \mu + 3\sigma, \quad LCL = \mu - 3\sigma$$

如果数据服从其他分布，中心线和控制上下限都要根据相应分布的期望值和标准差计算。

控制上下限是3倍的标准差，按正态分布的概率密度推算，上下限范围内包含的概率面积应为99.73%。控制图添加控制限说明，期望数据被控制在控制上下限的范围内，反之，如果数据落在控制上下限外，则代表数据（过程）有异常，这是一个小概率事件。控制图的理念是正负3倍标准差，与六西格玛的理念还有很大距离，但这不影响控制图成为六西格玛方法论中最重要的工具之一。

对于连续型数据的控制图，由于控制上限和下限分别由计算获得且为常数，所以其控制限为直线；而对于属性数据的控制图，其控制限在计算时涉及样本量，所以在不定样本量的属性数据控制图上，控制限则可能呈现出锯齿状波动。

控制图研究的当前数据，或者从当前过程中获取的数据，如果出现异常，则可能由两个原因导致：特殊原因和一般原因。其中，特殊原因一般由偶发因素导致，很多属于不可抗力（不可预测，后果未知），如自然灾害、突然的未知原因的电压波动等。特殊原因导致的过程异常虽然往往影响严重，但很少反复发生或持续存在。一般原因是指系统中固有的存在，且持续影响系统绩效或指标的影响因素，如某个已经磨损的零部件、未校准的工装夹具等。

对于特殊原因引起的问题，系统做好足够的应对，如准备冗余备份系统、一次性的补救措施等即可；对于一般原因引起的问题，系统往往无法快速鉴别原因或解决该问题，但由于这类原因引起的问题会反复出现，需要人们通过足够的分析去仔细鉴别并有效控制后才能将其稳定在期望的范围内。控制图主要研究过程中存在的一般原因，期望在其导致系统出现不可接受的影响之前将其鉴别出来并加以控制。

控制图的种类繁多，常用控制图按数据类型划分，如图9-38所示。

不同的控制图有不同的异常值判定标准。虽然有国际标准文件对控制图的判定做出了指导性的意见，但在实操过程中，由于研究对象的差异性，各个企业可各自选择其合适的判定标准。以使用量最大的连续型变量控制图为例，表9-14显示了其常见的八条判定标准。

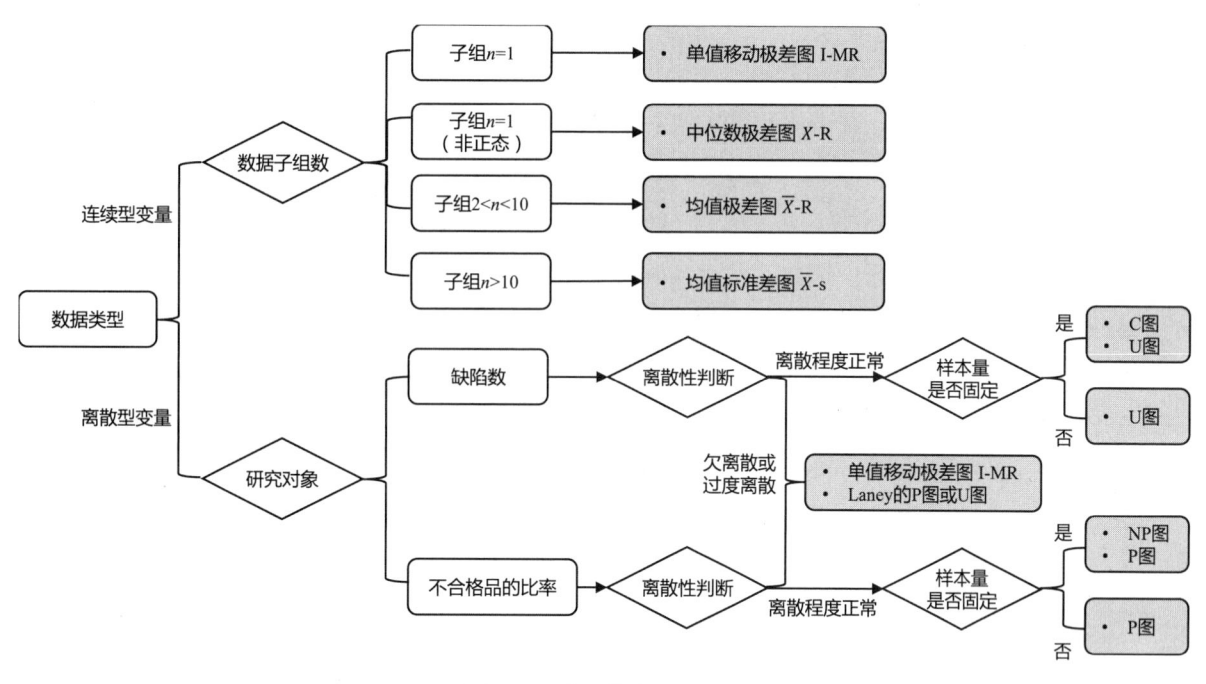

图 9-38 常用控制图的分类

注：
- 中位数极差图在数据非正态且无明显偏斜时使用，目前使用量很小
- 均值极差图与均值标准差图的应用边界子组数没有绝对依据，有多种说法，此处推荐值为 10（随着子组数增加，标准差图的效应会更显著）

表 9-14 控制图的八条判定标准

标准	描述	特征
1	数据点落在距中心线的 3 个标准差外	单点数据落在小概率的拒绝域范围内，数据异常
2	连续 9 个点在中心线一侧	系统可能存在均值漂移或短时间的系统错误
3	连续 6 个点全部递增或全部递减	时间序列中的趋势影响增大，向非稳态时间序列发展，系统不再稳定
4	连续 14 个点上下交错	时间序列中的周期性影响增大，系统可能存在固定约束或内在变化
5	连续 3 个点中有 2 个点落在中心线同侧的 2 个标准差外	数据的离散程度变大，有不稳定或失控的趋势
6	连续 5 个点中有 4 个点落在中心线同侧的 1 个标准差外	数据的离散程度变大，有不稳定或失控的趋势
7	连续 15 个点在中心线两侧的 1 个标准差内	数据的离散程度变小，当前的控制限无法有效起到控制的作用
8	连续 8 个点在中心线两侧的 1 个标准差外	数据不稳定，可能数据的离散程度变大，也可能系统存在内部错误导致短期均值漂移

由于实操环境复杂，表 9-14 判定标准中的参数可以根据企业实际需要进行修正。同样地，应用哪些标准，放弃哪些标准也由企业自行决定。其中，前四条的使用量较大，但在所有标准中第一条是最重要的，也被称为首要原则，因为这条标准就是控制图区别于普通时间序列图的最大差异。超出控制限的数据是企业需要在第一时间关注的，这些数据往往代表着企业所不能接受的绩效指标，还可能预示着更严重的后果。这并不代表其他七条标准不重要，只是其他判定标准在研究过程中隐含的趋势变化或内在信息不像第一条标准表现得如此直接而已。

控制图的主要目的是根据当前已知数据来研究过程中潜在的失控趋势。当数据出现了符合判定标准的情况时，就应检查系统，查看可能存在的原因，判定原因类别。只有当引发异常的原因被定义为一般原因时，该异常数值点所对应的控制对象才可称为失控。

一般来说，控制限与标准限（如图纸的公差限或客户的接受限）不可等同，两者是完全不同的考量维度。标准限是固定的限值，不随着过程或系统的变化而转移；而控制限是根据数据的实际值计算获得的，每加入一个数据都可能引起控制限的变化。如果用标准限作为控制限，不仅控制图失去了其原本的存在意义，同时最重要的第一条判定标准也失去了意义，这时所谓的控制限就只是一条检验用的接受限，这绝非应用控制图的本意。在合理的情况下，通常标准限要比控制限更宽，标准限与控制限之间的地带（两者的差值）即稳健性区域（在后续章节介绍），该区域越宽则代表系统的稳健性越好，此时即便系统出现了异常值或失控值，只要其落在稳健性区域内，那么这种情况客户依然是可以接受的。通常由于标准限是不能修改的，因此要获得更宽的稳健性，只有改善过程使标准差变得更小。

尽管控制图的控制限是由计算获得的，但在实操过程中，企业希望使用一个固定的数字来检验过程的稳定性。所以，在某些行业衍生出一个新的应用，就是根据当前控制限的计算值，将其暂时固化一段时间（延长当前控制限的值），并将此限值作为检验过程质量的标准，将这样的控制图称为控制用控制图，同时把传统的控制图称为分析用控制图。控制用控制图本质上改变了控制图的基本定义，并且使得第一条判定标准的意义受到质疑，所以使用该图时，应严格评估控制限固化的时间。如果长时间不更新控制限，则该控制图就变成了带两条检验限值的时间序列图了，这是不建议的做法。至于固化的时间，并没有严格的标准，与产品的产量或实际过程的复杂程度有关。一般来说，和抽样的基本原则一样，如果产量越高，则固化时间越短越好。

控制图的输入数据应是稳定过程的数据，在系统不稳定的过程中，不应忙于使用控制图，如新产品刚投产时的产能和质量爬坡阶段。在通常情况下，稳定过程的抽样数据都应该是服从正态分布的数据，控制图的输入数据也应该是正态分布的数据。如果数据非正态分布，则应检查系统是否存在异常情况。如果确实在无异常情况下数据依然非正态分布，则可考虑进行数据转换将其转换成正态分布数据后再应用控制图。但这种做法并不推荐，前文已经提到，因转换数据改变了数据之间的间隔，使数据的现实意义发生了改变，这与实际现场情况是有差异的。仔细探究潜在的导致数据非正态分布的原因，才是最重要的，因为很可能导致数据非正态分布的原因就是系统潜在失控的原因之一。

控制图和时间序列图一样，在研究系统微小变差的情况下，可以使用时间加权/指数加权的高阶控制图；在研究稀有事件的情况下，可以使用 G 控制图或 T 控制图。所有控制图的基本原理大致相同，只是在计算控制限时使用不同的方法而已，不再赘述。

【案例 9-10】控制图 1：连续型变量

某企业主要生产微电子产品，已经证实在产品加工过程中，加工设备的输入电压波动会极大地影响产品质量，所以企业希望将加工设备的输入电压稳定在一定的范围内。但由于该企业所在地区始终存在电压自然波动的现象，供电局已经通过某些技术手段对电压波动进行了控制，但仍然有可能出现短时间的电压浪涌。企业内部只有通过额外的稳压设备来实现短时间的稳压措施，但由于应用技术的限制以及该设备运行费用昂贵，因此该稳压设备不能长时间工作，只能在出现电压预警时投入工作。故企业对其加工设备的输入电压进行长期监控，并希望在出现电压波动预警时启动稳压设备来保证产品质量。

根据企业之前的研究，该加工设备在 30 分钟内的短期电压波动不会显著影响产品质量，所以电压控制图每半小时刷新一次，电压采样频率被定义为 1 分钟抽样一次，每次连续测点 5 个电压值。如果在当前的控制图上出现失控现象，就随即启动稳压设备。加工设备的额定工作电压为 380V±20V，实际近期电压实测数据如表 9-15 所示。

表 9-15 控制图案例 1 的数据

采样	1	2	3	4	5	6	7	8	9	10	11	12	13	14	15
电压 1	385	364	391	391	386	382	376	358	386	373	391	378	395	367	397
电压 2	381	331	394	352	355	382	376	360	390	380	361	367	363	356	409
电压 3	369	375	371	383	378	367	387	353	378	377	369	390	407	374	377
电压 4	369	360	398	383	374	393	361	341	370	362	375	348	367	374	369
电压 5	389	351	355	360	386	389	350	361	355	369	368	367	367	356	357
采样	16	17	18	19	20	21	22	23	24	25	26	27	28	29	30
电压 1	396	376	374	397	372	382	386	386	372	381	395	397	393	383	396
电压 2	364	373	340	373	375	355	355	370	375	389	363	389	396	356	380
电压 3	404	369	377	377	346	343	389	347	372	351	371	367	396	379	400
电压 4	372	365	336	385	344	389	351	393	373	389	399	361	369	394	372
电压 5	400	350	366	377	342	343	358	355	371	358	379	401	361	371	396

由于每次连续取 5 个电压值，因此使用 $\bar{X} - R$ 控制图进行分析，结果如图 9-39 所示。（关于使用 R 图还是 S 图的样本子组数的争论从未停止，使用者应自行判断，但肯定的是样本子组数越大，越倾向于使用 S 图。）

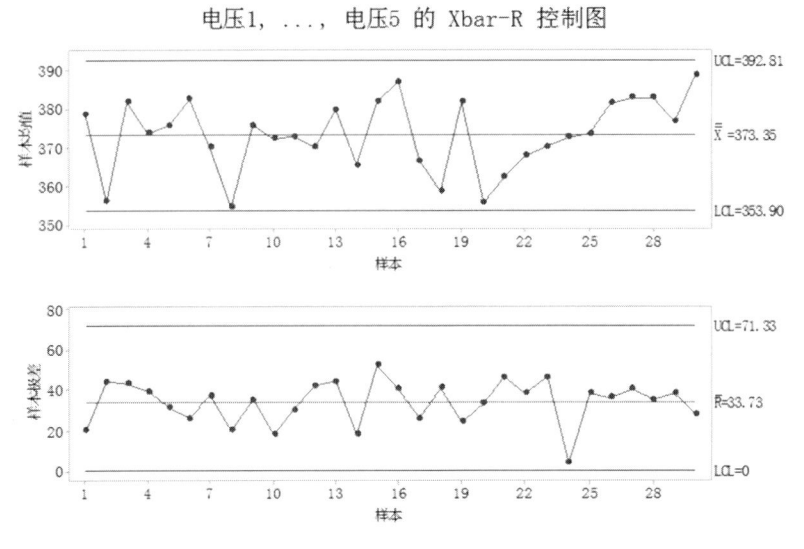

图 9-39 控制图案例 1 的 $\bar{X} - R$ 控制图（仅应用第一条判定标准）

仅仅从初步的分析来看，并没有看出异样，所有的点都在控制限内。但分析团队发现，在原分析中仅仅应用了第一条判定标准，如果使用更多判定标准，则会出现异常点。而且如果将电压自身的规格限作为参考，就会有个别电压值超出额定电压值。如图 9-40 所示，手动添加了 360V 和 400V（额定电压 380V±20V）的规格报警线作为参考。

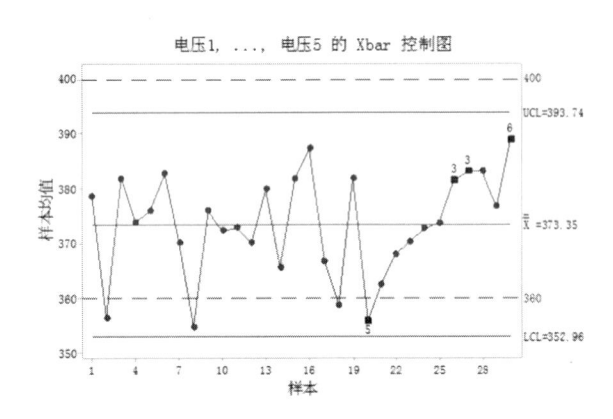

图 9-40 控制图案例 1 的 $\bar{X} - R$ 控制图（应用八条判定标准）

当前情况不容乐观，部分电压值低于设备额定电压值，近期数据甚至可以预见到电压在持续攀升，是需要报警的。所以企业根据当前情况决定启动稳压设备。稳压设备启动后的电压被控制在稳定的波动范围内且电压均值更接近额定电压值。图 9-41 是启动稳压设备的前后对比数据。

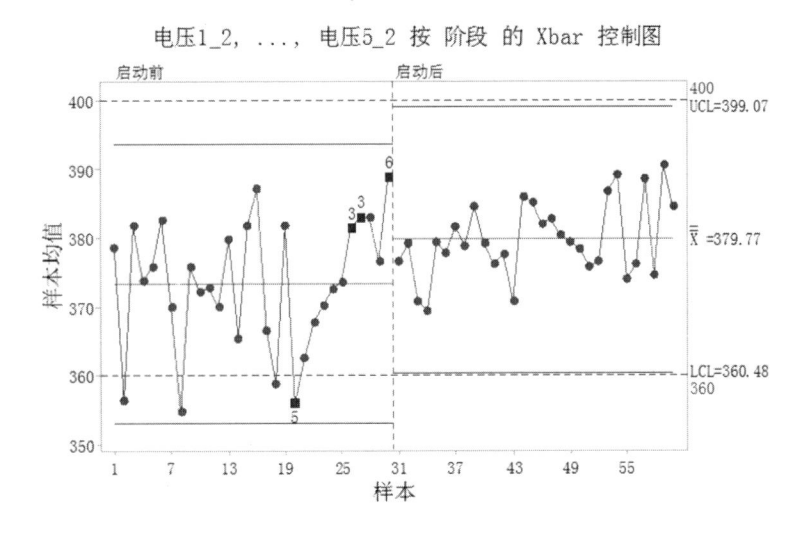

图 9-41 控制图案例 1 中数据前后对比的 $\bar{X}-R$ 控制图

【案例 9-11】控制图 2：属性变量

某企业在研究某条产线的合格率。从产线的反馈得知，现场工程人员认为控制图对实际工作没有实际帮助，管理层要调查实际情况并做出反应。现场获得的数据如表 9-16 所示。

表 9-16　控制图案例 2 的数据

不合格品	2	5	1	2	5	2	5	5	4	4	2	5	3
样本数	206	435	93	183	499	155	446	561	428	465	221	446	242
不合格品	5	2	1	3	2	5	5	2	2	4	1	5	
样本数	456	153	95	239	175	465	482	184	147	460	100	474	

在本例中，不合格品的数量对应不固定样本量，故采用 P 控制图（见图 9-42）进行分析。

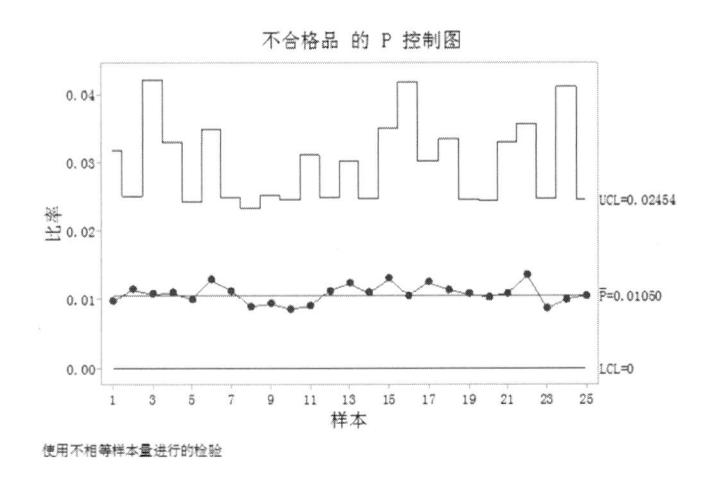

图 9-42　控制图案例 2 不合格品的 P 控制图

现场工程人员认为，该产线的合格率追踪控制图长期出现都类似图 9-42 这样的 P 控制图，由于该图上的控制限过宽，似乎目标永远都是优秀的，因此该图无法很好地起到预警和驱动现场改善的作用。如果短时间内出现小批量质量问题，将无法很好体现在该控制图上，所以现场管理团队希望对工具的使用进行改善。

属性 P 控制图和 U 控制图都会遇到类似的情况，通常这都是由研究对象数据欠离散或过度离散导致的。所以在执行 P 控制图和 U 控制图之前都要先进行离散程度的检验，以便使用正确的评价方式。P 控制图的诊断结果如图 9-43 所示。

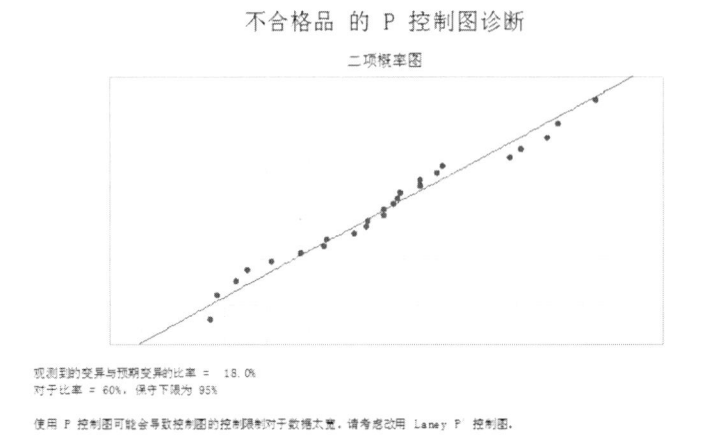

图 9-43　控制图案例 2 的 P 控制图诊断结果

P 控制图的诊断显示，确实 P 控制图的控制限太宽了，这是由数据欠离散导致的。所以此时应使用 Laney P 控制图，该图会调整控制图的上下限（调整上下限的系数，即不再是 3 倍标准差），使实际工作更有意义。如图 9-44 所示，使用 Laney P 控制图之后，大幅度缩减了控制图的范围，而产线现场也接受了这样的评估方式作为现场质量控制的新手段。

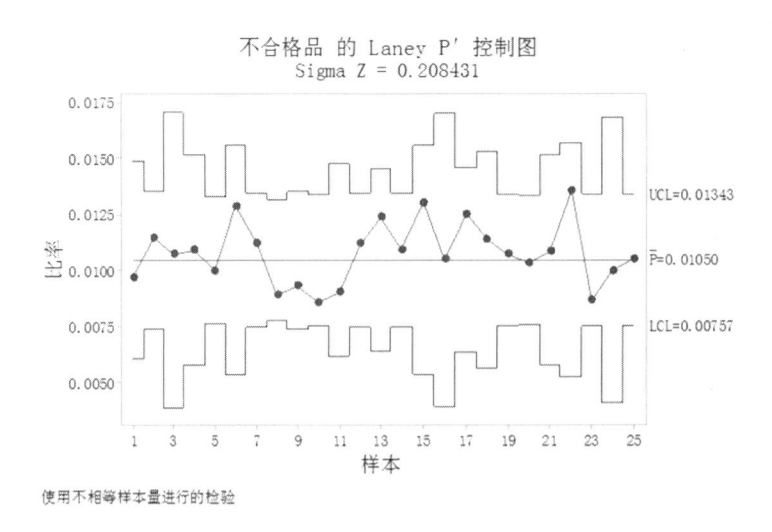

图 9-44　控制图案例 2 的 Laney P 控制图

9.4.2 属性过程能力研究

当过程能力研究的对象数据是属性数据时，过程能力研究的主要研究对象为抽样获得的缺陷数。所谓缺陷，即与期望特征不一致的情况，根据缺陷的数量和严重程度，可能决定产品是否可用。一般来说，有缺陷的产品不见得一定是不合格品，但是不合格品一定有缺陷。相比之下，六西格玛更倾向于控制缺陷。六西格玛的原始定义是，每百万个机会中仅存在 3.4 个缺陷率。属性过程能力研究期望系统本身是受控稳定的，且抽样时要充分符合随机性。

在属性过程能力研究中，最重要的两个参数是单位缺陷率（defect per unit，DPU）和百万机会缺陷率（defect per million opportunity，DPMO），企业亦常用 ppm（parts per million）来表示每百万件产品的（缺陷）比率。计算方式分别如下：

$$DPU = \frac{样本中的缺陷数}{样本量}$$

$$DPMO = \frac{样本中的缺陷数}{单位产品的缺陷机会数 \times 样本量} \times 1\,000\,000$$

从上面的公式不难看出，通过很简单的抽样统计即可计算这两个参数值。这两个参数值可以快速与六西格玛水平进行对比，大致确定目标过程的大致能力。由于这是简单的计数统计，而且往往是短期行为，因此这个计算仅代表当前的过程能力，且数字仅代表大致情况。表 9-17 为西格玛水平与对应的合格率，由于计算精度的问题，DPMO 的数字可能略有差异。

表 9-17 考虑标准差漂移的西格玛水平

西格玛水平（σ）	合格率（%）	DPMO（ppm）
1	30.85	691 462
2	69.15	308 538
3	93.32	66 807
4	99.38	6 210
5	99.977	233
6	99.99966	3.4

另外，如果信任 DPU 的计算值，也可以使用以下公式快速计算直通率。该公式与正态分布的公式有关。同样，该公式仅为快速估算，在高西格玛水平时较准确，结果仅供参考。

$$合格率 = e^{-DPU}$$

【案例 9-12】属性过程能力

某企业投产了一个新产品，现场随机抽取了 40 个样本，在这些样本中总共发现 18 个缺陷。在随后数次测量过程中，产品 DPV 大致在同一水平上。企业认为产品设计本身有问题，导致 DPU 太高，所以进行了设计改良，改良后的单位产品的缺陷机会数为 3。在随后的常规飞行检验中，抽取了 360 个样品，发现 25 个缺陷。企业想知道该产品改良前后的过程能力如何。

$$改良前的 DPU = \frac{18}{40} = 0.45$$

$$改良后的 DPMO = \frac{25}{3 \times 360} \times 1\,000\,000 = 23\,148 \text{ ppm}$$

按 23 148ppm 查表发现，3.5 西格玛水平对应的 ppm 大约是 22 700ppm，所以这个过程能力大约也就是 3.5 西格玛。这里可以使用软件获得更精确的计算值，但实际意义不大，属性过程能力仅大致确定西格玛水平即可。

▶ 9.4.3 连续型过程能力研究

当过程能力研究的对象数据是连续型数据时，则此时的过程能力研究为连续型过程能力评估，这个研究可以针对产品或过程中的具体参数。在实操环境下，大量的产品检验、试验验证等都可以使用连续型过程能力来研究过程是否能满足客户的期望。

连续型过程能力研究使用过程能力参数 Cp、Cpk、Pp、Ppk 来进行评估，这些参数与目标参数的期望值和标准限有关。通常情况下，绝大多数产品或过程的目标参数都具有名义值、规格下限、规格上限。其中，名义值一般是设计值，也可以理解为是客户或设计者的期望值，而规格上下限来自客户，可以视为目标的标准限值。如果直接使用图纸设计规格来描述这些参数，假设这些参数的公差是对称的，那么它们的表现形式往往是：名义尺寸±公差。

注：在很多情况下，我们发现客户规格限和产品设计规格限是一样的，但这样做并不合适。因为如果这样做，那么一旦产品或过程出现越线的情况就代表会被客户拒绝。合适的做法是，产品设计规格限应小于客户规格限，这是设计稳健性的另一种体现。其稳健性可以通过稳健性设计进行量化计算，也可以根据产线能力通过过程能力改善来扩大稳健性区域。

连续型过程能力研究与正态分布有极大的关系，其基本计算公式也与正态方程有关。在研究连续型过程能力指数之前，要确保系统是稳定受控的，否则将使分析变得毫无意义。连续型过程能力指数大致分成两类：短期过程能力指数 Cp、Cpk 和长期过程能力指数 Pp、Ppk。其中，字母 k 来自日语 "偏" 的发音首字母，这很好地解释了两个参数的差异（后文将详述）。其中，Cp 与 Pp，Cpk 与 Ppk 的计算公式基本一样，差异在于所使用的标准差可能是样本自身数据获得的标准差，或者通过样本数据的极差获得的估算值。

注：在实操过程中，由于某些历史原因和误传，汽车行业短期和长期过程能力指数定义可能与其他行业正好相反，且多年来汽车行业一直试图用各种方式（如使用潜在过程能力和整体过程能力，性能指标和绩效指标等模糊概念）去解释这个问题但效果甚微。读者不必过于纠结该问题，正确理解过程能力的计算和应用即可。

与过程能力指数相关的公式如表 9-18 所示。该表公式中的 USL 是规格上限，LSL 是规格下限，ε 是均值与目标值的差的绝对值，Tar 是规格的目标值，σ 是样本获得的数据标准差，$\hat{\sigma}$ 是从样本用极差估算获得的标准差。另外，在计算 Cpk 时，如涉及单侧规格（上/下）限，又可区分为 Cpu（短期上过程能力指数）和 Cpl（短期下过程能力指数）；同理在计算 Ppk 时，又可区分为 Ppu（长期上过程能力指数）和 Ppl（长期下过程能力指数）。Ca 为 Cpk 计算过程中的中间参数。

Cp 与 Cpk，Pp 与 Ppk 的差异主要就是标准差的计算方式（是否考虑了均值的偏移）不同。

表 9-18　过程能力指数公式

均值无偏过程能力	均值有偏过程能力（多个公式等同，为公式变形推演）
$Cp = \dfrac{公差}{6 \times 估计标准差} = \dfrac{USL - LSL}{6\hat{\sigma}}$	• $Cpk = \dfrac{公差 - 2\times偏差}{6\times估计标准差} = \dfrac{USL - LSL - 2\varepsilon}{6\hat{\sigma}}$，$\varepsilon = \|\bar{X} - Tar\|$ • $Cpk = Min(Cpl, Cpu) = Min\left(\dfrac{USL - \bar{X}}{3\hat{\sigma}}, \dfrac{\bar{X} - LSL}{3\hat{\sigma}}\right)$ • 当 $Ca = \dfrac{\bar{X} - SL}{(USL - LSL)/2}$ 时，$Cpk = (1 - \|Ca\|) \times Cp$
$Pp = \dfrac{公差}{6 \times 样本标准差} = \dfrac{USL - LSL}{6\sigma}$	• $Ppk = \dfrac{公差 - 2\times偏差}{6\times样本标准差} = \dfrac{USL - LSL - 2\varepsilon}{6\sigma}$，$\varepsilon = \|\bar{X} - Tar\|$ • $Ppk = Min(Ppl, Ppu) = Min\left(\dfrac{USL - \bar{X}}{3\sigma}, \dfrac{\bar{X} - LSL}{3\sigma}\right)$

Cpk 所使用的标准差是根据样本的极差和控制系数 d_2 计算得到的：$\hat{\sigma} = \bar{R}/d_2$，这是对总体的标准差的一种估计值。对于总体而言，这是近似无偏的标准差；对于样本而言，这只是一种有偏的标准差（由于该标准差由样本数据计算获得，所以从符号上以样本为基准，称为标准差的有偏估计）。d_2 是一系列控制系数中的一个。在计算控制图的控制限时，根据样本实际数据的特征，需要对总体数据进行推测，这些系数则成为这些推断统计的桥梁。这些系数可以通常查找相应的系数表获得。在统计软件中，这些系数基本都已经被整合进计算公式，无须死记硬背。

Ppk 所使用的标准差是使用样本数据计算获得的真实标准差，该标准差的计算与样本量的自由度有关。这种标准差准确地反映了当前样本的真实情况。对于整体而言，整体的标准差肯定与样本的标准差有所差异，所以这是有偏标准差；但针对样本来说，这是无偏标准差。

这些过程能力指数分别应用在不同的场合和环境下，其中，Cp 是最早开始被应用于评估过程能力的。Cp 考虑了公差和标准差之间的关系，成为衡量流程离散程度的重要依据。但 Cp 天生存在一个缺陷，在它的公式中，无法考量均值的位置，如果不加以区分，会出现一些很可笑的情况。

在本例中，当 LSL = 3，USL = 9，$\hat{\sigma}$ = 1，$\overline{X_1}$ = 7，$\overline{X_2}$ = 10 时，分别计算它们的 Cp 和 Cpk，如图 9-45 所示。

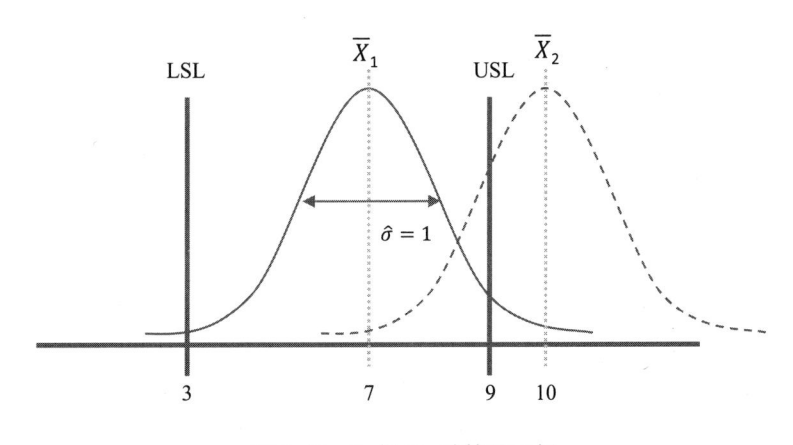

图 9-45　C_p 与 C_{pk} 计算的示例

计算过程如下：

$$Cp = \frac{USL - LSL}{6\hat{\sigma}} = \frac{9 - 3}{6 \times 1} = 1$$

当 $\overline{X_1} = 7$ 时，$Cpk = Min\left(\frac{USL - \bar{X}}{3\hat{\sigma}}, \frac{\bar{X} - LSL}{3\hat{\sigma}}\right) = Min\left(\frac{9 - 7}{3 \times 1}, \frac{7 - 3}{3 \times 1}\right) = 0.667$

当 $\overline{X_2} = 10$ 时，$Cpk = Min\left(\frac{USL - \bar{X}}{3\hat{\sigma}}, \frac{\bar{X} - LSL}{3\hat{\sigma}}\right) = Min\left(\frac{9 - 10}{3 \times 1}, \frac{10 - 3}{3 \times 1}\right) = -0.333$

可见，即使同一个流程，只是均值发生了偏移，此时 Cp 是不发生变化的，而 Cpk 却发生了变化。仔细查看两个公式，可以得到以下结论：

- Cp 不随着 $\bar{X}$ 的变化而变化，仅反映流程固有的离散程度。
- Cpk 不可能大于 Cp，当 $\bar{X}$ 在规格限的正中间，即流程分布左右对称时，Cp=Cpk，此时 Cpk 最大。
- Cp 不可能是负值，但 Cpk 可能是负值。当流程的 $\bar{X}$ 落在规格限外时，Cpk 为负值。
- 当只有单侧公差时，Cp=Cpk。

显然，Cpk 的适用性比 Cp 更好，所以在实操环境中，企业多数使用 Cpk 来衡量对应流程的过程能力。在实操过程中还不得不考虑抽样数据的准确性，因为评估者必须面对这样一个问题：样本数据是否能代表整体能力？随着数据量的增加，样本自身的标准差会逐渐逼近真实的总体情况，所以对于长期数据来说，使用样本的真实标准差来评估总体能力将更为合适。所以 Ppk 就成为衡量整体能力的长期过程能力的重要指标。Ppk 和 Cpk 的公式相仿，但 Ppk 代表的是长期过程能力，即总体过程能力。当前样本量的过程能力是否能代表总体过程能力，是一个模糊的话题，因为并没有统一的说法来衡量其抽样方式的差异以及样本量的差异。

与属性过程能力类似，连续型过程能力指数也可以与西格玛水平建立非常好的联系。在研究与正态分布相关的数据时，我们有时会使用标准转换值 Z 值。其公式如下：

$$Z = \frac{X - \mu}{\sigma}$$

这个公式不禁让人想起了正态方程中欧拉常数的指数。事实上，Z 值是基于正态分布的统计量，利用正态分布对应的分布的期望值和标准差的特性可以获得这样一些特性（请参考线性方程系数的期望值计算）。

$$Z = \frac{X - \mu}{\sigma} = \frac{X - E(X)}{\sigma(X)} = \frac{1}{\sigma(X)}X - \frac{E(X)}{\sigma(X)}$$

当 $Y = aX + b$ 时，$E(Y) = aE(X) + b$，即 $E(Z) = \frac{1}{\sigma(X)}E(X) - \frac{E(X)}{\sigma(X)} = \frac{E(X) - E(X)}{\sigma(X)} = 0$

当 $Y = aX + b$ 时，$\sigma(Y) = a\sigma(X)$，则 $\sigma(Z) = \frac{1}{\sigma(X)}\sigma(X) = 1$

所以 Z 是一个期望值始终为 0，而标准差始终为 1 的这样一个统计量。这是一个可以对所有过程都进行标准化转换的参数，可以让复杂的正态方程变得简单。在过程能力研究中，当我们再次审视 Cpk 的公式时发现，如果对 Cpk 的值乘以 3，就会发现这个公式与 Z 值是多么相似。

$$3 \times \text{Cpk} = 3 \times \text{Min}\left(\frac{\text{USL} - \bar{X}}{3\hat{\sigma}}, \frac{\bar{X} - \text{LSL}}{3\hat{\sigma}}\right) = \text{Min}\left(\frac{\text{USL} - \bar{X}}{\hat{\sigma}}, \frac{\bar{X} - \text{LSL}}{\hat{\sigma}}\right) \approx Z_{\text{ST}}$$

同理，$3 \times \text{Ppk} = Z_{\text{LT}}$，其中，$Z_{\text{ST}}$ 为短期的西格玛水平，Z_{LT} 为长期的西格玛水平。

至此我们建立了一个简单的近似关系，即用 Z 值代表过程的西格玛水平，其计算值为 $3 \times \text{Cpk}$。表 9-19 是很多企业对待 Cpk 值的运营策略，这根据各个企业自身实际情况而有所差异。之所以表 9-19 中将 1.33 作为过程的接受限，是因为大多数企业的实际运行情况也就在 3~4 西格玛水平上，而达到 4 西格玛对于一些企业来说，已经是能接受的结果了。而达到 6 西格玛后，则多数企业认为，过程能力可能过高，甚至超出了客户所希望的要求，此时企业为了维持这么高的过程能力，可能需求付出过高的代价，所以希望能够降本。这种降本是极有可能影响当前过程能力，甚至影响产品品质的。这是一种经营策略，企业需要在客户要求、企业自身需求、成本与产品质量等诸多因素之间做相应的平衡。

表 9-19　多数企业对于过程能力指数的建议策略

Cpk 值	西格玛水平	改善策略
0.67	2 西格玛	不能接受
1.00	3 西格玛	不能接受
1.33	4 西格玛	勉强接受
1.67	5 西格玛	目标
2.00	6 西格玛	可考虑降本

如果使用 Minitab 进行过程能力指数的分析，其结果参考下例。

【案例 9-13】连续型过程能力

某钢珠生产企业要对其产线进行质量控制。钢珠直径是客户最关心的指标，其规格也通常由客户直接指定。某一指定规格的钢珠，已经量产多个批次。其设计规范要求其直径尺寸为 10mm±0.15mm。现场管理团队对产线进行品质抽检，想确认当前的产线过程能力如何。数据如表 9-20 所示。

表 9-20　连续型过程能力案例的数据　　　　　　　　　　　　　　单位：mm

样　本	1	2	3	4	5	6	7	8	9	10	11	12	13
直　径	10.04	9.89	9.98	9.93	10.02	9.97	9.97	10.06	10.04	9.99	9.92	10.00	10.12
样　本	14	15	16	17	18	19	20	21	22	23	24	25	
直　径	9.98	9.99	10.03	10.03	10.05	9.96	10.04	10.03	10.05	9.97	10.00	9.94	

要分析连续型过程能力指数，应先进行数据的稳定性和正态性的校验。可以依次使用控制图来考察数据受控的特征，用正态性检验来检查数据的正态性。Minitab 软件也提供了六合一图，可以一次同时考察上述的特征值（数据的稳定性、正态性和受控性）。本例的六合一图如图 9-46 所示。

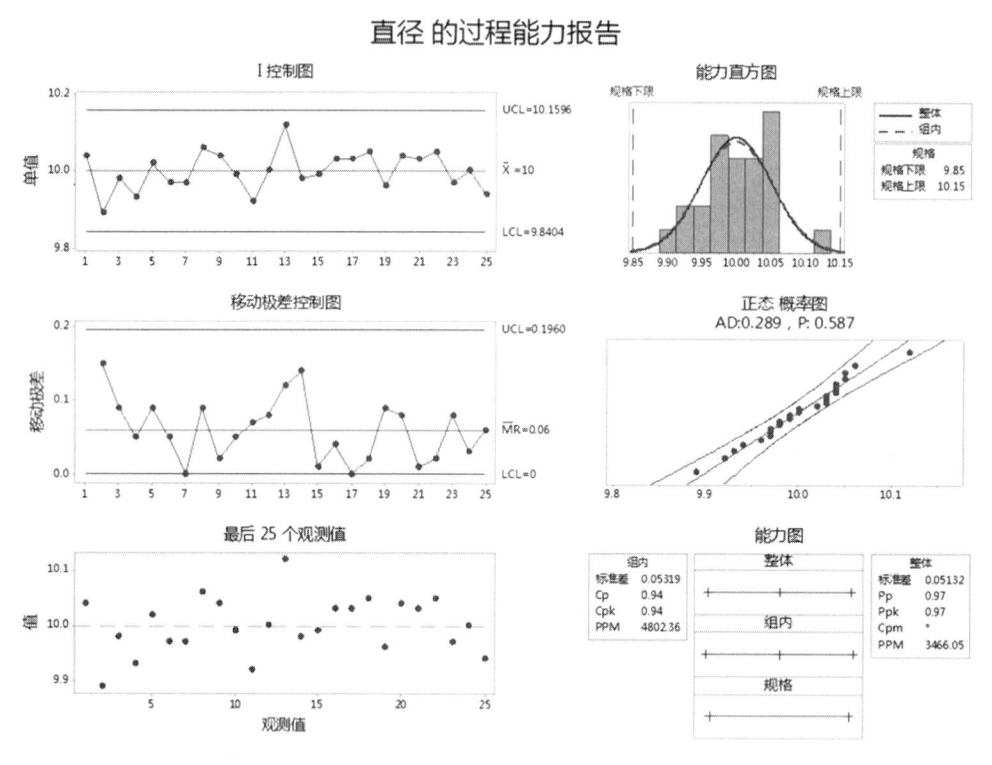

图 9-46　连续型过程能力案例的过程能力分析六合一图

在本例中，针对表 9-20 的数据分析，I 控制图和移动极差控制图都没有异常发生，该数据受控；而正态概率图的 P 值足够大，则可认为数据服从正态分布，所以可以信任过程能力指数的计算值。在这里可以看到，尽管所有测量数据都在设计规范范围内，但过程能力指数并不高。这是因为根据当前抽样的数据离散程度推断，如果有足够多的样本，一定会有一定量的超差产品。换句话说，目前没有出现不合格产品，仅仅是因为样本量不够多。所以现场研究认为，虽然抽检产品均合格，但正态离散程度依然过大，Cpk 仅为 0.94，产线过程能力不足，应尽快进行改善。

一般情况下，过程能力是随着时间的推移逐渐下降的，所以往往短期内通过抽样然后计算获得的 Cpk 会高于未来整体的 Ppk，但这并非绝对的，因为计算还取决于规格限的位置。这种过程能力的下降从物理层面是可以解释的。在自然环境下，人机料法环等诸多因素在自然演变的过程中会逐渐偏离之前的参数。或许每个子流程或参数的变化很小，但每个差异都会对最后的系统波动产生贡献和影响，最终在长时间运行后，在没有加以特殊改善的情况下，过程能力总是会低于初始水平。图 9-47 为过程能力的变异示意图。

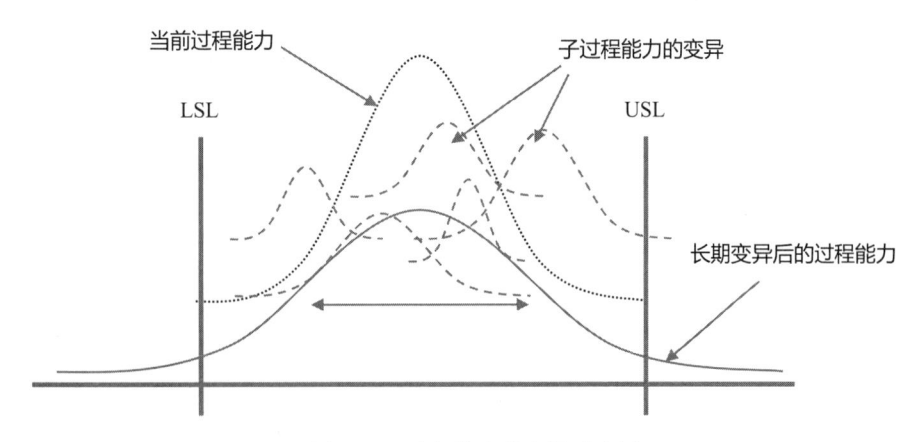

图 9-47 过程能力的变异示意图

长期变异后的过程能力不是我们期望看到的,所以必须对这样的过程能力进行改善控制。这里的做法千万变化,比较常见的做法大致分成三步,即过程能力改善三部曲,具体如下:

(1)改善过程的均值,使过程居中(使 Cpk 接近 Cp)。

(2)改善过程的离散程度,使其更稳定(使标准差 σ 变得更小,Cpk 变得更大)。

(3)控制过程中的噪声因子,以及其他影响因素(固化系统,稳定成果)。

9.4.4 过程能力研究的典型误区

连续型过程能力研究与正态分布有关,标准转换等计算是基于正态分布的数据进行的。如果数据非正态,则不可以使用非正态数据进行相关计算。在研究过程中,如果发现数据非正态,请按本书 5.2 节中的方法处理非正态数据,这里不再赘述。

需要指出的是,如果数据本身就属于质量检验中的缺陷检验,请直接使用泊松分布的方法来研究;而如果数据本身用于不合格品的统计,则应使用二项分布的方法来研究。对泊松分布或二项分布的研究将不显示 Cpk 或 Ppk。如果使用 Minitab,则通常会显示与属性过程能力相关的指标,如 DPU 和 PPM 等,可以将它们近似换算成相应的西格玛水平。如图 9-48 所示,可以通过对 Z 值的研究来估算过程的西格玛水平。

如果数据非正态,使用其他分布拟合后的过程能力将不会计算 Cpk,而只显示 Ppk。因为 Cpk 是仅针对正态分布的统计量,使用其他分布后,Cpk 统计的基石被打破,所以此时只可以使用 Ppk 进行估算研究。如图 9-49 所示,已知某电子元器件的电流值服从威布尔(Weibull)分布,则计算中仅显示 Ppk 值和 PPM。

连续型过程能力研究是针对过程能力的评估,并不追求计算 Cpk 等指标或六西格玛水平。其本质意义是体现当前过程的稳定性和品质,并借此成为改善过程、改善整体产品质量稳定性的风向标。所有过程能力指数都在描述过程中可能存在的问题,如数据非正态,这种情况其实很普遍。此时应思考的是,系统为何出现了非正态数据,是哪里出现了问题,而不是盲目地想尽一切方法去计算所谓的过程能力指数。通过对当前过程能力指数的研究分析,往往可以了解过程的正态概况,大多数过程中的常见问题都可以通过该研究分析辨别出来,并加以改善。

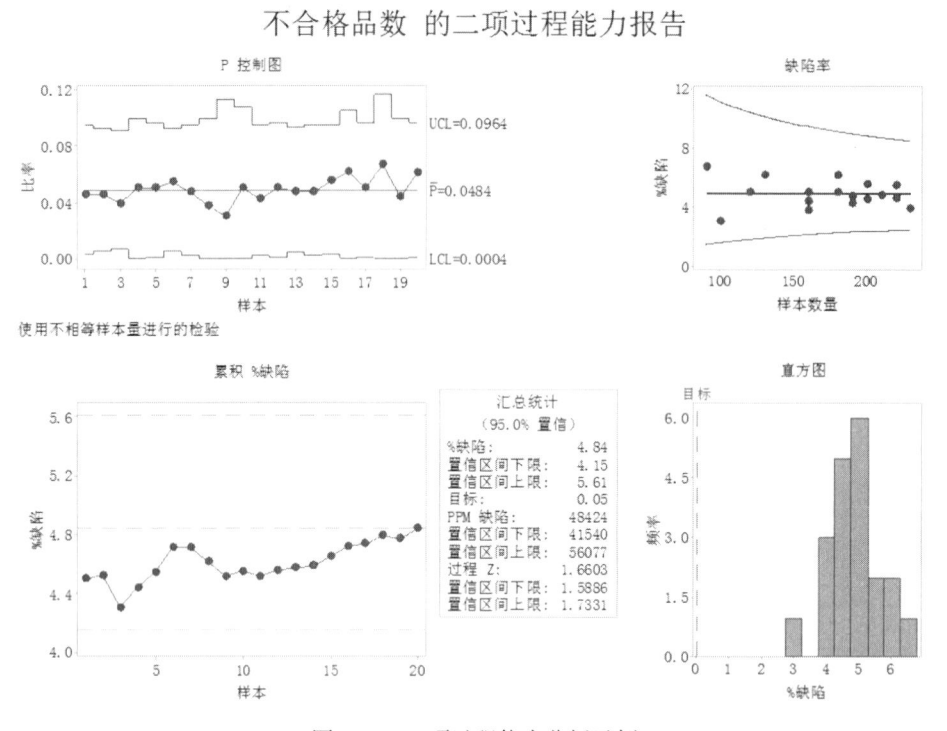

图 9-48 二项过程能力分析示例

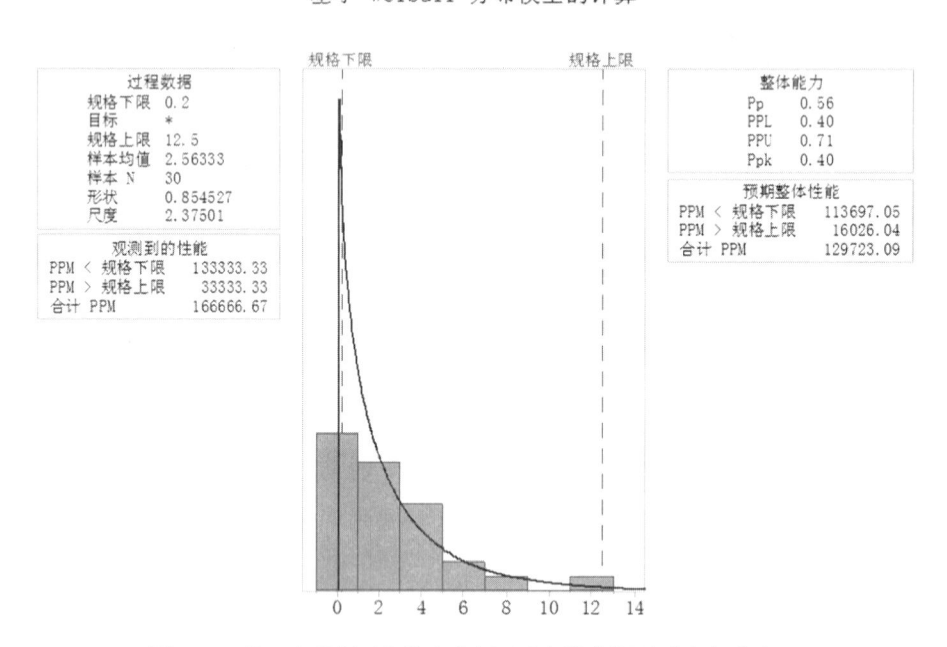

图 9-49 非正态数据过程能力分析（本例数据服从威布尔分布）

过程能力研究为现场管理团队提供了一个良好平台，使用统一的指标和描述，可以公平地评价所有的过程和产品质量稳定性。与此同时，过程能力指数受到很多随机因素的干扰。各种测量涉及的因素、各种人为的因素或项目固有的因素，都会使该指数的准确性受到影响。尽管统计学中几乎所有的研究对象都存在类似问题，但过程能力研究是六西格玛的核心主题，相对而言，过程能力指数对上述各种干扰因素会更加敏感。

目前，多数企业直接使用连续型过程能力指标，尤其是将其中的 Cpk 作为其供应商和自身过程能力的考评指标。六西格玛的整体研究对象就是过程能力指数。如何将过程能力统计计算的结果和实际情况相连接，并且应用过程能力改善三部曲的理念进行系统改善比简单研究过程能力指数更为重要。

9.5 试验设计

9.5.1 试验设计概述

试验设计（Design of Experiment，DOE）是一种基于回归的高阶应用分析工具。它最早起源于 20 世纪 20 年代，经过百年的延展和完善，成为研究事物内在的潜在数理关系的重要手段。试验设计分成了试验设计表与试验分析两部分，其试验分析部分应用了回归的统计方法，所以其分析方式和部分应用步骤与回归极为类似。但试验设计与回归在具体应用方式上有所区别，而且各自有其适用性和特点。

同回归一样，试验设计在寻找研究对象 y（回归分析中的响应）与影响因子 x 之间的关系式 $y=f(x)$。这是一个经验公式，对每个研究对象的，每次研究分析的结果都不可能完全一样。如果从数理统计的角度来看，该关系式是可以被信任的，就可以应用该关系式，进行因子影响程度的分析，甚至达到响应优化的目的。

试验设计的类别众多，其区别主要在于试验形式（试验表）的设计。试验设计主要被分为析因设计和正交设计。事实上，正交设计是从析因设计中抽取出来的一种特殊形式。目前在六西格玛项目中，析因设计的使用更多一些，这也是目前的主流试验设计方法。

注：因为篇幅原因，本书无法对试验设计的所有工具进行一一介绍，后续将针对其中部分主要工具做最基本的应用介绍。

不同类型的试验设计对应不同的试验。试验的分类存在多个维度，其常见类别如表 9-21 所示。析因设计对应的试验为析因试验，包括因子试验、响应曲面试验、混料试验等。正交设计对应的试验为正交试验，包括田口试验和均匀试验等

表 9-21 试验的常见类别

试验类别	相关试验	特　征
因子试验	一般全因子试验、2^k 因子试验、部分因子试验、筛选试验、指定生成元试验、难以改变的因子试验等	基本的析因试验，考量维度众多
响应曲面试验	Box-Behnken 试验和中心复合设计试验	用于因子试验中中心点显著弯曲的后续试验，可用于需要精确研究的试验

续表

试验类别	相关试验	特征
混料试验	百分比响应试验	寻找某个最佳配方或因子比例的试验，使用特殊的回归方式（混料回归）
田口试验	噪声试验、参数试验、静态试验、动态试验等	用于参数改进或设计，提升产品或过程的稳健性
正交试验	田口试验、均匀试验等	特殊的析因试验，试验中每个因子水平出现的次数相同

虽然试验设计应用了回归分析，但两者在具体实施上依然有所区别。回归分析往往是对历史数据的研究，分析时并不要求数据表内各因子的水平满足指定的要求，更不要求因子水平出现的次数相等或等距。而试验设计则是团队按照某个规则设计出来的新试验，是需要实施新的试验并且获取未来数据再进行分析的。因为试验设计的试验表是有明确要求的，所以试验必须严格按照该表实施。

早期的回归分析要求响应 y 和因子 x 都是连续型变量，最初的分析也基于线性的模型分析，主要关注主因子的影响。随着应用和实践的发展，两个问题逐渐凸显出来：首先影响响应 y 的因子 x 往往是多个的，如果其中有部分因子(x)不是连续型变量，早期的回归就无法直接应用；其次影响响应 y 的因素往往不仅是主因子，还有因子之间的交互作用。在这两方面，试验设计是具有明显优势的。需要注意的是，现在的回归分析针对这两个问题有了突破性的改变，最新的回归试验也开始接受离散型变量因子并适当考虑因子之间的交互作用。

试验设计中的因子可以是连续型的，也可以是离散型的。无论因子是哪种类型，在实际分析应用时，都要对其进行编码。所谓编码，就是将因子的值按某个规则进行映射，其映射方式随因子数据类型的不同而不同，这种映射也称归一法。

如果要用一个数值或水平描述一个连续型变量，我们可能使用均值或中位数，但这无法有效衡量该变量的变化程度；如果要用最少的数值或水平描述一个连续型变量的变化程度，最简单的方式就是使用该变量最大值和最小值。映射时将其最小值映射成低水平-1，而最大值映射成高水平+1（实操过程中往往使用极值而非最值，后文将详细解释）。例如，某产品的参数范围是（10mm,30mm），则将10mm映射成低水平-1，30mm映射成高水平+1。在试验设计的执行过程中，一般情况下试验表中不会出现其他值（一般全因子试验和响应曲面试验等特殊试验除外），但试验设计的响应优化会解出中间值，如出现了15mm，即对应的映射值为-0.5。

如果一个离散型变量有两个水平，则直接将其中一个映射成-1，另一个映射成+1。如果有更多水平，则将它们均匀分布在（-1,+1）的范围内。在计算离散型变量时只能取其被映射后的值，所以不存在除这些映射值外的中间变量。例如，两个水平的离散型变量的计算值仅存在被映射后的-1和+1，而不存在其他中间变量。

通过以上这种编码化的应用，无论变量是连续型的还是离散型的，都变成了纯数字的方差运算。在经过适当的分析计算后，将最后的结果进行归类与逆映射即可。现在的回归和试验设计都采用这个方法来解决离散型变量的问题。差异在于，在回归中，仅对离散型变量进行了编码化处理，其余连续型变量依然按其原始真实值参与计算；而在试验设计中，所有变量都被进行了编码。

回归试验的后台分析应用了方差分析，而试验设计应用了方差分析中的平衡方差分析，这种方法可以充分考虑因子之间的交互作用。这种设计会对试验的次数和数据的完整性有要求，不满足特定数据量和形式的数据可能使试验无法分析，所以试验设计在执行前必须对试验有充分的规划，确定数据收集计划。而回归则不受这个条件的限制，对试验的组数较为灵活。

从上面的描述来看，试验设计与传统的回归有一定的类似性，尤其是与现在的回归更为相像，其因子都不再受数据类型的制约。回归的试验组数灵活，但在分析时可能无法很好地评估因子之间的交互作用，模型的准确性可能受到影响，相应的响应优化的精度也可能较低；而试验设计采用平衡设计，试验形式较为僵化，必须按指定的形式进行试验，但全部因子编码化的处理方式让试验分析变得有规则且有序。试验设计不需要太多的因子水平，即便是连续型变量，在初级试验中也只需要两个水平即可构建试验，大幅度降低了对样品的取样要求，同时良好的试验设计可能具有一定的序惯性（试验可分成多次分步骤进行，后续试验可沿用之前的试验结果），并可进行精度较高的分析与改进。

试验设计在分析时主要研究因子与响应之间的关系，这种关系通过回归模型来体现。在模型中，分析对象主要针对因子的主效应和交互效应。主效应是指由单个因子自身对响应产生的影响作用；而交互效应则是多个因子共同对响应产生的作用，如家庭储蓄的金额不仅取决于家庭收入，还要考虑家庭的开销情况。

如果一个响应由两个因子的影响组成，我们可以用一个正方形来表示。正方形是二维的，将其两个维度即水平方向和垂直方向分别可以看作两个因子，每条边的两端都可以看作被编码化的两个水平（-1,+1），那么可以看到，这个正方形内的每个顶点都可代表因子产生的一个效应。假设评估从低水平开始，将高水平视为变化的响应趋势，那么顶点中仅有一个+1的点（单个因子在高水平）即可视作该因子造成的主效应；而另两个（-1,-1）和（+1,+1）则是两个因子的交互作用（共同作用）。图9-50显示了因子试验的构成示意图。

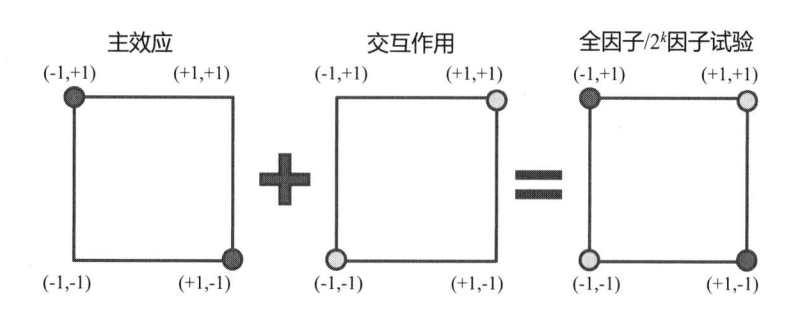

图9-50　因子试验的构成示意图

试验设计应用回归的分析方式以获得 $y=f(x)$ 的模型的过程，可以视作在这个正方形的范围内寻找这个模型的解的过程。如果有三个因子，就可以利用一个正方体来描述上述过程。正方体有三个维度，可分别对应三个因子。那么寻找三个因子与响应之间关系的过程可以视作在这个立方体内寻找模型的解的过程。如果要分析四个因子或更多因子与响应的关系，则需要利用四维世界或者更高维度世界的几何模型，这显然超出了人类目前的物理认知范围，但这种高维度分析在数学领域是可实现的，所以我们可以利用数学的方式来分析求解。如果因子对响应的影响不是线性的，我们可以构建更多的试验点使响应空间从立方体变成一个近似的球体，即响应曲面设计。图 9-51 显示了在三个因子的情况下，普通因子试验与响应曲面试验的差异性。

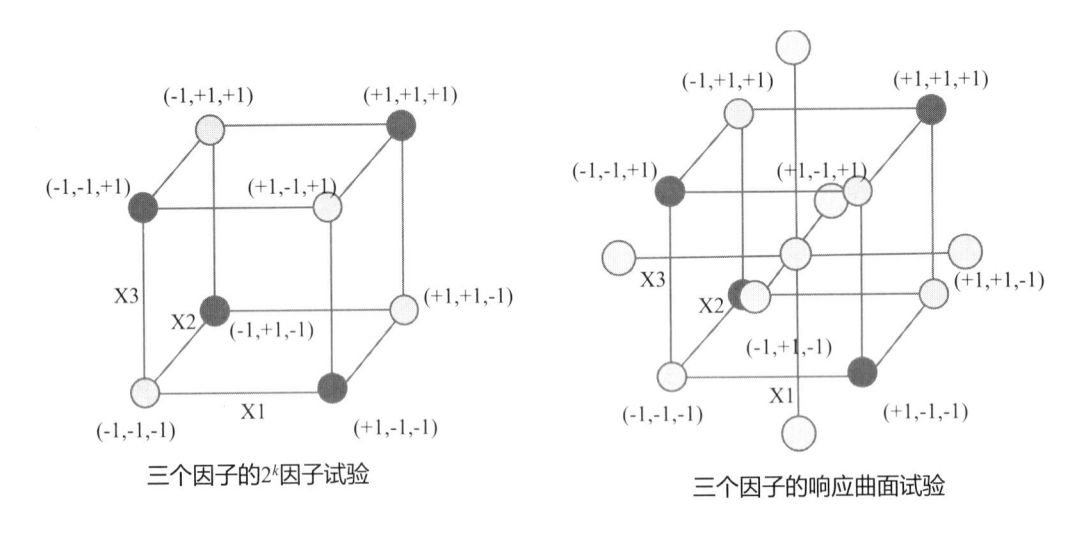

三个因子的 2^k 因子试验　　　　　三个因子的响应曲面试验

图 9-51　普通因子试验与响应曲面试验的差异性

在六西格玛项目中的试验设计以两个水平的因子试验居多，在摆脱软件的束缚之后，构建试验的方法还有很多。因子试验本身可以是多水平的，另外，田口试验以及传统的正交试验和均匀试验就是多水平的。这些试验的差异主要都是基于试验表的构建差异。

在大量的实践过程中，试验设计都显示了其强大的适应性，不仅在传统加工制造领域有出色的表现，在商业金融等领域也可普遍应用商业数据的分析。例如，研究市场环境变化与产品销量、客户满意度等之间的微妙关联等。

9.5.2　路径及规划

试验设计是研究事物因果关系较为缜密的试验方法，通常会花费比较多的试验资源。试验设计有自己独特的试验路径，没有适当的试验规划往往是导致试验设计失败的主要原因。

由于试验设计不适合在小型项目或资源（包括人力、财力、物力等）非常紧张的情况下使用，因此在决定应用试验设计之前应对研究情况进行分析，以确定是否适用试验设计。通常要考虑的这些问题，如表 9-22 所示。

表 9-22　试验设计适用场合分析

思考问题	试验设计的适用场合
是否使用过基础应用统计工具进行分析？	• 使用其他分析工具未获得有效的结论，需要进一步研究因子与响应之间的具体关系

续表

思考问题	试验设计的适用场合
是否有多个影响因素，且无法直接判断它们是否存在交互作用？	• 回归试验精度不足，或者无法获得有效改善的情况。 • 有一些显而易见的交互作用，但无法直接了解它们的作用
影响因子的水平是否可以固化在试验期待的水平上？	• 样本对象的参数可以被固化在设计水平上。 • 样本某些关键参数始终仅在某个小范围内波动
是否有足够多的资源进行试验设计？	• 项目时间允许团队进行多轮的试验设计，包括重复试验的时间。 • 团队可以拿到足够多的试验样本。 • 团队有足够的能力来执行试验设计
是否有合适的试验条件？	• 有稳定合适的试验环境和试验条件。 • 有充分且稳定的测量系统

不难看出，只有在研究足够复杂的情况下，才会进行试验设计的规划，而试验设计通常都遵循这样一个逻辑顺序：筛选试验、部分因子试验、全因子试验与响应曲面试验。

试验设计会耗费相当多的资源，对企业来说，无论是人力还是财力资源都是一种挑战，实施时应充分考虑试验所需要的资源。由于试验分析原理的限制，如果规划的试验不能全部完成，则试验设计就无法完成应有的分析，因此必须在有足够多的资源情况下，才可以开始后续的具体实施。如果出现了无法完成全部试验的情况，试验分析很可能就会退化成回归分析。图 9-52 展示了试验设计的推荐执行顺序以及各试验之间的特点汇总。

	筛选试验 → 部分因子试验 → 全因子试验 → 响应曲面试验		
设计类型	筛选试验设计或部分因子试验设计	全因子试验设计	响应曲面试验设计
因子数量	3~47 个因子或更多	2~6 个因子	2~5 个因子
评估水平	主因子	主因子、交互因子	主因子、交互因子、响应曲面
输出结果	主因子的影响程度，便于进行因子筛选	数学模型，评估系统，或为高阶试验做准备	高精度的数学模型，响应的准确优化

图 9-52 不同阶段与不同因子数量对应的试验设计选择建议

试验设计需要先规划试验计划表。在获得试验数据后，目前基本都使用回归的方式进行分析，其最主要的分析方法是逐步法。由于试验设计所涉及的回归模型很可能拟合不佳，因此除了与传统回归一样的响应优化器，试验设计的分析也很看重定性分析的结果或趋势分析，常用的有因子图、曲面图、等值线图等。试验设计规划的常见逻辑如图 9-53 所示。

不论是什么样的试验设计，在确定其类型并规划好相应的试验后，其具体实施的大致步骤都是相似的，所以试验设计的一般路径如下：

（1）确定研究对象 y，及其典型特征。

（2）分析获取其潜在的影响因子 X。

（3）根据试验资源和环境，选择正确且合适的试验。

（4）建立试验表，规划实施试验。

（5）收集试验数据，进行回归分析。

（6）确定是否要进行进一步试验。

（7）如获得可信任的数学模型 $y=f(x)$，则进行响应优化。

（8）验证优化结果。

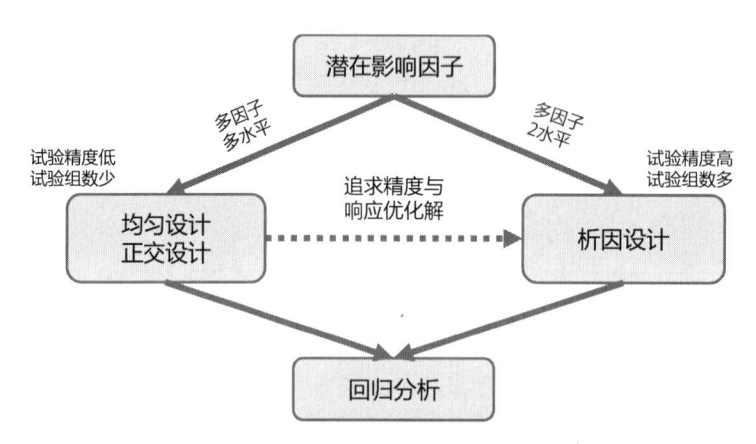

图 9-53 试验设计规划的常见逻辑

9.5.3 筛选试验

筛选试验是试验设计的前置试验，仅仅是构建一个可进行粗略计算分析其主效应的试验，其目的是在大量的潜在因子列表中将潜在的重要主因子鉴别出来。虽然筛选试验本质上和试验设计的计算方式大同小异，但其模型基本没有精度可言，模型也不具备预测等功能。

执行筛选试验有多种方式，最常见的是使用 Plackett-Burman 试验，简称 PB 试验。该试验是一种解析度为Ⅲ的特殊试验（解析度越高，试验精度越高，解析度Ⅲ是最低的解析度），仅起到鉴别主因子的作用。该试验的优点是可以使用较少的试验组数来构建试验组合。其试验组数通常是最接近且大于因子数的 4 的倍数（由于试验构建原理，2 的整指数次组数被跳过）。例如，有 34 个因子，则试验组数为 36 次（36 大于 34 且为 4 的倍数）；有 7 个因子，则试验组数为 12 次（12 大于 7 且为 4 的倍数应该是 8，但 8 是 2 的整指数，故跳过，下一个数为 12）。在即便有 47 个因子的情况下，PB 试验也只需要 48 次试验即可完成试验构建，这大大提升了试验效率。其实 PB 试验的解析度比解析度Ⅲ还要低，类似解析度Ⅱ（目前 Minitab 中的因子试验中没有解析度为Ⅱ的试验），也就是只有主因子的影响（主效应）和极少部分交互因子的作用。因为如果只有主因子的影响，试验组数与因子数一样多的话，那模型中的自由度将为负数，这是不能接受的，所以 PB 试验还是希望构建一个平衡的设计。因此增加了若干组用于测试交互作用的试验，这些额外增加的试验不仅为模型提供了更多的自由度，也可以使之成为误差项，以构建完整的分析，这形成了 PB 试验独特的试验数。（传统的均匀设计就是解析度为Ⅱ的试验，该试验仅测试主因子的影响。由于均匀设计试验不是目前的主流设计，因此本书不再展开。）

实际实施时团队可以根据 PB 试验的结果再规划后续的因子试验。如果因子数量太多，可以有选择性地分批多次执行 PB 试验。虽然原则上 2 个因子就可以进行筛选，但这似乎没有什么实际意义，筛选试验的因子多数在 3 个以上。

PB 试验是一种特殊的试验设计，但筛选试验并不一定要使用试验设计的方法来实现，使用假设检验等应用统计方法也可以实现因子筛选的作用。虽然其效率可能相对低一些，但不排除这种做法的合理性。另外，针对因子数量较少的系统使用一些定性分析的方式来进行筛选也是可取的，只要其原理上符合客观事实或存在无须证明的既有公理关系即可。

部分因子试验是特殊的因子试验，其解析度不等，在某些意义上亦可实现因子筛选的作用。当部分因子试验的解析度不够高时，回归模型的优化意义不明显，但此时试验获得的因子图（效应图）依然可以作为定性分析的依据，据此亦可对因子进行筛选。

筛选试验对试验模型精度没有期望，所以分析时往往并不严格按照显著性水平来判断，其输出结果仅被视作一种定性分析。筛选试验的数学模型不可做优化分析。

【案例9-14】筛选试验

某板材生产企业为扩大产能新增加了一条产线，但试生产的时候发现该产线生产的板材刚度普遍低于原来的几条产线，研发和质量团队一起组成了改善项目团队进行了初步研究。研究发现，影响产品质量的因素太多，粗略来看，包括板材的多道工序的加工温度、加工时间、保压时间、二次加工等 20 多个因素，甚至包括供应商的来料批次。团队陷入了迷茫。为了缩小研究范围，团队决定实施筛选试验来寻找最关键的因子，使用的试验方法是 PB 试验。

经初步梳理和试验规划后，最终试验选择了 15 个因子，并规划了试验表，15 个因子的 PB 试验的试验数为 20 组（16 为 2 的 4 次方，被跳过）。试验表和数据如表 9-23 所示。

表 9-23 筛选试验案例的数据

标准序	运行序	点类型	区组	加工时间1	加工时间2	加工时间3	保压时间1	保压时间2	混料时间1	混料时间2	静置时间1	静置时间2	原料水分	模具寿命	库存时间	产品批次	供应商	催化剂比例	刚度
2	1	1	1	40	48	21	29	37	40	31	65	72	1.2	63	35	A	B	6	73
13	2	1	1	30	48	21	29	31	60	55	95	88	0.5	63	35	B	A	6	60
7	3	1	1	40	48	26	23	31	60	55	65	88	1.2	63	5	A	A	6	81
3	4	1	1	30	48	26	23	37	60	31	65	72	0.5	95	5	A	A	6	90
20	5	1	1	30	35	21	23	31	40	31	65	72	0.5	63	5	A	A	3	63
15	6	1	1	30	35	21	29	31	60	31	95	88	1.2	95	5	A	B	6	81
10	7	1	1	40	35	26	29	37	60	31	65	88	1.2	63	35	B	A	3	53
5	8	1	1	40	35	21	29	37	40	55	95	72	0.5	63	5	A	A	6	62
18	9	1	1	40	48	21	23	31	40	55	65	88	0.5	95	35	B	B	3	59

续表

标准序	运行序	点类型	区组	加工时间1	加工时间2	加工时间3	保压时间1	保压时间2	混料时间1	混料时间2	静置时间1	静置时间2	原料水分	模具寿命	库存时间	产品批次	供应商	催化剂比例	刚度
4	10	1	1	30	35	26	29	31	60	55	65	72	0.5	63	35	A	B	3	72
17	11	1	1	40	35	21	23	31	60	31	95	72	1.2	95	35	B	A	3	63
6	12	1	1	40	48	21	23	37	60	31	95	88	0.5	63	5	A	B	3	55
11	13	1	1	30	48	21	29	37	60	55	65	72	1.2	95	5	B	B	3	67
12	14	1	1	40	35	26	23	37	60	55	95	72	0.5	95	35	A	B	6	93
9	15	1	1	30	48	26	29	31	40	31	95	88	0.5	95	35	A	A	3	84
1	16	1	1	40	35	26	29	31	40	31	65	88	0.5	95	5	B	A	3	82
8	17	1	1	40	48	26	29	31	40	55	95	72	1.2	95	5	A	A	3	73
16	18	1	1	30	35	21	23	37	40	55	65	88	1.2	95	35	A	A	6	79
19	19	1	1	30	48	26	23	31	40	31	95	72	1.2	63	35	B	B	6	67
14	20	1	1	30	35	26	23	37	40	55	95	88	1.2	63	5	B	B	3	61

根据以上数据可获得效应的帕累托（Pareto）图，如图9-54所示。

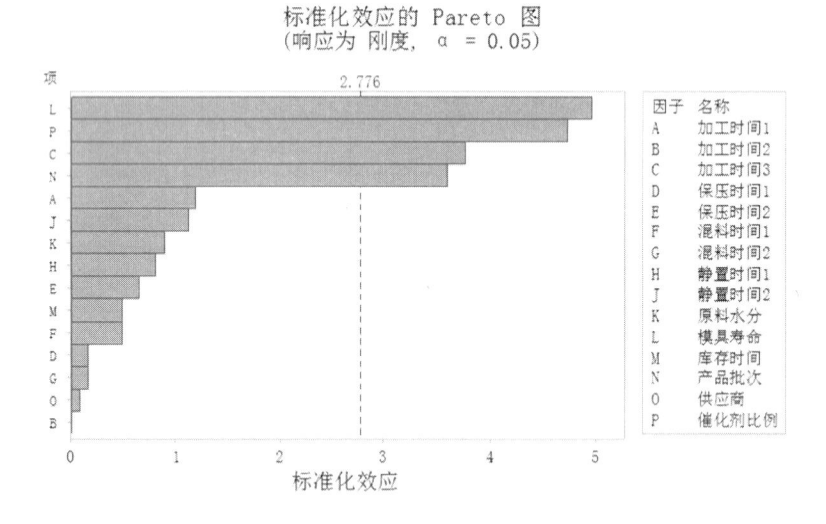

图9-54 筛选试验的帕累托图

根据该分析，团队可得知，产品质量与模具寿命、催化剂比例、第三道工序的加工时间、产品批次有显著关系，而其他因子的影响较小。筛选试验不对模型做要求，所以这四个因子可以作为后续全因子试验或其他研究的研究对象。

9.5.4 因子试验

因子试验是六西格玛中试验设计的主要研究对象，它是建立在多元回归分析基础上的一种探索

响应 y 与其潜在因子 x 之间关系的重要分析和研究方法。

与多元回归非常类似，需要进行因子试验的应用场合中往往都存在多个潜在因子 x，它们可能对响应 y 有相当复杂的响应关系。在因子试验中，响应 y 可以不止一个，多个响应 y 可以一起进行分析与优化。

在因子试验中，最常见的是全因子试验和部分因子试验，其中因子的取值应尽可能宽以尽可能构建完整的模型区域范围。但因子的高低水平不可极端化，以避免取值困难；同时也要考虑因子水平对响应的响应是否平稳。因子的高低水平取值是否科学合理，将直接决定试验的成败。

因子试验在构建试验表时，可以直接输入真实系统设置值。由于回归分析使用的是归一法，所以实际上无论是不是输入真实值，Minitab 系统都会将其编码化后再进行分析。而如果没有输入真实值，则系统只返回编码化后的数学模型；而如果输入了真实值，则返回编码化模型的同时，还会提供代码化还原映射后的模型，以供使用者直接求解使用。

1. 三大基本原则及中心点

因子试验的三大基本原则是重复性、随机化、区组化。

（1）重复性，即试验要重复进行。第一，重复试验使得试验者得到多次试验测量值之间的误差估计量。这个误差估计量成为衡量模型有效性的重要依据。第二，如果样本均值作为试验中一个因子效应的估计量，则重复性可以获得更准确的估计量，用于更加精确的数据评价。

（2）随机化，即因子的构成以及试验轮次的构成要随机确定。统计要求观察值（或误差）是独立分布的随机变量，适当的随机化亦有助于"均匀"地把误差分布在系统中。也就是说，我们承认且接受误差的存在，但希望误差不要被积累在少数局部试验的范围内。

（3）区组化，用来区分试验环境综合因素的一种方法。试验的区组化，形式上就是把需要执行的试验分成若干组进行。一个区组亦可视作影响因子的一个组成部分，相比于影响因子，区组之间的一致性更高。区组化牵涉每个区组内部的试验条件之间的比较，所以合理利用区组化可以提高试验的精确度。在分析时，如果区组的影响不明显，则可以去除区组的影响，因为区组是一种人为划分，本身就是一种误差；如果区组的影响很大，则不可以被去除，区组将以一个常量补偿出现在模型中。区组化本身不会增加试验组数，但对于中心点试验来说，每个区组都将被分配中心点，所以中心点试验的数量会根据区组的数量成倍增加。

除了以上三大基本原则，因子试验还必须考虑中心点的影响，因为两个水平的试验往往是取输入因子的两端极值。虽然默认的前提假设是希望响应是随着因子水平的变化而对应的直线性变化，但事实上往往并非如此。所以在试验中往往会增加一些中心点试验，这些中心点的数值不需要使用者手动输入，而是系统自动根据输入因子的高低水平计算获得的。中心点试验是一种校验，其计算是独立的，虽然看上去很像第三个水平，但实际上其意义与第三个水平是完全不同的。

中心点试验的输出是校验模型中当因子 x 的水平在中心点处的时候，其响应是否和两端极值的响应呈直线性。如果中心点试验显示，中心点的非线性不显著，就代表中心点的影响不显著，那么当模型拟合较好时，可以应用模型进行必要的优化（优化时需将中心点去除，否则该因子在响应时将被视为属性因子);而如果中心点的非线性影响显著,则模型无效,使用者应考虑使用响应曲面进一步分析。中心点的影响结果和区组分析类似,一般在系统中以一个常量的形式作为一种补偿出现在模型中。

由于中心点试验是独立试验,因此通常也要考虑其重复性。所以中心点试验也可以参考重复抽样的形式以消除测量的短期变异,如5次平均法等。中心点试验本身不会大幅度增加试验组数,但由于属性(文本)因子没有中心点,因此如果试验中存在属性(文本)类因子,在增加中心点后,属性(文本)会成倍增加试验组数来添加中心点试验,故需要慎重。

在统计软件中,一般都会针对上述的重复性、随机化、区组化、中心点做相应的设置。这些设置都会影响试验组数,会直接消耗企业资源,所以需要提前详细规划后再实施试验。

2. 常见的因子试验类型

在因子试验中,最常见的类型是全因子试验(包括一般全因子试验、2^K因子试验)和部分因子试验。

(1)一般全因子试验,是将所有因子的所有水平的所有组合都至少进行一次实验,用于估计所有主效应和所有各阶交互效应的试验设计。一般全因子试验是目前试验设计中精度最高的试验,但也是最烦琐的。由于因子水平全排列组合的试验组数往往太多,因此其试验所消耗的资源是多数企业无法承受的。如果有5个因子,每个因子有4个水平,就需要$4^5=1\,024$次试验,这种试验次数让多数团队望而却步。

(2)2^K因子试验,是一种特殊的全因子试验。该试验包括所有的因子,但每个因子只将合理取值范围内的两端极值分别作为因子高水平和低水平。这样每个因子只试验两个水平,可大幅度降低试验难度,减少试验组数。如果因子数为K个,那么试验组数即2^K组,故名2^K因子试验。如果有6个因子,那么试验组数即$2^6=64$次试验。相对于一般全因子试验过于烦琐且遥不可及的试验组数,2^K因子试验是相对试验组数最少且最经济的试验方式。这是目前应用最广泛的试验方式,前文提及的编码化(归一法)过程也主要针对2^K因子试验的。

(3)部分因子试验,是指在2^K因子试验基础上,运用"稀疏原理"(因子对响应的效应主要由主效应或低阶交互效应构成)将高阶交互效应舍弃,并将其舍弃的部分设为一个新的因子,从而使试验利用较少轮数即可执行更多因子研究的试验方式。部分因子试验的出现,是因为即便2^K因子试验大幅度减少了试验组数,但实际上试验组数往往还是超过了企业所能承受的程度。部分因子试验的构成是一种数学游戏,舍弃一部分试验的精度来换取相应试验组数的减少。不同因子数量和不同试验次数与试验精度强相关,部分因子试验可以在2^K因子试验基础上成倍减少试验组数。部分的部分因子试验依然可以达到精确分析的试验精度,这取决于试验构建的解析度。

在图9-55中将分辨度大致分成三类。以解析度Ⅲ为代表的试验为例。虽然试验数最少,但模型基本没有精度可言,结果只可用于定性或响应趋势分析;以解析度Ⅳ为代表的试验数适中,较全因子而言试验数更少,其模型勉强可用,定量分析或优化有一定的风险;以全因子试验为代表,含其他高解析度的试验为例,其模型精度较高,如果模型拟合很好,则可进行较为精确的响应分析和优化。

试验数	可用因子设计及分辨度											
—	因子数量										
—	2	3	4	5	6	7	8	9	10	11	12
4	全因子	III	—	—	—	—	—	—	—	—	—
8	—	全因子	IV	III	III	III	—	—	—	—	—
16	—	—	全因子	V	IV	IV	IV	III	III	III	III
32	—	—	—	全因子	IV	IV	IV	IV	IV	IV	IV
64	—	—	—	—	全因子	VII	V	IV	IV	IV	IV
128	—	—	—	—	—	全因子	VIII	V	V	V	IV

图 9-55 试验精度与试验设计规划的关系

因子试验推荐的响应 y 最好是连续型的，这样分析可以更加准确。如果响应只能是属性的，那么不仅要求试验数非常多，也可能面临试验分析很不准确的情况。属性响应试验设计，在分析前先要对数据进行转换，将其转换成回归分析可用的数据之后再进行分析。

【案例9-15】2^K试验案例1

某企业的产品合格率受加工温度、加工时间、供应商三个因子的影响。项目团队进行简单的 2^K 因子试验进行研究分析。试验规划按三个因子两个水平试验进行规划，暂不考虑中心点和区组，故试验组数为 8 组，试验数据如表 9-24 所示。

表 9-24 2^K试验案例1 的数据

标准序	运行序	中心点	区组	温度	时间	供应商	合格率
7	1	1	1	120	18	B	45
5	2	1	1	120	10	B	52
6	3	1	1	190	10	B	83
2	4	1	1	190	10	A	72
1	5	1	1	120	10	A	60
4	6	1	1	190	18	A	68
8	7	1	1	190	18	B	80
3	8	1	1	120	18	A	54

同回归一样，要对模型进行必要简化，将不显著的因子项逐个去除。原则是从高阶往低阶，逐步去除，逐次查看模型的显著性，直到所有不显著项都被去除（除无法被去除的低阶项外，当高阶交互作用显著时，即便低阶项不显著也无法被去除）。在进行模型简化之后，加工温度是最显著项，时间与供应商的交互作用其次，加工时间也是显著项。图 9-56 显示了模型最初的帕累托图以及简化

后的帕累托图，图 9-57 显示了模型的方差分析结果。

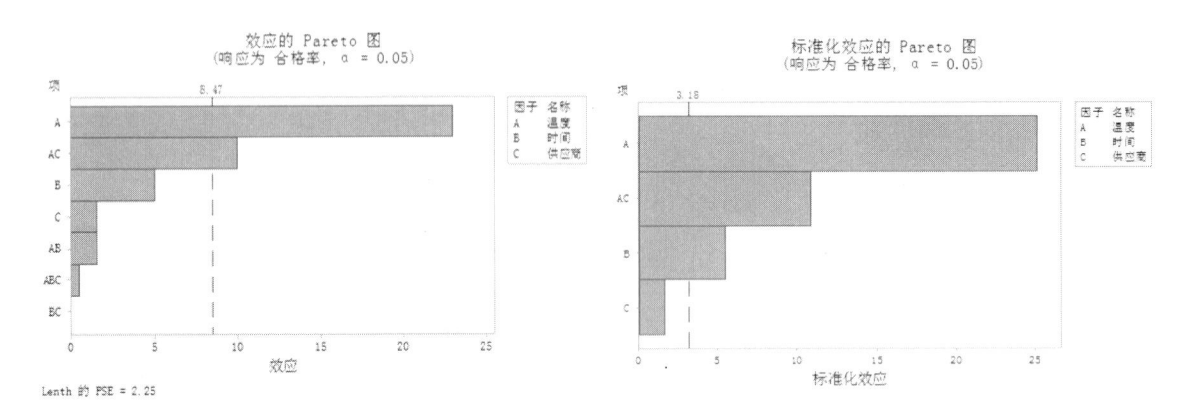

图 9-56 2^K 试验案例 1 的帕累托图分析结果

来源	自由度	Adj SS	Adj MS	F 值	P 值
模型	4	1312.50	328.13	196.88	0.001
线性	3	1112.50	370.83	222.50	0.001
温度	1	1058.00	1058.00	634.80	0.000
时间	1	50.00	50.00	30.00	0.012
供应商	1	4.50	4.50	2.70	0.199
2 因子交互作用	1	200.00	200.00	120.00	0.002
温度×供应商	1	200.00	200.00	120.00	0.002
误差	3	5.00	1.67		
合计	7	1317.50			

图 9-57 2^K 试验案例 1 的模型方差分析结果

模型在没有简化前的方差表中，误差项为 0，此时 F 检验不成立（F 值即 F 检验的参数，是模型项的方差与误差项的比值），故没有相应的 F 值和对应的 P 值（F 分布中 F 值对应的 P 值）。在进行模型简化后，不显著项被计入误差项，对应的 F 值和 P 值均可计算。

模型简化后，已编码的数学模型发生了变化，如图 9-58 所示。

项	效应	系数	系数标准误	T 值	P 值	方差膨胀因子
常量		64.250	0.456	140.76	0.000	
温度	23.000	11.500	0.456	25.20	0.000	1.00
时间	-5.000	-2.500	0.456	-5.48	0.012	1.00
供应商	1.500	0.750	0.456	1.64	0.199	1.00
温度×供应商	10.000	5.000	0.456	10.95	0.002	1.00

图 9-58 2^K 试验案例 1 的已编码的数学模型

在已编码的数学模型（见图 9-58）中，显著了编码化后的数学模型，即不论是否输入真实数据，系统都是按该模型进行计算的，即：

合格率=64.25+11.50 温度–2.50 时间+0.75 供应商+5.00 温度×供应商

由于输入的是真实数值，因此同时也返回了未编码的方程，即可代入真实值的模型。本例对应的未编码模型：

合格率 = 22.07 + 0.328 6 温度–0.625 时间–21.39 供应商+ 0.142 9 温度×供应商

显然，这个模型与未编码的模型是不同的，这个模型可直接进行计算。衡量该模型的因素至少有三个：R^2 值（含 $R^2_{调整}$、$R^2_{预测}$）、残差分析、等方差分析。其计算结果如图 9-59 所示。

S	R-sq	R-sq（调整）	R-sq（预测）
1.29099	99.62%	99.11%	97.30%

图 9-59　2^K 试验案例 1 的模型拟合优度分析

从模型表（见图 9-59）来看，与回归分析一样，三个 R^2 值代表了拟合的基本质量，其值越大越好。其中，R^2 值不可能是负数，$R^2_{调整}$ 和 $R^2_{预测}$ 不可能大于 R^2 值（而且有可能是负值）。三个 R^2 值没有统一的判定方式，普遍认为至少要大于80%，部分企业则执行更严的标准（应大于 90%）。（详情请参考前文回归的部分。）

- S，即标准差，其计算公式为：$S = \sqrt{\text{MSE}}$（MSE 为均方误）。式中，S 为数据值和拟合值之间距离的标准偏差。
- R^2，即 R_{-sq}，也称拟合优度，其计算公式为：$R_{-sq} = 1 - \frac{SS_E}{SS_T}$。式中，$SS_E$ 为误差的残差平方和（残差为观测值与拟合值的差值）；SS_T 表示系统总的离差平方和（离差为观测值与响应平均值的差值）；R^2 表示回归模型可反映实际情况的程度。
- $R^2_{调整}$，其计算公式为：$R_{-sq(调整)} = 1 - \frac{SS_E/(n-p)}{SS_T/(n-1)}$。式中，$n$ 为观测值总个数；p 为回归方程中的总项数。该指标表示回归模型中误差项数量的影响。
- $R^2_{预测}$，其计算公式为：$R_{-sq(预测)} = 1 - \frac{\text{PRESS}}{SS_T}$。该指标表示回归模型中异常点的数量和影响。

在本模型中，根据 R^2 值可判定模型拟合集优度是优秀的，然后要参考残差分析和等方差分析，如图 9-60 所示。

根据残差分析和等方差分析的结果，残差正常（残差正态分布且无明显的分布模式），方差相等，所以模型可以被用于优化分析。如果残差或等方差校验失败，那即便模型的 R^2 值很好，模型也不可用于预测和优化。

因子图显示温度对响应的效应是最大的，这其实和模型未编码的系数大小是一致的。本例的因子图如图 9-61 所示。当模型不可用于优化分析的时候，因子图的定性分析依然可以提供改善的指导方向性的建议。在本例中模型拟合良好，故可以进行优化分析。

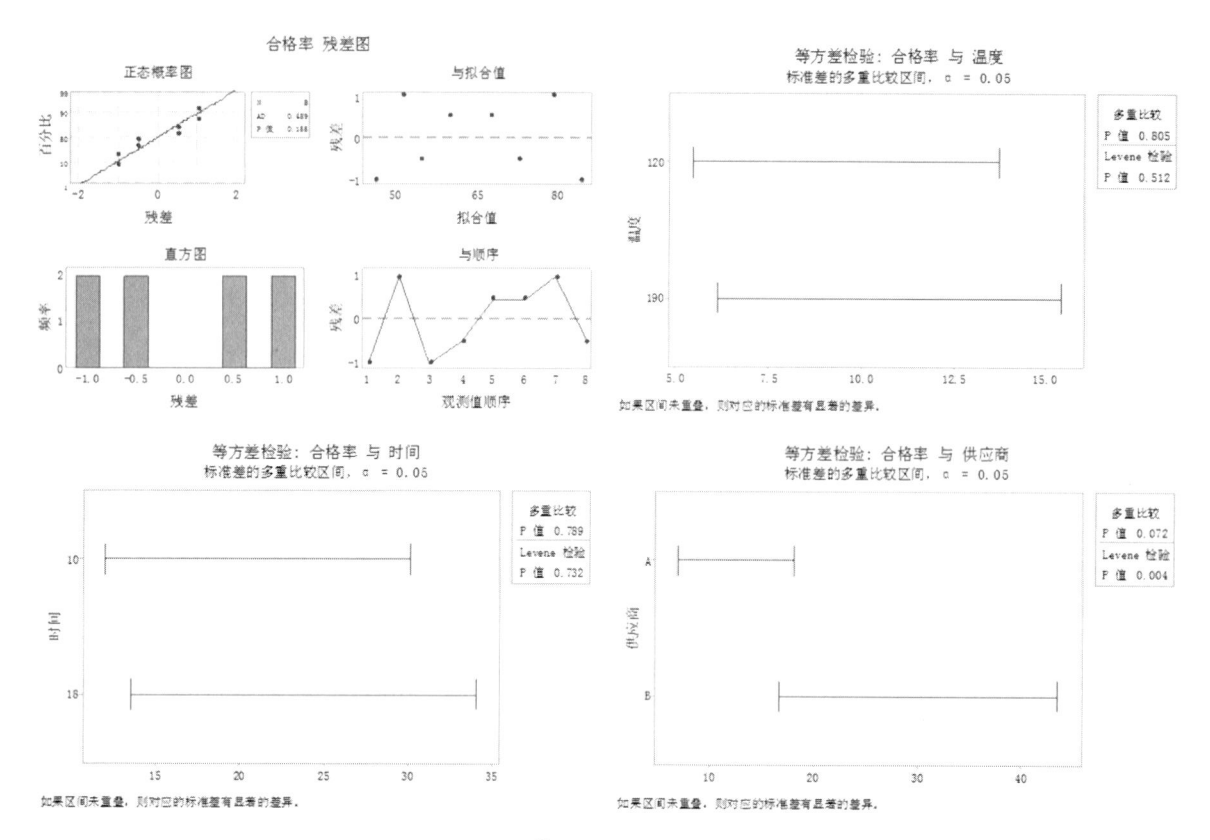

图 9-60 2^K 试验案例 1 的残差分析

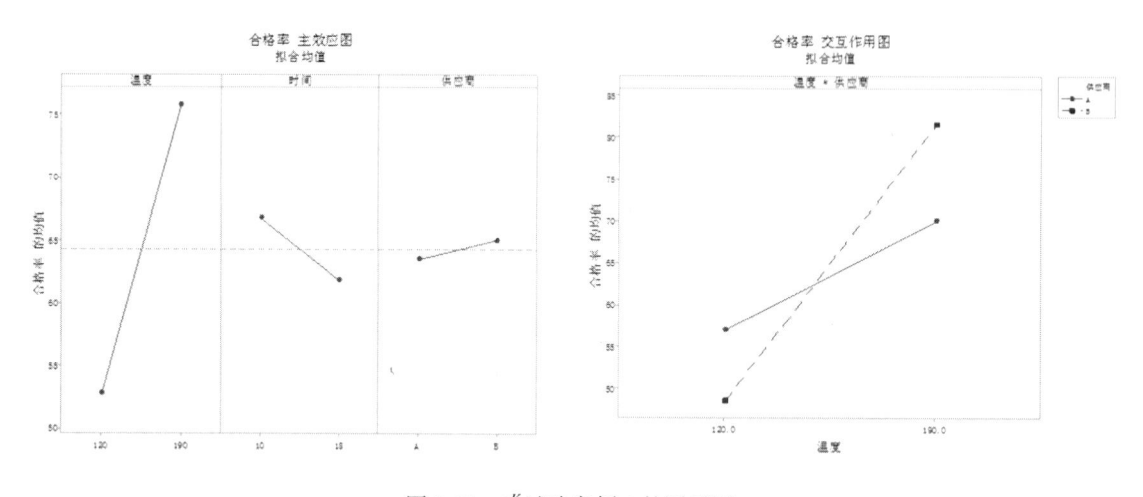

图 9-61 2^K 试验案例 1 的因子图

该项目团队期望合格率可以稳定在 70% 左右，所以在此基础上进行响应优化器优化，结果如图 9-62 所示。

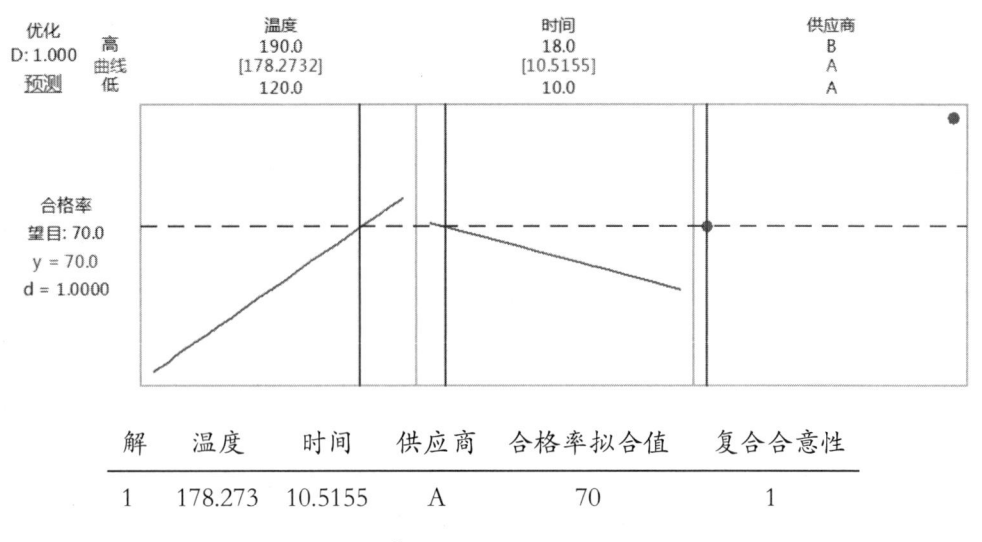

图 9-62 2^K 试验案例 1 的响应优化结果

团队根据模型获得了优化解,即期望合格率在 70% 的情况下,应该将加工温度设为 178.27 摄氏度,加工时间为 10.52 分钟,选用 A 供应商的材料。在这个组合下,可实现期望响应值的复合合意性为 1(实现的可能性基本为 100%)。

【案例 9-16】2^K 试验案例 2

某化学品生产企业被客户投诉,客户声称该企业某款有机材料的黏度不足。企业成立了六西格玛研究团队尝试分析该产品的物理特性。已知该产品的化学组分稳定,其黏度主要受生产工艺的影响。团队很快拟定了可能影响黏度的主要生产要素,包括预热时间、搅拌时间、预反应时间、烘干时间和催化剂。其中,时间单位都是分钟,催化剂分 ADL 和 DET 两个不同牌号的产品。

团队原本计划执行五个因子两个水平的全因子试验,但这需要 $2^5=32$ 组试验。事实上,由于试验需要占用反应釜的时间很长,根据测算,团队最多也只能进行 25 组试验。团队也提出,反应时间和最后产品的黏度系数可能不是线性关系,希望增加中心点校验;同时,根据反应釜的可用时间排定,试验无法在一天内完成,至少要两个团队两天来完成。

于是团队进行了试验的再次规划,决定实施 1/2 部分因子试验且增加 2 个中心点,由 2 个区组来完成。最后的试验组数为 24 组,在试验的预算范围内。其中,五个因子两个水平的 1/2 部分因子试验的基础试验为 $2^{5-1}=16$ 组,两个中心点分别在每组里出现 2 次,且由于有一个文本变量,数量增加一倍,$2\times 2+2\times 2=8$ 组,总计 24 组试验。表 9-25 为未随机化的试验表和数据(未随机化是为了让读者更清楚地看清试验的构成,实际作业应随机化)。

表 9-25 2^K 试验案例 2 的数据

标准序	运行序	中心点	区组	预热时间	搅拌时间	预反应时间	烘干时间	催化剂	黏度
1	1	1	1	20	5	30	16	ADL	59
2	2	1	1	12	10	30	16	ADL	63

续表

标准序	运行序	中心点	区组	预热时间	搅拌时间	预反应时间	烘干时间	催化剂	黏　度
3	3	1	1	20	5	45	16	DET	74
4	4	1	1	12	10	45	16	DET	81
5	5	1	1	20	5	30	28	DET	79
6	6	1	1	12	10	30	28	DET	89
7	7	1	1	20	5	45	28	ADL	83
8	8	1	1	12	10	45	28	ADL	86
9	9	0	1	16	7.5	37.5	22	ADL	59
10	10	0	1	16	7.5	37.5	22	DET	63
11	11	0	1	16	7.5	37.5	22	ADL	57
12	12	0	1	16	7.5	37.5	22	DET	64
13	13	1	2	12	5	30	16	DET	64
14	14	1	2	20	10	30	16	DET	73
15	15	1	2	12	5	45	16	ADL	82
16	16	1	2	20	10	45	16	ADL	83
17	17	1	2	12	5	30	28	ADL	81
18	18	1	2	20	10	30	28	ADL	89
19	19	1	2	12	5	45	28	DET	85
20	20	1	2	20	10	45	28	DET	91
21	21	0	2	16	7.5	37.5	22	ADL	58
22	22	0	2	16	7.5	37.5	22	DET	69
23	23	0	2	16	7.5	37.5	22	ADL	66
24	24	0	2	16	7.5	37.5	22	DET	79

根据这些数据进行模型分析后获得的结果，如图9-63所示。

从图9-63中获得了以下信息：

- 模型中没有因子A预热时间，说明其对最后黏度的影响不显著。
- 区组对应的P值是0.004，远小于显著性水平，所以区组的影响是显著的，区组的影响不可以从模型中被去除（若不显著，则应从模型中去除）。
- 弯曲代表的是模型中心点的响应情况，P值几乎等于0，也远小于显著性水平，所以中心点的影响是显著的，或者模型出现了非线性的情况，存在响应弯曲。
- 尽管与R^2相关的几个判定值都还不错，但由于中心点弯曲，因此模型无法进行优化。

来源	自由度	Adj SS	Adj MS	F 值	P 值
模型	7	2662.33	380.33	25.08	0.000
区组	1	165.37	165.37	10.91	0.004
线性	4	1193.38	298.34	19.67	0.000
搅拌时间	1	144.00	144.00	9.50	0.007
预反应时间	1	289.00	289.00	19.06	0.000
烘干时间	1	676.00	676.00	44.58	0.000
催化剂	1	84.37	84.37	5.56	0.031
2 因子交互作用	1	182.25	182.25	12.02	0.003
预反应时间*烘干时间	1	182.25	182.25	12.02	0.003
弯曲	1	1121.33	1121.33	73.95	0.000
误差	16	242.63	15.16		
失拟	12	158.13	13.18	0.62	0.763
纯误差	4	84.50	21.13		
合计	23	2904.96			

S	R-sq	R-sq（调整）	R-sq（预测）
3.89411	91.65%	87.99%	83.56%

图 9-63　2^K 试验案例 2 的分析结果

团队又检查了其他图，如残差图（见图 9-64）、效应图（见图 9-65），再次确认 A 预热时间对结果并不显著，且从残差图中发现残差的正态性不佳，$P=0.044$ 小于显著性水平，所以拟合可能存在一定的问题。同时中心点确实远离线性模型，存在显著弯曲。

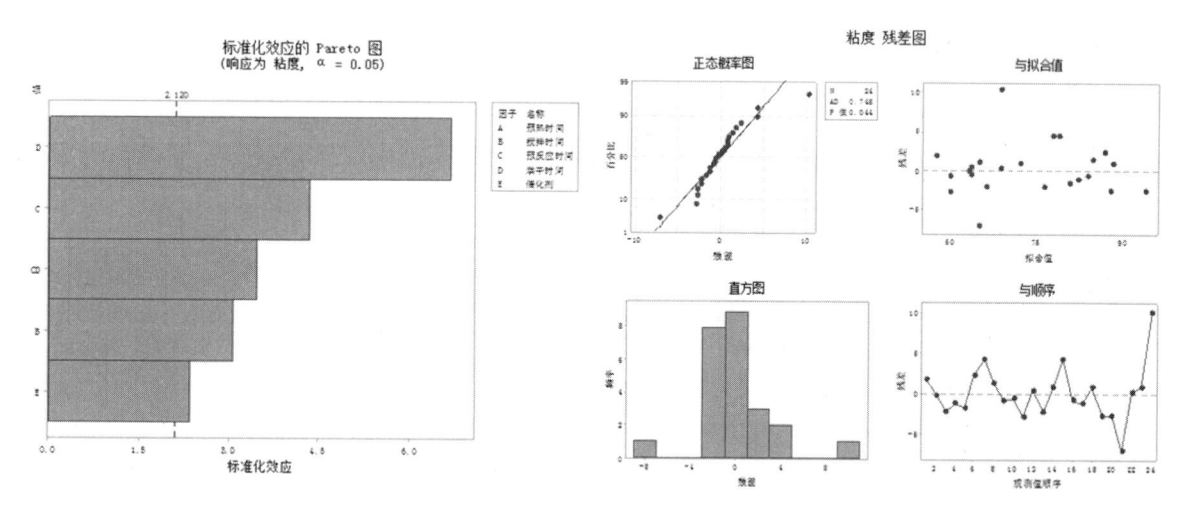

图 9-64　2^K 试验案例 2 的帕累托图与残差图

最后团队一致认为，中止当前试验分析，在残差不佳且中心点弯曲的情况下，没有必要进行进一步分析，应申请资源规划下一轮的试验。但本轮试验证明预热时间不是关键因子，可以在后续试验中排除，故后续试验将使用剩余 4 个因子，进行更为精确的响应曲面试验。（本例中，部分因子试验也起到了筛选因子的作用。）

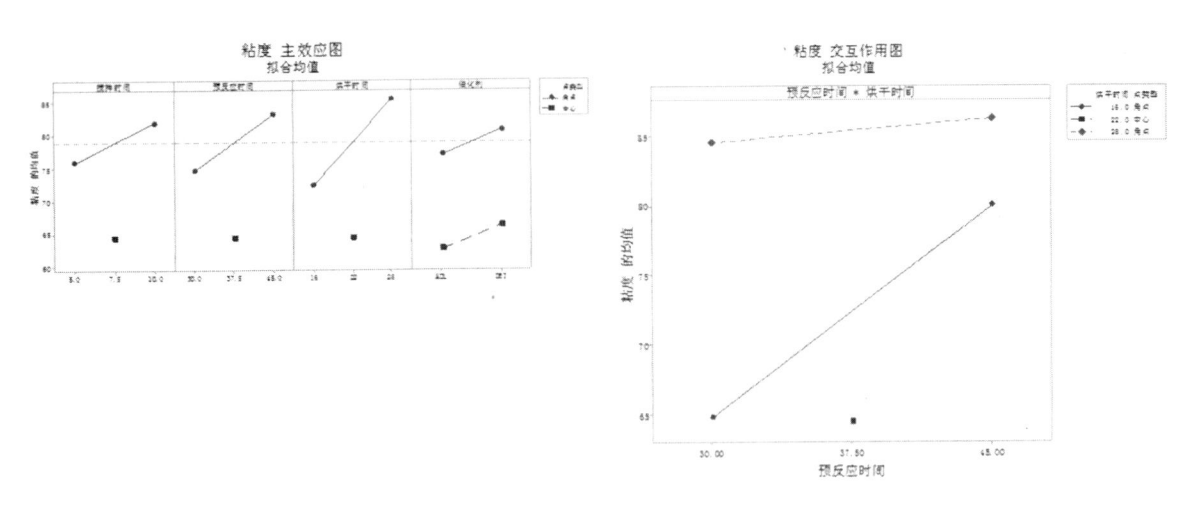

图 9-65 2^K 试验案例 2 的因子图

9.5.5 响应曲面试验[①]

响应曲面设计，也是基于回归的一种高阶试验设计。之所以称为响应曲面设计，是因为与传统两个水平线性响应的试验不同，其有限地考虑了因子 x 在参数中心点上的弯曲问题，其响应也从线性变成了曲面响应。响应曲面设计对应的试验为响应曲面试验。不难理解，响应曲面试验的考虑点更全面，但也会耗费更多的试验一组数来获得更完整的统计分析数据。所以响应曲面试验是为了寻找响应目标与各因子之间的定量规律，其主要目的是找出各因子水平的最佳组合，而不是判断因子的显著性。响应曲面的基本计算原理依然建立在多元回归分析基础上。

响应曲面试验主要适用于传统因子试验中因子水平的变化与预期可能出现重大偏差的情况（如中心点的效应显著），或者试验资源较充足，本身就希望获得相对比较准确的定量分析结果的情况。其规划路径如图 9-66 所示。

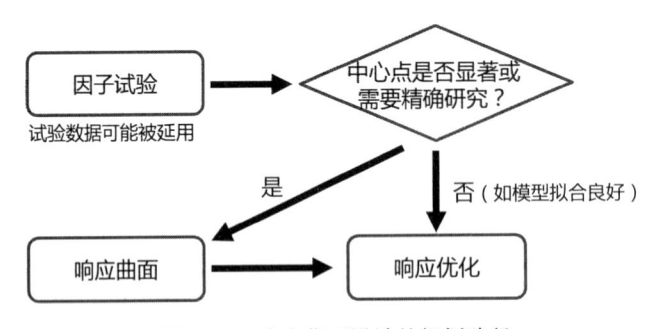

图 9-66 响应曲面设计的规划路径

响应曲面设计是基于传统因子试验的高阶试验设计方法，试验组数较传统因子试验更多，精度也更为准确。所以部分响应曲面设计具有一定的序贯性。序贯性是指试验可以分阶段进行，且前阶段的试验数据可被用于后续的试验分析。试验设计的一个典型特点是试验数量多，但减少试验组数

---

① 此节凡是解释试验设计原理的内容，均采用"响应曲面设计"说法；凡是涉及试验操作的内容，均采用"响应曲面试验"说法。

会降低试验分析的精度，所以已经完成的试验数据会显得弥足珍贵。具有序惯性的试验，如果在前阶段的试验中就已经获得了预期的结果，一般即可中止试验。显然，具有序惯性的试验会更灵活，但试验设计不应一味追求试验的序惯性，所以响应曲面试验中仅有部分试验是具有序惯性的。

响应曲面试验作为传统因子试验的补充，弥补了传统因子试验的几个重要缺陷。例如，试验组数不足，导致数学模型可能存在不确定性，或者有效性降低；两个水平试验的默认假设前提是响应的变化是随着因子水平的直线性变化而变化，事实上却并非一定如此，等等。这个方法避免了团队一次性过多的资源投入，将试验分阶段进行，不仅更经济，也更贴近实际问题解决的一般思路。

响应曲面设计通过增加特定的额外的试验点（相对于因子试验），来实现试验序惯性，并且构建新的数学模型。在获得数据后，试验的分析方法与传统的试验设计是完全一样的。在空间上，响应曲面设计在尽可能建立一个球形的设计域而不是平面的响应域。

响应曲面设计最常见的方法是中心复合设计与 Box-Behnken 试验设计。

1. 中心复合设计

中心复合设计（Central Composite Design，CCD）从模型中心点发出，构建具有（相对）序惯性和旋转性的试验模型，中心点到响应边界（曲面）等距的试验设计。以三个因子的试验为例。在原来的基础上，需要增加一些新的试验点以构建新的数学模型，使原来的响应平面变成响应曲面。三个因子的响应曲面试验的构成图如图 9-67 所示。

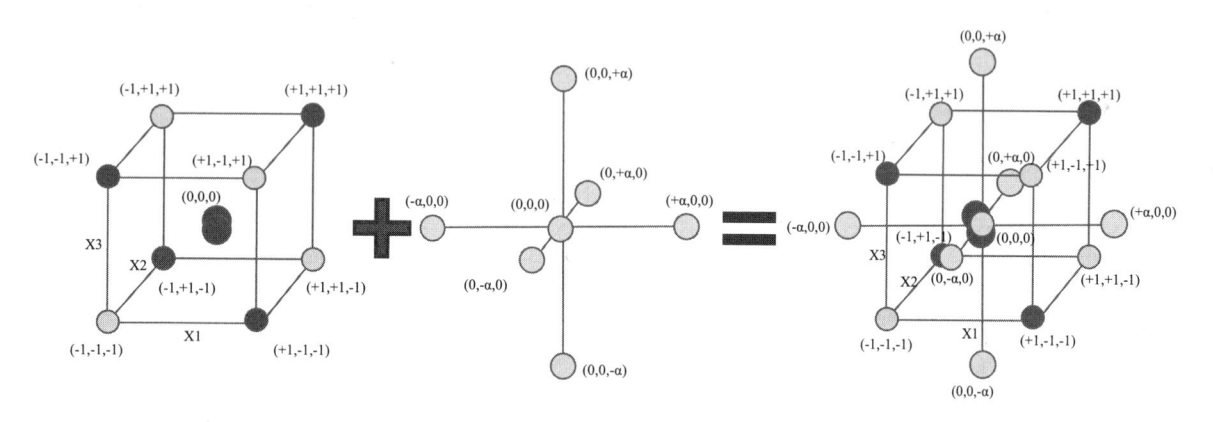

图 9-67 三个因子的响应曲面试验的构成图

所增加的点称为星点/轴点，它们显然突破了原来的试验水平，但这是构建响应曲面的最基本要素。根据因子数的不同，显然星轴点的水平参数 α 不是一个固定的数。合理的 α 值可以让曲面尽可能连续和圆润，这将使模型在某种意义上获得了一种新的特性：旋转性。所谓旋转性设计，就是使模型具有在设计中心等距点上预测方差恒定的性质，这大大改善了预测精度。响应曲面设计应尽可能考虑试验的序惯性和旋转性，但必须先考虑试验资源的可用性和合理性。

在中心复合设计中，在 k 个因子的情况下，为满足旋转性，应取 $\alpha = 2^{\frac{k}{4}}$，因此常见的 α 值如表 9-26 所示。

表9-26 中心复合设计中不同因子数对应的α值

因子数 k	因子点实验数	α
2	4	1.414
3	8	1.682
4	16	2.000
5	32	2.378

中心复合设计的三种常见形式如表9-27所示。

表9-27 中心复合设计的三种常见形式

类型	描述	特征
CCC	外切中心复合设计或中心复合序贯设计	最常见的模型，要求因子可以突破原水平。适用性最好，同时具有序惯性和旋转性，缺点是需要突破因子水平
CCI	内切中心复合设计或中心复合有界设计	当因子无法突破原水平时，或者因子的高低水平难以维持或很难控制时使用的试验模型。该模型相对保守，不突破因子水平且内缩，安全且精度高，缺点是因此丧失了序惯性，试验等于从头做起
CCF	面心复合试验或中心复合表面设计	强调因子水平的边界限定作用，作为原因子试验的补充分析。该模型试验水平最少，简单高效，且有序惯性，缺点是没有旋转性，且精度相对较低

这三种试验各有其特性，可以从试验构建的角度快速查看它们的异同点。以两个因子的试验构建为例，它们之间的构成差异如图9-68所示。

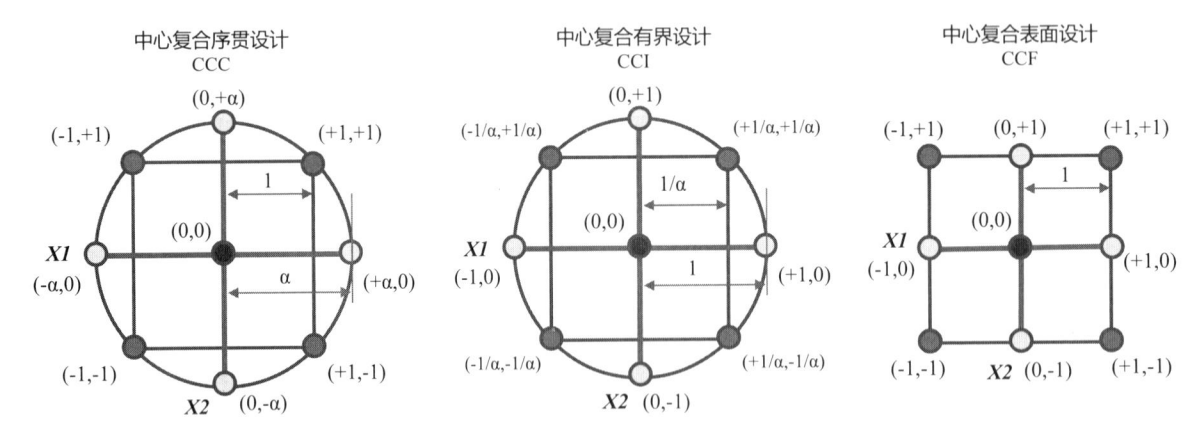

图9-68 三种中心复合设计的差异图

显然，在构建新的响应曲面时，根据轴点选择的方式不同，会构建不同的模型。这些模型的序惯性、旋转性都不尽相同。这三种设计各自具有不同的序惯性和旋转性。其特征比较如表9-28所示。

表9-28 三种中心复合设计的特征比较

中心复合形式	突破因子原水平	序惯性	旋转性	相对精度
CCC	是	有	有	高

续表

中心复合形式	突破因子原水平	序惯性	旋转性	相对精度
CCI	否	没有	有	高
CCF	否	有	没有	低

虽然这三种设计不尽相同，但它们的析因部分都是 2^K 个顶点或这些顶点的一部分。对于 5~6 个因子，中心复合设计的因子部分必须是一个具有最小分辨率为 V 级的析因设计，只是各个设计点的位置不同而已。轴向点用于估计二阶响应曲面模型的纯平方项。轴向距离依赖于操作域和定义域，它决定着设计的旋转性。对于球形域 CCC，在 2~6 个因子时推荐使用 $\alpha = 1.4 \sim 2.8$，对于立方域，$\alpha = 1.0$。而中心点用于提供精度一致性的评估和纯误差估计。在不同形状的设计域中，中心点所起的作用显著不同。球形设计（CCC、CCI）对中心点的数目是敏感的，而 CCF 对中心点的数目是稳健的，增加中心点或重复外部点是为了得到更准确的纯误差估计。

在模型的拟合程度方面这三种设计同样有效，但在模型的估计精度、方差稳定性、一致精度以及模型外推的稳健性方面都不同。对于 CCC 和 CCI，每个试验变量有 5 个水平，CCF 仅需要 3 个水平，这使它成为中心复合设计最简单的类型，也是最不易于受到试验误差影响而失效的设计，但没有旋转性。与 CCF 相比，CCC 的预测误差精度一致性好而且改进了平方效应的估计。然而，误差估计准确性的提升是否能补偿因子水平增加所带来的复杂性（每个因子变量需要测试 5 个水平，3 个因子就需要最少 20 组试验）是试验团队需要平衡的。从方差角度来看，如果设计域是球形的，中心复合设计最有效的设计是使用 $\alpha = k$ 以及 3~5 个中心点。团队不要一味追求旋转性，有时近似旋转的设计可能更经济有效。

2. Box-Behnken 试验设计

Box-Behnken 试验设计是可以评价指标和因子间的非线性关系的一种试验设计方法，和中心复合设计不同的是，它将因子各试验点取在立方体的棱中点上。它没有序惯性和旋转性，仅有近似的旋转性。在因子数相同的情况下，Box-Behnken 试验设计的试验组合数比中心复合设计少，因而更经济。Box-Behnken 试验设计常用于需要研究因子非线性影响的试验。该试验至少需要 3 个因子以上、10 个因子以内，且由于其试验点全部都在因子水平的中心点（棱中点）上，所以它不支持属性变量。图 9-69 为该试验（三因子）的试验点构成。

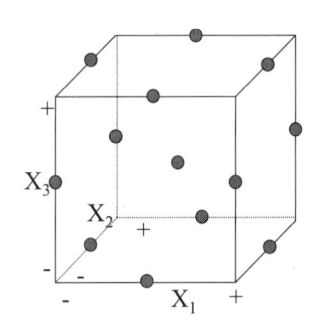

图 9-69 BOX-BEHNKEN 试验设计的试验点构成

【案例 9-17】响应曲面试验

某制药企业在研究其某药物反应速率和过程条件之间的关系。该反应速率具有特殊单位，以纯数字的形式体现。已知影响该反应速率的主要因子有三个：现场温度、组分浓度、存储时间。

在之前的试验中，三个因子的水平分别是：

- 现场温度：(0,42) 摄氏度。
- 组分浓度：(60,90) 百分比。
- 存储时间：(5,36) 天。

在试验过程中，企业认为存储时间 36 天太长是不能接受的，要求内部改善物流把所有存储时间控制在一个月内。同时，为了改善现场作业条件，现场温度要求最高不高于 40 摄氏度。第一轮的试验表如表 9-29 所示，分析结果如图 9-70 所示。

表 9-29 响应曲面试验案例的原始数据

标准序	运行序	中心点	区组	现场温度	组分浓度	存储时间	反应速率
9	1	0	1	21	75	20.5	80.0
5	2	1	1	0	60	36.0	56.0
2	3	1	1	42	60	5.0	61.0
13	4	0	1	21	75	20.5	79.9
6	5	1	1	42	60	36.0	91.0
4	6	1	1	42	90	5.0	81.0
3	7	1	1	0	90	5.0	72.0
10	8	0	1	21	75	20.5	79.9
7	9	1	1	0	90	36.0	97.0
12	10	0	1	21	75	20.5	79.7
8	11	1	1	42	90	36.0	151.0
1	12	1	1	0	60	5.0	64.0
11	13	0	1	21	75	20.5	79.6

来源	自由度	Adj SS	Adj MS	F 值	P 值
模型	8	6629.90	828.74	30693.98	0.000
线性	3	4919.37	1639.79	60733.02	0.000
现场温度	1	1128.13	1128.13	41782.41	0.000
组分浓度	1	2080.13	2080.13	77041.67	0.000
存储时间	1	1711.12	1711.12	63375.00	0.000
2 因子交互作用	3	1647.38	549.13	20337.96	0.000
现场温度×组分浓度	1	120.13	120.13	4449.07	0.000

图 9-70 响应曲面试验案例的分析结果

来源	自由度	Adj SS	Adj MS	F 值	P 值
现场温度×存储时间	1	861.12	861.12	31893.52	0.000
组分浓度×存储时间	1	666.13	666.13	24671.30	0.000
3 因子交互作用	1	6.12	6.12	226.85	0.000
现场温度×组分浓度×存储时间	1	6.12	6.12	226.85	0.000
弯曲	1	57.02	57.02	2112.03	0.000
误差	4	0.11	0.03		
合计	12	6630.01			

图 9-70 响应曲面试验案例的分析结果（续）

根据试验分析的结果发现，数据的中心点弯曲是显著的，所以企业决定使用响应曲面进行下一步的分析。在考虑到企业新的一些要求时发现，因子可以选取的水平范围被限定了，甚至比之前的试验还要严苛，所以企业分析后决定选择 CCI 试验。由于 CCI 没有序惯性，因此之前的数据无法使用，企业需重做全部测试。与此同时，现场团队还对之前的试验进行了总结，做了一些快赢改善，使系统更加稳定。新的试验数据如表 9-30 所示，新试验的帕累托图如图 9-71 所示，新试验的分析结果如图 9-72 所示。

表 9-30 响应曲面试验案例的新试验数据

标准序	运行序	点类型	区 组	现场温度	组分浓度	存储时间	反应速率
7	1	1	1	8.11	83.92	24.93	93
19	2	0	1	20.00	75.00	17.50	85
6	3	1	1	31.89	66.08	24.93	98
9	4	−1	1	0.00	75.00	17.50	82
17	5	0	1	20.00	75.00	17.50	91
18	6	0	1	20.00	75.00	17.50	92
15	7	0	1	20.00	75.00	17.50	91
13	8	−1	1	20.00	75.00	5.00	57
20	9	0	1	20.00	75.00	17.50	92
3	10	1	1	8.11	83.92	10.07	66
16	11	0	1	20.00	75.00	17.50	92
12	12	−1	1	20.00	90.00	17.50	99
5	13	1	1	8.11	66.08	24.93	83
4	14	1	1	31.89	83.92	10.07	75
1	15	1	1	8.11	66.08	10.07	65
2	16	1	1	31.89	66.08	10.07	79

续表

标准序	运行序	点类型	区组	现场温度	组分浓度	存储时间	反应速率
14	17	−1	1	20.00	75.00	30.00	86
8	18	1	1	31.89	83.92	24.93	93
11	19	−1	1	20.00	60.00	17.50	93
10	20	−1	1	40.00	75.00	17.50	91

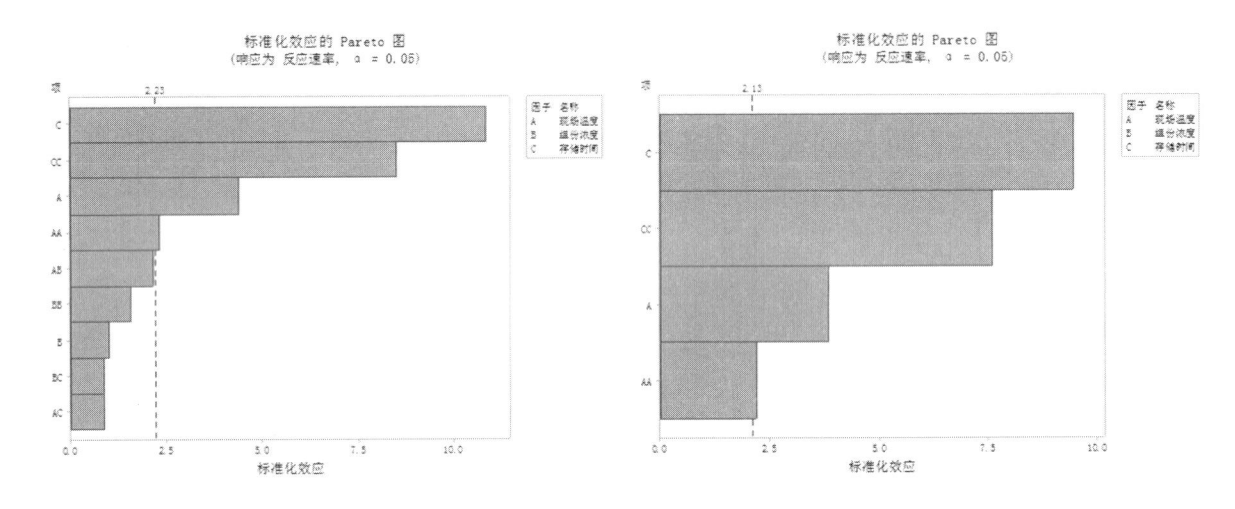

图 9-71 响应曲面试验案例的新试验帕累托图

来源	自由度	Adj SS	Adj MS	F 值	P 值
模型	4	2297.44	574.36	41.20	0.000
线性	2	1458.96	729.48	52.33	0.000
现场温度	1	206.74	206.74	14.83	0.002
存储时间	1	1252.21	1252.21	89.82	0.000
平方	2	838.48	419.24	30.07	0.000
现场温度*现场温度	1	66.78	66.78	4.79	0.045
存储时间*存储时间	1	806.79	806.79	57.87	0.000
误差	15	209.11	13.94		
失拟	10	171.61	17.16	2.29	0.187
纯误差	5	37.50	7.50		
合计	19	2506.55			

S	R-sq	R-sq（调整）	R-sq（预测）
3.73376	91.66%	89.43%	85.06%

反应速率 = 15.27 + 0.933 现场温度 + 6.005 存储时间 − 0.01515 现场温度*现场温度 − 0.1348 存储时间*存储时间

图 9-72 响应曲面试验案例的新试验分析结果

R^2 相关参数拟合良好，方差分析没有失拟，且残差分析没有明显异常，故团队接受该数学模型，并进行后续分析和优化。图 9-73 为因子图及响应曲面图。

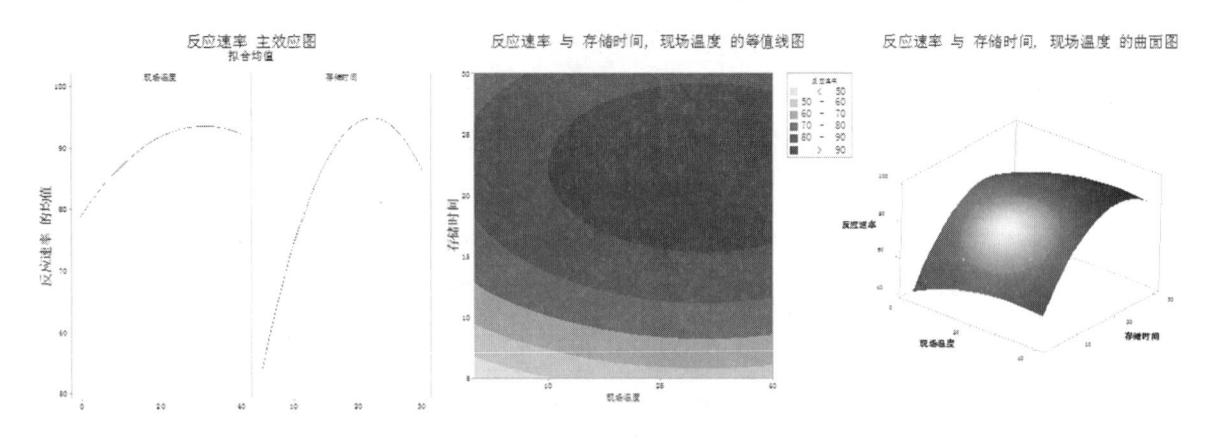

图 9-73　响应曲面试验案例的新试验因子图及响应曲面图

9.5.6　田口试验

田口试验（Taguchi Method）是田口玄一先生开创的一种质量特性研究与改善的方法论，是质量工程的一部分，也是追求稳健性设计中最著名的方法论之一。田口先生是应用统计学家与工程管理专家，也是质量工程的奠基者之一。田口先生以独特的视角来审视传统的质量观念，并且结合现场改善的特征和传统试验设计的形式，开创了田口试验。这个试验形成了独特的统计指标和思考模式，其输出结果可以快速有效地为现场改善指明方向。

田口试验是建立在正交试验基础上的试验设计，但区别于传统因子试验，具有独特的因子水平设计，不拘泥于模型的统计精度，是基于快速现场改善的实践方法。田口试验具有两个基本特点：遵循特定的损失函数（田口损失函数），以及离线的质量控制哲学（离线试验研究）。

田口损失函数是田口先生在研究产品稳健性设计时提出的重要工具。稳健性设计是六西格玛设计的主要构成之一，也是传统六西格玛改善方法论的重要组成，亦可对生产运营的现场提出改善的指导方向。稳健性设计分成几个方向：

- 针对产品设计性能的改善，以控制优化产品参数来使其达到对生产工艺的变异"免疫"的特性；
- 针对现场工艺参数和运行环境的改善，以直接提升最终产品的性能指标；
- 研究和改善企业整体质量水平，控制劣质成本水平。

稳健设计的目的在于，使所设计的产品质量稳定、波动小，使生产过程对各种噪声不敏感。在产品设计过程中，利用质量、成本、效益的函数关系，在低成本的条件下开发出高质量的产品。稳健性设计是针对产品从需求到实现的全过程中所存在的变异，将这些变异的影响始终控制在可接受的范围内。稳健性设计并不否认变异的存在，认为产品实现的过程中，变异是客观存在的，且不可能被完全消除。在考虑这些变异的前提下，找到一种方法，包容这些变异，最终使得即便变异出现，产品最终仍可以实现既定的绩效指标，这就是所谓的"免疫"：产品的性能不受过程自然变异的影响。免疫是相对而言的，与设计的稳健性、产品制造的稳健性息息相关，稳健性设计更关注免疫的理念和实现的方式。

田口先生为了构建充分的稳健性区域，提出了关于产品质量以及质量成本的考虑。其主要思想被归纳为如下两点：

- 产品的期望特性应该与设计名义值无偏差（过程居中）；
- 影响产品特性的因子间的交互作用是不显著的，或者是可忽略的。

这两个观点是田口试验的基础思想，可能在数理或逻辑上存在些许瑕疵，但也正是这两点，使得田口试验变得独特和高效。在此基础上，田口先生研究出了二次损失函数，这是对传统质量观点"门柱理论"的巨大挑战。

门柱理论，视客户的规格限为门柱，类似于足球运动，产品的特性只要落在了门柱内，即视为好的，或者认为该过程就是充分的。田口哲学认为这是错误的观点，因为自然变异和波动的存在，只要过程不居中，即过程均值偏离名义值，那一定会引起更多的不合格品，这样的过程是不能接受的。田口先生用他的理论研究出了田口二次损失函数，如图 9-74 所示。与门柱理论的差异是，在这个函数上，内部劣质成本和产品特性被关联起来，并且给出了指导性的建议。从这个函数不难看出，只要过程偏离名义值，企业就会有损失。如果过程均值与目标名义值偏离越远，企业遭受的损失越大。

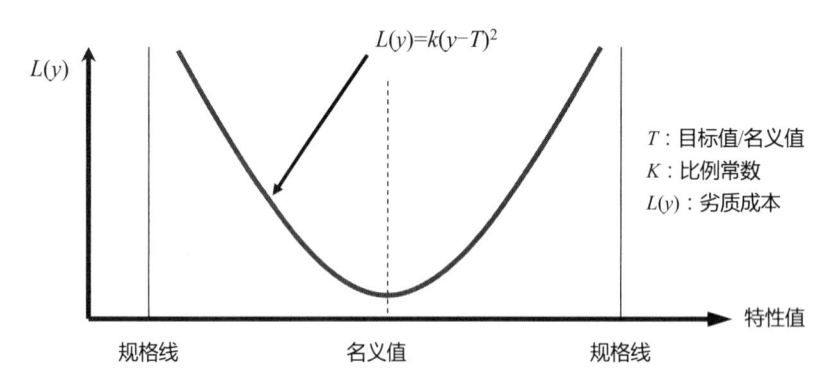

图 9-74 田口二次损失函数示意图

田口损失函数呈二次函数的形式，是可以被计算的。因此田口先生提出了信噪比的概念。信噪比是稳健性设计中用以度量产品质量特性的稳健性指标，是测量质量的一种尺度。信噪比是信号量与噪声量的比率，信噪比越大表示产品越稳健。其公式为：$\eta=S/N$。式中，η 为信噪比；S 为信号量；N 为噪声量。

信噪比是用来描述抵抗内外干扰因素所引起的质量波动的能力，或叫产品的稳定性或稳健性。信噪比也是田口试验的核心计算和评价指标。信噪比的计算公式相对复杂，但针对二次损失函数的计算可以被简化，按产品特性的三种形式（望目、望大、望小），其公式如表 9-31 所示。

表 9-31 田口二次损失函数的公式

特性期望	公　　式
目标最佳，公差对称	$L(y) = \left(\dfrac{C_0}{\Delta_0^2}\right)(y - \text{target})^2$

续表

特性期望	公 式
目标望小，越小越好	$L(y) = \left(\dfrac{C_0}{\Delta_0^2}\right)(y)^2$
目标望大，越大越好	$L(y) = (C_0 \cdot \Delta_0^2)\left(\dfrac{1}{y^2}\right)$

式中，C_0 为客户维修或替换产品的成本；Δ_0 为客户公差；y 为输出（实测）值；$L(y)$ 为损失函数。

田口先生应用二次损失函数和信噪比，结合传统试验设计的特点，开创了田口试验。田口试验中的信噪比公式略有变化：$S/N = \dfrac{\text{Signal}}{\text{Noise}} = 10 \times \log(\dfrac{\text{Avg}^2}{\sigma^2})$。

田口试验从形式上与传统试验设计类似，但也有其一定的执行顺序，一般分四个部分，如图 9-75 所示。

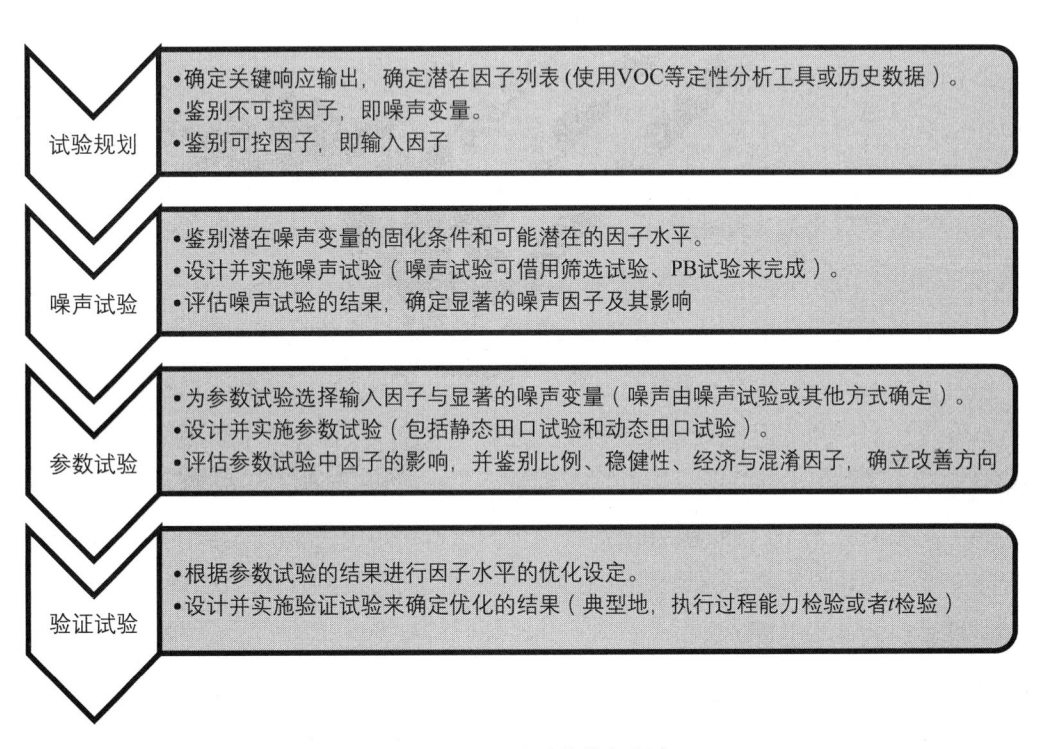

试验规划
- 确定关键响应输出，确定潜在因子列表（使用VOC等定性分析工具或历史数据）。
- 鉴别不可控因子，即噪声变量。
- 鉴别可控因子，即输入因子

噪声试验
- 鉴别潜在噪声变量的固化条件和可能潜在的因子水平。
- 设计并实施噪声试验（噪声试验可借用筛选试验、PB试验来完成）。
- 评估噪声试验的结果，确定显著的噪声因子及其影响

参数试验
- 为参数试验选择输入因子与显著的噪声变量（噪声由噪声试验或其他方式确定）。
- 设计并实施参数试验（包括静态田口试验和动态田口试验）。
- 评估参数试验中因子的影响，并鉴别比例、稳健性、经济与混淆因子，确立改善方向

验证试验
- 根据参数试验的结果进行因子水平的优化设定。
- 设计并实施验证试验来确定优化的结果（典型地，执行过程能力检验或者 t 检验）

图 9-75 田口试验的执行顺序

田口试验遵循了稳健性设计的基本中心思想，不回避现场环境中实际存在的各种变异，提出在考虑这些变异（包括噪声）的影响后，产品特性应依然满足目标特性。田口试验的统计方法相较于传统试验设计有很大差别，最终以考察响应的信噪比为主，而不过于强调数学模型的精确性，具有两个典型的前提假定：

- 所有因子的交互作用是不明显的：只保留主因子的作用，最大可能地舍弃因子的交互作用。
- 默认产品的特性应该是不偏移的：这是基于二次损失函数的理念，也是稳健性设计的基本特性。

田口试验不拘泥于数学模型的精度，所考虑的因子数量可以更多，同时可以引入因子的不同水平，所以应用场合相对更加广泛，且易于实施。与传统试验设计一样，实施田口试验需要提前做相

应的准备，包括但不限于以下工作：

- 试验实施团队的组建及人员分工。
- 研究对象的初步研究，包括各种定性分析（如 VOC、专家判断、历史问题研究等）和初步定量分析（如系统稳定性分析、测量系统分析、假设检验、相关性分析等）。
- 确定潜在的因子列表，明确潜在的噪声因子以及可控因子，使用参数诊断图（Parameter Diagram，简称 P 图）是一种常见的典型做法（见 10.2.1 节中的图 10-37）。
- 明确的试验计划（留有足够的资源做试验验证或面对突发状况）。
- 对试验环境或现场工况有充分的判断和研究。
- 明确的验证试验计划等。

噪声试验（Noise Test）是田口试验的第一部分，通常需要先获得已经鉴别的所有潜在噪声列表。所谓噪声，或者噪声因子，就是正常生产过程中或使用过程中难以控制的因子，或者人们主动选择不进行控制的因子（如控制成本过高）。参数诊断图分析是鉴别噪声来源的强有力的分析工具，该工具也可以将过程特征与噪声试验相互衔接起来。噪声因子本身又分成内噪声和外噪声。

- 内噪声是材料或系统固有的参数变化，是自然波动的存在。
- 外噪声是系统外部由环境变化或人为干预（包括人为失误）导致的波动，可能随时间变化。类似系统退化等其他难以控制的波动也可被视作外部噪声。

噪声试验的特点是只考虑主因子的影响，所以一般会选择特殊的解析度为III的 Plackett-Burman 试验（该试验组数比传统解析度III的试验组数更少），这一点和传统试验设计的筛选用途是完全一样的，只是在噪声试验中筛选的都是噪声因子。该试验有较高的容错度，不必过多考虑试验精度。

噪声试验的输出就是筛选后的显著的噪声因子。进入后续试验的噪声因子不必过多，否则会大幅度增加试验的难度。同时，对于被鉴别出的噪声因子在试验中将被更多地考虑其影响的程度，而对于不显著的噪声因子没有必要继续保留。显著的噪声因子将成为后续参数试验中的外矩阵（外表）的主要构成元素，后文将详述。

参数试验根据系统响应的特点，主要根据理想函数的特征，被分成静态试验和动态试验。二者的区别如图 9-76 所示。

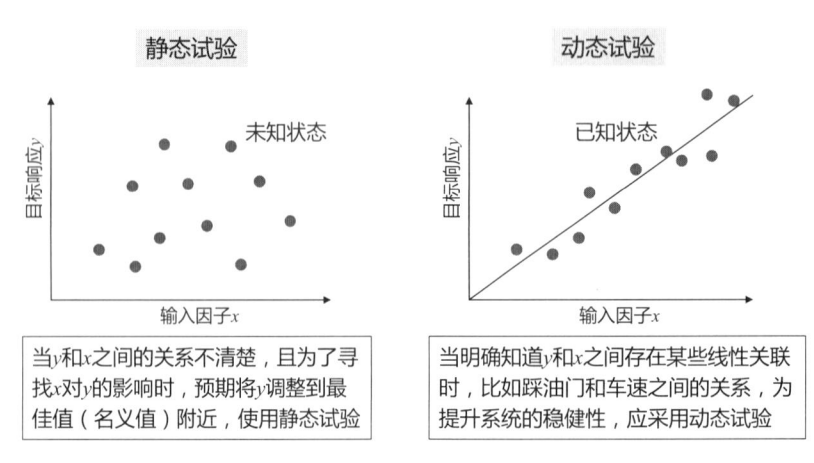

图 9-76　田口静态试验与动态试验的区别

静态试验是田口的基本试验，而动态试验是建立在静态试验基础上的（增加信号因子）。也有理论认为，静态试验可以为某些动态试验创造基本构架条件。可以把静态试验看作动态试验中线性响应的一个局部状态，如图9-77所示。

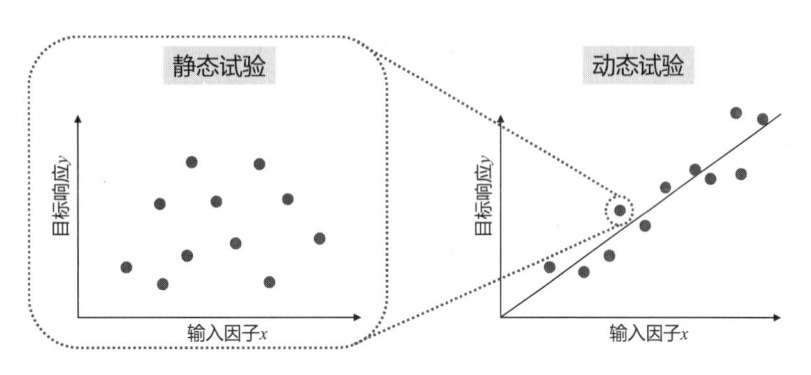

图 9-77　田口静态试验与动态试验的关系

静态试验的试验表由一张噪声及参数矩阵组成，该矩阵由内矩阵和外矩阵两部分组成。噪声及参数矩阵，是静态试验的主要试验数据形式。其中，内矩阵，也称内表，类似于传统试验设计的因子表，其输入因子主要由系统中的可控因子组成。部分不显著噪声因子可视实际情况来选择是否称为内矩阵的输入因子。外矩阵，也称外表，主要由显著的噪声因子组成，用于鉴别可控因子在不同噪声水平下的响应变化。

静态试验的理念是对可控因子进行类似传统因子试验，同时将显著的噪声因子作为外部的影响和传统因子试验进行交互，来检验两者之间的关系。静态试验的基础理念和数学计算与田口稳健性设计中的信噪比一致。

静态试验中的内矩阵使用了正交试验表的理念，可以是两个水平的，也可以是多个水平的，所以正交试验表与传统2^K因子试验的表有类似的地方，但也有很多不同。正交试验设计是研究多因素多水平的一种设计方法，它是根据正交性从全面试验中挑选出部分有代表性的点进行试验，这些有代表性的点具备了"均匀分散，齐整可比"的特点。在因子的每一列中，不同水平出现的次数相等；任意两列中数字的排列方式齐全而且均衡。正交试验有独特的正交试验表，通常情况下，正交试验希望各因子的水平数是相等的。但理论上，各因子水平可以不等，但如果因子水平不等，可能存在正交试验表无法构建的情况。

正交试验表的符号通常用这种形式表达：$L_9(3^4)$。其意义为：L代表L形正交表，9代表做9组试验，3代表3个水平，4代表4个因子。常用的正交试验表如下：

$L_4(2^3)$，$L_8(2^7)$，$L_{16}(2^{15})$，$L_{32}(2^{31})$，$L_9(3^4)$，$L_{27}(3^{13})$，$L_{81}(3^{40})$，$L_{12}(2^{11})$，$L_{18}(2^1 \times 3^7)$，
$L_{36}(2^3 \times 3^{13})$

图9-78为两个正交试验$L_4(2^3)$和$L_8(2^7)$因子水平构成的示例。

图 9-78 部分正交试验的因子水平构成

均匀设计是一种特殊的正交设计,是已知常规试验设计方法中试验组数最少的,其试验数等于因子的水平数。该设计中的因子水平均匀散布在整个因子的水平空间范围内,故因此得名,也被称为空间填充设计。均匀设计一般要求因子的水平数相等。由于均匀设计的试验组数比 PB 试验更少,所以试验精度更低。均匀设计的表达式为:$U_6(6^8)$。其意义为:U 代表均匀设计,下标 6 代表 6 组试验,括号内的 6 代表有 6 个水平,指数 8 代表 8 个因子。由于田口试验使用传统正交试验作为内矩阵,因此均匀设计不再展开介绍。

当内矩阵即正交设计表和外矩阵噪声矩阵都就位后,即可构建田口的静态试验。内外矩阵的构成如图 9-79 所示。

本示例中:
- 3 个可控因子 2 个水平 = 8 组
- 2 个噪声因子 2 个水平 = 4 组
- 总试验组数 = 4 × 8 = 32 组

这显示了噪声因子和可控因子是怎样共同创建 32 组的试验矩阵的。

图 9-79 田口试验内外矩阵的构成

不同的软件设置可能不同,在 Minitab 中最后构建的表格与传统试验设计的表单类似。如果静态试验中不设置外矩阵(噪声矩阵),此时试验就变成了传统的正交试验。

静态试验的输出同样有传统的回归模型,但由于田口方法的试验精度和前提假设的限制,回归模型的分析意义并不大,试验更倾向于使用定性分析来帮助改善。其主要的衡量指标包括以下两点:

- 信噪比、均值、标准差的响应表:通过排秩的方式,直接排定因子的影响程度和趋势。
- 信噪比、均值、标准差的主效应图:用图示的方式展示因子的影响和趋势。

其中,均值和标准差的主效应图又将因子进行了分类,这个分类有助于现场进行实际改善。因子分类方式如图 9-80 所示。

	方差/标准差	
	影响很小	影响很大
均值 影响很小	经济因子	稳健性改善因子
均值 影响很大	比例因子	混淆因子

图 9-80　田口试验的因子分类

根据上面获得的信息，田口试验可以根据信噪比的大小来判定各个因子对响应的影响程度，也可以在有限的水平内进行预测（只能在田口试验水平范围内进行预测，因子水平必须是已测量的因子水平）。更重要的是，根据主效应的组合判断，可以将因子分别归类为经济因子、稳健性改善因子、比例因子、混淆因子。这几个因子分别与现场改善流程相互衔接。

在前文连续型过程能力研究中提及，过程能力改善三部曲为先使过程居中（这也是田口哲学的重要思想），然后减少系统的波动，使系统更稳定，改善离散的程度，最后希望控制噪声因子。而这恰恰对应了静态试验的输出结果。其改善步骤如图 9-81 所示。

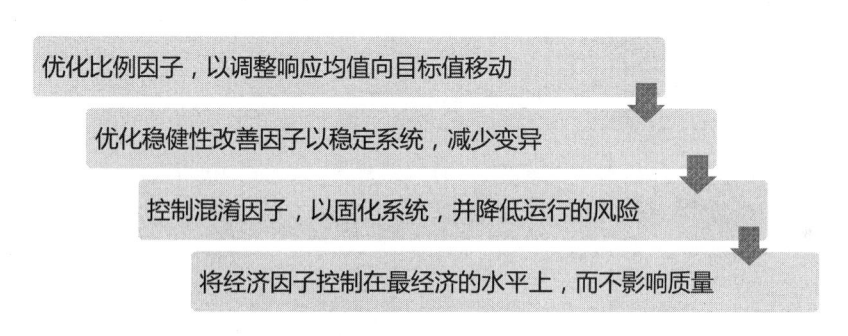

优化比例因子，以调整响应均值向目标值移动
优化稳健性改善因子以稳定系统，减少变异
控制混淆因子，以固化系统，并降低运行的风险
将经济因子控制在最经济的水平上，而不影响质量

图 9-81　田口试验因子分析后的改善步骤

（1）比例因子。移动比例因子，将过程的中值对中（过程居中），使系统的响应与目标值的差异最小化，同时不对系统产生大的波动。

（2）稳健性改善因子。改善稳健性改善因子，使系统标准差变小，波动更小，同时又不会显著影响已经对中（过程居中）的结果。

（3）混淆因子。固化混淆因子，因为混淆因子同时会影响均值和标准差。通常情况下，当不确定如何调整它时，最佳方法就是将其按噪声变量的处理方式，将其固化在某个可控的水平上。

（4）经济因子。前三步已经对应了系统过程能力改善的三部曲，而最后一步就是面对经济因子。由于其对均值和标准差都没有显著影响，因此可将其控制在最经济的水平上（该因子也因此得名）。通常，所谓降成本不降质量，就是指对经济因子进行优化。

注：也有人认为应先优化稳健性改善因子，后优化比例因子。这需要根据实际情况进行调整。

动态试验往往是在静态试验的基础上进行的，需要有信号因子。从试验表的形式来看，动态试验在静态试验的表上增加了一个信号因子。由于 Minitab 的数据表格是针对纵向排列数据而设计的

（数据表格是单维度的），这种形式无法直观地体现矩阵。为满足静态试验中内外矩阵的数据要求，Minitab 的数据表格去除了一个维度并使表格变得复杂。而此时额外添加的信号因子，只能以一个新的因子形态出现在试验表内，这使得表格更为复杂，信号因子的水平数直接决定了最后的试验组数。动态试验的试验组数增加是因为信号因子的每个水平都和噪声及参数矩阵进行了交互。

动态试验组数 = 信号因子的水平数 × 静态试验的组数

设置田口动态试验有两种方式：可以在试验之初就添加信号因子将其直接定义成动态试验，也可以在静态试验基础上添加信号因子使之变成动态试验。也就是说，动态试验也具有响应的序惯性，前提是前后试验环境没有发生显著差异。由于 Minitab 的表格形式的限制，信号因子只能以单独一个新的因子列加在表格最后作为新的交互矩阵的一部分。

动态试验除了静态试验所考察的内容，还要考察信噪比和斜率。斜率是信号因子与噪声及参数矩阵的关系参数，即系统随着信号因子的变化，响应的对应的变化是否呈线性变化。在动态试验中，信号因子与响应之间的线性关系越强烈，斜率越接近 1。

验证试验在田口试验中并不是固定的一种试验或试验形式。田口试验优化的方式根据结果的解读方式不同，分成了定性改善（因子分类）和定量改善（田口预测器），但不管是哪一种，同所有的传统试验一样，优化后的参数配置需要进行验证。验证方式可以采用含控制图的过程能力检验，并配以单样本 t 检验来考察改善后的目标响应值的均值是否接近名义值。验证试验还需要评估方差分析，方差分析可以帮助建立符合稳健性设计思想的稳健性区域，以提高产品参数或过程的稳健性。

田口试验并不一定要求有噪声因子和信号因子。如果没有噪声因子和信号因子，就仅存在内矩阵，而无噪声及参数矩阵。仅存在内矩阵的田口试验，将贯彻田口稳健性设计的原则，主要考察可控因子（主因子）对响应的影响程度。此时的试验与传统因子试验相似，但试验组数相对于传统因子试验的组数大大减少。无噪声因子和信号因子的内矩阵的田口试验是静态试验的一种特殊形式，该试验与普通静态试验（含噪声因子或信号因子）的内矩阵并无差别，都遵循田口试验的正交设计表。如果没有噪声因子，田口试验就无法体现其研究稳健性的特点，因为田口哲学就是要考虑和研究在噪声的影响下，系统或产品是否依然可以稳定或正常工作的特性。这就是田口试验与普通正交试验的最大区别。

【案例 9-18】田口试验

某工厂在研究如何更快地降低某特殊设备的冷却液温度。工厂根据前期 VOC 等分析调查后发现，影响冷却液温度的因素非常多。经过层层筛选和鉴别后，研究团队确定研究目标对象是冷却液在单位时间内温度的下降幅值，而可能存在的噪声因子包括冷却液含水量（或多或少，不精确）、使用期（冷却液用了多久）、循环次数、温度计的位置、供应商、型号（小批号）、冷却管长、流速、测量时间，共 9 个因子；经筛选后，可能存在的可控因子包括冷却用冰块的形状、容器材料、是否搅拌，共 3 个因子。

团队先进行了噪声试验，采用 PB 试验以确定显著的噪声因子。试验表如表 9-32 所示，试验帕累托图如图 9-82 所示。

表 9-32 田口噪声试验案例的试验表

标准序	运行序	中心点	区组	含水量	使用期	循环次数	供应商	型号	冷却管长	温度计的位置	流速	测量时间	温度下降
7	1	1	1	−1	1	1	1	−1	1	1	−1	1	13
12	2	1	1	−1	−1	−1	−1	−1	−1	−1	−1	−1	16
2	3	1	1	1	1	−1	1	−1	−1	−1	1	1	44
6	4	1	1	1	−1	1	1	−1	1	1	1	−1	55
9	5	1	1	−1	−1	−1	1	1	1	−1	1	1	20
1	6	1	1	1	1	−1	−1	−1	1	1	1	1	68
8	7	1	1	−1	1	1	1	1	−1	1	1	−1	31
3	8	1	1	−1	1	1	−1	1	1	−1	−1	1	18
5	9	1	1	1	1	1	−1	1	1	−1	−1	−1	66
10	10	1	1	1	−1	−1	−1	1	1	1	−1	1	57
4	11	1	1	1	−1	1	−1	−1	1	−1	−1	−1	24
11	12	1	1	−1	1	−1	−1	−1	1	1	1	−1	29

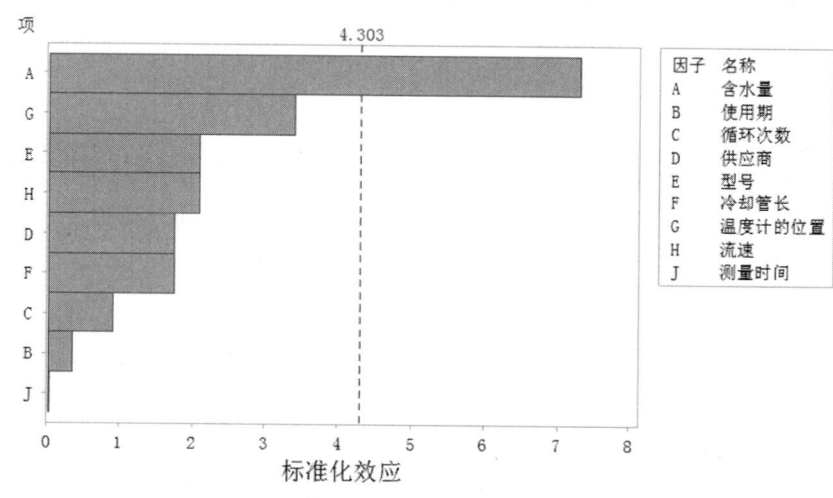

标准化效应的 Pareto 图
（响应为 温度下降，α = 0.05）

因子	名称
A	含水量
B	使用期
C	循环次数
D	供应商
E	型号
F	冷却管长
G	温度计的位置
H	流速
J	测量时间

图 9-82 田口噪声试验案例的试验帕累托图

由于 PB 试验不过于纠结模型精度，因此根据上述结果，团队认为因子 A 含水量和因子 G 温度计的位置是显著的噪声因子，会被带到下一轮的静态试验中。根据这个结论，团队很快开始构建新的静态试验。内矩阵即三个可控因子：冷却用冰块的形状、容器材料、是否搅拌；而外矩阵是刚刚获得的两个噪声因子：含水量和温度计的位置。

注：尽管本书不注重对 Minitab 的教学，但针对目前普遍已知的问题，做额外的操作补充。Minitab 可以直接进行内外矩阵的交互，如图 9-76 所示。

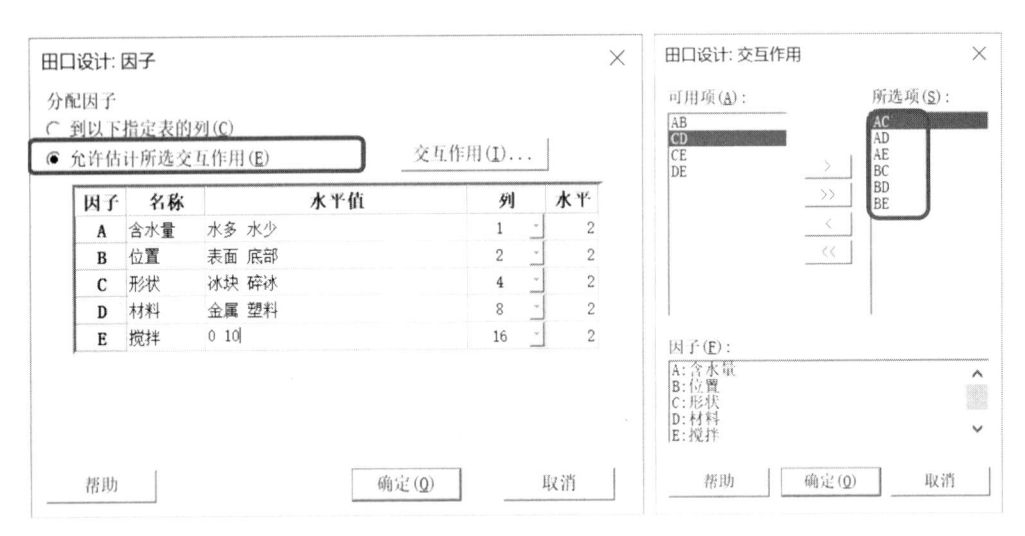

图 9-83　Minitab 中构建内外矩阵的方式

尽管是矩阵，但构建后的试验表仍与传统试验设计类似，如表 9-33 所示（分两列呈现）。

表 9-33　静态田口试验案例的试验表

含水量	位置	形状	材料	搅拌	温度下降	含水量	位置	形状	材料	搅拌	温度下降
水多	表面	冰块	金属	0	30.8	水少	表面	冰块	金属	0	40.2
水多	表面	冰块	金属	0	36.1	水少	表面	冰块	金属	0	44.1
水多	表面	冰块	塑料	10	29.5	水少	表面	冰块	塑料	10	43.6
水多	表面	冰块	塑料	10	27.2	水少	表面	冰块	塑料	10	45.2
水多	底部	碎冰	金属	0	35.3	水少	底部	碎冰	金属	0	52.4
水多	底部	碎冰	金属	0	31.8	水少	底部	碎冰	金属	0	53.2
水多	底部	碎冰	塑料	10	33.7	水少	底部	碎冰	塑料	10	46.3
水多	底部	碎冰	塑料	10	29.8	水少	底部	碎冰	塑料	10	42
水多	表面	碎冰	金属	10	31.2	水少	表面	碎冰	金属	10	41
水多	表面	碎冰	金属	10	30.1	水少	表面	碎冰	金属	10	46.5
水多	表面	碎冰	塑料	0	28.3	水少	表面	碎冰	塑料	0	29
水多	表面	碎冰	塑料	0	27.5	水少	表面	碎冰	塑料	0	34
水多	底部	冰块	金属	10	28.2	水少	底部	冰块	金属	10	36
水多	底部	冰块	金属	10	27.3	水少	底部	冰块	金属	10	49
水多	底部	冰块	塑料	0	25.7	水少	底部	冰块	塑料	0	41
水多	底部	冰块	塑料	0	29	水少	底部	冰块	塑料	0	48.7

团队根据表 9-33 中的数据进行田口分析，获得相应的信噪比、均值和标准差的排秩图和主效应

图。由于目前是尽可能快地降低冷却液的温度,因此试验设置的计算公式为望大。试验的信噪比、均值和标准差的排秩图如图 9-84 所示,试验分析的主效应图如图 9-85 所示。

信噪比响应表

水平	含水量	位置	形状	材料	搅拌
1	29.51	31.32	30.95	30.66	31.03
2	32.57	30.77	31.13	31.43	31.06
Delta	3.06	0.55	0.18	0.77	0.03
排秩	1	3	4	2	5

均值响应表

水平	含水量	位置	形状	材料	搅拌
1	30.09	38.09	36.35	35.03	36.69
2	43.26	35.27	37.01	38.33	36.66
Delta	13.17	2.82	0.66	3.29	0.03
排秩	1	3	4	2	5

自然对数(标准差)响应表

水平	含水量	位置	形状	材料	搅拌
1	0.4128	0.8464	0.9067	0.7464	0.7384
2	1.0268	0.5932	0.5329	0.6932	0.7012
Delta	0.6140	0.2532	0.3738	0.0532	0.0372
排秩	1	3	2	4	5

图 9-84 静态试验的排秩图

信噪比显示,排秩数越小即影响程度越重要,其中含水量的影响是最大的,其次是容器的材料。虽然信噪比是由均值和标准差的比值构成的,但它们的排秩结论并不见得一定和信噪比的排秩结论是一样的。如果从系统总的层面来看,一般以信噪比的排秩结果为主要参考依据。

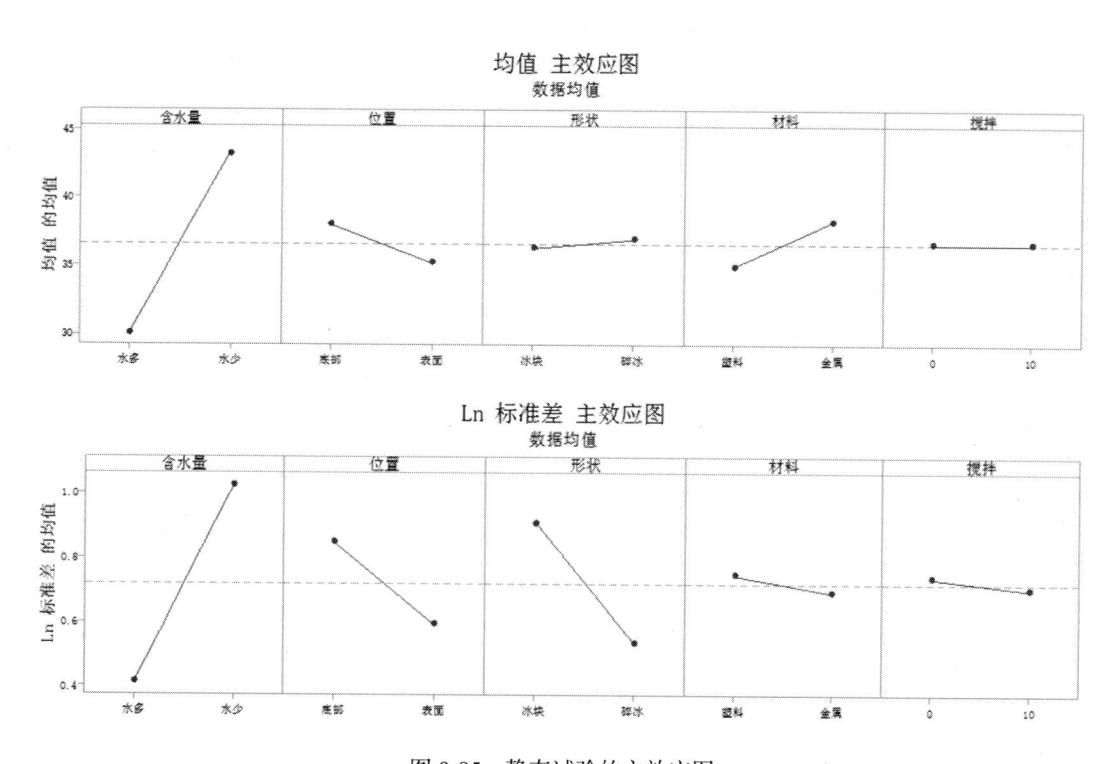

图 9-85 静态试验的主效应图

信噪比的主效应图与排秩结果基本一致,不再重复考察。在考察均值和标准差时,团队产生了一些分歧,因为不同的评估者针对这张图(见图 9-85)的解读是不一样的。经过协商后,团队终于达成一致，对5个因子做了如下判定：

- 含水量：对均值和标准差的影响都很大，所以含水量是一个混淆因子。
- 位置：对均值和标准差的影响都很大，所以位置是一个混淆因子。
- 形状：对均值影响很小，但对标准差影响很大，所以形状是一个稳健性改善因子。
- 材料：对均值影响很大，但对标准差影响很小，所以材料是一个比例因子。
- 搅拌：对均值和标准差影响都不大，所以搅拌是一个经济因子。

这些因子的判定为团队指明了方向，团队很快就针对这个结果制定了改善方案和实施步骤：

（1）容器材料是比例因子，调整材料，使响应趋近于目标。

（2）冷却用冰块的形状是稳健性改善因子，优先使用整块冰，减少系统变异。

（3）含水量和温度计的位置这两个混淆因子在作为噪声时可以选择不改善，将其固化后，以确保系统稳定（混淆因子或噪声因子是双刃剑，也存在调整它们达到突破性改善的效果，但这种做法有很高的风险）。

（4）搅拌是经济因子，无论实施与否，都不显著影响响应值和方差，故将其设为最经济的方式，即不搅拌。

团队同时查看了田口静态试验的预测结果，然后准备选择静态试验的最佳组合。在尝试规划田口试验的验证试验的时候，团队无意间发现，在寻找试验的因子时，遗漏了一个重要因子：环境温度。根据对历史数据的查验和分析，团队发现环境温度会极大地影响冷却液的温度，且应该与其存在某种线性联系。团队认为应修改试验，将环境温度作为信号因子，且修改试验成为田口动态试验。

团队重新进行了试验规划。由于加入信号因子会大幅度增加试验组数，因此采用了 1/2 部分因子试验。信号因子是环境温度，分别为 5、15、35 摄氏度三个水平。（本例由于试验环境发生变化，因此选择试验重做，直接定义动态试验。）根据这个设定，试验表如表9-34所示（分两列呈现）。

表9-34 动态试验案例的试验表

含水量	位置	形状	材料	搅拌	信号	温度下降	含水量	位置	形状	材料	搅拌	信号	温度下降
水多	表面	冰块	金属	0	5	30.8	水少	表面	冰块	金属	0	5	40.2
水多	表面	冰块	金属	0	15	31.2	水少	表面	冰块	金属	0	15	40.5
水多	表面	冰块	金属	0	35	31.8	水少	表面	冰块	金属	0	35	41.3
水多	表面	冰块	塑料	10	5	36.1	水少	表面	冰块	塑料	10	5	43.6
水多	表面	冰块	塑料	10	15	36.2	水少	表面	冰块	塑料	10	15	44.2
水多	表面	冰块	塑料	10	35	37.1	水少	表面	冰块	塑料	10	35	44.9
水多	底部	碎冰	金属	0	5	35.3	水少	底部	碎冰	金属	0	5	52.4
水多	底部	碎冰	金属	0	15	35.8	水少	底部	碎冰	金属	0	15	52.7
水多	底部	碎冰	金属	0	35	36.1	水少	底部	碎冰	金属	0	35	53.1
水多	底部	碎冰	塑料	10	5	29.8	水少	底部	碎冰	塑料	10	5	46.3
水多	底部	碎冰	塑料	10	15	30.2	水少	底部	碎冰	塑料	10	15	46.6

续表

含水量	位置	形状	材料	搅拌	信号	温度下降	含水量	位置	形状	材料	搅拌	信号	温度下降
水多	底部	碎冰	塑料	10	35	31.1	水少	底部	碎冰	塑料	10	35	47.2
水多	表面	碎冰	金属	10	5	31.2	水少	表面	碎冰	金属	10	5	41.0
水多	表面	碎冰	金属	10	15	31.2	水少	表面	碎冰	金属	10	15	41.5
水多	表面	碎冰	金属	10	35	31.9	水少	表面	碎冰	金属	10	35	42.2
水多	表面	碎冰	塑料	0	5	27.5	水少	表面	碎冰	塑料	0	5	34.0
水多	表面	碎冰	塑料	0	15	27.8	水少	表面	碎冰	塑料	0	15	34.2
水多	表面	碎冰	塑料	0	35	28.6	水少	表面	碎冰	塑料	0	35	35.3
水多	底部	冰块	金属	10	5	28.2	水少	底部	冰块	金属	10	5	38.0
水多	底部	冰块	金属	10	15	29.0	水少	底部	冰块	金属	10	15	38.6
水多	底部	冰块	金属	10	35	29.3	水少	底部	冰块	金属	10	35	38.9
水多	底部	冰块	塑料	0	5	25.7	水少	底部	冰块	塑料	0	5	47.0
水多	底部	冰块	塑料	0	15	25.8	水少	底部	冰块	塑料	0	15	47.8
水多	底部	冰块	塑料	0	35	26.5	水少	底部	冰块	塑料	0	35	48.1

动态试验最主要考量的对象是信噪比和斜率，由于不考察均值，因此不用再对因子进行分类，或者因子分类的工作应在静态试验中完成（也可认为动态试验表就是包含多组静态试验结果的集合，因子分类可以从试验数据中剥离开单独分析）。信噪比与斜率的响应结果如图9-86所示。

信噪比响应表

水平	含水量	位置	形状	材料	搅拌
1	-25.08	-25.13	-25.11	-25.09	-25.11
2	-25.14	-25.09	-25.11	-25.14	-25.11
Delta	0.06	0.04	0.00	0.05	0.00
排秩	1	3	5	2	4

斜率响应表

水平	含水量	位置	形状	材料	搅拌
1	1.167	1.438	1.379	1.381	1.392
2	1.626	1.354	1.414	1.411	1.400
Delta	0.460	0.084	0.034	0.030	0.008
排秩	1	2	3	4	5

图9-86 动态试验案例的信噪比与斜率的响应结果

从这个结果看到，含水量的影响依然非常巨大，这和之前的结果是一致的。团队一致认为，既然这个因子是已知的噪声因子，就决定将其固化在某个水平上。因此在模型中将其去除，以考察其他因子的变化量。因子的效应分析如图9-87所示。

斜率分析显示所有因子对斜率的影响趋势，斜率应尽可能接近1，所以该分析为试验团队指明了改善方向。同时，从信噪比的主效应图上看到冷却用冰块的形状和搅拌基本没有显著影响，在斜率的主效应图上看到冰块形状对斜率的影响还略有贡献。根据这些信息，团队进行了响应优化。

图9-88是动态试验的响应优化结果。该图显示了因子与响应之间各种可能的排列组合。这是一个综合考虑的结果，既要信噪比最大、斜率接近1、标准差要小，也要考虑定性分析的结果；经济因子应考虑在最经济的水平上，噪声因子应根据实际情况来选择是否要控制等。

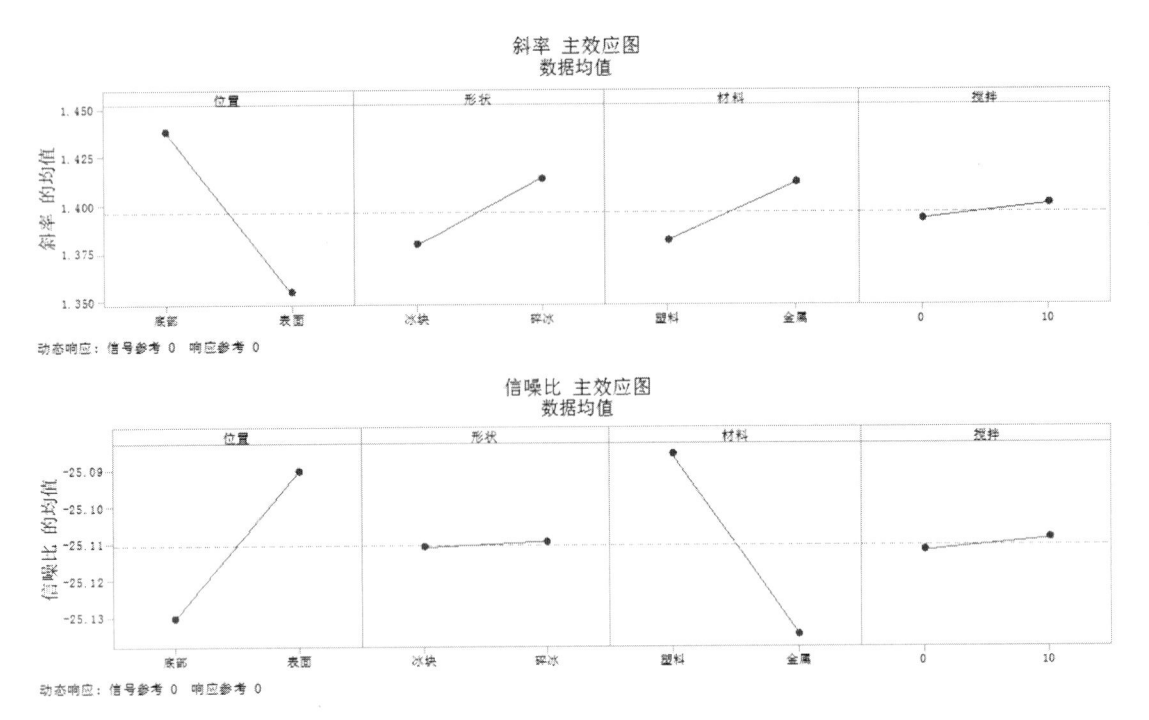

图 9-87　动态试验的因子效应分析

图 9-88　动态试验的响应优化结果

团队最后选择如下这样一种组合（这种组合完全取决于团队决定，不同的团队可能做出完全不同的结论）：
- 温度计控制在液位表面；
- 使用碎冰块；
- 容器使用塑料容器；
- 不进行任何搅拌。

团队在综合考虑动态和静态的试验结果后，进行了相应的改善，对改善后的冷却液进行了一段时间的温度追踪。根据现场改善的新要求，要求冷却液在指定时间内降温达到46摄氏度以上，且降温幅度越大越好，系统记录平均降温数值并进行了过程能力分析，结果如图9-89所示。团队认为试验基本达到了预期的改善目标。

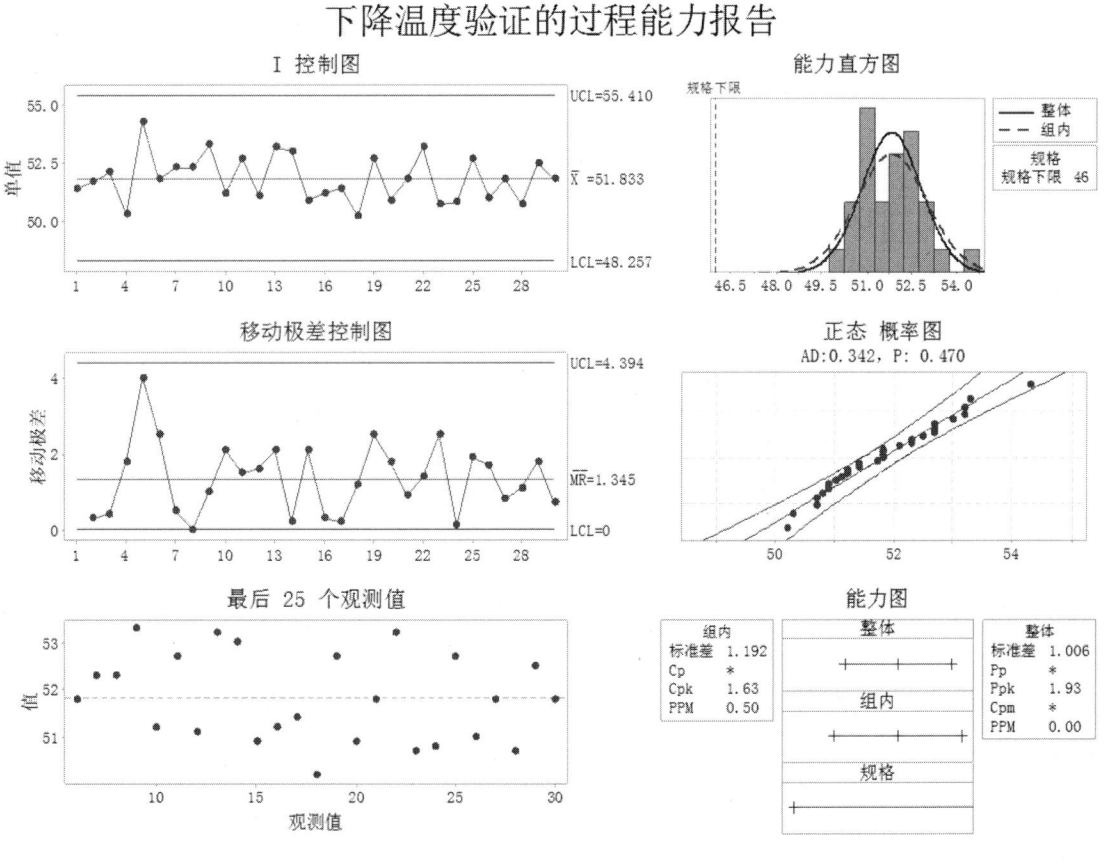

图 9-89 田口试验改善后的验证试验

▶ 9.5.7 混料试验

混料设计是一种特殊形式的试验设计，是基于因子配方比研究的一种试验设计，其主要目的是在原料的配方比之间找到一种响应最佳的模式。应用混料设计理念的试验为混料试验。混料试验的独特之处在于，不管原料的实际组分是多少，其表现形式和量测维度始终以浓度百分比作为响应值，在不设边界条件的情况下，各因子的浓度百分比之和始终等于 1。基于以上原因，混料试验其实是从传统因子试验中的某个特定模式提炼出来，并形成的一种对边界条件参数较严格的试验形式。

混料设计出自传统因子试验设计，混料试验是因子试验的进阶内容。由于混料试验的对象多数存在物理和化学反应，其输入因子之间存在交互作用，因此混料试验的设置与响应曲面试验息息相关，也可视作响应曲面试验的特殊形式。

在最简单的混料试验中，响应（基于某些标准的产品质量或性能）取决于这些分量（成分）的相对比例。分量的量（以重量、体积或某些其他单位来度量）相加后得出标准总量。相比较而言，因子试验中的响应则随每个因子的数量而变化。

混料试验的实施步骤如图9-90所示。

明确研究对象、需要研究的组分，以及必要的过程变量

规划试验所需要的资源，包括人力和物力

确认试验所处的条件和环境变量

深刻理解可能存在的物理和化学反应的结果

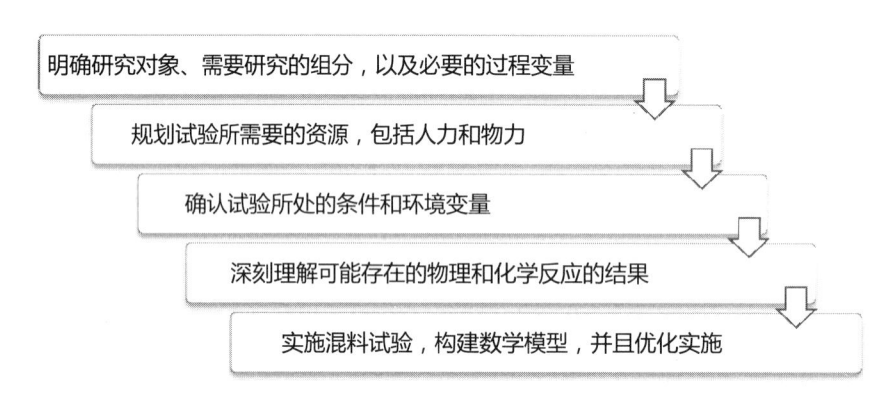

实施混料试验，构建数学模型，并且优化实施

图9-90　混料试验的实施步骤

在Minitab中提供了三种混料设计：单纯形质心、单纯形格点和极端顶点。

- 单纯形质心：各原料是均匀分布的（最常使用）。
- 单纯形格点：各原料是有格度的（局部非连续）。
- 极端顶点：各原料的极端/顶点数据很难获取或丢失时，使用局部的范围值，设定上下限，来评估整体设计。

这三种设计都针对混料试验的特点所设置，其研究的主要因素包括混料比例、混料过程变量和混料总量。

（1）混料比例，即假定响应仅取决于混料中各分量的比例，类似因子试验中的主效应作用。例如，油漆的颜色只取决于所使用的颜料。

（2）混料过程变量，即假定响应取决于各分量的相对比例和过程变量，过程变量虽是试验中不属于混料部分的因子，但它可能影响混料的混合属性，类似因子试验中因子间的交互作用。例如，蛋糕的口味取决于烹饪时间、烹饪温度以及成分的比例。

（3）混料总量，即假定响应取决于各分量的比例和混料的数量，这与因子的绝对量有关。例如，农作物的产量取决于杀虫剂成分的比例以及杀虫剂的施用量。

混料设计是在各个因子水平所构建的响应域内寻找一个响应最佳的平衡点。以一个简单的例子为例。某企业生产精油，其产量主要由三种花（藏红花、薰衣草、玫瑰花）构成。由此构建一个混料设计，其响应域和试验构建如图9-91所示。

单纯形设计图（按数量）

图 9-91 混料设计的试验点构建形式

在图 9-91 中可以看到每个测试点的设置，这些点与响应曲面中的星轴点非常类似，也正是因为有这些点的构建才使得模型可以充分考虑整个响应域之内的响应情况。

不同类型的混料设计在测试点的分布或边界参数上有所不同。

混料设计的输出中也有模型系数，但没有明示模型方程，其优化过程是典型的调优运算，可能要进行多轮尝试。混料设计往往伴随多响应的需求，应注重复合合意性的作用，在多个响应中寻找期望与成本的最优组合。混料设计是基于响应曲面的设计，其模型精度相对较高，分析和优化过程也应更严谨，批量验证优化或研究结果是必要的。

【案例 9-19】混料试验

某化妆品公司在研究一款新的精油产品，该产品受到了严格的成本控制，这与其原料的配比强相关。所以公司需要先确定几种原料的配比之后，才可以进行具体开发工作。已知研究的对象是精油的提炼成本，即响应为成本。已知该精油的提炼成本受三种原料的配方浓度影响：藏红花、玫瑰花、薰衣草。为控制精油的提炼成本，现在要研究这三者配方的最佳比例。数据及试验点构建图如图 9-92 所示，成本的单位是人民币元，三种原料的因子水平无单位，即该原料所占的配比。

标准序	运行序	点类型	区组	藏红花	玫瑰花	薰衣草	成本
1	1	1	1	1.000	0.000	0.000	5460
2	2	1	1	0.000	1.000	0.000	4690
6	3	2	1	0.000	0.500	0.500	6490
5	4	2	1	0.500	0.000	0.500	6230
10	5	-1	1	0.167	0.167	0.667	6560
8	6	-1	1	0.667	0.167	0.167	5690
3	7	1	1	0.000	0.000	1.000	6290
4	8	2	1	0.500	0.500	0.000	5180
9	9	-1	1	0.167	0.667	0.167	5690
7	10	0	1	0.333	0.333	0.333	6110

单纯形设计图（按数量）

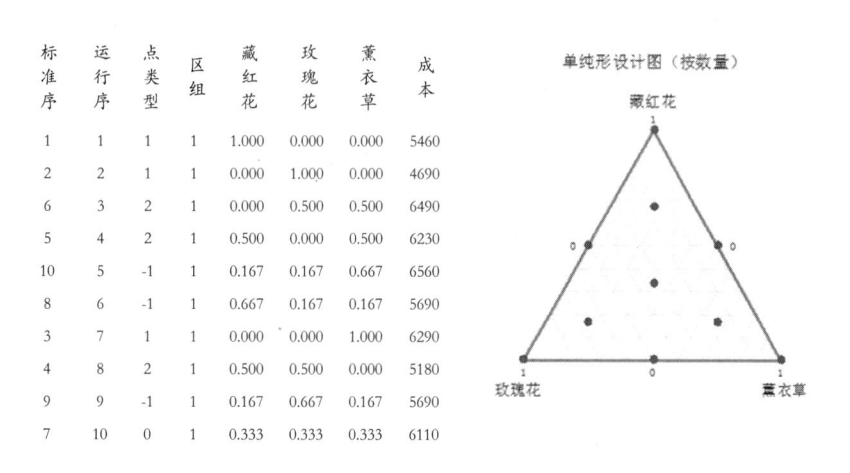

图 9-92 混料试验案例的数据及试验点构建图

根据试验结果，初步进行线性回归后发现，线性拟合结果非常差，如图 9-93 所示。

来源	自由度	Seq SS	Adj SS	Adj MS	F 值	P 值
回归	2	2366578	2366578	1183289	8.73	0.013
线性	2	2366578	2366578	1183289	8.73	0.013
残差误差	7	949312	949312	135616		
合计	9	3315890				

模型汇总

S	R-sq	R-sq（调整）	PRESS	R-sq（预测）
368.261	71.37%	63.19%	3095005	6.66%

图 9-93　混料试验案例的初步分析结果

研发团队查看了残差图和曲面图（见图 9-94）后发现，响应很可能存在高阶响应。

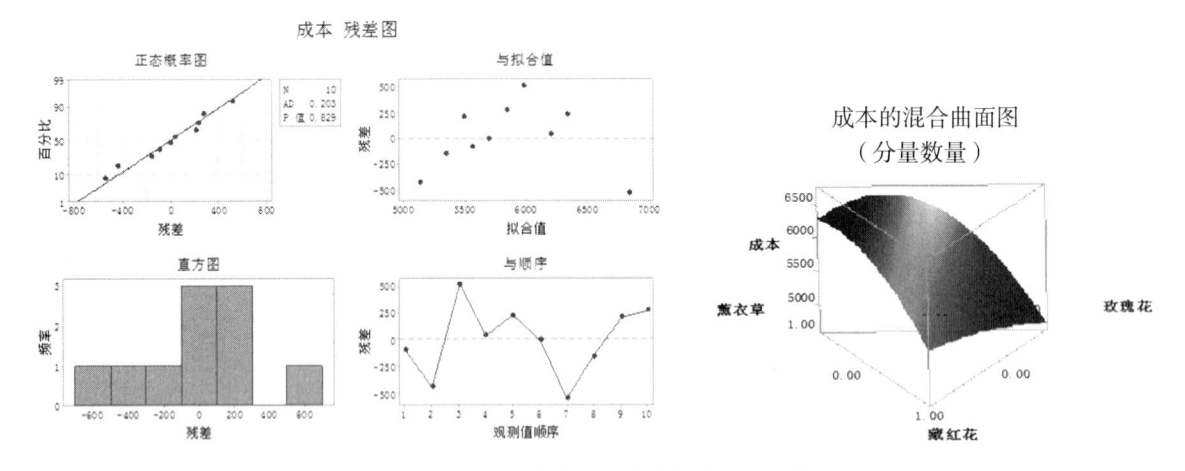

图 9-94　混料试验案例的初步分析残差图和曲面图

所以团队在分析模型时使用了二次模型，以研究其曲面响应的情况。结果发现，二次模型的拟合情况明显优于线性模型，R^2 值良好，且残差分布也变得更均匀，如图 9-95 所示。

S	R-sq	R-sq（调整）	PRESS	R-sq（预测）
62.1884	99.53%	98.95%	317644	90.42%

图 9-95　混料试验案例的二次响应模型分析结果

因此，团队后续使用该模型进行优化。公司根据历史经验，以及市场售价等多个因素，希望把成本控制在 5 500 元，最高不得高于 6 500 元。由于生产存在基础成本，因此最低不可能低于 5 000 元。团队根据以上数值进行望目的响应优化，结果如图 9-96 所示。

从响应优化的结果来看，团队找到了理想配比：藏红花占 33.33%，玫瑰花占 55.61%，薰衣草占 11.05%。该组合的复合合意性为 1，基本可实现优化目标。在此基础上公司开始进行具体的产品开发工作。

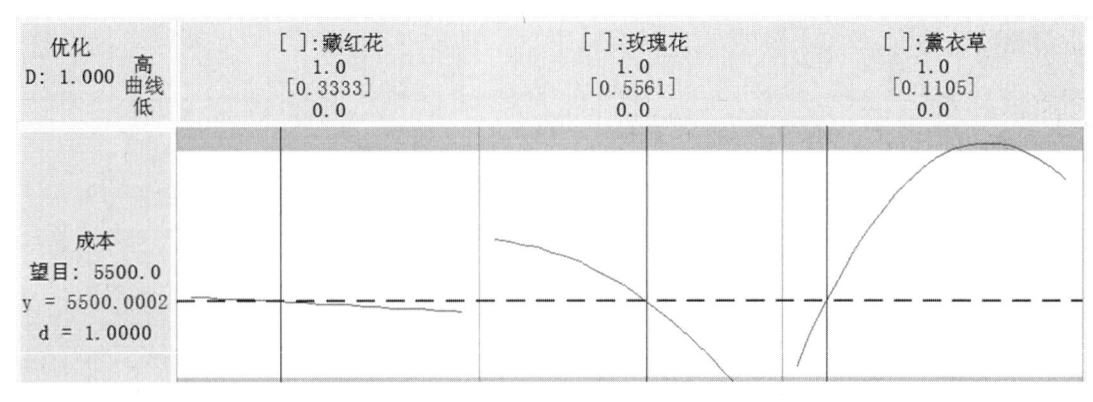

图 9-96 混料试验案例的响应优化结果

9.5.8 关于试验设计的其他介绍

除了前文已经介绍的试验设计，常见的试验设计还包括一般全因子试验、难以改变的因子试验等，以及测量系统分析也是特殊形式的试验设计。从响应的形式来看，属性响应试验和多重响应试验也各有特色。由于篇幅有限，此处对属性响应试验和多重响应试验做必要介绍，其他试验不再赘述。

1. 多重响应试验

多重响应试验并不是一种试验设计的类型，而是指试验设计的响应结果往往可能不止一个。到目前为止，所介绍的所有案例都指向的是一个响应，也就是只有一个数学模型。但在真实环境下往往不是这样的。在实际工作和生活中，研究对象很可能存在多个响应需要同时满足。那么在获得多个数学模型时，就需要对模型进行多重优化，以尽可能满足所有响应的优化要求，或者尽可能把各个响应同时设置在一个最佳位置。所以，多重响应试验优化就是研究多个 y 和 x 之间的数学关系，并加以优化的方法。

要同时满足多个要求，不是一件轻松或容易的事。在六西格玛项目中，有时仅为了优化一个目标就可能耗费企业大量的人力、物力，那么同时优化多个目标，在理论上是可行的，就是使用多重响应试验这个方法。虽然从逻辑上不难理解，但不能一味强求结果，因为不是每次尝试都能找到让人满意的试验结果的。

多重响应试验对数据的准确性和数学模型有一定的要求。本质上，多重响应试验会依次获得各个响应各自的数学模型，然后寻找其公共解集。但很多模型可能没有共同解集，这样会使模型优化结果差甚至无法优化模型结果。典型地，可以使用高阶响应（如二阶、三阶甚至更高阶）进行多重响应试验评估，因为在高阶响应应用的场合中，各个模型的响应是弯曲的，对响应空间域来说，不仅模型拟合会更好，而且出现公共解集的可能性会稍大一些。但这并不绝对，普通因子试验或多重回归也可能找到合适的解集。但肯定的是，如果使用不准确的数学模型就会提升评估准确性的风险，所以应辩证地对待与使用多重响应试验。多重响应试验的一般步骤如图 9-97 所示。

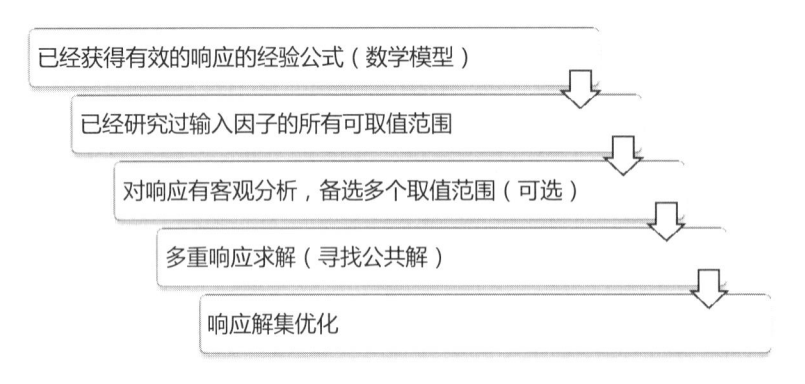

```
┌─────────────────────────────────────────┐
│ 已经获得有效的响应的经验公式（数学模型） │
└─────────────────────────────────────────┘
                    ↓
┌─────────────────────────────────────────┐
│ 已经研究过输入因子的所有可取值范围       │
└─────────────────────────────────────────┘
                    ↓
┌─────────────────────────────────────────┐
│ 对响应有客观分析，备选多个取值范围（可选）│
└─────────────────────────────────────────┘
                    ↓
┌─────────────────────────────────────────┐
│ 多重响应求解（寻找公共解）               │
└─────────────────────────────────────────┘
                    ↓
┌─────────────────────────────────────────┐
│ 响应解集优化                             │
└─────────────────────────────────────────┘
```

图 9-97　多重响应试验的一般步骤

多重响应试验计算其实是单一响应的叠加，对于每个响应都建立了一个模型；对于多个响应，相当于建立了一个矩阵。在矩阵的求解过程中，由于每个模型（每个响应）都有自己的解集，多重响应试验会尝试在多个模型的解集中，寻找公共解集，并且尝试在这个公共解集中寻找可能性（复合合意性）最高的解。这里涉及三个概念：目标参数、权重和重要度。

- 目标参数（Target）：响应值与试验目标值之间的关系，分别是望大、望小、望目。目标望大代表该参数期望值越大越好；目标望小代表该参数期望值越小越好；目标望目代表参数具有明确的期望名义值。实际上，目标参数一般以望目居多。
- 权重（Weight）：该响应在整体解中的权重影响，取值为 0.1~10，默认值为 1，小于 1 即该响应在当前模型中影响不大，反之该响应的影响较大。
- 重要度（Importance）：多响应求解时满足某个响应的优先级，取值为 0.1~10，默认值为 1，模型会从重要度最大的响应优先进行求解。

使用响应优化器是帮助人们快速求解模型组的方式，以摆脱繁重的手工计算，但该计算结果并非绝对，其精度也应辩证对待。在实操过程中，多数优化计算以望目优化为主，很多望大望小的多重响应试验优化都是试验规划错误或研究方向错误导致的。实际上，望大望小的优化是在望目基础上进行调整估计的。如果不清楚各响应之间的关系，不建议随意调整权重和重要度，应使用默认值 1。鉴于计算的原理，重要度的实际影响比权重更大，应慎重选择。

【案例 9-20】多重响应试验

延用案例 9-19。该公司的研发团队在进行该精油试验的同时，又接到了公司新的要求：不仅该产品要控制成本，还要求其在指定配比浓度下精油的单位产量最大化，而且货架保存期最大化（以满足市场销售和仓储的要求）。所以团队在试验时，对产品的成本、产量和保存期也进行了测试。新的试验表如表 9-35 所示，产量的单位是克/原料单位，保存期的单位是自然天数。

这是一个多重响应试验的优化。在分别获得这三个响应的分析模型后（在 Minitab 中可以一次选入多个响应，但模型其实依然是逐个分析的），团队进行优化研究。寻找多重响应试验优化的解不是容易的，可能要经过多次的尝试和研究，其中响应跟踪图和等值线图是非常好的辅助工具。

表 9-35 多重响应试验案例的数据

标准序	运行序	点类型	区组	藏红花	玫瑰花	薰衣草	成 本	精油量	保存期
1	1	1	1	1.000	0.000	0.000	5 460	4.23	192
2	2	1	1	0.000	1.000	0.000	4 690	3.95	273
6	3	2	1	0.000	0.500	0.500	6 490	6.71	196
5	4	2	1	0.500	0.000	0.500	6 230	7.19	189
10	5	-1	1	0.167	0.167	0.667	6 560	7.26	172
8	6	-1	1	0.667	0.167	0.167	5 690	7.32	192
3	7	1	1	0.000	0.000	1.000	6 290	3.87	142
4	8	2	1	0.500	0.500	0.000	5 180	6.80	212
9	9	-1	1	0.167	0.667	0.167	5 690	7.20	221
7	10	0	1	0.333	0.333	0.333	6 110	8.13	207

响应跟踪图（见图 9-98）显示了从中心点开始各个响应随配比变化而变化的整体趋势，这类似于使用传统试验设计中的因子图来查看因子的效应变化趋势。

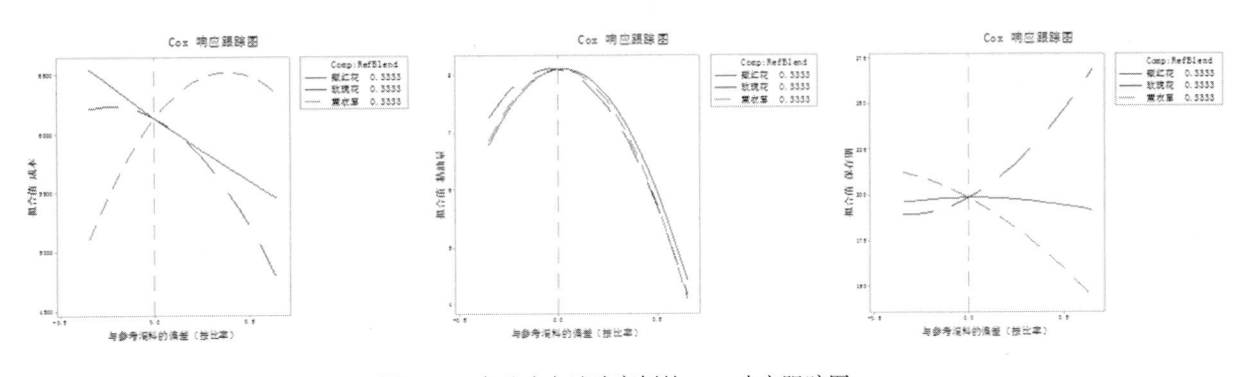

图 9-98 多重响应试验案例的 Cox 响应跟踪图

等值线图（见图 9-99）是非常直观的响应集合，因为多重响应试验在寻找公共解，所以在等值线图上可以看到各个响应各自响应域的变化。通过对等值线的多次设定和尝试，可以寻找到它们之间重叠的部分（空白区域），借此来了解在哪个响应区域可能存在优化解。

公司对需要优化的目标分别给出了设定。公司认为，精油的单位产量和货架保存期是很关键的指标，希望单位产量越大越好，保存期越长越好。其中，精油的单位产量不得低于 6 克，目标至少 7 克；货架保存期至少 160 天，目标在 190 天以上；而成本范围与案例 9-19 所期望的一样，成本控制在 5 500~6 500 元之间，目标依然是 5 500 元。在此基础上进行多重响应试验优化的结果如图 9-100 所示。

为同时满足控制成本在 5 500 元，精油的单位产量至少在 7 克以上，保存期至少在 190 天以上的要求，响应优化的整体解集为藏红花应占 36.36%，玫瑰花占 53.00%，薰衣草占 10.64%。此时预计获得的成本约为 5 500 元，精油的单位产量为 7.46 克，保存期约为 214 天。这个解的复合合意性接近于 1，也就是理论上可以 100%实现预定目标。公司认为这是一个让人满意的结果，并要求产品开发团队按此配比进行后续工作。

成本，精油量，保存期 的等值线图 （分量数量）

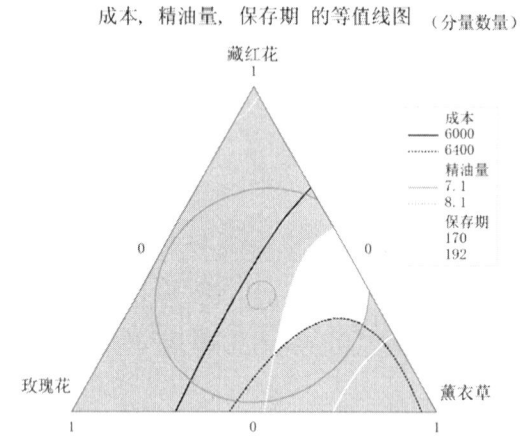

图 9-99 多重响应试验案例的等值线图

	目的	下限	望目	上限	权重	重要性
成本	望目	5000	5500	6500	1	1
精油量	最大值	6	7	-	1	1
保存期	最大值	160	190	-	1	1

整体解分量

藏红花 = 0.363636
玫瑰花 = 0.530001
薰衣草 = 0.106363

预测的响应

成本 = 5499.99 , 合意性 = 0.999980
精油量 = 7.46 , 合意性 = 1.000000
保存期 = 214.47 , 合意性 = 1.000000
复合合意性 = 0.999993

图 9-100 多重响应试验案例的数据响应优化结果

2. 属性响应试验

属性响应试验，即响应目标的数据类型为非连续型数据时所进行的试验设计分析。

在传统试验设计中，不论响应变量的数量有多少，通常情况下，我们都期待能获得连续型变量的响应值。这不仅是构建响应优化的前提条件，同时模型的精度也会相对较高。但在现实情况中，往往响应值并不都是连续型的。很多时候人们似乎更喜欢，或者有意无意地使用定性数据或属性数据来描述一些现象或结论，即便在试验设计上也是如此。

试验设计的输出是响应与因子之间的数学模型，这是一种针对当前数据的经验公式，其根本原理是构建一个数学回归模型。在传统回归中,要求输入因子和响应都是连续型变量,在传统因子设计中允许输入因子是属性变量,但实际运算时采用编码方式,将其转换成连续型变量后再寻找回归模型,所以本质上这样的回归还是符合因子与响应都是连续型变量的特点的。但是如果响应是属性的,那么传统的回归是无法直接构建模型的。

既然试验设计使用回归作为模型构建的主要工具,那么在传统回归分析过程中,当响应是属性变量时,通常使用逻辑回归来构建模型。在属性响应试验中,亦可使用同样的理念和方式。在逻辑回归中使用比例值 P,并引入优势比的概念 $p/1-p$ 来进行模型构建。所以在属性响应试验中,我们也需要使用中间媒介比例值 P 作为研究对象。但由于比例值 P 的方差分布随比值呈现出独特的变化,且属性响应试验自身也具有一定的独特性,因此该试验的评价方式与传统试验设计有较大差异,致使属性响应试验成为试验设计中一个独特的分类。

属性数据都是非连续型数据,在六西格玛项目中,最常见的依然是二项分布(合格/不合格)和泊松分布(评估缺陷)。在属性响应试验中同样会涉及这两个分布。需要注意的是,对于属性响应试验,不能将比率或缺陷看成连续型数据,这是由分布的特性决定的。如果直接把属性数据看作连续型数据进行普通试验设计的回归计算,就会导致严重错误。

对属性数据的值必须经过合理的转换后才可以进行模型构建。针对二项分布的 P 值,有理论认为可以借用逻辑回归的方式,使用对数转换来把比率转换成连续型数据。但事实上,这种做法对模型自身来说是有精度问题的,同时也没有针对泊松和二项分布做相应的调整,所以不推荐使用。这种方法参考了逻辑回归的优势比公式,其转换法公式为 $y=\ln p/(1-p)$,其中 p 为比率。

不推荐逻辑回归公式的主要原因是,属性数据在特殊情况下(尤其当 P 值特别大或特别小时),可能存在欠离散或过度离散的问题,此时方差齐性会受到很大影响。本章将介绍标准转换法和 Freeman-Tukey 转换法。二项分布和泊松分布在这两种方法下的转换公式各自不同,其差异如表 9-36 所示。

表 9-36 属性响应试验的响应转换方法

	泊松分布(评估缺陷)	二项分布(合格/不合格)
标准转换法	$Y = \sqrt{C}$	$Y = \sin^{-1}\sqrt{p}$
Freeman-Tukey 转换法	$Y = \dfrac{\sqrt{C} + \sqrt{C+1}}{2}$	$Y = \dfrac{\sin^{-1}\sqrt{\dfrac{n_p}{n+1}} + \sin^{-1}\sqrt{\dfrac{n_p+1}{n+1}}}{2}$

表 9-36 中的 C 代表服从泊松分布的数据,如缺陷数;p 代表目标响应占总体事件的比例,如不合格率;n 代表样本量;n_p 代表样本中符合目标响应的观测样本量,如 20 个样本中有 18 个合格品,当目标事件合格时,$n=20$,$n_p=18$。

对于二项分布的数据来说,标准转换法就是平方根的反正弦函数法。经过该方法转换后的方差不会被放大,当样本量 $n=20$ 的时候,且不合格率 p 值介于 20%~80% 之间时,方差接近于定数。而 Freeman-Tukey 转换法更宽泛。在同样的样本量水平下,p 值在 5%~95% 之间的方差将趋于稳定。

但无论如何，如果方差可能出现不稳定的情况，则需要增加样本量来稳定方差，否则会严重影响分析结果。

图 9-101 显示了两种转换方法对比率数据转换前后的对比，转换后的方差变得相对平稳，在一定范围内实现了方差恒定。同时，当样本量增加之后，方差的平稳性变得更好。此时可以将转换后的数据看作连续型数据进行后续分析。

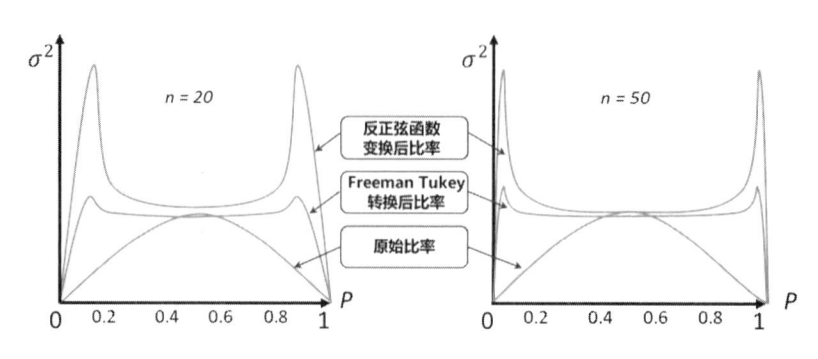

图 9-101　不同样本量的比率数据变换前后的方差对比

属性响应试验的难点是属性响应值的转换处理，而响应转换后的分析与普通试验设计的分析是一致的。关于转换的选择没有一定的说法，可以根据经验和实际情况选择相应的转换方法。转换后的数据，即可按普通试验设计进行分析，但由于该数据是由属性数据转换获得的，因此其精度远不如连续型数据的回归模型准确，结果仅供参考。

数据转换可以使用 Excel 或等同的工具建立相应的公式来完成，也可以在 Minitab 中用计算器来完成，该计算器集成了各种三角函数在内的诸多常规公式。标准转换的公式相对简单，但计算 Freeman-Tukey 转换值的时候公式会相对复杂一些，也可以借助 Minitab 的计算器里的内嵌公式来实现。二项分布的 Freeman-Tukey 公式为 ftp(试验数,观测数)，即 ftp(n,n_p)；而泊松分布的对应公式是 ftc(缺陷数)，即 ftc(C)。

与其他属性数据类似，要获得比较好的拟合或预测效果，需要增加样本量。属性响应试验的样本量通常都非常大，但没有确切的定数，一般认为单组数据的样本量应在 300 以上。鉴于以上原因，属性试验设计的结果应作为重要参考依据，不能盲目采信。

属性试验设计的样本量同样可以通过功效值进行计算。对于二项分布的属性试验样本量，常用的是比率检验法；对于泊松分布的属性试验样本量，如果不希望过于强调功效的作用，可以直接在"恒定方差"的区间内取值，对应的样本量至少为 20~50。

尽管在制造领域也有很多属性响应试验应用的场合，但在该领域，仍建议使用连续型变量以提升模型精度，拓展其优化空间。而在非制造领域，属性响应试验就显得更为重要，大量事务型六西格玛案例中都会涉及相关话题。

【案例 9-21】属性响应试验

某企业认为，销售人员和客户之间的通话次数与拿到的订单数量是有关系的，统计的方法是销售电话数占电话总数的比例。在初步研究中发现，影响销售电话数的因素有 5 个（分别用字母 A~E

表示，不再详述），而在规划完试验表后，每轮试验在当前水平组合下，每次选取300通左右的电话数，记录其中的销售电话数。这是一个5因子的试验，每组样本量为300左右（属性试验都需要很大的样本总量），响应是其中的销售电话数。

研究的比率 P=销售电话数/电话总数（%），试验表如表9-37所示（为便于展示，未做随机化处理）。

表9-37 属性响应试验案例的数据表

标准序	运行序	中心点	区组	A	B	C	D	E	销售电话数	电话总数	P	标准转换	Freeman-Tukey
1	1	1	1	−1	−1	−1	−1	1	5	300	0.017	0.129	0.135
2	2	1	1	1	−1	−1	−1	−1	15	300	0.050	0.226	0.229
3	3	1	1	−1	1	−1	−1	−1	14	300	0.047	0.218	0.221
4	4	1	1	1	1	−1	−1	1	7	300	0.023	0.153	0.158
5	5	1	1	−1	−1	1	−1	−1	0	300	0.000	0.000	0.029
6	6	1	1	1	−1	1	−1	1	0	300	0.000	0.000	0.029
7	7	1	1	−1	1	1	−1	1	4	300	0.013	0.116	0.122
8	8	1	1	1	1	1	−1	−1	0	300	0.000	0.000	0.029
9	9	1	1	−1	−1	−1	1	−1	17	300	0.057	0.240	0.243
10	10	1	1	1	−1	−1	1	1	12	300	0.040	0.201	0.205
11	11	1	1	−1	1	−1	1	1	15	300	0.050	0.226	0.229
12	12	1	1	1	1	−1	1	−1	10	300	0.033	0.184	0.188
13	13	1	1	−1	−1	1	1	1	15	300	0.050	0.226	0.229
14	14	1	1	1	−1	1	1	−1	7	300	0.023	0.153	0.158
15	15	1	1	−1	1	1	1	−1	2	300	0.007	0.082	0.091
16	16	1	1	1	1	1	1	1	10	300	0.033	0.184	0.188

其中，销售电话数是实际记录值，电话总数是便于计算比率 P 值增加的。实际上，每组的样本量可以不一样，只是本例中的每组样本量是一样的。在样本量不一致的情况下，请尽量不要让样本量差异太大，以免出现功效的问题（具体请参考比率检验）。P 即销售电话数除以电话总数获得的比率。标准转换和 Freeman-Tukey 转换法是根据 P 值进行公式转换后获得的。所以表9-37白色区域为原始表，浅灰区域为手工计算比率的计算值，深灰区域为根据 P 值分别手工计算标准转换值和 Freeman-Tukey 转换值的计算值。

如果此时直接使用销售电话数作为响应，即是不科学的，逻辑上也不合理，而直接使用 P 作为响应进行分析也是不合理的。

我们可以直接对比三种响应分析后的模型汇总，如图9-102所示。

响应值(对应方法)	模型拟合汇总			
P 值	S	R-sq	R-sq(调整)	R-sq(预测)
	0.0096681	84.46%	76.69%	60.22%
标准转换法	S	R-sq	R-sq(调整)	R-sq(预测)
	0.0146942	99.20%	97.01%	87.24%
Freeman-Tukey 转换法	S	R-sq	R-sq(调整)	R-sq(预测)
	0.0109520	99.45%	97.92%	91.14%

图 9-102　属性响应试验案例中三种响应的分析结果汇总对比

不难看出,经过转换后的模型拟合会有显著差异。但是不能说转换后的模型拟合得一定会更好,也不能说 Freeman-Tukey 转换法就一定比标准转换法更好,因为会出现直接使用 P 值或缺陷数进行分析获得不错的拟合模型的可能性。但作为应用统计,需要考虑实际应用场合的合理性,以及工具选用的正确性,要正确且合适地选择相应的工具或统计方法。对于属性响应试验的分析结果请谨慎对待。

试验设计还有很多形式和具体实施的细节,这都是在长期应用后获得的。试验设计本身是一门独立的学科,其诞生时间也远远早于六西格玛。而在六西格玛的方法论中,无论是制造型还是事务型的六西格玛,包括六西格玛设计,都有试验设计的身影。典型地,试验设计会出现在分析或改善优化等阶段,但在长期应用过程中,也出现在项目前期,甚至立项前的基础研究就开始应用试验设计的案例,所以试验设计有着非常广泛的应用。在六西格玛方法论中如此偏爱试验设计还有一个很重要的原因,那就是在六西格玛改善的逻辑链里,本身就包括量化改善的需求。定量改善的前提是需要寻找一个合适的数学模型,而六西格玛建立在应用统计的基础上,在分析等阶段都会做大量的数理分析,很容易就获得相应的数学模型。即便在项目前期只进行了定性分析,但随着项目的推进,一般在改善阶段前的分析阶段也获得了关键因子列表,那么试验设计就可以建立一种量化分析并且改进的模式来帮助企业解决实际难题。

试验设计会耗费企业大量的资源,试验规划是为了帮助企业尽可能在有限的资源里进行试验,但试验量和试验精度是一个相互制约的关系。所以不建议在小型项目上进行试验设计,而对于大型且复杂的项目,则需要尽可能在试验前减少被纳入试验设计的因子,也不要把所有的压力都放在筛选试验上。对具体的试验设计,不仅要通盘考虑试验模型的精确程度、随机性、区组化、重复性等与模型相关的要素,还要考虑企业可用的时间、成本、人力资源等一系列要素。即便如此,试验也依然存在很多不确定性,不能盲目相信试验的结果。要理性看待试验结果,并科学地验证试验结果,与现实环境相结合才是发挥它最大作用的合理方式。

第 10 章

辅助工具

10.1 精益理论及其工具集

精益理论是一种消除企业运行过程中各种浪费的方法论。其发展的历史远早于六西格玛，如果溯其理念精髓，甚至可以与整个人类发展史并行。

简单来说，精益的本质是希望企业在运行的各个环节中能够最大化地利用现有资源，进行必要的数据分析，通过数字化、可视化的管控方式，去除不必要的资源需求（减少浪费），以达到企业利益最大化。以此为理念所衍生出的方法论或工具，应用在各个领域，都可以被纳入精益的范畴，所以精益理论本身与其他方法论有非常多的交叉部分。

"精益"的英语是 LEAN，但这并非该单词原来的意思，实际上是四个单词的首字母：

- L（Less，更少的），即用更少的资源来达成目标。
- E（Enhance，强化），即实现物尽其用，减少浪费。
- A（Analyze，分析），即通过理性分析，得出改善的结论和方向。
- N（Numerical Control，数字化控制），即客观地使用数字来解释和分析问题，并进行优化。

精益的目的就是去除那些不必要的浪费，典型的七大浪费如表 10-1 所示。

表 10-1 典型的七大浪费

类　　型	典型描述
等待的浪费	产能不平衡，生产计划不恰当，等待来料、返工等
搬运的浪费	主要是车间布局产生的影响。批量生产和传统以工作站为主的作业模式会导致工艺步骤之间过多的物料移动，通常是缺少生产线流动的理念所致
不合格品的浪费	无确认标准或有标准但未对照标准作业，通常是产品质量管理不严密、松懈等原因所致

续表

类　型	典型描述
动作的浪费	生产场地未合理规划，生产模式设计不周全，生产动作不规范统一等
过度加工的浪费	加工过程中，未使用省略、替代、重组或合并（ECRS）的原则来进行检查和优化工序动作
库存的浪费	管理者为了自身的工作方便或本区域的生产量化控制，而一次性批量下单生产，没有结合主生产计划需求，也不按线流生产，导致局部大批量库存
过多（早）生产的浪费	管理者认为提前生产能够提高效率，减少产能的损失以及平衡的产能，但该行为可能与生产计划不一致，导致过量生产

事实上，浪费的种类还有很多，有的还会加上管理的浪费形成八大浪费，有的甚至会衍生出更多的浪费种类，但这都只是形式上的变化。本质上，精益思想就是要鉴别以及消灭这些不必要的浪费。

现代精益理论的萌芽可以追溯至工业革命时期。经过工业革命至鸦片战争这段漫长的时间，该理论逐渐形成。工业真正的大发展时期可以从人类进入蒸汽时代开始算起，直至今日我们的生活中依然保留了那个时代传承下来的大量技术和理念。鸦片战争发生于第一次工业革命的末期。1840年是工业革命和鸦片战争的融合点，战争为人类技术发展开创了一个新的篇章（尽管战争带来的伤痛是无法弥补的）。当战争为贸易打开大门的时候，资本家开始考虑如何降低生产成本来获取更多利润。或许这是人类与生俱来的一种本能，但在这个历史性阶段，这种思潮毫不遮掩地迸发出来，并且被普遍接受。精益的启蒙思想诞生于这个时期，但并没有形成系统的理论。现代精益思想的核心理念（见图10-1）是在各种环境影响下诞生的。

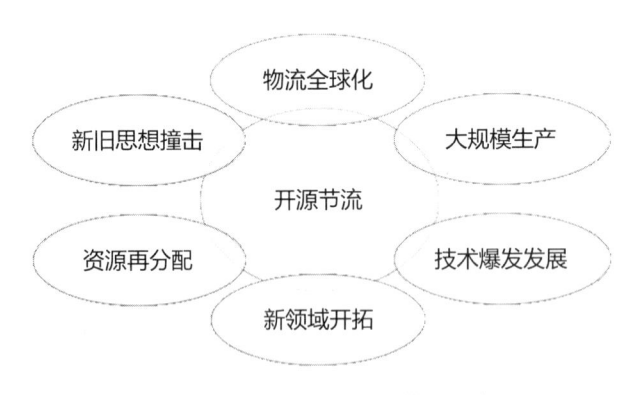

图10-1　现代精益思想的核心理念

20世纪初，随着科学技术的发展，统计学的逐步完善，在生产控制、质量管理领域出现了一大批杰出的领袖人物，其中休哈特（Walter A. Shewhart）是现代质量管理的奠基者、工程师、统计学家、管理咨询顾问，被人们尊称为"统计质量控制（SQC）之父"。事实上，休哈特只是那个时代众多杰出领袖中的一位，他们把精益思想细节化并且落实到当时企业实际运营过程中，并且应用了很多可测量、可执行的工具和方法作为支撑，这些实操经验为后来精益理论和六西格玛方法都奠定了坚实的基础。

在酝酿近一个世纪之后，在工业工程和相关新技术理论的支持下，精益思想终于在 20 世纪 40 年代成型。第二次世界大战是人类有史以来规模最大的全球战争，给全世界人们带来伤痛的同时，又把重建的重担交在人们手中。随着资源的再次分配，如何利用有限资源最大化地生产和发展经济成为各个国家最重要的使命。但实际上从工业革命开始，世界性的战争就从未停止过。尽管第二次世界大战结束之后就没有世界范围内的武装战争，但时至今日经济战争和贸易战争依然在延续，这些战争只是在以一种相对文明的方式在进行，资源依然是各个国家争夺的对象。在国家重建和经济发展的要求下，资源的利用率成为关键。此时，精益这套理论随着战后的重建，被正式搬上了历史舞台，形成了自己的理论体系。其发展的前三个阶段如图 10-2 所示。

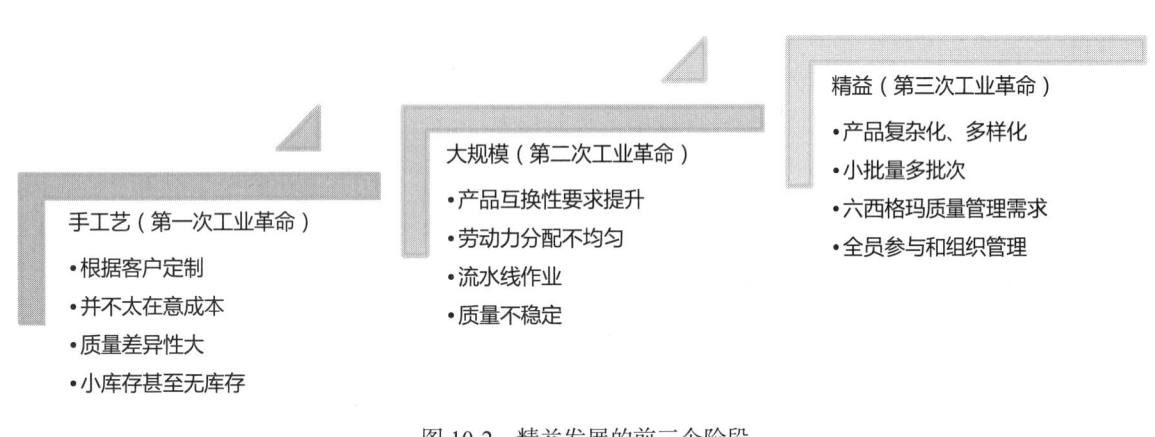

图 10-2 精益发展的前三个阶段

精益理论诞生后，在汽车行业立刻有了极大的拓展，其中最著名的就是丰田生产模式。20 世纪 50 年代，丰田汽车在丰田喜一郎（日本经营四圣之一）、大野耐一等人的引领下，借鉴了美国福特汽车的经验，在分析大批量生产方式后首创丰田生产模式，以低成本、高质量和高效率给美国同行造成了巨大威胁。今天所谓的精益，可以认为是从丰田生产模式中提炼发展而来的。在很长一段时间里，精益常常与精益生产和丰田生产模式捆绑在一起，但事实上，精益不只有生产，也不只在汽车行业，而是在全行业、全领域被广泛应用。有人说，精益是一种不得已的办法，或者是一种被逼出来的方法论，但我们必须承认它给了企业生存的希望，而事实上也给企业带来了巨大利润。

精益生产是精益理论最初的模块，也是最广为人知的模块，其理念也是精益理论中其他模块的基础。精益生产的基本思想，是指"只在需要的时候，按需要的量，生产所需的产品"。精益生产的核心包括但不限于以下理念：

（1）追求零库存。精益生产是一种追求零库存生产或使库存量保持在最低水平的生产系统。精益理论为此衍生出一系列工具，并形成了一套独具特色的生产经营体系。

（2）快速应对市场。为了快速应对市场的变化，精益生产发展出了单元化生产、柔性化生产、布局优化和生产编程等方法。这些方法使得生产效率大幅提升以快速满足市场的需求。

（3）内外环境的和谐统一。精益生产成功的关键是把企业的内部活动和外部的市场（顾客）需求保持一致，即企业只生产市场或客户需要的产品，而且企业所有的内部活动都只是为了实现这个目标。

（4）人本主义。精益生产强调人力资源的重要性，把员工的智慧和创造力视为企业的宝贵财富与未来发展的原动力，充分尊重员工，重视培训和共同协作。

（5）库存是祸根。高库存是大量生产方式的特征之一。但精益生产认为库存是企业的"祸根"，主要是因为库存提高了经营成本，还掩盖了企业的诸多问题。

目前精益几乎涉及了企业所有的职能领域，包括但不限于精益生产、精益研发、精益测试、精益销售、精益物流、精益交付、精益财务、精益人事、精益网络、精益运维等。今天恐怕没有人能把精益的所有方向都描述清楚，因为精益是一种理念，可以随着其模块和工具的应用被拓展到几乎所有的领域中。

精益与六西格玛都是当今企业使用最多的主流方法论之一。由于理念上有些冲突，两者在相互融合的过程中经历了一段痛苦的磨合期，在此期间两者的研究者发生了很多思想碰撞而今天两者已经有机结合在一起，共享部分工具集，形成了一个新的方法论，即精益六西格玛。它既贯彻了精益的减少浪费原则，又兼顾了六西格玛对各个流程强化管理的理念，这是一个求同存异的合作模型。在企业实施精益六西格玛的过程中具有非常优秀的实践案例。

和六西格玛一样，精益是一个大家族，有着自己独特的工具集。精益理论中的工具相对独立，但这些工具都符合精益理论的核心思想，即去除浪费。伟大的质量管理专家朱兰（Joseph M.Juran），非常反对人们给各种工具贴上一个标签强行归类，他担心人们最后会把这些有用的工具变成一堆华丽但肤浅的标签，而失去了工具本身应有的价值和应用方式。所以在实操过程中，不应强调工具的归属问题，应聚焦于真正的问题改善。基于这些独特的工具，精益理论形成了其对应的模块。常见的精益模块包括 5S、价值流图、防错、改善、客户的需求分析、快速切换、单元设计与产线设计、产线平衡、看板与拉动式方法等。

和六西格玛一样，精益对企业的方方面面进行了优化和改善，并且可以通过持续改善体系来持续提升企业的各种绩效指标。经历了三次工业革命之后，人类社会开始向智能化时代方向发展。精益理论也开始适应智能化时代的发展趋势。大数据分析是工业智能化的典型特征，精益理论借助六西格玛和应用统计学等工具及实现大数据分析，重新对企业的流程、产品、体系进行管理配置。而庞大的工具库和复杂的方法论并非发展的趋势，如何把这些繁杂的工具整合在一起，用简单的方式来运营和评价是目前所有人肩负的使命。

本节仅介绍精益理论模块中最常见的几个模块及其最基础的简介，如 5S 理论（精益实施的基础前提），价值流图（精益模块的集大成者），看板、推式和拉动生产，快速切换（精益的热点核心模块）。其他更多模块，请读者自行参考其他专业图书。

▶ 10.1.1　5S 理论

5S 理论，简称 5S，是精益理论中最基础的部分，是现场实施精益理论的前提要素。5S 起源于日本，是指整理、整顿、清扫、清洁、素养五个方面的要求，因这个日语词汇的罗马拼音均以 S 开头，而翻译成英语时为了匹配日语的发音，也都以 S 开头，所以简称 5S。5S 是指在生产现场中对人员、机器、材料、方法等生产要素进行有效的管理，原本是日本企业独特的一种管理办法，目前已经被全世界几乎所有的生产型企业所接受，并且在非生产领域也广受欢迎。通常，5S 还有一个额外要求，即安全因素，该因素贯穿企业内所有日常活动，形成了 5S+1。5S+1 的定义如表 10-2 所示。

表 10-2 5S+1 的定义

分 类	描 述
整理（Seiri）	将现场需要与不需要的东西分开，只保留需要的，把不必要或不确定的东西去除
整顿（Seiton）	根据使用频率分别放置现场物品，各就其位，使常用的东西能及时、准确地被取出
清扫（Seiso）	清理遗留下来的每件东西，定期清理、清扫、检查，并形成制度
清洁（Seiketsu）	企业里的任何位置（包括现场、岗位、设备）时时保持干净状态，保持环境卫生
素养（Shitsuke）	设置纪律、计划、日程、培训等并坚持下去，加强员工的修养，让员工养成良好的习惯，自觉遵守和执行各种规章制度和标准
安全（Safety）	5S 的额外要求，安全要素在以上 5 个方面都要被考虑到

符合 5S 要求的工作场所通常是干净、有序、安全、人性化、高效、令人愉快的。这样可以使现场事故减少，效率和质量提升，工作氛围改善，从而使现场得到更好的管理与控制。实施 5S 的最直接收益就是减少显而易见或可直接看得见的浪费，从而降低成本。一些日本学者认为，现场有效实施 5S 就可以解决一半的各类现场问题。需要注意的是，虚拟场合，如电脑系统内的文件夹管理和桌面管理等，也都是 5S 实施的对象之一。

5S 实施的一般步骤如图 10-3 所示。

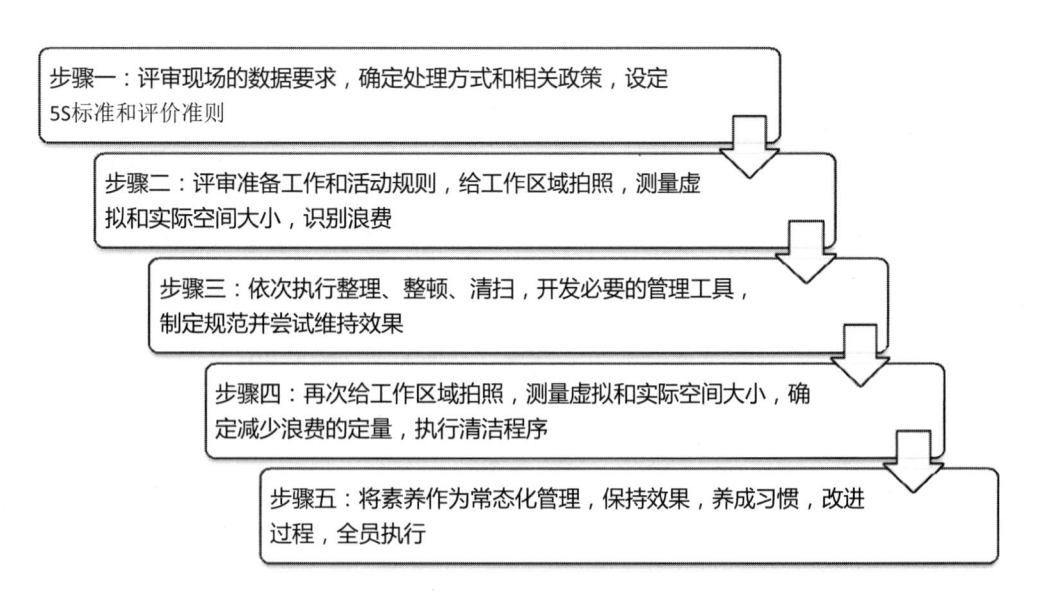

步骤一：评审现场的数据要求，确定处理方式和相关政策，设定 5S 标准和评价准则

步骤二：评审准备工作和活动规则，给工作区域拍照，测量虚拟和实际空间大小，识别浪费

步骤三：依次执行整理、整顿、清扫，开发必要的管理工具，制定规范并尝试维持效果

步骤四：再次给工作区域拍照，测量虚拟和实际空间大小，确定减少浪费的定量，执行清洁程序

步骤五：将素养作为常态化管理，保持效果，养成习惯，改进过程，全员执行

图 10-3 实施 5S 的一般步骤

实施 5S 的结果立竿见影，其关键在于全员的参与和管理层的支持，所以通常需要自上而下贯彻实施。管理层的态度是最关键的，所有管理者都必须履行承诺，并且言行一致，以确保每一天在结

束前都实施了 5S。同时现场需要使用标准化作业来确保 5S 的有效实施，并量化工作区域的检查结果，形成持续改善的基本要素。

5S 的理念非常简单直接，成功实施 5S 的关键在于执行并保持。5S 是精益理论被实施的基本前提。如果无法保证实施 5S 且达到一定的成效，那么现场也不可能实施精益管理。

【案例 10-1】5S 的快速小案例

办公室抽屉里的各类文具从抽屉外侧向内侧，依照使用频率从高到低整齐放置，以确保使用频率高的文具能够最方便取用，每个文具都有与其形状相似但尺寸略大的固定凹槽，以确保文具被放在正确的地方，同时能够被快速取出，如图 10-4 所示。

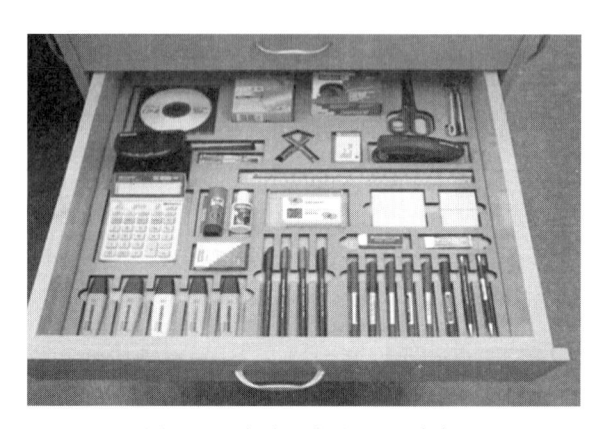

图 10-4　办公室实施 5S 的案例

某运动品牌商场现场加工间的各类工具扳手依照功能差异被放置在不同的分区，在每个分区内又依照尺寸大小被顺序摆放在固定位置，如图 10-5 所示。

图 10-5　商场现场实施 5S 的案例

10.1.2　价值流图

价值流图，顾名思义，就是研究价值流是如何在企业内部移动的过程图。价值流是指从原材料转变为成品、赋予其价值的全部活动，包括购买原材料、原材料加工、交付客户成品等。这些活动被信息流和物料流所承载,其中信息流包括企业内部门之间以及企业内部与外部客户之间的沟通信息如何流转,而物料流就是企业对物料加工并产生价值的流动过程。

价值流图是记录企业运营增值过程的一览图。该图集合了信息流、物料流在企业内部流转的全过程。它是从客户开始下订单到客户收到产品的整个过程的一页式图。

价值流图不仅可以作为发现和寻找浪费根源的工具、沟通工具、战略变革工具,也可以统一企业内部的信息,为管理层提供业务信息的整体概览。它贯穿于企业整个业务流,是实施精益理论的最佳集成。

价值流图通常分成不同层级,最常见的有顶级流程图和细节流程图两种。

顶级流程图是一种高水平的框架图,以研究企业的业务框架流程为主,仅研究其中最主要的流程环节,以评估各流程环节的有效性和企业整体业务健康状况为主要目的。它的典型特征包括:

- 只定位关键的特征或流程;
- 通常更关注流程的顺序,而不是流程自身的健康状态;
- 没有太多分支,以简单直线型流动居多,仅描述企业的主流程;
- 信息以业务数据居多,或者关注整体信息,对团队一线作业层来说缺乏足够的细节。

细节流程图关注具体的加工流程,充分显示了每个流程的细节和参数,关注每个流程的健康状况。细节流程图所承载的信息是非常具体的、可测量的、可执行的、可改善的,可以看作顶级流程图的子流程图,为管理团队提供了非常详细的现场信息。它的典型特征包括:

- 详细描述了流程的工作机制和可供决策的细节;
- 关注某个具体的工作领域或某个特定的底层流程,可能有单个或多个分支流程;
- 包含所有具体的增值和非增值信息,包括流程中必要的决策活动,如返修、报废等;
- 按图所述,可完成产品的最终交付。

在实操过程中,顶级流程图和细节流程图都是必需的,它们分别提供了不同的信息,使用对象也有显著的不同。顶级流程图主要用于企业管理层用于检视当前业务状态的整体情况,是为了调整业务布局或改变供应链结构等,所以并不过多关注作业的细节;而细节流程图面向基层,为所有一线执行人员和管理者提供改善和优化的信息,可为具体的作业提供完整和详细的改善依据。

价值流图根据信息承载的差异性,有时还会分成三种类型:流动过程型价值流图、信息流动型价值流图、交易型价值流图。其主要特征如表10-3所示。

表10-3 不同类型的价值流图

不同类型的价值流图	特 征
流动过程型价值流图	• 追踪原材料被加工的每一步工作流程。 • 记录所有的活动和功能区域的状态。 • 记录循环时间、月产量、轮班数目和每一班的员工数。 • 记录所有库存点、库存量和平均储存时间。 • 记录每个步骤或流程的瑕疵数目

续表

不同类型的价值流图	特　征
信息流动型价值流图	• 从流程起始点开始记录信息：从订单进入到交付产品至客户。 • 追踪与流程步骤相联系的工作信息。 • 追踪与系统部分相关的生产顺序。 • 把调度系统绘制成图并记录信息和材料在系统中的流动。 • 记录系统是如何与客户及供应商沟通的。 • 区分增值、必需或必要的非增值、纯浪费（纯非增值）
交易型价值流图	• 按照从投入到产出的顺序绘制商业流程。 • 绘制每个节点的决策流程及后续执行方式。 • 绘制与其他部门（内部的或外部的）的数据交互形式。 • 记录评价和决策相关的次数与循环时间。 • 记录在每个节点的等待时间

从表10-3的描述不难看出，价值流图的绘制并没有统一要求，但希望能在图上尽可能展示所有的信息。在保证信息准确的前提下，制作团队应尽可能地罗列已知的信息以帮助团队进行正确的决策。这些信息包括但不限于客户数据、加工要求、过去的或未来的销售数据、各种成本、特殊处理要求、排队时间、运输距离、运输时间、周期时间、交付周期、现场作业人数、设备数量等。

绘制价值流图有一些基本建议。绘制价值流图是一个团队的工作，希望整个团队一同绘制。绘制价值图的团队成员最好来自不同的功能团队，其中现场执行成员是必需的。团队需要通过在不同条件下反复观察实际作业流程以了解实际情况，必须在流程进行的过程中观察并获取所需要的细节，要评估在流程步骤之间所发生的活动（如搬运、储存等）。绘制价值流图时不要拘泥于形式，手绘的效果往往优于电脑软件。为了尽可能罗列所需信息，制作团队可考虑使用一面墙或足够大的平面来绘制。价值流图是需要维护的，制作团队需定好更新日期并按需更新，这是发挥其价值作用的最主要要素。

价值流图的绘制虽然没有强制性的法则，但还是有一定的准则。通常情况下，价值流图都是从客户需求开始的（通常客户的位置位于价值流图的右上方），然后按逆时针方向完成整个价值流图的闭环过程。其间会依次经过企业的中控系统（位于价值流图的正上方）、供应商模块（位于价值流图的左上方）、从供应商至企业现场或仓库的物流模块（位于价值流图的左侧中间）、企业内部的价值流增值过程流程图（位于价值流图的正下方，从左下到右下），以及最后从企业到客户完成交付的物流模块（位于价值流图的右侧中间）。整个价值流图是一个完整的闭环流程图。

常见的价值流图的基本符号如图10-6所示。

在这些符号（见图10-6）中，上方三行符号为通用型符号，在几乎所有的价值流图中都常见，下方两行符号为看板、推式和拉式生产常用。

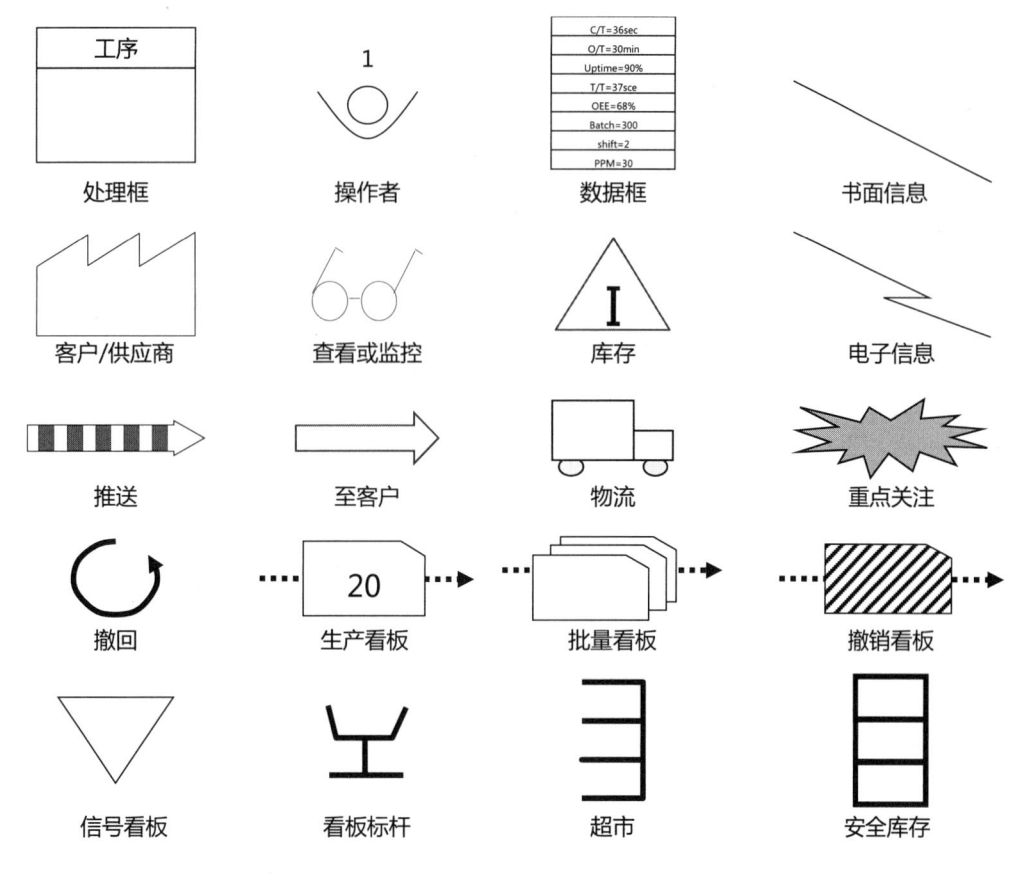

图 10-6　常见的价值流图的基本符号

在价值流图的正下方会有一个"长城图",它会对企业每个流程进行时间统计,包括增值的和非增值的时间,最后会对这些时间进行汇总。长城图很好地展示了当前系统的整体状况,便于管理团队对流程中的潜在浪费进行评估。长城图通常与流程强相关,如图10-7所示。

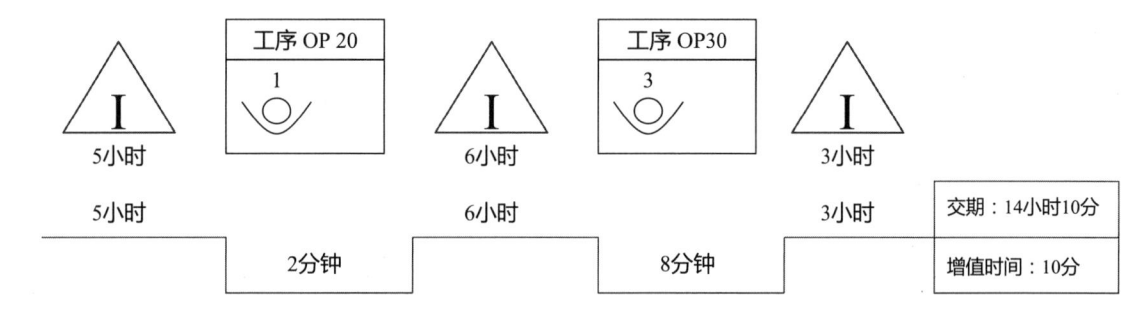

图 10-7　价值流图中用于计算各分类时间的长城图

从长城图中,可以查看产品的交期(Lead Time,LT)和实际增值时间的差异对比。企业深刻理解其所赚取的剩余价值就是从这部分增值时间中获取的,换句话说,流程中长时间的各种等待(价值流图主要鉴别等待这种浪费)和其他形式的浪费都是导致企业运作效率低下的主要因素。在作业过程中,等待往往是以天甚至月为单位的,而真正的增值时间往往以秒或分钟来衡量的,那么两者的比值差异也为管理团队提供了明确的改善建议和方向指引。

在价值流图中研究的对象主要都是和时间或效率有关的,那么有两个关键指标是需要时刻去评估和总结的,它们分别是设备综合效率和节拍时间。

1. 设备综合效率

设备综合效率(Overall Equipment Efficiency,OEE),一种综合效率指数,由不同维度的参数组成,无量纲并以百分比形式体现。它的组成参数有三个,分别是可用时间率、运行效率和产品合格率,所以这个指标体现了实际产能相对于理论产能的比率。该指数在不同企业中有不同的算法,但这些不同算法本质上大同小异。典型且常见的设备综合效率的公式是:

设备综合效率=可用时间率×运行效率×产品合格率×100%

在设备综合效率的公式中,可用时间率=实际操作时间/理论净可用时间×100%。其中,实际操作时间为理论净可用时间与停机时间(如由于故障、设备维护带来的停机时间)的差值;理论净可用时间为总时间与计划停机时间。(包括休息、计划维护等)的差值。例如,一班 8 小时工作时间,其中半小时吃饭休息,所以理论净可用时间为 7.5 小时。由于设备维护花去 1 小时,所以实际操作时间仅为 6.5 小时。那么,可用时间率为 6.5/7.5×100%,即 86.7%。

在设备综合效率的公式中,运行效率=实际速率/标准速率×100%。其中,实际速率为单位时间内实际生产了多少个产品;标准速率为理论上单位时间应生产多少个产品。例如,按产线设计每小时应生产 250 个产品,但实际每小时生产了 200 个产品,那么运行效率为 200/250×100%,即 80%。

在设备综合效率的公式中,产品合格率=总合格产品量/总产量×100%。产品合格率即总产量中合格品的比率。例如,该产线每天生产 1 400 个产品,其中有 20 个不合格品,那么产品合格率为 1 380/1 400×100%,即 98.6%。

因此,该产线当天的设备综合效率为 86.7%×80%×98.6%×100% = 68.4%。

2. 节拍时间

节拍时间(Takt Time,TT)是客户允许的单个产品的生产时间,根据客户需求计算所得。简单来说,如果实际生产时间比节拍时间长,就代表企业无法满足客户的交付时间要求;反之,如果实际生产时间比节拍时间短,就代表产线尚有空闲能力,企业可承接其他业务。节拍时间的计算很简单,其公式为:

节拍时间=理论净可用时间/客户需求数量

式中,理论净可用时间为总时间(通常以秒计)与计划停机时间的差值;客户需求数量为客户需求的产品数量,是指在理论净可用时间内收到的具体订单数量。例如,客户要求一周内交货 12 000 件,而该产线一周工作 6 天,每天一班 8 小时,其中半小时休息。那么,理论净可用时间为 6×7.5×3 600=162 000 秒,节拍时间为 162 000 / 12 000 = 13.5 秒/件。也就是说,允许生产每件的节拍时间为 13.5 秒,实际生产时间不应超过该时间。

产品的实际生产时间是由各个流程的生产时间组成的,每个流程的生产时间被称作循环时间,这个时间常常与节拍时间混淆在一起,这是不正确的。

循环时间(Cycle Time,CT)是流程中从生产一件产品开始(到完成)直至开始生产下一件产品之间的时间。由于生产是不停地重复该动作的，故该时间因此而得名。产品的实际生产时间，就是各流程的循环时间之和，即总循环时间。

不难理解，总循环时间应始终保持小于节拍时间，否则企业将面临潜在的交付风险。需要注意的是，节拍时间是很难调整的，因为客户需求数量很难控制，而理论净可用时间往往是有限的，即便抹除所有计划停机时间等可控因素，也无法突破自然时间极限（7天24小时不停机运作）。所以企业的改进应把精力放在循环时间的改善上。循环时间的效率则基本由企业内部自行控制和改善，包括设备能力极限、人力资源极限等。

价值流图的应用是符合持续改善的基本原则的，所以制作团队需要同时绘制两张价值流图，分别是当前的价值流图和未来的价值流图。

当前的价值流图真实地展现了价值流图今天的实际状态，但从精益或持续改善角度，我们要对今天的现况进行挑战。所以这张图往往用于鉴别当前依然存在的浪费，并指导下一步的改进方向。而未来的价值流图是企业对流程未来状态的一种期望，也是团队工作和努力的方向。它描绘了企业期望改善后的状态，可以被认为是企业认可的可实现的近期未来状态。

需要及时对这两张价值流图进行同步更新，因为今天的未来价值流图很可能成为明天的当前价值流图，现场管理团队通过这种形式来实现持续改善的目的。价值流图的更新频率则由企业根据实际情况自行决定，这里并没有绝对的参考依据，但不建议对价值流图过于频繁地更新，因为现场需要时间准备并且消化理解该图，这样才能充分发挥该图的主要作用。

价值流图可以帮助团队理解当前流程中的所有活动和操作，可以帮助团队把复杂的流程可视化，便于发现浪费的源头。价值流图是集中体现了精益各个模块成果的一揽子图，是企业展示精益成果的对外窗口。

【案例 10-2】价值流图

某企业主要生产消费类电子产品，其中一款产品是一体式电控箱体。其主要原料是 ABS，整个流水线的工序并不复杂，主要包括壳体成型、电路集成、组装封装、功能测试、包装几个步骤。原料 ABS 的供应商为长期供应商。该供应商与企业签有框架协议，可保证长期稳定供货。企业获得一个新的长期客户 XYZ，并获得一个长期订单，该订单需求为每月 2 000 套一体式电控箱体。企业单独准备了一条小型产线来匹配该需求并进行了价值流图的规划。根据现有数据，企业绘制了试生产阶段当前的价值流图，如图 10-8 所示（未提及的过程参数数据参见价值流图中的数据描述）。

客户的需求为每月 2 000 套产品，而企业每天可用时间为 7.5 小时，一周 6 天，每月按 4 周计算，所以节拍时间为 7.5×3 600×6×4/2 000 = 324 秒。虽然节拍时间大于每个子流程的时间，但依据当前流程设置，产线可能存在大量的中间库存。从当前的价值流图上可知，在步骤之间存在长时间的等待，所以必须进行优化，否则企业将面临无法按时交付的风险。所以要进行爆炸点的研究（见图 10-9），并且通过这些爆炸点寻找可能潜在的优化点或改进方向。

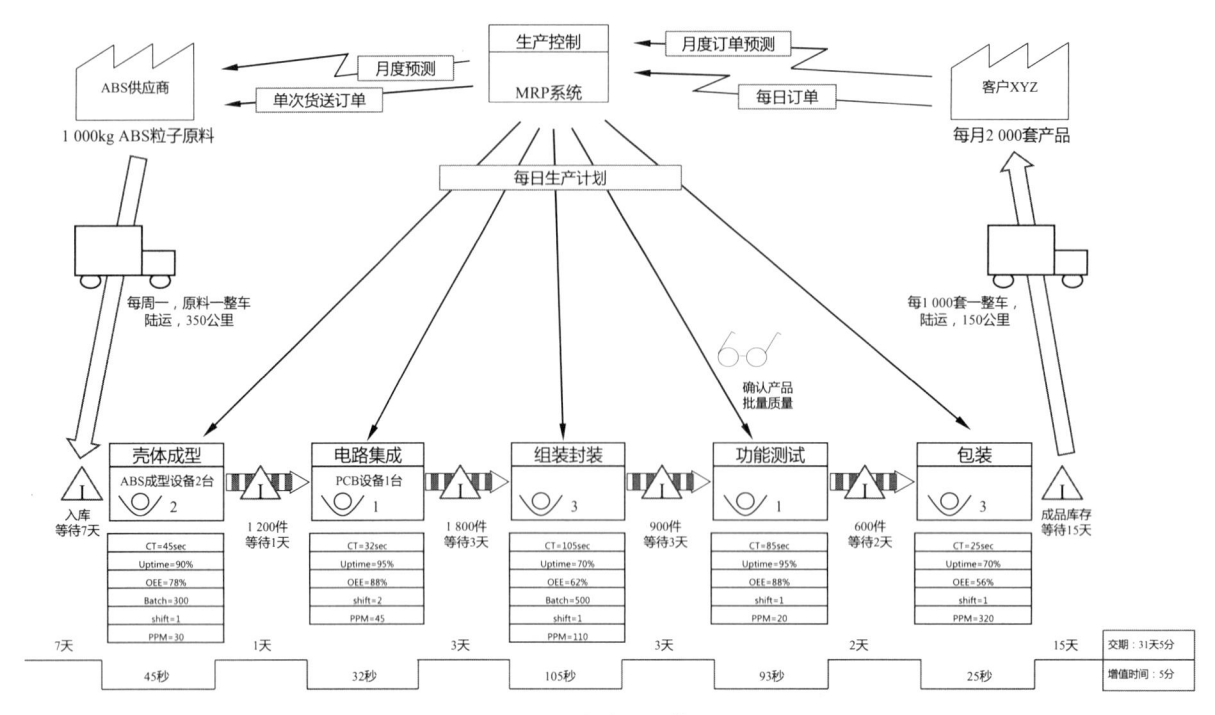

图 10-8　当前的价值流图

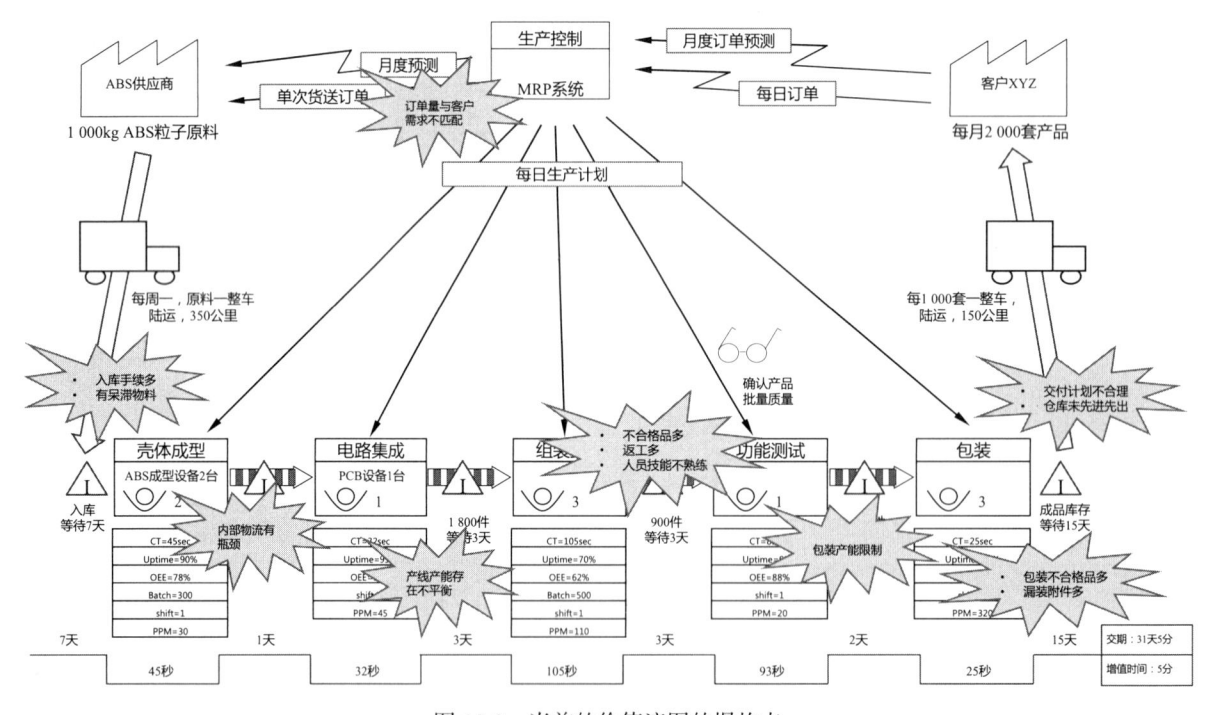

图 10-9　当前的价值流图的爆炸点

通过对这些改善的分析，企业认为在不久的将来，未来的价值流图可以实现一些新的突破，而相应的行动要求这些改善在未来三个月内实现。这些行动包括与客户的沟通交流，重新规定订单数量和交付形式，平衡各流程的产能，进行人员的技能培训，提升系统的可用效率，降低不合格品率等。这些改善行动都可以提升生产系统的交付能力。未来的价值流图如图10-10所示。

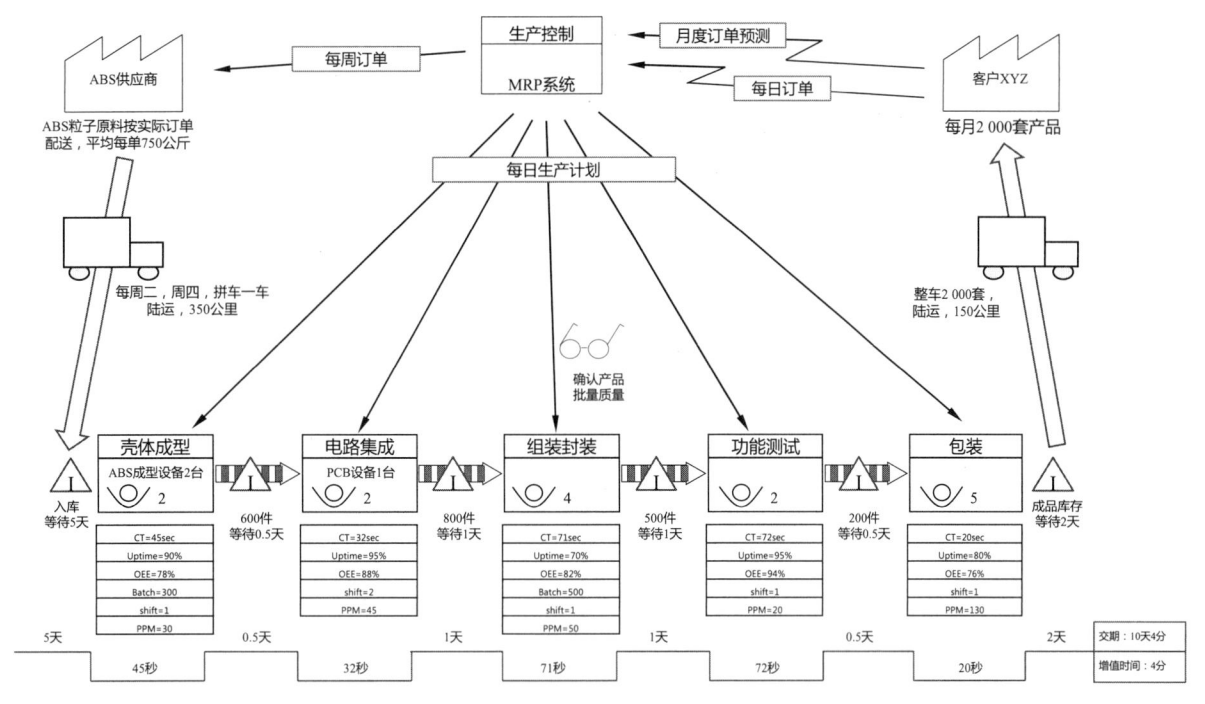

图 10-10　未来的价值流图

在未来的价值流图上，虽然等待时间大幅度地被缩短，流程的循环时间也一定程度地被优化（壳体成型和电路集成受设备限制无法优化），但依然不尽如人意。现场管理团队认为当前这个规划（未来价值流图展示的流程设置）是短期内可实现的努力方向。现场管理团队将该未来价值流图规划的新流程作为现场改善的初步对象。图中未描述的潜在改善项，如单件流及拉动式生产在内的其他改善设想将在后续的持续改善活动中进行。

三个多月后，在实施以上改善之后，企业初步实现了原未来价值流图上的参数。制作小组更新了该图使之成为当前的价值流图，并再次鉴别了可改善的爆炸点，以期待进一步消除所有的等待时间，同时绘制了新的未来价值流图。之后现场管理团队设定规划每三个月进行一次新的价值流图评估，以实现持续改善的目的。

10.1.3　看板、推式和拉式生产

看板、推式和拉式生产是精益理论中的核心要素之一，也可以认为是实现精益生产的最基本方法。这三者往往结合在一起，为现场生产管理提供了有效的管理模式。

推进式生产，又称推式生产或推式方法，是传统的作业模式，也是最常见的模式。其特点是每一工序都根据生产计划，尽其所能地生产，尽快完成生产任务，不管下一工序当时是否需要。这种模式是符合人类活动特性的，即便不做任何设计规划，人们的行为模式就是符合推进式的。在长期实践中人们发现，这种方法可能存在一些典型的问题，如库存积压（原料库存、未完成品中间库存、成品库存）、生产周期长、生产前期准备时间长、应对客户需求变化能力差等。

拉动式生产，也称拉式生产或拉式方法，是相对于传统推进式生产的反向思维。该方法不再简单地从上道工序生产产品并将之推到下道工序。取而代之的是，每道工序向上道工序寻求需求，根

据上道工序的状态来确定当前工序应进行的准备工作。例如，当前工序在准备材料时发现，上道工序每生产一件产品需要 100 秒并流转到当前工序，那么当前工序根据该速率要求物料管理团队也每隔 100 秒准备加工一件产品相应的物料，同时尽量调整当前工序的循环时间，以匹配每 100 秒生产一件产品的生产要求。这样，当物料流动到当前工序时，当前工序可以迅速准确完成作业，而几乎没有材料、工时等待等浪费。而当产线中每道工序都遵循该模式时，可剔除各种浪费，并实现循环时间的优化。

拉动式生产是一种类似于超市运营的理念。当顾客挑选某些商品后，超市会及时补货，以保证后来的顾客可以及时获取产品。而超市补货的商品取决于顾客的需求，只有顾客拿走了某个商品，该商品才会被补货，反之有些商品可能长期都不会被补货。对于生产来说也是如此，下道工序向上道工序寻求需求的过程，就类似于去看一眼超市的货架上是否有空缺，下道工序仅仅去准备有需求的物料。这种模式是有开创性的，需要详细的规划和设计。实施拉动式生产可以减少库存，减少现场占用面积，提高应对客户需求变化的能力等。但拉动式生产也有一定的局限性，即需要相当面积的中间仓库，也就是"超市"。"超市"这个词已经成为拉动式生产管理中的标志性词汇。实施拉动式生产的企业应尽可能减少"超市"的面积和库存量。

如果比较传统超市和现代连锁超市，也可理解拉动式生产的特点，如图 10-11 所示。

传统超市
- 大规模、集中式、高库存（货架库存、仓库库存、供应链库存等）
- 呆滞货物多，货物流转周期长
- 货物易被顾客弄乱，弄乱后的商品后来的顾客不会购买
- 理货时间长，员工数量多

现代连锁超市
- 连锁式，小型超市
- 多门店，精细选址
- 多品种，弹性规格
- 及时补货
- 24小时营业

图 10-11 传统超市和现代连锁超市的对比

准确地说，推进式或拉动式生产有其各自的优点和缺点，本质上并不存在孰优孰劣之分。但在精益理论中，拉动式生产在消灭库存方面是有一定优势的。

在精益理论中，库存可以大量掩盖企业自身能力上的各种问题。例如，当各个环节的库存量足够大的时候，以下问题很可能无法被识别：供应链交付能力问题、产线产能不均衡、需求无法准确捕捉、产能富裕或不足、换线时间太长、生产计划不准确、团队沟通配合问题、工艺缺陷问题、产品质量或项目质量问题、中间库存问题等。一些较为极端的见解甚至认为库存是企业一切问题的根源。这个说法虽然有些极端，但一定程度上说明了库存过多的危害性。

拉动式生产主要着重于解决库存问题，这也是精益理论更青睐于拉动式方法的主要原因。要实

现拉动式生产，还需要一个重要工具，即看板。

"看板（Kanban）"是一个日语单词，与中文汉字写法相同，与中文发音相似，其原始含义也与中文近似。但看板在长期应用的过程中已经形成了其特定的含义和形式。看板是拉动式生产系统中的一种需求传递形式，不同的看板组合在一起形成了拉动式生产的需求信号管理系统。

看板是一种在需要的时间按需要的量对所需零部件发出生产指令的信息媒介。看板管理原本是为了实现按时生产而控制现场生产流程的管理手段，而今天它已成为实现拉动式生产的信息需求传递工具，旨在传达"何物，何时，生产多少数量，以何种方式生产、搬运"。看板的内容一般包括零件号、品名、制作编号、容器形式、容器容量、发出看板编号、移往地点、零件外观等。

看板是精益理论中的重要工具。它是一个简单的可视化系统，作为内部客户和内部供货商之间传递信号的工具。这个系统把管理的权限从纯粹的管理者手中转移给作业的一线员工。产线现场使用若干个（也可能是几百甚至更多）看板进行组合来实现单独的物料计划以取代统一的物料计划，这使得每个看板都有它自己的补给流程。复杂的看板系统对现场管理提出了很高的要求。例如，实施单件流（One Piece Flow，每次只生产一个产品）生产可以消除一部分看板需求。

看板的种类繁多，分类方式也不尽相同，表10-14介绍了常见的看板类别。

表10-4 常见的看板类别

类别	描 述	子类或要点
看板广场 （Kanban Square）	专为看板所设置的区域（定点、定量）	• 及时反馈生产活动的信息的产线看板； • 及时反馈现场机器生产状态的信息的设备看板； • 及时反馈现场人员生产状态的人员状况看板； • 及时反馈现场产品质量信息的质量看板； • 及时采集现场各类信息的生产管理系统看板
信号看板 （Signal Kanban）	三角形的看板，用来对前一个工作站发出生产的信号	• 信号看板上列出接下来要生产的产品优先级； • 一旦工作区生产所有的批量并且移动信号看板，下个信号看板就会往下滑动； • 看板信息是经过设计和计算的，不可任意变更信号看板的顺序，否则可能无法满足客户要求
物料看板 （Material Kanban）	用来拉动在流程生产之前所需的物料种类及数量	• 生产看板； • 移动看板； • 供应商看板

使用看板应遵循以下基本原则：

- 当前加工工序领取零件的必须通过看板传递的信息；
- 生产流程必须依照看板的要求（数量与顺序）进行生产；
- 如果没有看板，就不可以做任何制造或传递的动作；
- 看板卡片一定要跟零件摆在一起；

- 每个零件都必须达到可接受的质量；
- 看板的数量一定要随时间而减少；
- 如果生产工序没有得到信号看板，则不要试图补给物料；
- 看板工作要局部化开展；
- 使信息流动和物料流动保持一致。

产线现场使用看板为实施拉动式生产提供了基础，但看板的数量并非越多越好。因为看板本身就是一种非增值的浪费，虽然必要，但如果过多，又会形成新的浪费。所以看板的数量也需要被控制，有些理论可以用来计算看板的数量，例如：

看板数量=（平均交货周期时间×平均需求量+安全存量）/每个容器的存放量

如果可以尽可能减少看板，就是最好的方式。前文提到，如果产线能实施单件流生产，即每次只生产一个产品，那么看板其实是可以被取消的。所以在很多企业实施拉动式生产的过程中，非常推崇单件流生产。但是单件流生产需要很多条件，一般只有当企业已经实施精益理论并且达到一定成效之后才可真正实现单件流生产。

▶ 10.1.4 快速切换

切换（Change Over）时间是指从前一个生产订单中最后一个合格产品结束后，到可确保后一个订单可批量生产出第一个合格品之间所需花费的所有时间之和。这个时间和包括前一个订单收尾所需的时间、准备后一个订单物料的时间、人员调整的时间、生产设备调整的时间、物流系统调整的时间等。在这些时间中，有一些是必要时间，有一些是非必要时间。

快速切换是研究如何缩短这个切换时间的方法，该方法旨在去除切换时间内的非必要时间（非必要时间即浪费），并且努力缩短必要时间。

现代企业面临着很大的生产压力，很少有一条产线只生产一个产品或一类产品的情况，一些复杂的产线可能要生产很多不同型号甚至不同家族系列的产品。而不同型号或不同家族系列的产品，其特征往往千差万别，对应的加工参数、步骤，甚至使用的工具和对应的工位都可能存在很大差异。当完成前一个生产要求之后，当前的资源被释放，就需要调整来满足下一个生产要求。这个调整涉及人机料法环等全方位的调整，而这段时间里所发生的动作大多数是非增值的，可以被视为一种特殊的生产等待。显然，企业需要尽可能减少这部分时间，尽可能实现连续生产，减少生产的等待时间，实现产线能力的最大化。

通常情况下，切换时间由准备时间和调整时间两部分组成。

（1）准备时间是指从前一个生产订单中的最后一个合格产品完成后到后一个订单第一个产品生产完成所需要的时间。例如，前一个订单的最后一个合格产品在下午 2 点完成，即该订单完成于下午 2 点；产线调整设备以生产另一个产品，在调整完成后生产出的第一个产品的时间是下午 4 点，那么该产线本次的准备时间即这两个时间点的时间差：2 小时。这个产品可能是合格的，也可能是不合格的，这与下文的调整时间有关。准备时间可以认为纯粹的（等待）浪费，在这个时间内，主要完成的前一个生产订单所需的所有生产资料的撤离（除了不可移动的），以及准备完下一个订单生产开始所需的全部生产资料。

（2）调整时间是从准备时间结束到产线可以稳定生产出后一个订单的合格产品之间的时间。在这段时间内，如果生产的部分产品是合格的，这些合格产品对企业依然有价值，而不合格产品则被认为是浪费。例如，准备时间结束后，企业生产了 30 个产品才使产线达到了稳定的质量（可批量生产合格的产品），这个过程花费了 2 小时，那么这 2 小时就是调整时间。在这 30 个产品中，有 5 个是不合格品，它们就属于浪费，而另 25 个是合格品，它们就是有价值的。调整时间对应的这个过程是不稳定的生产过程，在此期间企业并不能实现大规模连续生产。六西格玛研究的主体基本都要求系统稳定受控，所以调整时间并不是企业所期待的正常状态，不能长时间维持在该状态下。如何界定产品质量达到稳定状态，由各企业自行判定，亦可采用六西格玛过程能力分析进行辅助判定。

显然，准备时间和调整时间都不是企业所需要的，都应该越短越好，但两者本质上存在显著性差异。影响准备时间的因素主要来自两个维度：一个是硬件上的限制，另一个是生产切换的能力限制。其中，硬件上的限制主要来自生产设备的数量和设备本身的能力，如设备必要开关机时间（如某些设备必须开机进行自我预热半小时后才能工作等）等。这个硬件也包括工装夹具等常用工具。硬件上的限制给准备时间设立了一个类似天花板的界限，也就是说，准备时间不可能突破这个物理极限，除非更换硬件（如数量上、能力上等）。所以硬件限制导致的准备时间过长与过程管理无关，并非快速切换这个方法可以解决的。而生产切换的能力限制则取决于企业的快速切换能力，主要表现在员工的作业能力上，如物料的移动，准备的有序性和有效性，生产信息传递的及时性和准确性，现场执行能力以及员工的业务能力等。企业可以通过持续改善活动来改善这些作业能力。在准备时间里，这两个维度的影响会交织在一起，共同影响准备时间的长度。而在调整时间的构成中，虽然也包含这两个维度，但硬件限制的影响相对小很多（前提是有良好的硬件日常保养维护、员工能力的长期培养等），调整时间主要员工作业能力来决定。调整时间与产线的过程能力有关，六西格玛会研究产线过程中主要影响产品质量或参数的关键因子。如果现场管理团队能鉴别关键因子或建立相应的数学模型，就可以实现快速切换、优化产线能力、缩短调整时间的效果。通常，准备时间相对固定，且占用时间稍长，现场管理团队只有通过长期的精益改善活动，才可能减少其时间长度，而且这个过程是缓慢的；而对调整时间，则很难确定其长短，在不清楚关键要素的情况下，每次的调整时间可长可短，但如果寻找到相应的数学模型，则可以迅速进行参数设定，在短时间内大幅度缩短调整时间。

要想实现快速切换的目的，就要从以下几个维度进行规划：

（1）理解生产需求。对生产需求充分理解，理解生产计划所需的所有资源和物料。理解生产切换过程中所需经历的所有步骤和环节，计算必要的人力资源变化（切换过程中是否出现人员数量变化或者是否需要替换关键岗位的专业人员）。研究历史的经验数据，计算切换所需的最短理论时间。

（2）硬件匹配生产。确认满足产线不同产品所需的硬件组合，包括设备、工装夹具以及各种必要工具。由于设备等硬件并非始终处于可用状态，部分硬件可能正处于常规停机保养状态，因此产线必须确认所需的硬件数量和其可用状态的匹配性，即加工多少产品需要多少硬件支持（注意停机维护时间）。确认是否存在潜在故障，评估是否需要后备硬件。

（3）人员业务能力建设。对人员业务能力的持续培养，确保有足够的业务能力来准确实施切换。对全员进行精益理论（含快速切换）的培训，确保全员理解精益思想与快速切换的理念，并有能力实施精益活动。全员对快速切换的流程改善有足够的执行能力。

（4）产线能力研究。对影响产线的各个要素进行分析，并确定关键要素及其调整方式。对产线调整有完整明确的作业指导和故障排除手册。具有足够且充分的历史经验来应对可能出现的各种突发情况。

（5）产线精益化。具有突破现状的勇气，敢于规划和设想新的作业模式。调整产线的作业步骤，分析所有非增值、非必要的环节，做不同的排列组合和方案，寻找整体切换时间最短的模式。进行小范围的测试验证和迭代优化，形成新的作业指导规范。全员参与，共同实施。

要实现快速切换，除了以上几个维度的规划外，还可以把改善分成不同的阶段来实施，这充分体现了精益思想是如何一点一点改善现场作业能力的。这些改善阶段通常包括：

（1）需要切换准备的物料减少，设备调整减少，各准备和调整步骤与时间减少。这个阶段开始实施精益思想，是减少各个环节里的浪费、精简作业步骤的过程。

（2）切换所需要准备的物料减到最少，设备调整实现一键完成，准备和调整的每个动作时间减到最少。该阶段是在现有过程中把精益思想实施到极致的状态。

（3）调整作业模式和流程，实现短周期内无须切换等待。该阶段是对上一个阶段的突破，以优化的新作业模式和步骤组合，来改变切换作业的方式，实现切换时间的进一步减少。

（4）零切换零等待。产线不同产品与产线设备、生产物料、人员能力之间完美匹配和兼容，无须任何切换。生产信息流切换的瞬间即实现产线产品的切换。

快速切换是产线实施精益理论的一种重要形式。快速实施切换的过程充分结合了精益各个模块的成果。虽然优化切换时间很重要，但产品质量和作业安全更重要。在规划和改进的过程中，无论什么理由，现场团队都不可以跳过某些会影响产品质量和涉及作业安全、使用安全的步骤或过程。

注意，快速切换不等于快速换模。部分理论将两者混为一谈是不科学的，快速换模只是快速切换中的一个子模块或一个小方向。因为模具切换和调整的时间通常较长，或者切换模具的过程会显著影响产品质量，所以快速换模才逐渐成为一个独立的话题，但本质上它符合快速切换的一切原则，且在整个生产流程中只是快速切换的一部分而已。

【案例10-3】快速切换的简要案例

F1赛车的轮胎更换是典型的快速切换案例。F1赛车在赛车过程中，随着轮胎的磨损，或者天气的变化，经常需要更换轮胎。而更换轮胎的时间是计入比赛时间的，所以更换时间应越短越好。

在50年前，当赛车进入维修站需要更换轮胎时，要先停车，然后上来3~5人，分别经历卸轮胎、搬运轮胎、更换轮胎、调整轮胎等多个步骤（而且每个轮胎的更换并不一定同步进行）。在整个过程中，有大量的人员移动和工具准备时间，更换一次轮胎可能要持续几分钟。部分照片示例如图10-12所示。

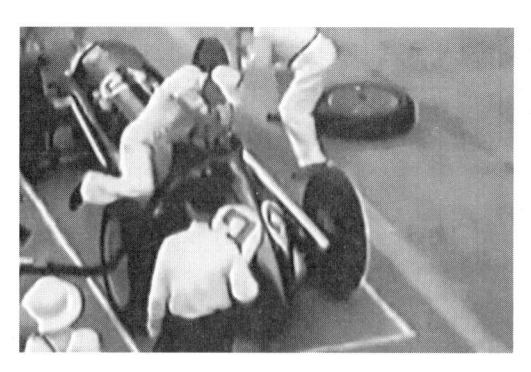

图 10-12　50 年前的 F1 赛车更换轮胎

今天当赛车进入维修站时，所有工作人员都已经各就各位，典型的人数都在 15 人以上甚至更多，所有工具都在工作人员手中，包括轮胎。在停车位有工作人员对赛车进行定位并迅速抬起车身，所有工作人员同步操作，几乎只有两个动作，即取下旧轮胎（螺栓同步取下），装上新轮胎（螺栓同步安装）。然后赛车手即出发回到赛道。优秀的换轮胎全过程仅需 4~5 秒，极限记录甚至在 2 秒以内。部分照片如图 10-13 所示。

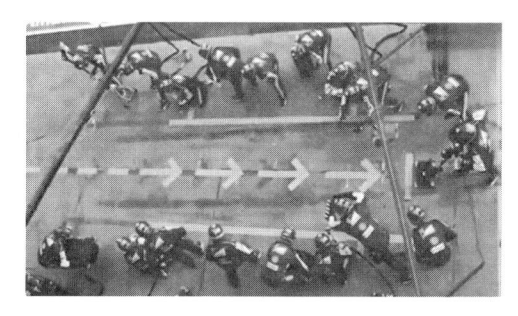

图 10-13　今天的 F1 赛车更换轮胎

由于篇幅有限，对精益理论仅挑选以上几大模块做了最基础的介绍。精益思想的贯彻为六西格玛的实施提供了良好的基础。在长期的实践过程中，精益和六西格玛相互融合，迸发出积极的火花，诞生了大量相辅相成的优秀案例，为企业的持续改善提供了原动力。

10.2　测量系统分析

测量系统分析（Measurement System Analysis，MSA）是指以产品为测量媒介物，对特定目标特性的有序测量，并由此来分析测量系统自身对真实产品特性测量值的影响程度。人们希望测量系统是准确的，也就是说，测量系统的误差应尽可能小，那么此时获得的特性测量值就越接近其真实值。

注：或许有读者无法理解为什么要把测量系统分析归在其他辅助工具中。到目前为止，很多六西格玛教材都把测量系统分析的模块作为主要模块，并且在针对测量阶段的教材中几乎全部都是测量系统分析的内容。这种做法是不合适的。六西格玛项目针对的是企业实际问题的改善，而不是研究测量系统本身，除非改善测量系统就是项目目标。对测量系统的研究主要是为了确认现状数据的有效性，以确保研究方向没有偏离。如果现状数据本身就是可信的，同时与未来需要测量的因子参

数相关的测量系统都是可信的,那么测量系统分析则是多余的。由于测量系统分析是以双因子方差分析为基础的试验设计,其分析指标众多,使用者在分析时可以从多个维度进行评价,而测量系统分析的结果不易理解。部分六西格玛从业者将其视为"炫技"的手段,将分析结果极度复杂化,并夸大该工具的作用,以达到炫耀自身统计学实力的目的,这是非常不可取的行为。事实上,由于现代测量技术的快速发展,测量系统越来越多地实现自动化和无人化,其测量系统导致的测量误差变得越来越小。本书考虑到目前主流六西格玛方法的模块设置以及目前部分项目实施的实际需求,保留了该模块的介绍。

简单来说,测量系统分析遵循这样的逻辑:所有的系统波动都可以用方差来解释,而方差和代表了系统内相应模块的波动总和,所以不难得出以下公式:$\sigma^2_{总系统} = \sigma^2_{测量系统} + \sigma^2_{产品}$。也就是说,系统的总方差等于测量系统的方差加上产品贡献的方差。人们希望研究产品的波动程度,那么对应的测量系统的误差就应该尽可能小。

测量系统必须具备良好的准确性(Accuracy)和精确性(Precision),而测量系统的方差或波动主要是由系统的准确性或精确性不佳导致的。测量系统的准确性通常用偏倚(bias)来评价,精确性通常用波动(variation)来评价。偏倚和波动的影响如图10-14所示。

(1)偏倚,表示多次测量结果的均值与被测质量特性的基准值之差。基准值是已知的参考值或使用更高级别的测量设备进行若干次测量所得结果的均值。

(2)波动,表示在相同条件下进行多次重复测量所得测量结果的分散程度。通常用测量结果的标准差或测量过程波动来表示。

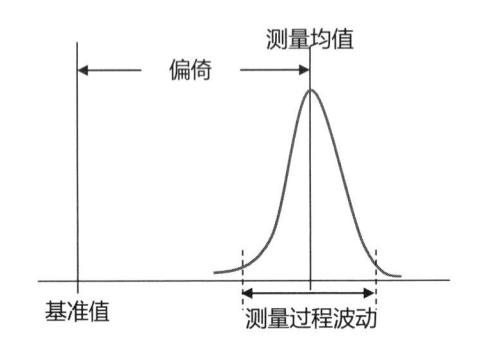

图10-14 测量系统的偏倚与波动

偏倚和波动是测量系统分析最关心的目标,也是衡量测量系统可用性的最重要指标。这两个指标根据测量数据的不同类型,会延伸出更多的指标。

由于测量系统的对象可能是连续型数据,也可能是离散型(属性)数据,因此测量系统也被分成连续型测量系统和离散型测量系统,其对应的分析方式会出现较大差异。

通常,测量过程中的系统波动又可以分成重复性和再现性的影响,无论是连续型还是离散型测量系统都存在这两个指标。对于连续型测量系统一般使用方差分析的方式来查看测量系统误差的百分比,而对于离散型测量系统则使用测量结果的一致性百分比来进行衡量。

在连续型测量系统中,针对偏倚的研究还包括针对线性的研究,不仅要考量测量值与基准值(真实值）之间的偏差，还要考虑测量值随着测量目标特性发生变化时对应出现的线性变化；而对于离散型测量系统分析，偏倚则评估所有测量值与基准值（真实值）的一致性百分比。

注：以上提到的重复性、再现性等指标将在下面的章节中详细介绍。

10.2.1 连续型测量系统分析

当被测量的对象是连续型数据时，对应的测量系统即连续型测量系统。该系统的输出是产品的具体测量值，通过一种被设计过的试验来考量测量系统的方差波动。连续型测量系统其实是一种特殊的试验设计，应用了双因子方差分析，所以其实施模式与试验设计一样，要求事先规划试验表，且运行试验时要求随机化处理。

在对连续型测量系统分析之前，要对测量的精度进行确认。由于这类分析的主要对象是系统的方差，而方差的计算与测量精度有关，过粗的测量精度会导致方差差异性不大，而过细的测量精度则会导致方差被放大，因此测量精度并非越高越好。这不仅出于对测量成本的考虑，也是测量系统分析的方法所要求的。这里涉及的测量精度用系统的分辨力来表示。

测量系统的分辨力（Discrimination Ratio）是指测量系统识别并反映测量的最微小变化的能力。若测量系统的分辨力不够高，则测量数据的后续分析可能出现不正确的结果。通常，对于连续型测量数据，直接用测量结果的最小间距（Unit）作为其分辨力，要求最小间距不大于过程总波动（Total Variance，TV）（6倍的过程标准差）和容差（USL − LSL）的十分之一，即：Unit ≤ min $\left\{\frac{6\sigma}{10}, \frac{\text{USL}-\text{LSL}}{10}\right\}$。分辨力的另一个评价标准是可区分类别数（number of distinct categories，ndc），其公式为：

$$\text{ndc} = \left\lfloor \frac{\sigma_P}{\sigma_{MS}} \times 1.41 \right\rfloor$$

式中，σ_P 为测量对象波动的标准差；σ_{MS} 为测量系统波动的标准差；$\lfloor\ \rfloor$ 为向下取整。通常，当ndc≥5时，测量系统才有足够的分辨力。

连续型测量系统的考量指标有很多，如稳定性、偏倚、线性、重复性、再现性等。

1. 稳定性

稳定性是指测量系统的计量特性（包括偏倚、总波动和测量误差的分布等）随时间保持恒定的能力。一般用于连续型测量系统分析，主要用测量结果的数据稳定性来衡量。

常用 $\bar{X} - R$ 或 $\bar{X} - S$ 控制图来分析和确认测量系统的数据稳定性，如图 10-15 所示。企业需要定期对测量标准器（量具）或标准件进行重复测量，并绘制控制图。当控制图中出现失控信号时，表明测量系统的稳定性不好，需要进行全面分析。

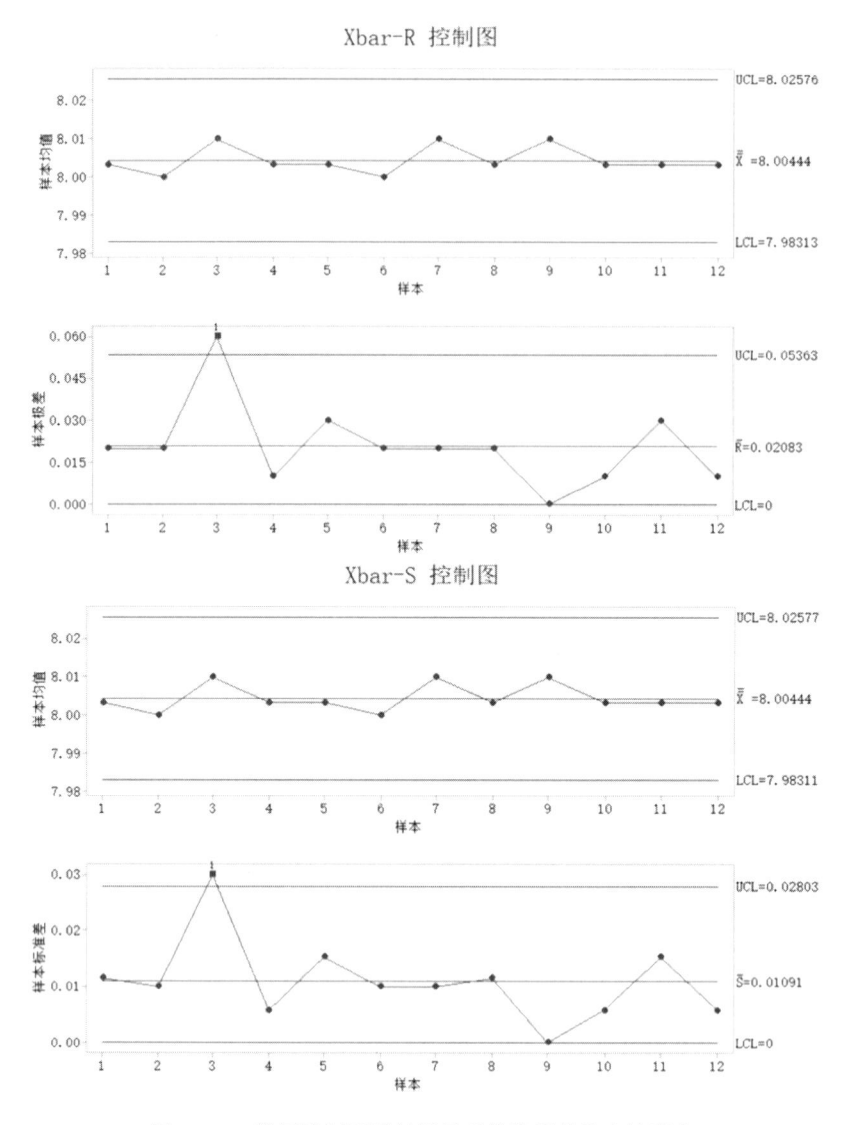

图 10-15 使用控制图进行测量系统数据的稳定性研究

2. 偏倚

偏倚是指多次测量的理论均值与基准值之间的差异，示意图如图 10-16 所示。

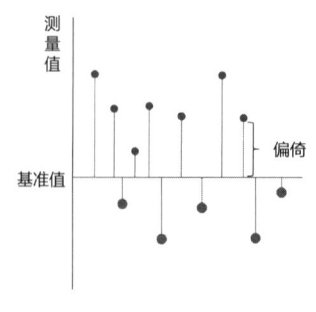

图 10-16 数据偏倚示意图

在整个量程中，各点处的偏倚可能并不相等，整体偏倚状况可以用偏倚均值的绝对值 |Bias| 与过

程总波动 TV 的比值来表示，即偏倚百分比%Bias，其公式为：$\%\text{Bias} = \left(\dfrac{\overline{|\text{Bias}|}}{\text{TV}}\right) \times 100\%$。

需要注意的是，偏倚有正有负，偏倚均值$\overline{\text{Bias}}$是算术均值，存在正负抵消的情况，偏倚均值$\overline{\text{Bias}}$很小并不代表各处的偏倚都很小。对于偏倚百分比%Bias很难给出适用于任何测量系统的统一标准，要根据生产过程的特性来判断，但这个数值要足够小才行（通常要小于10）。

3. 线性

线性是指测量系统在其量程范围内，偏倚是基准值的线性函数。通常用线性度（Linearity）来衡量偏倚总的变化程度，其定义是线性方程斜率b的绝对值与过程总波动TV的乘积：Linearity = $|b| \times$ TV。

线性度越小，表明测量系统越好。每个测量系统都有其量程，好的测量系统要求在量程范围内任意一点都不存在偏倚。鉴于偏倚可以通过校准加以修正，有时可以放宽对测量系统的偏倚要求，但线性问题则需要整个测量系统对线性引起的测量误差进行补偿，不可轻视。测量数据的线性和偏倚的区别如图10-17所示。

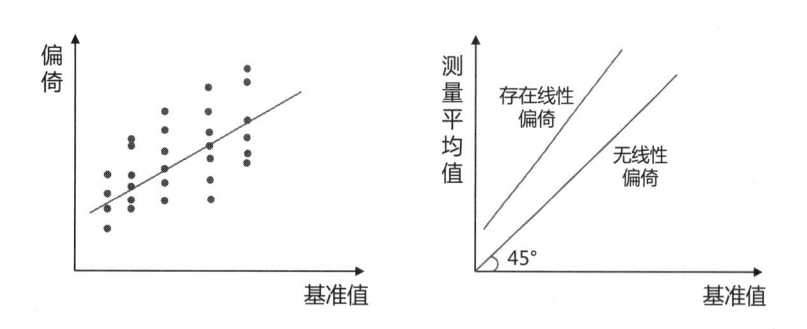

图 10-17 数据偏倚与线性的区别

4. 重复性

重复性（Repeatability）为同一操作者使用同一套测量设备，对同一测量部件的同一特性在较短时间间隔内进行多次测量所得结果的一致性。重复性要求所有的测量在尽可能相同的条件下完成，这时的波动可归因于测量设备自身的固有波动，该部分误差一般不可能再进一步减少，故而重复性又称设备波动（Equipment Variation，EV）。当测量系统的重复性误差过大时，只能彻底更换测量系统。

重复性的度量指标包括绝对量和相对量。其中，绝对量为重复性方差σ_{RPT}^2，RPT即重复性的英文简写；相对量为设备波动EV与过程总波动TV的比值，其公式为：$\text{GageRPT} = \dfrac{\text{EV}}{\text{TV}} = \dfrac{\sigma_{\text{RPT}}}{\sigma_{\text{Total}}}$。

5. 再现性

再现性（Reproducibility）是指在各种可能变化的测量条件下，对同一测量部件的同一特性进行多次测量所得结果的一致性。可能改变的测量条件包括操作者、操作方法、测量设备、测量地点、使用条件、测量时间等。相当普遍地，测量结果的波动主要归因于操作人员的差异，故而再现性又称人员波动（Appraiser Variation，AV）。

再现性的度量指标包括绝对量和相对量。其中，绝对量为再现性方差σ_{RPD}^2，RPD即再现性的英文简写；相对量为人员波动AV与过程总波动TV的比值，其公式为：$\text{GageRPD} = \frac{\text{AV}}{\text{TV}} = \frac{\sigma_{RPD}}{\sigma_{Total}}$。

有时，测量系统中不存在人员波动（如数字测量仪器）或人员波动小到可以忽略不计，这时需要根据测量系统的真实运行状况分析哪一因素是产生再现性波动的最主要原因，以此代替人员波动作为再现性波动的主体。

如前文所述，这些指标其实被分成三类：稳定性、偏倚类（偏倚和线性）和波动类（重复性和再现性）。对应地，连续型测量系统实施的过程也被分成三部分。

对于稳定性来说，分析的并不是系统可能存在的方差，而是测量之前要确保系统是稳定和受控的，因为如果系统本身不稳定或不受控，那么此时做测量系统分析是没有意义的。所以正如很多假设检验的前置分析一样，稳定性分析应在连续型测量系统分析前进行，通常使用控制图来确定系统的可用性。如果稳定性分析的结果不佳，则停止后续的测量和分析，需要先进行系统改善，确保没有引起失控或不稳定的一般异常原因后，重新测量，再次进行测量分析。

在稳定性分析之后，通常应先进行偏倚类分析，因为与偏倚相关的误差可以被直接校正。由于统计工具在计算偏倚时也会同步计算线性影响，因此分析时，可同时对两者进行分析。在测量范围内，将偏倚作为y，基准值作为x，进行简单线性回归，计算出线性回归方程：$y = a + bx$。y值是每个测量值与基准值的差，其完美状态应接近于0。根据系数不同，可能出现表10-5所示的几种情况。

表10-5 不同系数下的测量系统状态

a	b	状　　态
$a = 0$	$b = 0$	无偏倚，无线性。此时$y = 0$，这种情况是最理想的状况
$a \neq 0$	$b = 0$	常量偏倚，但无线性问题。这种情况比最理想状况稍差，但可以通过纠偏加以修正
$a \neq 0$	$b \neq 0$	存在线性偏倚。此时坐标系内存在一条非零直线，系统需要对所有测量结果按线性回归结果对偏倚加以修正
局部范围内 $a \neq 0$	局部范围内 $b \neq 0$	非线性偏倚。这种测量系统无法纠偏，不能满足使用要求

测量系统同时存在线性和偏倚问题的示意图如图10-18所示。

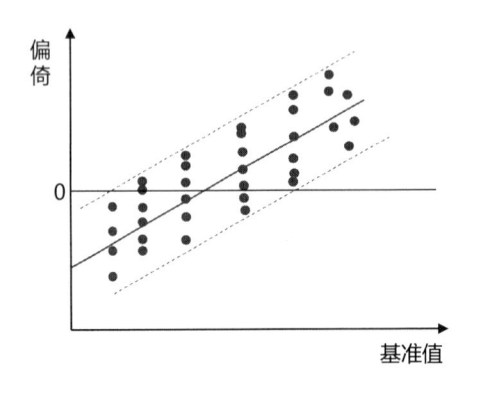

图10-18 测量系统同时存在线性和偏倚的问题

解决测量系统的偏倚类问题可以通过系统校正或某些系统参数补偿来实现。在日常生活中，买珍贵药材或茶叶时，往往会"清零去皮"去除包装的重量，这种做法就是一种对偏倚的补偿。

【案例10-4】偏倚与线性研究

某公司质检部新购置了一台测厚仪，在正式投入使用前，需对该测量设备进行偏倚和线性评估。质检员在量程范围内挑选了5个具有代表性的标准件进行随机厚度测量，对每个标准件进行4次测量，对测量系统的偏倚与线性进行分析（过程总波动TV未特意设定，使用默认值），表格及分析结果如图10-19所示。

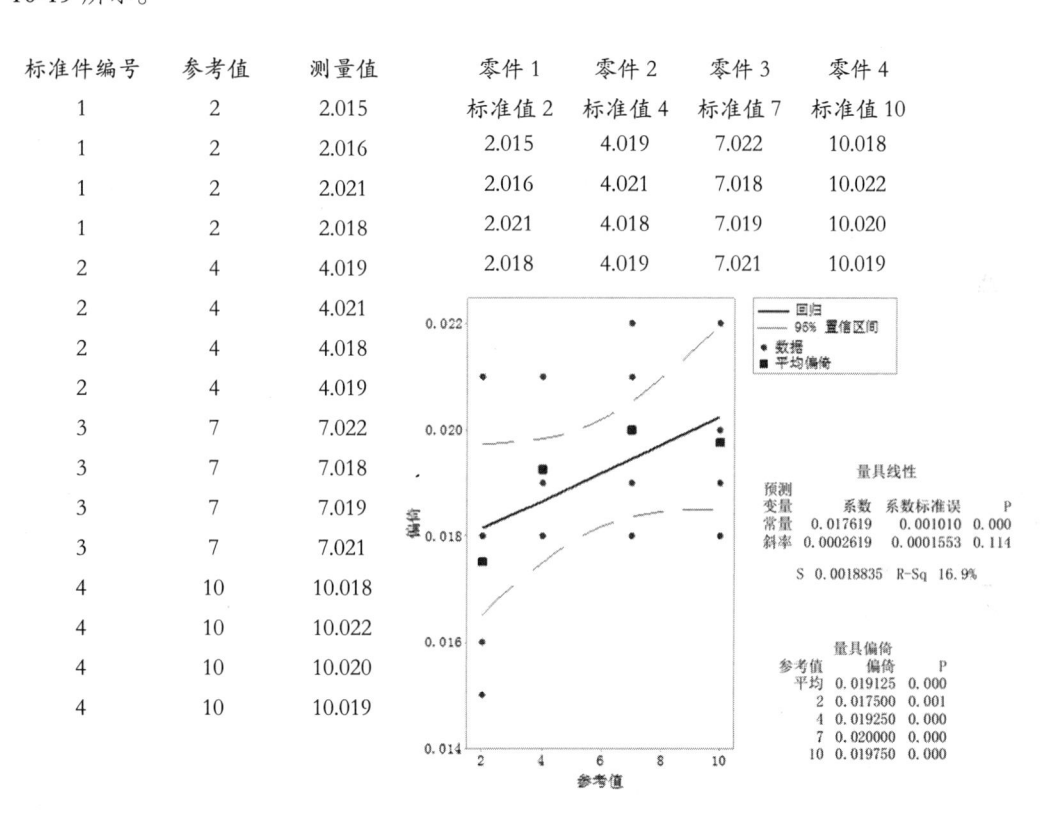

标准件编号	参考值	测量值
1	2	2.015
1	2	2.016
1	2	2.021
1	2	2.018
2	4	4.019
2	4	4.021
2	4	4.018
2	4	4.019
3	7	7.022
3	7	7.018
3	7	7.019
3	7	7.021
4	10	10.018
4	10	10.022
4	10	10.020
4	10	10.019

零件1 标准值2	零件2 标准值4	零件3 标准值7	零件4 标准值10
2.015	4.019	7.022	10.018
2.016	4.021	7.018	10.022
2.021	4.018	7.019	10.020
2.018	4.019	7.021	10.019

量具线性

预测变量	系数	系数标准误	P
常量	0.017619	0.001010	0.000
斜率	0.0002619	0.0001553	0.114

S 0.0018835　R-Sq 16.9%

量具偏倚

参考值	偏倚	P
平均	0.019125	0.000
2	0.017500	0.001
4	0.019250	0.000
7	0.020000	0.000
10	0.019750	0.000

图10-19　偏倚与线性研究的案例分析结果

质检员根据测试结果的数据分析发现偏倚的平均 P 值非常小，该 P 值接近于0，远小于默认的显著性水平0.05，则说明该系统存在显著的偏倚，其平均的偏倚量约为0.019。而对线性的分析发现，斜率的 P 值大于显著性水平，则说明系统的线性良好。所以质检员设定了0.019的整体偏移量作为系统的补偿值后再进行后续正常的工作测量。本例为便于说明，使用了较小的样本量，实际分析应尽可能扩大样本量。

偏倚类问题解决后，则需要对波动类（精确性）问题，即重复性和再现性进行研究。通常用测量系统的方差 σ_{MS}^2 来表示测量系统的精确性，它与重复性方差 σ_{RPT}^2、再现性方差 σ_{RPD}^2 满足如下关系：

$$\sigma_{MS}^2 = \sigma_{RPT}^2 + \sigma_{RPD}^2$$

评价测量系统精确性的两项重要指标：

$$\%\text{Gage R\&R} = \frac{\text{R\&R}}{\text{TV}} = \frac{6\sigma_{\text{MS}}}{6\sigma_{\text{Total}}} = \frac{\sigma_{\text{MS}}}{\sigma_{\text{Total}}}$$

$$\%\text{P/T} = \frac{\text{R\&R}}{\text{USL} - \text{LSL}} = \frac{6\sigma_{\text{MS}}}{\text{USL} - \text{LSL}}$$

式中，R&R 为重复性和再现性（Repeatability & Reproducibility）所占方差的百分比；%Gage R&R 为量具的重复性和再现性所占方差的百分比；%P/T 为公差百分比。

在重复性和再现性研究的试验中，一般选择至少 10 个部件以上并由多个测量人员来完成。测量人员要具有代表性，一般都是由经过培训和实践、能够充分代表实际测量水平的人员来完成的。每个测量人员要对同一个部件进行多次测量，以保证可以充分评估系统的重复性。一个比较典型的设定是，采用随机的 10 个部件，3 个测量人员，进行 3 次测量。需要注意的是，这仅仅是建议值，并非最佳值。增加样本量会使评估更加准确。另外，存在一个争议，即 3 个测量人员是否可以代表整个测量团队。随着现代测量技术的进步，人为因素会变得越来越小，这对当前的评价方式会造成一定冲击。

在早期的评价体系中，连续型测量系统要考量一系列指标，这些指标会共同形成评价该系统水平的依据。评价标准如表 10-6 所示。

表 10-6 测量系统分析的传统评价标准

判　　断	%P/T	%Gage R&R	%R&R（方差分量比）	可区分类别数（分辨率指数）
优秀的测量系统	< 8%	< 14%	< 2%	> 10
可接受的测量系统	8% ~ 30%	14% ~ 28%	2% ~ 7.7%	5 ~ 10
不可接受的测量系统	> 30%	> 28%	> 7.7%	< 5

为了评价一个测量系统的能力，评估者需要同时考虑这么多指标是有困难的。考虑到测量系统分析的精确度并非那么高，所以现在普遍使用更为简化的评价指标，如表 10-7 所示。

表 10-7 测量系统的评价指标

%Gage R&R 或 %P/T	测量系统能力
小于 10%	良好
介于 10%~30%	勉强可接受
大于 30%	不合格

表 10-7 也可以理解为，整个测量系统的误差占系统总误差的比例不能超过 30%，最好低于 10%。

今天在企业生产现场主要的测量系统分析更偏重于重复性和再现性的研究（并非偏倚等研究不重要）。因为波动类问题通常无法简单通过某些校正来解决，所以如果该类问题很严重，则需要对整个测量系统进行整改甚至更换测量系统。连续型测量系统是企业内最常见的测量系统，凡是需要进行过程能力研究的地方都应先检查其对应的测量系统的能力。在日常工作中,需要常规关注该系统,且定期对其进行校验分析。

在连续型测量系统分析中,最常见的是交叉试验。在多数场合下,被抽取的样本可以被重复测量,包括被不同测量人员进行测量,这样的试验就是交叉试验;而有时,当样本无法被重复测量时,如化学试剂产品、破坏性试验等,此时的试验称作嵌套试验。嵌套试验与交叉试验相比,需要更多的样本。嵌套试验希望所有样本都高度近似,这样可以把所有样本看作近似相同,以弥补无法重复测量同一样本的理论缺陷。但由于不同测量人员实际测量的不是同一个样本,因此该试验的精确程度不如交叉试验。如果在试验过程中,还始终存在一些过程变量,则试验又演变成了扩展试验。这种试验与试验设计的理念非常相近,因此也可以把扩展试验看作基于交叉试验和嵌套试验基础上的高阶应用。不管是哪种试验,其分析的主要因素都是一样的。

【案例 10-5】重复性和再现性研究

某公司质检部有一台测厚仪,经长时间使用后,需要进行测量系统的评估。在对偏倚和线性的研究之后没有发现异常,现在需要对该测量系统进行重复性和再现性的分析评估。

测量团队随机抽取了 10 个部件的表面喷涂层进行厚度测量(单位:μm)。整个测量过程由随机抽取的 3 个操作员(3 人均为熟练且合格的质检员)完成,每个操作员均进行 3 次测量,测量顺序按事先被随机化的顺序执行。由于样本可以被重复测量,因此使用交叉试验的分析方法。已知制造过程的公差范围为 12μm(可在 Minitab 中交叉试验分析的选项内设定),试验表如表 10-8 所示。为便于展示,试验表未被随机化,实际操作过程应在随机化试验后,再进行测量活动。分析结果如图 10-20 所示。

表 10-8 重复性和再现性研究案例试验表

运行序	部件	操作员	厚度	运行序	部件	操作员	厚度	运行序	部件	操作员	厚度
1	1	A	102	31	1	A	102	61	1	A	101
2	1	B	102	32	1	B	102	62	1	B	101
3	1	C	101	33	1	C	101	63	1	C	102
4	2	A	105	34	2	A	105	64	2	A	104
5	2	B	105	35	2	B	105	65	2	B	104
6	2	C	106	36	2	C	105	66	2	C	106
7	3	A	102	37	3	A	102	67	3	A	103
8	3	B	102	38	3	B	103	68	3	B	102
9	3	C	102	39	3	C	102	69	3	C	102
10	4	A	103	40	4	A	103	70	4	A	103
11	4	B	104	41	4	B	103	71	4	B	103

续表

运行序	部 件	操作员	厚 度	运行序	部 件	操作员	厚 度	运行序	部 件	操作员	厚 度
12	4	C	103	42	4	C	103	72	4	C	104
13	5	A	106	43	5	A	106	73	5	A	107
14	5	B	107	44	5	B	106	74	5	B	107
15	5	C	105	45	5	C	105	75	5	C	106
16	6	A	102	46	6	A	103	76	6	A	102
17	6	B	103	47	6	B	103	77	6	B	103
18	6	C	103	48	6	C	102	78	6	C	102
19	7	A	108	49	7	A	107	79	7	A	107
20	7	B	108	50	7	B	108	80	7	B	107
21	7	C	107	51	7	C	107	81	7	C	108
22	8	A	106	52	8	A	105	82	8	A	105
23	8	B	106	53	8	B	106	83	8	B	106
24	8	C	105	54	8	C	106	84	8	C	105
25	9	A	103	55	9	A	103	85	9	A	104
26	9	B	103	56	9	B	104	86	9	B	104
27	9	C	103	57	9	C	103	87	9	C	104
28	10	A	106	58	10	A	106	88	10	A	106
29	10	B	106	59	10	B	105	89	10	B	106
30	10	C	106	60	10	C	105	90	10	C	105

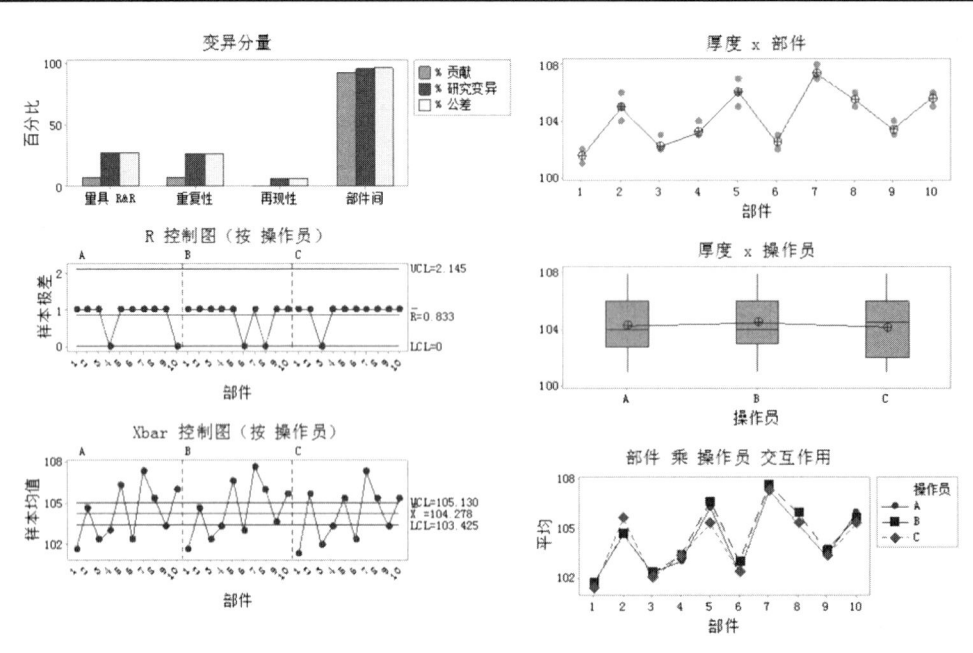

图 10-20 测量系统分析六合一图

根据经典的测量系统分析六合一图可获得对测量系统比较直观的定性分析（点击对应的图形亦可获得定量值）。

在图 10-20 中左上的变异分量图展示了系统测量的方差贡献程度。由于我们希望测量值尽可能体现产品的真实值，因此部件间的方差分量越大越好，即其柱状图越高越好；对应的量具的方差分量越小越好，而量具的方差又包括重复性和再现性，它们的分量也应越小越好。对于一个优秀的测量系统，图 10-20 左上图的部件间分量应越大越好，而其他三组分量应越小越好。本例中，仅从图形来看，该测量系统可能是可接受的。

左中和左下两张控制图则代表两种完全不同的状态。左中的样本极差图是对系统稳定性的评估，显示了操作员的一致性。极差越小则代表系统越稳定。在一个优秀的测量系统中，样本极差图应该显示为受控状态，也可以比较不同操作员之间的一致性差异。而左下的样本均值图则完全不同，它测量的目的是希望测量值能体现样本的真实值，而真实值是用样本均值来描述的。那么这张图则显示了测量系统能否区分样本真实值的能力。通常来说，被抽取的样本要能够代表总体，样本均值之间的差异相对于测量重复性而言就需要足够大，这样测量系统才可以真正测量出样本的真实值（否则重复性的波动就使得系统无法分辨样本之间的区别）。所以该图中，控制限一般都较窄，其代表的是测量系统重复性的波动影响，而样本均值则应尽可能超出控制限，这样就代表了测量系统不会受到重复性的过多干扰，可以用于区分和评价样本之间的真实差异。在本例中，极差图（R 控制图）处于受控状态，则代表三个操作员的一致性可以接受；样本均值控制图（Xbar 控制图）则马马虎虎，其控制限稍宽（该图仅可进行定性判断），尽管多数样本均值落在控制限外，说明系统有一定的能力来区分样本之间的差异，但可能受到重复性的影响。

右上的部件图显示了每个样本每次被测量的真实值，用于查看每个样本每次被测量的值是否足够接近。这张图可以用于研究不同样本或产品不同水平下的测量值变异程度。如果同一个部件的多次测量值离散程度很大，则代表测量系统的变异（测量值离散）很严重。本例中，每个样本的测量值还比较接近，但在多个点上还是出现了一些变异较为严重的情况，如 2 号和 5 号部件。

右中的操作员图显示了不同操作员之间的差异，不仅显示了其测量的中值（使用箱线图的原因是因为并不清楚其测量数据是否是正态的，而且通常测量系统分析中单个操作员的测量数据量不会太大），也显示其测量值的离散程度。系统可以评估操作员之间的中值差异性，以及他们各自的稳定性和测量能力。本例中，三个操作员测量的中值差异性不大，但各自测量值的离散程度不小，其中 C 操作员的离散程度最大，其个人的测量稳定性有待提升。

右下的交互作用图显示了不同操作员在面对不同样本时，其测量值的再现性的差异性。通常来说，不同操作员的测量值应该是交织在一起的，仅在某个样本上出现测量值或高或低的情况。如果存在某个操作员的测量值在多数点上始终高于或低于其他操作员，则系统可能存在偏倚类问题。在本例中，系统的交互作用不是太明显，则系统的再现性问题不严重，系统勉强可以接受。

团队并不满足对图 10-20 的信息解读，所以进一步研究了方差分量表以期望可以定量地更准确地评估整个测量系统。方差分析结果如图 10-21 所示。

方差分量			量具评估				
来源	方差分量	方差分量贡献率	来源	标准差(SD)	研究变异(6×SD)	%研究变异(%SV)	%公差(SV/Toler)
合计量具 R&R	0.31871	7.87	合计量具 R&R	0.56454	3.3873	28.05	28.23
重复性	0.29943	7.39	重复性	0.54720	3.2832	27.19	27.36
再现性	0.01928	0.48	再现性	0.13885	0.8331	6.90	6.94
操作员	0.01928	0.48	操作员	0.13885	0.8331	6.90	6.94
部件间	3.73148	92.13	部件间	1.93170	11.5902	95.98	96.59
合计变异	4.05018	100.00	合计变异	2.01251	12.0750	100.00	100.63

过程公差 = 12　　　　　　　　　　　可区分的类别数 = 4

图 10-21　测量系统分析案例的方差分析结果

根据图 10-21 所示的方差分量表和量具评估结果，团队对比了经典的连续型测量系统的评价指数表，获得了以下结论：方差分量比为 7.87%，大于 7.7% 的接受限；%研究变异即%Gage R&R 为 28.05%，刚刚超出接受限；%公差即%P/T 为 28.23%，勉强落在接受限内；可区分的类别数为 4，也落在了不可接受的范围内。也就是说，四个指标中有三个落在了接受限外，说明该测量系统并不是那么好。如果用现在 30% 的误差贡献去评价%Gage R&R，那该系统也只是勉勉强强落入可接受的范围内。

针对这个结果，团队仔细分析后发现，系统的方差主要来自重复性。无论是方差贡献的百分比还是%过程变异中，重复性所占的比重都远远高于再现性。所以团队认为虽然三个操作员都是熟练工，也都受过很好的培训，但是在实际作业过程中，三人的重复性表现并不好。由于这三人是具有一定代表性的，因此公司要求整个测量团队进行再次培训，尤其要解决自我评价一致性的问题，其测量的方法也需要再次确认。经过再次培训和考核，重新进行试验后的测量系统大有改善。

▶ 10.2.2　属性测量系统分析

当测量的对象是属性数据时，对应的分析则为属性测量系统分析。由于属性数据非连续的，也无法直接计算系统内部的方差，只能评价这些属性数据的一致性，因此该测量系统分析也称属性一致性分析。

在六西格玛方法论中，测量系统并不主张使用属性数据，因为对属性数据分析的精确度远不如对连续型数据分析来得可靠和准确。但在实操过程中，并不是所有测量点都满足连续型数据的测量需求。很多时候，连续型测量系统不可用，团队只能获取属性数据。属性一致性分析是针对测量属性数据的情况而设计的方法论，其精度远比连续型测量系统分析差，而且对样本量有一定的要求，如果可能的话，还需要有参考基准。

属性一致性分析同样存在偏倚和波动问题。属性一致性分析中的偏倚主要是指测量值与基准值之间的差异；由于属性数据无法量化，所以不存在线性问题；而波动依然存在，波动的影响依然可区分为重复性（同一测量者多次重复测量同一产品得出的属性结论）和再现性（不同测量者多次测量同一产品得出的属性结论）的影响，以上这些指标都使用一致性百分比来衡量。原则上，属性数据的测量值也存在稳定性的问题，但由于属性测量系统中的属性分类一般不够多，使用控制图进行分析的意义并不大，因此通常不做要求。大量经验证明，属性数据的分布形式关系与测量系统分析的紧密度不高，所以无所谓区分数据是否是正态分布还是二项分布或其他分布。

属性一致性分析的主要方法是 Kappa 统计法。Kappa 统计法是一种计算分类精度的方法，可以分析错误的属性分类对于系统的影响。Kappa 统计法在研究错误的影响时要有标准参照才能做出正确或错误的判定，从而从一致性角度评估测量系统的准确性，其要求测量对象是相互独立的，分类（对与错，一致与非一致）与检验活动是独立进行的，并且分类是明确的，没有含糊的界限（对即对，错即错）。

因为属性一致性分析本身不是精确度很高的分析工具，所以在分析之前，就需要使用者确认是否相信从这个测量系统得到的数据。如果不相信从该系统获得的数据，那么后续所有的分析都是徒劳的。

属性一致性分析的评估对象（不同人评估同一事物，他们应该达成一致）：
- 不同人之间的判定应该一致（类似连续型测量系统的再现性分析）。
- 每个人多次测量同一事物的结论应该一致（类似连续型测量系统的重复性分析）。
- 所有人和专家（标准或基准）一致（类似连续型测量系统的偏倚分析）。

为了鉴别一致性的比例，Kappa 统计法要求确定以下参数：
- 所有检验员一致的百分比。
- 每个检验员自己与标准的一致性的百分比（重复性）。
- 检验员相互之间的一致性的百分比（再现性）。
- 所有检验员与已知标准的一致性的百分比（准确性，即偏倚）。
- Kappa 值，通过计算得出。

Kappa 值的计算公式类似于卡方检验，在计算中需要研究实际观察到的比率，以及随机的比率（期望比率）。其计算公式如下：

$$\text{Kappa} = \frac{P_{\text{observed}} - P_{\text{chance}}}{1 - P_{\text{chance}}}$$

式中，P_{observed} 为观察到的比率，即检验员一致的百分比，也就是实际测量得到的比率；P_{chance} 为随机的比率，即检验员随机一致的百分比，也就是期望比率。

Kappa 值通常在 0 和 +1 之间，但也可能是负值。Kappa 值等于 1，则代表检验员与系统完全一致。这个值的判定与连续型测量系统的%Gage R&R 非常类似，大于 0.7 代表系统可接受，大于 0.9 代表系统是优秀的。评估标准如表 10-9 所示。

表 10-9 属性测量系统 Kappa 值的评估标准

Kappa 值	解释与建议
−1～0	有不可接受的干扰因素，系统完全无法评价
0	测量完全随机，无规律可言
0.6～0.7	不能接受，需要改善
0.7～0.9	勉强合格，如资源允许，还需改善
>0.9	优秀的测量系统

与连续型测量系统分析一样，在属性一致性分析前也要先进行试验表的设计和规划，试验要随机化进行。由于属性分析不精确，为了提升分析精度，属性一致性分析需要大量样本（一般至少50个样本以上）才能充分评估测量系统的准确性，因此应在资源允许的范围内尽可能扩大样本量。

【案例10-6】属性一致性研究

某餐饮集团想聘请几位美食家（本例中的检验员）成为其专业的美食评价员。恰巧该集团刚研究出了五道新菜的菜谱且已经做出了专业界定（已经请专家做了是否好吃的专业评估）。集团领导希望借这五道菜对几位美食家进行评估，评估他们是否可以正确评价菜品的质量。参与评估的美食家有三位，五道菜分别被定为5个不同的样本并分别被标序，每道菜被每位美食家重复评价2次（仿行为2，即为了考察重复性，测量需要重复进行1次），好吃为OK，不好吃为NOK。（本例仅作为示意，故样本量较少，实际评价样本量建议不应少于50且尽可能大一些。）

检验员自身评估一致性的分析结果如图10-22所示，每个检验员与标准评估一致性的分析结果如图10-23所示，检验员之间评估一致性的分析结果如图10-24所示，所有检验员与标准评估一致性的分析结果如图10-25所示。

检验员自身评估一致性

检验员	# 检验数	# 相符数	百分比	95% 置信区间
A	5	5	100.00	(54.93, 100.00)
B	5	5	100.00	(54.93, 100.00)
C	5	4	80.00	(28.36, 99.49)

相符数：检验员在多个试验之间，他/她自身标准一致。

Fleiss 的 Kappa 统计量

检验员	响应	Kappa	Kappa 标准误	Z	P(与 > 0)
A	NOK	1.00000	0.447214	2.23607	0.0127
	OK	1.00000	0.447214	2.23607	0.0127
B	NOK	1.00000	0.447214	2.23607	0.0127
	OK	1.00000	0.447214	2.23607	0.0127
C	NOK	0.52381	0.447214	1.17127	0.1207
	OK	0.52381	0.447214	1.17127	0.1207

图10-22 检验员自身评估一致性的分析结果

每个检验员与标准评估一致性

检验员	# 检验数	# 相符数	百分比	95%置信区间
A	5	4	80.00	(28.36, 99.49)
B	5	5	100.00	(54.93, 100.00)
C	5	4	80.00	(28.36, 99.49)

相符数：检验员在多次试验中的评估与已知标准一致。

评估不一致

检验员	#OK/NOK	百分比	#NOK/OK	百分比	#混合	百分比
A	1	50.00	0	0.00	0	0.00
B	0	0.00	0	0.00	0	0.00
C	0	0.00	0	0.00	1	20.00

OK/NOK 多个试验中误将标准 = NOK 者一致评估为 = OK 的次数
NOK/OK 多个试验中误将标准 = OK 者一致评估为 = NOK 的次数

Fleiss 的 Kappa 统计量

检验员	响应	Kappa	Kappa 标准误	Z	P(与 > 0)
A	NOK	0.52381	0.316228	1.65643	0.0488
	OK	0.52381	0.316228	1.65643	0.0488
B	NOK	1.00000	0.316228	3.16228	0.0008
	OK	1.00000	0.316228	3.16228	0.0008
C	NOK	0.76190	0.316228	2.40935	0.0080
	OK	0.76190	0.316228	2.40935	0.0080

图10-23 每个检验员与标准评估一致性的分析结果

检验员之间 评估一致性				Fleiss 的 Kappa 统计量				
# 检验数	# 相符数	百分比	95% 置信区间	响应	Kappa	Kappa 标准误	Z	P(与 > 0)
5	3	60.00	(14.66, 94.73)	NOK	0.587302	0.115470	5.08618	0.0000
				OK	0.587302	0.115470	5.08618	0.0000

相符数: 所有检验员的评估一致。

图 10-24　检验员之间评估一致性的分析结果

所有检验员与标准 评估一致性				Fleiss 的 Kappa 统计量				
# 检验数	# 相符数	百分比	95%置信区间	响应	Kappa	Kappa 标准误	Z	P(与 > 0)
5	3	60.00	(14.66, 94.73)	NOK	0.761905	0.182574	4.17312	0.0000
				OK	0.761905	0.182574	4.17312	0.0000

相符数: 所有检验员的评估与已知的标准一致。

图 10-25　所有检验员与标准评估一致性的分析结果

计算结果分别计算出了检验员之间、检验员自身，以及与标准的一致性百分比：

- 检验员自身：美食家 A 和 B 的自身一致性很好，而美食家 C 则出现一次不一致（由于样本量较小，因此较少次数的不一致都会导致 Kappa 值变化明显），这是不能接受的。
- 每个检验员与标准：和专家标准相比，只有美食家 B 是满足要求的，另两位明显与标准存在偏差，其中 A 的偏差较大。
- 检验员之间：Kappa 值仅约为 0.587，不能接受。
- 所有检验员与标准：Kappa 值约为 0.762，系统能勉强接受。

根据这个结果，团队认为这个评价系统勉强可以用，主要是因为检验员与标准的差异性，说明这几个美食家的口味与标准有一定的偏差，是需要改进的。同时美食家 C 的评估不仅自身一致性不佳，而且与标准也有一定差异，集团考虑是否将其替换；而美食家 A 自身一致性较好，只是和标准有明显差异，集团决定与其沟通以明确评估的标准；而美食家 B 的表现是最好的，自身一致性和与标准的一致性都没有出现任何问题，集团立刻决定聘请他并以他的评估为集团菜品的主要评估依据。

10.2.3　其他类型的测量系统分析

在实操作业中，根据作业环境的差异，测量系统分析还演化出了其他不同的形式，这主要与技术的发展和测量的形式有关。随着现代测量技术的发展，自动化测量、程序化测量越来越普遍，对测量者的依赖性越来越小，相应地，测量系统中的再现性随着人员因素的消失以及测量方法的固化而变得越来越不显著。另外，系统的偏倚可以通过参照标准进行补偿，也逐渐成为测量系统常见的标准程序。传统的测量系统所关注的几个特性就只剩下线性和重复性了。稳定性依然通过控制图进行前置分析。这里要介绍的是量具的能力研究与相关性关系图。

1. 量具的能力研究

量具的能力，顾名思义，就是量具表现出的能够准确测量的能力。与过程能力研究类似，量具的能力研究通过研究使用目标量具所测量获得的数据，对该数据进行稳定性分析，以此来评价量具自身的能力。在本研究中不存在测量人员的因素，因此量具的能力研究基本主要测量系统的重复性和偏倚（需要提供基准值）。评价量具能力的指标为量具能力指数 Cg 与 Cgk，与过程能力研究的 Cpk 等非常类似。这个评价只需要连续对样本进行测量，而不需要进行交叉试验，不需要考虑不同测量人员带来的影响。与过程能力分析类似，Cg 比较公差与测量变异，而 Cgk 同时将公差与测量变异和偏倚（偏差值）进行比较。Cg 和 Cgk 这两个值的典型阈值为 1.33。

量具的能力研究要求样本至少 10 个以上，而如果希望进行充分的评估，则至少需要 50 个以上的样本，样本本身要有高度相似性。由于不考虑再现性，因此一般由单个测量人员完成所有测量，或者完全由系统自动完成测量。

量具能力指数的计算公式为：

$$Cg = \frac{\frac{K}{100} \times \text{Tolerance}}{SV}$$

$$Cgk = \frac{\frac{K}{200} \times \text{Tolerance} - |\bar{X} - X_m|}{SV/2}$$

式中，K 为用于计算"选项"子对话框中指定的 Cg 的公差百分比，默认值 20；SV 为研究变异，为 $K_1 \times$ 标准差，K_1 默认值为 6；$\bar{X}$ 为 n 次测量的均值；X_m 为基准值（标准值）；Tolerance 为公差范围；量具能力研究中的重复性由%变异来表示，其计算值为 K/Cg。

【案例 10-7】量具的能力研究

某轴类加工商要对其测量轴外径的设备进行校验，以确定该设备是否可以准确测量轴的外径。团队随机抽取了 50 件轴加工品，使用该设备自动进行测量且获得了相应数据。已知该轴加工品的公差在 0.05mm 以内，标准名义尺寸为 12.305mm。数据表如表 10-10 所示。

表 10-10 量具的能力研究案例数据表

12.305 7	12.305 1	12.304 6	12.304 4	12.303 7
12.300 9	12.305 6	12.301 4	12.302 3	12.299 7
12.303 7	12.303 6	12.304 5	12.309 5	12.303 8
12.297 5	12.309 1	12.301 5	12.299 8	12.307 6
12.305 6	12.302 9	12.305 4	12.303 4	12.306 3
12.303 3	12.306 1	12.295 3	12.302 6	12.301 8
12.303 0	12.297 7	12.295 4	12.302 1	12.298 1
12.296 5	12.301 3	12.304 7	12.306 1	12.296 5
12.298 6	12.308 1	12.303 5	12.304 5	12.308 2
12.303 1	12.294 4	12.300 3	12.302 1	12.303 4

在 Minitab 中，对量具的能力研究应使用类型 I 的量具研究。分析结果如图 10-26 所示。

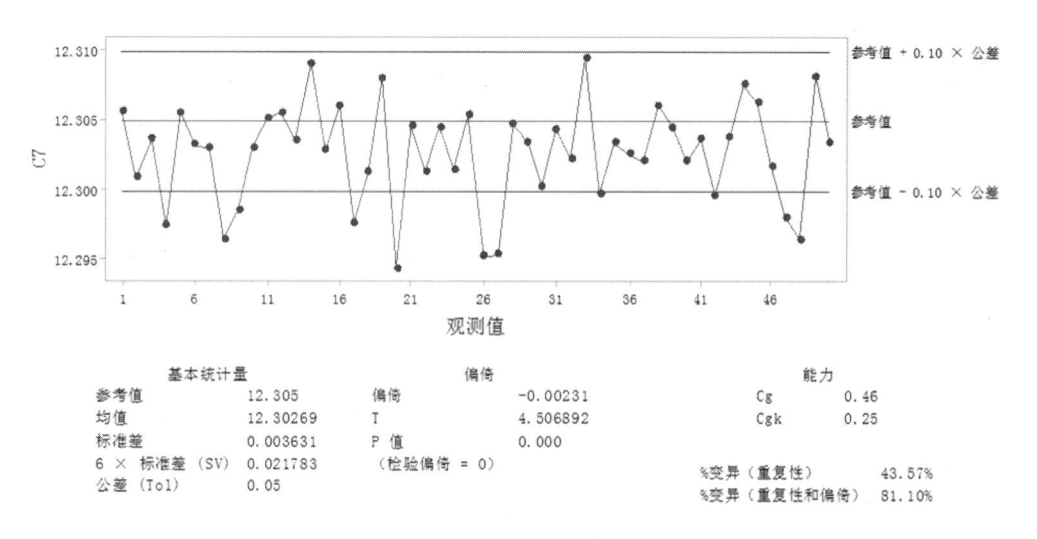

图 10-26　量具的能力研究案例分析结果

根据分析结果可知，测量系统中的偏倚为对应的 P 值（近似 0），这意味着测量系统中存在偏倚（该分析不研究线性问题）。此外，图 10-26 上标绘的许多观测值都低于参考值 12.305，也说明可能存在偏倚。Cg 和 Cgk 这两个值的典型阈值为 1.33。在本例中，能力指数 Cg = 0.46，Cgk = 0.25，都大大低于 1.33，说明该测量系统导致的变异较大，量具的能力不足。

%变异（重复性）由 Cg 决定，而 %变异（重复性和偏倚）由 Cgk 决定。较小的%变异值表明测量变异与公差相比较小。典型阈值 1.33 对应%变异阈值 15%。在本例中，%变异（重复性）= 43.49%，%变异（重复性和偏倚）= 81%。这些值远大于 15%，再次表明由测量系统导致的变异很大，量具的能力不足。

这些结果都表明测量系统无法稳定而准确地测量部件，所以测量团队对设备进行了校正并计划再次重新实施量具能力分析。

2. 相关性关系图

相关性关系图是另一个考量测量系统能力的工具，它是建立在散点图基础上的一种特殊应用。散点图显示了两组数据之间的关系，但在本工具讨论范围内，这两组数据都来自同一个对象。相关性关系图中每个点的坐标（x,y）都由两个数字组成，多个点组成的散点图可以用于分析数据组 x 和 y 之间的相对关系。通常来说，散点图用于进行 x 和 y 的相关性分析或研究对应点的分布情况，但该关系也可被用于测量系统分析。

相关性关系图有两种应用方法来评价测量系统：基准值 vs 测量值，第一次测量值 vs 第二次测量值。

（1）基准值 vs 测量值

这种应用方法通常用于快速校正系统，需要有标准件（已知基准值或参考值）作为校正依据。例如，当校验电子秤的系统时，检验员将使用标准重砝码进行校验；当产线测量某些产品的厚度时，检验员将使用标准厚度的插片进行校验。

如果每个测量点的坐标（x,y）分别对应该产品的基准值和测量值，那么该点的坐标可表示为（基准值，测量值）。如果把一系列测量点组合在一起，在测量值和基准值完全一样的前提下，那么散点图可以形成一条斜率等于1（45度角）的直线，且其延长线应贯穿原点（0,0）。用函数表示的话，即 $y=x$。不难理解，如果测量值与基准值不一致，那么该直线的函数方程可能出现变化，函数关系会变成一般一元线性方程，即 $y=kx+a$。其中，k 不一定等于1，a 不一定等于0。图10-27为该测量系统的示意图，对应的测量系统相关性的状态判断如表10-11所示。

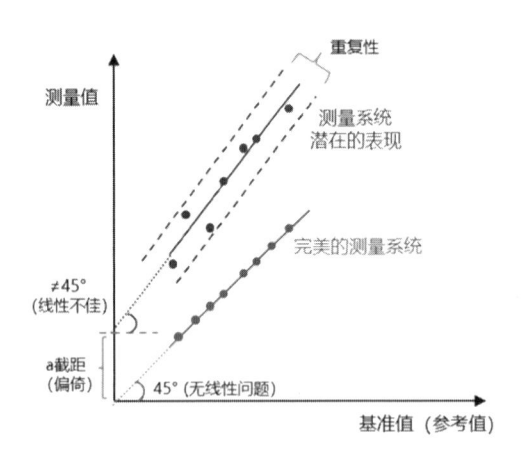

图10-27 测量系统相关性的示意图

表10-11 测量系统相关性的状态判断

现　象	状态判断
类似简单回归，所有点只能形成一条拟合线，且点的离散程度较大	存在重复性问题
斜率 k 显著不等于1	存在线性问题
延长线不再贯穿原点，有截距产生（a 不等于0）	存在偏倚问题

这种方法可以使用描点的方式进行，本质上就是简化的量具能力分析和线性分析的组合。如果不使用计算软件，那么这个判断主要是定性分析；有时也可使用简单回归的拟合线图（将基准值和测量值进行回归分析）进行替代。

（2）第一次测量值 vs 第二次测量值

与普通散点图不同的是，这种方法分别使用两次测量的数值作为散点图的两个坐标，即每个点的坐标是（第一次测量值，第二次测量值）。与前一种方法类似，如果两次的测量值完全一致，则散点应呈现一条斜率等于1（45度角）的直线，且其延长线应贯穿原点（0,0）。但如果两次的测量值不一致，则拟合线的形态可能出现与之前完全相同的各种情况，但区别在于，这里的两个坐标都是测量值，所以这张图（见图10-28）仅评估测量系统的重复性。通常情况下，该方法要求的测量点数不少于30个。

使用该方法评估测量系统能力时，还需要研究两个参数 Δp 和 Δm。Δp 是指产品参数的差异，可以使用测量值的极差来表示；Δm 是指测量的变异，表达了测量值的波动程度。在该方法中，如果 $\Delta p/\Delta m \geqslant 6$，则认为这是一个有效的测量系统。该方法的绘制步骤如图10-28所示。

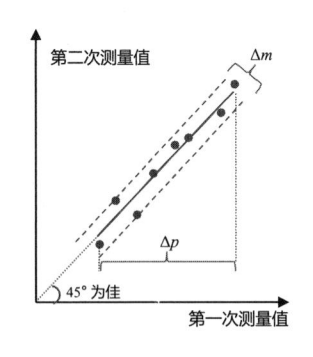

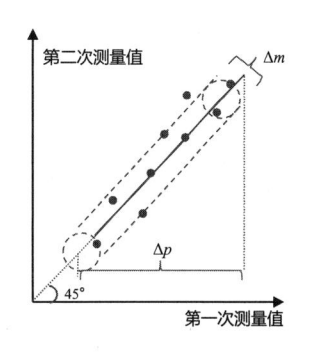

图 10-28 测量系统相关性关系图的绘制步骤

绘制这张散点图（见图 10-28）可以使用统计软件，也可以使用手绘。该散点图的绘制方法被分成了两种。第一种是比对粗略的绘制方式，在绘制拟合线（最佳的拟合线斜角应尽可能接近 45 度）之后，绘制两侧的包络线。该线可使用最远离拟合线的点，绘制贯穿该点且平行于拟合线的对称平行线（如离散程度较大，可忽略离散最大的点，即去除极端异常值，使用第二远离拟合线的点）。如使用软件，可使用拟合值的预测区间代替。两条包络线之间的距离就是 Δm（如使用软件，可参考拟合残差值）。产品测量值的最大值与最小值的差（极差），即 Δp。第二种方法相对仔细些。该方法直接绘制 $y=x$ 的直线并将其作为拟合线，然后在两端的包络线范围内画两个圆，用两个圆的最远端点水平位置差作为 Δp。Δm 与第一种方法描述的相同。

显然，绘制散点图的方法不一，也可以将两种方法结合使用。绘制方法上的差异也会导致其准确性下降（手绘的精度远比使用软件绘制的精度低），但由于这些方法并非精确计算，故所产生的差异不会严重影响最后的判定结果。相关性关系图常用于现场且时常使用手绘，其精度远低于定量的连续型测量系统分析，故分析不过多纠结于测量和计算的准确性，常作定性分析或测量系统的快速扫描。

【案例 10-8】相关性关系图

某塑性板材的供应商要对测量板材厚度的设备进行校验，对两个批次的板材进行测厚（单位：mm），测量数据和关系图如图 10-29 所示。

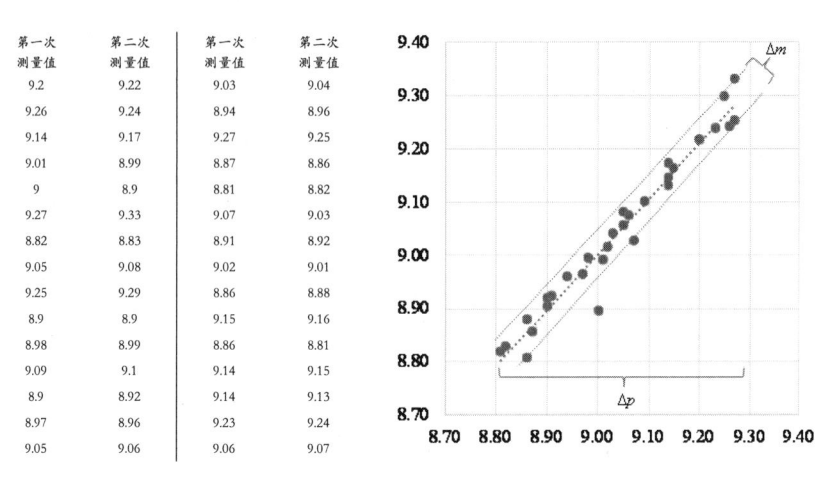

第一次测量值	第二次测量值	第一次测量值	第二次测量值
9.2	9.22	9.03	9.04
9.26	9.24	8.94	8.96
9.14	9.17	9.27	9.25
9.01	8.99	8.87	8.86
9	8.9	8.81	8.82
9.27	9.33	9.07	9.03
8.82	8.83	8.91	8.92
9.05	9.08	9.02	9.01
9.25	9.29	8.86	8.88
8.9	8.9	9.15	9.16
8.98	8.99	8.86	8.81
9.09	9.1	9.14	9.15
8.9	8.92	9.14	9.13
8.97	8.96	9.23	9.24
9.05	9.06	9.06	9.07

图 10-29 测量系统相关性分析图示例

根据图 10-29 获得大致 Δp=0.52，而在测量 Δm 的时候，舍弃了离散程度最大的两个点，分别画了新的包络线，并测量了它们的间距大约为 0.024，即 Δm=0.024。则判定值 $\Delta p/\Delta m$=21.6，这个数值远大于 6，所以该测量系统是可以接受的。注意，由于该方法的分析精度不高，不同评估者在根据同样的数据绘图后可能获得不同的 $\Delta p/\Delta m$ 值，所以该分析结果仅供参考。

10.3 抽样和抽样计划

抽样是当人们面对数量庞大的研究对象时，从整体中应用一系列特定的规则而获取的可代表整体的部分研究对象，并且通过对该部分对象的研究来推测整体的各种特征状态。抽样是六西格玛中重要的工具之一，通常至少包含两个大方向：抽样方法和抽样数量（样本量）。在前文中，已经分享了样本量的计算。样本量通常与样本的标准差、均值与目标值之间检测的差值以及显著性水平和功效有关。那么抽样决定了样本量的大小，这直接决定了推断性统计的精确程度，几乎在所有的推断性统计试验或分析之前都要进行样本量的计算。抽样是协助团队获得足够样本量的过程。本节将重点介绍抽样方法。

通常，我们把研究对象的整体范围称作总体，常用 N 表示。总体是一次统计分析中所需研究的对象的全体，通常被分成有限总体和无限总体。

- 有限总体：被研究对象是有限的，如一批产品的总数。
- 无限总体：被研究对象是无限的，如某个企业、某个生产过程从前、现在、将来生产的全部产品。

通常，只要人们愿意且资源没有限制，所有的研究对象都可以是无限总体，就是企业可以无休止地重复生产某一个产品，但这并不符合客观规律。实际上，总体通常都是有限的，而抽样往往是在这样有限的总体中进行的。

如前文所述，通常在抽样之前要对样本量进行计算。样本量是抽样获得的具体样本量，常用 n 表示。样本就是指从总体中随机抽取出来并且要对它进行详细研究分析的一部分个体（产品）。通常，样本是由单个或若干个样品组成的。通常单个样本或数量较少的样本很可能无法代表总体水平，除非该产品无法量产。

抽样是通过相对少数的样本来研究整体水平的一种评估方法，被抽到的样本必须能够代表整体水平。要满足这一点，通常要使用随机抽样的方式。随机抽样是指要使总体中的每个个体（产品）都有同等机会被抽取出来组成样本的活动过程。使用随机方式获取的样本，在样本量足够的情况下，可以承担一定程度的评估风险，并且正确评价总体水平。

随机抽样的活动大主体上是随机进行的，但并非完全没有规则。因为总体的情况往往是复杂的，而且总体内部的样本分布往往并非均匀的，此时纯粹的随机抽样同样无法获得有效的评价目标，所以随机抽样也存在多种有规则的抽样方式，各自有各自的特点。由于随机抽样方法众多，因此表 10-12 仅介绍常见的四种方法，其他方法诸如滚雪球法等不再赘述。

表 10-12 常见的抽样方法

名　称	特　点	优　点	缺　点	常用场合
简单随机抽样法	通过逐个抽取的方法从总体中抽取一个样本，且每次抽取时，每个个体被抽到的概率相等	抽样误差小	抽样手续比较繁杂	总体内没有明显的子群体差异
系统抽样法（机械抽样法）	当总体中个体数较多时，可将总体分成均衡的几个部分，然后按照预先定出的规则，从每个部分中抽取一个个体，得到所需要的样本	操作简便，实施过程不易出差错	容易出较大偏差	总体发生周期性变化的场合，不宜使用这种方法
分层抽样法	当组成总体的几个部分有明显的差异时，常将总体分成几个部分，然后按照各个部分所占的比例进行抽样	样本的代表性比较好，抽样误差比较小	抽样手续比简单随机抽样法还要繁杂	常用于产品质量验收
整群抽样法	当抽样单位不是个体而是群体时，从有代表性的群体中随机抽样。抽到的样本包括若干个群体，对群体内所有个体均给予调查。群体内个体数可以相等，也可以不等	抽样实施方便	代表性差，抽样误差大	常用于工序控制

这些抽样方法的差异主要在于抽样前对总体的研究和规划，这些方法的本质都是简单随机抽样。例如，系统抽样法与简单随机抽样法的关系是：系统抽样法是将总体均分后，再对每个部分进行抽样，此时采用的是简单随机抽样法。也就是说，简单随机抽样法是其他各种抽样方法的基础，它们都是一种等概率抽样（在指定的有限总体范围内）。

在企业内部，为了满足生产或营运需要，随机抽样通常都有一些特点。例如，要求被抽取样本的总体个数有限，确认从总体中逐个地进行抽取，以及抽样行为是一种不放回抽样（取样后不将样品放回总体）等。

抽样方法经常相互组合起来使用，其目的就是使抽样更公平，并且能获得更有代表性的样本。例如，采用分层抽样法时，若每层中的个体数仍很多，则可先进行系统抽样，以减少每层中个体数，然后再进行分层抽样。

每个方法都有其局限性，使用时要注意其可能产生的错误评估。例如，系统抽样又称等距抽样，等距数即号码序列一旦确定，抽样规则就确定了。但该方法要求总体中不能含有一定的周期性，否则其样本的代表性是不可靠的，甚至会导致明显的偏向。尤其是当号码序列数与总体中的周期性近似时，就会产生严重错误。例如，某设备的刀具可加工 200 件产品，之后就可能报废。而此期间刀具加工出来的产品尺寸会随着刀具的损耗逐渐漂移，品质呈线性下降的趋势，系统会在刀具损坏后进行新刀具的更换。如果此时把抽样序列定为 200，那么如果抽样获得的第一件样本被确认为品质优秀，则后面所有的样本都可能是优秀的，因为刀具磨损后的相对劣质的样本几乎永远都不会被抽到。

【案例10-9】抽样方法

某种成品零件分装在20个零件箱内，每箱各装50个，总共1 000个。如果想取100个零件作为样本进行测试研究，该怎么做？

- 简单随机抽样。将20箱零件倒在一起，混合均匀，并将零件从1到1 000编号，然后用查随机数表或抽签的办法从中抽出编号毫无规律的100个零件组成样本。
- 系统抽样。将20箱零件倒在一起，混合均匀，并将零件从1到1 000编号，然后用查随机数表或抽签的办法先决定起始编号，按相同的尾数抽取100个零件组成样本。
- 分层抽样。在20箱零件中，每箱都随机抽取5个零件，共100个组成样本。
- 整群抽样。先从20箱零件中随机抽出2箱，该2箱零件组成样本。

抽样方法不仅与总体有关，也与每次抽样的次数和数量有关。虽然每次抽样都是随机抽样，但抽多少次要符合应用统计学的要求，而且每次抽样的数量并不一定是一个，这里涉及子组与变异之间的关系。

变异是自然界中固有的特性，而变异本身与变异源有关。因为自然波动是服从正态分布的随机波动，所以这种情况下发生的自然波动一般不会对系统产生致命的影响。但多数波动与系统固有的原因有关，而对应的变异亦可被分成长期变异与短期变异。其中，长期变异可以通过中心极限定理来解释，在样本量足够多、时间足够长的情况下，系统参数将趋近稳定；而短期变异可能有较大的波动，如果用这样的数据进行评估，则很可能对系统产生不合理的评价。例如，一个班级的学生成绩不错，某项考试的平均分常常在90分以上，但偶然抽取其中一个学生的某次考试成绩发现只有60分。那么，能不能说这60分就代表了这个班级的真实水平？答案是否定的。我们都知道应更多地进行抽取，才可获知这个班级的真实水平。这就是子组的概念，即在短时间内或一次抽样行为中抽取多个样本，并使用这些样本的统计数据（通常是均值和标准差）来代表该次抽样的数据。子组的出现很好地解决了短期变异的问题。如果对这个班级再抽取四个学生的考试成绩，分别是90分、100分、80分、90分，那么如果采用均值的概念，这个班的考试平均分可能是84分。这是不是就合理多了？

抽样通常是有数量限制的。在多数情况下，样本量是有限的，甚至非常少，这时短期变异的影响将变得非常大。也就是说，如果只能抽到单个或少数样本，很可能面临测量的短期变异问题。

子组是一种分组，它可以把一个抽样行为分成若干个子组，并且通常研究这些子组来评估样本的长期变异性能。

合理的子组分组可以很好地区分组内波动与组间波动。例如，原计划要抽取25个样本，为了更有代表性，这25个样本要在不同的时间段内获取。为了减少短期变异的影响，团队每次都抽取5个样本，并以这5个样本作为单次抽样的代表数据。那么，这个抽样就变成了25×5的抽样形式，25个样本变成了25个子组，总计125个样本。子组内的数据可以被用于短期变异的研究，其对应的波动影响为组内波动；而子组与子组之间的数据可以被用于长期变异的研究，其对应的波动影响为组间波动。

- 组间波动，即子组与子组之间的差异。对一系列子组研究，可以判断整个系统的长期稳定性或数据的发展趋势。
- 组内波动，即子组内的波动差异。这通常是研究系统的短期变异，在很大程度上可以消除一定的测量系统或其他偶然因素的波动影响。如果子组内只有一个测量值，即每次只抽一个样本，则此时的控制图为单值图。

所以，合理的分组以及合理的组内样本量规划，可以极大地帮助系统进行抽样，并且进行正确的评估。通常，合理分组的基础是在较短的时间区间，或在比较一致的范围内，或在共同的条件下。例如，从同组工人加工的产品中进行抽样。此时样本所处的抽样环境是类似的，噪声影响是最小的。这与测量系统分析的理念是一样的。任何时候，抽样者都要对抽样成本、测量、调整等因素进行协调，找出最有利的方案。

抽样的系统方案要有明确的目的性。例如，当团队要研究过程能力时，抽样就应关注控制点之后的样品和各种过程产生的样品参数；要研究查找问题的特殊原因，就要使子组的变异最小化，以便系统可以最大限度地分辨特定信号来确定变异因素。

为了满足上面这一系列要求，经过长期的实践和统计分析经验，抽样团队对抽样子组的构成建议如下。首先，子组内样本量一般以 4~5 个为宜。其次，子组个数一般以 20~25 个为宜，不宜太少；而子组间隔则没有统一的规定，通常根据产量决定。例如，每小时生产 10 个以下产品，子组间隔可定为 8 小时；每小时生产 10~19 个产品，子组间隔可定为 4 小时；每小时生产 20~49 个产品，子组间隔可定为 2 小时；每小时生产 50 个以上产品，子组间隔可定为 1 小时；等等。具体的子组间隔设置可根据企业实际情况做相应调整。

抽样是六西格玛项目的基础要素之一，也是推断性统计的前提。抽样与现场的实际情况强相关，而且根据产品的不同会显示出非常大的差异性，甚至同一条产线在相隔不久的时间或环境下，都可能产生完全不同的抽样特性。抽样必须实时根据实际情况进行调整，不能一味地遵守某一固定抽样方案。

10.4 控制计划

控制计划是在实现产品的过程中，用于控制其过程，确保其按期望过程输出执行的控制文件，包含当目标特性不满足期望时相应的控制手段和反应手段。

控制计划是企业内部最常见的生产或运营的受控文件之一，该文件与之前的质量功能展开（QFD）有关，控制计划就是质量功能展开的最后一个版本（QFD4）。由于控制计划的典型形式与质量功能展开有显著不同，前者并不存在转置矩阵的形式，而且质量功能展开目前并非所有企业都强制执行的文件，而控制计划则几乎每家制造型企业都在使用，所以控制计划已经不再与质量功能展开强制关联。在不同企业中，有一些与控制计划非常类似的文件，如质量检验计划或质量检查表等，这些文件或多或少都可以实现控制计划的作用。无论哪种文件，其中都需要包含必要的流程图。

使用控制计划，可以大大提升对实际过程的控制力度。控制计划对所有关键的质量特性都进行了监控，所以可以减少过程中的缺陷，提高产品的整体质量。控制计划中对产品/过程提供完整的结构性评价方法，与其他工具可以实现交互或继承（从其他文件获得相应的输入）。例如，在设有质量功能展开作为前置输入的时候，P-FMEA、工艺流程图、MSA、C&E 矩阵等工具都可以作为控制计划的原始输入。控制计划有很强的导向性，关注产品和过程本身，所以可以更好地服务于客户（包括内部客户），便于集中资源于客户关心的过程和产品上，可以使资源被正确分配以实现合理降本的目的。

控制计划的应用非常广泛。凡是系统中，有新/既有产品、新/既有过程变更时，或者需要改善时，团队都需要对控制计划进行研究，且做必要的更新。由于控制计划不是独立文件，因此它的变更往往需要和其他一系列文件共同进行。例如，在实行产品质量先期策划（Advanced Product Quality Planning，APQP）的企业中，控制计划往往是 APQP 程序中多个工具的综合输出。当相应文件升级时，控制计划也会同步更新。

控制计划是动态文件，需要整个产品生命周期中持续维护和更新，是质量策划的一部分。它也是一种结构化的方法，可以帮助企业按客户的要求制造出优质产品。虽然控制计划是重要的防错措施，特殊特性或关键质量特性必须体现在控制计划中，但控制计划不能代替作业指导书。

控制计划广泛适用于制造过程和技术开发等领域，但也可用于其他具有可测量参数的过程控制。如果单个控制计划适用于相同过程、相同原材料生产出来的一组或一个系列的产品及其对应过程，则该控制计划可以成为一系列产品或过程的"通用控制计划"。控制计划包括样件、试生产和生产三个阶段，前一个阶段是后一个阶段的基础。

控制计划的格式可自行确定。如果某些行业有特殊要求，如汽车行业或医疗器械行业等，这些行业专属的组织机构可能有相应的体系文件对其进行定义。例如，汽车行业须遵守 IATF16946 或 VDA6.1/6.3 等体系要求，这些文件都强制规定了控制计划的应用形式，企业应遵守所在行业的体系要求来准备控制计划。对于没有被强制要求遵循某体系要求的企业在应用控制计划时，至少要满足 QS 9000 手册推荐的表格中所要求的内容，通常包括能体现原材料被加工的过程图、期望输出的规格目标、测量方式、评价方式和反应计划等。所以尽管控制计划的格式可自行确定，但实际上其内容是相对固定的。控制计划有效地将设计开发的产品或改善后的流程特性与实际作业相互衔接，并且提供了评价和处置的方式。它识别并传递了产品/过程特性、控制方法和测量方法的变化。通常控制计划的输入工具包括过程流程图、失效模式与影响分析、工程图样、性能规范、材料规范、包装标准、目视标准和工业标准、产品/过程特性、相似产品或相似过程的经验、设计评审、优化方法（如 QFD、试验设计、失效树分析等）、风险控制计划（有针对性地采取适当的控制措施，即反应计划）等。

反应计划是控制计划的核心部分，虽然该部分只是控制计划中的最后一列，但它说明了当产品或过程出现不符合期望特性时的反应措施，即规定在产品或过程变得不稳定时应采取的具体措施。这些措施通常是现场执行人员（如操作者、调整人员或监督者）的职责。反应计划包括但不限于返工返修、拒收、停机处理、通知质量负责人、改变作业方式、增加检验频次或样本量、更换材料、更换工装、100%检验、调整参数（设备、过程参数）、离线作业等。

一些控制计划还会引入测量系统的校验计划和数据，如量具的%R&R，这样做都是为了保证测量和控制的有效性，这些要求应根据企业的需求自行设定。

【案例 10-10】控制计划

某企业生产的常规产品中包含一个特殊合金组件。该组件对原材料有一定的要求，且要做表面处理。在该组件的加工工序中需要将其折弯成直角形状，且需要保证折弯后的直角角度满足较为严苛的公差要求。该组件被折弯加工后的产品应提供足够的支撑力作为其他产品的支架。根据研发部的设计要求，工艺团队在试生产阶段更新了控制计划。

表 10-13 是该控制计划的一小部分。

表 10-13 控制计划

过程编号	过程名称操作描述	设备工装	特性产品	特性过程	特殊特性	方法产品/过程规范/公差	方法测量评价技术	样本容量	样本频率	控制方法	反应计划
OP10	来料确认	NA	来料牌号	确认来料品种		确认材料质保单，标签是否一致，都应是 1 042	目视检查	每批按 3%抽检，最少不少于 5 件	每批	核对表单一致性	批次隔离，通知采购部与仓库
OP20	成分分析	光谱分析仪器LMF	表面层	成分分析	O	Mg: 0.6-1.2 Ti<0.1 Fe<0.5 Cr<0.25	光谱分析	随机 10 件	每批	检验报告每天汇总	批次隔离，通知离线实验室详细分析
OP30	表面处理	喷涂线A	表面层	静电喷涂	O	喷涂后表面不允许有气泡、碎纹	目视检查	每件	每批	点检表每天汇总	单件失效隔离，连续5件中如出现3件即升级
OP40	折弯	数控折弯机#2	待折弯件	直角折弯	O	折弯后角度为 90°±0.5°	角度仪	每次1件	每10件系统抽样	现场 SPC 单值控制图	单件失效隔离，连续3件失效则停线检查设备

控制计划可以成为作业指导书的重要输入。企业内部的文件应保持良好的一致性，当控制计划更新时，作业指导书和现场其他控制文件也应同步更新。控制计划也是广义需求管理的最终控制点之一，也可以简单理解为，当控制计划的全部内容都有效实施且没有失效时，则代表产品基本认为达到了客户最初的期望和要求，这是产品可以批量上市的重要前提条件。

10.5 风险分析工具

10.5.1 失效模式与影响分析

失效模式与影响分析（Failure Mode & Effect Analysis，FMEA）是一种风险预分析、预判断、预控制工具。它通过对研究对象的分析，寻找其可能潜在的失效模式，评估其失效后果，寻找其发生的根本原因并加以预控制，从而达到降低风险发生概率或产生负面影响概率的目的。六西格玛实施过程中的各种活动都存在不同程度和不同类型的风险，FMEA 是用于管理这些风险的重要工具。

FMEA 是著名的风险分析工具，被普遍使用在企业的各个层级。其种类众多，几乎可以用于所有对象的风险研究和分析控制。比较常见的 FMEA 包括针对设计的失效分析 D-FMEA、针对过程的失效分析 P-FMEA、针对应用的失效分析 A-FMEA、针对需求的失效分析 R-FMEA、针对设备功能的失效分析 E-FMEA、针对系统功能的失效分析 S-FMEA 等。这些 FMEA 都基本遵循类似的结构化分析方式，其差异仅仅在于分析对象的差异。对应地，在分析方式上，可能会因为对象的不同而略有差异。

FMEA 作为一种风险预防和控制工具，其主要目的是在早期就发现、评价产品/过程中潜在的失效及其后果，这样就可以找到能够避免或减少潜在失效发生的措施并且不断地完善，相对地，这能够更容易、更低成本地对产品或过程进行修改。在一定程度上，FMEA 能够帮助团队找到一些解决途径以避免一些风险事件。FMEA 作为一种结构性的方法论，不仅针对当前的项目，对后续的项目也会起到标杆作用。

FMEA 有两个基本原则，这些也是使用该工具的前提。如果忽视这些原则，则可能发生严重的错误。第一个是不怀疑输入源原则。这是 FMEA 分析成立的基本前提，否则分析会陷入自我否定的死循环，更严重的后果是，FMEA 成为攻击其他团队的武器。例如，制作 P-FMEA 时，默认设计是可靠的；而制作 D-FMEA 时，默认材料特性是符合目标规格特性的；而组装件是按照设计文件中的要求组装的；等等。第二个是百分百分析原则。该原则要求分析时不合并同类项，完整呈现每一条失效模式以及其后果和失效原因。因为一个研究对象可能存在多种失效模式，每种失效模式可能对应多种失效原因或造成多种影响；而同一个原因或影响，也可能对应多个失效模式。所以仅少数几个研究对象就有可能推演出上百个失效模式以及潜在原因。

失效是系统中始终潜在存在的。虽然风险可能发生，又不一定发生，但这不改变风险存在的客观事实。风险按不同维度可划分成主动风险、被动风险，可控风险、不可控风险，积极风险、消极风险等。风险的来源五花八门，人机料法环都会产生不同程度的风险。FMEA 无法依靠个人完成，需要整个项目团队的输入，尤其是项目核心团队的意见。只有这样，才能保证重要风险不被遗漏。FMEA 应在失效发生之前考虑，并非事后补救，这一点非常重要。

通常来说，FMEA 的基础模块为五个模块（尽管 FMEA 的版本在不断升级，内容越来越丰富，但这五个模块与其相关的逻辑链从未变化过）。

- 第一模块：评估对象。该模块评估的对象随着 FMEA 的种类不同而不同。
- 第二模块：失效模式。在什么情况下，评估对象期望的功能或输出无法实现。
- 第三模块：潜在失效影响。失效模式所导致的后果。
- 第四模块：潜在原因。导致失效模式的根本原因。
- 第五模块：当前应对方式。当前可实施或已实施的控制手段。

所有 FMEA 的第二至第五模块都是类似的，仅第一模块存在较大差异。例如，D-FMEA 的第一模块研究的是产品的功能与特征，而 P-FMEA 的第一模块是过程步骤与输出特性。需要注意的是，在汽车行业的新版 FMEA 手册（第五版）中会将失效模式和潜在失效影响交换顺序，这会对 FMEA 的制作过程产生影响，因为这个变化会改变部分使用者的思考逻辑。

在这些模块与模块之间还有一个很重要的风险优先级系数（Risk Priority Number，RPN），这个系数是由三个子系数组成的。它们分别是严重度、发生度和探测度。

- 严重度（Severity，SEV）：失效影响的重要性或严重程度，与安全性和法律法规有一定关系，也可能受到其他潜在风险影响。
- 发生度（Occurrence，OCC）：失效潜在原因的出现频率。
- 探测度（Detection，DET）：是否能够探测到失效模式的原因和影响。

为了更好地量化失效模式，这三个系数被打分进行量化，然后根据它们的乘积来评价风险的高低程度。它们的乘积就是风险优先级系数。

$$风险优先级系数 = 严重度 \times 发生度 \times 探测度$$

这三个系数都是从 1 分到 10 分。其中，1 分代表影响最轻微，或者不会发生，或者肯定可以被探测到；10 分代表影响最严重，肯定会发生，或者无法被探测到。不难理解，风险优先级系数的分数越低，则对应的风险影响越小，而 RPN 的分数越高，则对应的风险影响较大。风险优先级系数是人为打分，这是人为对一个风险的定性打分，所以尽管打分有详细准则，但打分不会非常准确。所以结果仅供团队参考。目前，较出名的 FMEA 手册为汽车行业 IATF 16949 五大工具手册之一。其中，美国汽车工业行动集团（Automotive Industry Action Group，AIAG）制定的 FMEA 打分规则是目前最普遍使用的规则，在汽车行业该打分规则已经成为行业通用标准；在非汽车行业应用时，企业可以引用该打分原则，也可以自行定义打分规则。如果企业自定义打分规则，则应明确定义各个打分的定义和评价方式。

FMEA 是需要通过风险分析来进行改善和控制的。在获得风险优先级系数后，团队要根据分数的高低进行改善活动的规划。由于风险优先级系数的范围是 1~1 000 分，因此不少企业将强制改善阈值定为 100 分或 125 分。以 100 分为例，凡是对大于 100 分的风险都要进行强制改善；而对 50~100 分之间的风险则要视企业的资源来决定是否要做改善；而对低于 50 分的风险则可以暂时忽略。但有一条特殊的规则是，如果严重度大于 8 分（此时的风险将可能涉及人身伤害或触犯法律），那无论风险优先级系数多少分，都将强制要求进行改善。在汽车行业的新版 FMEA 手册中，使用了行动优先项（Action Priority，AP）来代替风险优先级系数，但实际上前后两版的风险优先级系数和AP在本质上是完全一样的，AP只是换了一种新的表现形式。大体上，原来高风险优先级系数的强制改善项被定义成了AP中的高优先级行动项（High，H）；而原来中风险优先级系数的可选改善项被定义成了AP中的中等优先级行动项（Middle，M）；低风险优先级系数的改善项被定义成了AP中的低优先级行动项（Low，L）。具体的风险优先级系数和AP的对应关系更为复杂一些。对FMEA的分析应注重其分析逻辑，而不是判定形式上的变化。如果企业自行对FMEA进行评估，则遵循企业自身的标准即可。

大多数FMEA的制作步骤如图10-30所示。

评估对象	确认FMEA的评估对象，进行必要的功能或者过程的分析和分解
确定潜在的失效模式	针对每个研究对象，确定在何种模式下会失效
描述失效的影响	列出每个失效模式产生的影响，每个失效模式可能有多个失效的影响
评估严重度	确定失效对客户的影响有多严重，严重度的直接作用是评定每个失效后果严重性的等级
确定原因	识别什么原因会引起失效模式的产生
评估发生度	确定评估对象失效的产生有多频繁，发生度是评定原因和对结果产生影响的概率等级
描述当前控制手段	确定针对失效模式或者失效原因的现行控制手段
评估探测度	探测度的直接作用是评定现有的控制方法，可发现失效模式发生原因的难易程度
确定风险优先级系数或行动优先项	计算优先级系数或者确定行动优先项
建议及采取措施	对风险优先级系数进行优先级排序，确定行动优先项，并优先解决风险较高的部分
评估行动措施	检验建议采取的措施对实际风险控制的能力，评估改善后的风险影响

图 10-30 FMEA 的制作步骤

在汽车行业的新版 FMEA 手册中，会做一些调整，如交换失效模式和失效影响的分析顺序等，对应的思考逻辑应做相应变化，该变化整体上不改变 FMEA 的分析和控制理念。该手册会建议使用七步法来制作 FMEA，如图 10-31 所示，其本质上与上述的制作步骤是一样的，在实操过程中应灵活应用。

步骤一 策划与准备 ⇨ 步骤二 结构分析 ⇨ 步骤三 功能分析 ⇨ 步骤四 失效分析 ⇨ 步骤五 风险分析 ⇨ 步骤六 优化 ⇨ 步骤七 结果文件化

图 10-31 新版 FMEA 七步法

团队需要对经过风险分析和控制改善后的风险重新评估其风险的影响程度。通常，如果不发生系统性的改变，如重新设计、重新规划产线或过程等，那么风险对应的失效模式很可能不会发生变化，对应的严重度也不会发生变化。所以风险分析和控制改善通常都是针对发生度和探测度的改善。

改善后的风险优先级系数应重新计算，如该系数或对应的 AP 显示风险的影响依然很高，则需要再次进行单独分析，并且再次进行改善和评估，直到所有风险都被改善到系统可接受的程度之内。如果有个别风险无论如何都无法降到可接受等级，企业就要进行慎重评估，该产品是否满足客户需求，或该过程是否可以用于产线。

在六西格玛方法论中可能涉及多个 FMEA，但最常见的就是 D-FMEA 和 P-FMEA。

1. D-FMEA

D-FMEA（设计失效模式与影响分析）是针对产品设计与功能的失效分析，其第一模块的研究对象为产品的功能与特征。D-FMEA 有助于早期发现设计中的问题，从而避免后期因更改设计而产生的高额成本，这是降低开发成本的有利工具；还有助于产品可制造性和装配性的早期考虑，利于实施同步工程技术；并有助于采用更有利的设计控制方法，为制订试验计划、质量控制计划提供正确的且恰当的证据。

在长期应用 D-FMEA 中，不同类型的企业发展出了不同的应用方式。汽车行业有时会直接使用汽车零部件作为研究对象，但这种做法对其他行业的产品并不是最佳方式。因为汽车零部件的功能往往是非常明确的，零部件的名称即显示了其主要功能，如轮胎，多数人都理解轮胎的主要功能就是实现车辆的移动；但对于其他行业，如自动化产品行业，由于有大量无名的子部件存在，人们则完全无法从名称上来辨别它们的主要功能，如支架、插箱、O 形圈等。笔者就曾经为某电信箱体设计过一款防尘罩产品，而事实上，客户希望该产品用于防止昆虫进入箱体。所以长期以来，以汽车行业为代表的 D-FMEA 和其他行业的 D-FMEA 在形式上是存在一些差异的。

但事实上，这都是对 D-FMEA 的误解，因为 D-FMEA 最关心的并不是产品的部件名称，而是产品的特征与功能。在 D-FMEA 的分析和制作过程中，一般要遵循如图 10-32 所示的顺序。

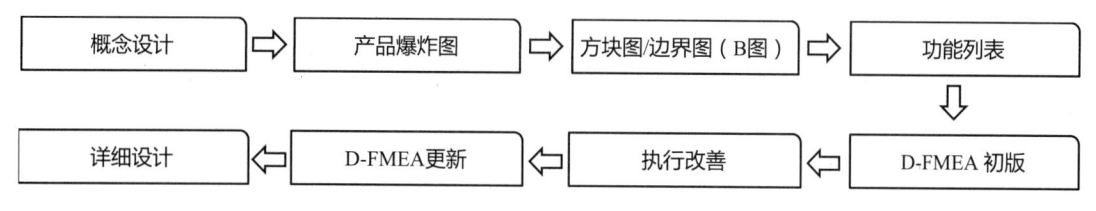

概念设计 ⇒ 产品爆炸图 ⇒ 方块图/边界图（B图）⇒ 功能列表 ⇓
详细设计 ⇐ D-FMEA更新 ⇐ 执行改善 ⇐ D-FMEA初版

图 10-32　D-FMEA 的制作步骤

不难看出，当团队获得概念设计时不可直接进行详细设计，否则可能遗忘产品功能涉及的风险。概念设计通常由开发团队根据客户需求管理获得，这是 D-FMEA 的最原始输入。这里有两个重要的工具，分别是产品爆炸图和边界图。

（1）产品爆炸图，是按照某种规则以产品展开的形式来显示产品内部结构的一种立体图表，该规则因爆炸图的用途不同而不同。图 10-33 为产品爆炸图示例。例如，有的爆炸图是从产品的内部中心开始向四周炸开，通常这种图显示了产品零部件的模块、结构、数量、接口等；有的爆炸图则按某些线性方向炸开，通常这些线性方向显示了产品的装配形式，这种图往往会显示出爆炸的路径，相对前一种图更为细致。对于一些装配复杂的爆炸图，可以结合以上两种方式，进行局部中心爆炸或局部线性爆炸。爆炸图不一定要进行计算机建模或使用非常细致的制图,手绘往往是最有效的模式。因为此时的产品仅仅存在概念设计,并没有详细设计,所以把过多精力放在爆炸图的细节绘制上不是最佳选择。

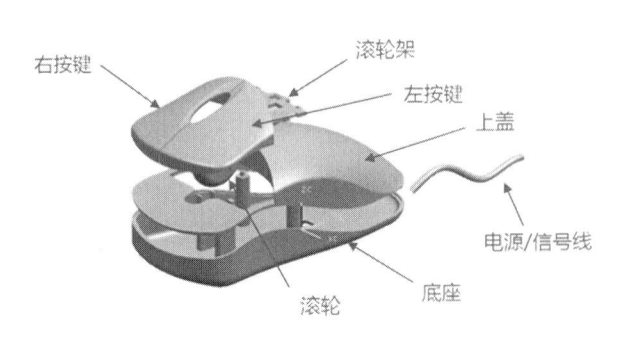

图 10-33　D-FMEA 制作前需准备的产品爆炸图示例

（2）边界图（Boundary，B 图），有时也称方块图（Block，B 图），是根据产品爆炸图或概念设计转化获得的图。该图通常是平面的,以文字进行表述。其主要目的是分解产品的模块,分解设计的层级,并且使团队充分理解模块与模块之间的作用关系和部分参数关系。称之为方块图,是因为被区分的模块常用方块表示,该图会将不同的模块组合在一起；称之为边界图,是因为在该图上会标明模块与模块之间的作用和参数,这些作用和参数有效地把模块区分开,形成一种边界条件。边界图充分显示了模块之间是如何产生物理作用或信息交互的,可以清晰地显示产品的运作方式。边界图没有绝对的画法规则,各个企业可以自行设定,但通常会区分模块的边界、机械作用、能量作用等。图中的模块可以根据作业团队的设计任务来划分子模块,子模块一般划分到最小可执行的设计任务即可。图 10-34 为产品边界图示例。

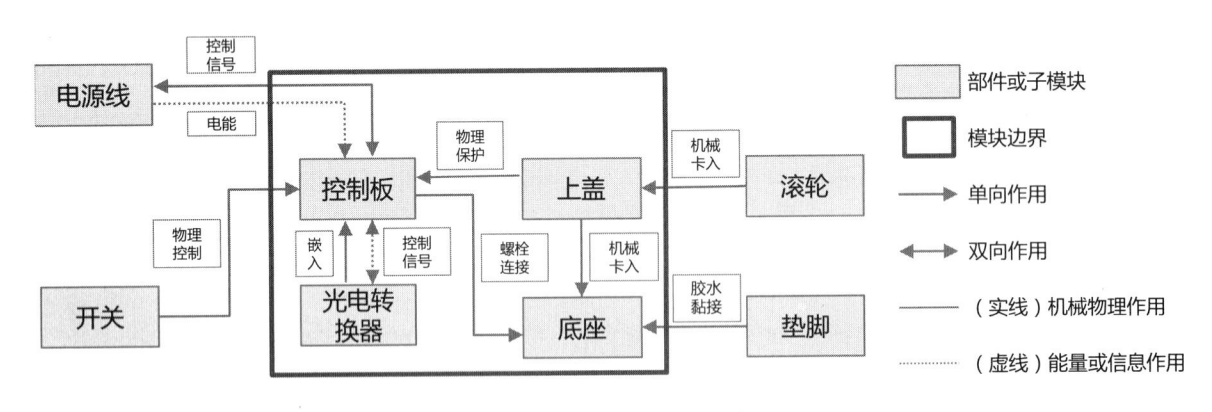

图 10-34　产品边界图示例

以上这两个工具是 D-FMEA 的前置工具,它们为团队提供了足够的设计信息,以确保团队充分理解产品的结构以及设计理念,清晰地罗列产品涉及的相关参数。这些信息都是 D-FMEA 的原始输入,以保证团队可以充分辨识风险以及其可能发生的失效模式。虽然风险的辨识和分析活动本身也存在遗漏风险,但这两个工具可以大大减小其遗漏风险的可能性。

汽车行业有推荐的 D-FMEA 的打分原则,表 10-14 为汽车行业第四版 FMEA 手册中的推荐表,其他行业可参考或自行设定其打分方式。虽然汽车行业的手册不断地升级和更新,标准也有所差异,但这种差异仅仅体现在个别情况下的打分量化上，本质上并没有太大差异。

表10-14 汽车行业推荐的D-FMEA打分标准表（第四版）

严重度	后果	评价准则：后果的严重度	发生度	失效率	发生的可能性	探测度	探测性	评价准则
10	无警告	在没有任何失效预兆的情况下影响到行车安全或不符合法规	10	≥100个，每千辆车	很高：失效几乎是不可避免的	10	不能探测	设计控制将不可能找出潜在的原因或失效模式，或根本没有设计控制
9	有警告	在有失效预兆的前提下影响到行车安全和/或不符合法规	9	50个，每千辆车		9	很极少	设计控制只有很极少的机会能找出潜在原因或失效模式
8	很高	车辆不能运行（丧失基本功能）	8	20个，每千辆车	高：反复发生的失效	8	极少	设计控制只有极少的机会能找出潜在原因或失效模式
7	高	车辆可运行，但整体性能下降	7	10个，每千辆车		7	很少	设计控制有很少的机会能找出潜在原因或失效模式
6	中等	车辆可运行，但舒适性等辅助功能不能运行	6	5个，每千辆车	中等：偶尔发生的失效	6	少	设计控制有较少的机会能找出潜在原因或失效模式
5	低	车辆可运行，但辅助功能的性能下降	5	2个，每千辆车		5	中等	设计控制有中等机会能找出潜在原因或失效模式
4	很低	外观和辅助功能缺陷。可被大多数客户感觉到	4	1个，每千辆车		4	中上	设计控制有中上多的中等（偏多）机会能找出潜在原因或失效模式
3	轻微	外观和辅助功能缺陷。可被约半数的客户感觉到	3	0.5个，每千辆车	低：相对很少发生的失效	3	多	设计控制有较多的机会能找出潜在原因或失效模式
2	很轻微	外观和辅助功能缺陷。可被少数客户感觉到	2	0.1个，每千辆车		2	很多	设计控制有很多机会能找出潜在原因或失效模式
1	无	没有可辨别的后果	1	≤0.01个，每千辆车	极低：失效不太可能发生	1	几乎肯定	设计控制几乎肯定能找出潜在原因或失效模式

需要特别注意的是，当严重度为8~10分时，车辆不能运行。对于产品（包括车辆产品）来说，当产品丧失主要功能时，严重度的打分仅为8分；而9分和10分分别是指在无预兆或有预兆的情况

下发生人身伤害或涉及法律法规。所以严重度打分通常要仔细评估，不应过高。

为了减少大家对于产品名称与产品功能之间的误解，也为了加强对 D-FMEA 两个前置工具的应用，在新版 D-FMEA 手册中，修改了该工具的前几列，强制增加了从产品部件到功能特征分解的步骤。其实这就是将爆炸图和边界图汇总后的输出总结。这是一种进步，增加了汽车行业和其他行业在该工具上的一致性。

【案例 10-11】D-FMEA 快速案例

某保温杯的主要功能是盛水、保温（8 小时降温不超过 20 摄氏度）、美观、便于携带等，其 D-FMEA 分析的部分表如表 10-15 所示。（该表使用汽车行业新版 D-FMEA 手册，忽略部分可选项。由于版面原因分三行显示，该表仅显示前三条失效评估。）

表 10-15 D-FMEA 分析的部分表

编号	结构分析			功能分析			接下表
	上一父层级	关注要素	下一子层级或特性类型	上一父层级功能及要求	关注要素功能及要求	下一子层级的功能及要求或特性	
1	保温杯整体	密封系统	保温杯瓶身	不允许漏水	储水量无变化	水不可以从瓶身任何处泄露	
2	保温杯整体	保温性能	保温杯瓶身	尽可能保温	热能尽可能无损失	8 小时内降温不超过 20 摄氏度	
3	保温杯整体	外观性能	保温杯瓶身	外观美观	表面涂层性能无缺陷	表面涂层光滑色泽亮丽	

编号	失效分析				风险评估					接下表
	对于上一父层级要素或最终用户的失效影响(FE)	严重度(S)	关注要素的失效模式(FM)	下一子层级要素或特性的失效原因(FC)	现行预防控制(PC)	发生度(O)	现行探测控制(DC)	探测度(D)	AP	
1	漏水造成污染	8	瓶身破裂	瓶身跌落受挤压		3	跌落试验	5	M	
2	保温性能差	7	瓶口密封圈失效	密封圈老化	封口密封结构设计变更	7	密封圈老化性能测试	4	H	
3	外观品质差	5	涂层被刮伤	涂层抗剥离力不足	涂层加厚 4%	4	涂层剥离力测试	3	L	

编号	改进措施										
	预防控制	探测措施	负责人姓名	目标完成时间	状态	采取基于证据的措施	实际完成时间	S	O	D	AP
1	瓶身进行加强热处理	5%抽样跌落试验	PE	6/10/2019	未完成			-	-	-	-
2	选择抗氧化材料	1%抽样加速老化试验	PE	4/8/2019	已完成	密封圈可 8 000 小时不变形	4/6/2019	7	3	3	L
3	改善涂层附着力	1%抽样百格剥离测试	PE	6/4/2019	已完成	百格测试失败率小于 0.5%	6/15/2019	5	2	3	L

2. P-FMEA

P-FMEA（过程失效模式与影响分析）是针对产品加工处理过程中的失效模式与影响分析，研究过程中可能出现的无法满足过程需求的风险。P-FMEA 是在产品加工的策划设计阶段，对各个工序逐一进行分析，找出潜在的失效模式，分析其可能的后果，评估其风险，从而预先采取措施，减少失效模式的严重程度，降低其可能发生的概率，以有效地提高质量与可靠性，确保客户满意的系统化活动。

P-FMEA 与其他 FMEA 的区别在于，它研究的是产品的加工过程及其输出。由于产品的加工过程是有一定顺序的，因此 P-FMEA 中的分析也有一定顺序。

与 D-FMEA 非常类似，P-FMEA 也遵循一定的顺序，并且与其他工具相连接，其制作步骤如图 10-35 所示。

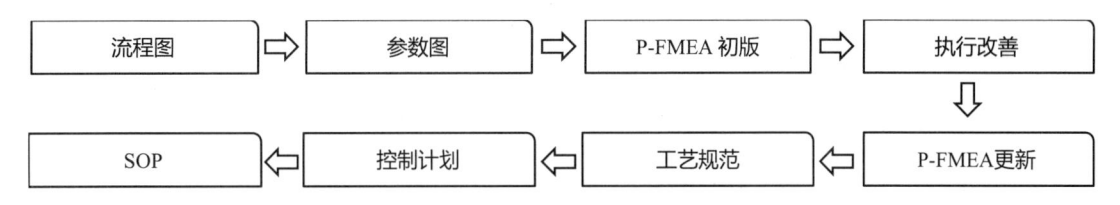

图 10-35 D-FMEA 的制作步骤

在 P-FMEA 的前置工具中有两个很重要的工具，分别是流程图和参数图。

（1）流程图（Flow Chart，FC），是一个可视化工具，用来描述产品处理过程中的工作流程。它可以帮助人们一眼看出所有的步骤，包括所有既定的流程、工作安排、生产运营或其他多步骤的活动和任务。在传统六西格玛中，流程图主要集中于生产运营过程中的流程分析；在事务型六西格玛中，流程图则集中于项目和业务过程的分析。这里分析的流程图属于前者。

流程图的关键要素包括输入、活动或任务步骤、路径判断的决定点、输出。通常，流程图分成结构法和泳道法。它们的差别在于，泳道法是一种跨功能团队的流程图，显示了各个功能团队应完成的活动，所以可以把泳道法看成结构法流程图的一种扩展应用。通常用于生产运营的流程图在流程模块之间还会鉴别该流程涉及的参数或因子，如各个流程的循环时间、涉及的作业人数、执行标准等。这些参数或因子也可能包括六西格玛项目所研究的关键因子。企业可以自行定义因子类型，如普通因子、关键因子或其他特殊类别的因子。常见的流程图如图 10-36 所示。

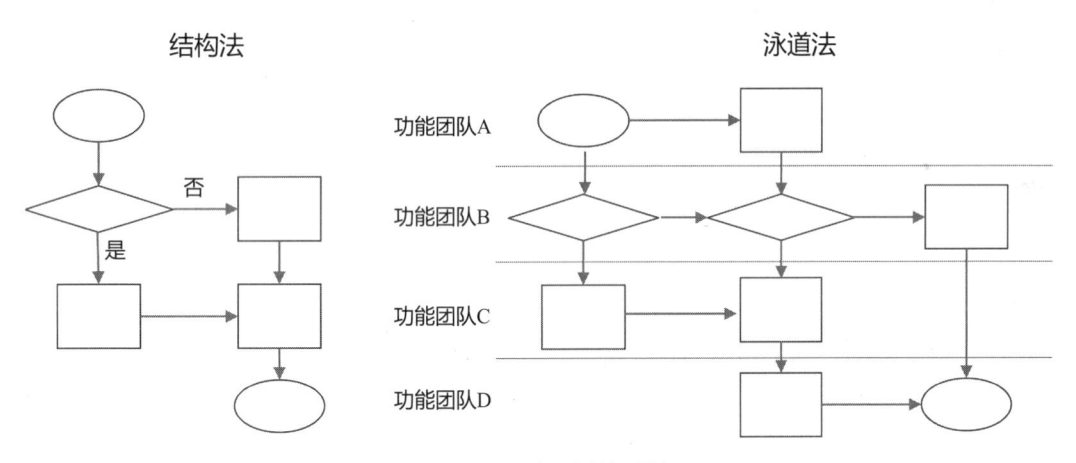

图 10-36 流程图的示例

流程图是局部的，也可以是整体的，还可以是分层的。不同层级的流程图放在一起就是整个业务过程的详程图。流程图细化到什么程度取决于业务团队分析的目的、资源配置和作业细节。

（2）参数诊断图（Parameter Diagram，P 图），或称参数图，是在过程流程图基础上对单个过程的详细分析，它显示了单个过程正常的输入与输出，同时重点研究可能对过程产生干扰的因素，以及这些因素对输出的影响。干扰因子也称系统的噪声因子。图 10-37 所示的是参数图的典型要素。

参数图中最重要的就是对过程干扰因子的分析。通常，干扰因子非常多，分类繁杂，其中一种分类方式是按干扰因子的来源把干扰因子分成内部因子和外部因子。这种分类会把产品的个体差异、随时间变化、设备磨损等内部系统因子作为内部噪声因子；把客户因素、外部环境等因子作为外部噪声因子；内外部因子可能共同产生的（多个因子交互产生的）作用列为交互因子作用。这些因子的分类会便于团队分析对应的控制方式。例如，对控制因子的分析就是用于识别干预这些干扰因子的可控因子。当然，在分析可控因子的同时，也会发现一些不可控因子（或控制成本太高的因子）。参数图提供了对该过程的评估，这些被识别的噪声因子和控制因子等也可以成为其他很多工具的原始输入，如试验设计中的田口试验等。

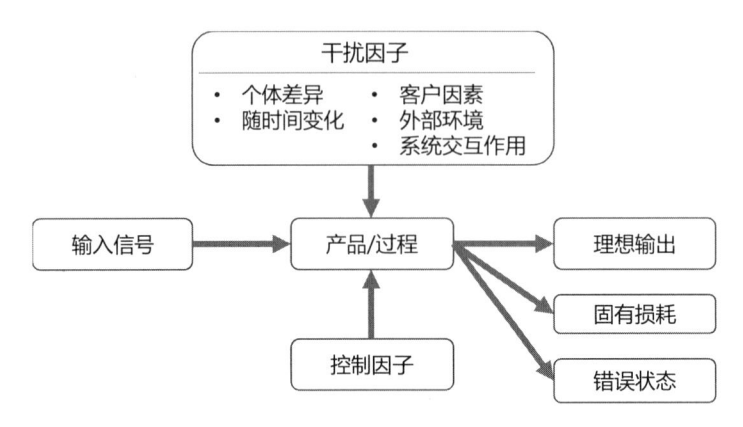

图 10-37 参数图的典型要素

P-FMEA 同样有自己独特的打分规则。在汽车行业中，P-FMEA 的评价标准与 D-FMEA 非常类似（严重度超过 8 的失效模式同样意味着触犯法律或存在人身伤害的可能性），只是把设计功能替换成过程特性即可，而 RPN 或 AP 的判定也基本类似，不再赘述。

不同的 FMEA 之间可以形成一些联系，典型做法是把 D-FMEA 作为 P-FMEA 的重要输入。但需要注意的是，D-FMEA 不是 P-FMEA 的唯一输入。在某些企业中流行着这样一个观点："没有 D-FMEA 就不能制作 P-FMEA。"这绝对是一种错误的思想。只能说，在有 D-FMEA 的前提下，相当团队须提供 D-FMEA 以作为制作 P-FMEA 的重要参考依据。通常，这些文件和工具可能存在如图 10-38 所示的顺序。

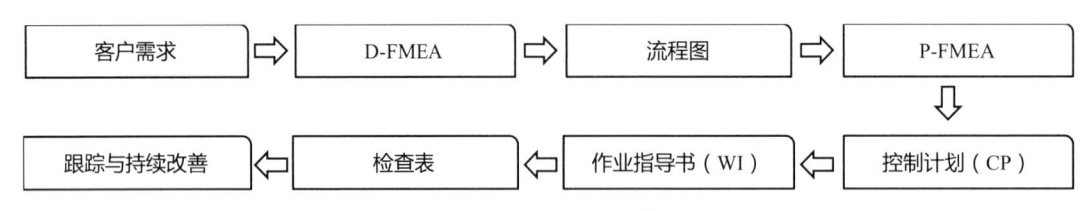

图 10-38 P-FMEA 的制作步骤

【案例 10-12】P-FMEA 快速案例

某办公家具厂商有一批产品需要进行钣金折弯和加工，客户对结构件的要求较高，该加工过程的部分 P-FMEA 如表 10-16 所示。（该表使用汽车行业新版 P-FMEA 手册，忽略部分可选项。由于版面原因分三行显示，该表仅显示前三条失效评估。）

表 10-16　P-FMEA 示例

编号	结构分析			功能分析			
	过程项 系统、零件或过程名称	过程步骤 工位编号和关注要素名称	过程作业要素 要素4M	过程项功能	过程步骤的功能 和产品特性	过程作业要素的功能 和过程特性	接下表
1	钣金处理单元	OP10 冲床冲压	冲压设备	将钣金整板放入数控冲床，按程序进行冲压	按已经编程的图形冲压钣金件	冲压钣金件	
2	钣金处理单元	OP20 去毛刺	操作人员	将冲压后的钣金件从整板是哪个取下，并使用砂轮机进行去毛刺	无毛刺残留	去除毛刺	
3	钣金处理单元	OP30 钣金折弯	折弯设备	将待折弯件放入指定折弯机完成90度折弯	完成钣金件90度的折弯角	钣金折弯	

编号	失效分析				风险评估					接下表
	失效影响(FE)	严重度(S)	作业步骤的失效模式(FM)	作业要素的失效原因(FC)	现行预防控制(PC)	发生度(O)	现行探测控制(DC)	探测度(D)	AP	特殊特性
1	钣金件黏连未冲断	7	冲床台架垂直位置发生偏移，导致刀具与台架距离发生变化	台架受震动影响发生偏移	加固台架固定方式	4	查看钣金件是否可以顺利从整板上抖落	2	M	N
2	影响折弯尺寸	4	砂轮过度磨损后，毛刺无法有效全部清除	砂轮具有一定的生命周期	对砂轮的使用次数进行计数	6	外观检查	4	M	Y
3	该折弯件无法实现既定支撑功能	6	折弯刀具定位错误	刀具定位随时间变化而产生微小偏移	每200件进行定位校验	3	折弯后模具校验	3	L	Y

编号	改进措施										
	预防控制	探测措施	负责人姓名	目标完成时间	状态	采取基于证据的措施	实际完成时间	S	O	D	特殊特性	AP
1	重新调整冲床台架固定方式	对位移超差作自动报警装置	ME	3/2/2019	已完成	台架底重重新设计，增加报警可视化装置	5/4/2019	7	2	1	N	L
2	使用寿命更久的砂轮，设定报废寿命	按砂轮使用次数计数	ME	4/19/2019	已完成	砂轮加工到指定次数后报废	4/30/2019	4	3	3	Y	L
3	刀具重新进行定位，双重加固	折弯后模具校验	ME	3/28/2019	已完成	折弯刀具冲定位，且折弯后100%模具校验	3/22/2019	6	1	1	Y	L

FMEA 在六西格玛的实施中扮演着重要角色，在项目前期进行分析，可以大大减少项目的执行风险，并且提升产品或过程的稳定性和可靠性。失效模式分析工作可以帮助团队排查影响因子。虽然 FMEA 评估方式是主观评估，不是精确的评估，但这个评估过程可以帮助团队整理思路，取得相对一致的意见。在六西格玛项目的后期，通常也需要更新 FMEA。因为六西格玛项目会对产品设计或过程产生影响，项目收尾前须针对更新后的 FMEA 再次评估，以确定这些失效模式不会对后续工作产生重大影响。无论哪种 FMEA 都是企业重要的组织过程资产，是企业经验与知识库的重要组成部分，可以成为其他后续产品的重要参考依据。

FMEA 制作的方法很多，不应一味采用某个行业的标准。市场上流传的六步法或七步法只是一种建议的框架逻辑，并不是完全固化的。使用 FMEA 的主要目的是应用这样一种结构化的思考模式，来达到风险预分析、预控制的目的，所以使用者应重逻辑轻形式，只要逻辑正确，既便先对 FMEA 的表格进行裁剪（但须保留五大模块），再进行分析同样可以起到很好的效果。如果企业可以在长期应用 FMEA 的过程中，积累自己的经验，形成自己的特色，并且在整个业务链、供应链的上下游都保持一致，就是应用 FMEA 最佳实践方式。

10.5.2　风险的评估与分析

风险是时时刻刻存在的。在六西格玛项目执行过程中，任何项目活动都会存在相应的风险。风险管理是针对风险的管理方法，风险识别、分类、规避等活动各自有不同的工具，前文介绍的 FMEA 就是其中一种工具。

风险的影响可大可小。通常当某个对象对其他对象的作用模式确定之后，其对应的风险影响也相对固定下来，这并不会随着人们的意志转移而转移。例如，当一个流程被设定之后，其对应的风险也相应固定下来，只要不改善流程设定，该风险几乎不会转移。人们在控制其风险影响的时候，会尽量想办法改变其作用模式。例如，修改设计、改变工艺过程等，但通常这是很困难的。相对于改善风险带来的影响，不如改善风险发生的可能性，这是更务实的做法。不管风险影响大小，只要能将其发生概率控制在最低水平下，通常就可以很好地达到控制风险的作用。

风险概率与影响矩阵，是一个对风险的可能性和严重性进行评估的工具。该工具比 FMEA 简单，在一定程度上同样可以起到风险分析、评级、控制、改善的作用。图 10-39 是该矩阵的风险分类。该图的两个评估维度分别是风险发生的可能性（Likelihood）和严重性（Impact）。评估方式可以是定性的，也可以定量的。定性分析通常分成五级，分别是可能性或严重性：很低（Very Low，VL），低（Low，L），中等（Middle，M），高（High，H），很高（Very High，VH）。而定量分析也常常分成五级，以 0.2 为一级，分别是 0.2、0.4、0.6、0.8、1。对于可能性来说，定量分析打分使用的分数（0.2，0.4…）可以认为就是风险发生的概率。此时，风险可能性和严重性构成了一个矩阵，通常把矩阵划分成 3 个区域，分别对应高风险项（H）、中等风险项（M）和低风险项（L），划分方式由企业自行决定。如果是定量分析，也可直接把可能性和严重性相乘获得风险系数，该系数范围与对应分类的关系亦可由企业自行决定，如 0~0.16 为低风险，0.16~0.36 为中等风险，>0.36 为高风险。

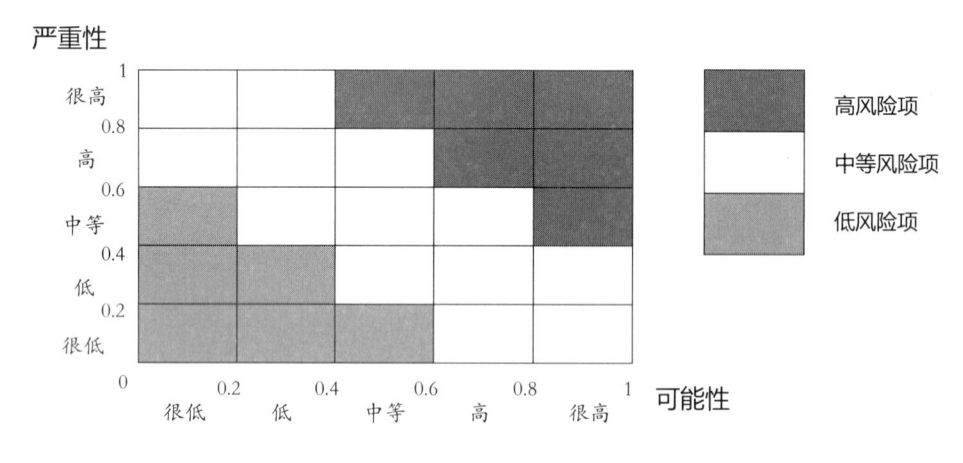

图 10-39　风险概率与影响矩阵的风险分类

风险概率与影响矩阵的适用范围非常广泛，几乎可以用于任何风险的评估，而且简单易用。它经常被用于评估项目活动中的各种风险，常与其他工具组合使用，如风险评估表（该表的形式多种多样，可被企业自行定制）。风险评估表包含这样几个部分：

- 风险列表。包含了企业当前可识别的所有风险，在部分高级别的管理会议上管理团队可能仅评估一些最关键的风险。部分风险列表也可能包含风险的分类。
- 风险当前的可能性和严重性。对风险列表中的所有风险进行可能性和严重性的分析，通常要对风险做分级判定。
- 风险减轻计划。对所有已鉴别的风险制订减轻计划，包括但不限于风险回避、风险转移、影响减轻或直接面对（接受）等常见应对方式。
- 风险应对人。每条风险减轻计划都要有风险应对人，必要时还应罗列计划执行时间。
- 预测改善后的风险可能性和严重性。对团队执行了减轻计划之后的风险状态，须再次评估其可能性与严重性，该评估同样需要再次分级。如果风险分级依然很高，则还需要继续制订新的减轻计划。直至风险影响减轻到团队可接受的范围或该风险可以被团队直接接受。

【案例 10-13】风险评估表

某企业在研究一个六西格玛项目的活动列表，部分风险评估表如表 10-17 所示。

表 10-17 风险评估表

风险编号	风险描述	当前风险状态			减轻计划	风险应对人	减轻后风险状态		
		严重性	可能性	分级			严重性	可能性	分级
1	项目负责人可能会中途离职	H	H	H	准备项目第二负责人	GM	L	M	M
2	项目可能资金不足	H	VL	M	准备10%的储备资金	PM	M	VL	L
3	供应商可能不愿意做小批量	L	M	M	同时寻找3家潜在供应商	PM	L	VL	L
4	内部实验室排期太久	H	VH	H	准备外协测试资源	PM	H	M	M
……	……	……	……	……	……	……	……	……	……

风险分析与评估是一种预控制活动。良好的风险分析与评估可以有效减少风险发生的概率，也可以帮助团队冷静对待项目过程中可能出现的意外结果。对于风险控制得较好的项目，风险列表中的风险可能不会发生，但这不代表减轻计划不需要执行。执行这些减轻计划可以让项目更加平稳顺利地进行，并且可以减少各种"意外"的发生。所以风险分析与评估是非常必要的。风险分析与评估应在整个项目推进过程中定期进行，通常它是项目阶段评审的固定组成部分。

执行篇

——实现六西格玛的价值

在正式导入六西格玛之前，企业应做好其内部环境的建设，这个过程漫长且难以控制。有些企业可能花数年来获取管理团队的认同，有些企业可能直接由企业业主强行推行，有些企业可能存在更加复杂的情况。无论哪种情况，如果企业没有对资源、风险、收益等关键指标进行规划和充分准备，都不要贸然导入六西格玛，否则导入结果多数会以失败告终。本篇将分享在企业已经做好相应的前期意识灌输并且决定正式实施六西格玛的基础上所需关注的要素。

第 11 章

培训

11.1 培训与认证的战略和战术

六西格玛需要企业全员共同实施，原则上需要企业全员（包括管理团队，甚至企业业主）都接受相应的培训。培训是六西格玛导入的第一步，也是最基础的工作。由于企业员工存在一定的流动性，因此培训存在于企业内部推行六西格玛的整个过程中。

在工具篇中笔者罗列了部分六西格玛工具。虽然这些工具仅仅是六西格玛工具中的一小部分，但要让企业全员都接受它们也是非常困难的，原因来自年龄（经验）与职能两个方面。

大多数企业员工的年龄从 20 岁至 60 岁不等，学历差异也非常大。对于高学历且年轻的员工来说，部分统计工具和管理工具在学校期间已经学过，即便已经被遗忘，但通过简单高效的学习他们也可以很快掌握应用这些工具的方法。但对于学历不高或年纪较大的员工来说，学习六西格玛工具就会非常痛苦。他们对统计学等相关知识已经淡忘，统计工具对于他们来说几乎等同于全新的工具，而在学习这些工具时，他们会在记忆和理解上遇到障碍。学历不高的员工在学习统计工具时也较难理解工具背后的计算逻辑，需要做大量前期准备工作。所以对于学历不高或年纪较大的员工来说，学习六西格玛工具的效果会差一些，这也是培训实施的难点。

员工职能上的差异，导致部分员工在实施六西格玛的过程中所应用的工具非常有限。虽然他们不需要熟练掌握六西格玛的所有工具，但又不能不接受相应的培训。这种情况在高层管理团队中常见。因为管理团队是治理六西格玛项目和活动的团队，不需要具体实施六西格玛项目或活动的细节，所以他们对统计类工具的应用需求较少，反之，他们对六西格玛的推行效果和成果评估起着关键作用。而一些基层员工的工作非常具体且琐碎，需要长期应用某些特定的工具，如产线操作工只需应用测量技术或控制图原理等。对一线基层员工进行全面工具类培训既不经济也不合理。

企业的产品、内外环境、文化等因素的差异，导致培训活动的有效性有很大差异。在推行六西格玛的过程中，仅靠一种培训模式是很难取得成功的。制定有企业特色的六西格玛培训战略是成功导入六西格玛的第一步。

六西格玛培训战略主要解决这样几个问题：企业需要什么样的培训；哪些人需要接受培训，以什么样的形式接受培训；如何规划培训；如何评价培训的成果；如何让培训为后续的项目服务或对企业的财务产生实际效益；等等。由于六西格玛培训是一个长期工作，不会因为六西格玛项目的结束而终止，因此六西格玛培训战略是企业的长期战略，在制定和实施该战略的过程中需要建立相应的战术指标作为支撑。

六西格玛培训战略可以作为企业六西格玛战略的一部分，无须过于复杂。通常，该战略是有时间属性的，且与企业的发展进程和六西格玛的推行深度有关。六西格玛的推行以层层递进为主，所以其培训也应呈现这样的特点。图11-1是典型的六西格玛培训规划图，其中培训覆盖率与认证比率之间的差异取决于企业的资源投入量和六西格玛的推行效率。

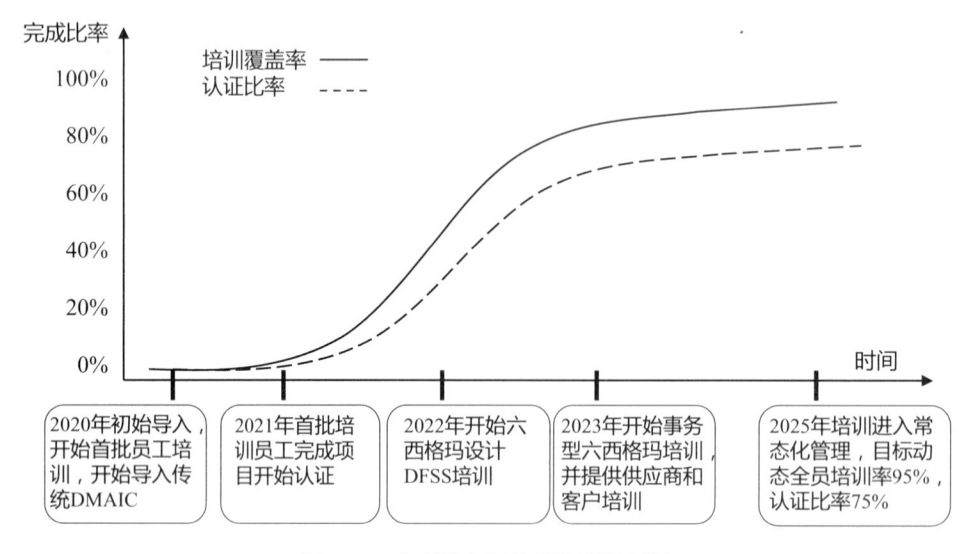

图 11-1　典型的六西格玛培训规划图

六西格玛的实施一般以制造型六西格玛（DMAIC）为初步导入点。实施团队在根基稳定后，逐步开始推行六西格玛设计或事务型六西格玛。推行六西格玛较为成功的企业，多数在导入后期将六西格玛从业务链的维度上向上延伸到客户，向下延伸到供应商，使整条供应链中的企业都可以推行六西格玛，这是系统化推行六西格玛的典型做法。为客户和供应商所做的培训需要根据实际产品或服务进行定制。这些都是制定六西格玛培训战略时所要考虑的内容。

六西格玛培训按实施的对象不同主要分为两类：实操型培训和管理类培训。

（1）实操型培训，即传统的工具类和执行方法的培训，这类培训包括六西格玛方法的基础知识、统计类工具、项目管理类工具等执行项目活动所需的六西格玛知识。这类培训可以按照培训对象的层级差异，以及知识的难易程度进行分级处理。最常见的分级处理，即按照六西格玛常见的绿带、黑带等级别进行划分，实施团队分别定义其需要掌握的工具内容，然后按照从低到高的顺序层层推进培训。

（2）管理类培训，主要是为了扫除项目后期的执行障碍所做的理念类培训。因为工具类培训不一定会改变培训对象的思想意识，不少培训对象在接受工具类培训之后并没有去应用这些工具的主观意愿，所以管理类培训的培训对象通常是企业的高层管理者，这些培训将帮助管理者自上而下地主动推进六西格玛方法。这些培训包括项目发起者的培训、六西格玛项目评审方式的培训、六西格玛文化建设类的培训等，其主要培训对象都是企业管理者，以及潜在项目的发起者等。有些企业为了保证管理团队看懂六西格玛活动的报告，也会要求管理团队参加工具类的培训，包括传统的绿带、黑带等带级培训，并要求他们进行相应认证。这种做法具有两面性：一方面对于全员激励有帮助，可以起到带头示范的作用；另一方面成为一种潜在的浪费。因为很多受训的管理者没有机会去应用这些工具，所以即便他们在培训过程中掌握了这些工具，但事后很快就会忘记它们。企业自行决定是否要对高层管理者进行工具类培训，这个决定通常也是六西格玛战略规划中的一部分。

六西格玛培训的战术指标主要有接受培训的人数/比率、认证的人数/比率、培训的次数、培训的时长等，这些指标的过程意义远大于其本身的意义。通常，从战略层面推行六西格玛的企业都希望实现全员培训和认证，即100%培训覆盖率和认证率。但这是不现实的，因为六西格玛培训的时间长，员工应用这些知识需要一定的时间，而企业有一定比率或数量的员工流动，所以实际的受训或认证比率永远不可能达到100%。另外，各种内外环境的阻力、企业文化的差异、员工自身的意识和能力差异等，导致上述这些指标在推行六西格玛方法较好的企业中也很少达到90%以上。但从战略制定的角度，不少企业依然会把培训覆盖率的指标定为100%。而培训次数、时长等往往是六西格玛实施团队的内部指标，用于驱动团队和增强推行力度的手段。随着推行形式的多样化，这些指标并非一定越多越好，其数值也并非越高越好。

综上所述，六西格玛战略规划应针对企业的实际情况进行培训类型的规划和实施成果的预估。培训需要分层级、分对象来制定不同的内容。认证是实施六西格玛项目的自然结果，不要是企业追求的主要目标。认证数量可以成为衡量企业六西格玛推行成果的一个参考指标。

11.2 培训的基础工作

培训的基础工作包括培训计划（包括课程频次的计划）的制订、培训评价的方式、培训教材的准备等。其中，培训教材的准备是难度最大、耗时最久的工作。

1. 培训计划的制订

培训计划通常是六西格玛培训战略的分解产物。从培训战略中，管理团队可以清晰地解读出当前所需的培训类型和预期效果。例如，2022年要培训100人，覆盖某功能团队等。在制定战略时，实施团队会根据企业的员工数量和部门分布进行统筹。需要注意的是，六西格玛培训大多需要占用较长时间，而且需要在相对封闭的环境内（避免外界干扰）进行，这对企业的内部资源计划是一种挑战。培训计划要充分考虑实际业务的需求，不能影响正常的业务运作。对于内容较多、较复杂的培训，可以将其分成多次进行。如果黑带培训按照ISO 13053标准的建议，执行200小时的培训（很多老牌跨国企业依然在执行 200 小时的培训），就相当于培训 25 天且每天 8 小时。事实上，几乎没有企业可以承受自己的员工如此长时间脱离自己的岗位。所以很多企业在规划黑带培训时会把 25 天的课程分成 5 次，即每月 1 周，分 5 个月来完成。这种做法是非常合理的。实施团队既考虑了企业资源的合理规划，也给学员应用工具和实施项目提供了合理的空间。

因为培训资源是有限的，所以在制订培训计划时，实施团队要考虑培训的额外成本。例如，黑带在企业中属于稀有资源，而培训对象往往都是企业重点培养的人，受训人数不会很多。通常，每个业务部门仅有极少数人参加培训。但一个黑带培训会长达 25 天，企业仅仅为了这些极少数人实施这种培训是非常不经济的，所以这种培训需要召集足够多的受训学员才能执行。另外，很多企业的业务单元或分公司分布在不同的地区中，其物理距离相隔非常远，企业要召集这些远程学员到同一地点受训，就会产生高额的差旅费。

在制订培训计划时，应考虑企业当前的经营状态。如果企业正处于调整期或者资源紧张，培训可以适当压缩和精简。目前，能坚持按照 ISO 13053 标准执行完整培训时长的企业已经不多，多数企业都对自己的培训教材进行了调整，各级培训的压缩量都达到 30%~50%，部分企业的教材压缩量甚至更多。培训计划应考虑线上培训和线下培训的结合，以及其他各类工具和模块培训的组合，以便获得培训的最大效益。

培训计划应包括对培训师的规划，这里同样涉及资源的分配问题。如果企业启用外部资源实施培训，通常可以和对方提前约定培训的时间和内容，这往往是一种商业运作。企业作为甲方，会有足够的主导权，可以尽可能优化企业的内部资源来实施培训。这种培训在导入六西格玛的初期比较常见。在很多情况下，当企业把六西格玛作为常态化运作对象后，培训师往往是企业的内部人员，他们需要面对整个企业的培训需求。内部培训师分成两种：一种是来自专职部门的培训师，他们本身可能就是专职的黑带或其他带级人员，另一种是散落在各个团队内部的兼职培训师，他们可能已经获得相应认证但有自己的本职工作。专职部门的培训师资源相对比较容易规划，但是一般有专职部门的企业规模也会较大，这些培训师可能要面对不同地域的各个层级员工，所以在制订培训计划时也要充分考虑培训的效率问题。而兼职培训师的资源可能是一个瓶颈，因为这类培训师有自己的本职工作，如果需要他们来实施培训，必然会影响其本职工作。成为培训师的员工，一般都是高级别的员工，其资源本身就很紧张。如果这类员工长时间脱离岗位，不仅会对其自身造成很大负担，如需要大量额外加班等，而且很容易招致其上级主管的质疑和挑战。所以在制订针对兼职培训师的培训计划时，六西格玛实施团队要尽可能提前规划并且与对方上级进行对话，获得资源可用性的承诺，以避免出现有课无培训师的尴尬局面。

2. 培训评价的方式

实施团队需要对培训的成果进行及时评价，评价方式至少包括必要的考核和相应的追踪两个方面。两者都需要在实施培训之前进行规划。实施团队对评价的方式要形成明确的操作程序，并以相应的系统来实施和追踪。考核可以是简单粗暴的答题考试，也可以是面试形式的答辩。

如果以考试为主要考核手段，则实施团队需要事先准备适合的考题，考题的数量要足够多，考题要有一定的深度和广度，最好与企业产品或业务流程相挂钩。企业不可以借鉴网上流传的六西格玛考题。正确的做法是，企业自行编写适合企业实际情况的题目，尽可能减少计算的成分，以考核六西格玛方法逻辑和执行步骤为主。考题数量不应少于50道，比较合理的考题数量是200道。考试的及格分数由企业自行决定。为了保证考题的随机性且数量足够多，不少企业都借用了某些专业的测试系统并配以数量足够的题库来进行。很多企业题库中的考题都超过了1 000道，这样是为了保证测试的多样性，使测试结果更加真实。有些企业没有数量足够的题库，就以同一套题来评价所有带级的员工，再对通过的分数进行分层。例如，绿带答对60%的考题算通过，黑带80%，黑带大师95%等。这种做法是可以的。但即便如此，对应的考题也要定期更新，以免出现员工背答案的情况。可见，准备数量足够多且合适的考题是培训前一项重要且艰苦的基础工作，实施团队会耗费相当长的时间来准备。

以面试答辩的方式进行考核，其测试结果的真实性更高。这种方式通常需要企业有一个小型的面试官团队，团队成员一般包括六西格玛专业的高等级人员，如黑带或黑带大师，以及被面试员工的上级主管、财务专员等。团队常常是2~5人，除六西格玛专业人员外，其他人往往都与被面试员工的工作职能有关，所以团队往往是临时性的。面试的问题被分成两部分：第一部分是标准的基础知识问答，问题内容复杂多变，提问环节需要提前进行程序化的定义；第二部分是针对被面试员工自身的工作或身份有关的特定问题，如学习六西格玛对其工作的帮助有哪些，可以为企业做出什么样的贡献，有什么相关的潜在项目等。如果有些员工参加培训时就已经启动相应的六西格玛项目，那么在面试的第二部分还会被问及更多与项目有关的细节。面试答辩的前期基础准备相对少一些，但面试程序需要提前规划并且标准化。

培训后的追踪也是系统化的需求，实施团队需要对员工培训后的行为进行追踪和评估。为了避免员工只培训、不做实际改变的普遍现象，六西格玛培训往往要求所有参与者都发起相应的六西格玛项目。如前文所述，有些员工会带着六西格玛项目（该项目并不一定已经启动）来参加培训，有些员工则需要在培训后去寻找项目。追踪系统要确保员工发起了相应的项目，所以必要的追踪体系是必要的。这个体系要求员工提交项目的潜在意向、项目章程、执行计划等一系列文件，并且实施团队会指定辅导者进行定期辅导和评估。对于项目执行过程中的问题，实施团队亦配置了足够的资源进行解决。

3. 培训教材的准备

在培训的基础工作中，最为艰苦的环节即培训教材的准备。这不仅是对培训师或专职部门的专业能力的挑战，也是决定培训效果的最重要因素。目前，人们可以从多种渠道获得不同形式的六西格玛培训教材，有些企业的教材长达数千页，仅从教材的数量上即可得知实施团队准备该教材的时间会非常长。有些企业尝试购买现成的教材来实施企业内训。这种方法可行但风险高，企业很可能花了额外的钱，但最后并未达到较好的结果。因为六西格玛的推行过程与企业自身的特点有关，而外部教材往往只有普遍适用性，所以很容易出现教材与企业实际情况相脱节的情况。另外，外部教材的质量良莠不齐，除少数国际知名企业或咨询机构的教材有较高质量外，其他多数教材的质量让人堪忧。国内目前基本没有高质量的专业图书可作为培训教材，这也是本书成文的主要动因。所以企业在初步导入六西格玛时，在没有专职部门或专职人员的情况下，可以暂时使用外部教材作为初步的知识导入。但在执行一段时间之后，在资源允许的情况下，企业要发展自己的专属培训教材。

最好的培训教材一定是企业根据自身情况进行编写的。由于六西格玛模块众多，因此编写整套教材往往会耗费一个团队数月甚至更久的时间。但很多案例证明，这种投入是值得的。培训材料是企业的核心技术资料之一。

在开发培训教材的过程中，企业会面临这样几个问题：如何避免晦涩难懂的工具和方法，如复杂的统计原理；如何减少假大空的理论说教；如何罗列所执行的具体步骤；如何使用合适的语言和表达方式等。合格的六西格玛教材是简单易懂的，且逻辑严谨的。

在六西格玛培训材料中针对统计工具的描述要保持最简单的运算和实操步骤，避免员工把应用统计学当成六西格玛来学习。培训师要清楚地让员工知道，在当今的工作环境中，在绝大多数场合下，一些基础运算都已经被计算机取代，是无须手动计算的。如果有员工愿意研究其背后的原理，企业要采取鼓励但不主动推荐的做法，鼓励是因为要调动员工的积极性，不推荐是因为员工的这种做法对于项目实操基本上没有太多意义。如果员工因为去研究背后的原理而导致工作效率降低甚至损失工时，那么这种导向是绝对错误的。对于统计工具的教学，培训师要尽可能描述其应用的场合和基础条件，以及解读工具使用的结果，以确保员工在应用工具时正确地输入条件，正确地设定应用场合，正确地解读分析结果。例如，在单样本 t 检验的教材中作者花费了大量篇幅来描述 t 检验的原理、t 值的公式运算及查表方式，却忽略了 t 检验数据应符合正态性要求和稳定性要求。学员学完之后，把 t 检验的公式背得滚瓜烂熟，在实际应用时却使用了严重非正态的数据做了单样本 t 检验，甚至在数据的单值图显示了严重的异常值时也浑然不知。类似上述例子所描述的问题是很多教材的通病。

在培训教材中对于工具的描述要有合适的案例分析、课堂练习和结果解读。虽然六西格玛工具的教学一般都会配以案例，但很多培训师会借用其他教材的案例，这种做法是不可取的。因为在这些案例中有不少案例的内容晦涩难懂，其描述具有非常明显的行业特征，以及特定的专业参数。例如，在有的教材中会加入钢铁冶炼的案例，其中会涉及炼钢的具体工艺和参数；在有的教材中会涉及生物制药行业中具体工艺的某些参数和大量专业名词。这些是非常不利于其他行业员工研读的。培训教材中的案例必须考虑受众的感受，必须简单明了且有可延展性。优秀案例可以迅速让读者联想到自己的实际工作，帮助他们进行类比和应用。所以对于教材案例的准备，建议培训师以身边最常见的事物为例，来保证所有人都能够迅速解读。很多教材（包括国外教材）的另一个通病就是，对工具应用的结果缺少足够的总结或解读。以假设检验类统计工具的教材为例，不少教材只显示一个 P 值，且不做任何解释，就让学员自己去琢磨，这是非常不合适的。必要的课堂练习是教材的必备部分，因为部分工具的应用较为复杂，教材仅仅通过示例无法让学员完全掌握这些工具，像 Minitab 等软件操作类工具更需要大量的课堂练习。六西格玛是一门实操的学科，所以课堂练习还要包括足够的动手操作类练习，如传统的试验设计练习会使用弹射器等。在过去这些年中，六西格玛培训过程中的大型动手操作类练习不多，所以企业在有资源的情况下要尽可能开发适合学员的大型动手操作类练习，实施团队可以考虑使用真实案例作为练习的对象。

教材的语言简洁和页面美观是隐性需求，很容易被忽视。六西格玛起源于美国，很多经典教材都是通过大型跨国企业以英语的文字形式传入中国的，早期教学也以英语教学为主。这不仅对学员的英语能力是一种挑战，也成为传播六西格玛的一个潜在阻碍。随着六西格玛在国内的推行，一些中文教材逐步出现，但相当多的中文教材并非企业或培训师重新编写，而是对英语原版材料进行的翻译。由于翻译者的水平有限，这些翻译版教材存在大量的错误，不仅有工具解释上的问题，也有语言逻辑上的问题。不少翻译版教材的中文生硬难懂，一些培训师为了偷懒，甚至使用翻译软件进行翻译。这些教材对于六西格玛的传播是有负面影响的。另外，教材页面的美观性差或可阅读性差也是当前多数教材的通病。很多教材所使用的字号不一，字体混杂，颜色混乱，图片难以分辨……这些因素都不利于学员进行阅读。在企业外部获取的教材和从英语翻译获得的教材中，这类问题尤为突出。

培训教材的问题五花八门，但多数问题都是实施团队或培训师投机取巧所致。所以企业要成功实施六西格玛培训，除了在导入初期引入外部资料，还要尽可能自主开发与企业自身特点相匹配的内部教材。

六西格玛培训的内容庞杂，因此培训教材也可以分级，如绿带、黑带等级别教材。由于不同级别的教材存在不同程度的重叠部分，因此在准备教材时有两种不同的形式。第一种是以培训对象的级别，以及对应方法来分类，最常见的分类为传统 DMAIC 绿带、六西格玛设计 DMADV 黑带等。这种形式的教材有较强的针对性，可以对每类方法的工具集进行详细的阐述。这种教材有时可以用一个非常连贯的案例将教材的所有内容串联起来，模块间的联系也会非常自然顺畅。在这种形式下，六西格玛教材会被分成很多版本，当大量工具在不同教材中重复出现时需要兼顾相应方法的特点来调整工具描述和课堂案例，这对于教材的准备是一种灾难。例如，卡方检验这个工具在以制造为主的培训教学中可能用属性检验等活动作为案例，但它出现在事务型六西格玛教材中的案例则可能侧重于客户需求分析，而在六西格玛设计教材中则可能用于试验或者具体属性数据的分析等。这种教材不利于企业后期进行工具的升级和更新。第二种则将六西格玛的教材进行模块化处理，把工具融入各个模块，所有工具都单独编写，而在不同级别和对象的教材中，实施团队仅仅将所需的工具挑选出来，排列组合，即可构成不同版本的教材。这种做法非常灵活，各个工具的教材可以单独准备和更新，即便单个/少数工具出现较大变化，实施团队单独处理这些工具即可，这种更新不会影响教材的整体构成。从工作量来说，编写模块化教材的工作量远远少于按六西格玛级别和方法准备教材的工作量。但这种做法的缺点也较为明显。由于工具被单独割裂开，因此在实际教学的过程中，工具与工具之间相对独立，彼此关联程度不明显。如果培训师不更加细致地讲解并工具串联，则学员很容易出现盲人摸象的情况，即只知工具不识六西格玛方法整体全貌。所以培训师使用这种教材时往往都配以额外的案例和练习来弥补其部分工具过于独立所带来的影响。图 11-2 显示了两种准备教材形式的差异。

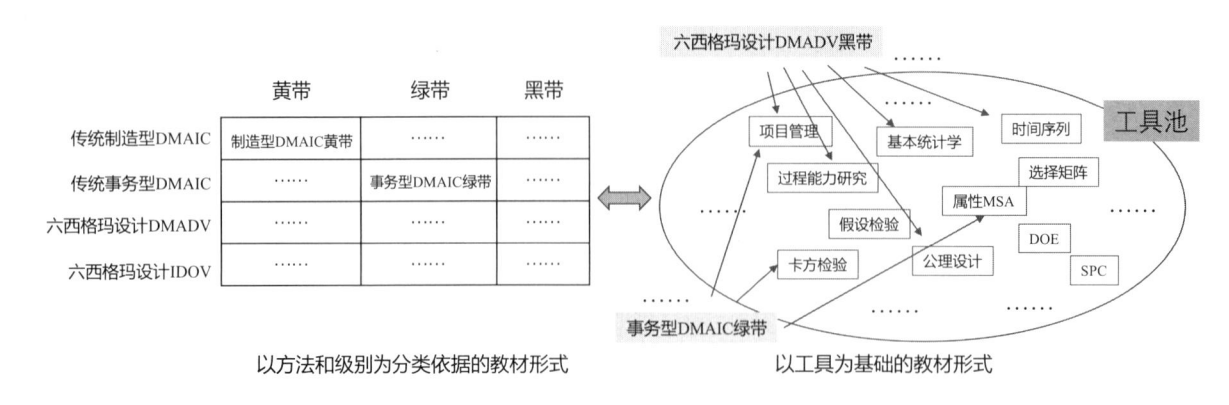

图 11-2 两种准备教材形式的差异

在实际应用中，两种准备教材形式都较为常见，其中第一种以方法和级别来分类的教材准备，在初步导入六西格玛的企业中更为常见。有些企业会邀请第三方咨询机构进行培训，此时的教材多数以第一种为主。但长期实施六西格玛的企业，如成功导入六西格玛并且进行常态化管理的企业，往往会选择以工具为基础的教材。部分企业即便前期使用外购教材，当后期准备自身教材时也以第二种居多。这种情况并不难理解。因为第一种虽然教材的连贯性好，但很不灵活，对于动辄几千页的教材，培训师或实施团队可能没有那么多精力进行一一编写。在准备教材时，培训师或实施团队即便发现一些工具的教材可以从其他企业教材中借鉴，但由于自身教材的封闭性，他们无法直接引用这些外部教材，否则教材之间会出现兼容性问题而变得杂乱无章。而第二种以工具为基础的教材，则在这方面有着优异的灵活性，团队不仅可以轻松更新老教材，甚至可以添加新的工具或模块，即便去除一些不合适的内容，也很少会影响其他工具的教材。培训师或实施团队采用这种方式准备教材时，基本没有重复性的工作，只需准备好工具清单并按清单上的工具逐一准备教材即可。这个过程可以长期进行，不断扩充。例如，一些资源较为丰富的大型企业，其六西格玛黑带的完整教材模块可以达到近百个；而黑带大师的完整教材模块可以达到 120 个以上。针对工具和模块之间容易出现彼此割裂的问题，实施团队会准备额外的案例讲解和分析，以及各种线下练习。这种补充性的培训是建立在学员已经学过相应模块的基础上进行的。不少企业把这种案例分析和练习作为更新培训的一种方式。如果实施团队可以准备模块之间的流程图（见 13.1 节），则会大大帮助学员理解和巩固。表 11-1 是常见的六西格玛模块分类的示例。由于六西格玛的知识体系过于庞大，因此该分类并没有统一或固化的列表。

表 11-1 仅仅是一个示例，事实上，不存在这样一种适用于所有企业情况的模块分类。企业可以根据自身产品或业务的需要进行模块的规划。有不少企业定制后的模块列表有极大的差异性。但无论哪种分类方式，模块分类都要至少包括基本的项目管理、数据收集计划、数理分析、改善实施、控制验证等方面的内容。这部分将在第 12 章中进行阐述。

在培训的准备阶段，实施团队需要进行大量细致的基础工作，这个过程会很漫长但不可跳跃。可以对教材逐步进行优化，例如，前期教材以基础介绍为主，但随着六西格玛的推进，教材逐步细化与成熟。企业的培训实施计划和相关的准备工作也需要定期审查和更新，以保持足够的活力。

表 11-1 六西格玛模块分类的示例

定义 Define	测量 Measure	分析 Analyze	改善 Improve	控制 Control
• 客户拜访计划	• 流程图	• 树状结构图	• 创意工具（头脑风暴、德尔菲技术、专家判断）	• WI/SOP
• 需求转换表	• 数据收集计划	• QC 七工具		• D-FMEA/P-FMEA
• 战略地图	• 数据收集表	• 假设检验基础	• 标杆参照/最佳实践	• 控制计划
• 平衡计分卡	• QC 七工具	• t 检验/Z 检验	• 试运行计划	• 培训计划
• 标杆对照	• 测量系统分析	• F 检验	• 试验设计	• 过程能力分析
• 亲和图	• 过程能力	• 卡方检验	• 响应曲面设计	• 控制图
• SIPOC / CTQ	• CE 矩阵	• 非参数检验	• 田口试验	• 运行图
• 帕累托图	• FMEA	• 方差分析	• TRIZ	• P&L /收益分析表
• 树状结构图	• 快赢	• 变异源分析	• 过程能力分析	• 项目移交
• 时序图		• 相关性分析	• 控制图	• 经验教训总结
• QFD/CE 矩阵		• 一元回归	• t 检验	
• 价值流图		• 多元回归	• 运行图	
• Kano 模型		• 试验设计		
• P&L / 财务报表		• 田口试验		
• RACI 矩阵		• 时间序列图		
• 项目计划		• 逻辑回归		
• 项目章程		• 聚类分析		

11.3 培训对象的选择

在工作中，部分学员/员工会把企业提供的培训作为一种福利，有些企业的人事在构建企业文化时也会以类似的论调来推进培训工作。实际上，培训是企业为实现持续运营所要完成的一种动作，这种动作是需要消耗额外资源的，而且有时资源消耗量巨大。所以无论管理团队在构建企业文化时是如何对员工进行宣贯的，本质上企业都不愿意进行过多培训，尤其是像六西格玛这样长时间的培训。六西格玛实施团队在辛苦说服管理团队之后或许可以得到一些培训资源，但这些资源非常有限，所以培训对象的选择非常重要。培训对象的选择方式在六西格玛初步导入阶段和稳定推进的常态化阶段存在显著不同，这与六西格玛推行的特性有关，也与企业内部推行变革的形式有关。

在六西格玛初步导入阶段，被说服且愿意尝试应用六西格玛的人是少数的，而且这些人往往是企业的高层管理者，如企业业主或最高管理团队的成员。实施团队对他们仅仅做一些必要的导入培训即可，这就是本书前几章提到的六西格玛导入的前提条件之一。而大多数员工并不清楚六西格玛对他们的工作有多大影响。其中可能有少数员工从其他渠道学习或了解过六西格玛，他们也可能起到积极正面的作用（有失败经历的员工恰恰相反）。大多数员工仅仅从六西格玛导入的动员会议上得知该方法，所以对于六西格玛抱着怀疑或茫然的态度。那么，在六西格玛初步导入阶段要怎么招募培训对象？企业的常规做法是发布培训信息，员工自己报名。这种做法在这里是不可取的。因为大多数员工抱着观望的态度，不会主动报名。但有些员工因受到少数积极分子的影响，或者愿意主动尝试，会主动报名。在实施团队收集到的报名信息中，有些员工已经接受过六西格玛培训，他们只是想复习和更新一些知识点，而有些员工仅仅是有兴趣但不会日后不会直接参与六西格玛项目。如果进行这样的培训，则很可能出现浪费资源的情况。六西格玛培训针对的是那些不了解六西格玛而且日后会使用六西格玛从而为企业创造价值的员工。对那些主动报名培训的员工，可以在后期再安排培训，因为短期内他们不会成为导入六西格玛的障碍。如果企业公开招募培训被冷场，出现报名人数不足的情况，则会让实施团队陷入尴尬与被动的状态，这会影响即将导入实施的项目等一系列活动。所以在初步导入阶段，培训对象不应是公开招募的，至少不应是大规模公开招募的。

在导入初期，有的管理团队直接指定培训对象是一种简单高效的做法。被指定的培训对象通常要符合以下几个特点：与潜在六西格玛应用强相关，有足够的学习能力，功能团队的覆盖面要足够全面，学员要足够活跃等。这些特点都是为了导入阶段的培训能够顺利展开，也便于六西格玛迅速在各个功能团队中扩散。通常，被挑选的学员或员工不一定是有主观意愿的，但他们都是企业重点培训的对象，如一些具有高度潜在发展价值的员工，他们通常都在自己所在的功能领域中表现突出或扮演关键角色。因此，他们往往以自身常规工作对象作为第一优先级，或者对自身已经具备的能力资质有较高的信心。当六西格玛作为辅助方法导入时，从他们的主观感受来说，参加培训会变成一种负担，而不是一种提高工作效率的方式。所以管理团队直接指定培训对象并非明智之举，需要管理层和六西格玛实施团队综合考虑这个过程。管理团队要对首批培训对象进行评估，不仅查看其功能（考虑以后六西格玛项目的范围）适用性，也会评估其主观意愿，尤其是职业发展的稳定性。不建议将有潜在离职风险的员工作为培训对象。对于具有潜在抗拒心态的员工，管理团队对其进行线下沟通和心理建设是必要的，要尽量取得对方口头上的支持和承诺。如果他们存在严重的抗拒心态，管理团队不要将其纳入首批培训对象。企业可以在成功导入六西格玛后，利用企业形成的六西格玛文化氛围来潜移默化地影响这些有抗拒心态的员工，之后再尝试对他们进行培训。对于企业首批培训对象，同样要求他们可以进行实际的六西格玛项目应用。在规划其培训对象名单时，六西格玛实施团队会要求培训对象同时提交潜在的六西格玛项目资料。不少企业要求首批培训对象至少提交项目章程方可参加培训。管理团队对于首批培训对象不可有太高要求，要以鼓励为主，但在整个培训过程中必须有高成功率的项目和高度活跃的员工。

企业首批培训对象的反馈至关重要。首先，他们很可能成为企业内部传播六西格玛的第一批中坚力量，积极正向的成功项目案例和项目财务收益是传播过程的强有力的基础保障。同时，企业要有意区分这些员工与普通员工的差异，以吸引更多员工接受六西格玛。企业在初步导入六西格玛后的持续培训阶段可以选择更多培训方案。这种方式非常类似产品在打开目标市场时所采取的抢滩战略，成功率是此时的关键指标。图11-3显示了这个典型的培训发展战略模型。

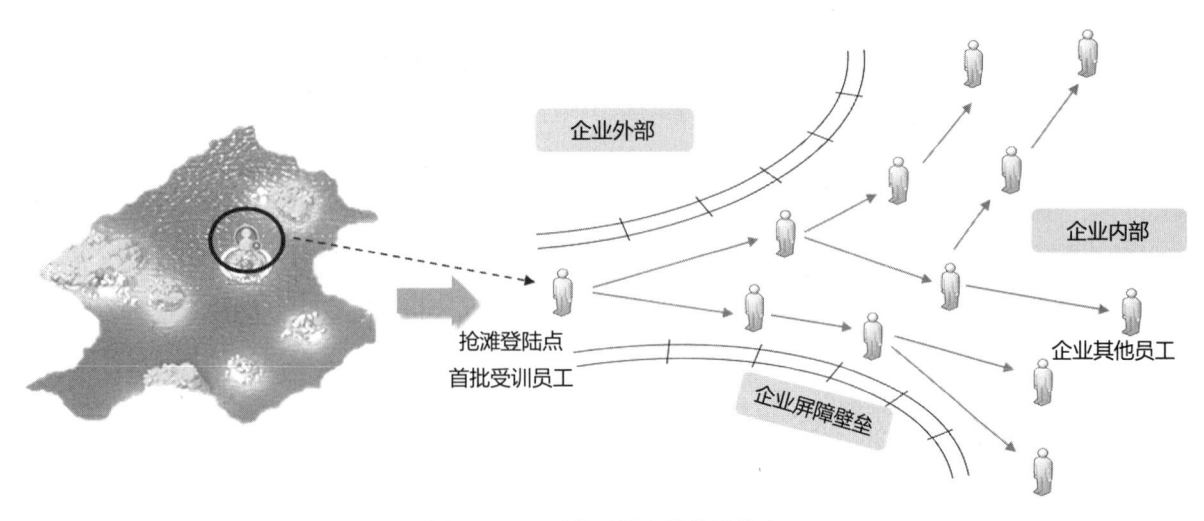

图 11-3　六西格玛导入的抢滩战略

当六西格玛导入逐步进入常态化阶段时，实施团队应从指定培训对象逐步变为让培训对象自主报名。此时是企业全面普及六西格玛基础知识的阶段，培训深度也应逐步加强，但对培训对象的资质要求则会放低。在导入阶段的培训过程中，培训师和培训对象都接受了极大挑战，因为双方的情绪较为紧张和谨慎，但这种情况在后期普及阶段会大大缓解。一方面培训师对课程教学更为熟练，对实际业务环境也更为了解，另一方面培训对象多数以自主报名为主，所以通常不会有强烈的抗拒心态。在双方都相对轻松的环境下，培训师或实施团队可以开发更多的培训教学互动环节。

在自主报名的形式下，依然要对培训对象进行必要的挑选和调整。因为有两种情况是不希望看到的，一是培训报名人数不足却依然决定进行培训，二是培训对象的功能领域出现扎堆的情况。对于前者不难理解，如果没有足够的培训对象还依然实施培训，那么对企业的资源是一种极大浪费。通常，线上培训由于互动模式受到限制，因此一般不会设定最少学员数量的限制，但不建议在少于15人的情况下进行长时间的培训。而线下培训则需要充分考虑教学过程中的互动需求，则人数通常是18~24人。另外，企业长期实施培训的经验表明，报名后有效的培训对象大约占80%，也就是报名30人，实际24人左右。这个数字与企业的培训文化有关。不少企业常年将该数字维持在70%，即便较好的企业也很难做到95%以上。所以为了保证资源的有效利用，报名后的人数需要进行控制。而培训对象的功能单一（培训对象都从事类似的工作）的问题则较为复杂，这是具有两面性的。不少培训师认为培训对象功能单一更有利于培训的实施，因为这个群体有较为统一的内部语言，其工作的对象也较为相似。如果培训对象多数来自制造工程师，那么这个群体在培训时一旦涉及现场工艺，就能引起强烈的共鸣，引发激烈的讨论和分享，其交流的内容也较为深入和专业。在准备培训材料时，培训师可以更有针对性地准备案例和练习。但更多的培训师则认为这对于培训会产生更负面的影响。例如，这要求培训师在该功能领域有更专业的知识和经验，而事实上，很少有培训师是精通全行业或全功能领域的全才，如果一个擅长供应链模块的培训师来培训一群主要由制造工程师为主的学员，他很可能在专业问题上被挑战。另外，如果要针对这个功能团队准备单独的教材和案例，可能会增加培训准备的时间和工作量，而准备的案例对其他团队的普遍适用性会差一些，那么在面对其他功能团队时，难免会出现是否又要单独准备特殊教材和案例的情况。六西格玛培训的模块覆盖面很广，不同模块中的练习并不会单单集中在某个功能上，所以在培训过程中，如果培训对象功能过于单一，那么在进行某些讨论或练习时会出现冷场的情况。此时培训师要花更多的精力来调和现场氛围，以及控制培训进度。所以在培训报名人数足够多的情况下，管理团队要对培训对象进行挑选，保证培训对象尽可能来自不同的功能团队，这是类似于一个项目团队的组建过程。

在选择培训人员时，管理团队不仅要出于对员工未来发展的考虑，也要分析培训对象以后在企业中扮演的角色。通常，对应用简单工具这一层级的培训对象没有特殊要求，但如果希望培训对象成为潜在的六西格玛培训师，则需要其有一定的演讲和沟通能力。根据经验，虽然员工的人际交流、演讲等能力是可以通过后期的培训和锻炼来提高的，但作为未来培训师的候选人员，选择天生的演讲者会大大提升后期知识传播和项目实施的效率。

在企业资源较为紧张的情况下，培训对象的选择需要更加慎重。六西格玛的能力可以作为企业人才培养的衡量指标之一。企业要考虑为六西格玛相关人员准备其特定的职业发展规划，该规划应将推行六西格玛作为其未来的主要工作目标。实际上，很多企业会考虑给培训对象更多的其他发展途径和机会，因为六西格玛人才往往都是复合型人才，在其他领域中应用六西格玛，企业也会产生巨大的经济效益。无论哪种形式都要求企业对人才的发展梯队有足够深远的规划，而这种规划还是六西格玛战略部署的一部分。

11.4 培训的实施形式

六西格玛工具中有一些相对独立的工具，也有一些基于独立工具衍生出的工具，这使得六西格玛培训变得复杂。在培训时，既有管理理念和方法的培训，也有具体实操和落地实施的培训，培训形式丰富多样，而不同形式的培训效果也不尽相同。

1. 线下培训

线下培训是六西格玛培训的传统形式，也是最主要的形式。在学习发展模式多元化的当下，六西格玛培训依然采用线下面对面的传统形式，是一种不得已的做法。长期以来，六西格玛学习都受到一些困扰，如课程冗长、晦涩难懂、模块繁杂、无法记忆等。这些问题并非六西格玛培训特有的，但在六西格玛培训的过程中，这些问题更加明显。这与六西格玛本身的特点有关。前文提及，六西格玛的模块众多，这些模块之间存在的逻辑链并非可以轻易理解，其中统计学等工具的培训内容是多数学员学习的障碍。所以在培训过程中，线下的面对面培训依然是最有效的形式。另外，线下的面对面培训形式，更有利于学员和培训师之间的互动，使学员可以快速获得某些关键问题的回复。六西格玛的线下培训会占用学员的大量工作时间，这会对企业开展相应教学带来负面影响，所以企业在规划线下培训时，往往会将培训资源的有效利用作为最重要考量的因素。

为了提升线下培训的效率，可以使用裁剪培训模块、划分培训阶段、增加课程练习的比率等方法，这些方法被证明是行之有效的。

（1）裁剪培训模块，是减少线下培训时长最有效的手段。尽管六西格玛的模块众多，但企业可以根据产品特点和培训对象的功能特征来选择培训模块，也可以将一部分短期内不会被应用的模块延后培训或变为自习等。例如，大量实行数字化管理系统的企业可以适当减少属性数据相关工具的培训；不涉及配方研究的企业不进行混料设计的试验设计培训；对于项目经理团队无须培训项目管理基础知识等。培训内容的减少可以直接减少培训时间的排布。在很多实施六西格玛的企业中，六西格玛黑带培训会被压缩到十天以内，而绿带培训会被压缩到五天或更少。适当的裁剪是可以接受的，所以无法直接从培训时长来判断培训模块是否合理。但肯定的是，过短的培训以及破坏六西格玛基础框架和逻辑的剪裁是不可接受的。

（2）划分培训阶段，是另一种减轻培训负担的方式，也就是将较长时间段的培训分成几个不同阶段进行。可以按照传统的 DMAIC 的阶段划分，也可以按照模块的相似程度划分。例如，将统计学工具集中培训，或者将管理工具集中培训，或者将模块分成若干组，在不同时间段内培训，如每月一次、每次一周等。这样做本质上并没有减少培训的总时长，但好处是显而易见的。首先，这样的划分避免了企业在短时间内出现关键人才长时间脱岗的现象，从而减少了培训对企业正常运营所带来的影响。其次，这种方式留给学员充分的时间进行知识消化，减少了填鸭式教学带来的负面影响。再次，理想的培训是伴随着项目一起推进的，而执行项目本身就需要一定的时间，因此合理的分阶段培训可以将执行项目与实施培训的节奏尽可能结合起来，达到学以致用。以黑带培训为例。不少企业把黑带培训的时间跨度定为半年，培训分为 5~6 次，每月一次，每次一周，持续 5~6 个月。这种培训划分是非常好的实践形式。因为一些执行顺利的项目可能就在这半年内发起并结束，所以项目进度就可以和培训进度非常好地结合在一起。划分培训阶段是一种将短期资源占用进行平均化的做法，不建议划分得非常细碎。例如，培训师将黑带的课程全部打散，每周讲两个工具，分成一年甚至更长时间来完成。培训是需要强化的，过于细碎的培训划分看似对资源的负载平衡有帮助，但实际上会使培训支离破碎，导致很多学员在培训后期已经将前期学到的知识完全遗忘。合理的阶段划分需要与企业的资源计划相互结合。

（3）增加课程练习的比率。为了减少培训过程中的枯燥，课程设置中应尽量减少理论灌输，而增加足够多的练习。在六西格玛培训的初期，学员需要回顾很久以前学习过的统计学知识，其中还涉及一些手动输入和计算，这导致一些学员望而却步。培训师为完成教学任务，也不得不陷入繁复的公式推演和解释说明的过程中。事实上，由于统计软件的快速发展，今天基本不再需要人们手动进行统计计算，取而代之的是，人们输入统计所需要的原始数据或统计参数，计算过程由计算机自动完成，因此现在的培训方式也应发生根本性的变化。现在的六西格玛培训中应将公式推演计算的比例降至最低，转而强调和解释其中参数的意义与价值，确保学员理解公式而非计算，教会学员如何正确地输入原始数据、如何解读软件的计算结果、如何得出正确的结论。而计算过程由计算机来完成，这样的课堂培训就可以变成统计软件的实操和一些经典工具的实战演练。统计软件的实操是为了保证学员正确使用统计软件，锻炼学员熟练处理数据的能力，而实战演练则是为了加强学员对六西格玛关键工具的认知能力，以便将其拓展应用到实际项目中。经典的实战演练包括测量系统分析中的水杯（水量）测量试验、试验设计中的弹射器试验、纸飞机试验等。企业应根据产品特点尝试开发更多具有自身特色的试验。一个出色的实战演练，就是一个小型项目，可以包含从项目定义、因子分析、假设检验、试验设计、改善控制等所有主要模块。如果在课堂内可以实现一个小案例贯穿整个方法论并应用多数关键模块的演练，同时培训师再加以辅导与纠偏，那么这种培训形式的收益远大于单一枯燥的理论教学。

2. 线上培训

线上培训是线下培训的延伸和补充。由于传统的课堂培训占用的资源量大，而且学员接受的程度参差不齐，因此有相当多的学员在有限的课堂培训中无法充分消化知识点，再加上课后与培训师的沟通有限，导致培训效果不佳。此时一个可以长期可用、随时可用的线上学习系统就非常必要。线上培训的优点在于，学习形式的灵活性很高。这种方式不受学员的时间和地点所限，对于有多个区域的企业尤为适用。学员不必为长途出差所困扰，而且可以利用碎片化时间，随时学习。线上培训往往有充足的视频和音频资料，对于比较难以理解的部分，学员可以反复观看。线上学习系统可以实现培训报名、课程预约、课时调整甚至在线测试，这些活动都有准确的数据呈现，便于线上学习系统的管理团队进行必要的调整和优化。从企业实施线上学习系统的成本构成来看，这种培训方式的成本在较长时间内（如使用线上学习系统3年以上）显著低于课堂培训的成本。在部署线上学习系统时，企业需要承担一笔较大金额的初期系统开发或采购成本，以及必要的配置成本。但企业在部署完线上学习系统之后的常规过程中，维护该系统的成本非常低。这也是目前大型企业普遍导入线上学习系统的主要原因。但线上学习系统的教学效果会显著弱于线下培训，因为这种方式缺少培训师与学员之间足够的互动。多数线上培训依然是幻灯片文件配以音频的形式，或者使用已经录制好的视频文件。这种方式虽然便于学员多次反复查看，但基本不存在互动，学员心中的疑问只能另找解决途径。另外，学员在学习过程中的专注度不同以及学员个人理解力的差异都会严重影响学习效果，这种影响在线上学习过程中会变得更加严重。在线下培训中，优秀的培训师可以迅速察觉学员的专注力是否出现转移或下降，并加以调整；而在线上培训中，由于缺乏足够的互动，当学员专注力下降后，就会导致随后的学习效率大幅度下降，除非其自身意识到该问题并且调整（实际上自我调整的概率很低）。当学员的理解力不够强时，很多原本在线下培训时通过简单的解释就可回复的问题，在线上培训时可能成为难以逾越的鸿沟，这种情况在有关统计学的课程中尤为明显。虽然线上培训是一种低成本且有效的学习方式，但现阶段无法完全取代线下的课堂培训。很多企业在投入一笔预算完成线上学习系统的构建之后，就寄希望于该系统实现六西格玛教学的完全线上化，这是不合理的。比较好的实践经验是将六西格玛的核心模块、动手练习和认证辅导等活动作为传统的线下培训内容，而线上培训作为辅助学习方式，补充线下培训未涉及的知识。利用线上学习系统进行在线考试和部分基础知识的普及是一种不错的选择。网络直播形式的培训注重知识的初步普及和理念分享，这种形式是线上学习系统的一种特殊形式，也结合了线下培训和线上培训的优点（同时具备两者的部分缺点）。形式上，这是教学系统的重要补充。区别于传统线上播放录播视频的方式，网络直播更接近于线下培训的特点，即学员可以与培训师进行一定程度的互动，包括实时的提问回答，以及操作类的演示等。网络直播不需要前期的视频录制，培训师可以接近于线下培训的方式进行培训准备，利用白板和教具等道具，从而达成近似线下培训的效果。但网络直播过程中，培训师只能关注到部分学员的学习状态，所以对于培训师而言，互动依然是不充分的。这些因素都对培训师的个人能力提出了更高要求。如何有效控制网络直播学习的进度、调整学习氛围，甚至远程控场等都是做网络直播的培训师需要做好的基本功。要达到接近线下培训的同等效果，做网络直播的培训师比做同类线下培训的培训师有更扎实的教学经验和培训技能。同时，网络直播很容易出现和线下培训同样的问题，即培训完之后没有足够的知识沉淀，不求甚解的学员很快就会遗忘培训的内容。所以网络直播仅用于推广六西格玛的基础知识和基础模块的方式，以达到知识普及或知识扫盲的效果。需要注意的是，如果反复推广"洗脑式"的网络直播培训或者长时间地固定一个话题，就会使学员厌烦，进而反感六西格玛。培训师使用新鲜的话题，如分享六西格玛项目案例、分享六西格玛在不同行业间的推广应用、举办最佳实践等可以提升直播培训的生命力。

3. 在岗培训

在岗培训是企业一直推崇的培训方式。纯粹的培训无论采用哪种方式，都只停留在基础学习阶段，而学习是为了应用，学习六西格玛更要以应用为主要目的。在学习六西格玛的过程中，如果在应用某些模块或工具时出现障碍，那么培训师通常会做一些练习来帮助学员理解。但事实上，练习的效果依然比不上实际操作，我们依然推荐学员尽量在工作中实操应用这些工具。所以无论学员是否会被培训成六西格玛专职员工，我们都期望他们在其工作岗位上去应用六西格玛方法来完成项目。与其他岗位培训策略不同的是，六西格玛的在岗培训之前还要进行必要的基础知识培训，否则学员会大量消耗现场资源并降低学习效果。在岗培训通常以六西格玛项目为背景，有明确的执行计划、辅导计划、评审计划等。学员利用六西格玛知识构建项目的整体框架，并扮演其对应的角色。随着日常工作的推进，学员逐步应用六西格玛的工具，在这个过程中深化对工具的理解并且掌握工具的应用。培训师此时则蜕变为辅导者或教练，协助学员应用工具，并进行纠偏。这种形式非常类似企业在常态化实施六西格玛过程中的项目推进形式，二者的主要差别在于，此时的项目辅导以教学为目的，培训师（辅导者）更多地进行操作演示和分析讲解。这种在岗培训需要定期评估和改善，通常也需要人事团队的支持，否则学员很容易失去热情，并逐渐淡忘这个学习任务，甚至出现项目不了了之的情况。这种形式对于初步导入六西格玛的企业并不太适用，而在实施六西格玛较为成熟的企业则较为普遍。

图 11-4 是线上培训、线下培训和在岗培训结合的模型示意图。在实际应用时，企业可以采取更灵活的方式。

六西格玛的培训方式多种多样，只要能够提升培训效率或者能够将培训的负面影响降到最低，就可以采纳。在规划培训时，企业的管理团队需要时刻考虑培训的可实施性，以及如何与项目结合，尽量减少长时间的假期或其他企业活动对培训连续性的冲击和影响。

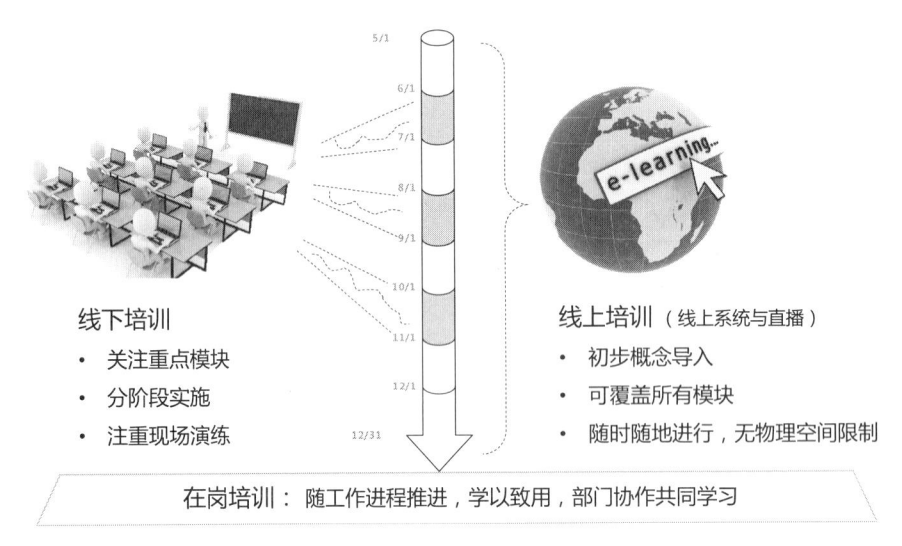

线下培训
- 关注重点模块
- 分阶段实施
- 注重现场演练

线上培训（线上系统与直播）
- 初步概念导入
- 可覆盖所有模块
- 随时随地进行，无物理空间限制

在岗培训：随工作进程推进，学以致用，部门协作共同学习

图 11-4　三种六西格玛培训方式的结合

11.5 培训师的能力建设

在实操过程中，除了企业邀请外部的培训或咨询机构来实施培训，在其他情况下绝大多数六西格玛培训师都是企业内专职的六西格玛人员或持续改善团队的专家。六西格玛培训师的能力建设也就是六西格玛专业人员的能力建设。

培训是否可以成功实施，很大程度上取决于培训师的能力，而六西格玛培训师应具备相当多的基础知识。相对于其他培训师而言，六西格玛培训师更难培养和成长。与其他培训师类似，六西格玛培训师的能力也区分为硬技能与软技能两大部分。

六西格玛培训师的硬技能主要以六西格玛基础知识为主，包括培训师对六西格玛工具的掌握程度和应用能力。如果参考工具篇中的介绍，那么六西格玛涉及的硬技能包括战略规划的能力、创新工具的应用能力、项目管理的能力、应用统计分析的能力等。这里涉及的工具方法论庞杂，要掌握这么多知识，对很多年轻的培训师来说是极大的挑战。换句话说，六西格玛培训师就是一个六西格玛专业人员（专业不代表必须全职或专职），如绿带或黑带等。但培训师的硬技能并非六西格玛培训的关键障碍，因为即便工具再复杂，只要投入足够的时间和精力，就可以达到一定的熟练程度。在培训师的诸项能力中，真正影响培训质量而且较难培养的能力以软技能为主。六西格玛培训师所需的软技能几乎囊括了企业内常见的所有软技能，包括时间管理、冲突管理、资源管理、有效聆听、指导他人、沟通管理等。培训师在培训过程中要进行实际案例的分析，与学员要有大量互动。这就要求六西格玛培训师不仅是一个优秀的讲师，还可以对项目进行讲解，开展现场的工作坊，甚至直接辅导学员处理各种实际问题。

综合来说，一个合格的六西格玛培训师应至少考虑建设这些能力：战略规划和实施能力、基础硬技能、关键软技能和主观能动性等。

（1）战略规划和实施能力，需要长期培养。六西格玛培训通常会伴随项目共同推进，培训师应对此进行全局规划，包括设置培训课程、关联培训内容与业务、确定培训交付形式等。因此，培训师必须熟知战略管理的基础知识，深刻理解企业的战略意图，了解六西格玛的战略分解目标，以保障战略规划的合理有效。培训师在与学员沟通时需要协助学员树立企业全局发展观，帮助学员理解六西格玛项目与企业战略的一致性。这是引领团队和管理团队的行为，此时培训师的领导力、执行力、个人影响力等基础能力不可或缺。

（2）基础硬技能，或六西格玛专业技能，是六西格玛从业者的必备能力。解决实际问题往往不只是应用六西格玛知识体系内的工具。六西格玛培训师必须博闻强识，不仅要掌握六西格玛特有的模块和工具，还应兼顾交叉学科的工具及其实际应用方法。典型技能如项目管理，项目是六西格玛的载体，项目成功才能保证六西格玛方法的成功应用，因此项目管理是必不可少的技能。类似的工具和方法数不胜数，不一一列举。

（3）关键软技能，是指与六西格玛导入实施最直接相关的软技能。虽然六西格玛涉及所有的常规软技能，但在这些软技能中仅有部分技能具有决定性影响，如培训培训师的培训、变革管理等。其中，培训培训师的培训（Train the Trainer Training，TTTT）是最基本的软技能，该技能包含两层基本要求：一是将学员培养成新的培训师，这是六西格玛体系传承的基本要求，即黑带培训绿带、绿带培训黄带等；二是掌握足够的演讲和报告技巧，包括准备教材课件、课堂演讲和知识宣贯等。变革管理则是推动企业变革的基础理论知识，是实现企业改善的内在原动力。接受新事物的能力决定了六西格玛实施团队的视野及其应对挑战的能力，变革管理可以协助培养这种能力。

（4）主观能动性。六西格玛是一个高速发展的方法，在短短几十年间就被全球多数企业所接受，其模块和工具的更新与扩展速度十分惊人。一名专业培训师或专职人员需要不断自我学习以跟上其发展的步伐。所以企业希望挑选主观能动性强、敢于挑战更高难度的员工进行培训。同理，企业不希望培养好的人才迅速流失，所以员工的稳定性也是关键要素之一。

以上维度的能力建设，仅仅是实施六西格玛培训和项目辅导的最基础能力，而非培训应具备的全部能力。当一个培训师达到黑带及以上水准时，其综合实力应不亚于任何一个企业的中层管理者。企业可以根据自身的特点来制定专属的六西格玛培训师能力模型，并根据企业的人才模型进行分类。例如，有的企业将领导力、沟通能力等列为软技能，把改善文化建设、变革管理列为战略规划技能等。这些分类都是可行的，取决于企业自身的判断和决策。表11-2是六西格玛培训师或专家的能力模型示例。

表11-2 六西格玛培训师或专家的能力模型示例

分类	模块	描述	重要度	2018年	2019年	2020年	中长期目标
战略规划和实施能力	战略思考能力	全局思考、规划六西格玛培训和项目各环节的综合能力	A	6	7	7	8
	领导力	领导团队、领导六西格玛活动的能力	B	6	7	8	8
	执行力	实施落实培训、项目改善成果的效率和能力	A	4	6	7	9

续表

分类	模块	描述	重要度	2018年	2019年	2020年	中长期目标
	影响力	个人影响他人行为的能力（并非职位权的影响）	B	9	9	8	8
	沟通能力	有效聆听、理解他人、沟通协商的能力	B	7	7	8	9
基础硬技能	方法论知识	六西格玛、TRIZ等各种问题解决的方法论和工具	A	6	7	7	10
	项目管理能力	项目规划、实施、管理、监控等实现项目的能力	A	6	9	8	10
	财务知识基础	辅导六西格玛项目所需要的基础财务能力	A	4	5	6	8
	创新工具能力	应用创新工具的能力	C	6	7	7	9
关键软技能	培训培训师的能力	培训新的培训师的综合能力	B	7	9	9	9
	突破思维的能力	开放的视野，敢于挑战现状的能力	B	4	4	6	8
	接受新事物的能力	对新事物、新方法敏感且易于接受	B	5	6	5	9
	教练技术	增强互动、驱动学员实操的能力	B	7	7	7	9
	变革管理	推动组织变更、实施改善措施的能力	A	5	5	7	8
主观能动性	自我学习的能力	是否能独立进行自我学习、研究和分享	A	6	6	6	9
	接受新挑战的能力	是否愿意挑战困难项目或承接更多的职责范围	B	4	5	6	9
	职业稳定性	在企业内发展的稳定性和可成长性	A	5	5	6	9
			总分	97	111	118	149

企业在制定能力模型时，需要给出客观的评价标准。对各个维度的评价可以分解细化成具体可衡量的子维度。例如，表11-2中将关键软技能拆分为教练技术、变革管理等。即便这些能力都是培训师的必备能力，这些能力之间也依然存在着相对的重要度差异。评价标准需要定义这些能力的重要度或优先级判定方法。定义重要度的方法通常有两种：相对等级排序，如A、B、C等；权重评分（1~5分或1~10分）排序。管理团队在评价培训师能力时，常采用数字化的评价方式，并且和重要度评价一起加权处理。例如，在表11-2中，"重要度"右侧的矩阵就是数字化的评价方式。通过数字化的评价方式，评价对象会得到一个多维度评价的综合得分。虽然管理团队通常不直接使用该得分来评价培训师是否合格，但多次评价的结果可以客观展示该培训师能力变化的趋势。

培训师的能力建设也应使用能力模型的发展和追踪工具来实施。雷达图是管理能力模型的最常见工具。管理团队通过对培训师的定期评审，对比该培训师不同阶段的能力变化趋势，显示其成长的变化以及相对薄弱的环节，从而帮助其制订后续的个人发展计划。管理团队使用雷达图分析时应结合水桶原理，帮助评价对象补足短板从而全面发展。图 11-5 为培训师能力的典型雷达图示例。

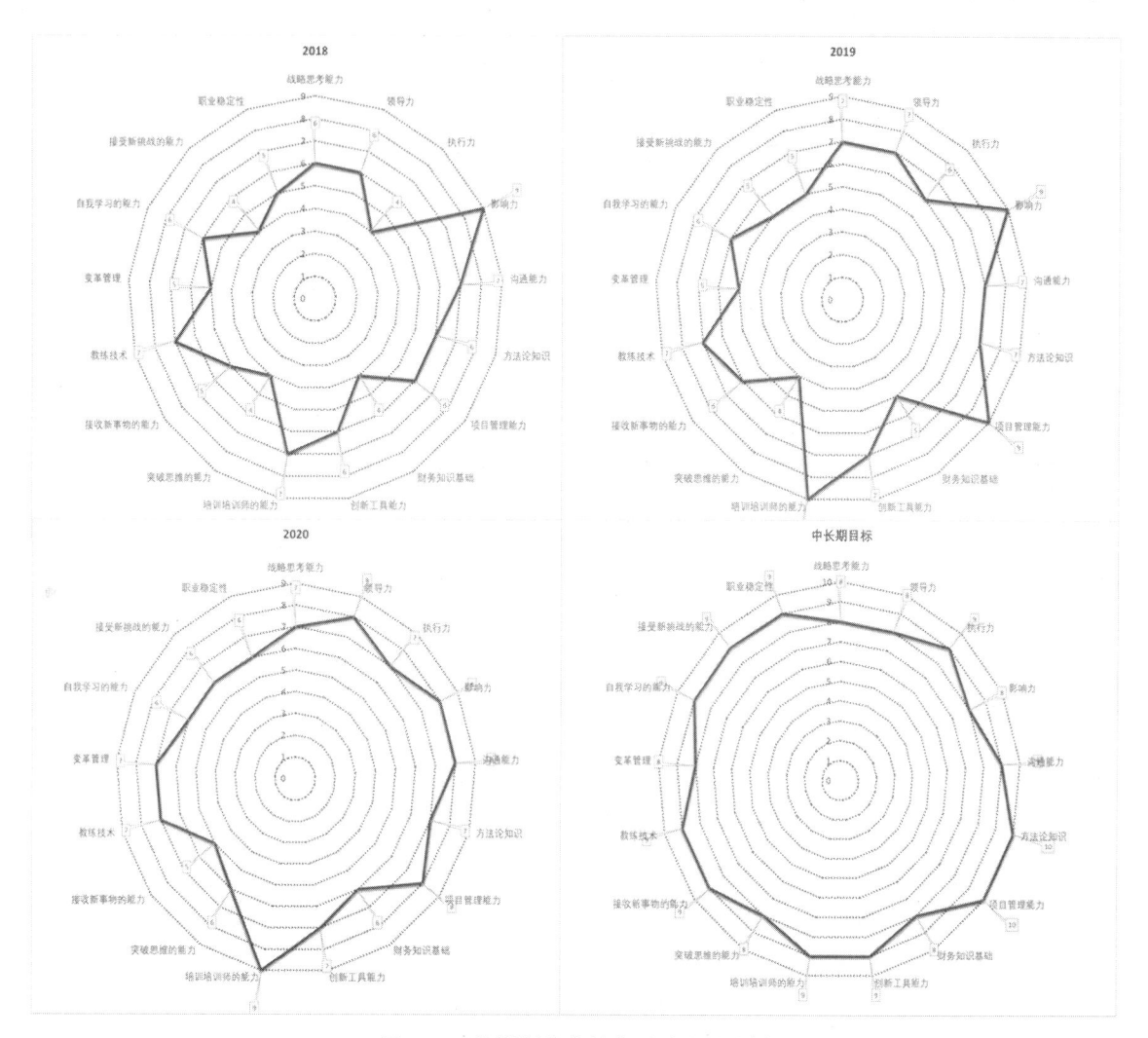

图 11-5　培训师能力的典型雷达图示例

在项目实施过程中对每种能力的掌握要求各不相同，要针对各种能力分别设定目标水平。例如，财务的相关技能，虽然财务技能很重要，但在六西格玛项目中的应用难度不高，所以使用者不需要达到专业财务水平。因此在制定中长期目标时，管理团队应依据实际应用的需要，确定具体的目标分数并对评分标准进行必要描述。各种能力的目标水平不应设得过高，能力建设以阶段性的显著提升为主要目的。

再次强调，虽然本节一直在分享培训师的能力建设，但前文已经提到，六西格玛培训师几乎全部都是六西格玛专业人员（培训和辅导学员本就是该群体的主要工作之一），所以本节所分享的内容亦适用所有的六西格玛专业人员。

六西格玛的能力建设应针对整个六西格玛功能团队，是企业功能战略的一部分。在六西格玛体系导入初期，企业可以适当降低对其能力模型的要求，此时可借由外部专业团队进行培训和项目辅导；在导入后的常态化管理阶段则应构建更为平稳的能力发展曲线。

第 12 章

项目发起与阶段划分

12.1 项目来源

企业发起六西格玛项目往往是为了解决问题或打破现状,所以凡是可以帮助企业改善现状的机会都可能发展为六西格玛项目。企业所面对的实际业务情况非常复杂,因此六西格玛项目的来源也变得多种多样。在初步导入六西格玛的阶段,六西格玛项目具有特殊的象征意义。因为企业追求项目的成功率和样板作用,所以该阶段的项目往往由企业管理团队直接指定。本节主要分享的内容是当企业进入六西格玛常态化管理阶段之后,六西格玛实施团队如何识别项目机会和发起项目。

六西格玛项目受改善需求的类型和急迫程度影响。在分析这些需求时,客户满意度是首要关注点。图 12-1 为六西格玛项目需求分类示意图。

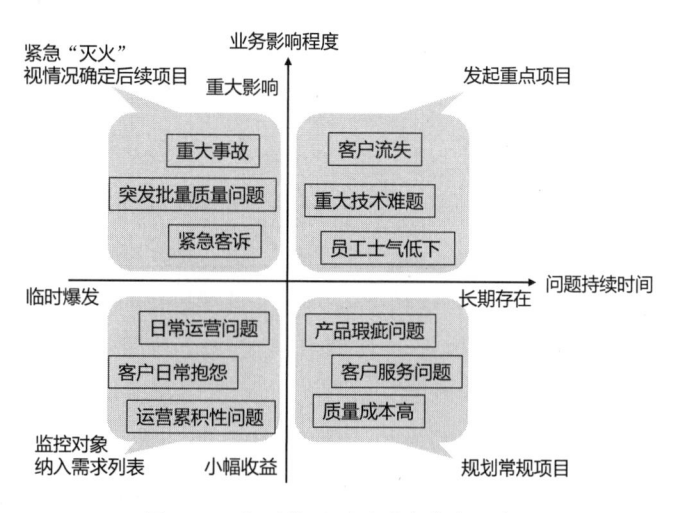

图 12-1 六西格玛项目需求分类示意图

企业通常都会把精力放在长期存在的痛点问题上,如运营中始终存在的问题、产品的关键特性问题等,这些问题都是六西格玛项目的主要来源。六西格玛的重点项目一般用于解决那些对业务有重大影响的长期问题，而常规项目用于解决对业务影响不大的问题。常规项目的优先级低于重点项目，是因为常规项目的改善对象不会在短时间内对业务产生致命影响，但这并不代表常规项目不重要。例如，常规项目的研究对象很多都是长期存在的运营累积性问题，这些问题引发的成本损失是巨大的。运营累积性问题是企业在日常运营过程中积累产生的问题，如现场整洁问题。现场不太可能一天就从干净整洁变得脏乱差，而是员工不注意日常清理导致的。运营累积性问题可能临时爆发，也可能长期存在。管理团队可以将临时爆发的运营累积性问题纳入项目的需求列表，后期视企业的实际资源情况决定是否要发起常规项目来解决这些问题，而长期存在的运营累积性问题可以直接发展成六西格玛常规项目。

六西格玛项目通常会经历一段较长时间才能完成，所以对于短期爆发的重大问题，企业不一定要用六西格玛项目的形式来处理。此时，管理团队应采取一些紧急措施，以尽快消除当下影响，来提升客户满意度，这个过程即"问题灭火"过程。有一些短期爆发的重大问题可能是偶发的单纯操作性事故，如员工的误操作，此类问题并不需要复杂的方法来解决。在"问题灭火"后，企业应尽快审视这些问题是否会持续对企业产生影响，并决定是否要发起六西格玛项目来专项解决。如果某些短期爆发的重大问题由系统性原因引起，如大量常规运营问题累积引发的质变，那么企业应建立重点项目进行改善。需求列表中的所有需求不一定都会发展成六西格玛项目，即便重大问题的改善需求亦是如此。六西格玛实施团队是否发起一个项目，不仅要考虑项目重要度和问题复杂度，还要考虑资源消耗量。为了提升企业资源利用率，实施团队在立项前需要梳理潜在需求列表。项目的需求列表记录了企业实施改善项目的所有潜在机会，实施团队可通过头脑风暴法、标杆参照法和列表法收集这些需求。

（1）头脑风暴法，在需求列表建立过程中起到了很大作用，这是大多数企业创建和更新需求列表的常规形式。实施团队可以召集很多员工一起进行头脑风暴活动，让所有参与者共同识别企业的改善机会。这种活动可以定期进行也可以临时召集，参与成员应覆盖足够多的功能团队，也可以邀请所有层级的员工。这种需求收集没有任何限制。实施团队允许员工发挥天马行空的想象力，利用头脑风暴的独特性来获得大量输入。由于通过头脑风暴获得的原始需求表中的内容可能非常杂乱，或者存在大量不切实际的内容，因此需要经验丰富的员工参与鉴别和提炼有实操价值的改善需求。

（2）标杆参照法，是由企业主动与某些标杆企业或标准对标并寻找差异的方法。在对标的过程中企业可能发现某些指标虽然已达到企业的内部要求，但与标杆企业或标准相比仍有差距，由此企业鉴别出新的改善需求。当企业不能为已鉴别的需求设定合理目标时，也可以通过标杆企业或标准来获取改善目标。标杆参照法一般定期执行。实施团队要记录每次评估结果，并将其作为企业持续改善活动的一部分。

（3）列表法，通过强制立项标准定期有效地获取潜在需求。该方法在企业持续改善阶段非常有效。在企业运营过程中，由实施团队参照事先制定的强制立项标准直接获取需求。考虑到项目的时效性，这些需求通常会使用符合标准的滚动值来保证需求的有效性。例如，定义每个部门运营成本浪费的前三项问题，并对其发起项目需求。某些问题被解决后，会有新的问题替补成为新的前三项问题，以此持续鉴别问题并不断改善。这种方法可以保证企业始终获得足够多的项目数量，因此它也是推行六西格玛较为成熟的企业最常用和最有效的推行方法之一。表 12-1 为企业内部常见的立项标准示例。

表 12-1 企业内部常见的立项标准示例

分 类	立项标准	输入部门
客户抱怨	在一年内出现两次以上的同一问题； 存在六个月以上未解决的客户抱怨	质量
产线合格率问题	连续一个月的生产过程中，持续影响产线合格率的前三项问题； 连续一个月的生产过程中，影响产线且持续时间超过一周的问题	质量
质保问题	每季度客户质量问题的前三项问题； 每月客户退换货排前三的产品问题	质保
报废问题	每月占材料报废原因的前三项问题	运营
复现的工艺问题	因工艺失效导致质量成本的前三项问题	运营
停机问题	设备非计划停机率超过 20% 的问题； 连续两次出现工具工装提前 20% 的寿命时间就报废的问题； 设备故障率提升 10% 以上的问题	设备
重大等待浪费问题	连续两次出现单条产线在局部等待时间超过定义值三倍以上的情况	仓库
其他问题	特别指定的项目；	待定
	客户正式投诉，且很难找出真因的问题；	待定
	存在超过六个月但无法快速查明真因的问题	待定

项目需求的来源还有更多渠道，而且很多需求都是临时出现的。例如，体系审核发现的不符合项；员工在工作过程中偶然发现的改善机会；企业在某个特殊时期发起的临时活动，如因为企业突然遭遇竞争对手的价格战而发起的降本项目。

企业正视当前问题，不断自我反省，是企业改善的第一步。鉴别改善需求的过程是企业自我暴露问题的过程，这是积极的企业管理过程，显示了企业实施六西格玛的价值。

12.2 项目选择

企业资源是有限的，而企业日常运营会占用其中大部分资源，在剩下的资源中可供六西格玛项目使用的资源非常紧张。面对众多的改善需求，企业可以采用传统项目管理中的队列管理（管道管理）对已识别的改善需求进行排序。管理团队通过明确客观的评价标准确定项目价值，如项目对企业的重要程度、项目的执行难度等，然后依照项目价值排定项目优先级，并评估相应的执行风险。

财务指标通常是企业选择项目时优先考虑的衡量指标。财务指标通常计算项目的年化收益。项目团队预估该指标时要考虑执行项目所需的人力成本、物料成本（含测试样件和各种损耗），以及项目执行过程中可能存在的各种潜在成本，如变更成本等。由于此时项目尚未正式确立，因此这个预估指标是一种模糊估算。如果管理团队对项目的收益产生怀疑，则需要项目团队尽可能解释该收益的计算方式、前提条件等内容，甚至需要提供额外的证据来证明该估算的有效性，如项目团队提供第三方咨询机构的调查报告等。

项目的复杂度代表着项目的执行难度。项目团队并非一定要追求高难度、高收益的项目。企业内部资源往往呈金字塔形分布，专家级员工是稀缺资源。项目的复杂度需要与可用的资源状态相匹配。如果项目团队只关注高难度项目，那么很可能面临无合适资源可用的窘境。此外，项目风险必然存在，且随着项目复杂度的增加而增大。管理团队要适当平衡项目的复杂度，控制高难度项目的数量。项目团队则应慎重选择高收益但复杂度极高的项目，以免项目失败导致更大的负面影响。

项目的重要度一般体现在项目对企业的价值提升和对外部客户的影响力上。六西格玛项目通常会使企业的流程能力和产品性能获得改善，这是项目的直接收益。企业如果看重项目除财务收益外的其他成果，如该项目存在对组织长期发展有利的因素，那么项目优先级就会提升。另外，有些项目会涉及企业的外部客户，企业往往无法直接用财务指标来衡量这些项目。例如客户满意度的提升，该指标在汽车、医疗等很多领域都是关键指标，这些指标的改善会直接影响企业和客户之间的业务关系。直接影响客户的项目通常会受到更多青睐。

项目的影响力是企业文化建设的重要部分。企业在六西格玛导入初期很看重项目的标杆作用。项目的标杆作用在导入后期会减弱，但不会完全消失。为了保证企业有足够持久的热情来实施六西格玛，实施团队需要持续推进各种活动。其中，标杆项目的分享活动是很好的选择。这类分享活动通过展示六西格玛推进的效果，来达到鼓舞员工士气的作用。实施团队还可以借此分享六西格玛知识和推行经验，让其他团队看到六西格玛实施团队的价值。因此，六西格玛项目的影响力是六西格玛实施团队的价值体现。

资源的可用性决定了项目的可执行性。在六西格玛项目中，除专业辅导人员外，其他资源基本都与其他功能团队或项目团队共用。在实行矩阵形式的企业中，多数员工可能已经存在两条汇报线，而为了实施六西格玛项目，员工在无形中又被增加了一条临时汇报线。员工不仅在心理上有抗拒，而且在实际行动中会出现明显的资源倾斜现象，即员工更倾向于优先完成本职工作而不是六西格玛项目要求的工作。实施团队不仅要和项目潜在资源管理者（如功能团队的负责人）协调获得资源承诺，也要平衡各功能团队间的具体资源需求，按资源计划进行立项评估。

项目的关键因素有很多。因为实施团队在立项之前无法鉴别所有的风险因素，所以他们需要考虑的并不是所有项目风险，而是可能导致项目流产的关键因素。例如，项目需要一个关键的技术工程师，而该工程师的时间安排有冲突，很可能在项目中后期要离开团队，且他的离开会导致项目直接失败。又如，项目需要安排试验设计，但根据已知情况，届时可能没有足够的原材料被用于制作样件。这些关键因素在立项决策中有重要位置，因为在项目实施的过程中，这些因素一旦出现就可能中止项目。实施团队需要考虑这些因素的影响，并根据评估结果决定是否可以立项。

逆向指标是指实施项目获取成果的同时可能带来的负面影响。这是企业中常见但非常容易遗漏的指标。依照矛盾理论，所有的改善行动或多或少都会伴随着某些负面影响，这些负面影响可以被看作改善活动的代价。逆向指标代表与企业前进（改善）方向相反的变化，所以有些企业称之为退化指标。例如，项目中某产线某项工艺参数公差设计过宽，导致产品合格率偏低。通过项目改善，该参数被限制在了一个较窄的范围内，从而有效提升了产品合格率。但收窄公差的行为对作业顺畅性会带来负面影响，而且产线因此需要进行调整甚至需要投入新工装，这些负面影响就是逆向指标。逆向指标可以是笼统的，也可以是非常具体的，由团队决定。逆向指标是立项标准的扣分项，管理团队需要慎重考虑逆向指标的潜在影响，不可盲目发起新项目。表 12-2 是六西格玛项目选择的决策工具示例。

表 12-2 六西格玛项目选择的决策工具示例

项目潜在需求	财务目标节约（项目获得的收益大小）	项目的复杂度（是否难以执行）	对客户的冲击（针对所有内外部客户）	项目的影响力（项目对文化的建议作用）	资源的可用性（是否有足够的资源）	关键障碍（决定成败的关键）	逆向指标：负分项（项目的负面影响）	逆向指标说明	总分
权重	9	3	5	2	5	5	总分 = Σ(需求单项分 × 权重)−逆向指标		
产线某工艺参数的调整	6	6	5	9	9	2	10	需要进行设备重大变更	160
某测试工位作业变更	7	2	2	10	2	9	80	变更作业顺序，有投资	74
提升循环冷却液的效率	5	7	6	9	4	4	30	循环系统需要改造	124
降低某产线的测试时间	2	4	3	5	8	4	80	漏检率可能会小幅提升	35
合并某几个工位的工步	6	9	8	3	2	8	40	员工工作负荷变大	137
降低车间的能耗指标	9	9	3	2	4	10	30	车间工作环境恶化	167
提升实验室的检测能力	3	8	5	2	4	4	80	检测准确度略有变化	40
减少不必要的巡检次数	4	8	8	6	4	6	20	漏检率可能会提升	142

企业可以定制自己的项目选择表，表中的决策因素可以根据管理团队的侧重点给予不同的权重，这些权重会极大地影响需求重要程度的打分。企业在不同时期可以设定不同权重，自行决定分值，但不可频繁更新权重，以免短期内出现项目需求的不公平竞争。逆向指标通常没有权重，因为每个项目需求的逆向因素都不相同，企业无法用统一的权重标准来衡量其重要性。每个逆向指标都需要

详细说明，以便管理团队正确理解其影响。在没有权重的情况下，为了保证逆向指标显著影响最后结果，该打分项的分值通常较高。

在项目选择表中得分较高的需求有可能被立项，企业也可以增加一些更细致的决定性条款来帮助决策。例如，管理团队可以应用项目组合管理中的战略水桶法来统筹可用资源并决定项目的分类和数量。

立项的需求评估可以由六西格玛专家来完成，但项目立项决策需要一个固定的管理团队。这个管理团队的成员不需要都是六西格玛专家，但一定是可以代表企业意志的决策者或被授权者。这个管理团队有两个典型特征：功能覆盖完整性与资源调配权。功能覆盖完整性要求进行决策的团队成员至少覆盖该项目相关的所有功能团队，以保证评价内容正确；而资源调配权是指管理团队在决定立项的同时做出资源可用的承诺，即项目资源的预分配。这个管理团队通常由企业各功能团队的负责人组成，其中六西格玛专家必不可少。根据所需决策的项目需求不同，决策团队的成员组成可以略有变化。在选择项目时，如果企业高层管理者对某些项目有偏好，在没有进行项目需求评估的前提下，就要求六西格玛实施团队直接启动这些项目，那么实施团队自行决定是否立项或启动。原则上，企业尽可能避免此类情况出现，因为这会使项目选择程序变得混乱甚至失效。

最终被立项的项目将被指派项目负责人（项目经理）与六西格玛专家（项目辅导者）一起进行后续的项目启动与执行程序。很多企业会将项目负责人和六西格玛专家合二为一，这取决于企业授权的合理性。在前文项目管理一章中已经分析过这两种做法的优缺点，此处不再赘述。

12.3 项目启动评审

六西格玛项目立项后，项目负责人就会对项目的改善需求进行初步分析。因为并非所有立项的项目都会被启动，所以项目负责人会考虑项目所有的潜在风险和执行细节并将这些信息整理成为项目章程。管理团队会评审项目章程的内容并决定是否启动该项目。只有通过启动评审的项目才会真正进入项目执行列表并按六西格玛执行项目。

项目的可行性分析是启动评审前最重要的工作。有经验的项目负责人会初步整理已经获得的信息，形成某种类似项目说明书或需求分解的文件，以作为向管理团队陈述项目必要性的说明文件。但这些文件中的信息往往是需求鉴别时的初步信息，这些信息不仅描述模糊，甚至存在部分过期或不准确的数据。这些文件不足以作为项目启动评审的全部材料，项目负责人在准备启动评审时至少需要准备以下材料。

1. 项目需求陈述

这是一份文件或者是项目章程的一部分，其中包括项目背景及项目迫切性的描述。这是项目负责人在原始需求的基础上具体分析项目潜在的基本诉求。除了项目明确提出的改善目标，该文件还包括完成这个目标可能涉及的其他主要工作和贡献。该文件可能成为项目定义阶段确定目标大 Y 和分解目标小 y 的重要依据。

2. 业务论证

业务论证，也称商业论证，被用于确定项目的实施场合，预估项目价值，以及阐明立项的必要性。论证范围还包括项目对内外部客户的冲击和影响。财务分析是业务论证的重要组成部分，此时项目负责人通常会编制项目初始损益表。如果初始损益表显示的收益不佳，项目通过启动评审的可能性就会大幅降低。

3. 可行性风险评估

在项目初期，项目的不确定性最大，项目风险也最高，但变更项目决策所带来的成本却最小。所以项目负责人需要全面评估项目执行的各种风险，包括财务、资源、技术等所有主动及被动风险，并形成项目最初的风险列表以及风险减轻应对计划。

4. 预授权列表

预授权列表也称项目初始人员列表。项目负责人要求各功能团队兑现项目立项时获得的资源承诺，以形成项目团队。在这个过程中不排除资源承诺发生变化的可能性，即有些曾被承诺会被分配到本项目上的资源无法实现。对于这种已承诺的资源无法兑现的情况，管理团队应控制其发生的频率，并进行必要的干预，否则项目决策的严肃性将受到极大挑战。在预授权列表上，项目负责人应明确各成员在项目中的角色，其中部分成员可能被赋予一些自身功能以外的使命，如负责工艺改善的项目团队成员还要负责规划试验设计活动等。由于此时项目没有正式启动，所有授权均为预授权，因此启动评审时管理团队可能会对授权做出调整。

5. 项目章程

项目章程是项目启动阶段最重要的文件。这份文件是项目全部信息的集中汇总，也是项目启动的核心文件。在该文件中汇总了项目背景、财务分析、技术能力、执行风险、资源负载、预估收益等重要项目信息，同时包含了项目的关键阶段划分、里程碑计划、风险应对计划和资源计划等项目信息。

所有资料齐备后，项目负责人提交这些资料给管理团队进行评审。由于项目启动评审是项目正式执行的一部分，因此该评审比立项评审过程更正式。从项目启动评审开始，管理团队的成员相对固定下来，不仅在启动时对项目进行评审，在项目后续的各个阶段中也都扮演类似的评审角色。管理团队可以分成核心团队和扩展团队，其中核心团队成员的构成与立项评审成员的构成类似，而扩展团队成员可以根据项目的独特需求单独邀请，如项目涉及的特别专家等。

通常，三种情况会导致项目无法通过启动评审。第一种情况是，项目的可执行度不符合需求鉴别时的预估。例如，管理团队在经过系统梳理之后，发现该项目的商业价值不够大，或者该项目的执行难度远超预想，此时管理团队会直接从项目列表中去除该项目，短期内不再考虑该项目（但该项目需求可以在新一轮的需求鉴别时再次评估是否要立项）。第二种情况是，项目的关键数据不完整令管理团队无法决策。项目负责人需要审视管理团队的意见，补充必要的资料，并且在合适的时机再次递交资料进行项目启动评审。第三种情况是，项目符合启动标准，但没有足够的资源来执行该项目。此时项目将被列入待启动列表，成为队列管理的关注对象。事实上，很多待启动项目无法启动是企业在短时间内资源不足导致的。此时项目团队只需要在资源被释放出来后，即可再次向管理团队申请启动项目。

项目通过启动评审后，六西格玛实施团队会获得一份持续更新的项目执行列表，或称项目队列管理表。项目执行列表罗列了已开始执行的项目和待启动的项目，其中的项目将按照项目管理和项目组合管理的方式进行统筹安排。待启动的项目会面临两个考验，一是项目成员的热情下降，二是改善的窗口期变化。项目立项之后，被预授权的成员在短时间内会保持一定的兴奋度，但如果项目因某些原因被要求等待启动，项目团队对它的关注度就会立刻下降，不久之后团队的多数成员就会失去热情。等到项目正式启动时，项目成员很可能无法以最初的兴奋状态来执行项目，这种情况将影响项目的执行效果和团队的凝聚力。此外，无论项目要等多久，项目团队都会面临窗口期变化的压力。窗口期是指项目仅在有限的时间段内完成才有价值。窗口期的压力分别来自团队内部和外部客户。对团队内部来说，由于团队资源会随时间发生变化，各功能团队承诺的资源没有在预期的时间节点被使用，那么功能团队很可能将这些资源释放并投入其他项目上。等到项目启动时，项目团队发现已经错过了关键资源，那么项目将面临被直接取消的风险。外部客户的压力影响会更大。如果这些客户因为无法等待而取消了项目，或者某些业务需求发生了变化，那么整个项目都将不复存在。例如，项目团队发起了某个改善产线合格率的项目，但项目迟迟没有启动导致客户不满，甚至取消了后续订单，那么由于该产品以后不再生产，因此改善项目将直接被取消。项目队列管理的本质是企业对于项目资源限制的妥协。企业不能无限制地增加或投入资源到六西格玛项目中，但也不能对需求置之不理。排入队列的项目可以被视为企业短期内放弃的项目，即此时企业更愿意将资源分配给其他项目。与此同时，企业已经做好了丢失项目机会的风险准备。队列管理的价值不只是区分启动项目和等待项目，因为一旦有资源被释放出来，队列中的项目就可以立刻启动。队列管理将大幅提升企业的资源利用率，帮助企业维持健康的运营形式。队列管理也可以保证企业的六西格玛活动持续且均匀地分布在日常工作中，并使企业内各功能团队尽可能保持对六西格玛的热情。队列管理表可以根据企业项目组合管理的要求进行定制，与资源计划等其他关键要素相结合。表12-3为六西格玛项目队列管理示例。

有的企业认为项目的立项选择和启动评审不必分成两个步骤，因为这会增加管理团队的负担，而且管理团队认为这种做法没有显著的好处。这种说法虽然不是完全没有道理，但不全面，因为立项选择和启动评审这两个环节的用意不同。需求的鉴别（立项选择）是为了研究项目是否值得做；而启动评审是研究项目能不能做。对于小型企业或停留在导入六西格玛初步阶段的企业，企业的项目数量不多或项目规模不大，那么将立项选择和启动评审合二为一的做法能有效节省企业的管理资源。但对于已导入六西格玛的成熟企业，企业每年启动的项目成百上千，需要更加慎重地思考资源投入的合理性，以及与业务的关联性。立项选择和启动评审都是项目管理的一部分，企业可以根据自身情况对实施细节做必要的裁剪。

表 12-3　六西格玛项目队列管理示例

今天：2019/4/16	项目名称	计划启动时间	实际启动时间	当前阶段	状　态	备　注
执行中项目	产线某工艺参数的调整	2018/9/2	2018/9/18	I 改善	正常执行	团队已获得改善优化的参数，初步验证中
	某测试工位作业变更	2019/1/5	2019/1/26	A 分析	正常执行	团队已初步获得因子的测量参数，正在分析相关性
	提升循环冷却液的效率	2018/11/26	2019/2/25	M 测量	正常执行	测量系统异常，团队正在整改中
	……	……	……	……	……	……
等待启动项目	降低某产线的测试时间	2019/5/12	—	立项	等待启动	团队需要一个专业外部专家资源
	合并某几个工位的工步	2019/6/2	—	立项	等待启动	等待产线布局（进行中）完成后启动
	降低车间的能耗指标	2019/5/20	—	立项	等待启动	团队等待资源释放
	……	……	……	……	……	……
状态异常项目	提升实验室的检测能力	2018/12/21	2019/2/5	M 测量	暂停	过程参数出现错误，且团队长时间未查明原因，问题暂时无法解决
	减少不必要的巡检次数	2018/2/13	2018/8/1	I 改善	暂停	逆向指标影响过大，须重新评估项目价值
	……	……	……	……	……	……

12.4　阶段划分与交付物

项目的阶段划分与项目类型有关。本节将分享六西格玛项目最常使用的 DMAIC 框架及相关交付物，对于其他框架暂不描述。阶段划分是为了更好地实现项目目标。不同的阶段划分在形式上可能不同，但它们的本质和原理是相似的。

12.4.1　阶段划分

六西格玛项目的阶段划分与六西格玛方法的逻辑框架有关。以 DMAIC 为例，其各个阶段都有重要的任务和使命，所有工具的应用都是为了实现这些任务和使命。凡是脱离项目阶段使命的工具应用和项目活动都是不正确的。

1. 定义阶段

定义（Define）阶段是项目的最初阶段，该阶段确定项目的主体对象和期望目标。

在定义阶段，已获得正式授权的项目团队成员会汇总所有的项目信息，彻底分析项目的改善对象、背景和现状。项目团队会针对改善对象提出各种看法，讨论其潜在发展趋势，量化项目改善目标。项目团队可以使用各种创意工具或需求管理工具进行需求翻译与分析，把模糊的改善目标进行详细分解和量化，也就是将原始的项目目标分解为具体小目标的过程。如果项目目标已经非常具体且可以量化，如项目团队明确项目目标为"改善产品的抗弯曲强度"，那么项目目标无须继续分解。

项目团队在定义阶段必须获取项目相关的基础数据，如改善对象的历史数据等。项目团队对项目需求和基础数据的分析以定性分析为主，因为不少信息在项目立项时就已经被分析和确认过。由于很多项目的改善需求在被企业鉴别出来的时候，项目团队就已经开始怀疑某些影响因素（潜在影响因子），因此项目团队在该阶段也可对潜在影响因子展开初步分析和研究，做必要的初步筛选。项目团队使用需求管理工具获得具体的信息，结合失效模型的分析，可形成初步潜在因子列表。项目团队不可对潜在因子列表中的 X 进行决定性判断，即不可在此时就判定这些因子是不是关键因子。

定义阶段是项目团队热身的阶段。在此阶段项目团队成员开始相互理解和信任。项目的分工也在此时正式确定，除六西格玛专职人员外，其他成员的分工往往与本职工作不同。这些项目工作都将占用团队成员的额外工作时间。此外，在定义阶段中项目团队应明确项目的整体执行计划、里程碑、资源计划和风险分析等信息，并保证所有团队成员都对这些信息有一致的认识和理解。

2. 测量阶段

测量（Measure）阶段是项目获取数据的重要阶段，在该阶段至少应完成以下工作：

- 完成对响应现状的量化分析，包括测量系统分析、过程稳定性分析、过程能力分析等；
- 确定项目的潜在因子列表，以及对应数据的可获得性；
- 确定数据收集计划并获取数据。

如果项目涉及的参数（包括响应、潜在因子和其他相关参数）不在企业日常运营监控范围内，则需要进行必要的测量系统分析以确保数据的有效性。在这些参数中，需要对响应进行必要的测量系统分析和改善。是否需要对潜在因子进行测量系统分析取决于数据获取的方式。如果潜在因子是固定参数，如固化的工装夹具、仪器的设定值等，则无须对其进行测量系统分析。但如果潜在因子是可测量的动态参数，如工艺辅材的长度或宽度，则需要对其进行必要的测量系统分析。

过程稳定是应用六西格玛进行数据分析的前提之一。如果系统不稳定，项目团队就要在系统稳定后再推进项目。过程稳定性分析也是数据分析有效性的重要保障。

过程能力分析是为了让整个团队了解当前问题的严重性。它深刻揭示了项目改善对象对整个业务的影响程度，以及企业将该问题放任不管后可能带来的后果。在过程能力分析的过程中，项目团队应进行必要的风险分析和失效模式分析。在这个过程中项目团队可能会发现新的潜在因子。

获取数据是本阶段的重要使命，这些数据是后续正式分析的主要输入。测量和采集数据受产品生产周期的影响，因此获取数据的过程会持续很长时间。项目团队要根据数据类型、样本量等数据需求制订相应的数据收集计划。在此过程中，计算样本量、分析数据可获得性、明确抽样计划等重要环节都必不可少。

在测量阶段的尾端，项目团队可对已获取的数据进行初步扫描，对明显不可用的数据进行及时评价和调整。原则上，任何人都不可改动原始测量数据，以免出现数据污染。对于严重失真的数据，项目团队需要仔细评估测量系统的影响，并决定是否要重新测量数据。

3. 分析阶段

分析（Analyze）阶段会对已获得的所有数据进行系统分析。该过程的时长取决于数据的复杂程度和分析者的意图及思路。在进行具体数据分析之前，项目团队可以通过快速判断去除显著不相关的因子，以简化后续分析。必须有明确证据证明快速判断的合理性，否则极易错将关键因子去除。初步的数据扫描可能会获得一些快速改善的提示，可将这些显而易见的改善与后续分析剥离，并单独实施。

项目团队对已获得的数据可以展开各种统计分析。例如，针对一组单一维度的数据（如产品的某个测量值），项目团队就可以完成单值图、移动极差图、单样本 t 检验、时间序列图、可靠性分析等多种统计分析。多个输入因子混在一起可能会出现多种组合，其对应的分析方法更为多样，如多元回归等。所有分析都是为了获得响应与潜在因子之间的相关关系。这就是六西格玛的核心价值，即寻找 $y=f(x)$ 的过程。

在分析过程中会出现两种状态，即项目团队能或不能找到响应与潜在因子之间的关系。如果能找到两者的关系，那么项目团队需要对获得的关系模型进行验证；如果不能找到两者的关系，则代表当前潜在因子列表中没有关键因子，那么项目团队需要返回到最初的定义阶段重新寻找新的潜在因子，并再次检查测量系统的有效性。

在分析过程中，如果项目团队发现测量阶段的数据不可用或需要新数据，就要循环迭代测量阶段的部分工作，以获得必要的新数据。在项目实操过程中，项目需要再次获取新数据的情况普遍存在，但项目团队应尽量减少这种情况出现的次数以有效控制项目成本和执行周期。

分析阶段的使命是确定响应与潜在因子之间的关系，通过验证和确认的潜在因子，不再是潜在因子而成为关键因子。关键因子是真正影响项目目标的因子，后续所有改善活动主要都围绕着关键因子进行。所以如果项目无法在本阶段找到关键因子，那么除非项目回到原点重新寻找新的潜在因子，否则项目就等于失败了。

4. 改善阶段

改善（Improve）阶段是达成项目目标的最重要阶段。改善措施有两个重要来源，一个是基于历史经验和事实依据，另一个是优化分析阶段所获得的关系模型。

当关键因子被锁定之后，如果项目团队发现关键因子存在历史改善经验，那么无须进行模型计算即可立即实施改善。例如，数据分析发现某参数对设备电压波动很敏感，则可立即实施增加设备稳压单元的改善措施。这类简单快速的改善被称作快赢，项目团队通过简单的动作就能获得不错的改善效果。

另一类改善相对复杂，部分关键因子与响应之间的相关性或逻辑关系需要使用复杂的统计工具来厘清。例如，项目团队通过回归或试验设计获得的数学模型鉴别出了某些关键因子，但这些关键因子无法直接改善或者项目团队不知道如何更改其参数来达到改善目的。此时，项目团队需要借助响应优化器等工具进行模型求解，以获得确切的参数改善值。这是六西格玛方法借助统计学进行数学求解的过程。在项目实操过程中，即便项目团队获得了一些响应与改善因子之间的数学模型，也不能总是通过模型求解获得数学上的最佳优化解。此时项目团队需要发起更多的试验来寻找改善措施。寻找改善措施的过程会持续很久，且大量消耗项目资金。项目团队在找到最优解或者改善措施后，需要进行必要的验证。因为这类通过数学求解获得的改善措施在实际应用时存在很大的不确定性，所以项目团队通常要进行短期过程能力验证来确认改善的有效性。准备足够多的样本进行短期过程能力验证是证明改善措施有效的重要手段。

在分析阶段，项目团队需要完成主要的改善活动，并获得改善对象的短期过程能力的提升。分析阶段的结束即标志着项目改善成果的初步实现。所有改善项目都需要被记录下来，成为后续升级和固化系统流程的依据。

5. 控制阶段

控制（Control）阶段是保障六西格玛项目成果长期有效的过程。本阶段的六西格玛项目活动内容相对固定，通常分为四部分：作业文件更新、长期效果监控、风险再次评估和经验教训总结。

作业文件更新涉及的都是作业系统中最基础、最重要的受控文件。项目团队更新这些文件以确保改善信息可以稳定有效地在组织内部传递。最常见的更新包括 P-FMEA 更新、控制计划更新、作业指导书更新等。图纸等设计文件是否需要更新取决于项目改善成果的影响程度和质量体系要求，项目团队可自行控制此类更新。任何受控文件在被更新之后，项目团队都要按照企业的变更程序将这些变更信息对企业各层级员工进行宣贯。

长期效果监控既能确保改善实施的有效性，也是确认项目收益的过程。项目团队通常使用中长期控制图、过程能力分析等工具来收集和分析改善后的过程数据。监控频次由项目团队自行决定，监控过程通常不少于六个月。对于长期监控效果不佳的项目，项目团队需要研究之前的分析数据查找原因，必要时可退回到之前的阶段重新寻找关键因子和改善措施。

风险再次评估包含两部分：一是对项目执行改善后的新风险进行评估，二是对项目可能存在的逆向指标进行评估。与改善对象有关的风险可以计入 FMEA 进行评估和改善，其他定性的风险或发生概率较低的风险可以使用风险登记册或等同的文件进行管理。如果逆向指标对应的风险不能被计入 FMEA，那么项目团队需要单独向管理团队汇报逆向指标的影响，然后再决定处理方式。

经验教训总结是六西格玛项目收尾的重要部分。项目团队需要形成六西格玛项目报告，总结项目过程中的优缺点，总结内容包含但不限于项目的改善成果、财务报告、团队后续执行、成果拓展与推广、持续改善计划等。

六西格玛项目的推进过程并非简单的线性推进，而是通过循环迭代逐步推进的。例如，项目团队在分析阶段未找到响应与潜在因子之间的显著关系，则返回定义阶段，重新定义问题或寻找新的潜在因子列表。图 12-2 展示了这个执行过程的示意图。

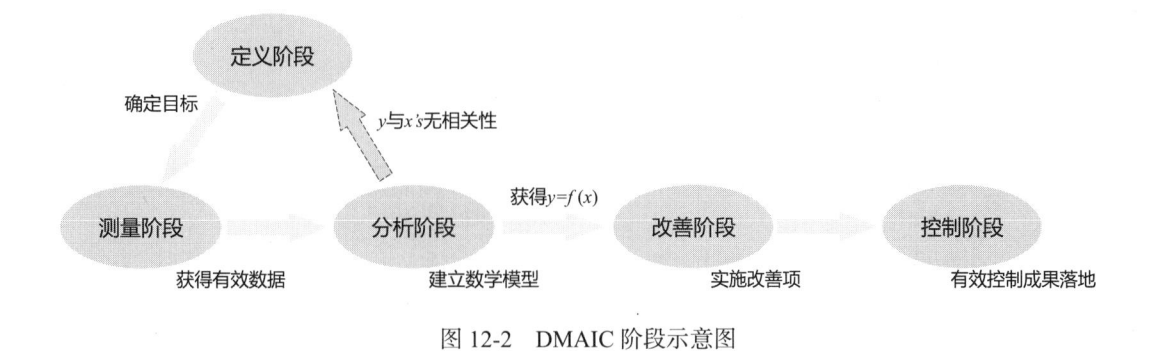

图 12-2　DMAIC 阶段示意图

12.4.2 定义交付物

六西格玛项目启动后，项目团队就会制订详细的项目计划。每个角色在项目中的分工和交付都将被明确定义在这份计划中。其中，项目交付物是六西格玛项目交付的重要载体，也是项目阶段评审的重要依据。六西格玛项目是否可以顺利推进到下一阶段，在很大程度上依赖于这些交付物的质量。这些交付物与项目各阶段的主要任务直接相关，主要按照阶段交付物和过程交付物进行区分，无论哪种交付物都是项目的重要过程资产。表 12-4 是六西格玛各阶段交付物的列表示例。

表 12-4　六西格玛各阶段交付物的列表示例

阶　　段	过程交付物	阶段交付物
定义 Define	项目需求文件 标杆对照* 需求转换表 SIPOC/CTQ QFD/CE 矩阵* SWOT	账目章程 项目财务报表 RACI 矩阵 项目计划 定义阶段汇总报告
测量 Measure	流程图 数据收集计划 测量系统分析报告 过程能力分析报告 D-FMEA/P-FMEA *	潜在因子列表 数据收集表 测量阶段汇总报告
分析 Analyze	故障树分析 变异源分析 应用统计学分析报告 试验设计报告*	关键因子列表 确定的响应与因子模型 根本原因分析报告 分析阶段汇总报告

续表

阶　　段	过程交付物	阶段交付物
改善 Improve	快赢分析及报告* 响应优化报告 改善行动计划 验证计划	改善结果报告 短期验证实验报告 改善阶段汇总报告
控制 Control	P-FMEA 控制计划 作业指导书 图纸及设计规范* D-FMEA* 中长期验证报告 培训计划	控制阶段汇总报告 项目结项报告 经验教训总结 财务报表 长期过程能力报告

* 表示可选交付物。

表 12-4 示例中的交付物是典型的六西格玛项目交付物，适用于多数六西格玛项目。企业也可根据实际情况和项目团队的决策自行定义项目交付物。交付物列表通常区分为可选交付物列表和强制交付物列表。一般情况下，可选交付物列表和强制交付物列表需要在项目之初就被定义，一些重要的交付物（如项目章程等）在任何项目中都会被定义为强制交付物。

1. 定义阶段

定义阶段的重点在于澄清项目目标和建立项目的基础管理，因此该阶段的标志性阶段交付物是项目章程和项目计划。项目目标等关键信息都被包含在这两个交付物中，小型项目的项目计划也可被并入项目章程中。需求分解是实现项目目标的必要步骤，所以项目需求文件、必要的 SIPOC 分析、关键要素识别和必要的风险分析等与需求分解相关的工具应用都是本阶段的过程交付物。

2. 测量阶段

测量阶段的主要活动为项目提供了有效的原始数据，其最重要的阶段交付物是包含有效数据的数据收集表和相应的潜在因子列表。项目团队要获得准确的数据和潜在因子列表，必须确保测量系统可用，因此测量系统分析报告是本阶段重要的过程交付物。对于刚进行过专业校验的特殊检具，在无人为因素影响的前提下，项目团队可以跳过测量系统分析。为了更好地获得有效数据而使用的数据收集计划等其他工具都是本阶段重要的过程交付物。

3. 分析阶段

分析阶段的过程交付物以各类分析工具的输出结果为主，包含各种定性与定量分析的结果，既包括故障树分析、鱼骨图分析等析因类定性分析，也包括假设检验等以应用统计工具为基础的定量分析。因为每个项目所使用的工具不同，所以并没有统一的标准定义本阶段的过程输出形式。虽然本阶段的工具繁多且应用形式五花八门，但各种工具的输出会被项目团队整理成为一份分析报告。该分析报告中包含响应与关键因子的关系模型。关系模型可以是可计算的数学模型，也可以是逻辑上的关系模型。与此同时，根据这份分析报告中的模型，项目的关键因子列表也被确立下来。列表中既包含了定性分析获得的因子，也包含了数学模型分析所获得的因子。

根本原因分析报告是本阶段的最重要阶段交付物。该报告对上述关键因子进行详细的系统性分析，并确定后续改善的建议和行动方向。根本原因分析报告也可以从历史经验库中借鉴其他类似项目的经验。

4. 改善阶段

改善阶段的典型阶段交付物是改善结果报告。这份报告汇总了所有的改善活动及其成果，包括改善的实施计划和实行过程、资源消耗量，以及短期过程能力验证结果等内容。在这份报告中还包含改善活动的依据，如参数优化的来源等。如果改善活动来自分析阶段的模型优化输出结果，那么项目团队还需要呈现足够充分的证据证明该优化的结果可信。快赢活动和短期过程能力验证等活动的报告虽然是阶段报告的一部分，但它们本身都是过程交付物。

5. 控制阶段

控制阶段的主要目的是巩固落实项目成果。本阶段的过程交付物多数都是运营过程中最常见的受控文件，如作业指导书、控制计划等。

控制阶段是项目的最后阶段，项目团队应提交项目结项报告作为项目的结项依据。结项报告也就是控制阶段标志性的阶段交付物。在这份报告中，项目团队应详细描述项目执行的全过程，其中分析过程、改善行动项、验证报告、经验教训总结等关键环节必不可少。项目财务报告是项目收益的最重要体现，也是阶段交付物之一。该财务报告可单独提交评审，也可纳入结项报告中。如果企业有较好的持续改善体系，那么经验教训总结也可单独提交，并纳入持续改善体系进行分享和追溯。

从六西格玛项目的阶段划分和交付物的形式来看，实施六西格玛项目首先需要保证项目团队具有专业的项目管理能力，以确保六西格玛项目可以按照既定框架逻辑推进，其次项目团队要合理应用六西格玛的各种工具，工具应根据项目特点进行裁剪。六西格玛将专业的项目管理与工具裁剪的理念结合在一起，使每个六西格玛项目都变得独特，而工具应用也千变万化。

第 13 章
项目执行、辅导与评审

13.1 项目流程框架与执行方式

六西格玛项目的每个阶段都有明确的活动（交付任务），这些活动之间可能存在严格的先后顺序，也可能有大量的重复循环。与普通项目管理的区别在于，六西格玛项目活动的逻辑链更清晰，更强调活动之间的逻辑关系。所以项目团队在实施六西格玛项目时应遵循清晰的项目流程框架。

不同企业可以设定符合企业特征的流程框架。图 13-1 是一个比较典型且通用的流程框架。该图描述了理想状态下的六西格玛项目执行流程。在实操环境下，不同模块之间可能存在更加错综复杂的交互关系，但不同项目的整体流程逻辑不会出现显著差异。

图 13-1 中的部分模块（或工具）可应用于项目生命周期内的所有阶段，而不仅应用于 DMAIC 某个阶段。这些模块主要分为三大类：

（1）执行理念类模块，如变更管理、项目管理、团队建设等。这些模块指明了六西格玛项目的执行方向、核心思想和管理理念。

（2）流程框架类模块，如改善路径图、流程改善技术等。这些模块保证项目顺利进行，确保改善措施符合既定流程方向。

（3）独立核心模块，如创新工具应用、知识产权审查等。这些模块是项目实施过程中的高附加值产物，同时形成了项目的独特价值，每个项目活动都可能产生相应的成果。

项目团队在项目的任何阶段都需要应用这些模块，否则会出现项目目标漂移、团队失去凝聚力或项目核心价值损失等负面影响。项目主体执行流程由一条主脉络贯穿，这条主脉络就是六西格玛解决问题的核心理念，即锁定问题、量化参数、找出根因、优化参数、解决问题、固化成果的全过程。在这条主脉络的影响下，项目各阶段的执行步骤存在相对固定的先后顺序，但这些顺序可以随实际情况进行必要调整。

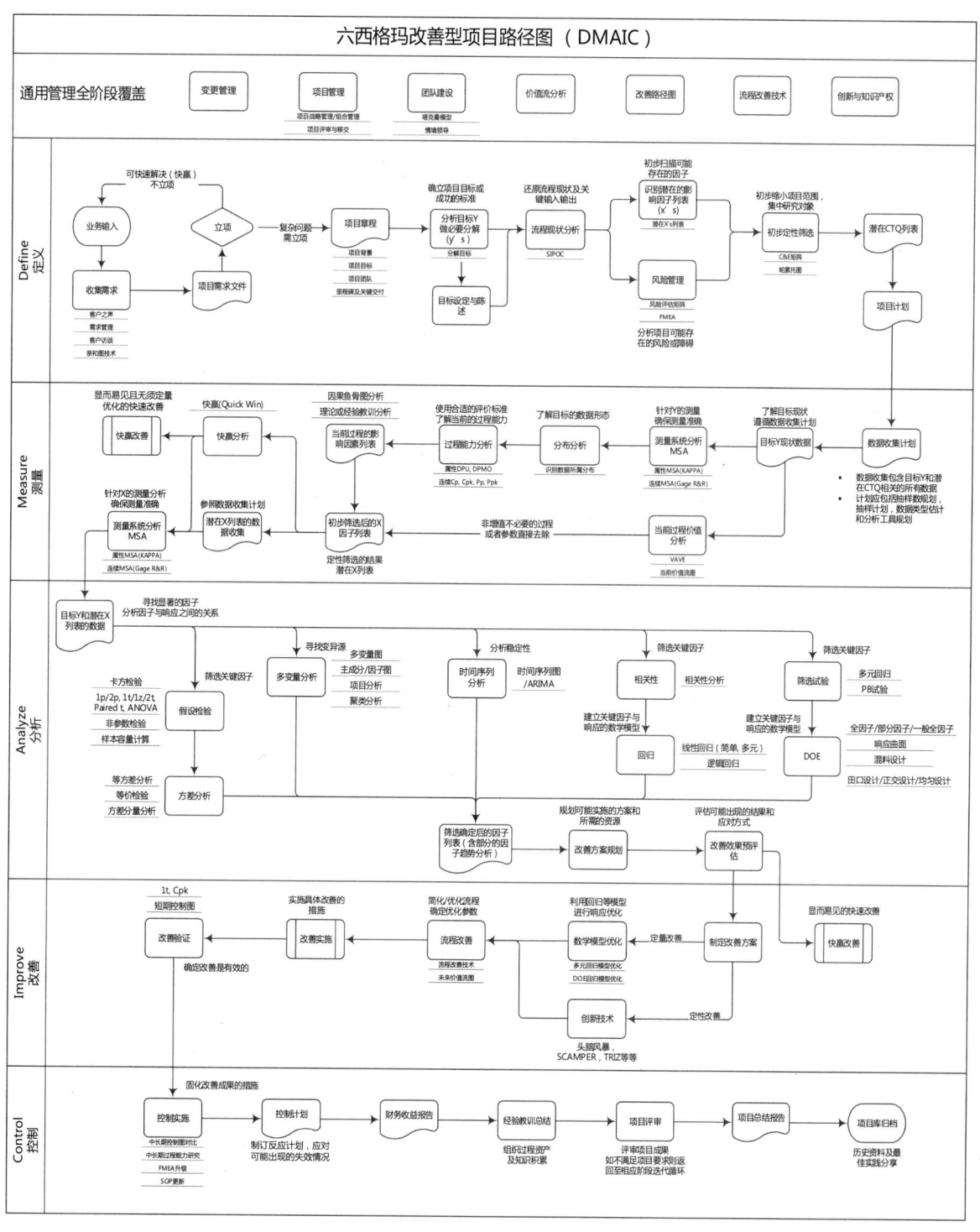

图 13-1　六西格玛项目流程框架范例

1. 定义阶段

项目从原始需求列表到立项的过程中会经历多次论证，通过论证且资源充足的项目会被授权进行项目章程的准备工作。在项目章程中，项目负责人应对项目背景以及客户需求进行详细研究和分析，定义项目目标与预期收益。此时，项目团队对与问题相关的流程现状分析可以帮助团队迅速厘清现状，并初步识别潜在因子。

在定义阶段末期，项目团队可使用 FMEA、因果关系矩阵等分析工具来寻找潜在因子，并据此制订项目计划。项目计划不仅要覆盖所有项目成员的职责，也要包含所有阶段的关键里程碑，为后续所有项目活动的执行指引方向。

所有项目的基础信息都要汇总在项目章程中并提交管理团队审批。如果项目未通过审批，则项目负责人需要重新修订项目章程并评估项目的有效性。

2. 测量阶段

虽然部分项目在定义阶段未鉴别或未完全鉴别潜在因子，但在本阶段需要形成较为完整的潜在因子列表。项目团队需要借助因子分析工具来完成潜在关键因子列表的构建。

潜在因子列表（因子）与响应（项目目标）一起成为数据收集计划的原始输入。数据收集计划是后续试验和测量的重要纲领。潜在因子列表的制作应遵循以下步骤：

（1）在准备计划之前，项目团队先对所有因子（包括潜在因子和响应）的数据类型进行判断，并依照数据类型的差异采用不同的分析方法。

（2）项目团队依据选定的分析方法计算最小样本量，并制订抽样计划。

（3）项目团队根据抽样计划确定数据收集的方式和执行人。

数据收集计划完成后，项目团队需要对项目目标的现状进行量化查验。在定义阶段，项目目标往往只是一个汇总数据，而在本阶段，项目团队需要对项目目标做更深入的研究，至少需要依次完成以下两个分析：

（1）项目团队先进行测量系统分析。该分析是否要实施取决于当前的测量系统是否可信。如果分析对象是企业持续收集和监控的参数，且测量系统有可靠的定期校验，那么项目团队无须重复检验。但如果分析对象并非日常监控指标，那么项目团队需要通过测量系统分析确定测量数据的有效性。如果测量系统分析结果不佳，项目团队必须先纠正测量系统，保证其可用后再重新采集数据进行后续分析。如果测量系统分析的结果始终无法达到指定要求，则代表项目目标可能无法获取有效数据，项目面临中止的风险。

（2）在确保数据有效的前提下，项目团队要对项目目标进行过程能力分析。这是深刻揭示当前问题严重性的方法。过程能力分析会获得如下信息：数据的稳定性（数据是否在稳定受控状态下获得）、数据的正态性（数据质量研究）、当前数据反映的实际情况（问题究竟有多严重）。过程能力分析还包括还原流程图以及相关参数，因为很多关键因子就隐藏在这些参数中。在过程能力分析的过程中，某些关键因子（因尚未验证，此时还是潜在因子）就可能直接暴露在团队视野中。

项目团队再次分析完现状之后，需要对潜在关键因子进行初步扫描。项目团队已经获得了相对完整的潜在因子列表。项目团队需要继续使用鱼骨图、因果关系矩阵等工具进行初步筛选以减少因子的数量。因为这个过程可能出现错筛的情况，所以项目团队应谨慎对待。

经过以上步骤，项目团队获取了经初步筛选的潜在因子列表。根据该列表确定后续的抽样计划，并更新数据收集计划。如果项目团队在此过程中发现了显而易见且无须等待后续数理分析结果即可实施的快赢措施，可直接实施。

项目团队需要鉴别是否需要对潜在因子进行测量系统分析。如果潜在因子是简单的设定参数，如设备输入参数等，项目团队就无须进行测量系统分析，但如果潜在因子是某些以变量形式存在的输入因子，项目团队则需要审慎考虑是否实施测量系统分析。

在测量阶段的尾端，项目团队获取了后续分析所需的第一手数据。这些数据是分析阶段的原始输入。如果存在部分数据不足的情况，项目团队则可以在分析阶段根据实际情况再获取数据。

3. 分析阶段

项目团队在本阶段应对测量阶段采集到的数据进行分析，采用的分析工具可参照数据收集计划中的分析工具。分析工具之间不存在严格的先后顺序，项目团队可自行决定使用哪个工具进行分析，但分析阶段的分析过程可以按以下步骤来执行。

（1）因子扫描。专家判断与历史经验分析等主观定性分析过程可以作为本阶段项目团队最初的分析活动。该活动快速高效，可以帮助项目团队直接排除一些不显著因子。因为该活动存在错误排除关键因子的可能性，所以企业可依据实际情况自行决定是否进行。

（2）变异源分析与假设检验分析。通常情况下，数据的变异源分析是数理分析中推荐的优先分析，常见的分析工具包括多变量分析和时间序列分析等。这些分析工具可以帮助项目团队快速锁定变异的来源和潜在的各种影响（潜在因子）。假设检验分析也是本阶段的重要组成部分。假设检验分析常常在项目团队完成多变量分析之后进行，这样可以减少分析对象的数量以提升效率。根据项目实操经验，当部分假设检验分析中的 P 值在临界值（P 值与显著性水平非常接近时）附近时，变异源分析的结论可能会影响假设检验分析的结果，此时建议优先执行假设检验分析。所以究竟是先执行变异源分析还是先执行假设检验分析，取决于分析者的主观判断。假设检验分析应严格应用统计学原理和相应评价标准，客观评价潜在因子对响应的真实影响程度。通过变异源分析或假设检验分析，项目团队可获得部分的关键因子列表。

（3）相关性分析与回归分析。建议相关性分析更晚一些介入分析过程。这个工具相对独立，直接用数学模型建立潜在因子与响应之间的关系，通过相关性系数来判断潜在因子与潜在因子之间，潜在因子与响应之间是否存在相关性。对于存在相关性的潜在因子和响应，项目团队可建立数学回归模型进行优化和求解；对于相互存在相关性的潜在因子，那么后续在研究多元回归分析时，项目团队需要考虑因子的多重共线性问题。回归模型可以呈现因子的主效应图及响应趋势，这个分析可以为后续定量优化奠定基础。

（4）试验设计。试验设计是独立工具，可以单独执行。部分企业会将试验设计延后到改善阶段，这种做法也是可行的，但不推荐。试验设计在构建潜在因子与响应的关系时，使用了回归分析方法，所以试验设计与回归分析一起放在分析阶段是合理的。将数据采集的主要工作集中在测量和分析阶段会大幅度提升资源的利用率。试验设计中响应优化的部分则是典型的改善阶段活动，但该活动只有在试验设计可以获得有效的数理模型基础上才可以实施。如果项目团队将试验设计完全放在改善阶段，那么虽然看上去试验设计的实施与分析过程更流畅，但实际上项目执行存在一些资源浪费。因为试验设计在构建回归模型的同时包含了因子删减的过程，这与假设检验的部分输出类似，而删减不显著因子是项目团队在分析阶段应完成的工作。如果延后到改善阶段再发现某些因子原本应被删减，那么有些改善方案的效果是不显著的，这无疑是一种浪费。从经济性上，不推荐企业轻易实施试验设计，因为试验设计虽然功能强大、行之有效，但对样本量和试验条件等因素要求极高，会大幅增加企业负担。如果假设检验、变异源分析等工具被证明有效，且可以通过这些工具分析获得有效的关键因子列表，那么项目团队不一定要实施试验设计。所以部分企业将试验设计作为分析阶段最后的撒手锏，不轻易规划，这也是合理的做法。也有企业认为试验设计非常有效，一次性规划一组合理的试验设计可部分取代其他常规分析。这种做法存在资源浪费，不推荐。但在实操层面这种做法确实有一定的效果和经济性。企业应根据自身的资源情况自行选择是否要规划试验设计。如果企业确定要实施试验设计，那么应遵循一定的执行顺序以提升试验效率，因为试验设计的规划并非强制交付物，而是可选的过程交付物。试验设计的实施过程详见本书工具篇。

如果综合变异源分析、假设检验和试验设计分析等工具的输出结果，那么输出结果就是一份关键因子列表。列表中不再是潜在因子，而是确定的关键因子。但此时项目可能出现以下几种状态：

- 项目团队已经找到一些关键因子，并且从逻辑上认可这些关键因子。如果项目团队可以理解这些关键因子影响响应的方式或机理，则该关键因子列表可以继续使用。例如，项目团队分析发现设备电压波动可能导致加工产品出现质量缺陷，从物理和逻辑上都可解释其发生作用的原理，那么该分析有效，设备电压也将被确认为引起产品质量缺陷的关键因子。
- 项目找到了一些关键因子，但从逻辑上无法解释其具体的作用方式，或者无法实施后续改善。项目团队应慎重考虑分析的有效性，并再次评估项目风险，必要时应向管理团队求助，或者寻找外部专家解决。例如，项目团队分析发现车间环境温度会对注塑件表面质量产生影响，逻辑上或许能解释其作用原理，但项目团队发现实际上车间环境温度难以控制。如果要建立恒温车间，企业就要付出很高的成本，所以项目团队需要管理团队介入或寻找更可行的解决方法。
- 项目没有找到关键因子，所有的潜在因子在各种分析过程中都被证实为非关键因子。项目将无法继续，必须退回定义阶段。退回定义阶段后，项目团队至少要完成两件事：重新确认或定义项目目标是否合理，以及重新鉴别新的潜在关键因子。项目继续重复之前的流程步骤，直至寻找到真正的关键因子。如果项目团队长时间都无法找到关键因子或者在找到关键因子之前消耗完了所有的资源和预算，则标志着该项目失败。

项目团队获得关键因子列表之后，即可确定改善的方向和后续活动。不同的分析会获得不同的结果，这些分析结果会影响项目团队后续行动的方向。以下几项都需要对应实施。

- 变异源分析可以鉴别显著的变异源。如果数据差异性很大或数据呈现确定的明显趋势，项目团队则可以确定该变异源的改善方向。这种改善方向可能是定性的，也可能是定量的。
- 假设检验分析多数只能判定因子与响应是否与存在显著性的差异或趋势性的差异。其结论往往是定性的，即显著或不显著。项目团队不一定能直接做出改善的方向性建议，还需要对这些显著因子做进一步的分析来确定改善方向。

- 回归分析与试验设计可以构建数学模型。当模型不精确时，项目团队仍可通过主效应图等工具获取关键因子及其响应趋势，并据此做出后续改善行动项。如果模型精准，则该模型可在改善阶段进行响应优化，并直接给出定量的优化解来准确指导如何改善。
- 专家判断等分析只能做出定性判断，项目团队很少直接获得准确的改善建议。对此种方式获得的关键因子也需要后续进行更多的研究。

经过以上分析，团队应获得所有关键因子。对其中的部分关键因子已经明确改善行动项或改善方式，对剩余的关键因子还需要进行后续分析以获得更加准确的改善建议。这些信息基本确定了项目整体的推进方向，项目团队需要评估这些信息以确定改善的预期效果和执行风险，并由管理团队来确定是否要实施改善。

4. 改善阶段

改善阶段的第一步就是针对分析阶段已获得的部分明确改善项目实施快赢策略。例如，项目团队发现车间亮度对目视检验的漏检率有影响，则可以立刻增加检验区域的照明来进行改善。

部分关键因子与响应之间存在数学模型关系，项目团队可沿用分析阶段获得的模型（前提是模型是可靠的）。例如，在分析阶段，项目团队已获得的一个回归模型，如模型拟合良好，精度较高，那么项目团队可以使用响应优化器求解该模型，从而获得概率意义上（合意性最高）的最佳参数优化组合。项目团队再根据这些参数优化组合进行现场改善。

如果关键因子与响应之间不存在数学模型关系，则项目团队需要使用一些创新工具，如头脑风暴、六顶思考帽等来寻找解决方案。例如，项目团队从假设检验分析获得某个结论：两组不同年龄（青年、中年）的员工交付质量有显著差异。此例中，员工的年龄是关键因子，而员工的年龄分布与交付质量不构成具体数学模型。由于企业不可能只招一个年龄段的员工，因此项目团队无法设定一个固定年龄值来要求企业改变招工策略。此时项目团队就需要采用创新技术来寻找解决方案。

所有的改善行动项至此形成了完整的改善列表。项目团队应根据该列表确定相应的改善行动，必要时也可重塑价值流图。

实施具体改善是整个项目过程中描述最简单但实操最复杂的阶段。项目团队根据获得的改善列表实施具体的改善动作，并记录改善的全过程。改善过程可能会花费很长的时间。

在实施改善结果后，项目团队要实施短期过程能力分析，以了解改善后数据的稳定性和过程能力指数等信息。此时验证分析结果可能出现以下情况：

（1）项目目标未实现，且差距较大。项目团队首先应回顾改善过程是否严格按照改善列表实施。如果项目团队确认改善过程出现偏差，则要求相应功能团队重新实施改善，并再次测量其过程能力；如果项目团队确认改善过程没有偏差，则重新回顾分析和改善阶段获得的改善项目是否合理，重新确认关键因子的分析是否准确，逐级退回分析。如果项目退回至关键因子分析仍无法发现问题所在，则项目需要退回至定义阶段重新开始或面临项目被中止的风险。

（2）项目目标未完全实现，但有明显改善。项目团队应认可团队成员的努力，同时回顾已执行的改善过程是否有执行不到位的现象。如果有偏差，则改善后再进行过程能力评估。如果没有偏差，则项目团队可以接受项目结果作为阶段性成果。项目不算完全成功，项目团队可向管理团队申请进入最后控制阶段，也可发起新项目或以其他方式继续研究问题。

（3）项目目标基本实现甚至超越目标。这是项目的理想状态。项目团队应汇总当前成果，并且向管理团队汇报申请进入控制阶段。

5. 控制阶段

控制阶段的基本工作是保证改善的成果可以长期有效。项目团队需要持续关注项目目标的变化趋势，使用时间序列图或控制图来进行监控。这个过程与之前的短期验证活动没有明显的断点，可视为之前验证的一种延续。这种监控数据采集是一个长期的过程，原则上不会因为项目的结束而被终止。

进入控制阶段后，项目团队应尽快更新改善活动所对应的受控文件，如作业指导书、控制计划、图纸等。对典型的风险分析工具（如FMEA等）也要考虑是否需要进行更新。所有的更新都要通过正式渠道发布。项目团队需要对它们进行充分的宣贯，以确保所有相关人员知晓变更，必要时也可告知客户。

项目团队应更新正式的项目财务报告。该报告中会显示项目的各种财务收益及其分类。通常，这些计算项会根据产量（或过程发生次数）进行年化转化，最后以年化财务收益作为项目财务收益。该报告应有财务专员认可和签字方可生效。

至此，项目基本完成主要执行环节。项目团队应进行经验教训总结，总结项目过程中的成功和失败经验，进行必要的内部跨部门经验交流。该总结是企业重要的组织过程资产。

项目团队汇总所有项目信息，完成项目报告初版，并递交管理团队进行结项评审。管理团队在该评审中对项目的成果进行查验，确认财务收益以及经验教训，并可进行必要的奖惩，通常以奖励为主，惩罚主要针对项目过程中各部门的不配合行为。

项目团队最后将结项审查的意见纳入项目报告，更新后将项目归档。不少企业为六西格玛项目专门提供了项目管理的档案库或系统知识库，这些库都具有关键词搜索功能，可供其他团队未来在解决问题时参照。

以上的整体流程是常规六西格玛项目的一般流程，事务性项目的流程可能略有差异（差异主要是数据收集和分析过程中的数据类型多为属性数据所致）。六西格玛项目的执行流程大致确定了项目从开始到结束的主要模块和节点。在各个阶段、模块之间会存在一些交叉和重复，交叉和重复的程度取决于项目的复杂程度。对于六西格玛绿带等简单项目，项目团队可以减少工具数量或应用深度，但项目整体框架流程不会因此减少。如果在项目执行过程中，项目团队跳过了部分关键步骤而没有充分的理由或解释，则项目很可能面临逻辑链断裂的风险，这是严重不符合六西格玛项目基本框架思想的表现。

13.2 项目辅导与推进

在项目推进过程中，六西格玛专家扮演着重要角色。该角色不仅在项目执行过程中对项目成员进行必要的辅导，而且在关键工具应用时协助团队做出准确的分析。参与六西格玛项目活动是项目成员进行理论实践的最佳途径。

六西格玛项目中有大量的数理统计分析，分析深度和难度与六西格玛解决问题的逻辑框架有关，这决定了六西格玛项目辅导更侧重于过程辅导。过程辅导是指项目团队中的六西格玛专家在项目推进过程中对项目团队成员和项目活动进行的辅导。过程辅导包括对数据分析提出指导性意见，帮助项目进行决策，纠正工具应用错误等。统计工具在整个项目过程中给出的结果可能存在不确定性，这给分析结果的准确性带来了风险。例如，假设检验的结论始终与检验的显著性水平和置信区间等参数有关。尽管统计学给出了相应的判定值，但项目团队很可能对这些判定结果和结论产生怀疑。尤其是一些位于临界值边缘的统计结果，如当假设检验的显著性水平设为 0.05 时，统计获得的 P 值也在 0.05 上下，此时项目团队就很难获得确切结论，团队内部很可能因此爆发激烈争执。六西格玛专家需要给出相应的意见。尽管这个意见依然存在一定风险，但这个风险是固有存在的，一个合格的六西格玛专家可以将此时误判的风险降到最低。此外，项目中有些需要企业投入较大精力和成本的活动，如试验设计。大量实践经验表明，在没有专家指导的情况下，第一次规划和执行试验设计的项目团队几乎都会失败，或者试验设计的结果远远无法达到预期效果。如果项目团队检视这些试验设计的失败经验，就会发现很多试验规划、设置和分析路径等存在重大缺陷。如果六西格玛专家及时进行试验辅导，就可以大幅降低试验成本，提升解决问题的效率。类似情况几乎存在于六西格玛项目的所有阶段，这就是六西格玛项目辅导必须贯穿整个项目生命周期的原因，而且过程辅导比培训更有价值。

项目阶段辅导是推进项目的重要步骤。由于六西格玛项目也符合一般项目管理的基本原则，因此六西格玛专家需要在项目阶段评审时对项目团队进行特别的阶段辅导，这些辅导通常发生在 DMAIC 各阶段的阶段评审之前。辅导关注项目交付质量的提升，以帮助项目团队通过阶段评审为主要目标。项目阶段交付物几乎涉及项目团队的每个成员。项目团队要平衡各功能团队的交付质量，并且将本阶段内的项目成果汇总成阶段交付物。这对项目团队来说是一项艰苦的工作，因为他们（除了六西格玛专家）中的多数人并不擅长六西格玛方法。六西格玛专家的辅导也可被视为阶段评审前的预评审。六西格玛专家通过辅导过程指出项目交付物中的重大缺陷并协助项目团队进行纠正。在重要里程碑或重大节点的辅导与项目阶段辅导类似。如果把项目阶段划分视作项目的强制节点，那么一些关键活动（如测量系统分析、试验设计等）则可以被视为非强制节点，项目团队自行决定这种里程碑或重大节点的设置。如果项目团队认为这些关键活动对于项目至关重要，将其列为项目里程碑或重大节点，那么在这些里程碑和重大节点也需要进行类似阶段辅导的评审活动。阶段辅导与项目的过程辅导有部分重合。图 13-2 为六西格玛项目的阶段辅导与过程辅导的对应关系示例。

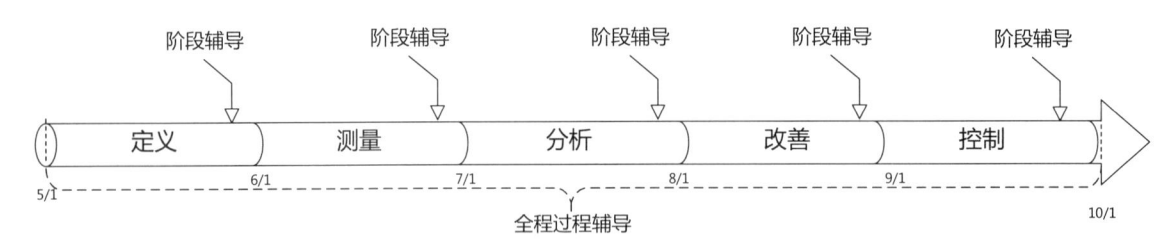

图 13-2　六西格玛项目的阶段辅导与过程辅导的对应关系

辅导的形式根据辅导类型的不同而不同。阶段性辅导或重大节点辅导往往直接由项目主计划决定，在项目主计划中所规划的时间点上强制发生。阶段性辅导通常以会议会审的形式实现。小型项目可能由六西格玛专家直接进行小范围交付评审会议来完成。项目过程辅导的形式则更加丰富多样，过程辅导的次数取决于项目团队内部的沟通效率和辅导需求。很多过程辅导都类似日常工作沟通。项目团队可以设定固定例会来了解各功能团队的项目进展和意见，也可以随时发起小型的讨论来解决项目的即时问题，六西格玛专家在这些活动过程中随时对项目执行进行辅导。无论哪种形式的辅导，项目团队都需要留下必要的辅导记录作为项目的过程交付文件。

根据六西格玛专家在团队内的位置不同，其辅导项目时的立场和态度也有所差异。当项目负责人（项目经理）与六西格玛专家是同一个人时，项目执行效率较高，专家的意见可以迅速传达给每个项目成员，项目团队可以快速求同存异获得一致意见，负面作用是单个员工的关键声音可能被淹没。当项目负责人和六西格玛专家是分离的两个人时，两者各自的分工明确，除了在项目交付进度和资源消耗上存在一些分歧，在其他多数情况下，项目团队的协作会更加融洽。此时，六西格玛专家只作为技术专家进行团队辅导，其判断更加独立和可靠。但如果六西格玛专家的技术判断结果与历史经验出现某些冲突，那么项目团队会花费更多的时间来取得一致性的意见。

六西格玛项目以积极和主动的方式推进。在项目初期，可获得的项目数据往往有限，很多项目信息都是项目团队在主动分析的基础上获得的，而改善对象的基础数据除了部分历史数据，多数也是在项目执行过程中通过项目团队主动规划的项目活动获取的。在数据分析阶段，项目团队要采用什么样的分析手段，如何利用现有数据，如何尝试分析，都是项目团队的主动行为。所以执行六西格玛项目也是对企业内部士气的一种激励，项目团队应尽可能鼓励团队成员开展建设性的讨论和研究，主动推进项目进程。由于推进六西格玛项目时的最大阻力主要来自团队对六西格玛方法的认知和技术问题，因此项目负责人在处理这些问题时应采用循循善诱的方式。即便项目负责人和六西格玛专家是同一个人，也不推荐用强行推进的方式执行项目活动。通常情况下，技术问题相对好解决，而认知问题需要花费更多的时间去处理。

项目推进须控制节奏。六西格玛项目寻找问题根本原因的过程，也是企业自我审查的过程。企业寻找自身的问题及其产生原因，并不是一个愉快的过程。即便有强大的数理统计分析工具作为支撑，项目团队所获得的分析结果依然会被团队成员所挑战。这种挑战有可能是科学的、理性的，也有可能带有团队成员的个人情绪。所以在项目执行的过程中，即便有些问题的根因已经开始凸显，项目负责人仍需考虑团队成员的整体感受，适当地控制节奏可以让团队成员逐步接受现实。例如，产品设计师有设计权威，当发布图纸时，设计师都会对自己的设计充满信心。如果产品出现问题，而项目团队从数据分析结果发现是产品设计参数有问题，那么多数设计师都会在第一时间对分析结果产生怀疑和不满，因为他们很难接受其他人质疑自己设计的产品。如果项目团队能够给出足够详细的论证信息作为依据，那么绝大多数设计师都会接受设计失误的现实。合理且具有一定弹性余量的推进计划可以有效控制项目推进的节奏，但这并不是允许项目拖延的理由。具有适当弹性的计划给项目辅导或评审提供了足够的时间，这样可以大大减少项目过度推进带来的风险。

项目团队在接受项目辅导后应及时总结和回顾。这种活动是一种可正式也可非正式实施的项目互动，形式上更接近团队建设或短期经验教训总结。六西格玛项目的团队凝聚力普遍不如传统项目团队，这种定期或非定期的团队互动，既可以让所有人对项目进展有统一的认识，也可以让大家各自表达自己的诉求，使项目信息更加透明，同时大幅增加团队成员之间的信任度。一些小范围的资源冲突也可以通过这样的活动迅速解决。这种活动可以用比较轻松的形式来常态化实施。该活动可以对执行不佳的情况问责，但项目负责人应以激励团队、正向引导为主要基调。

六西格玛项目的目标是解决问题。通常，项目即便没有有效实现目标，也不会使现状更差。所以，虽然项目的进度（时效性）是项目最重要的指标之一，但六西格玛项目应更多考虑项目的有效性，切忌盲目求成。在分析过程中，项目团队一味追求速度，导致快速获得的分析结果很可能不充分或不准确。如果依据这样的分析结果做出判断，就可能造成潜在的浪费。

13.3 项目监控与改善措施

项目监控是保证项目沿着既定目标实施的重要手段，它包含项目状态的评价与改进等重要活动。项目监控贯穿项目生命周期的管理过程，原则上，这个过程体现了管理团队对于六西格玛项目的掌控程度。与项目监控相关的管理活动可能在项目的任何阶段和活动中被触发。管理团队可以通过定期的团队沟通、项目团队的汇报或其他形式获取项目信息以做出相应的判断。管理团队在项目的重大节点需要强制触发相应的管理活动。

项目监控的过程控制不存在固定形式，但在项目阶段评审或重大节点评审时，其评审形式相对固定。前文曾提及，项目的阶段评审需要由相对固定的管理团队来完成，这个团队包括项目涉及的各功能团队的负责人，他们可以客观地对项目的阶段成果进行公正评价。项目评审的主要内容包括项目交付物的质量（与目标的一致性）、项目进度、范围控制、成本评审、资源评审、风险列表和核心问题列表等。

（1）项目交付物的质量是进行项目阶段评审的前置条件。如果项目团队未完成当前阶段的项目交付物，则项目阶段评审不会被触发。如果交付物的质量不合格，则六西格玛专家应在阶段评审前的阶段辅导中明确提出整改意见，辅导团队修正交付物至合格状态后，项目负责人再提出阶段评审请求。所以项目交付物的质量本身就是阶段评审的重要依据，也是管理团队认可项目阶段成果的最重要指标。原则上，只有当全部强制交付物都满足当前阶段的既定目标或要求时，项目才可进入下一阶段。但根据交付物可能出现的不同状态，管理团队会相应做出通过/未通过/有条件通过/暂停等不同的决策。这些决策都是项目风险管控的对象。图 13-3 是典型的项目阶段评审的特征示意图。

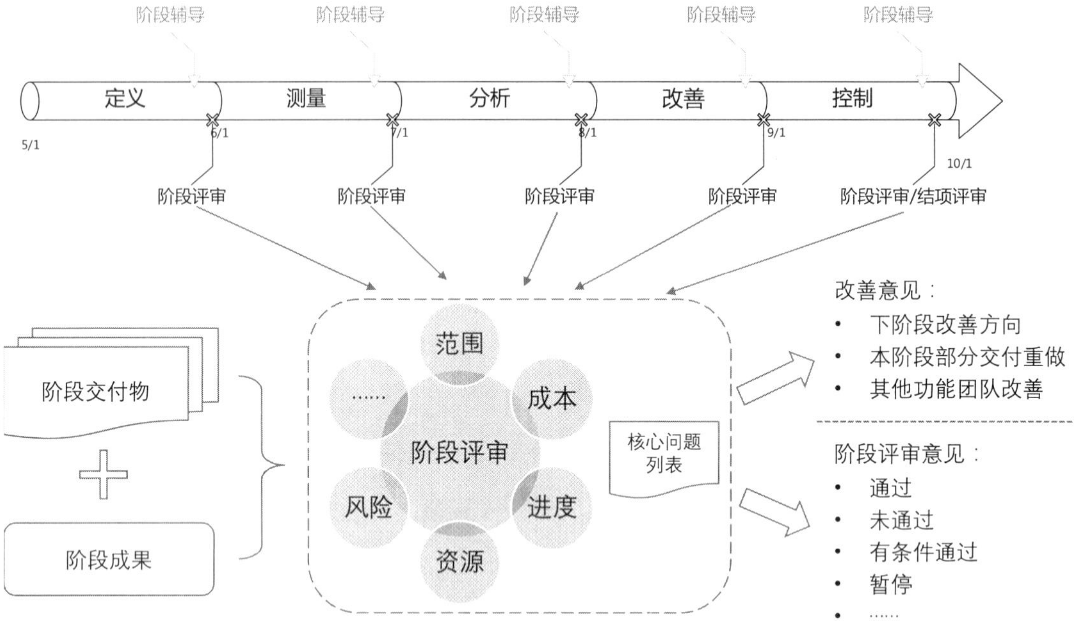

图 13-3　项目阶段评审的特征示意图

（2）项目进度是当前项目进程的重要指标。在项目初期，大多数项目团队都规划了大致的项目周期。尽管项目执行存在不确定性，项目计划可能发生较大变化，但总体来说，六西格玛项目相较传统项目而言，项目规模会小一些，项目的时间控制也会更准确。项目进度往往可以使用百分比完成度的形式向管理团队展示。这个进度也反映了项目负责人和六西格玛专家对团队的影响力以及项目实施的顺畅性。

（3）范围控制考察了项目是否继续沿着既定项目目标推进。在多数情况下，六西格玛项目不会变更目标，尤其对于绿带及以下级别的项目，其项目目标的范围简单明了。评审项目范围是为了确认项目在执行过程中是否背离了原目标。在少数情况下，项目可能出现两种特殊的范围偏离现象。第一种是在项目执行过程中，项目团队发现定义阶段的目标解读过于肤浅或团队成员在后期阶段对于该目标的理解发生分歧，此时项目范围可能随着问题的深入而被引导到其他方向。例如，在某个提升产线合格率的项目中，原本的项目改善对象涉及产线的设备质量，但项目团队在分析过程中发现，设备质量没有问题，供应商来料有问题。项目获得的数据和分析结果不一定直接与产线合格率相关，如果项目团队继续研究，那么项目目标就变成了改善供应商能力的问题。出现这种情况是在项目初期无法预见到的。此时项目需要另起炉灶，重新立项。第二种是在项目执行过程中出现某些障碍，在解决这些障碍的过程中，项目团队转移了研究重心，导致项目范围变化。这是常见的项目管理问题，需要专业的项目负责人及时进行纠正。无论哪种现象，管理团队在项目阶段评审时都会再次确认项目范围的一致性。

（4）成本评审在项目不同阶段都要进行。成本评审主要针对两个方面：项目的收益是否与预期保持一致，以及项目执行成本是否在可接受范围内。对于项目能达到多少收益，在项目立项之初就已经建立了初始分析。一般来说，该指标在项目前期和中期很少发生变化。在项目进入改善阶段时，项目团队在进行短期能力分析后即可大致算出项目的实际收益。此时实际收益可能根据改善的具体结果不同而出现变化。例如，项目原计划将产品不合格率降低 5%，项目团队执行改善措施之后，产品不合格率只降低了 2%，结果导致项目的收益大幅下降，出现与预期目标不一致的情况。另外，项目的实际收益还会受到业务需求变化的影响。如果客户订单原本有 10 000 件，现在变成了 6 000 件，那么显然以单件质量成本为优化目标的项目收益也会大幅下降。对于项目执行成本的控制，体现为项目团队对执行过程中消耗资源的掌控程度。在项目初期，项目负责人对项目可能出现的各种成本和资源消耗都进行过评估，但在实际推进过程中，如果出现了大范围的项目变更、计划更变、未预见到的失败成本等，都会使项目自身的成本大幅度上升。这类问题是典型的项目管理类问题，也就是说，几乎所有类型的项目都可能出现这类问题。在评审项目时，对于项目收益的变化，管理团队会报以更加宽容的态度，因为改善未完全达到预期，可能是项目团队受到技术能力、企业环境等客观因素影响；而客户变更需求等问题更不是项目团队的过失。对于执行成本偏差的问题，管理团队则会相对严格对待，因为成本失控是一般项目管理问题，而控制成本是项目管理的基本能力。如果出现大幅度成本变化，那么项目负责人难辞其咎。通常，无论哪种原因，项目的财务收益都体现在项目的损益表上。只有对企业有显著收益的项目，才可能通过当前阶段的评审。成本评审是项目控制中非常独立的一个模块，其评审结果很少受到其他因素的干扰。

（5）资源评审是发生在各个层级中的日常管理活动。项目的任何活动都需要资源的投入，而六西格玛项目的资源几乎都来自各职能团队，这些资源的日常分配随时可能面临矩阵组织或多线汇报带来的资源冲突。很多资源冲突呈现了小范围、小规模的特点。项目团队的任何层级、任何交互活动都可能随时出现各种"小打小闹"的资源问题。例如，原本项目团队明天要执行某个试验设计的第 X 组试验，结果项目负责人临时被告知原本明天执行试验的工程师要紧急出差去解决客户问题。这些资源冲突虽然影响不大，但会耗费项目负责人大量的精力去协调和管理。多个资源冲突累积在一起之后，项目就可能出现资源消耗超出预期的可能性，严重时这些资源冲突会影响项目的整体进度，甚至增加项目的成本。所以在项目阶段评审时管理团队会查看项目资源的使用情况，并对资源计划进行必要更新。阶段评审时的资源评审是管理团队的干预行为，仅仅起到纠偏的作用，而真正的资源管理发生在项目的日常管理过程中，属于过程管理的一部分。

（6）风险列表是项目阶段评审的一部分，是管理团队确定项目风险的重要依据。风险识别贯穿于项目整个生命周期中，项目负责人在项目初期就已经创建了项目的风险清单。随着项目推进，部分风险可能会安全度过其窗口期，不再触发。例如，在项目初期项目团队担心改善对象可能存在无法测量或测量精度差的问题，但在测量阶段的分析证明，改善对象可测量且系统误差可接受。相对地，有些风险可能被触发或被解决，但也可能出现一些新的风险。风险评审是项目管理的一般需求。管理团队在评审六西格玛项目风险时，会更关注项目的财务风险和项目对业务的冲击影响。

（7）核心问题列表是管理团队对于项目质量的额外评审。核心问题列表上的问题可能无法被归到上述几个大类中，但因为这些问题都是管理团队最关心的问题，所以需要单独进行强调和评审。核心问题列表上的问题根据每个阶段的交付不同而不同，但很多问题都与该阶段的核心任务有关。

337

例如，项目目标的外部客户是否变更了业务（订单）需求？这个问题同时会涉及项目收益和项目风险。这个问题的答案很可能左右项目的走向。又如，项目执行改善后，产品的控制计划是否被更新？通常，更新控制计划是六西格玛项目在控制阶段的常规活动，几乎所有六西格玛项目都要求在控制阶段更新控制计划。因为更新控制计划也标志着项目是否被有效控制，所以该问题需要单独确认。核心问题列表上的内容繁杂，但不建议过多，否则会严重影响评审效率。

事实上，每家企业的六西格玛评审都是独特的，这是项目监控的显著特点。由于行业、产品、对象、环境等各种因素的影响，企业必须制定符合自身特点的项目监控管理办法，确定管理团队的构成和评价规则，并且对所有六西格玛项目一视同仁。

项目根据评审的结果会衍生出两条不同的发展路径。项目团队可以继续执行满足项目既定目标和阶段交付标准的项目；而对于其他情况（包括有条件地通过当前阶段等），均说明项目遇到了关键阻力。这些阻力可能来自上述各方面的负面评审结果，项目团队必须进行必要的改进来确保项目再次顺利推进。

改善措施必定与评审结果相关。项目未通过评审比较常见的问题通常是交付物的质量不合格，项目进度与预期相比发生重大变化，项目资源消耗超出预算等。这些问题可以大致分成两大类：项目交付质量与业务环境问题。通常，项目交付质量是项目自身管理执行、技术成熟度等因素导致，这些问题多数可以通过人员调整、技术拓展等来解决。如果出现这类问题，通常管理团队会明确给出改善意见以及再评审的要求，然后项目团队进行自我改善。而业务环境问题非常棘手，这类问题通常涉及项目的财务状态，或者外部因素，如订单量、交期等。如果这些关键业务因素出现问题，则不管项目本身执行的效果如何，项目都可能面临被中止的风险。面对这种情况，管理团队会更加慎重地给出意见，要求项目团队审查业务背景，确定项目是否可继续执行。此时管理团队经常会做出项目暂停或有条件地通过当前阶段的决定。

无论管理团队提出什么样的改进需求，都是为了使项目能够更好地推进或者为了企业的整体利益考虑，所以项目监控过程并不是简单地挑战项目执行状态，而是为了提升项目的健康程度。在改进过程中，项目团队需要激发团队成员的主观能动性，自省团队成员的不足，积极寻找问题的突破口，这些都是团队自我改进的基本原则。尤其是当技术类交付被他人质疑的时候，项目团队需要足够宽容并接受其他人的意见。项目团队的改进可采用必要的改进计划来实施，但项目团队的改进结果通常不是项目的强制交付内容，仅作为项目过程管理的内容之一。

13.4 项目结项评审

项目结项评审是对项目整体的总结，也是衡量整个项目价值的重要过程。结项评审较之前的阶段评审更细致和系统化，不仅涵盖了项目前几个阶段的交付成果，还评审了项目对组织的综合贡献。通常，结项评审从交织在一起的财务收益评审、非财务收益评审和过程质量评审三个维度进行，如图 13-4 所示。

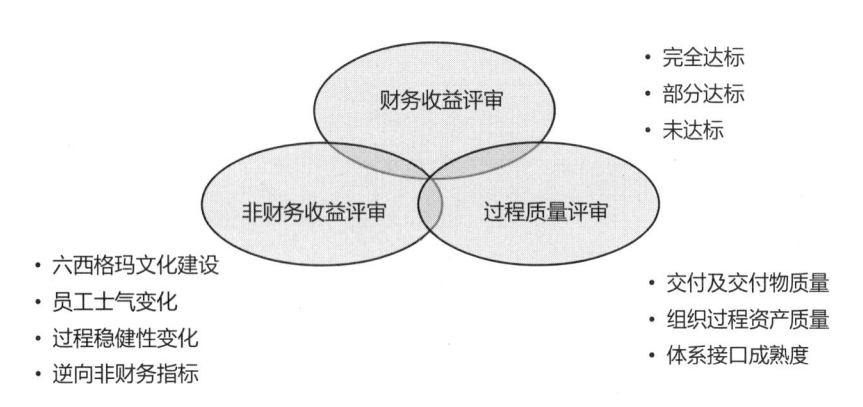

图 13-4 六西格玛项目结项评审的内容

13.4.1 财务收益评审

财务收益评审贯穿整个项目。在项目的每个阶段都要进行财务收益评审，在结项时会更细致。通常，评审分为两个维度：财务控制的准确度评审、财务目标达成的一致性评审。

财务控制的准确度评审，是考察项目对成本的管理能力。在项目初期，项目负责人和六西格玛专家应给出项目潜在的财务收益，即目标收益，该数值是一个基于历史数据和经验获得的估算值。但在项目结项时，这个数值代表着项目的最终收益，是一个相对准确的数值。最终收益与目标收益的偏差可以侧面反映项目团队的实力和项目执行的能力。原则上，没有统一的标准来衡量这个差异。常见的评审标准是各阶段评审时最终收益与目标收益的偏差不超过 10%，而在结项评审时两者的偏差不超过 25%，具体标准由企业自行确定，但财务团队的专业知识将对评审的有效性起到积极的指导作用。需要注意的是，收益偏差并不单指项目未达标的情况，如果出现项目收益远大于预期目标的情况，也需要额外关注。如果收益远大于预期的情况是真实的，财务计算也是有效的，那么对企业来说是好事，但对项目管理则未必。此时项目团队要检视这个收益偏差的原因，如果项目执行没有问题，只是因为客户增加了订单量或项目改善过程中有意外情况而使收益增加，则项目团队不存在判断失误的问题。反之，如果在业务环境稳定的情况下项目出现最终收益远大于目标收益的情况，那么项目负责人和六西格玛专家很可能存在项目收益预估失误的情况。因为项目的目标收益是项目立项的依据之一，目标收益预估失误会影响项目队列管理的有效性，也会对企业整体资源利用率产生负面影响。所以项目团队应尽可能提供准确的财务信息，并提升自身对于财务预估的能力。

财务目标达成的一致性评审与阶段评审时的财务评审类似，但在结项阶段的财务评审可能不再具备指标可调整的空间或余量。对阶段评审时出现的财务问题，项目团队可以通过后续项目的执行来调整，但在结项评审时管理团队只能做出最终是否达标的判断。完全达标、部分达标和未达标的判断标准由企业自行确定，通常是一条动态标准，视企业不同阶段的业务情况调整。

1. 财务目标达标或超越目标收益的情况

在不考虑项目团队的项目管理能力的前提下，目标达标或超越目标收益的情况是企业希望看到的项目结果，管理团队可以认为项目是成功的。项目所做出的改善成果可以持续为企业带来可观的经济效益，项目团队可进行相应的结项工作，管理团队也可根据项目贡献进行必要的奖励。

2. 财务目标部分达标的情况

项目的财务目标部分达标是最常见的情况，即项目获得一些改善收益，接近目标收益但未完全达成目标收益。在多数情况下，依据六西格玛文化的导向，管理团队依然要以积极的心态鼓励团队获得的成果，并进行必要的奖励。项目团队应认真进行经验教训总结并自省，以考察未完全达标的具体原因。如果项目团队发现未完全达标是某些项目活动执行失误所致的，则可以尝试主动改进或发起新的改善项目。如果项目执行过程中有重大人为失误，管理团队也可给出处理意见。如果因项目未完全达标而导致问题依然存在，管理团队可认为项目未达标，会发起新项目或专项改善活动来解决。

3. 财务目标未达标的情况

财务目标未达标的原因多种多样。对于客观原因导致的未达标的情况，如客户撤单等，管理团队不应问责项目团队，依然要对项目团队做出的努力表示肯定。如果是因为项目执行问题，尤其是六西格玛方法应用失误，如统计错误等出现的问题，则项目团队可能被问责。根据六西格玛方法的逻辑，如果项目能通过分析阶段，就代表项目团队已经获得了足够的证据证明已经找到了（当时认为的）问题根因。那么到了结项时财务目标却未达标，通常只有三种情况：改善不到位（包括作业失误），中长期过程不稳定，以及项目分析失误。前两者可以通过再次改善来解决。管理团队可以要求项目延期，要求项目团队改善后再次查看结果。如果是项目分析失误，则说明项目团队通过分析阶段获得的根因并不是真正的根因，而且改善阶段的短期结果可能也不充分。项目分析失误是很严重的问题，也是对六西格玛导入的一种打击。企业需要决定是否开启新的项目来处理该问题。管理团队需要自查自省，分析是否在阶段评审的过程中出现纰漏，同时项目负责人和六西格玛专家可能被问责。

财务收益的结项评审从时间维度上也会分成两次来完成。在项目申请结项时，项目团队可能没有获取足够多的实际收益数据，但项目不可能因此长时间保持开放状态，此时管理团队会进行第一次财务收益结项评审，根据当前的财务收益来判断项目成果。为了确保项目的真实有效，企业一般会设立后期管理评审制度，在项目结项后一段时间内持续对项目进行追踪，以考察项目对企业的真实贡献。最常见的做法是，在项目结项后一年左右，管理团队再次统计该项目产生的实际成本节省，以确定项目是否达到预期目标。很多企业的项目奖励也在此时确认和发放。项目结项评审较严格的企业，会设置更多次数的结项后财务评审，比较常见的做法是在项目关闭后 3 个月、6 个月及 1 年分别做财务统计和评审。

▶ 13.4.2 非财务收益评审

项目的非财务收益评审在项目的执行过程中不会经常被提及，但在结项评审时是重要评审指标之一。这项内容考察项目对于企业建设六西格玛文化的贡献程度。通常从如下几个维度进行评审：

六西格玛文化建设、员工士气变化、过程稳健性变化，以及逆向非财务指标的变化。

（1）六西格玛文化建设可以视作企业改善文化的建设，这与企业内部积极主动推进改善文化的意愿和氛围有关。六西格玛项目在推进过程中，会经历培训、执行、改进等环节，在这些环节六西格玛方法的相关信息在项目成员和其他配合人员之间相互传递。六西格玛方法在企业中的影响力是通过这些信息传递建立起来的，但这种信息可能是正面的也可能是负面的。氛围积极的项目团队在应用六西格玛方法的过程中会感染周围的同事，并且鼓励周围的同事形成数字化管理和分析的工作理念。而急功近利的项目团队很可能把某些关键活动变得流于形式，如项目团队不按照数据收集计划进行数据收集，或风险分析草草了事等，这些行为本身可能不会严重损害项目交付，但可能给周围的同事带来负面的影响，致使周围的同事得出"六西格玛存在形式主义"的错误判断。所以管理团队在最终评审时，要评审项目团队的精神面貌及在项目过程中的积极表现。这种评审属于定性评审，较难量化，但管理团队可以尝试建立评分机制来影响后续奖惩结果。

（2）员工士气变化难以衡量与评估。不同项目带来的士气变化是不同的，士气变化的影响既可能是正面的也可能是负面的。通常，单个项目带来的员工士气影响对于企业整体环境的影响有限，但对项目团队成员的影响较大。一个项目所带来的士气变化会呈现连锁效应，无论项目成功还是失败，员工之间对该项目的评价都会相互传递。而一些特别成功的项目或者对企业的影响特别大的项目，则可能在企业内部产生短时间的轰动效应。管理团队在结项评审时需要特别关注影响特别大的项目，要对项目团队进行必要的特别嘉奖。管理团队应看重非物质奖励，如项目成员的事迹宣传等，这会极大地推动六西格玛文化的传播。

（3）过程稳健性变化是六西格玛项目的典型输出之一。项目在获得企业财务收益的同时，过程或工艺必然会发生变化。很多项目立项是为了消除过程中的不稳定因素。项目团队在找到影响过程能力的关键因子并将其改善后，发现项目能直接带来的财务节省并不多（这个结果可能在立项时就已经被管理团队预见到了）。但如果此时项目团队查看改善后的过程能力分析或中长期的控制图，则会发现对应的过程参数会变得更加稳定，这种过程稳健性变化是企业长期保证产品质量优异的基石，其价值可能比单纯的财务收益重要很多。

（4）逆向非财务指标在项目结项时也需要进行梳理和评估。通常，逆向财务指标（主要指项目的成本）在项目损益表中体现，且逆向财务指标的影响一定远小于正向财务指标，否则项目不会被顺利推进到最后阶段。企业在项目收尾时应正视逆向非财务指标。通常一个好的六西格玛项目会将该指标的影响控制在最低水平，但也可能出现个别特殊情况，如项目获得很好的财务收益时却极大恶化了某些方面。例如，项目团队在执行六西格玛项目时遇到不配合的部门就使用强行推进的方法，最后项目可能获得了很好的财务收益，但导致部门之间的关系极度恶化。项目团队在实施六西格玛项目时要尽量避免出现这样的情况。

▶ 13.4.3 过程质量评审

过程质量评审是对项目过程交付质量的最终评审。在项目的不同阶段，项目交付至少被评审过一次。项目能够顺利推进到最后阶段，代表这些交付至少满足了之前各阶段的最低要求，但不代表交付过程质量也是令人满意的。在项目执行过程中，除非像项目财务更新等极少数关键报告出现问题，否则管理团队不会对项目交付物或交付过程过于吹毛求疵。但在项目收尾时，管理团队通常会对交付过程质量进行总体评审。例如，项目在某个阶段反复多轮评审才最终通过阶段评审，这可能就是一个不太好的过程质量表现。而项目在分析阶段使用了合理的试验设计方案，项目团队大幅减少试验成本就是不错的过程质量表现。有的过程质量可以使用财务指标来体现，如材料成本节约、工期缩短等，有的则很难诉诸财务指标，如无法直接量化评审的交付物质量、团队融洽的合作氛围和高效的会议等。即便如此，管理团队在结项评审时依然需要对项目过程中的这些表现进行评审，其评审形式与非财务收益评审类似。项目过程中的所有交付物都是重要的组织过程资产，管理团队也应对其进行评审。

组织过程资产的积累是每个项目带给企业的重要输出。六西格玛项目产生的组织过程资产相对其他项目会更丰富，且会对后续项目产生积极影响。其中，阶段和过程的各种交付物不仅是管理团队评审项目质量的依据，也是企业自我成长的见证。这些交付物所承载的信息即便在项目结束后，也可以成为其他项目的参考。一般来说，在借鉴项目的历史资料时，项目团队更看重之前项目的执行方法。从六西格玛项目的历史资料中，项目团队不仅可以参考历史项目的执行方法，而且可以直接应用历史项目的成果。如果已知某参数会显著影响产品质量，那么在当前项目中就无须再验证其相关性，而直接将其定义为关键因子。即便有一些项目未成功，那么参考这些项目的经验也可以让后续项目少走很多弯路。组织过程资产的贡献在项目收尾评审时很难用财务指标来衡量。部分企业将过程质量评审与组织过程资产评审放在一起，是合理的。因为两者有非常多的共同之处，评审形式也非常相似。

过程风险评审是一种事后评审。项目风险列表从立项时开始建立，在执行过程中不断被更新。每次阶段评审时，管理团队都会对当前阶段出现的风险进行处理和应对。项目结项时管理团队需要重新审视该列表。与阶段评审不同的是，此时管理团队需要查看的是在整个项目执行的过程中风险出现的次数、出现的风险与风险列表的符合度，以及风险处理结果的满意度。首先，风险出现的次数显示了项目的健康程度；其次，出现的风险与风险列表的符合度则体现了项目团队对于风险的预测能力；再次，风险处理结果的满意度则代表了项目团队应对风险的能力。在传统项目管理中，管理团队控制风险的最常见方式是准备一部分风险应对资金，即管理储备。但在六西格玛项目中，企业通常不会设置这项资金，但项目因某些风险发生而付出的额外成本应视作项目质量的评审指标。例如，在准备试验样件的时候，供应商出现断供的情况，导致项目延期两个月，由此带来的成本可视作风险应对成本。需要注意的是，在结项时如果在整个项目执行过程中无重大风险发生，或者风险列表上的所有风险均未发生，那么管理团队并不能得出结论——该项目的风险管理做得很好。因为风险发生存在偶然性，这种事后评审只是结果评审，不能体现风险控制过程的有效性。管理团队要考察项目团队在项目过程中做了哪些控制措施来避免风险发生。当然，如果什么风险都没有发生，那么对企业来说一定是最理想的情况。

所有企业都不愿意看到项目中止，但项目中止的可能性始终存在。项目中止并不能简单视为项目失败，有相当多的项目中止并非项目团队的能力或执行问题导致的。管理团队要对中止项目的原因进行客观区分，并正确评审项目团队已完成的绩效表现。如果是非项目团队的原因导致的项目中止，如客户撤回后续订单等，管理团队不应将之视为项目失败，而应考量项目团队在中止前的表现。如果在项目中止前，项目团队的管理恰当且交付质量优异，那么管理团队依然可以考虑适当的鼓励，如在企业内部进行项目事迹宣传等。如果是项目团队执行问题导致的项目中止，如团队关键资源突然流失、关键试验出现未预见的反复失败等，管理团队则需要视实际情况对项目团队进行问责或相应处理。因为六西格玛方法的理念是，项目中止的经验也是企业的宝贵财富，所以多数企业对于项目中止较为宽容。管理团队对项目中止后的风险需要重新评审，尤其是对企业业务的冲击，必要时可发起新的六西格玛项目。

在项目的最后阶段，企业需要思考结项后的项目与企业持续改善体系之间的接口问题。大多数实施六西格玛的企业都有自己的持续改善体系，项目完成后相应的过程交付物和其他重要信息就要被纳入该体系进行管理。企业的持续改善体系要有相应的接口程序和输入窗口来完成这个动作。例如，项目交付物存放在何处，应满足什么规则，是否存在便于后续检索的关键词设置等。因为持续改善体系并非六西格玛方法独有，所以接口问题还要考虑到其他质量系统的需求。部分企业在导入六西格玛方法的初期可能没有完善的持续改善体系，那么在短时间内，管理团队可以将六西格玛项目资料单独存放或与其他项目资料并存。这种做法仅仅是在企业导入六西格玛的过渡时期，从长期发展来看，企业建立稳健的持续改善体系不仅是很多质量体系的要求，也是持续推进六西格玛方法的必要条件。

第 14 章

持续改善体系

六西格玛通过项目应用来发挥其价值,但六西格玛不只以项目的形式存在企业中。企业要保证六西格玛长期在企业内发挥作用,就要建立一套完整的推进体系来实现这个目的。由于六西格玛活动是典型的持续改善活动之一,因此持续改善体系可以保证企业长期有效实施六西格玛方法。建立持续改善体系是每个实施六西格玛方法的企业都要完成的必要工作。

14.1 经验教训总结与分享

六西格玛要建立的持续改善体系,其中最重要的部分就是经验教训总结。原则上,企业在任何时间都可以对六西格玛项目或活动进行经验教训总结,甚至可以在项目生命周期之外。项目收尾时的经验教训总结至关重要,它是企业持续改善体系的重要输入。

经验教训总结通常是由项目团队共同完成的。项目的经验教训总结至少包括以下内容:总结项目执行过程中的心得,分析项目执行过程中的优缺点,(自我)评价交付物及交付过程的质量,总结所有项目输出,准备后续提升计划,准备必要的分享计划等。管理团队可参考项目团队在经验教训总结中的自我评价并结合项目成果,作为评价项目团队绩效的依据之一。虽然六西格玛项目团队也可以做批评与自我批评,但不推荐,因为六西格玛以正面鼓励为主,主要肯定团队的努力而不是过多的批评。

经验教训总结是知识和经验累积的最佳方式之一。在项目收尾时,项目团队有足够多的时间客观冷静地看待项目执行过程中曾经发生的各种事件。项目执行过程中的所有交付物、分析结果和操作经验都是项目正面的知识经验积累。项目团队需要总结项目执行过程中走过的弯路,如错误操作导致的试验失败和复测等。这些失败的项目活动造成的影响是负面的,但这些失败的经验是重要的组织经验。在项目执行过程中,一旦项目活动失败就会导致团队出现内部冲突,而如果管理团队干预项目进程就会使项目成员压力倍增,所以当时所做的经验教训总结不一定都是真实有效的。项目收尾时团队氛围较为轻松,此时进行的经验教训总结则会更加客观。

经验教训总结是帮助团队进行自我总结并对外分享经验的过程。总结首先在项目团队内部进行，然后再将总结内容对外分享。这种分享带有培训和学习的性质，分享的对象和形式需要考虑。原则上，企业所有员工都是分享的对象，但由于资源的限制，项目团队通常会对分享对象进行分类，而按业务分类是最常见的分类方式。项目经验教训总结会优先与具有类似业务的团队进行分享。例如，改善医疗器械产品质量的项目经验会在其他生产医疗器械产品的生产团队内进行分享。按业务分类的方式是因为这些团队的业务或产品与本项目的改善对象非常相似或有强相关性。分享也可以考虑功能团队的近似性。例如，工程团队的改善项目，可以考虑在所有与工程相关的团队内进行。企业可以针对企业全员进行项目经验分享，以达到改善文化氛围的目的。

经验教训总结的载体多种多样，包括项目报告、宣传动画、项目海报、现场看板、标语等。六西格玛项目通常要求在项目报告的最后进行经验教训总结，所以项目报告是最常见的载体。这份报告可以非常方便地被系统保存或以邮件等方式分享给其他团队，分享过程不受地域的影响。很多优秀项目的经验被制作成宣传动画或海报等，以便企业进行内外部宣传。部分失败项目的经验也可能被制作成企业宣传材料。

由于六西格玛项目的相关报告或分享资料常含有大量专业术语，因此对于普通读者来说，这些报告或资料晦涩难懂。如果项目团队仅靠文件形式进行分享，那么是无法确保读者准确解读其内容的，因此经验教训分享依然以传统的现场汇报或远程直播汇报为主。项目团队在汇报过程中应考虑非项目团队成员对项目的认知盲区，进行必要的项目背景介绍和产品对象介绍。由于此类汇报通常更关注项目执行过程和项目输出，因此项目团队不要花太多时间介绍基础工具。如果分享对象是近似业务的团队，那么项目团队可强调项目最后的输出成果与应用形式；如果分享对象是其他功能团队，那么项目团队应偏重介绍项目的过程质量。出于成本和资源优化的考虑，项目团队也可使用视频或音频文件的形式进行汇报。这种汇报的缺点在于分享的对象无法直接向项目团队提问，无法获得必要的解释和说明，所以分享效果会差一些。

在实操过程中，经验教训总结和分享活动非常容易被忽视，本质上这是因为企业对六西格玛项目不重视。如果项目结束后项目团队就解散，而且项目的经验教训总结也不涉及个人绩效考评，那么项目团队不会细致地梳理和总结经验教训。忽视经验教训总结和分享的情况在六西格玛导入初期很少发生，因为此时管理团队对六西格玛的关注度较高，且企业内部有大量与六西格玛相关的宣贯活动，所以大家对六西格玛保持着较高的热情。但在六西格玛实施的常态化阶段，当企业内部推进六西格玛的热度下降之后，部分员工就开始出现敷衍了事的态度。为了避免这种情况发生，项目负责人在项目计划中要设置明确的时间节点来实施经验教训总结，同时必须让整个团队清楚地理解经验教训总结和分享是项目结项前的必要过程，这个过程的质量同样影响项目的最终评价。

经验教训分享不应随项目结项而结束。优秀项目的经验教训总结可以在项目结束后继续与其他团队进行分享，也可以对外分享。这些持续的分享都是持续改善体系希望实施的活动。所以经验教训总结是持续改善体系的重要输入，其交付文件、分享形式、历史经验等都是持续改善体系的内容。这些内容应与持续改善体系对接，成为重要的组织过程资产，持续在企业内部发挥引导作用。

14.2 最佳实践

最佳实践（Best Practice）是持续改善体系中的重要组成部分。顾名思义，最佳实践就是在企业实施六西格玛项目或其他持续改善项目的过程中，项目团队做出的杰出实践应用。这些杰出实践应用包括工具的巧妙灵活运用，高效率的改善活动，融洽的团队合作等。企业如果要持续形成最佳实践，通常需要做到以下几点：

- 企业实施持续改善活动一段时间后要积累足够的经验，且具备一定量的项目基础数据。
- 企业对持续改善项目进行系统化的管理、追踪和评价，有具体评审准则和方法。
- 企业拥有可被推广的项目经验，且该项目经验具有一定推广意义。
- 企业拥有的一些最佳实践可以作为企业内部甚至外部的标杆参照。

最佳实践是推行六西格玛或相关持续改善体系的自然结果。当项目经验积累到一定程度时，企业就可以进行最佳实践的评选活动。最佳实践的评选活动主要包含最佳实践的评选和分享。

最佳实践的评选可以定期举行，由管理团队进行评选。评选周期取决于项目的数量。如果项目较多，则可以缩短评选周期。评选最佳实践的主要目的是建立持续改善体系，以及推广六西格玛文化。挑选最佳实践项目要有具体评审标准。虽然财务指标是项目的重要指标之一，但最佳实践更侧重该项目对于企业六西格玛文化的促进作用。最佳实践的评选更倾向关注非财务指标类的项目输出，如良好的项目执行氛围、准确的工具和方法应用、充分的数据分析和改善措施等，这些项目实践活动具有更好的推广作用。最佳实践的评选是综合项目所有维度的评选，要找到极具代表性的典型项目（或项目活动）作为企业内外部的标杆。该评选要充分体现公正、公开的原则，要将所有评选细节展示给企业员工。公开评选不仅能提升评选的公信力，也能彰显六西格玛文化的价值。部分优秀的项目可能在结项时受到过特别奖励，但如果这些优秀项目又被选为最佳实践项目，那么这些项目依然可以获得二次奖励。最佳实践的奖励，多数以非物质奖励为主。最佳实践评选并不关注项目数量的多寡，如果没有项目（或项目活动）符合最佳实践的标准，管理团队应坚持宁缺毋滥的原则。

最佳实践的分享是评选后的必要活动，也可以视作经验教训分享的延续。结项时的经验教训分享带有评审性质，分享时的氛围较为严肃，而最佳实践的分享会轻松一些。最佳实践分享的重点是关注优秀项目的特别贡献和杰出应用。内部最佳实践的分享活动通常覆盖企业全员，企业要以大型内部活动的形式广而告之。对外的交流分享活动通常在实施六西格玛的企业之间进行，这种分享不具有竞争性，只是取长补短的项目交流学习，是非常好的文化促进方式。

最佳实践的评选和分享活动都需要系统规划，是六西格玛常态化管理的一部分。最佳实践的评选准则和评选周期都要有相应的执行程序来保障，即便使用非正式发布的文件进行管理和定义也是可行的。很多实施六西格玛的企业会把最佳实践评选定为季度或半年度的评选，每年在企业内部进行最佳实践分享。通常，对外的交流分享活动则没有严格标准，视企业的实际资源而定。

最佳实践的分享需要分层级实施，在企业对内对外分享时也存在一定差异。

对内分享时，最佳实践的分享需要在不同层级之间展开。例如，在执行层分享最佳实践时，分享应关注于项目的改善措施、实施方法等；在对中层管理者时，分享则关注项目执行过程中团队的协调配合和团队管理；在对高层管理者时，分享则更多关注企业六西格玛文化的推进、员工士气的变化以及项目组合的决策收益等。

对外分享时，企业在交流活动中需要注意商业信息的保密性。企业可以在本行业内进行交流分享，将企业自身的最佳实践分享给行业内多家企业。这种分享往往是为了获得同行的建议来进行自我改善，特别优秀的最佳实践分享则可能变成一种品牌推广手段，用以提升企业品牌和竞争力。对外分享的最高层级即跨行业的分享，这类分享通常是纯粹的六西格玛方法和文化的应用展示，成功的分享会对大幅提升企业形象和社会影响力。

最佳实践活动是企业持续改善体系的窗口，是展示企业稳健运营的重要手段。最佳实践活动贯穿企业持续改善的各个层级，在对外交流时也没有活动范围的限制，甚至可以覆盖企业的供应商和客户。很多案例显示，对客户分享最佳实践的效果甚至比巨额广告费的效果更好。最佳实践是全面实施六西格玛的标志性活动之一，是企业需要长期关注的对象。

14.3 知识库构建与应用

实施六西格玛项目会不断给企业带来新知识。这些知识会形成一个六西格玛知识库，该知识库包括关键产品技术、改善活动经验、工具应用经验、项目实施经验等。六西格玛知识库是企业持续改善体系的基础数据库，绝大多数持续改善活动都建立在该知识库的基础上。

六西格玛知识库通过经验累积自然形成。如果不对其加以管理和利用，对企业来说就是极大的浪费。事实上，没有建立六西格玛知识库的企业不能称为成功导入六西格玛的企业。六西格玛知识库在六西格玛导入之前就已经被规划，企业实施的第一个六西格玛项目就已经纳入该知识库，然后不断增加后续的新项目。

构建知识库必须规划知识库的功能。知识库的功能取决于持续改善活动的基本需求。比较常见的需求包括项目报告的保存和追溯、项目关键交付物的存档、产品（或改善对象）的历史关键问题及改善活动清单、六西格玛项目组合对企业的累积贡献、项目关键词索引、六西格玛人才库的建设等。知识库其实就是六西格玛对企业所有贡献的大集合。

构建知识库的形式并不固定，如纸质文档系统、共享文件夹或定制的管理软件系统都是常见的知识库形式。无论采取哪种形式，知识库都要保证历史数据长期可靠存放和数据检索存取的便利性。一般来说，在构建知识库的前期阶段，管理团队就会定义企业日后对项目检索的需求和复用条件，并要求项目在存档时提供这些基础信息。例如，系统要求项目存档材料必须注明产品类别、项目类型、项目带级、改善问题的类型等。有些大型企业的六西格玛项目的关键属性达二十多个甚至更多，这些属性都要求在项目纳入知识库时明确填入。有些企业也会要求项目名称遵循一定规则，以便后期检索，如要求项目名称包括事业部+地方厂+产线+问题关键词+关键改善动作等。知识库利用这些复杂的关键词或项目属性实现历史数据追踪的功能。所以也有企业把知识库称为追踪库。

通常，六西格玛知识库是由企业的六西格玛专职人员或部门管理，他们对所有数据的有效性负责。知识库管理的维度主要包括数据的安全性和有效性、数据库报表以及必要的升级维护等。

数据的安全性和有效性是所有数据库的基本要求。数据库报表则是该知识库的状态显示和成果展示。数据库报表很可能是六西格玛实施团队绩效汇报的一部分，显示了实施团队在过去某个时间内，企业完成六西格玛项目的数量、类型分布、财务收益、人员认证数量等一系列指标。这些以知识库记录为准的数据报告真实地反映了企业实施六西格玛的成果。

随着企业规模的变化以及项目数据的增加，企业对知识库的需求也会发生变化。例如，增加一些新的关键词或取消一些旧的关键词。类似的知识库升级维护需求有很多，由实际业务的发展决定。

知识库中的项目数据可以被广泛用于企业各个层级的持续改善活动，包括最佳实践活动、行业对标活动等。在新项目需求产生时，管理团队会要求项目团队先查看知识库中的历史经验。如果知识库中存在可参考的历史经验，项目团队就可直接应用它们。即便项目团队发现无可用的项目经验，知识库也可以提供专业的人才库供项目团队选择，还可以提供近似项目供参考。当企业的六西格玛项目足够多时，很少会出现无可用的项目经验的情况。例如，虽然项目不同，但多数项目的风险列表、项目预算、执行周期和常用工具列表等信息可以相互借鉴。项目团队可以通过历史项目信息获取一些必要的参考信息，以免在新项目上完全没有头绪。

为了提升知识库的利用率，企业应制定相应的应用规则。例如，新项目开始前强制查看历史资料，知识库结合最佳实践定期检索并分享等。这些应用规则不仅可以让知识库中的经验活跃起来，也可以保持推行六西格玛的热度。在制定规则时，企业可以通过程序文件来固化规则，并使用指标追踪考核。常见的指标包括每年知识库历史项目经验的复用次数、历史项目成果被引用的次数或比例等。

14.4 持续改善体系建立

持续改善是企业针对现状持续寻找改善机会并实施的过程，通过持续改善活动来实现企业业务的改善。持续改善体系包括企业系统实施持续改善活动的方法、规则和实施步骤。管理团队在持续改善体系的指引下，通过一系列有策划、有目的的活动来实现企业各方面能力的全面持续提升。持续改善在很多质量体系中都是重要的模块，是企业追求健康运营状态的重要方式。六西格玛是企业实现持续改善的重要工具之一，所以几乎所有与六西格玛相关的活动，如培训、项目实施、经验教训分享等，均可视为持续改善活动。

优秀的持续改善至少具备以下特点：持续改善活动有相应的体系保障，所有的持续改善都为企业既定目标服务，改善活动有明确的输出，建设有效的持续改善文化等。与改善项目有所不同，持续改善是企业强身健体的过程，该过程并不一味地追求财务收益。

持续改善体系是持续改善活动的根基，是企业的常规受控体系之一。部分小型企业也可能使用非正式的持续改善体系，但这是企业的临时状态。持续改善体系会承接一部分企业战略，其主要目的是改善企业内部的运营环境，所以企业内部的各种改善活动都可能被纳入这个体系的管理范围。持续改善体系强调改善活动的可持续性。为了保证改善活动的持续进行，持续改善体系通常会规定企业执行改善活动的团队配置、项目发起机制、评审方式，以及经验教训总结与分享等具体实施方式。因为持续改善体系中可能还存在其他改善方法，所以六西格玛并不能代替持续改善体系，但是六西格玛一定是持续改善体系中耀眼的明珠。

持续改善体系是一个大集合，涉及企业内部大多数功能团队的能力优化。这说明持续改善体系与全面质量管理的理念完全一致。也有不少企业认为持续改善体系是全面质量管理的一部分。持续改善整合了各个功能团队的资源，将各个团队的输入与输出融合在一起，为企业的改善活动提供必要的给养。图 14-1 为六西格玛体系与全面质量管理结合的示例。

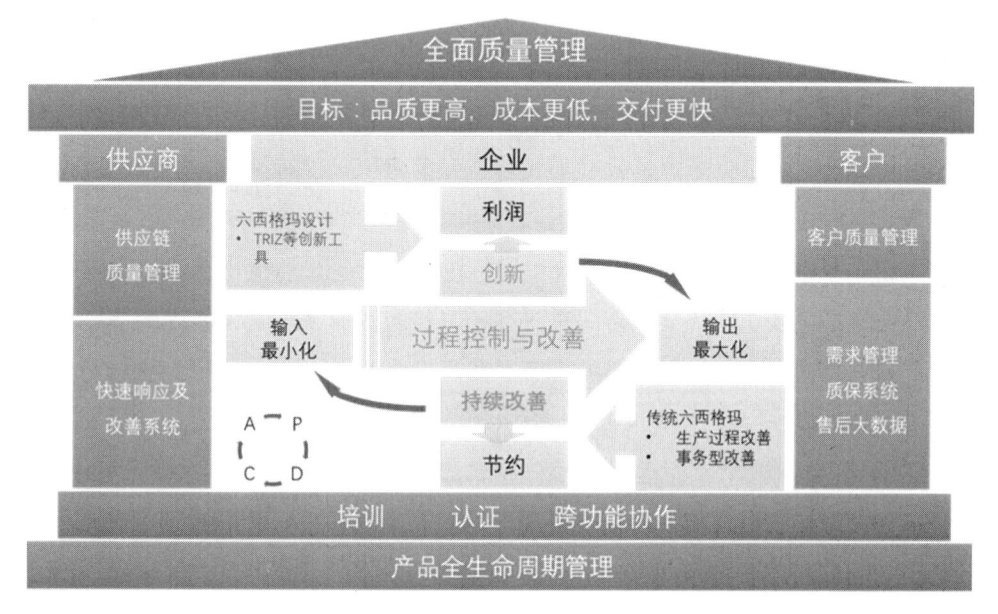

图 14-1　六西格玛体系与全面质量管理的结合

企业只有具备一系列条件才可以实施持续改善。这些条件包括充足的资源储备、稳定的业务状态和明确的评价指标等。

首先，充足的资源储备是实施持续改善的前提。通常，持续改善的对象都是企业的难题，这些难题都必须应用先进的方法来解决。持续改善活动往往涉及跨部门的合作、额外的资源投入，甚至引入专家资源。如果企业的资源储备不够充分，那么很可能不具备相应的额外资源，持续改善也就无从谈起。

其次，稳定的业务状态是实施持续改善的保障。在业务不稳定的情况下，企业的首要目标是保证自己能够存活，此时企业是没有精力去兼顾持续改善活动的。稳定的业务状态保证企业有充足的资金来源，管理团队也不用为了业务问题而焦头烂额，企业才能有更多的时间和精力考虑持续改善活动。与此同时，企业可以为持续改善提供必要的活动资金。

再次，明确的评价指标是实施持续改善的有效性证明。企业要有明确的指标作为持续改善活动的指引，否则改善活动可能失去焦点。如果企业没有设立明确的六西格玛指标，那么六西格玛方法培训、认证、分享、行业对标等活动就会变成孤立的活动。人们将不知道为什么要培训、为什么要分享经验教训，而只是简单地完成上级交代的任务。明确的评价指标可以帮助企业优化资源利用率，使得持续改善活动更加有效。

综上所述，因为资源等因素限制，规模较小的企业或初创企业很难在短时间内建立持续改善体系。但在未来的规划中，这些企业要提前规划持续改善体系，并考虑引进什么方法作为持续改善体系的实施载体。

持续改善活动有很多，不仅包括与六西格玛相关的活动，还包括其他一些重要活动，如卓越绩效、卓越运营等。卓越绩效等活动涵盖的范围超越了六西格玛的范围。例如，卓越绩效不仅涉及改善活动，还构建整个企业的指标体系，要求企业通过改善活动提升各类业务指标，从而实现企业竞争力的全面提升。在运行良好的持续改善体系下，企业具有一定的自我修复和自我调节的能力，可以有效地抵御业务环境变化给企业带来的冲击。

与六西格玛方法一样，所有的持续改善活动都强调改善文化的建设。通过培训改善方法和实施改善项目，企业可以建立数字化管理模式，形成自我改善意识，支持挑战与创新的理念。企业获得这些成果的过程就是建设持续改善文化的过程。持续改善文化的建设不应拘泥于企业改善的一时成败，而应着眼于企业在整个生命周期内的健康程度，以打造稳健的企业内部环境为最主要的目标。

六西格玛的实施是实现企业持续改善的重要途径。实施六西格玛的终极目标是实现企业长期的自我改善机制。在某种程度上，也可以把六西格玛文化建设等同于持续改善文化的建设。

持续改善永无止境。企业从没有应用改善方法，到逐步导入以六西格玛为典型代表的改善方法，再到企业慢慢开始自主实施改善活动是一个漫长而痛苦的过程。很多企业在这个过程中迷失了方向，有些企业因为一些原因甚至没有接受六西格玛这样的先进改善方法。因此，帮助企业成功导入六西格玛是六西格玛从业者的奋斗目标。

案例篇

——给你一个真实的世界

第 15 章
案例与报告

15.1 案例背景与说明

本章会分享一个完整的虚拟案例，根据默认的情节，将呈现一个六西格玛项目大致出现的各种情况。为了便于初步导入六西格玛的公司和初步学习六西格玛的读者易于了解六西格玛项目导入的过程，这个案例并非一个纯粹的常态化发起并执行的项目。案例的初始设定是一家成熟公司，其在面对一个突发的重大质量问题时，开始尝试使用六西格玛方法来解决问题。这个过程包含两方面内容：一是公司导入六西格玛方法的典型契机，二是第一个六西格玛项目的执行过程。

本章通过这个案例分享公司面对挑战时的态度，以及六西格玛方法是如何发挥作用的，主要包括案例故事本身与项目报告两部分。为了让案例更贴近真实的工作环境，故事采用小说形式进行呈现。而项目报告采用平时最符合公司常规习惯的方式，即用 PPT 初始构建，然后转换成 Word 文档形式进行呈现。项目报告与案例所描述的情节是一一对应的。为了保证案例描述的连续性，在相应情节涉及六西格玛交付时尽可能不打断案例的情境推进。读者可以在阅读完案例之后查看项目报告，也可两者对照同步阅读。

在阅读案例之前，建议读者先学习一定的六西格玛基础知识，以便更好地理解其中某些情节的设置，以及项目团队做出某些特定决策的原因。只对六西格玛项目的推进过程感兴趣的读者，可以重点关注和体会项目推进过程中的困难点。

案例使用小说形式的另一个原因是，我们并不想过多强调六西格玛工具集在项目过程中的作用。尽管六西格玛项目是通过严密的分析逻辑框架和严谨的分析工具获得的，但所有活动都是由人作为主体来实施的。在真实环境下，真正影响六西格玛导入效果的，并不是方法论本身，更不是个别的统计工具，而是项目团队的人、公司内外的关键干系人等因素。所以在案例中，我们把焦点放在了项目团队内外部的各种矛盾上，这些矛盾在很多公司内部都是随处可见的。它们可能来自项目人员对六西格玛的认知，也可能来自公司的内部职场文化。这些才是真正影响六西格玛最后执行效果的重要因素。

项目报告将展现一份典型的六西格玛项目报告应具备的要素和内容。原则上，六西格玛项目并不存在固定的项目报告模板，因为每个项目都是独特的。但六西格玛项目的结构是特定的。虽然也存在某些小的迭代循环，如 DMA 三阶段的小循环，但相对来说，其整体步骤是有迹可循的。所以在编写这份报告时，应尽可能考虑六西格玛项目的各个因素并加以串联。也可以认为这份报告的结构具有一般典型意义，可以被其他项目借鉴。本案例报告中的各种工具应用仅以示例为目的，并非以完整表单或文件的形式呈现的，仅供参考。

六西格玛的项目报告讲究逻辑结构的严密性，所以报告前后每页的内容都要有足够的关联性和结构上的呼应。例如，在测量阶段的数据收集计划内规划的数据类型和采样数量与分析阶段的分析工具应前后对应，不应出现前面规划单样本 t 检验，后面却使用了回归分析这种前后不一致的问题。在单个页面或工具的展示过程中，一般至少包含以下内容：信息/数据的来源、原信息/原数据、信息/数据处理的方式（含分析过程）、信息/数据处理的结论等。这些工具应用和结论的串联将逐步推演出问题的根本原因。一份优秀的六西格玛项目报告就是一本故事书，展现了项目整个过程中的方方面面。换句话说，如果在阅读一份项目报告的过程中发现项目的进程有断裂，或者分析的逻辑链有断裂甚至矛盾，就说明项目的执行质量是有问题的，严重时甚至存在分析错误等不可接受的问题。

在拟定案例的改善目标时，笔者特意选择了产品合格率作为项目的改善目标。这不是一个非常好的项目目标，因为项目改善对象通常是具体的，而对于这种由复杂因素构成的目标往往需要更多层级的分解才可以实现，其统计工具的应用方式和解读也会存在一定困难。为了减少阅读障碍，尤其是为了初步接触六西格玛的读者可以理解项目的运作过程，所以笔者才选择了这个大家都易于理解的对象作为改善目标。

案例中的产品合格率被设定为 95%~98%，这是非常低的数值，与六西格玛的要求相去甚远。如此设定是有原因的。目前，大多数公司的实际产品合格率处于 3~4 西格玛水平，很多公司实际接受的过程能力指数的及格线为 1.33，对应的产品合格率至少在 97%以上，超过 99.7%的产品合格率也很常见。有些非质量专业的读者会认为这样的产品合格率已经非常不错。如果案例使用较高的产品合格率，那么这些读者可能无法深刻理解六西格玛方法的价值。所以笔者特意采用 95%~98%这个较低的设定值，以便读者更好地理解案例中公司的运营状态，同时便于剧情的推动。实际上，部分公司的产品合格率远高于本案例。

案例中部分工具的应用阶段略晚于理论阶段。例如，在分析阶段获得初步分析后应立刻进行某种程度的验证，哪怕是非正式的或不完整的测试验证，以确认分析是有效的。而案例中把验证推到了改善措施实施之后，这是因为本案例是该公司第一次导入六西格玛项目，其执行与审批等各种作业模式并没有规划，同时部分执行步骤由于受到团队冲突等各种因素的影响出现了些许滞后或跳跃。对实施六西格玛方法较为成熟的公司来说，在常态化六西格玛项目发起和实施过程中很少出现这种情况。

项目是否可以进入下一阶段，是由管理团队或项目评审委员会来决定的。对于常态化实施六西格玛方法的公司，评审很可能由六西格玛专属部门，如持续改善团队来负责。在本案例中，由于讯鑫是第一次导入六西格玛项目，在体系框架不成熟的情况下，就由总经理林诚桪直接带着他的管理团队进行评审。原则上，评审应采用一票否决制，但案例中各个阶段均出现了不同程度的状况，致使林诚桪独自拍板决策，这是第一次导入六西格玛项目时比较独特的现象。

综上几点，案例中有些数据以及情节的设定（不仅限于以上几点）做了特殊处理，而实际应用时，尤其是常态化六西格玛项目发起和实施时，可能存在些许不一致的情况。这些都是为了案例可阅读性、可理解性和可示范性的需求做出的刻意设置。所以读者在阅读案例时，不要纠结于数据和情节的设定，而要将重点放在项目的执行与推进方式上。

这是一个虚拟故事，虽然在场合设置过程中尽可能考虑了实操过程中的各种困难和阻碍，但实操过程中环境的严酷程度远远超过本案例中的描述。

注：案例中所有的公司名称、人名、产品、数据以及事件均为虚拟信息，仅以案例过程与工具方法应用展示为目的，如与现实中有重合，纯属巧合。

【案例背景】

讯鑫是国内最大的电脑附件供应商之一，常年生产鼠标、键盘、摄像头、手写板等电脑周边产品。讯鑫成立已近20年，在国内各个区域有多家分支机构，其电脑附件和外部设备中有多项产品在国内市场的占有率排名前三，其中手写板的市场占有率高达37%，鼠标和键盘的市场占有率为26%，摄像头的市场占有率为18%。根据不完全统计，每年每个家庭平均花在电脑配置上的开销中讯鑫的产品约占了20%。

目前，讯鑫将总部设在X城市中心的科技大厦，其在全国有四个营销中心，分别是华南、华北、华东、华中，以及多个生产基地。生产基地坐落在X城东南角的信息港，占地6 000平方米。讯鑫拥有完善的研发及生产系统、完整的质量管理体系，但尚未导入六西格玛方法。当前员工总数超1万人，去年营收为103亿元，近年年平均增长率约为15%，主要供应睿科、名思等知名电脑主机配套公司。

某天，睿科对讯鑫所产的某批次鼠标进行常规抽检，发现部分鼠标左右键间隙值超过了既定标准，该批次产品的不合格率超过了可接受范围，所以睿科以质量不合格为由，对讯鑫5月之后供应的该型号鼠标进行全部退货，要求讯鑫寻找问题的根本原因，并且限期整改。讯鑫虽然有质量客户投诉管理流程，但这次并没有简单地进行灭火式处理。管理层在获知六西格玛方法不仅可以解决问题，而且可以为公司建立持续改善机制时，决定进行一次导入尝试。所以故事从此开始。（案例中的人物关系如图15-1所示。）

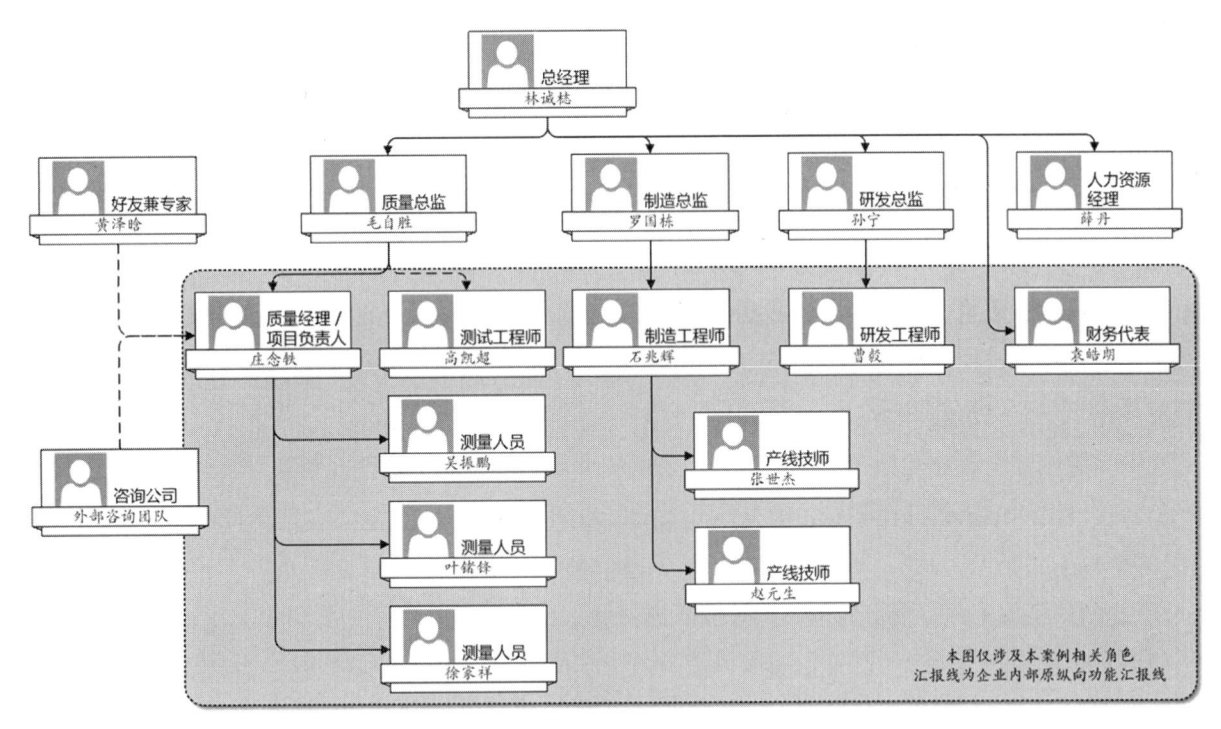

图 15-1 案例中的人物关系

15.2 精彩的故事

▶ 15.2.1 定义

天气预报说今天的最高温度也就 20℃，但体感温度绝对超过 30℃。早上还艳阳高照，可此刻，天阴沉沉的，收了阳光，风从窗户缝隙吹进来，扬起遮阳帘，而后又把它摔打在窗户上，弄出啪啪的声响。高楼林立的城市，风在楼宇间穿梭行走。坐在 30 层楼的办公室里，只听见外面呜呜的风声，有点骇人。看样子，台风可能真的说来就来了。

讯鑫是目前国内最大的电脑附件供应商之一，它旗下的各种配件也几乎全都是行业内的鳌头霸主，其中的鼠标和键盘在电子竞技游戏里更是无可替代。很多骨灰级玩家都指定使用讯鑫旗下的黑洞系列。所以讯鑫在电竞圈里拥有相当卓越的地位，其所供应的客户也都是睿科、名思等知名电脑主机配套公司。

三天前，售后部传来消息，讯鑫被睿科投诉了。这个消息就像平地一声惊雷，整个讯鑫内部都震动了。这时候开会，肯定是售后部已经挡不住客户的怒气，需要内部全体协商解决办法。天空乌云密布，似乎不是什么好兆头。

毛自胜特意翻了内部质检记录，记录显示的结果虽然不太好，但也没啥大问题。他瞟了眼楼下的车水马龙，关上窗，喝了口水，捧着笔记本电脑匆匆往第一会议室赶。当毛自胜推开第一会议室的大门时，里面已经坐满了人，首先映入眼帘的便是总经理林诚桔面无表情的脸。离开会还有 5 分钟，毛自胜说了句"对不起，来晚了"才走进去坐下。

"既然人都到齐了，会议就正式开始吧。"林诚梽说，"售后部先把事情简单描述一遍，然后我想听听你们的意见。"

"这次睿科投诉的产品是无线飞鱼人体工程学鼠标三代，原因是抽检的不合格率太高，其中不合格品的主要问题是部分产品左右键间隙过大，诉求是2020年5月后此产品的供货全部退回。"

所有人都看着自己面前的电脑屏幕，双手在键盘上噼里啪啦地打着字。但仔细看，就能从某些人的眼镜镜片中窥探出端倪。防蓝光镜片上有的显出了纯色的桌面，有的显出了密密麻麻的文件夹，有的显出了一个空白的Excel表，光标不断地在空白单元格间移动。

毛自胜刚才就有点儿纳闷，这个产品是公司的常规产品，既不是什么新型号，也不是什么高端产品，这段时间的销售都挺平稳，没有什么大的质量问题。

"全部退回吗？不就多了点不合格品吗？给他们换了还不行吗？"

"是的。不仅退回，而且暂停该型号的后续订单。这次对方很强硬，我们多次与对方沟通协商，也使用了多种手段，都没法让他们改变诉求。不过，他们说，如果我们能找到根本原因，整改措施让他们满意的话，可以考虑继续合作。" 售后部一口气回答完就不再作声了。

林诚梽拿着笔在桌上敲着，发出金属笔敲在木桌上独特的缓而沉的声音。

会议室的窗紧闭着，但仍能隐约听到外面呼呼的风声。

所有人都眼观鼻、鼻观心地坐着，等待总经理点名。

"退回来后检查过吗？"

林诚梽没有点名，但这明显是质量部门的事。毛自胜朝庄念轶抬了抬下巴，示意他回答。庄念轶本没资格参加这个会。今天被叫来参会，他就知道自己要当挡箭牌："林总，检查过了。产品大体上是没问题的，只有一部分产品的检查数据不是很完美，但整体都在设计规格线内。客户的抽检不合格率超过了可接受值，而且比我们自检的不合格率要高。"

林诚梽没有接话。他低下头，翻开笔记本开始写字，让人看不出他的表情。他说："为什么质量部门不能配合售后部来搞定客户？"

庄念轶连忙说："林总，我们第一时间就配合售后部查看了退回的不合格品。我们发现产品确实有问题，但从目前已有的资料和信息来看，无法直接判断原因所在，所以无法回答客户的问题。因此睿科才要求我们内部整改……"

"废物！连问题在哪里都不知道？！" 林诚梽一拍桌子，"你知道我们要损失多少吗？"

袁皓朗虽然在开会前已经得知了事情的大概，也看了初步的财务报告，但他到公司尚不到一年，不知怎么就被拉上参加这种坐满大佬的会议。财务经理就在旁边，这种场合让他来汇报，似乎不是那么合适。袁皓朗低声问："经理，真的由我来做财务数据报告吗？"他没有收到回复，只是在微信上收到这样一段话：数据分析你做得比我好，这是一个很好的锻炼机会，好好加油。

袁皓朗挑了挑眉，其实他也知道自己估计要当炮灰，但唯有硬着头皮上。他连好PPT投屏，开始说："睿科是我们最大的客户，平均每年我们的利润有25.8%来自睿科。其中，鼠标占这个利润额的11.3%，无线飞鱼人体工程学鼠标三代是从去年开始的主供产品，占该产品家族产量的39%。所以……"

"都是废话。"林诚梽打断他,"我问你,如果全部退回,我们要损失多少利润?"

"首次的退货将减少342万元的利润。"袁皓朗赶紧跳过几页PPT,如实回答。

"今年我们供应给睿科的鼠标,是多少利润?"林诚梽追问。

"根据今年的营销目标来算,是2 636万元。"袁皓朗对这个倒是做足了功课,脱口而出。

林诚梽几不可见地皱了皱眉:"嗯。"

接下来又是一阵沉默,窗外萧萧的风声把室内的安静衬得越发诡异。"毛自胜,你怎么看?"林诚梽突然开口。

既然被点名,逃是逃不过去了。毛自胜说:"对这次的投诉,我们完全没有准备。如果按我们自己的追踪数据,这个问题是不存在的,这是我们第一次……"

"是第一次吗?"林诚梽打断他的话,抬头把目光从笔记本上移到了他的身上,"上一次是供给名思的手写板被要求返修,再上一次是U盘!每次都是出现一个问题修补一次。你给我的答案永远都是,第一次!"

从产品研发开始,流程细节和指标参数范围都是按照既有流程执行和制定的。从研发到生产,从采购到质检,每个人都严格遵守着这些流程。产品的质量问题总会有的,出了问题解决问题不就好了。哪次不是这样?有啥好发火的。毛自胜暗自琢磨着。

"这个问题有点奇怪。如果是全新产品,那么可以认为是工艺不成熟,但这个产品,生产不少批次了,在这种常规交付上是不应该出现这种问题的。"

"很好,你也知道不应该出现这种问题,但它就是出现了。怎么办?"

"林总,出了问题我们就解决掉,给我们点时间就行。"

"时间?我今天可以给你,可下次呢?你能保证没有下次吗?"林诚梽合上笔帽,把笔往桌上一扔,"谁能告诉我怎么能保证没有下一次?"

没有人想在这个时候去接这个茬。

"我不怀疑你们解决技术问题的能力,但什么时候可以不再无休止地出现各种质量投诉?"林诚梽握拳叩打桌面,"如果睿科这次不退货,如果售后部协调成功了,这是否只是考核售后部绩效的事了?!"

林诚梽深吸了一大口气,勉强压住翻涌的怒火。他再次点名:"毛自胜,作为质量总监,质控品检的一把手,我不要听这是第几次。这里不是消防局,今天这里冒火了出警,明天那里冒火了去灭火。我要的是杜绝起火、根治这些问题再发生的方案!"他把桌子一拍,钢笔咕噜噜地滚到地上去了,掉在地毯上,只有一声沉闷的声响。

毛自胜心里想,今年又不是自己的本命年,怎么就这么不顺?生活上的,工作上的,一件件约好了似的排队而来。年初自己不小心摔坏了最新款的手机。两星期前女儿跟自己大吵一架离家出走,第二天才找回来,到现在也没跟他说过一句话。现在又来这么个烂摊子,原本以为和以前一样把问题解决了就行,结果自己变成了重点关注对象。要说解决方案,没什么难的,找个技术小组去处理就好了。但林总要求以后不准再发生类似投诉,怎么办?他脑子飞快地转,终于想到了什么,六西格玛？嗯，庄念轶好像还学过。

"林总，你说得对，我们习惯于灭火式地解决问题，这样只能一次次地被动解决问题。我们公司的技术实力很强大，面上的问题总是能解决，但方法不够系统和科学。目前，虽然我们的质量体系有效，但持续改善的方法论没有导入，所以我建议引入六西格玛体系。"毛自胜说完偷偷瞄了一眼林诚梽。他已经看到林诚梽缓缓抬高皱着的眉头。没等林诚梽问，他赶紧接着说，"六西格玛是一套先进的问题解决和持续改善的方法，它可以提升公司的整体运营水平和产品质量，其终极目标就是通过提高客户的满意度来提高利润。"

林诚梽的脸色稍微缓和了一些。他对利润很敏感，缓和了下音调："继续说。"

其实，毛自胜对六西格玛并不是很了解。他只是在跟朋友的聊天中听了个大概，中心思想他是领会了，可让他再详细分析汇报，他可不行。为了不冷场，他只能将六西格玛往自己知道的东西上靠。"传统的质量体系只是保证产品有效地被生产出来，并且尽可能符合既定的产品质量目标。在这个过程中，不合格品是不能被接受的。不可否认的是，不合格品始终存在。一旦出现不合格品，传统的质量体系总会找到方法来解决问题。这就好比一件衣服上破了洞，我们就给它打补丁，不停地有新的洞出现，我们就不停地打补丁。之前这些年其实都是这么做的。这种做法本身没什么不对，但是很被动，也不能实现公司的要求。而六西格玛则是一种系统性的方法论，它既可以在事后帮助公司寻找问题的根源，也可以系统地提升公司运营能力，主动寻找改善点。它会告诉我们怎么做才能最有效、最便捷地解决问题，还能明确地告诉我们，如何一步步去根治这些问题。"

林诚梽用食指划过笔记本的边角，纸张顺着他的动作被带起来，又落下，发出极轻微的声响。他舒缓了语气，沉默了一会儿，说："按你说的，这东西可以保证以后不再出类似问题？"

"不能，但如果坚持做，公司的整体能力会上升。"毛自胜顿了顿，他知道话不能说得太大，"持之以恒，虽然不能保证以后没有投诉，但一定会大大减少。林总，你是讲科学的，完全没有，那是不科学的。"

林诚梽从鼻孔里不知道发出了什么样的声音，模糊地说："公司一直是支持创新的，可以导入六西格玛，但我需要看到成果。你安排人处理吧。但如果没有成效，唯你是问。"

散会后，毛自胜找了庄念轶到办公室开小会。他不是要跟庄念轶学习六西格玛，这个方法论当初听起来就晦涩难懂，现在一时半会也不可能学会，他要让庄念轶做这次项目的总负责人。庄念轶系统学习过六西格玛，又是质量经理，还是毛自胜最得力的助手。刚才的会议庄念轶也参加了，因此是时候让庄念轶为他分忧了。从好的结果来说，第一，如果项目成功了，毛自胜多少也是占功劳的；第二，这也是锻炼庄念轶的好机会，不至于年终考核时只能主观地给庄念轶打个印象分。从坏的结果来说，如果项目失败，庄念轶是第一责任人，而毛自胜顶多挨几句批，绩效象征性打点折扣，还是能保住大部分绩效奖金的。毛自胜觉得这就是两全其美的最优方案。

庄念轶当然听得懂领导话中的所指，但若不接，他以后怕是没好日子过了。况且往大的方面说，他确实也希望公司能持续向好；往小的方面说，作为一名管理者，他也希望有行之有效的方法来协助管理，学以致用；更何况，公司里似乎只有他一人系统学习过六西格玛。所以无论如何，这个活他都不得不接。

六西格玛的确是一个先进的方法论,可庄念轶也仅限于学习书本上的知识。虽然经过系统培训,但根本没有操刀实战过。理论与实际是有差距的。他不能轻易就开展,因为这都是动辄几百万元甚至上千万元的项目。再说,这次引入六西格玛的原因很简单,是客户投诉并退货。如果处理不好,后面的影响他可担不起。

还是找个熟人咨询一下吧。庄念轶打开手机联系人,找到了当年教自己六西格玛的专家——亦师亦友的黄泽晗,这些年两人一直还有联系。头像刚点开,还未打招呼,就被公司的新邮件提示打断了。他瞅了一眼,主题是六西格玛项目的任命。

如此之快!庄念轶回到座位上一杯茶尚未喝完,项目任命便来了。他对邮件的其他内容并不关心,唯有这一句:由质量经理庄念轶全权负责六西格玛项目的开展,向执行总裁林诚桎汇报项目进度。

庄念轶看完邮件,瞬间整个人都觉得不怎么好了。还是快点找老师请教,再晚怕是要出人命了。当年也就是这个最年轻的老师,喜欢跟学员探讨案例,无论是虚拟案例,还是真实事件,他都能把六西格玛的工具和理念融入其内,一一拆解应对。他为人风趣幽默,没啥架子,所以庄念轶时不时会约他出来喝茶聊天。

早上天晴,中午刮风,而晚上雨已经落下。雨斜斜地打在窗上,景物变得模糊,轮廓却没变。窗外景致,朦胧却又饱含韵味。换一种心境,果然连眼前所见也不一样了。

晚上,庄念轶在饭店约老友见面。两人简单寒暄之后,庄念轶一边让服务员帮忙点菜,一边自己直奔主题,说:"老师,你知道我只上过六西格玛的课,听过老师分析的几个案例,但我完全没有实战经验。我现在最想知道这个方案怎么弄,如何统筹。我熟悉质检和质量体系,但光靠这些常规经验,根本没办法推进六西格玛项目。"接着,庄念轶把项目当前的困境一一向黄泽晗描述了一番。

黄泽晗没有急于回答,而是夹了一截鱿筒放进嘴里,一边嚼一边把庄念轶描述的情况在脑子里过了一遍,但没吭声。其实在庄念轶心里,他也不知道这个项目负责人的身份对他来说是喜是忧。成了,这事可以载入公司史册,要是黄了……轻则年终奖不用惦记,重则在公司的工作也就没了。

"今天总经理问责,没人敢说话。"庄念轶说,"任命邮件一发出,我就收到了密密麻麻的邮件,恭喜的、支持的、鼓励的……呵呵,我知道,都等着看戏呢。于公于私,我都不能输。可我现在不知道怎么做。"

黄泽晗放下筷子,终于开口:"我分析了一下,你目前的情况不算复杂,既然总经理同意,那便是支持的态度。公司的情况你以前和我说过,虽然公司不小,但对六西格玛体系,你们可是零基础。我建议你做两件事:第一,找咨询公司协助创建六西格玛战略和体系。就算你不打算花太多的钱,先让他们给你把把脉做个诊断,给个方向。"

庄念轶本来就没心思吃饭。他放下筷子,看着黄泽晗的眼睛,等待下文。

"第二,自己成立公司内部的项目团队来执行改善。外面的团队只能给你搭框架或指方向,只有内部团队才可以切实执行。因为你系统学习过六西格玛,所以如果有了战略和体系,再去统筹落实,应该难不倒你。最重要的就是,只有内部团队才会发现真正的问题,也只有内部团队才可以有效执行。"说完这些,黄泽晗拍拍庄念轶的肩膀,鼓励他,"没啥好怕的。开始的时候会乱一些,但公司初步导入六西格玛向来如此，熬过去就好。"

庄念轶听完，心中担子稍微轻了些，向黄泽晗一抱拳："全听老师指挥。"

或许是因为心理压力太大，当天晚上庄念轶就梦见几百人坐在会场中，听他做六西格玛项目的心得分享。梦醒的时候，他眯着眼，抓过手机看时间，才凌晨两点多。庄念轶苦笑了下："什么乱七八糟的梦。"然后翻身继续睡了。

第二天一早，下了一夜的雨已经停了。

庄念轶拉上外套拉链迎风而走。讯鑫一直自诩是市场上的绝对霸者，哪会料到也有被睿科全线退货的一天。

虽然黄泽晗推荐了两三家咨询公司，但庄念轶把能找到的咨询公司都搜了一遍，一家家详细咨询沟通。庄念轶确实需要帮手，至少此时需要智囊团。他向公司说明了意图，申请了一小笔预算。在申请中，庄念轶清晰而详尽地阐述了需要咨询公司介入的理由以及选择依据。其实，庄念轶并不能区分这些咨询公司的具体差异，最终他还是在老师的建议下选择了一家。

林诚梽没多问，很快批复了预算，让庄念轶尽快走流程落实。末尾还添了一句，"该投入的费用，公司一分都不会削减，好好完成这个项目，让公司尽快看到成效"。

优秀管理者都关注结果，林诚梽也不例外。

庄念轶与选定的咨询公司顾问一起到工厂进行初步调研诊断。年产值、利润、产线数量、员工数量等问题，他都知无不言，言无不尽。只是他没想到咨询公司会问得那么细致，甚至记录了一些特殊工位的间隔距离、每个员工的移动速度等一些他从未想到过的数据。顾问在现场并没有解释太多，但庄念轶陪着他们完成了整整一周的调研诊断工作，他忽然领悟到了什么。在这个过程中，公司暴露了很多问题。他也不禁感叹自己以前只顾着低头做事，忽略了很多东西，对这些资深的专业顾问不由得肃然起敬。

在这一周里，庄念轶向顾问请教了很多六西格玛落地实施的经验和方案，但看到最后的调研报告时，他有些发蒙。因为调研报告里只提供了框架方案和实施建议，并没有具体的实施配置和执行方案。出于对咨询公司的些许敬畏，他觉得应该先向老师黄泽晗请教。

黄泽晗在电话里哈哈大笑，说庄念轶太天真了。

"小庄，如果咨询公司把事情都做了，还需要你做什么？"隔着手机屏幕都能感觉到黄泽晗的笑意，"咨询公司辅助实施六西格玛有两个阶段，第一阶段是调研，调研报告里会指明你后续的方向。你只要有了方向，就可以自己带人做。如果不想自己做，要他们做，他们也会帮你做，但费用可是很高的。这次你自己有项目团队，你确定要咨询公司把你的活都做了吗？而且，我本来就建议你从咨询公司拿建议，然后你自己带人做。"

庄念轶恍然大悟，确实因为自己经验不足，没有仔细理解服务条款的内容，这绝对是自己的工作失误。当他仔细查看调研报告时，发现咨询公司确实指明了后续的实施建议和六西格玛体系搭建的框架，自己是可以顺着往下做的。既然一切都有了，何不一战？庄念轶笑了笑，又联系了咨询公司。果然对方的回复和黄泽晗说的几乎一样，而且言语间，对方很希望能介入后续的执行。庄念轶明白，咨询公司肯定是希望业务越多越好，他决定后续一定要自己亲自上阵。根据黄泽晗的建议，庄念轶和咨询公司约定了两点，一是在项目执行过程中，提供必要的技术支持和辅导，但不介入项目执行主体；二是在搭建六西格玛体系时还需要他们的指导。庄念轶仔细看了看咨询合同，确定这些都在服务范围内，才心满意足地合上了笔记本。

处理完这一切，庄念轶迫不及待地发微信给黄泽晗：虽累了一周，蜕了层皮，但我现在异常兴奋，甚至可以说亢奋，一会儿就把后续方案拟定好。

第二天，庄念轶起了个大早，洗漱完毕就往公司赶。因为时间尚早，原本拥挤的高架全都畅通无阻。天已经大亮，太阳还未出来，让初夏的早晨变得清爽喜人。原本45分钟的车程，今天只用了不到20分钟，地下车库的停车完全不需要技术。他去买咖啡，笑着跟服务生道谢。去坐电梯，以前至少三排队伍，今天刚按下向上键，电梯便叮的一声打开了，直达30层楼。一切都是那么顺利和美好。

出电梯的时候，收到了黄泽晗回复的微信：放心，你还要蜕第二层皮、第三层皮、第N层皮。历经九九八十一难，方成正果。

庄念轶笑着回语音："我不信。"

后续方案的拟定进行得很顺利。或许是在兴奋的状态下，人体内某种生物肽的大量分泌，让专注度和效率都大幅提高。

接下来，便是创建六西格玛项目团队。这是一场硬仗，自然要选最好的士兵。

这几天庄念轶一直在想成员的事情，已经在心中拟好了一份名单，少不了研发工程师曹毅、制造工程师石兆辉、产线技师张世杰，还有管钱算账的袁皓朗。这些人都是部门里直接接触业务又最有能力的。六西格玛就是要集齐公司里的精英一起完成一项伟大任务。

邮件发出去了，却石沉大海。庄念轶做事很敬业，但与人打交道的方式还是嫩了些。直接靠邮件要人，哪那么容易？没办法，庄念轶唯有硬着头皮逐一和几个大佬沟通。

"小庄，你把曹毅要走可不行。"研发总监孙宁继续在电脑屏幕前处理事情，除了庄念轶进来那一刻抬过眼，后面都不曾看过他，"曹毅一天要做多少事情，你知道吗？你把他要走了，我找谁顶替他的工作？不是我不支持你的工作。等会我跟曹毅沟通一下，看看谁工作比较轻松，我让他过去帮忙，好吧？"孙宁终于停下手里的事情，转过身与庄念轶对视，"小庄，我们研发部门最近光各种原型方案和功能测试都来不及做，更别说出图、发布图纸那些体力活。但作为必要人员之一，我们研发部门肯定会给你配人。你放心，我处理完手上这件事情就去帮你落实。"

庄念轶已经不是第一次听到这种官腔了，毕竟对方比自己层级高，只能一次次无功而返。庄念轶到楼下把烟拿出来，点了两次，打火机的火都被风吹灭了。他想，制造总监罗总应该是可以沟通的，做生产的会少一些弯弯绕绕。等庄念轶和罗国栋沟通完，他才发现，其实都跟孙宁一个调调。

"小庄，世杰不行，他负责最大的一条产线；兆辉更不行，如果他去你那里了，我都没法安排人接替他的工作。你不是不知道，名思有一批超大量的加急手写板等着我们出货。赵元生可以吗？研发出一个人，我们制造也出一个人。现在正是我们最忙的时候，要赶着出货。"

深深的无力感让庄念轶感到挫败，虽然之前有一些心理准备，但此时他得承认自己能力上的不足，如果早些向毛总请求协助，或许就不至于落到这样尴尬的局面了。

庄念轶敲门进去的时候，毛自胜正把杯子里的水倒在沙发边的滴水观音上。

"小庄，我记得你说过滴水观音喜湿，可我这盘长得不好。"毛自胜重新给杯子接上水，也给庄念轶接了一杯，"有什么事？新项目的？"

庄念轶把困难摊开来，并请求毛自胜出面说服孙宁和罗国栋二人。

毛自胜没有立刻表态，斟酌了很久才说："小庄，你看孙总和罗总的建议是否行得通，是否就非他们几人不可。他们确实是孙总和罗总的得力干将，你抽走了似乎不太厚道。负责新项目之后，你原本的工作几乎都落到了我的身上。"毛自胜是多精的一个人，这种吃力不讨好的事情，他怎么会往身上揽，"从你的专业角度，根据六西格玛的要求，是否必须指定他们？如果是，我建议你请示一下林总，还是以完成这个重要项目优先。"如果这个项目能成功，那是最好的，皆大欢喜。毛自胜无须出力也有功劳，是稳赚不赔的买卖。

也不知道是不是空调温度开得太低了，人事经理薛丹一进会议室就觉得气氛不对，各个部门老大也都陆续来了。这次的会议开得匆忙，她甚至都不清楚会议主题。林诚梽让庄念轶直接说请求，原来是为组建六西格玛团队的事。

罗国栋是第一个反对的。"林总，我们最近在赶名思的单子，这个量比去年同期增加了25%，把石兆辉和张世杰都要走，我怕完成不了这个量。"

林诚梽用手虚虚地托着下巴，看着罗国栋，说："我们今年的目标不是20%的增长吗？"

罗国栋低低地回了声"嗯"。

"也就是说，计划外的是5%的增量。你是制造部门负责人，如果抽调一两个人，就连这个5%都应付不了吗？"

罗国栋不敢接话。

"孙宁，曹毅可以吗？"

孙宁没有立刻回答。他把数据打开，看了好一会儿，说："按计划我们这几个月……"

就在这时不知道谁的手机响了起来。所有人都面面相觑。

林诚梽按下了手机的静音键："抱歉各位，是我忘记调静音了，因为今天我还有一件重要的事。原本以为团队成员这个问题能很快解决，但现在看来我估算错误。"他没有让孙宁继续，转而问薛丹："薛经理，你看庄经理的团队成员建议是否可行？你站在人力资源的专业角度判断一下。"

薛丹推了一下眼镜，微笑说："林总，我虽然管人事，但各部门的用人策略我无权过问。不过，要是各部门的人力资源都这么紧张，那么各部门员工的工时效率和用人满意度等指标我会稍晚些时候进行调查。如果查下来确实缺人……到时请林总支持。至于项目，如果让我说的话，我的意见是大家应该支持庄经理的团队成员请求。"

另几个人面面相觑，说实话，人事根本管不着业务，但在林诚梽面前谁又都不想去碰这个钉子。而且人事如果以调查工时效率这种冠冕堂皇的理由来折腾他们，也挺烦人的。薛丹接着说："理由有两个。第一，这个项目对我们很重要，理应由我们最优秀的成员组成；第二，根据人才培养原则，第一梯队人员承担新的任务，则由第二梯队人员承接第一梯队人员的原任务，合情合理。"

林诚梽看了一下表："嗯，我同意薛经理的意见。解决睿科的问题，抢救订单是我们讯鑫今年最重要的事之一。庄经理目前是项目负责人，我全权授权他处理。如果连团队都组建不起来，后面就没法开展工作了。"

另几个人都是识相的，虽然有人面露难色，但也不再作声。

"后续各部门如果有任何新的问题，我们再开会讨论。今天的会议就到这，散会。"话音未落，林诚樾已经离开了座位。

不到一天各部门的资源名单就更新了，以庄念轶为首的六西格玛团队终于组建完成。庄念轶看着邮件长长地呼了口气。

庄念轶以前曾经读过一本书，书上说做事要竭尽全力。书上对竭尽全力做了三个层次的解释：一是竭尽自己的全部力量，二是竭尽自己的全部资源，三是竭尽全力去求援。看来，的确如此。

组建团队后的第一次会议，安排在第二天的下午两点，团队成员都准时到达。虽然大家都是平级，平时接触也比较多，但庄念轶感觉这次碰头的氛围不一样了。

庄念轶看了一眼全体成员，深吸了一口气，开场道："感谢大家的配合。此次会议的主题是给大家做六西格玛的简单介绍，还有确定项目章程。"

台上在说，台下在刷手机。其间曹毅还出去接了个电话，二十多分钟后一回来便开口说："庄经理，孙总有急事找我，这次会议我会后看会议纪要，就不参加了。"说完，人就走了。

庄念轶看着会议室大门打开，再缓缓关上，他不知道自己此刻是什么表情。他能料想到会有人不配合，但没想到如此之快、如此直接。昨天林诚樾才刚刚授权，今天就有人公然挑衅。庄念轶心里明白，大家对项目章程不理解，都觉得是形式上的东西，何必墨守成规。曾经的自己也很讨厌形式主义，但到了后来才发现，就是因为有了各种形式，才会有各种保障。直到小助理在台下小声提醒庄念轶继续，他才回过神来。罗国栋的人还在，庄念轶自己部门的人也在，袁皓朗也在，总不能少了研发的人就把会议改期吧？庄念轶缓了缓情绪继续说了下去，后面尚算顺利。让大家提前准备的需求文件也都齐全。小助理说，曹毅在会议前就把资料发给她了，或许曹毅早就不想参加这次会议，只是还没想好离席的说辞，刚好孙宁找他，就顺着找了这么个理由走了。庄念轶接着刚才的话说了下去："章程是我们项目的总则，属于纲领性的东西，是需要所有人共同遵守的，所以才会有今天这次会议。"

"迂腐。"石兆辉一边刷手机，一边低声说。

"是顽固吧？"张世杰在旁边笑着，很轻地回了一句。

庄念轶并未理会，继续会议。但当他说出把合格率由98.5%提升至99.8%时，所有人都抬头看向他。

高凯超说："目前我们98.5%的合格率已经相当高了。我听说，"他顿了顿，"虽说是小道消息，但也是确切的，只是不能明着说而已。铭迪的合格率只有96.8%，这还是他们整改了好几年之后的成绩，原来的合格率只有94.60%到94.99%。"他笑了笑，"怎么也跨不过95%，简直是魔咒。"高凯超看向电脑屏幕，皱眉摇头，"我们这么高的合格率，还有提升的空间？真要做到零缺陷？这怎么可能？"

"即便是99.8%，我们还有0.2%的空间。"庄念轶回道。

石兆辉与张世杰对看一眼，然后像憋不住一样突然夸张地笑起来。石兆辉说："我在这个行业就没听过有谁能做到这么高的合格率。即便有，估计也是有水分的吧？"

庄念轶停下来，等所有人笑完说完后，他才继续说："那么，你们觉得我们的客户凭什么退我们的货？你们看过报告吗？这批产品在客户端抽检的合格率只有94.7%。谁能告诉我，为什么和我们自己的抽检合格率有差异？"说到这里，庄念轶停顿了一下，发现已经没有人笑了，会议室里的气氛陡然凝重起来。

庄念轶接着说："我们的产品有键盘、鼠标、手写板、音响等，所有产品每年的产量是5 200多万件。如果按不合格率0.2%来算，那就是104 000件不合格品，平均每个月就有8 677件。"庄念轶故意停顿了一下，接着说："假设报废一件产品损失10元，一年就是100多万元，即便我们最便宜的产品U盘，成本价也要12元。12乘以104 000，就是120多万元。更何况，我们不可能只做最简单、最低端的廉价U盘，往往更精细、更复杂的手写板、音响等才是我们出错率高的产品。仔细算一笔账，我们一年要扔掉多少钱？"

高凯超接过话说："这些数字我们都知道。你不能只看绝对值，要看百分比，我们能把容错率控制在1.5%以内，已经是相当出色了。"

庄念轶停了一会，又继续："合格率是硬指标。我们追求的目标永远都是100%。如果考试只想着60分，那是不可能考到100分的。目标定成99.8%，实际上能做多少并不是我们现在讨论的。如果我们做到了呢？甚至超越了呢？一点可能都没有吗？"

庄念轶没有注意其他人的表情，只自顾自地继续说："这个目标我经过研究，如果真的能控制各道工序的直通率，那么目标是可以达到的。根据这个目标，我设想能为公司年化节省2 500万元。下面由袁主管投屏，给大家展示新项目的各项财务报表。"

石兆辉和张世杰早已靠在椅背上，双手交叉抱臂。看着报表的跳动，两人时不时交头低声说两句，然后点头，靠坐在自己位置上。

"希望大家根据我们今天会议的内容，以及项目章程，回去详细制订各自岗位的初始计划。"庄念轶说到这里，终于翘起嘴角一笑，"希望我们同心协力，能在三个月内初见成效，让公司看见我们的成果。"

"嗤！"石兆辉不屑地讥笑。

张世杰则站了起来："会议结束了吧？这里没啥事我先回厂了，实在是事多。"

石兆辉说："那就不回得了，开会是今天下午的重要任务。"

张世杰微微高声："你以为我有那种命啊？天天坐办公室里吹空调？我们都是实实在在干活的人。时间这么宝贵，怎么可以浪费在这种地方？"他补充说："我是说，怎么可以浪费在交通上。"

两天后，各部门的初始计划才陆续收齐，还是庄念轶一再催促的结果。庄念轶把各部门的初始计划稍加整理后，立刻召开第二次全体项目会议，分析产品流程的现状。

这次会议也没冷场，每个人都有自己的一套说辞。庄念轶听完全部表述，终于发现一个问题，即所有人对整个产品的加工制造环节都是清楚的，说明这些流程没有问题，但如果让每个人描述流程的细节部分，就出现了断层，他们只了解自己所负责的那些步骤，当进入下一个部门时，就只知道流程框架，说不出细节了。

曹毅说图纸设计没有问题，每个参数都有详细验证数据；石兆辉说产品是严格按照图纸生产的，有过程文件进行控制。小助理蹙着眉，左看看曹毅，右看看石兆辉，真有点滑稽。

庄念轶越听越烦，单手扶着额头，用大拇指去揉太阳穴："如果每个人都按照标准去做，那问题是怎么出现的，难道见鬼了吗？！"

曹毅听不下去了："你这话是什么意思？你是说我们的设计有问题？我们每个尺寸都进行过测试，每个参数都进行过验证。难道你要来挑战我们研发的专业性？你知道做设计要搞多少次研究吗？"曹毅把电脑屏幕转向庄念轶，打开产品数据库系统，点开研发项目历史资料，"你作为质量经理，这些技术资料的发布也会抄送你，请你专业一点！"

庄念轶当时只是找不出问题的所在，又听着他们二人在会上你一言我一语地坚持己见，根本无法解决实质问题，才会心烦地不经大脑冒了这么一句。被曹毅这么一吼，庄念轶倒清醒了点儿。他拧开矿泉水瓶盖"咕嘟咕嘟"喝了大半瓶水，缓了缓，说："抱歉，天气有点热。"庄念轶转向石兆辉，"如果都是按照图纸生产的，为何有偏差呢？"

石兆辉讥笑起来："如果我们不按图纸生产，还能有90%多的合格率？我们的一线人员什么文化水平，能自己改了设计还能通过质检？我们生产的产品如果不合格，为何你们能让它们流入市场？我想请问庄经理，你这话是在找我们的茬儿还是找你自己的问题？"

庄念轶被问得接不上话。庄念轶不是闲在办公室里吹空调的人，他清楚手下工作的状况，不说完美，谨守要求、爱岗敬业还是有的。工艺流程明明那么清晰，可产品还是出差错了，但就是理不出差错的潜在根因。庄念轶双手交叉虚搭在额头上，回想着刚才众人说的每一句话。镜头一幕一幕地过，他突然发现，刚才争吵最激烈的，也就曹毅、石兆辉和他。张世杰却安静地坐在位置上听着。当石兆辉回击自己的时候，张世杰的眼睛却从他们众人的脸上移到了自己手机屏幕上，嘴角歪了一下。张世杰是一线作业人员，虽然由石兆辉代表制造部门，但张世杰或许才是知道玄机的那个人。

会议已经沉默了一段时间，石兆辉没等到庄念轶的回答。当然，那样的问题，也不能当疑问句来看待，那是个指控的陈述句。石兆辉虽说不是管理条线的，但因为是高级技术岗，所以在公司很有地位。被庄念轶在会上如此质疑，还没得到一句道歉的话，石兆辉早已经生气，再在会上干耗也没有意义。他不耐烦地说："睿科退单这件事，不可能是我们部门的过失。我看今天这次会议也商讨不出来结果，就先散会吧。下次开会前庄经理先整理好内部问题，省得浪费大家的时间，又得不到结果。"

"等一下。"庄念轶喊住准备离开的石兆辉和张世杰，"世杰是真正接触一线的老员工，听听他的意见吧。世杰，你说一说接到图纸后的细节流程。"

石兆辉搭着张世杰的肩膀转身坐回去，说："告诉他，详细的。"

张世杰左右看看，说："曹工和石工说得都没错，我们的确是按照图纸要求来生产的，这是基本准则，再没文化也懂这个道理。工艺文件都是合理的，之前和研发这边我们一起验证过。我想，可能有些参数不太好操作，但也不是不能操作。例如，这个鼠标是传统上下盖压合的，前道工序是组装上下盖，组装由两条不同的产线完成，每条产线都可能有累积误差。研发虽然设定了装配参数，但实际压装时,设备的压装参数是固定的。如果遇上上下盖各自装配参数不太好的半成品件,就有可能出现压装不合格的情况。这个不太好检查出来,因为不少不合格件在刚压完的时候,目视检查看不出问题,也能通过防错工装的检查,但静置一段时间之后,应力释放就会导致装配问题。检验也有困难,左右键间隙虽然有检验标准,但目视抽检,总有漏的。再说,检验环境也不是很好,工位光线变化很大,一会儿阳光刺眼,一会还要开灯……"

庄念轶和小助理飞快地记录着,而石兆辉和张世杰在一边抱着双肘背对着,鼻子里不知道在哼什么。

散会后,庄念轶约石兆辉晚上吃饭,被他以要到岳父母家吃饭为由拒绝了。第二天,庄念轶带着下午茶去找石兆辉。石兆辉正跟赵元生在一起,庄念轶喊他:"石工。"石兆辉装作与赵元生讨论问题,没有理他。

赵元生看到了庄念轶,喊"庄经理",而石兆辉没有看庄念轶,也没有打招呼。庄念轶把几大袋下午茶递给赵元生,说:"帮我分给大家。"等赵元生走远了,庄念轶说:"石工,昨天我的确有很多地方需要检讨,希望你多多包容。"

石兆辉虽然生气,但面子还是要给的。石兆辉转过身看了庄念轶一眼,说:"庄经理也是为了工作,大家都希望把工作中的问题找出来解决掉而已。"

庄念轶知道这是客套话,但也不算太糟的结果,便笑笑说:"是的,后面还有很多地方需要石工协助。"

加工流程已经被还原,准确地说,是被重新审查了一遍。关键参数列表之前就已经被定义过,庄念轶觉得此时不应再纠结细节。马上就要开展项目,是时候考虑项目风险了。风险来源实在太多,如果让几个部门各自提交,肯定又是各自表述,相互推诿。还是老老实实把人凑一起,用头脑风暴识别出风险,罗列齐全,并依次想好应对方案。

会议到点了,人才姗姗而来。曹毅迟到了二十几分钟,进来时乐呵呵地说:"抱歉,今天刚把手写笔修改方案定下来,来迟了。"

"我们开会吧。"庄念轶皱了一下眉头,"这个项目肯定存在很多风险,我一个人想不全,希望发动大家的智慧一起来讨论。"

没有人说话,只听到曹毅打了个饱嗝。空调出风口汩汩地喷着大团大团的冷气,在炎热夏日的午后,吹得人昏昏欲睡。

庄念轶先打破沉默,开口道:"凡是项目,都有风险。因为不想大家花太多时间,所以我先起草了一个基本的已知风险列表,大家一起看看。"说着,他打开了投影仪,显示了风险列表。

高凯超瞅了一会儿,说:"这些都是以前项目的历史经验,你不说我们也都知道。这些问题的确可能发生,但应对措施已经有了,没啥好讨论的。"

"没错。所以才需要大家看看还有什么新的风险。曹工,你看看还有什么风险需要补充?"庄念轶看向曹毅,"我知道肯定不止我说的这些,毕竟你们比我专业。"

曹毅双手抱臂看着屏幕,一会儿把头侧向右边,一会儿把头侧向左边,皱着眉不说话,似乎面对的是个棘手的问题。

"曹工，你先思考一下，因为这方面你最专业，我希望得到你的意见。"庄念轶两手分开，五指在面前搭成一个镂空的形状，空气再度恢复安静。他看着众人，不知如何打破这个局面。

高凯超看着这个场面，也明白庄念轶的难处。大家平常都不在一个部门，交情本就不深。何况，与会的人全是各部门叫得出名号的人，现在却来听庄念轶指挥，肯定不乐意。在上次会议上，庄念轶直来直去的说话方式几乎把所有人都得罪了，怎么会没有隔阂？再怎么修补，再怎么说不介意，都是面上的话。

高凯超毕竟跟庄念轶一个部门，面对眼前的场面总得救场。"刚才庄经理提的都是根据历史经验鉴别的风险。但我想到了另一个问题，如果睿科变更未来的需求呢？例如，他们认为我们解决不了这个问题，打算永久停止这个型号的供货呢？这时，我们怎么及时应对？"

"嗯，很好，凯超说的的确是个风险。"庄念轶一边快速打字记录，一边说，"这种可能性虽然很小，但确实存在。坦白地说，如果是这样，我们的项目可能都不用做了。"

高凯超接着说："所以睿科很可能要求我们提前解决问题，并以此来挟制我们。如果是这样，我们是否有足够的资源来支持调整目前的项目计划？"

庄念轶问："你是否有更具体的所指？这些资源都包括哪些方面？"

高凯超看着屏幕，缓缓地说："这个问题需要石工的协助，我可能罗列不全。"

石兆辉接话："这种问题我现在怎么回答？肯定需要结合实际。"

庄念轶没想石兆辉如此甩锅，只好跟着高凯超的思路往深层次想："原材料方面是否会浪费？"

没有人回答。

庄念轶又说："人力资源方面是否可以支撑？"

依旧没有人回答。

庄念轶吸了一口气，微微压下翻滚起来的怒气，自问自答："接下来会进入我们的旺季。我咨询过薛经理，加班已经不可以再安排，如果真的缺乏人力，我们可以选择外包或找临时工……"

尽管很难，庄念轶还是和大家一起整理了一整页的风险问题，但他总觉得还不够。他双手十指交叉，看着屏幕上密密麻麻的记录，问道："曹工、石工，你们再想一想，补充一下我没想到的。"

没有人再说话。

一点半开始的会议，持续到五点半，大多数时候都是庄念轶在说，少数时候高凯超会搭两句，其他人几乎都保持沉默。或许是之前的不愉快所致，或许是都持保留态度。时间的延长并没有让会议再有实质进展。庄念轶不得不结束会议，根据会议中其他人的一星半点意见，以及自己的所想，艰难地将所有风险汇总成风险列表和应对计划。

项目章程已经制定完毕，时间却不等人。现在需要鉴别究竟哪里有潜在问题，是否真的如上次张世杰所说，是流水线工人的问题？不应如此草率，庄念轶心里想。

在这次会议上，庄念轶给所有人买了奶茶，希望缓和一下气氛。如果团队就他一个人使劲，那么根本没法完成任务。

"风险列表和应对计划我们已经列好，但只识别了项目风险。今天我们还得鉴别那些可能存在潜在问题的地方。不过，今天只列怀疑对象，不做任何判断，大家不要对号入座。"为了防止再次争吵，庄念轶先打了预防针，"潜在问题可能有很多，我目前只想到了几个，所以需要大家配合，把潜在问题都挖出来。三个臭皮匠赛过诸葛亮，开会的目的是集思广益，请大家多多发言。"

曹毅很聪明，他不会像石兆辉那样急急地跳出来反驳，这种撒胡椒面式的说法，何必去争，反正大家都有份。

庄念轶继续说："操作工艺顺序上还是有问题。正如上次世杰所说，工艺文件总体来说没问题，但在工艺设计的细节上是不是有漏洞？例如，本来应该先放材料压上面的面板，再放底座，然后取出上面的面板，接着取出底座。这个顺序的错误是否会导致材料受热超时而影响寿命提前老化，或者弧度发生变化？间隙的配合公差是否过大？装配卡扣设计的公差是否过大，导致组件的卡扣过松，与底座贴合不严，尤其是面板弧度不精确的时候？"

每次点名道姓的时候，曹毅就会忍不住。他说："研发设计经过多次实验验证，如果没有可行性验证，我们的方案不会获得通过。我们每个新的方案、新的设计，都需要经过石工那边生产的验证，庄经理你们也都审过相应的报告。现在来说我们部门没做好，我觉得这不公平。"

庄念轶抬手挥了挥："曹工，你先不要急。我们现在不是要找出谁来背锅。六西格玛是要找出真正的问题。大家工作都很辛苦，很尽力，我们只解决问题，不找别人麻烦。"

石兆辉那个性子，一点点跟他沾边的他都要跳起来，何况这次都说他名字了。他说："我们做验证的量是多少，都是和研发确认过的。而且，验证都是谁做的？我们都尽量派有经验的技师配合你们，但一线操作工总会有刚招进来的新人。还有，他们天天十几小时，除了吃饭上厕所就是坐在那里重复那几个动作。"他翻了个白眼，声音明显小下去，"换了你，你还能有啥要求？"

曹毅还是听见了："员工技能问题，我觉得你应该跟罗总或薛经理反映一下。这个问题不应该由我们研发部门给你解决。是加强员工培训，还是安排熟练工人做此岗位的事情，抑或是岗位轮换调整，我想他们应该比我专业。"

本来只是寻找潜在原因，尽管庄念轶在开场打了招呼，但还是变成了指责大会。庄念轶闭上眼睛，右手不停地按揉睛明穴。

小助理咬住吸管专心地吸杯子里剩下的珍珠。并非她不专心，而是在这种场合，实在不好做会议纪要，气氛太尴尬，她需要找点事来解压。

高凯超几不可见地摇了摇头，插话道："原材料和工艺会不会有问题？换一种在干燥和湿润地方都更容易保持稳定性的，不会有静电积累偏差的材料会不会好些？还有，表面材质加硅胶是否合适？"

这是个技术问题，曹毅似乎对这种问题还有些兴趣。他思考了一会儿，说："不排除这些可能性。但进一步的结果，需要实验数据支持。"

"这就对了，我们要找的就是这种可能性。先把这个列入潜在关键因子列表。"庄念轶指着小助理，"至于它是不是关键问题，我们在项目后期来验证。"

虽然会议的氛围可能不太对，但也并非毫无结果。在这样扯皮式的推进模式下，小助理记下了所有的潜在因子并交给了庄念轶。

庄念轶拿着潜在因子列表敲开了毛自胜办公室的门。

"小庄，你看我这滴水观音怎么还是长不好？"毛自胜对着滴水观音左看右看，没听到庄念轶回答，就转身坐回座椅上，"这个花花草草就跟养孩子一样，是要费工夫的。"

庄念轶抿抿唇，终于开口："毛总，我想让你看看我们讨论出来的潜在因子列表，因为引起产品质量问题的关键因子很可能就在其中。我觉得还有很多漏掉的，虽然会上很多人都不表态，但最后还是有一些收获。"

毛自胜拿过报告慢慢地翻阅："这里面有些因子是以前已经知道的，应该都经过一定研究了。你去看看历史资料也许有帮助。还有，有些怀疑对象……如果是真的关键因子，那是大动筋骨的事情，届时你还得考虑所有的投入和回报比是否合理。我觉有有些东西不是我们这次需要改进的目标。"

庄念轶在报告中的一条上打了个问号："毛总……"话没说完就毛自胜被打断了。

"死丫头！"毛自胜骂了一声，急急地站起来，说："小庄，现在我有急事，不得不走了，我女儿在学校跟人家打起来了，你这事我们后面再谈。"

庄念轶万般无奈又找到了黄泽晗。黄泽晗虽然不是这个行业的，但也接触过不少行业，并且熟悉六西格玛，指不定能识别这个潜在问题。

下班前传来消息，说今天检出来了一批不合格的U盘，原因是插口接触不良，不能百分百读取数据。小助理天真地喊："幸好检查出来了，否则流入市场怎么办？估计又会有像睿科那样退单的情况出现。"庄念轶心想，此时许多人都觉得质量部门是功臣，又成功阻止了一场灾难。但真正的质量控制是从源头开始的，是切断产生不合格品的关键，而不是出了问题去救火。为什么会产生不合格品，是原材料不过关，还是工艺水平不过关，抑或是监控不到位？总有地方出了问题。

庄念轶下班排队去刷脸打卡，因为他跟黄泽晗约好了，可打卡机前排着长长的队伍。他忘记哪个老师说过，最优的是上班打卡，下班不打卡。以完成工作任务来核算，早做完可以早走，早走的可以多做任务，多做任务的多拿钱。那样的确最优，但前提是上级能完全掌控下级的工作量。庄念轶想到自己现在的工作，他既不是专家，也不是团队成员真正的老板，无法掌握所有的风险与问题，所以他要请求外部协助。

黄泽晗听庄念轶倒完苦水后就怪他没有说清楚："你要是早早在微信里跟我表明意图，指不定今晚我就能把业内真正的专家约出来。而现在这个点，我只能碰碰运气。"

庄念轶没想到黄泽晗还真把专家请来了。点菜、斟茶，客套一番之后，庄念轶便直奔主题。在行业专家的指点下，庄念轶如醍醐灌顶，很快更新了潜在因子列表。不过，庄念轶很清楚，潜在因子列表是列不完的，目前这个顶多就是个雏形，随着项目的推进，后面的"料"会更多。

庄念轶本来准备写邮件告知大家这个列表的初版已经成型，但后来觉得不妥，所以又通知开会。结果与往常一样，团队所有成员都到了，却依然保持沉默，导致会议变成了通告。

散会后，庄念轶在收拾会议室里的东西，却听见石兆辉小声跟张世杰说："学着点，埋头苦干已经不流行了。这表里有干货的。"

"是啊。有些东西我也没想到，这项目还有点意思。"张世杰回完石兆辉的话，又对着手机发语音，"外面的人对我们不见得了解，但一下就能点出一些关键问题。我们整天当老黄牛，还真不如人家说几句话。小庄还真有点本事呢。"

这个团队从组建之初就不顺利，好不容易组建起来，却没有一个人跟庄念轶齐心协力，只有他一个人艰难地支撑着。看着这份潜在因子列表，他不禁自问：如此，我真的可以完成这个六西格玛项目吗？

项目章程确定，开会；产品流程分析，开会；风险分析，开会；潜在问题分析，开会；问题确定后的征询，依旧是开会，但每次开会的结果都让庄念轶很失望。庄念轶直接用邮件对这次的项目执行计划进行了公示，但他没想到自己即将引发一场邮件大战。

石兆辉是第一个对邮件内容提出质疑的，因为需要他配合的地方最多。项目执行计划需要所有团队成员一起签字画押，如果有偏差，就是石兆辉拖了项目的后腿。

庄念轶也是直接回复邮件询问石兆辉的建议。抱怨谁都会，但被问到建议就是沉默。其他人的反馈也都大同小异。庄念轶很快就陷入邮件之海中，无力回复。

不要在乎所有人的感受，因为顾及不到每个人的感受。只需做大方向正确的事即可，不可能让每个人都满意。庄念轶没有再等，而是直接把包含项目目标、项目计划、财务报告等细节在内的详细项目章程通过邮件发送给了林诚梽，同时抄送给了各部门的一把手。

两天后，林诚梽回复了邮件，列明了会议的时间、地点、主题以及参会人。

庄念轶看着长长的参会人名单——林总、毛总、罗总、孙总……最后一个是他自己的名字，项目团队的其他人不参与这次会议。庄念轶有种孤身上战场的感觉。虽然之前的会上有各种状况，会后有各种推脱或嘲讽，但他还是想念团队的感觉。

平常几乎不穿西装的庄念轶，这一天不知怎么就穿上了西装。他推开会议室大门的时候，就有种大学时期参加论文答辩的感觉。

林诚梽开门见山，对着庄念轶说："庄经理，把你整个方案简单地描述一遍。"

庄念轶站起来，拉了下自己的衣角，说："各位领导，今天之所以把大家邀请过来，是因为按照六西格玛项目的阶段划分，我们初步完成了第一阶段即定义阶段的主体工作，想听听大家的意见，看看能否进入下一阶段。"然后他快速地把思绪整理了一遍，开始汇报。

"嗯……"林诚梽听完后用笔在笔记本上敲着，眼睛看向会议桌边缘的位置，沉思一会儿，说："你刚才报告说年化节省 2 500 万元？"

庄念轶深吸一口气，给出了肯定的回答："2 500 万元是我们根据项目背景初步测算的目标，后面可能会有变化。"

林诚梽本来还想问，被罗国栋抢了先："2 500 万元是怎么计算出来的？"

庄念轶把 PPT 往后翻了几页，说："依据当前这个产品的订单量进行的年化估算。虽然是估算，但有确切证据，因为六西格玛方法主要强调通过消除错误、减少浪费、避免重复劳动和减少客户投诉等来降低成本。如果我们这次提升了合格率，解决了睿科的订单问题，那么以当前的订单量来衡量劣质成本的变化，就得到了这个数字。"庄念轶用翻页笔在目标合格率的数字上转了好几个圈，"2 500 万元就是这些数据的总和。"

毛自胜看着 PPT，只自言自语地念了一遍"99.8%"，没再说任何话。毛自胜作为质量部门的负责人，不是没研究过开源节流。开源是市场和销售部门的工作。节流则是所有部门的工作，研发部门少烧钱或者制造部门少浪费原材料就可以节流，甚至人力资源部门在用工成本上节省一点也可以节流。质量部门的人一直在做老黄牛,整天处理客户投诉,到处灭火,却很少把精力放在质量提升的真正源头上。六西格玛方法可以通过一系列改善,从根本上提高公司的质量水平,把上面所有可以节流的事情都做了。这些事毛自胜很早就规划过,但从未动手,而今天这些事又出现在他的眼前。

林诚梽的眼前像放电影一样闪过无数画面。提升合格率自然会大幅降低不合格品的产生,由此节省的一大笔费用是显而易见的。合格率提升了,客户体验好了,市场占有率必定跟着提升,开源的问题也解决了。客户投诉、返修和退货等少了,客服团队、售后维修团队都可以大幅缩编,人员成本也会降低。每条都能省下不少钱。如果真的成功,数值恐怕比这个还高不少,很多隐性节约都不是瞬间能检测出来的,那真的是一个持续改善的过程。林诚梽心想:这个 99.8%的合格率,有那么容易可以达成吗?

罗国栋倒是反应很快,直接问:"99.8%的合格率,如何保证?我们目前 98.5%的合格率都是行业翘楚,几乎没有提升空间。你现在提出的 99.8%,比原来高了 1.3%,可能吗?"

罗国栋问出了关键问题。制定目标不难,关键在于怎么实现它。现在项目还没有进入实质性阶段,能不能找到突破口还是未知数。"我们有信心实现这个目标。如果整个项目严格按照六西格玛方法执行,我们就可以找到关键因子,99.8%的合格率并非不可能。按照六西格玛的标准,我们的目标是要做到 99.999 7%的合格率。"

林诚梽双手十指交叉撑在胸前:"小庄,现在不是喊口号的时候,你把财务报表再列一下。"

孙宁看着财务报表终于说话了:"你投入的成本是不是有点太高了?要这么多样品,我们从没有哪个改善项目有这么高的成本预算。"这话分明就是为了为难庄念轶。

庄念轶略带为难地开口:"孙总,这些费用都是最基本的经费要求,主要包括咨询费、材料费、人工费等。要求的提高必然带来短期成本的增加,但长期来看,我们的收益会大幅增长。你可以看一下成本与收益的比例,可以说性价比是相当高的。"

林诚梽的脸上没有任何变化,他没有再问别的问题。林诚梽居于高位太久,已经被成就遮挡了双眼,或许让新鲜的东西加入进来能让公司焕发新的生机。他点点头,说道:"小庄,你及时推进吧。其他人有意见吗?"

台下一片沉默。林诚梽挥了挥手示意散会,临走时嘟囔了一句:"这六西格玛真有用吗?"

庄念轶长舒一口气,不管怎么说,总算把项目推进第二阶段——测量阶段了。

15.2.2 测量

庄念轶前几天陪咨询顾问到流水线上做调研,获取了许多当时看起来毫无逻辑的数据。现在庄念轶对照着潜在因子列表重新分析这些数据,发现数据之间确实存在某些关联。庄念轶戴上防尘帽、套上鞋套进到车间里,看着流水线上的零件一个个从面前滑过,脑子里却在想别的事。

赵元生远远地跑过来,说:"庄经理,你要过来查产线?喊我陪你嘛。"

之前张世杰说,工艺本身没问题,但实际上有人并没有完全按工艺步骤去做。虽然个别步骤先做后做差异不太大,但不按既定工艺执行,不管怎么说都是不对的。庄念轶发现果然如张世杰说,有几个工人会按自己的习惯去作业。庄念轶觉得这似乎不是新手的问题，因为超过 30%的人都或多或少出现了这个问题，难道已经习惯了这种做法吗？

庄念轶双手交叉抱在胸前，皱眉问道："这几个步骤先做后做差异不大，但不按作业指导书来做总不对吧？"

赵元生一看，果然是这样，赶紧走过去，大声问道："你怎么回事，来一星期了还这样？说了多少次顺序是上下上下，你还上下下上。"赵元生说完赶紧跟庄念轶解释，"就这个新来的是这样。最近不是赶名思那批手写板嘛，所有老员工都被调过去赶货了。"

庄念轶没有回答他，而是在本子上写了点什么。

赵元生有些慌了，说："庄经理，给条活路啊。这些人我会处理好，这个月的合格率保证达标。"

庄念轶盖上笔帽，脱下防尘帽和鞋套走出去，说："你知道我们的项目情况。我只是调查一下现场的情况，实事求是，不找任何人的麻烦。"

赵元生搓着手目送他，说："那就好，那就好。"

庄念轶补充道："虽然这几个步骤前后组装顺序不会影响我们正在研究的问题，但石经理说你们会100%遵照作业指导书执行，恐怕也不是事实。算了，这事立刻纠正，我不再深究了。"

说完，庄念轶又去看了看最后两条组装线。凭借多年的经验，他感觉部分工位在作业时有明显不顺畅的地方。卡扣的装配过程总让人感觉哪里有点儿不对。庄念轶拿着那几个鼠标研究了好一会儿，想到这应该是行业专家给的潜在问题之一：卡扣设计的公差过大，导致部分组件卡扣过松，与底座贴合不严。这只是其中一个潜在问题而已。看样子，是时候研究一下这个问题到底有多严重了。

第二天，石兆辉不在，就庄念轶和张世杰两人，张世杰说了几句也借口去忙了。庄念轶早有心理准备，他不气也不恼，直接就在厂区的食堂里打开笔记本干起活来。有了最真实的接触，方案就很容易做了。

当庄念轶公布数据收集计划时，现场一片哗然。虽然人不多，但都在窃窃私语。当庄念轶把具体抽样方案和抽样基数说出来时，石兆辉就憋不住了。

"开什么玩笑！"石兆辉用鼻孔哼了一声，"每个班次，每个工序，各抽200多件？我们是纯粹做实验，不干活了吗？！"

曹毅在座位上自顾自低声笑起来。所有人都看向他。

曹毅忍住笑，抱拳拱手道："我们研发，平时一款产品总共也就百来件的样本量。现在是每班次，每工序，各来200多件。"曹毅再次抱拳作揖，"石工，挺住。"

石兆辉火大了，直接拍桌子反对："这不可能！量太大了，根本不可能做到！"

庄念轶总有种曹毅说话不嫌事大的感觉。他深吸一口气："这些样本量都是按显著性水平计算出来的，而且这只是数据收集计划，并不是要求大家现在就去取样。这个计划让我们可以知道后面要收集什么数据，收集多少数据，并且确定后续的动作。所以石工，你先不要有这样的抗拒心态，这些数据都是精确计算后得出的，是科学的。我们组建内部团队是为了把这件事做好，真正发挥六西格玛方法的效果。我们应该尊重六西格玛的方法，而且材料费、工人的加班费我都已经申请了。"

石兆辉的反驳被悄无声息地挡了回来，但他还想做最后的挣扎："现在是这点加班费的问题吗？

现在的年轻人加几天班拿多少钱都算得明明白白，你再多给他钱让他不休息在这做十几个小时，他也不愿意。你说要抽样就抽样，这么大的数据量，我上哪安排人干？"

"我相信石工的管理能力。只要你肯安排，绝对能解决资源问题，当然，我也会请薛经理帮忙。"庄念轶耐着性子半哄半劝，"我们这么大的产量需要多大的抽样基数才有参考价值，石工不会不知道。再者，我们原本号称有 98.5% 的合格率，可睿科退回来的那批产品合格率只有 94.7%，两者间存在 3.8% 的差距，大家都没有思考过问题的严重性吗？最后，我们一起制定的合格率目标是 99.8%，退单产品的合格率比我们的目标合格率低 5.1%。如果没有足够的数据支撑，那么要如何调整改进，如何向公司交差？这个抽样数量只是我们庞大产品基数的最小抽样取值范围。"

在数据面前，石兆辉也只能偃旗息鼓，何况抽样暂时只是一个计划，到真正抽样测量时说不定会起变化。

道阻且长，庄念轶从接手这个项目之初就已经知道。

数据收集计划只是一个开始。在实际抽样测量分析之前，先要保证测量系统可用。庄念轶看着刚打开的各个历史数据报表，眼睛缓缓地转向了右手搭着的鼠标，定定地看了好几分钟。这些数据是否完全真实，没有一丝水分呢？庄念轶用手扶着下巴，食指在人中上点了点，不可能！卡扣宽度的测量值精确到小数点后三位竟然还能全部都一样，这怎么可能？睿科投诉的主要指标左右键间隙测量值也出现多个一模一样的数字。太假了！他一看就觉得不可信，这数据怎么能用？平时庄念轶总是直接看最后的报告结果，很少去看具体数据。而现在的数据却让他吓了一大跳。现在要做的第一步，就是对测量系统进行分析，即便只是做一次校验也是必要的。庄念轶需要重新获取数据进行验证。他隐约感觉到当前的数据根本无法反映实际情况。

因为重做测量系统分析是吃力不讨好的事，所以庄念轶先询问了咨询顾问的意见。对方听完庄念轶的表述后立刻表示必须重测。有些事明知会被反对也必须坚持，毕竟成功的路向来不好走。

庄念轶获得了咨询顾问的明确表态，瞬间觉得自己的决定很英明，开会的时候也更理直气壮了。没有任何铺垫，第一句便是："我发现我们测量的数据有问题，我决定重新做测量系统分析，并且至少需要三名有经验的同事来配合我进行测量。"

等着被反驳，大家却意外地表示支持和理解。庄念轶散会后便去找领导协调要人手。

毛自胜正在写东西。庄念轶等他停下笔，说道："毛总，按六西格玛测量系统分析的要求，至少需要三个人。虽然两个人也能做，但那个准确度太低了。"

毛自胜说道："小庄，你怎么尽给我出难题。首先，你这事打自己部门的脸，因为测量本来就是我们的事。其次，重测就算了，还要三个人，别忘了还有样品费。"

毛自胜的眉毛拧成一坨，说："小庄，我们质量部门总共才几个人，你开口就要三个！你让我怎么安排？要不你们自己加班去测吧？你让我好好协调一下，晚点再给你答复。"

庄念轶等了一天，没有结果；又等了一天，还是没有结果；第三天他就坐不住了。庄念轶知道毛自胜就是准备拖到最后不了了之，他了解他的领导，所以他直接去找了薛丹。

薛丹了解事情大概之后，看着庄念轶无奈地笑笑，说："行吧，看在你喊我一声丹姐的份上，我帮你协调一下。"

不知道薛丹和毛自胜说了什么，但毛自胜终究是答应了。其实，做测量系统分析花不了多少时间，毛自胜当下就协调出三个人——吴振鹏、叶锗锋和徐家祥，这三个人都是踏踏实实干活的老员工。

测量系统分析这件事一刻也没耽搁，三个负责检测的同事相当配合。数据很快反馈回来，分析结果让庄念轶浑身冒冷汗。分析结果显示，测量系统有效性差到让他几乎崩溃。

庄念轶拿着分析结果去跟三个负责检测的同事沟通。如果检测确实严格按照试验步骤进行，那么答案便只有一个——检测仪器出问题了。

三个人都坚称检测过程没有出错，均严格按照试验步骤进行。吴振鹏和徐家祥甚至拿出了过程记录的小本子，上面有关键记录点的信息，的确是真实可靠的数据。叶锗锋虽然比较有个性，但做事从来不敷衍。庄念轶急于求证，说话或许有些重，惹得叶锗锋留下一句"我回去重新实验一遍，再不信你去查监控或现场督导"就走了。庄念轶好说歹说，才把叶锗锋拉回来。然后在叶锗锋的建议下，三个人重新进行了测量系统分析试验。

第二次的结果并没有比第一次的更好，两次测量系统的误差值都占到了总误差的40%以上。

看着前后两份数据报告，他不得不承认测量系统有问题，虽然重复性尚好，但再现性太差。因为测量系统有问题，所以之前所有的数据都作废，毫无参考价值。

庄念轶两手肘搁在大腿上，左手的数据报告几乎被抓成了漏斗形，右手则一遍又一遍地从前往后梳头发。他在极力控制自己的情绪，这件事原本不应该发生，这绝对是质量部门的责任。不管谁负责质量部门，不管之前的产品有多优秀，测量系统都是公司最基本的生命线，不能因为产品一直没出大问题，就不去维护测量系统。多久没人用交叉实验来验证过测量系统了？为什么不做六西格玛项目就不能发现测量系统的问题？这个问题到底存在多久了？

"你们先下班吧，我大致知道问题在哪了。我晚上好好想一下，明天再跟你们一起校正测量系统。"待大家走后，庄念轶到厂区一个角落的花坛边抽了一根烟。烟雾一缕缕上升，就像那些已经消逝的时间。

现在不是问责的时候，当务之急是要立刻纠正测量系统并获得准确的数据。庄念轶看着分析结果，熬夜制定了纠正措施。

第二天一早，庄念轶没多说什么，直接给三个人布置了任务，并且写明了整个过程的具体步骤。吴振鹏一言不发地看着被庄念轶写得满满的白板，徐家祥则看看白板，时不时又低头翻翻记录数据的本子。

唯有叶锗锋拧开矿泉水瓶盖喝了一口水，又缓缓地把盖子拧上，说："之前的方案我们用了那么多年，一直都是好好的。你天天坐办公室里，不知道……"

他的话还没说完，庄念轶就把话接过去了："这次我会跟你们一起完成这次测试。"

叶锗锋不说话了。从昨天的数据中，他也隐约察觉到了异样，但是他并不知道怎么分析这些数据。可能真的出错了吧？叶锗锋握着矿泉水瓶，眼睛从庄念轶的身上转到了白板上。

空调的温度开得低了，冷气从出风口汹涌而出，迎面而来。

两天后，庄念轶拿着最新的完整数据，长舒了一口气。改善后的测量系统误差降到了10%以下，终于通过了测量系统分析。

新的测量系统通过了验证,自然就要收集新的抽样数据进行检测。庄念轶兴奋地去找石兆辉协助,一番沟通后才压下了石兆辉的反对意见。新的数据在第一时间到了庄念轶的邮箱。数据纷乱繁杂,一时半会也整理不好,庄念轶记得妻子今晚叫他早点回家吃饭,所以只好丧气地下班回家。他到家的时候,妻子已经烧好了饭菜,正边看财务的视频课程,边等他。

视频课程正在讲正态分布曲线。庄念轶站着听完了整个知识点,然后灵光一闪,就对妻子说:"你先吃,不用等我。我要晚一些,等我吃完了洗碗。你吃完陪孩子好了。"

庄念轶回到书房,迅速打开电脑。本来要做过程能力分析,第一步就是分析数据的正态性。他觉得趁着自己脑袋还算清醒,可以先把原始数据都处理下。谢天谢地,数据都是正态的,可以进行过程能力分析。

过程能力分析的结果很快就出来了。庄念轶不敢相信,重算了一遍,结果还是一样。肚子不争气地咕咕叫起来。他又烦又饿,泄气地把鼠标一扔,出去吃饭。回来后他又重做了好几次,结果还是一样。其实,目标源不变,中间的影响变量也不变,甚至连计算公式和方法都一样,简单的数学运算又怎么会错呢?只是因为庄念轶内心不肯接受这样的结果,所以自欺欺人地以为算一遍再算一遍便可能有新的结果,但其实结果从来没有变过。

庄念轶颓丧地看着电脑屏幕,艰难地让自己消化这个结果,总觉得如鲠在喉。不合格品率竟然如此之高,真正的合格率可能低于95%。他就是质量经理,要如何面对这样的数据。庄念轶打电话给黄泽晗,说:"在公司的六西格玛项目上我有些东西没想通。"他缓缓地滚着鼠标滚轮,"我们重做了测量系统分析。现在我根据新的数据做了过程能力分析,有了最新的分析结果。我们真正的合格率可能低于95%。这种分析结果百分百准确吗?有没有偏差或排除在外的可能性?"

公司的合格率一直都是98.5%,这次的目标更提到了99.8%。他是质量经理,而最新的检测方法告诉他合格率不到95%。如果分析结果准确,那么合格率将有近5%的提升。这么大的跨度,让他感到前所未有的压力。

"计算公式就在那里,你学过的都忘记了?你的测算结果之所以和你们之前自以为的合格率有差异,是因为你们的抽检方式和评价标准有问题。"黄泽晗提醒道。庄念轶重温了当初过程能力分析这一课中的各种统计方法。到晚上11点半,来来回回查验了好几遍,他终于明白了两件事:一是,这就是公司真实的过程能力,二是,这款产品的合格率真的低于95%。

这么低的合格率,让庄念轶不得不去仔细研究整个过程,以寻求找到一丝一毫的端倪。庄念轶早早到了工厂。石兆辉调休,他便找张世杰配合。张世杰看领导不在,让庄念轶去找赵元生。庄念轶知道问题的严重性,没时间跟他争论,就直接去找赵元生。赵元生一听合格率连95%都不到,哇啦哇啦嚷嚷了一大堆,但说归说,做事却认真又迅速。

果然,再次排查确认了当前的问题——测量系统的问题,加上目前抽检标准的漏洞,导致之前的合格率虚高。更重要的是,在测量系统分析和过程能力分析的过程中,数据和现场作业的迹象表明产品的设计大概率存在缺陷,工艺难以满足设计规格,这很可能就是造成合格率偏低的主要原因之一。

赵元生看到这个结果，一拍大腿，乐呵道："我就说跟我们没关吧。"

庄念轶捏着下巴思考着，一个个问题刷新了他的认知。工人的文化程度低，有过失或错误，都在预料范围之内。但设计是否真的有缺陷？庄念轶越想越烦躁，皱着眉对赵元生说："这件事你跟谁都别说，只是推测，没有验证过的都不能确定。"

可赵元生就是个大嘴巴！他本来就没多少文化，听了一绝不会想到二。以前研发部门的人在制造部门面前从来都是趾高气扬的，这次让他逮着一个反击的机会，他会放过吗？

庄念轶走后，赵元生就拨了研发部门一个经常和他打交道的小设计师的电话，一番得意地吹嘘。对方搞不清实际状况，也没反驳。赵元生说了十来分钟，感觉很舒畅，才心情愉悦地挂了电话。

这种事情的传播速度惊人，很快就传到了曹毅那里。这个设计本来就是曹毅亲自带团队研发设计的，使用了那么久，突然说他的设计有问题，放谁身上都气不过。

曹毅找到自己的领导孙宁，把听到的和想到的都告诉了他。一个人再平和的表述，也会多少带有自己的看法。更何况，曹毅也不是一个完全理性不带感情色彩看问题的人，尤其是当他的专业水平被质疑的时候。

孙宁听到一半就火了："这个庄念轶还真的拿了鸡毛当令箭，得了三分颜色就要开染坊？"

曹毅一拍掌，略略夸张地说："关键他和赵元生说啊！赵元生那张大嘴巴，不说制造部门，估计现在全公司，连食堂阿姨都说就是我们研发部门的问题了。"

庄念轶就是在这种情况下去了孙宁的办公室。

孙宁看庄念轶进来，对他的招呼也不做回应，只哼声笑笑说道："庄经理是找我质问设计问题的？"

传得真快！赵元生这个靠不住的家伙！庄念轶在心里咒骂了一句。他单手扶额掩饰尴尬。庄念轶今天来是要跟孙宁沟通一下，请孙宁从专业的角度分析一下实验分析结果。结果拜赵元生这张大嘴巴所赐，今天所有人都知道了昨天的事。眼下这种情况，沟通估计也不会有结果，可现在走也说不过去。

庄念轶尴尬地笑笑，没接话，转而拿出分析结果，直奔正题："孙总，这是最新的测量数据。数据是正态的，但我通过过程能力分析，发现真正的合格率只有不到95%，而且在实验的过程中，我们还发现了这里，"庄念轶用手在图纸上圈了圈，"靠我们目前的工艺实现起来有一定难度，所以想过来跟你探讨一下。"

孙宁也不看图纸，双手撑在椅背上就那样居高临下地看着庄念轶，反问："工艺做不做得到，罗国栋会不知道？毛自胜会不知道？他们不叫你来叫？你就是个质量部门的经理，别以为负责六西格玛，就很厉害了。新产品的研发和设计，是我们研发部门的事情。做不出来，没办法实现，工艺达不到，这些事情都应该是罗国栋来跟我叫板，而不是你！"孙宁摇头讥笑，反手敲桌子，"睿科说左右键间隙过大，你就弄这个间隙就好了，别扯到别的地方去！什么身份做什么事。还有，以后说话之前就要准备好证据。"

庄念轶碰了一鼻子灰，无奈只能回来找自己的领导。虽然他知道在六西格玛项目上被毛自胜甩锅了，但是他不想越级找林诚梏。可是毛自胜这种老油条，还是辜负了下属的信任。

毛自胜又去弄他那盘滴水观音了，摘了几片发黄的叶子放在桌边，慢悠悠地坐回椅子上。毛自

第15章 案例与报告

胜哑哑嘴，说道："我们是质量部门，虽然了解工艺过程，但术业有专攻，这是人家自己的事。统计我们都学过，但没验证就这样贸然去质疑，不合适啊。"

"贸然"这个用词就摆明了毛自胜的态度。庄念轶出来后把那几片黄叶子狠狠地扔在垃圾桶里，不气愤是不可能的。这样下去，项目还怎么做？反复斟酌，庄念轶还是敲开了林诚桔办公室的大门。

林诚桔听完汇报后明显怒了。他努力压住怒火，说："小庄，你让我秘书通知，十五分钟后所有部门第一负责人到会议室！"

大家听到总经理秘书急促的电话通知就知道没好事。

所有人都到齐后，林诚桔把庄念轶的报告往会议桌上一扔，啪的一声，报告在桌上滑了好一段距离，刚好停在毛自胜和孙宁面前："谁来解释一下？"

沉默。这个时候，谁说话谁死。也没人敢像睿科退单的第一次会议那样装模作样地打字了，笔记本电脑键盘的声音再轻，此时都会被放大一百倍。此情此景，没人敢动。

林诚桔笑了笑，所有人都看得心底发寒。"94.7%？！那一直以来98.5%的合格率都是造假的吗？！工艺做不到的设计，设计出来干什么？制造部门又生产了些什么？质量部门都查了什么？！毛自胜！你这个质量总监提交的工作报告，就是把94.7%改成98.5%吗？你怎么不直接改成100%？"

毛自胜本想辩解几句，可还没想好怎么开口，就已经没了机会。

林诚桔深呼吸几次之后强压了怒火："薛经理，根据岗位职责以及相关考核，毛总的问题怎么处理？"

"林总。"庄念轶抢在薛丹前面接了话。

毛自胜的确有诸多不妥，但现在林诚桔突然因这件事问责毛自胜，毛自胜也确实挺无辜。不是质量部门不作为，任由这些不合格品流入市场，而是本来的测量系统就有问题。不使用六西格玛的测量方法一步步去检测，根本不会发现测量系统有问题，不会发现合格率的数据不真实，不会发现设计的缺陷。没有先进工具的协助，谁都不知道眼前蒙了一层纱。只有去掉这层纱之后，才能发现，原来模糊的问题突然就清晰地呈现出来了。

"林总，这个问题不应该由毛总来承担。"庄念轶看了一眼林诚桔，又看一眼薛丹，深吸了一口气接着说，"这是公司的问题。合格率只是最后的指标体现，而问题是整个系统导致的。"

薛丹睁大了眼睛，看看林诚桔，又看看庄念轶。她心想，这个时候去揭龙鳞，也不知道是该说庄念轶傻还是说他有胆识。

"我们坚持交付我们认为合格率很高而实际上合格率没那么高的产品，才导致了睿科的退单。这其实是一个系统性问题，并不是某个人的过错导致的。我们引入六西格玛方法就是为了解决这个问题。我和我的项目团队也是为了解决这个问题而成立的。如果林总此时就给毛总处分，那会极大地挫伤团队的信心和斗志。每个人都会小心翼翼地尽量不去发现问题，因为一旦发现问题就需要担责，这样无疑把大家都圈在了一个死胡同里。六西格玛文化鼓励改善，对于改善过程中发现的问题，持宽容态度。这样才有利于团队发挥主观能动性，发现问题、分析问题，以便纠正问题。"

林诚桔没有答话，而是把目光从庄念轶身上转到了薛丹身上。

薛丹其实也不想在这个时候发难。庄念轶给了她一个很好的台阶，而且她很大程度上赞同庄念轶的想法，所以她清了一下嗓子说："林总，我也不建议此时给毛总处分。首先，做项目就像行军打仗，最讲究士气，中途任何的大处分都会影响士气。我建议暂缓问责。所有问题我都会详细记录，等项目结束了之后统一清算。其次，公司文化之一是精进，是支持不断完善，更上一层楼。只有对旧责持开明宽容的态度，才能更好地落实精进这一公司文化，否则公司文化就只能停留在念口号的层面上。"

薛丹瞄了一眼林诚桔。后者没有表情，眼睛看着自己轻轻抬起的右手腕，然后从小手指到食指，一个个缓缓地落下，点在桌面上，又重复。他在思考。

会议室里陷入了长时间的安静。最终林诚桔采纳了他们的意见，算是以观后效。

这件事虽然是高层会议上发生的，但六西格玛团队的人都多少有所耳闻。孙宁和罗国栋都认为庄念轶还算是个有担当的项目领导，所以分别要求曹毅和石兆辉尽力协助。林诚桔虽然只问责毛自胜，但真论责任，孙宁和罗国栋都难辞其咎。庄念轶肯在这个时候站出来扛上这一切，真的是难能可贵。

毛自胜坐在宽大舒适的转椅上，斟了一杯茶，热气升起来，细细的一缕，似在碧绿的滴水观音背幕前跳舞。

还有两年毛自胜就六十岁了，能在讯鑫坐到高管位置，他觉得对自己的整个职业生涯也算有交代了。所以一直以来他都是半退休状态，对下属来说有好也有坏。好的是最大限度放权，坏的是放了权，出点烂事也在情理之中。但庄念轶的做法，震撼到了毛自胜。

毛自胜不是科班出身。这些年，他一直把质量部门定义为半个后勤部门，不像销售部门一样能让公司起死回生，也不像研发部门一样能让公司脱胎换骨。毛自胜能做的就是兢兢业业，不犯大错，少犯小错。

讯鑫的产品合格率在业内一直都无可超越，这也让毛自胜可以在办公室里喝喝茶，养养花。这次发现的测量系统问题，确实是毛自胜职责范围内的事，林总要处分他也无可厚非。

自六西格玛项目启动以来，庄念轶找过毛自胜数次，都是希望他出面协助，可多数都被他拒绝了。毛自胜突然想起昨晚翻女儿作业看到的一句话，"非知之艰，行之惟艰"。与同级沟通，他尚且不愿，何况庄念轶是在林总的盛怒之下把他保下来的。他自然感激，觉得自己越来越不像当年的自己了。

毛自胜借着自己两天后生日的名义，提前请质量部门的同事吃了顿饭。毛自胜从没有庆祝生日的习惯，这次请客就是为了感谢庄念轶。大家也都猜到了，但毛自胜不想弄得那么明显和尴尬，所以才用了庆生的借口。庆生宴上大家都很拘谨，都知道庄念轶才是主角。庄念轶心里也明白，但总觉得这场面太尴尬，所以一直低着头，只有大家点他名的时候才应付一下。毛自胜见这场面也觉得不是滋味，自己摆这个宴可不是只为了请大家吃饭和唠家常。

毛自胜站起来走到庄念轶的身边，拍着他的肩膀说："最近的事我有责任，可能是我放松了对自己的要求，但好在我虽然老了，你们还没老。这个项目好好做，一定要做成。别的我帮不了什么，但如果你需要人，需要资源，尽管说，我全力支持。"他说完这些，转头看向其他人。大家其实都在等他这几句话，立刻都附和起来。

庄念轶其实能猜到毛自胜想说什么，但当亲耳听到这些话的时候，瞬间还是很感动。此时此刻他并不是想让毛自胜感谢自己，而是真心希望他可以顺利完成这个项目，完成这个艰巨的使命。毛自胜和同事们的支持是他此刻最需要的精神力量。虽然只是只言片语，但庄念轶心里有股暖流划过，让他感到无比欣慰。

有了上级和同事的支持，庄念轶自然火力全开。在新的一周，庄念轶直接搬到了工厂去办公。他在吴振鹏他们几人的桌子上放了一台电脑，就去车间了。

数据收集计划很详细，包括每部分的尺寸、公差值、角度、弧度、强度检测、灵敏度检测等。吴振鹏、叶锗锋和徐家祥都被安排上了，人手还是不够，庄念轶和高凯超也都参与到数据收集工作中。

庄念轶一上午量了几百个间隙配合公差值，眼睛都快瞎了。他仰头靠在椅背上，闭着眼睛，按摩着两眼间的穴位。他走出办公室的时候正好是中午 12 点，太阳最毒辣。一阵风吹过，云朵刚好把太阳挡住，原本亮得刺眼的四周突然柔和起来。他抬头看天，不巧的是，太阳又出来了。他半眯着眼站在树荫下，突然想到了一个问题，又迅速折回车间。

庄念轶回到向阳的那个车间。最靠边的一排工位已经照不到太阳，阳光只落在窗边上。但亮度对最靠边位置的影响依然明显。当太阳被遮住时，能明显感觉到最靠边位置的光线暗了一个度。他随手拿了旁边几个半成品测量公差值，因为受到忽明忽暗光线的影响，他用了 3 分钟才量完在实验室只需几十秒就能量完的数据。可见，当初的思考方向没有错。

庄念轶去食堂吃饭的时候，食堂已经空了大半。他草草地吃了点饭。在回去的路上，看着地上高高瘦瘦的身影，他叹了口气。

庄念轶亲自去车间取材料。工人们估计是被赵元生骂过了，都把工序调整了回来，可是大家的动作明显不熟练。庄念轶拿了错误工序的样品和纠正工序后的样品，并把样品分成两部分，每部分都均等含有两种工序制作的样品，一部分由他进行十万次点击测试，另一部分由高凯超进行十万次点击测试。两人把样品放进模拟人手点击测试的机器里后就去整理上午的数据了。

整整一周，庄念轶几乎都埋在工厂的实验室里，不是做实验，便是处理数据。终于完成了所有数据的收集，并根据各项分析，完成了初步的分析。他根据最新的数据，更新了风险列表，潜在风险的分析报告清楚地提示，问题很可能不仅来自设计，也来自制造。

庄念轶下班回家的路上遇上了大雨，又被空调冷风一吹，立马就发烧了。他躺在床上，脑子里全是那些风险，一会就睡着了。醒来后，他弄了点面条，吃完后就打开电脑写方案。

光数据分析就有 36 页。可是眼睛盯着电脑看了一会又酸了，庄念轶撑了一会儿就趴在桌上睡着了。

庄念轶没想到这次的病来得这么凶猛，真的是病来如山倒，病去如抽丝。第二天，庄念轶勉强到了公司，也完全没有状态工作。

毛自胜接过所有的数据和模型分析结果，拍拍庄念轶的肩膀，说："别想工作了，方案我来，你先赶紧回去把病养好。"最后毛自胜还开了个玩笑，"否则下面的人看见你这个样子还继续工作，我还怎么出去见人？"

自上次之后，毛自胜完全地改变了自己的态度，不只全力协调，现在还参与到方案的整理中。

毛自胜一页页仔细地查看数据项。讯鑫一直引以为傲的设计和工艺，竟然存在各种各样的潜在风险。公司一直以行业标杆自居，这些潜在风险中的大多数到现在都没发生过，只能说是一种幸运。毛自胜之前还听高凯超说过铭迪的合格率只有大概94%，整改了好久才跨上了96%，到现在还未到达97%。当时大家还把这事当笑话听，没想到自家的真实合格率居然也过不了95%。这是多么严重的一个问题，但他从来没有想过。如果不是睿科退单，大家也不会去查根本原因，不会反思和改进。

三日后，庄念轶回到公司上班。毛自胜问候了他的身体后，把方案打印件交给他："你知道我喜欢看纸质文件。这个你看看，再改改，电子文件已经发你邮箱了。"毛自胜顿了顿，然后说："小庄，我们真的会有这么多问题吗？"

"那些只是潜在风险，还需要通过验证来最终确定。"庄念轶低头看一下文件，"毛总，谢谢你。"

"嗯，你最近也累坏了，得注意休息，没有身体怎么干活。"毛自胜拍拍他的手臂，便回去自己的办公室了。

庄念轶进入邮件系统，查看了毛自胜的邮件，发现方案已经整理得相当完整，只需要上传附件报告，就可以一键发送了。对于毛自胜，庄念轶也质疑过，但现在大家总算在一条船上了。自己在毛自胜落难的时候拉过他一把，他也在自己困难的时候施以援手。庄念轶点下发送键，长舒了一口气，总算是按计划的时间节点提交了报告。

林诚桎平时很少过问公司的项目细节，但他对六西格玛项目十分关注，所有主题是关于六西格玛的邮件，他都第一时间阅读。成功的老板都是最关心数据的，虽然他看不懂复杂的统计数据和专业术语，但依然尝试着将这些数据所承载的信息串联在一起。对于报告的每一页，林诚桎都看得极其仔细。在项目阶段审批会召开之前，他心中已经有了基本的判断。

项目阶段审批会那天，当庄念轶精神抖擞地出现在会议室里时，林诚桎的第一句不是问项目，而是说："听说小庄病了好几天，看来我们的问题不少啊，要注意身体。"

此时，罗国栋和孙宁也都到了。总经理的话，让人感觉就是说给他俩听的。罗国栋和孙宁对视一眼，又都看回自己面前的笔记本电脑，并未在脸上显示出过多的表情。

制造部门和研发部门的人都没有对数据过多发问，毕竟很多怀疑尚未验证，也就无须回避。此时，越不肯直视问题，越显得此地无银三百两，但为了不吸引总经理的火力，他们几个还是循例提了几个非核心性指标的小问题。

林诚桎是个明白人，但还是客客气气地收了个尾，问了一个和毛自胜一样的问题："我们设计和工艺上真的有这么多问题吗？"

"还不能确定。这些都是风险提示，就是有存在的可能性，后续需要进一步验证。"

林诚桎的那个动作再次出现，眼睛看向自己轻轻提起的右手腕，然后从小手指到食指，一个个缓缓地落下点在桌面上，提起再依次点下。他在思考问题。片刻，他停下手上的动作，抬头看着庄念轶，说道："继续推进，进入下一阶段。"

15.2.3 分析

张世杰休完年假回来就听说项目进入第三阶段——分析阶段了。他听赵元生说数据收集已经完成,全是质量部门在处理,质量部门拿走了很多的成品和半成品,但因为费用都由项目专项支出,所以没赵元生什么事,他也不十分了解细节,只知道样品数量特大。张世杰道:"石工完全没有意见?"

赵元生吹了吹稀饭的热气,夹起萝卜咪溜吃了一大口:"没说。"

张世杰搅拌着豆腐脑,自言自语道:"样品数量比研发新品的实验都超出好几倍,石工都不过问?"

赵元生吃完最后一口油条,随便抽了张餐巾纸擦擦嘴,说:"你这出去玩一圈,什么情况都忘光了?睿科退单,后续的订单也取消了,一些小的公司也是有样学样地取消了订单。工人都不用加班了,刚好这些就当是给他们的加班费了,否则就那点基本工资,人都走光了。"

张世杰没再说什么,吃完早饭就跟赵元生一起回车间了。

庄念轶熬过一场大病,总算把项目推进到第三阶段。他将所有的数据和初步风险分析结果告知了团队成员,希望有人能协助他,加入分析关键要素的队伍中。庄念轶心中的两个人选是张世杰和高凯超,高凯超是自己部门的人,找他来协助不难,但张世杰每次都需要石兆辉出面才搞得定,所以庄念轶先发了邮件才去跟石兆辉要人。

石兆辉前几天刚被罗国栋叮嘱过,觉得庄念轶虽然年纪轻轻、古板迂腐,但人品还是可靠的。所以石兆辉同意如果庄念轶搞不定,他会出面说服张世杰。

庄念轶话还没出口,就被张世杰打断了:"这个环节就不需要我了吧,我不参与。"后面任庄念轶再说什么,即便只是让张世杰给几个实操建议,他也不肯。庄念轶碰了钉子,只好找石兆辉出面。不过,庄念轶已经基本了解了团队里的每个人,做好了充足准备。

让张世杰没想到的是,连石兆辉都成了庄念轶的说客。他休假的这几天到底发生了什么?毕竟石兆辉跟自己一个部门,算是自己的领导,即使拒绝也得等他把话说完。"石工,这就不用喊我了,你说我能干啥?"

石兆辉说:"也不用你分析,那些数学模型,你怎么懂啊?庄经理只是希望你对于实操可行性给一些建议,如现场的操作问题、流程问题等,收集点基础数据。这很简单,不会超出你的能力范围。"

话都说到这份上了,张世杰也不好继续反驳。大家都知道此时要是谁再坚持唱反调,只会被认为故意不配合。反正数据都已经收集回来了,先看看能分析出点什么再说吧。

庄念轶看着之前测量阶段获得的纸质原始数据,厚厚的足足有一大本,感觉有点头大。虽说初步的分析已经做过了,但那终究只是初步扫描,尚不能盖棺定论。庄念轶正研究得心烦气躁的时候收到毛自胜让他过去一趟的消息。原来,又有一批飞鱼三代被别的客户以同样的理由退回来了。虽然这批退单量不大,但如果类似的事再多一些,就会引起市场对品牌的怀疑,损失将无法估算。

庄念轶抿唇,说道:"把退回来的产品都送去检测,看看这次的合格率能有多少。"

被退回的产品很快被送去做检测,结果只比上次睿科的退货合格率稍好一点点,是 95.2%,也达不到他们一贯的标准 98.5%。庄念轶看着这个数字,叹了口气,自己的压力无形中又多了几分。

庄念轶无心处理新的退单,继续研究手里的数据。他虽然是一个理科生,当年的数理化学得都不错，逻辑能力也尚可，但现在看着这些数据，一下子也没找到其中的逻辑关系。数据有 16 页，这么多的潜在关键因子组合成的数字简直就是个天文数字。统计工具又那么多，怎么利用统计工具去找这些数据之间的关联呢？庄念轶的分析被卡住了。虽然他知道从此岸到彼岸需要过桥，可他找不到这座桥，也不知道如何搭一座桥。他看着满屏的数据，完全失去了方向。

庄念轶拨通了咨询顾问的电话。他之所以没有找黄泽晗，是因为咨询顾问来现场实地调查过，还给他们搭建了体系框架，了解各种数据和背景；再者，这部分应当属于合同服务的延伸，合理地利用资源才是最高效的。

咨询顾问很热情地回答了庄念轶的问题，其实做法并不复杂。在之前的数据收集计划中，所有因子的数据类型都是确定的，所以其对应的统计方法就已经确定。虽然潜在问题有很多，但改善目标只有左右键间隙一个，可以通过假设检验来分析它们之间的数理或逻辑关系，只是需要尝试各种可能性。庄念轶明白了，虽然排列组合有很多种，但确实要一一进行尝试，没有什么捷径。武断地使用单一工具分析，很容易把根本原因给漏掉。好在咨询顾问最后的一句话倒是让庄念轶稍微宽心了些：分析只是一种参考，尝试不同因子的影响分析，本身就存在不确定性。庄念轶不由得苦笑，原来就算穷尽所有可能，也不见得能获得所需要的结果，这似乎让自己的压力稍微小了些。

虽然咨询合同的主要项目交付了，但后续的服务水平没有降低。庄念轶为其专业素养和态度所折服，整个沟通过程让他通体舒畅，就差动手落实了。挂了电话，庄念轶跟妻子报备加班不回去吃饭后，便立马按照咨询顾问的建议，进行了各种分析。再难，他也要亲手把这座桥稳稳当当地搭起来。找出关键问题，才可以不负毛总为质量部门正名的所托，不负林总任命自己为项目负责人的所托，亦不负心中所托。

虽然有计算机的协助，但分析量依旧庞大。公差值一直是庄念轶怀疑的关键因子，可是数据不能证明这一点。庄念轶自从毕业离开学校后第一次在六西格玛项目中又感觉到了烧脑，这也激起了他的好胜心。为什么在不同条件下，统计结果显示的概率值出现了趋同现象？这样是得不出结论的。一定是基础数据哪里有问题。庄念轶一遍遍查看原始数据，终于发现有部分数据异常，有少部分数据遗失，还有一些疑似被修改过，这种异常并不是测量系统导致的。不管是数据丢失，还是原始数据被改动都是不允许发生的，尤其是后者，是严重的违规操作。但不管是哪种情况，这样的数据都无法获得准确的分析结果的。哎，又要重测，庄念轶知道自己又要去面对那几张臭脸了。

"庄念轶！"石兆辉是真的火了，以往无论如何，面上总归客客气气，起码是"庄经理"这样的敬称，今天却直呼其名。石兆辉早上才因为设计和工艺上的事跟曹毅闹得不欢而散，现在又来这一出，要重复取样，都当他们制造部门的人很闲吗？上次他就不认同超规模的取样，但看在庄念轶不错的人品和罗总的叮嘱，他还是出面去当了说客，说服张世杰配合取样。现在再来搞重测，不是有病吗？！公司里的闲人部门只有质量部门一个而已！石兆辉把手上的设计稿往桌上用力一砸，一叠 A4 纸纷纷扬扬地散落在桌上、地上，还未有言语的交锋，场面便已经十分尴尬。"你当这是玩啊？你数一下，就取样的事情，来来回回搞了几次？我们制造部门可没你们质量部门闲，天天忙得喝水上厕所都是算着时间的！"

早上儿子大哭的脸又浮现出来。庄念轶不耐烦地皱眉吹了口气，勉强调整气息道："石工，数据是基础，根基不稳，什么都做不成。之前我们做那么多的工作都是为了能分析出结症的所在。"他把报表递过去，"或者，石工可以先看一下目前的分析，有几个数据是绝无可能的，这不是测量系统的问题。原始数据在传递过程中一定是哪里出了问题，所以必须重新取样重新测量。"

石兆辉连眼神都没有瞟过去。他就坐在座位上，拧开玻璃杯盖，慢悠悠地喝了一口浓茶。

"石工，虽然重来一遍很折磨人，但既然我们已经建成了这个六西格玛团队，你我都在其中，还是需要拿出点成果的。"庄念轶顿了顿，继续说，"乾坤时代也把飞鱼三代全退回来了，这事你知道吗？那么小的样本基数，合格率也只有95.2%。飞鱼三代现在在客户眼中，就是十个废一个的标准。我们再不调整，对消费者的信心是毁灭性打击。"

石兆辉弯腰把地上的设计稿捡了回来，合着桌上的一块放到一边。他定定地看着桌角好一会儿，终于缓了过来："你去跟世杰沟通吧，我今天跟曹毅还有事。"

庄念轶知道这个团队本就没多少向心力，但现在至少石兆辉算是默认了，他只能这样自我安慰。在去车间的路上，他想了多种被拒绝后的沟通话术。可当真碰见张世杰的时候，庄念轶却直接不留余地地来了句："我跟石工沟通好了，因为数据的问题，还需要对飞鱼三代进行重新取样，就辛苦你了。"

张世杰只是烦闷地喷了口气，斜着眼看看庄念轶，也没反驳，然后嘴一歪，就进了堆放成品和半成品的仓库。

虽然这个态度也没有多友好，但确实出乎庄念轶的意料。他和张世杰一起把东西送去实验室。因为之前一直遭受拒绝和反驳，这次太顺利了反而让庄念轶不适应，他就多说了两句。

张世杰也跟石兆辉一样，在烦设计的事情，已经没有脑容量再去回应庄念轶的话。张世杰低头默不作声地把推车推到实验室门口，走之前又回头看了一眼推车上的货："庄经理好好检测，别再浪费了。这是所有成品和半成品最后的存量了。睿科退单之后，飞鱼三代除了原有订单，目前已经暂停生产，都等着庄经理检测出问题，我们好好改进呢。"

庄念轶的状态好不容易从暴风雨前调整到多云间晴，但就这一句话，瞬间又让他阴霾了。的确，他的数理分析还没能把桥搭好呢。

制造部门搞定了，又到质量部门折腾了。

高凯超一脸不耐烦地左右看看："庄经理，你这是认真的吗？重测？"

外面的日头太盛，照在擦得晶亮的玻璃上，就算在空调房间里也热气逼人，滚滚热浪蒸腾得人都呼吸不过来，就像此时不说话的两人。

庄念轶已经压抑得太久，情绪几乎就在爆发的边缘。他用最后的毅力控制住，说："我出去抽根烟。"他在树下抽了一根烟，烟空烧的时间比吸的时间还多。

庄念轶作为项目负责人，似乎只有义务把项目完成好，却几乎没有对应的权力。选人首先看态度，其次看能力。现在六西格玛团队里皆是各部门的核心主力，能力毋庸置疑，可是他们对六西格玛的态度却是零，都认为自己是被拉来凑数的。

庄念轶与大多数用烟来解压的人不一样，他喜欢点燃一根烟，然后看着烟雾缭绕上升，透过烟雾去看后面的景物，烦闷或不顺的事情都会慢慢地铺陈开来，思绪渐渐明朗。烟很快燃到了烟蒂。

他吸了一口，这根烟他也就吸了这一口，然后把它摁灭并丢弃到垃圾桶里。

事情还是要往前推进，遇到问题解决问题，没有条件创造条件，这才是一个理科生的思维。

庄念轶重新回到实验室，却发现高凯超已经开始重测数据。

"你也不必太感动。"高凯超头也不回地说，"工作归工作，情绪归情绪，这天气让人上火，喝两口茶就好了。"

庄念轶苦笑着走过去拍了一下他的肩膀。

虽然过程一波三折，但最终还是完成了数据检测。

世界上没有一样工作是容易的，而最难的工作莫过于与人打交道。幸好，他一路走过来，把这些坑都填平踩踏实了。

几天后，当所有重测的数据出来之后，庄念轶又按之前咨询顾问的意见，重新进行了分析和推演。反复计算后，他确定了最后的分析结果。根据筛选，他很快确定了其中的关键因子，也就是影响左右键间隙这一目标的关键因子。结果出来后，庄念轶却疑惑了，这些跟以往的经验差异很大。他再次怀疑，是不是自己算错了，或者这次依然存在不可接受的测量偏差。数据的量很大，可是模型分析容不得一点错误。他又从头检查了一次，发现结果仍旧一致，不得已再次拨通了咨询顾问的电话。

咨询顾问很赞赏他一次又一次的怀疑态度，因为有怀疑，才会有研究，才会出真知。咨询顾问在查阅他的分析过程后，认为他的分析充分且合理，这意味着结果是正确的。

"这怎么可能？！"庄念轶皱着眉，拿笔戳着分析报告，"除了没质疑售价，几乎都质疑了。我之前考虑的几个方向，反而不是关键点。"

咨询顾问的回答却意味深长："正是你们一直以来的经验之谈盖过了数据分析。"

庄念轶听得出来对方说这些话时的表情，自信且满含笑意。六西格玛是依靠庞大的数据分析，击穿所有表象，直指问题关键的方法。这个分析结果的确掀开了一个新的世界。坦白地说，庄念轶并不希望自己得出的这些结果都是真实的，因为他能预见到当他宣布分析结果时所有人的反应。但此时此刻，他已经做出了决定。

会议邀约邮件中没有把数据和分析结果作为附件上传，只是在邮件主题标明了会议与分析结果有关。团队中许多人都并未放在心上，即便重测后的合格率如此之低。大家更愿意相信自己的设计和工艺是合格的，问题永远不在自己身上。

高凯超坐下后，石兆辉和曹毅也一起来了。从进门到坐下，再到打开笔记本开始打字，两人的行为几乎一致，散发的气场也如出一辙。

小助理挑高眉毛，视线聚焦到自己面前的纸杯上。看来今天不在沉默中死亡，就在沉默中爆发，这两句的顺序换一换，更适合今天的场合。她赌，今天肯定爆发。

所有人陆续到会之后，会议直奔主题。

第一个说话的依旧是石兆辉："拿了那么多产品去测，是这个结果？那你重测个什么东西？！"

庄念轶双手撑在桌上，看着众人，说道："在第一次的测量反馈中，有几个数据是错的，而且出现了数据遗漏，具体原因很复杂，包括客观因素。不过，测量系统没问题，之前已校验过了。我们直接看第二次的结果。"

石兆辉不接受了，一拍桌子："第一次的数据有问题！那是怎么个有问题法？难不成是我们伪造数据给你？第二次取样，重测，你现在告诉我是这个结果？！谁有工夫陪你玩，整的都是什么玩意？！"

庄念轶闭上眼睛，单手扶着额头，食指和中指在额头上画着圈。他想象过会议的场面，因为他自己也怀疑过这个结果，与目前的经验差异太大了，所以质疑、反对肯定存在，只是没想到石兆辉一上来就这么激烈。

高凯超瞟了瞟身旁的小助理，刚好小助理也看向他。两人挑高眉头，默契地用眼神通了消息后便把目光放正。第二次取样重测前，他就听说石兆辉和曹毅闹过不开心，现在估计气都没撒完呢，让庄念轶撞个正着。

"石工。"庄念轶终于开口，"你再仔细阅读一遍数据和对应的分析，材料、工艺等的问题都切实存在。难道我们还能说这部分没有问题，继续保持吗？"

"我不想跟你扯这些。我做了那么多年，我的判断比你这些浪费钱的测量更准确。"石兆辉说完之后便觉得不妥，却又拉不下面子，因为道歉等于服输，道歉等于承认错误，但他不认为制造部门有问题，所以只是斜斜地靠在椅背上，双手在胸前交叉不再说话。

曹毅看石兆辉安静了，自然要为研发部门辩驳了，因为在五条根本原因中有明确指向研发部门的："庄经理，我们研发新品时每个细节的设计、每个数据的确定，都经过严格的测算，这个结果我不能接受也不会接受。而且，你这个测量进行了两次。重测的理由是有某些数据不准确。那你为什么觉得现在这些数据、这些结果就是正确的呢？它们仍旧有可能只是你的重蹈覆辙而已。"

庄念轶把 PPT 翻回前几页，说道："曹工，你可以看数据分析，都是根据统计学分析出来的。这很明显就是公差值的问题。"

曹毅皱着眉，讥笑道："庄经理做过设计吗？知道这些数字都是怎么出来的吗？"他直接把笔记本盖上，"根据已有标准，检查样品是否达到标准，我相信这是你的强项，但设计是我的强项。凡是理工科毕业的都学过统计学，这屋子里大多数人都学过，但统计学可变不出什么新产品。现在你随便搞个什么统计什么方法说我的设计不对？你不觉得搞笑，我都觉得搞笑。庄经理，今天这次会议如果是说这些无聊的东西，我想就没必要继续下去了。大家也都很忙，没空在这些事情上浪费时间。"

石兆辉也收起笔记本，说："这个什么六西格玛就是胡扯，我做这行那么多年了，之前听都没听过。我们做生产可都是实打实的，不像你，钻在空调房间里瞎弄就可以出来结果。今天就是浪费时间，一早上又没了。"说完，他就带头拿东西走了。他走了，张世杰自然也走了。

曹毅哼了一声，摇摇头，也拿上笔记本走了。

会议室里留下的就只有袁皓朗和质量部门几个人。

庄念轶吸了一口气卡在胸前，张着嘴，好一会儿才呼出来："先散会吧。"

部门里的几个人也走了。高凯超走上前，拍拍他的肩膀："这种情况也正常。你想想，当时你让我们重测，我都有情绪，何况现在你完全是在质疑他们的工作。只是我没想到石工反应这么大，不过按他那脾气，估计也正常。"

庄念轶走过去拍着投屏的画面："你看这数据，是我在针对他们吗？"

"你跟我说没用,你得跟他们说,你得让他们信服。"高凯超回座位上收拾东西,"领导的难处不在于你能不能把这件事做出来,而在于你能不能让大家跟着你一起把事情做出来。你当经理那么久,还没懂吗?"

没错,道理庄念轶都懂,但他不是圣人,情绪自然而然就出来了。当晚,庄念轶就找黄泽晗诉苦了,黄泽晗从头到尾都没多说什么,只是反复对庄念轶说"要坚持,要挺住"。回到家后,庄念轶躺在床上看着桌上的智能灯亮了好久才暗下去,最终完全漆黑。黑暗中只传来了自己的心跳声。真的累,是那种无法诉说的心累。

但工作要做,项目要推进,路还得往前走,即使只有他一个人在坚持。

曹毅去找孙宁告状了。孙宁听完曹毅的表述后,把报告往边上一扔:"怎么又是他?阴魂不散,现在还想找替死鬼,把问题推到我们身上来?"

"里面有很多可能性,但他最后列了好几条说是关键因子。"曹毅把报告拿回来,在最后的地方圈了圈,然后用手点了点,"孙总,你看这几条,只有公差值这个问题是在明指我们研发部门。"

孙宁用眼角余光扫过数据结果,面带不屑:"一个做质量的,也敢对研发设计指手画脚,真的搞笑。"

曹毅抓抓鬓角:"石兆辉当场就骂起来了。不过,我看那些关键因子也没啥,什么模具精度不足、工装老化,都是换换东西就可以了的。"

"这明显就是找我们研发部门麻烦,想把锅甩给我们!"

"我也这样认为,所以我就没同意。"

"你不用管他。如果他再找你,随便他说,他最终还是要过审批会的。"

曹毅出去的时候正好碰见庄念轶,随便点个头算是打过招呼。庄念轶拦着他进了小会议室沟通。整个过程都是他在说,曹毅似乎在听,但眼神并未聚焦在核心点上。

"曹工,研发在设计阶段都会做测试验证工作,也会有相应的数据统计,但是你们大多是基于以前产品或市面上产品做的研究。可现在的数据完全立足在飞鱼三代的成品之上,工业加工品与完美的设计之间是有差距的。现在数据统计的结果你也看得很明白,这不是我捏造出来故意针对研发部门的。我们尝试应用六西格玛方法,就是为了改进我们原有的产品,尤其是这个飞鱼三代……"

话没说完,就被曹毅打断了:"飞鱼三代的问题在于找人背锅。睿科退单了,乾坤时代也退单了,说不准后面还有。我明白庄经理的意思。"

庄念轶皱眉道:"我只是希望产品能好,公司能好。哪里有问题我们就调整哪里,不好吗?我从来没想过找谁背锅,从来没有针对过哪个部门!"

曹毅不想被看戏。小会议室没有隔音,他不想跟庄念轶过多纠缠,只推脱说保留意见,便以开会的借口结束了谈话。

庄念轶也不傻,他了解曹毅,也了解石兆辉。他会再去找石兆辉沟通一次,无论结果如何,他都会继续推进进程。

庄念轶没说数据没说分析,只是打感情牌。他太累了,还说了一大堆他极其不擅长的话。他的最后一句话是:"目前也不需要制造部门做任何改变,我只是希望石工可以静待结果,一切责任都由我来承担。"

石兆辉好不容易从牙缝里蹦出两个字:"可以。"

庄念轶并不适合这样无可奈何的沟通,却又不得不这么做。除此之外,他找不到其他更好的方法。

第二天,庄念轶再次做了数学模型分析和其他因果分析,从中获得了改善方向。设计首先需要变更,但审批会如果搞不好,极有可能演变成上次状态的延续,只是因为林总在,所以场面不会那么难看而已。

庄念轶去财务室找袁皓朗,因为要想争取林总和其他大佬们的同意,首先要有好看的财务报表。经过人力资源部门的时候,庄念轶碰见了薛丹。

薛丹用略正式的口吻对他说:"找个小会议室聊聊吧。"一进去,她便开门见山,"不跟你开玩笑,那次会议吵翻天了吧?作为六西格玛项目负责人,你必须协调好各方面。六西格玛对我来说就是天书,但我也稍微看了些资料,了解到六西格玛很强调公司文化和改善氛围的建设,这点和我们人力资源部门的理念完全契合。而带领团队也是对你领导力的检验。"

庄念轶挑挑眉,视线落在地上:"我知道,可是现在除了数据模型分析的结果,没有别的实质性的东西可以作为支撑。他们要是不支持,我还真的没办法。"

薛丹轻轻地拍了拍桌子,示意他调整视线:"六西格玛是五个阶段吧?每个阶段都会有审批会,到时候我和财务经理也会参加。只要你的分析有理有据,我就会支持你。绝对不是个人因素,而是我觉得这种改善的精神和氛围是我们需要的。飞鱼三代的第二个退单,林总都知道了,但林总认为现在不是问责的时候,所以林总给了你时间。现在最重要的是分析出原因,找到解决的途径。"薛丹拍拍庄念轶的胳膊,"有争执很正常。实在协调不了,毛总和我都可以出面协调。"

最近,总有人拍庄念轶的胳膊或他的肩膀,以示支持。庄念轶在烦躁之中也算得到一丝温暖,曾经以为自己是孤军作战,原来有伙伴一路同行。

庄念轶再次坐回到这个小会议室中,是跟袁皓朗沟通财务数字。

袁皓朗刚进公司不久,带有年轻人特有的特点,没有明显的等级官阶之分,只有契约条款的遵守,对谁说话都不拘谨,一上来就问是不是设计的问题。

庄念轶明白袁皓朗的套路,但袁皓朗也是六西格玛团队成员之一,让他了解整个进程对完成报表很有必要。庄念轶在袁皓朗的斜对面坐下来,把分析报告放在他的面前:"这五个是关键原因。各部门都或多或少有一定的原因。我们是一个整体,都是一环扣一环的。"

"啧啧。"袁皓朗斜着眼看庄念轶,嘴角弯弯的,"庄经理,又来官话了。你看这几个原因,不就是在说设计吗?模具精度不足,工装部分老化,材料强度不足,这些换了不就好了?唯有设计要升级图纸。"

"你的任务是做财务报表。"庄念轶用两个手指点着桌子,"我还等着用呢。我们当初定的年化 2 500 万元的目标,你现在拆拆看,第一阶段能达到多少。我的审批会还要倚仗你的数字呢。"

袁皓朗比了个 OK 的姿势,不再追问,专心做报表。

林诚梽和各部门第一负责人陆续到达后,会议正式开始。

庄念轶首先大概介绍了数据采集的标准和范围，以及重测的原因，接着罗列了根据统计方法、数学模型和因果分析得出的关键原因和改善方向。

会议室里十分安静，只有庄念轶高昂的声音。庄念轶说完后，罗国栋跟石兆辉对视一眼，没有说话，又转向庄念轶。孙宁把玩着笔，只盯着自己笔记本的屏幕，嘴角带着玩味的笑意。

"根据数据分析，目前有五个关键原因导致了这次的问题。"庄念轶用翻页笔指着投屏画面，"其中，模具精度不足和工装老化，可以通过修模和工装矫正改善；至于材料强度不足，我们在两次的取样测量中也有了数据支持，后续该更换什么材料，怎么找供应商，也已经有了答案。"他顿了顿，看看孙宁和曹毅，"但是公差值不合理这个问题，需要研发部门的同事协助。目前，我们只是通过软件分析获得了改善方案，但需要拿样品进行验证。基于测试样品的需要，我们需要对图纸设计进行变更，便于制造部门跟进。"

孙宁哼了声："林总，我不认同这个结果。"他没有说下去，也没有人接话，只有出风口继续吹着冷气，场面一度陷入尴尬。

林诚梽跷着二郎腿靠在椅背上，一时也没说话，只是转过身看着投屏，一手搁在会议桌上托着腮。他坐在最前面的位置，除了庄念轶，没人看得见他的表情，自然也猜不透他此刻的心思。过了好一会儿，他才把转椅转过来面向众人："不同意的话，孙宁，你说说原因。"

"首先，我不认同这个分析结果。新品发布前，我们同样会做测试，但我们的结果跟这个大相径庭。其次，设计更依托的是经验。当然，我们也需要数据，但是光有数据是拼凑不出新品的。最后，对统计我们都不陌生，但这种分析方法对我们来说是全新的，其有效性及合理性，我们都尚不清楚。"孙宁从容淡定地说完，似乎胜券在握。

林诚梽的表情没有变化："曹毅呢？"

曹毅看看边上的老大，再对上林诚梽的目光："林总，孙总的表达很全面，我没有补充。"

林诚梽笑道："你倒是很会明哲保身啊。"他转头看向庄念轶，"这个结果既然已呈现在会议上，那就是你们整个团队都同意的？"

庄念轶还没回答，曹毅就抢着回答："庄经理是项目负责人，我们作为团队成员，就算有反对意见，也不一定能影响最终结果。我当初和石工都不认同这个分析方法，更不认同结果。"

罗国栋赶紧接话："我和石兆辉内部沟通过，这个方法是新方法，我们都不清楚这个方法究竟靠谱不靠谱。目前，飞鱼三代的市场影响已经比较严重，我们确实需要抓紧改进，但对于这个未知的方法，我们持保留态度。"

"倒是中庸之道。"林诚梽不做评价，用笔轻轻地点着桌面，"目前就两个部门表态了，一个反对，一个中立。其他部门呢，都站哪边？"

薛丹首先表态，她如会前所说，是支持六西格玛根据分析一步步推进的。后面几个部门要么跟着薛丹投票，要么保持中立，至少没有人反对。

"看来大家都很支持创新。虽然不清楚这个方法有没有用，但至少大家都没有投反对票，把它扼杀在摇篮里。"林诚梽说这句话的时候没有太多的情绪起伏，他似在表述，又似在抛问题，等着有人接他的话。

孙宁坐不住了："庄经理一直都在质量部门工作，未曾轮岗到过研发部门。你知道我们研发一个新品，要经过什么流程，要做些什么，才会到设计出图纸，最后到生产吗？我们部门里每个骨干员工至少都在同行做过三年以上，接触过无数个电子产品，从创意到雏形到实品，就算有这么丰富的经验，我们做设计前，依旧会做大量的数据分析。不是只有庄经理才会做数据分析的。飞鱼三代虽然说是飞鱼系列的最新产品，但上市也有段时间了，一直以来市场反响良好，也就最近才出现了退单。这也就说明产品本身没大问题，可能只是生产线上一些工具老化导致问题出现了。我认为，我们的设计没有问题，可以通过更换模具和工装进行改善。"

林诚桄今天特别温和，不急不怒，掌控全局。他说："小庄，你把重点部分再说一遍，我们都来分析分析。"

庄念轶退回前几页，把飞鱼三代的项目数据通过艰涩枯燥的统计工具展示了出来。当庄念轶说到卡扣设计的公差过大，导致组装件卡扣过松时，孙宁就插话了："凭什么说是设计的问题？这几个数据就可以必然推导出来吗？"

"这些都有数学模型和因果分析，在公差值的问题上，我没发现别的问题关联，唯一的指向是设计时的公差范围不合理。数理分析结果在这里，没有逻辑上的错误。"

"胡说八道！物理上找不到问题关联，就通过一些破公式的计算，都赖到设计身上？这跟找不到科学解释就迷信神佛有什么区别？"

这似乎真有那么点儿道理。场面的气氛一下就变了。

林诚桄有节奏地敲着桌面，说道："让行政订外卖，今天的会议估计是不会立刻结束了。"他安排中场休息，并且第一个离开了会议室。很快外卖就到了。他笑着说："你们看，这行政做事就让人特别放心。平常我听你们都说外卖要多久才能送到，而今天这么多份，这么快就到了。"

怎么听，都是话中有话，意有所指。总经理除了要结果，还要时效，毕竟这个年代，时间就是金钱。

吃完饭，薛丹刚说完"会议继续"，毛自胜就说话了。从上午到现在，他总算明确表态了。

"当初睿科退单，我们发现飞鱼三代的合格率其实不足我们常规的 98.5%。经过后面几次重测，合格率也只有 95%。这么严峻的问题，我们却不知道原因所在。新品研发的时候，初衷是好的，但是否真的能成为爆款，我们并不清楚。现在，我们组建了六西格玛项目团队，根据各种模型理论、数理分析，列出了小庄说的几个关键问题。我们暂且不讨论它们的正确与否，但是这种情况，不是跟新品研发的时候很像吗？根据我们已有的经验和分析，得出一个结果，我们未知前路，但我希望大家都能对这个结果持开放的态度。我们不妨试一试，否则我们永远卡在原地。"

"试错是需要成本的！"孙宁说，"在设计方面，我们才是专家。其他部门都来插一脚设计的事情，这是什么道理？"

"说到成本，"林诚桄接过话，"我们先看看财务报表，这是个很重要的参考数据。"

庄念轶连上袁皓朗的财务报表。虽然财务的东西他不精通，但是总经理需要了解哪几个数字，他还是清楚的。预估年化节省 2 500 万元这个目标数据是早就知道的，但首次改进第一个月就能节省 1 000 万元这个数字是第一次提出。这个数字一出来，会议室就不安静了。

"我们前期需要投入多少项目费用，或者说成本？"林诚梽问这句话的时候，如果有人留意，就能看到他的整个表情已经明朗舒展起来。

"100万元不到，确切地说，是96.4万元。"庄念轶回答，"我们做了全方位的精细计算。"

孙宁双手撑在桌上，两手十指交叉："庄经理，你说这个数字是经过全方位精细计算得到的，你算过我们研发部门同事修改设计的成本了吗？设计不仅要数据验证，还得耗脑力，时间上也没法预估，这些你是怎么算的？不是光说一句精确就可以了。这次会议上我们说的每句话，都是要负责的。"

庄念轶一时也接不上话。

刺眼的阳光穿不过厚重的遮阳帘，只在窗帘下方留下一点影子。会议桌中间一排的绿植被擦得油光水亮。空调的温度舒适宜人，唯独此刻安静得不合时宜。

"嗯。"林诚梽突然发声，"孙宁，那你算一下你们重新修改图纸要多少成本？"

孙宁就像被人突然硬灌了几瓶水一样，喉咙里卡着发不出声音。这无疑就是说按庄念轶说的去做，而他反对无效。

"听你们说了那么多，我发表一下我的看法。"林诚梽说，"首先，小庄的分析我听懂了，没有硬伤，没有逻辑错误；其次，原本六西格玛项目的目标是年化节省2 500万元，现在如果完成改善，第一个月就能节省1 000万元，我认为这个数字值得我们去尝试；最后，制造部门加班生产，质量部门加班测量分析，研发部门也可以加班进行图纸的修改，我觉得这一点问题都没有。"

总经理表态了，各部门的头都跟着附和。毕竟，这个财务报表太诱人，况且这还是一个长期项目，数字会越滚越大。

林诚梽笑着看向孙宁："孙总对于这个任务有没有问题？"他也不逼孙宁回答，只是接着说："越是有难度，越是有挑战的欲望，你说对吧，曹毅？"

被点名了，曹毅可不敢不回答，僵硬地说："好的，林总。我尽量。"

"要向我们的行政学习，除了结果，还要有速度。"林诚梽笑得开心，"今天就散会吧。小庄记得根据进度计划及时推进。"就这样，庄念轶戏剧性地把项目推进到了第四阶段——改善阶段。

15.2.4 改善

分析阶段虽然获准通过，但庄念轶清楚，林总看上的是财务报表的数字，所以他得抓紧推进，完成时间会对财务报表的数字有极大影响。庄念轶立刻着手把改善分为两类，一类是基础改善，即可以直接执行的快速改善，另一类是需要经过进一步分析获得改善方向后由研发部门和制造部门一起进行的改善。

第二天一早，庄念轶直接去了厂区。最近天气预报一直是下雨，估计昨天那么猛烈的太阳就是最后的潇洒了。早晨云层积得厚厚的，但还未下雨。盛夏里这种天气反而能让人感觉出一丝凉意。又或许，事情已经跨过了一个坎，到了平整开阔的道上，自然让人觉得轻松凉快了。

庄念轶来得比较早，石兆辉还未到，但流水线上的工人都来了。他便一个人换上鞋套和戴上防尘帽进了车间。

现在工人的操作比以前规范了很多。庄念轶特意朝检验室的窗口看了一眼，竟然连防静电的窗帘也装上了。今天没有太阳，窗帘就整齐地扎在窗户两侧。

庄念轶巡视了一圈，走过去问赵元生："现在都改了，也不嫌麻烦了？"

赵元生是最会看脸色的一个人，不像石兆辉那样暴脾气，也不像张世杰那样老实。他笑起来："办法总比困难多嘛，有心还怕没路？对吧，庄经理？"

好一句"办法总比困难多"，这都是老土鸡汤文里才会出现的词句。现在如果在哪看到有文章写这些有年代感的鸡汤，庄念轶都会很反感，他总觉得鸡汤文也要与时俱进，要迎合这个时代的审美。可现在听到这句话，他却感触良多。有体验才会有真正的解读。哪里有那么多借口，不过是为了推脱工作。几万份的检测，不也是自己跟高凯超和吴振鹏加班加点完成的，然后自己一个人熬了几个晚上去分析梳理关系、数学模型，才拿出结果的？"有心还怕没路"，赵元生能说出这话的确震撼到庄念轶了。赵元生是真的去改进了，在他能做到的地方，在他能管控的地方。

庄念轶回到办公室里去等石兆辉，此时已快到正常上班时间。"有心还怕没路"，庄念轶一手搭在桌子上，中指一下下有节奏地点着桌面，回想着这句话。

石兆辉很快就到了。庄念轶等他弄好茶水坐下，就来到他旁边，开门见山地沟通目前需要改善的基础类部分。石兆辉喝了口茶，眼光落在方案上，却总是有点漫不经心。

"石工，这些改善都是最基础的，包括校准设备、加强培训等，都没有难度。而且，这次培训的成本可以划到我这边的项目费用中，不占你们年度的培训费用额度。"庄念轶的话刚说完，石兆辉就答应了。他没想过石兆辉能如此爽快地答应，在心里长舒了一口气，也许是之前被打击太多，有心理阴影了，"没问题的话，后续等研发那边改了设计，我再来跟石工沟通。"

石兆辉坐在椅子上，没有看他，给他比了个 OK 的手势。石兆辉不在乎设计那边改不改图纸，只对基础改善感兴趣。校正设备就安排在当天下午，先从空余的几条产线开始，剩余的等下班后加班继续调整。

赵元生张着嘴，瞪圆了双眼。他难得遇到这样的加班要求，加班不赶产量反而在做各种基础改善。

"不要愣着，要赶紧弄。明天开始分批进行培训。"石兆辉瞪了赵元生一眼，再看看车间里慢条斯理的人，火暴脾气、急性子的他当即就受不了了，"是我以前对你们的考核太仁慈了吗？一个个都是磨时间拿加班费的吗？"

张世杰和赵元生立刻催促各人加快速度。有了石兆辉去落实，效果和速度自然不用担心，尤其是这本就是基础性的东西，只要执行力强就可以了。

基础部分可以立即启动改善，可另一部分庄念轶却还没有头绪。之前只是获得了问题与因子之间的数学模型，却未有改善方向。他决定先缓一缓，让脑子放松一会儿再战。他去吃了个饭，再回到办公室后，觉得脑子清明了不少，所以又继续研究方案和数据。可是这个清明只是假象，很快他又陷入了死胡同，不得已只好再次请咨询顾问协助。

虽然不是第一次求助，但咨询公司对接的顾问丝毫没有敷衍。这几个顾问不像生意人，更像真正的导师。只要你有疑惑，他们就会热心且耐心地为你解惑。答案并不复杂，对方建议庄念轶使用响应优化器对数学模型进行求解。

庄念轶很快便获得了优化方向及具体数据。他虽然知道设计必须改，但真得出具体方向和数据后，他又头疼了。研发部门的人一直以公司大牛自居，设计更是一直以来无法挑战的存在。除非有实质证据，否则无法撼动他们。权威让他们产生了优越感，让沟通难度成倍增长。

庄念轶敲开孙宁办公室门的时候，孙宁正在电脑前噼噼啪啪地忙碌着。庄念轶喊"孙总"的时候，他甚至都没有抬头，只说了句"坐"。平平的声调，倒不似那日审批会上激烈言辞的孙宁。可庄念轶坐了好久，孙宁都还未停下来。庄念轶觉得孙宁就是故意的，便说"等你忙好了再过来"。没想到庄念轶才说完，就听到孙宁说"好了"。

数据在孙宁面前不起作用，不管庄念轶说什么都完全无法说服孙宁。庄念轶只得搬出了林诚梽："孙总，在审批会上我们不是达成共识了吗？对与错，我们交给数据验证。林总也是认同改变的。"

听到庄念轶搬出总经理，孙宁刚放下的气焰，又冒火了："庄经理，我和林总都认同飞鱼三代有问题，但我们并未在会议上达成共识，配合你不代表承认设计有问题。"

庄念轶没再反驳，经历过之前种种，对于这个结果他也曾料想过。庄念轶回到办公室后想了很久，因为已经料到跟孙宁的谈话会失败，所以早已计划好了应对方案。他最终还是启动了迂回策略。庄念轶找到石兆辉希望制造部门按照数据把样品做出来。

石兆辉翻开方案看了看，皱着眉说："这不是更新后的图纸啊？"

"的确不是。"庄念轶还没说完，话就被切断。

"不是更新后的图纸你让我做什么？"石兆辉把方案放到了一边，"我们是需要按照图纸做的。你在公司那么久，流程还不清楚吗？到时候研发部门反将我们一军怎么办？"

"流程我当然知道，但这次不是特殊情况吗？第三阶段的审批会，石工你也参加了，当时什么情况，你也知道。"庄念轶指着其中的一部分说，"这是我用响应优化器分析出来的方向与数据。要修改的地方，都有具体参数。"

石兆辉半眯着眼做出回忆的表情："但最后林总说了让他们改了啊。你直接找曹毅不就行了？有图纸就好办，我配合你；没图纸，这事就……"

庄念轶叹了口气："石工，研发那边的态度你也知道，他们不肯承认设计有问题。我用林总来压他们，让他们改，也太难做了。而且如果真要走到那一步，我又何必需要他改呢？数据不是都有了吗？"

石兆辉低低地哼了一声，心想，他们是公司最厉害的部门，怎么会承认自己的设计有问题。如果承认，不就狠狠打脸了？"我们都学过统计，也都数理分析懂，这个问题已经很明显了。"

庄念轶把两手都支在桌子上，身体略微前倾："所以我想石工先帮我完成个样品，看看方向和数据是否准确。如果准确，这就是研发部门要的实质性证据；如果不准确，就是我冤枉他们了。我会当众道歉并且请求处分，然后再重新研究方向。"

石兆辉吹着杯子里的茶叶，缓缓喝了一口。他在衡量，这个验证就是指向了研发的问题，但他并不想这么做。庄念轶尚且不愿意这样，他何苦跟研发过不去？如果这样做，就代表公然对研发发起挑战。

"石工，这个忙可以帮吗？"庄念轶看着石兆辉，极其期待他的肯定回答。研发那边的路走不通，唯有走制造这边的路来反证。如果都无果，庄念轶估计又要请毛总出山了。

"这不合适，毕竟连个临时发布的图纸都没有。"石兆辉假意翻了翻文件夹，"而且，我看了世杰和赵元生报上来的安排，最近产线全排得满满当当的，根本没法给你制作这个试验品。"

庄念轶压着气，深呼吸了一口。既然石兆辉连看都没仔细看过修改后的数据就推脱，态度再明显不过了，说下去也是浪费口舌。庄念轶去卫生间洗了把脸，炎热让人心生烦躁，尤其是做每件事都受到阻挠的时候。他只能请求毛总协助。

毛自胜撑起双手，食指交叉搭了个高桥，视线落在翠绿的茶叶上，一时没有接话。

"我跟孙总沟通实在没有办法突破。"庄念轶叹气道，"本来想拐个弯找制造部门做个初阶样品出来逼设计部改图纸，但石工也不肯帮忙。"

"小庄，"毛自胜慢悠悠地说，似乎还在思考，"这样，我去跟曹毅打个招呼，你再去跟他深入沟通，看看是否有转机。制造那边，你去找张世杰和赵元生，他们直接在产线，就算产线全满，他们也会看在你是质量经理的面子上，给你想出别的协调法子。"

庄念轶拿着毛自胜给他的白茶回到座位上，等待毛自胜的最新沟通消息，但他心里还是没底。下午，毛自胜说已经沟通过了，让他去找曹毅。他不清楚他们谈了什么，但曹毅的态度好得出奇。

当说到关键点时，曹毅并没有一口答应下来。他说："庄经理，毛总来找过我。你知道，我毕竟是研发部门的编制，虽然是临时组建的六西格玛团队中的一员，但孙总才是我的直接上级。他不同意的话，我确实很难办。"

"我明白你的意思，所以我想请你看看是否可以从中协调一下。"庄念轶特意把目光从他脸上移开，转到方案上，"毕竟这个指向太明显，我们也无法反驳。不做尝试，问题只会一直存在，现状无法改变。到时，我们也无法向林总交代。或者，曹工帮忙出一个临时发布的图纸，我让制作部去做个样品验证一下。"

曹毅听懂了，尤其是最后一句。他的视线从虚化焦点中收回来，对焦落在方案上，终于点头："确实，我想想如何跟孙总沟通吧。"

这个方案如何，不是重点，重点是庄念轶说的"不做尝试，到时无法交代"。从上次他保下毛自胜，曹毅就知道，他不是挑事端玩内斗的人，被任命做项目负责人，自然要对结果和公司负责。而且方向和数据都有了，也不差他这边的一张纸，因为这是公司流程需要。曹毅懂得识时务者为俊杰，他觉得是该找孙总好好沟通一下了。

听到曹毅这句话，庄念轶兴奋得想跟他击掌了。曹毅态度的转变，不得不说是毛自胜的协调起了作用。研发部门可以放一放了，又得去厂区了。

赵元生笑着迎上来："庄经理怎么又过来了？我们可是严格遵守操作手册进行的，工具和模具该校正的校正，该换新的换新，效果杠杠的。"

"培训肯定要达到培训的效果，否则不仅浪费了钱，也把你们搞得身心疲惫。"庄念轶左右看看，"张世杰呢？他今天上班了吗？你俩一会儿到办公室来找我。"

赵元生忐忑地跟着张世杰一起进了办公室。张世杰问："听说庄经理要找我？什么事？"

庄念轶打开文件夹，说："是这样的，这个是我用响应优化器处理数据后得出的优化方向和数据，希望你们能按照这个数据，先打造一些样品出来。"

"响应优化器是什么？"赵元生问。

张世杰白了他一眼："这种东西说了你也不懂！"张世杰看着庄念轶，"做样品可以，但是需要图纸。你绕过研发部门找我们，这不符合流程。"

听张世杰这么一说，本来专心看方案的赵元生眼皮一抬，看着庄念轶。赵元生有点明白了，之前就说过设计有问题，现在庄念轶拿出来一堆数据，要求改设计，可研发部门的人，说得好听是有性格，说得难听是"老子天下第一"，怎么可能会让质量部门牵着鼻子走，你说改我就改呢？所以庄念轶没有办法，只好先斩后奏，来个石锤证据。只要这个验证试验成功，就可以把研发部门的脸打得肿成猪头了。如果失败……他又悄悄看了一眼庄念轶，看他这副神情、这个架势，估计不允许失败的存在。

张世杰这种老实人，除了脾气不像石兆辉那样火爆，其他地方其实都挺像。至少在变通方面，两人的说辞都如出一辙，真是老古板。庄念轶笑了笑说："流程要遵守，但在某些特殊时候，是应该变通一下的。我们只是做验证，不用过于纠结图纸。我们做这么多，不都是为了解决飞鱼三代的问题吗？如果研发部门不动，是不是我们所有人就只能跟着不动了？'时间是金钱'这句话谁都会说，但如果迟一天修正，损失就多一天。"庄念轶看着他俩顿了顿，继续说："我们不能有这么被动、这么迟缓的反应。"

对庄念轶说的话，赵元生大多没听懂，他只听明白了是研发部门死扛导致整个项目卡壳。赵元生很低声地说了句："研发部门就知道装模作样，一天到晚牛得不行，眼睛都长到发际线了，都长成牛角了！"

赵元生说话的声音虽轻，但坐在不远处的庄念轶也全都听见了。赵元生虽说是个粗人，但是话糙理不糙。这种场合笑出来实在不合适，庄念轶硬生生憋住，做了个嘴部运动后才说："所以你们教教我，如果林总问进行到什么阶段了，我们该怎么说？"

"就说研发部门不肯改呗。"赵元生爽快地回答。

"这是下策。"庄念轶知道赵元生是此事的突破口，故意说一半就停了。

"庄经理，你说还能怎么着，我听你的。"

张世杰无语地瞥了他一眼，这个家伙，不仅把自己"卖了"，连他也一起"卖了"。

庄念轶接着说："你想想，林总是喜欢看到最后某个人或某个部门出来承担责任，还是喜欢看见飞鱼三代的问题解决好，产品继续大卖，公司继续赚钱呢？现在我根据数学模型分析出来，除了你们制造部门的一些基础改善，研发部门也要调整。但研发部门一直觉得自己的设计没有问题。而从实际情况来看，他们是有问题的。他们不肯改，那我们换一个方法帮他们改。例如，我们根据新数据把样品生产出来，而样品又是成功的，不就是最好的证据吗？"

赵元生拿起茶杯，咕噜一下就把茶喝光了："行，我就等着看他们打脸了。"

另一边，曹毅也敲开了孙宁办公室的门。

"孙总，"曹毅略迟疑，但最终还是说了出来，"你怎么看庄念轶提出的那个数据？数据样本量、数据分析过程和结果都没有问题。"曹毅双手环抱胸前，抿唇思考了好一会儿，才继续说："数据最终的结果对我们很不利，基本上就是指向我们。"

孙宁没说话，曹毅也没再继续说下去，办公室一下子就安静下来。如果不是加湿器在不断地喷着水雾，仿佛连时间都静止了。

孙宁能一路摸爬滚打坐到讯鑫研发部门的第一把交椅，能力毋庸置疑。这些统计分析，制造部门的人可能不懂，但孙宁懂。如孙宁所说，每个新品的诞生，他们都会做大量的数据检测分析。对这些数理分析、因果分析，他再熟悉不过了。孙宁明白其中的问题，可这些问题由庄念轶指出来，他却接受不了。当初庄念轶把曹毅要走，孙宁本来就很不爽。对飞鱼三代核心原因这么重要的分析，不找曹毅做，那庄念轶当初要人干什么？设计的事，一向都是研发部门说了算。现在让一个质量部门的人指着说怎么改，比当初承认设计有问题更让人难以接受。现在，如果按照庄念轶推算出来的方向和数据改，不但硬挺了那么久坚持说设计没有问题是睁眼说瞎话，甚至连改进都是让质量部门手把手教着如何弄，这真的要成为全公司的笑柄了，这要让他的老脸往哪搁？

过了很久，孙宁用手撸了一下他的寸头，说道："曹毅，这些数据和报告我第一次看到时……也估计可能有问题……但是……"

看他欲言又止的样子，曹毅多少也猜到了，但他没有接话，只等领导自己补充完整。孙总不是看不明白，只是碍于面子，不想承认而已，可此刻却到了避无可避的地步。

孙宁来回拨弄了几遍他的寸头："可这种情况让人无法接受。我们研发部门一直都是权威的存在，从来没有人质疑过我们的设计。当然，我们设计的东西，他们也找不出可质疑的点。可现在，他公布问题、公布方案，都直接在大会上宣布了，当我不存在？"孙宁敲敲桌子，"我才是研发部门的头，设计是我的管辖范围！"

人在生气的时候往往很难做到公平。当初发现设计有问题的时候，庄念轶来找过孙宁，但是孙宁拒绝沟通，以至于孙宁把这事忘了，只记得所有事情都直接在会上宣布了，等于对他们进行了不留余地的宣判。

曹毅等领导的气缓了缓才说："我觉得庄念轶找不找我们不是重点。其实，我们自己做设计，哪里可能有问题，自己是知道的。这个项目充其量也就是帮我们做了一次验证，只是以这样的形式说出来，让我们有点接受不了。现在的关键是，他把什么都做完了，如果我们不配合，未必能撑得住啊，孙总。那天审批会，林总都亲自发话了，如果就我们研发没有任何动作，估计不妥吧。"

孙宁看看加湿器的喷雾，又转头看看屏幕，很是烦躁。的确，不管庄念轶的那个方案好使不好使，但他那份漂亮的财务报表很好使。

"孙总，"曹毅斟酌道，"他的方向和数据对不对我们先不说，但他的人品应该信得过，他不是那种钩心斗角的人。何况，看到这些数据，你和我心里也明白……而且……而且现在他都出来这么直观的数据了，他可以绕过我们直接找制造部门把试验样品生产出来，那时候就真的……"

"噗！"孙宁又撸了一遍他那寸头，又喷了一声。曹毅说得没错，如果制造部门帮他搞出来，除非他的方案有严重错误，否则对研发部门来说那才是大型打脸现场。算了，林总都发话了，他硬扛着也不是办法，最后无论是不是设计的问题，都会变成他的错，"行吧，曹毅你看着办吧，我就不管了。"

领导已经默许，曹毅拿着庄念轶给他的数据，给石兆辉发去了临时变更用于测试样件的图纸，与此同时，制造部门那边也在加班加点利用产线排班的间隙进行样品生产。

庄念轶很快就收到了曹毅修改图纸的消息，这就意味着曹毅说服了孙宁。刚刚石兆辉也打电话给庄念轶，第一句话就是："行啊，我这行不通，你就找他们，他们竟然都答应给你加班了。"庄念轶笑着说感谢石兆辉帮忙周旋之类的场面话。以前，庄念轶不懂也不屑说这些表面客套的话，可现在他已经慢慢摸索出自己的道来。这些不是虚与委蛇的东西，而是一种艺术，一种沟通的艺术。人在心情愉悦的时候，做任何事情都会比烦恼甚至生气的时候简单、顺畅。

石兆辉看着最新的流水线状态和其他产品的部分半成品，突然就生出了感叹。他仔细地查阅了产线效率和加班情况等数据，发现现在的加班情况与以前几乎持平，但产线效率提升了8%。石兆辉站在窗前，外面是毒辣的太阳，照在不锈钢扶手上是一个刺眼的光点。路边的小树苗是在这个厂区新建的时候才栽下的，现在仍然是细细的一排。枝叶挡住阳光，留下一个个小小的阴影。盛夏没有风，隔着玻璃窗，石兆辉仍能听到远处的树上知了在不停地鸣叫。这样的午后，除了适合睡觉，还适合反思，不锈钢扶手上刺眼的光点刺激着他的感官。

庄念轶最初说取样的时候，他反对过；二次重测的时候，他发过脾气；这次庄念轶搞不定研发部门的人，想从他这反证问题，也被他用借口拒绝了。但庄念轶一直没有放弃，就算几乎所有人都对他爱答不理，他仍旧一个人坚持过来了，直到走到了今天这一步。

石兆辉在想，自己是否太故步自封了。对所有新的改变，他都第一时间反对；对庄念轶的沟通，他都是第一时间拒绝，这么做是否太过分了？研发部门如何，他无权干预，但如果他自己一开始是配合的态度，改善进程是否会来得更快一些？

想到这里，石兆辉看了看改善行动的列表，发现其中还有一些改善因为受到现场制约，并没有实施，但其他的基础改善，石兆辉都按照庄念轶的方案一一落实了。

曹毅很快就给庄念轶发来了修改后的设计图，就是根据庄念轶的数据修正的。

庄念轶急忙去找高凯超："还记不记得我们当初立的生死状？现在你的关键时刻到了，赶快，加油。"

"我就记得2 500万元。"

"2 500万元是年化节省目标，要达成这个目标，改善飞鱼三代只是第一步，后续还需要巩固成效并且全面升级改善。所以，现在的时间已经相当紧张了。"

高凯超挑起眉，点头道："行，我也不好拖你的后腿，明天下班前保证把新的测试数据发给你。"他举起手示意击掌，庄念轶笑着配合他。虽然高凯超曾经质疑过他，为测试闹过矛盾，但很快调整了自己的状态，迅速投入工作，这才是庄念轶需要的态度。

高凯超的确说到做到，很快便完成了测试。庄念轶立刻根据高凯超的测试结果进行了分析研究。他一边看着关键因子列表，一边分析：数据的稳态受控分析，通过！数据的正态性校验，通过！数据的单样本t检验，通过！短期的过程能力研究，通过！……部分关键参数的短期过程能力指数甚至超过了1.9，这是前所未有的高度。

第二天，庄念轶在会议上汇报数据分析结果的时候，所有人都能看到他嘴角上扬的弧度。

"所以，从目前的结果来看，控制图显示的稳定性良好，改善后的短期过程能力指数显著提升，也就是说，合格率显著提升，项目问题有了明显的改善。"庄念轶微笑着说完，停顿一会儿后，还是循例问了一句，"大家还有没有别的问题？"

石兆辉不相信："这真的是我们新造的样品的数据？"

庄念轶肯定地回答："千真万确！"

石兆辉看看张世杰，又把目光转移到庄念轶布满大大笑容的脸上，愣了一会儿，问："这么夸张？"石兆辉站了起来，半弯着腰看向高凯超："你在数据造假吧？"

高凯超摇着食指："你不要质疑我的专业技能和专业素养。这就是实测数据！"

石兆辉看向投屏，缓缓地坐了下来，笑着说了句："这么厉害吗？"

曹毅也没想到短期就有这么明显的效果提升。他凝视着屏幕好久，听到石兆辉那句话，才勉强笑了。

这个测试的结果太令人兴奋了。石兆辉笑着对庄念轶说："这六……什么玛的确神奇，我石兆辉是真的服了。"

袁皓朗看着大家的反应，故意又提了一句："这是我们全部改善了吗？"

庄念轶回答："当然不是，这只是第一步。目前，我们只是针对部分根本原因进行了改善，还有一些零散的非核心部分可以进行创新优化。"

数据如此好，每个人脸上都一副跃跃欲试的样子，除了曹毅。只有他一直保持沉默。此时，自然不会有人再说什么了。前期的争论此刻在数据面前都变得毫无意义。没有问题，会议很快便结束了。

曹毅在会议室外等着庄念轶，由衷地说了句"恭喜"。经过了很久的思想斗争，曹毅最终还是在结果面前败下阵来。虽然此事的确很打脸，但他也不是小人，工作要对事不对人。

庄念轶同样微笑着说："感谢曹工的支持。如果不是你说服孙总，我们这个样品没有图纸支撑，总归有种偷偷摸摸见不得光的感觉。"

曹毅也笑起来："是我们一直太盲目自信了，总认为自己的设计无懈可击，所有的改进意见都听不进去。不过，庄经理这次正好给了我们一个修正的机会，是我应该感谢庄经理的一直坚持。"

庄念轶笑着低声说："过去的都不说了，反正我知道曹工参与了改善，在其中起了极其关键的作用，谢谢。"

曹毅被庄念轶的气量折服，真心佩服他的人品。他看着庄念轶，笑着说："行，场面客套话我们都不说了。以后无论是六西格玛项目，还是别的项目，庄经理要是有需求，只要是我力所能及的，尽管告诉我。"

石兆辉本来要去找庄念轶，但发现曹毅在门口，就径自先回厂区了。

由于今天的结果超乎大家的预料，因此庄念轶在办公室里和不少同事多聊了几句，到家时已经晚上8点了，而家里却漆黑一片。他拿出手机才发现多条未接来电和多条微信，都是妻子给他的，告诉他孩子生病去医院了。他匆匆赶到了儿童医院。

妻子一脸疲惫地抱着孩子在输液区给孩子输液。庄念轶站在她的面前，她头也没抬就把他的手从孩子身上推开："孩子是我一个人的，跟你没关系。"

庄念轶颓然地坐到旁边的椅子上，不知道该说些什么。项目初见成效，甚至连曹毅都来跟他握手言和，一切都在往好的方面发展。医院里的灯惨白惨白的，让人的心情无比低落。这就是生活的本质，永远需要逆风奔跑？要怎么做，才可以平衡工作和生活？

一大早，庄念轶还没进办公室，石兆辉就打电话给他，问他是否有空，下午来找他。他只表达了有事不太方便，石兆辉却说一会儿就到。庄念轶挂了电话，没想到石兆辉真的立刻就到了。

庄念轶给他泡了杯茶，想起昨晚妻子的态度，不知怎么就条件反射地想到石兆辉可能会反复。虽然会议上大家一直赞不绝口，但庄念轶在此刻状态不明的情况下还是忍不住担心。

石兆辉接过水杯，说："庄经理，说实话，我今天过来是跟你道歉的。之前我不相信什么六西格玛，因为我不相信有什么调整可以这么快见成效，所以一直都不太配合。那天我本来就准备跟你说来着，但曹毅在，我就没好意思过去。我之前的种种推脱肯定在一定程度上影响了项目的进度，我越想越不舒服。"

"石工，这没必要。项目推进，我们正常沟通就好了。"

"我这人，一就是一，二就是二，所以不说开，心里总有点儿事。"

庄念轶看了下表，说："石工，要不我现在跟你回厂区一趟？有一些创新性的改善，需要结合现场才能更好地说明白，但都不是大调整，只是一些小的创新方法和创新工具。"

"好，一定配合。"石兆辉答应得很爽快。

庄念轶回到家，利落地开始淘米做饭："之前整整一个月，我都在各部门之间斡旋沟通，焦头烂额。我甚至都觉得自己不是质量经理，而是石头夹缝里拼命往上挤的野草。"庄念轶放好水，把电饭锅插好电，按下开始键，又把妻子正在洗的菜接过来，"你去洗澡吧，晚饭我会烧好的。"

"平常都不烧饭的人，还能烧出什么好吃的来。"妻子看了他一眼，终于说了一句话，显然已经原谅他了。

在第二天的项目审批会上，当庄念轶在台上陈述各项改善行动项和短期结果的时候，整个人都意气风发了。

林诚梽相当满意，但他见惯了风浪，也习惯了最后再表达自己的意见。他问："团队里其他人还有要补充的吗？"

袁皓朗用手肘撞撞高凯超，准备让他说两句。高凯超坐得笔直，略微转头看向袁皓朗，抿着嘴，摇了摇头。袁皓朗看着他往前抬了抬下巴，一脸的疑惑。高凯超又悄悄给他发来微信：我们一个部门，我说好有什么说服力，一定是制作部和研发部门他们说好才好啊。袁皓朗也明白过来，看了一眼在座的各位，低下了头。

"六西格玛高效、精准地指出了问题的所在，并且还有解决方案，真的出乎我的意料。"曹毅说。

袁皓朗睁大了双眼，抬起的下巴划过一个弧度。研发部门的曹毅说出这样的话，怎么能让人不惊讶。研发部门的人向来眼高于顶，除了自己的设计，没东西能入他们的眼，现在却当着所有高层的面称赞六西格玛，破天荒头一回。

袁皓朗又低下头去，用食指推了下眼镜，眼睛悄悄地瞄向了石兆辉的方向。

果然，石兆辉也说话了："六西格玛的确是一个很好的方法。庄经理给我们提的改善方案，从我这边来看，超越以前任何一次改善。"

两大主力都出面说好，形势真是一片大好。

"好，好！"林诚桢难掩兴奋。他一手搭在桌子上，一手搭在转椅的扶手上，饶有兴致地问："孙宁、罗国栋，你俩的得力干将都说好，是不是真的那么好？"

孙宁摸着矿泉水瓶盖的条纹，没吭声。罗国栋则说："小庄开始念数据的时候，我还不信。怎么可以有办法让数据瞬间飙升这么多？所以我向兆辉了解了情况，现在真的信了，六西格玛这个方法是真的厉害！"说完他竖起了大拇指。

审批会上一向低调的客服经理也插嘴道："这个结果我也很满意，这样我就有底气去跟睿科谈判了。"

林诚桢把在座的人都扫了一遍，耐心地等他们相互之间窃窃私语完毕，才开始总结陈词："对这个结果我也相当满意。"他看向薛丹，问道："薛经理，当初成立六西格玛团队的时候，奖惩机制是怎么订立的？"

庄念轶拦在薛丹前面说："林总，到目前为止，虽然有一定成果，但绝不是项目的最终时刻。"

这句话一下子又让所有人都把目光聚集到了庄念轶的身上。

"这只是短期绩效。按照六西格玛方法的要求，现在还不是庆祝的时候。如果不进行巩固，成果很可能付诸东流。六西格玛分五个阶段——定义问题、测量问题、分析问题、改善流程、控制流程。我们目前在第四阶段，已经对原有问题进行了改善，形成了新的流程，所以相较以前的阶段，我们会看到成效。但如果仅仅是这样而没有进一步动作，那么很可能会反复。就像人的记忆，短时记忆比较深刻，但要转化成长时记忆，还需要不断巩固。而六西格玛的最后一个阶段，就是巩固新流程带来的成果。"

林诚桢捏捏下巴，收起笑容，说道："目标年化节省2 500万元是吗？"

庄念轶笑道："是的，林总，这个目标不会修改。六西格玛的核心是省。数据都是精确计算的结果，节流没有开源有那么多的不确定性，所以我以及我们的团队，对这个目标都非常有信心。"

"啪！"林诚桢打了个响指，"好，非常好！那就按照庄经理的意思，立刻进入第五阶段。薛经理跟进一下后续的奖励机制，做好团队奖励和重点激励计划。"

庄念轶回到座位上打开电脑刚要准备开始工作，便收到了毛自胜要他过去的信息。庄念轶收拾好所有数据报表、检测报告以及改善方案一并拿到毛自胜的办公室。

毛自胜一眼就看到庄念轶抱着的一大沓资料，再次为自己当初的行为感到愧疚。"上次那个白茶好喝吗？我前两天又拿了两罐正宗武夷山大红袍，兰花香特浓郁，你要不要试试？"

庄念轶有点摸不清毛自胜的套路。从前是推脱，后来受感动而配合，现在整个项目的初步效果已经出来，林总也大加赞赏，按照毛自胜的性格，不是应该全力支持才对吗？怎么关键时刻不是一起商讨如何对系统进行升级换代，而是找他谈心喝茶？"毛总，今天找我是？虽然六西格玛到了最后一个阶段，只是控制前面改善后的流程，但要做的事情还是挺多的。"

毛自胜把茶拿过来，果然是馥郁芬芳。毛自胜的视线再次落在庄念轶身旁的几个文件夹上，凝视了好一会才说："小庄，最近弄这个六西格玛的确辛苦你了。"

这反倒让庄念轶不自然起来。庄念轶笑了笑，说道："都是工作。而且，我们质量部门需要建立能持续改进的体系，否则飞鱼三代勉强修正好之后，后面的黑洞系列、X系列等都有可能出现问题。"

毛自胜将双手撑在腿上，身体略微前倾。他看了会儿地面，然后抬头看向庄念轶："小庄，其实我最开始让你负责六西格玛项目的时候，并没有像你想的那样，是为了整个体系，为了解决问题，也并不看好你。我当时只是想把这个烫手山芋扔给你。"毛自胜说完，自嘲地对着地面笑了笑，"你现在能有这么好的成效，我是真的惭愧。"

庄念轶其实早猜到当初毛自胜甩锅，他不得已才迎难而上。那么多困难都跨过来了，现在人心也齐了，路也顺了，成功只是时间的问题。庄念轶猜不透毛自胜此刻的真实想法。当初向林总求情拦下毛自胜的处分的时候，他不是已经表过态了吗？如今再次说得这么直白，又是为何？毕竟谁也不想把这样丑陋的一面撕开暴露在人前。

毛自胜喝了口茶，说道："小庄，我这么说，不是想抢你的功劳。这个项目是你一步步跟进的，所有的审批会，林总也亲自验收了你的成果，没人可以抢走你的功劳。我跟你说这些，只是因为我心里藏着事不舒服，说出来，就舒坦多了。"

庄念轶唯有借喝茶来掩饰尴尬。此时，他确实不知道该以何种表情来面对自己的直属领导，更接不上话。不过转念一想，他顺口说道："毛总，六西格玛方法是被验证过的先进的管理办法。我希望公司能把持续改善团队做大，并且全面实施六西格玛管理。"

毛自胜笑了起来："没问题，我来沟通，我来协调。"他当即就答应下来，并且表示会全力支持。他倒是没吹牛，第二天便去跟薛丹和罗国栋做了初步沟通。

孙宁坐在办公室里看着飞鱼三代最新的设计图，眼神渐渐放空。加湿器在旁边欢快地喷着水雾。十年前，他加入讯鑫，经手过无数个设计，原创的、修改的、返工的，全部都是研发部门一手完成，从他笔下签批出去。对之前最难搞的黑洞系列，孙宁也参与在一线的设计中，跟团队熬了两个星期才把方案敲定。之后黑洞系列大卖，无人不知，无人不晓，成了讯鑫的明星产品。研发部门成了讯鑫的神话，而他则是这方面的绝对权威。几年过去了，从黑洞的成功到飞鱼的退单，以及一再退单，他都没找到问题的原因。他也把自己当神了，因为神是没有过错的，可实际上他只是个人，有成功也会有失败。孙宁靠在椅背上，闭着眼睛，用两个大拇指揉着太阳穴。设计只是一项工作，既然是工作，就应该以结果为导向。没有了结果的支持，面子也只是暂时的，不能长久维持。以前，他加入了太多的个人情绪，终究没放下面子，事实上，拖到最后反而难看了。孙宁重重地叹了口气，又瞄了一眼设计图，索性把显示器关上了，再次仰头靠在椅背上。

▶ 15.2.5 控制

项目进入了第五阶段。庄念轶既兴奋又忐忑，兴奋的是，项目已经初步看到了成果，胜利就在眼前；忐忑的是，如果这一阶段没做好，那么前面那么多的努力都将付诸东流。庄念轶没有拖延，立刻去找石兆辉商议后续的长期计划。

"庄经理，那天你说的那些创新措施，我想过了。"石兆辉一边给庄念轶泡茶，一边说，"有些可以直接开始，但有好几个车间的情况不支持。上次我们看的是世杰负责的几条线，它们是设备最完善的。可像赵元生那边的设备就不行，差远了。"

"我今天就是来跟你谈这个问题的。"庄念轶咕嘟咕嘟把一杯茶水都喝完，说，"我知道几个车间情况不一样，既然要控制后续的流程并让每个细节跟我们之前的样品保持一致，肯定需要全方位升级。"

石兆辉两手张开，来回地穿插："作业流程图、作业检查表、控制计划……"

庄念轶举着食指在空中点了点，笑着说："对，没错，还包括标准作业指导书（SOP）和过程失效模式与影响分析。我们现在要做的，就是根据改善措施更新这些文件。"庄念轶从包里把文件袋拿出来，"我知道你们都喜欢看纸质文件，所以我都打印出来了。"庄念轶把文件摆放好，用钢笔逐条指给石兆辉看，"石工，你看，这些，还有这些都需要更新。如果还是旧版本的话，现场作业就会变得混乱。"

石兆辉紧锁眉头，道："更新这些文件，工作量不小啊。"

"这些更新很重要。"庄念轶已经看见石兆辉的表情了，知道书面文件类的东西最让他们头疼，"你不用担心，我会全力协调你的改进。我希望由制造部门选一个参与过改进的同事来做培训宣贯的主讲。石工，你对这个人选有什么提议吗？"

石兆辉想了想，说："如果需要制造部门的同事来主讲，我建议世杰来讲。他全程参与其中，而且比较稳重，学历也相对高一些，比较有潜力。可以尝试培养一下。我去做他的沟通工作。"

自从知道样品的数据之后，石兆辉就后悔之前跟庄念轶的抬杠太过了。受某些条件影响的样品都能有那么好的效果，如果全线升级，数据肯定会更漂亮。而且，庄念轶已经替他考虑好了，他要是连自己下面的人都管不好，实在是说不过去了。

因为这次培训主要是对更新后的文件进行宣贯，所以全体一线员工都要参与。为了方便演示和指导，张世杰建议在车间培训。庄念轶为他这个提议点赞，他确实值得培养。

虽然培训只有三个小时，但对于一线操作工来说，却很难达到培训的效果。张世杰又想了个办法，让他们接龙说出自己刚才提到的某些重要数据。张世杰做培训师宣贯的最大好处就是，他跟一线操作工最熟悉，没有太多隔阂，可以随便点名，可以随便开玩笑，不仅活跃了气氛，也保证了培训的效果，让大家记住了项目更新后的变化。

石兆辉对张世杰的表现很满意，当场就承诺要给他绩效多加分。

周一的部门例会结束之后，庄念轶与高凯超开了一个小会。庄念轶指了指桌上刚打印出来的控制图，说："该改的都改的了，该宣贯的也都宣贯了，剩下的就看中长期的数据表现了。我需要你帮忙完成后面的数据监控，而且这事也需要石工帮忙。"

高凯超见识过六西格玛方法的高效，而且在这个项目中跟庄念轶越走越近。庄念轶刚说完，高凯超便答应了。

庄念轶没想到高凯超答应得那么利索，很高兴地说："OK。既然你这边没问题，那么我们现在

401

过去跟石工沟通。"

高凯超侧脸看着庄念轶，笑道："很有领导风范了嘛。走！"

所有的争论辩解，都会在结果出来的那一刻消亡。只要有成绩，一切都好说。不是因为庄念轶现在已经成为沟通大师，而是六西格玛方法用结果验证了其卓越的价值，项目成员之间的沟通就随之变得简单了。

"这次飞鱼三代的主要问题是产品合格率过低，左右键间隙过大的产品数量超出了合理范围。我们之前已经把关键问题筛选出来了，也通过了样品的初步验证，效果很好。"庄念轶虽然给每个人都准备了一份方案，包括他自己，但整个项目到目前为止他已经完全熟记在心，哪个阶段需要完成什么，得出什么数据或结论，下个阶段要跟进什么，他全都可以脱稿表述，"当前阶段就是要对前面的成果进行巩固。老化的工装已经更换新的；模具不达标的，也更新了；关于公差值的问题的处理，研发部门的同事已经给我们发来了最新的图纸。所以我们之前说的五个关键点，目前就只剩下原材料了。我今天跟采购部的同事沟通过，新的材料已经送达，他们做好入库手续之后就可以领用。"

"速度！"高凯超低声说。

"那么，现在我们要基于几个相关目标进行中长期测量，来检测这个新改善是否稳定。"

"中长期需要多久？"张世杰问。

"需要持续两到三个月。做完这个跟踪验证，就要准备做项目的经验教训总结了。"庄念轶想起了之前咨询顾问的建议。庄念轶由衷地感谢这些咨询顾问，他们在项目过程中给了他很多的建议，而且这些建议全都是合同内容之外的额外支持。除了专业的技术、良好的沟通，咨询顾问还特别注重分析问题的逻辑。每次沟通完毕，他们都会在最后给出总结，清晰地罗列要点，帮助庄念轶进行项目任务的分配。

"还要那么久？"赵元生不懂了。不是时间就是金钱嘛？一线操作工就靠加班来生活，没有了加班费就只有最低工资了。这个月的工资一发，就已经走了好多人。基层从来都是缺人不缺岗位。

庄念轶还在回想咨询顾问建议的项目总结和体系建设，没留神赵元生说什么："你刚刚说什么？"

赵元生有些生气，明明面对面，还用这样低级的理由。他直接说道："前面弄那么多才一个月，现在就这个检测，要弄两三个月。庄经理，你也太浪费时间了吧？很多人都要加班，但是订单不足，根本没有那么多加班可以安排给所有人。产线都开始有人离职了。"

高凯超笑道："你什么时候还操心起人事的事来了？眼光看得比以前高了。"

赵元生对他撇撇嘴，没说话。虽然说有人走，也会有人来，但老人总比新人好用。

庄念轶靠在椅子上，一手挎过椅背，一手搭在小圆桌的白色桌面上，沉默了一会儿，道："我想一线员工的流动规模不会太大吧。我们不是长期停工停产，只是把飞鱼三代供应给睿科的订单停掉了。就算是鼠标，我们还有黑洞系列、X 系列。更何况，我们还有其他产品，它们都是正常的。所以，你说的问题肯定有局限性。"

赵元生抬了下眼皮，默默地看向桌面。庄经理说得没错，可他说的也是事实。那些产品如果放在整个讯鑫一分摊可能不算什么，但放在他的车间就是一个超大比例了。说问题有局限性，他也不能说啥。

"这个测量维度已经是最低的了。如果少于这个时间长度,就会影响数据的分析。"庄念轶接着说,"而且,只要飞鱼三代重新推出,必然会创销量新高。"

石兆辉翻着方案又看了一遍:"走几个员工很正常。如果他们一点波动起伏都受不了,走就走吧。而且,讯鑫不是招不到人。到时候奖金高了,他们自然会后悔的。现在不讨论这个,我们赶紧进入正题,如何建立这几个检查点?建在哪?"

"石工说得没错,我们继续说这几个检查点的问题。"庄念轶坐正后喝了口水,"我和凯超沟通过,希望是以下这几个检查点,"庄念轶把自己的那份方案图转过去,便于其他人观察,"这一条间隙值,由世杰负责,可以吗?"

张世杰点头道:"没问题。"

庄念轶用笔圈着旁边一块地方,说:"这一块就交给赵元生,行不行?"

"没问题。"赵元生比了个OK的手势。

庄念轶转头面向高凯超:"这一部分必须给你。设备会自动采集数据,自动发送到服务器上,你可以直接分析。"

"除此之外,我们还会在车间现场建立几个检查点。"庄念轶抬头对石兆辉说,"也就是我之前跟你沟通的那些地方,你到时候安排好。"

石兆辉点点头道:"行。我到时候直接跟凯超对接数据,然后有问题我们及时沟通。"

会议进入前所未有的畅通阶段。有了一致目标,进度也不需要庄念轶再去督促跟进,很快就建好了相应的检查点。

一个月后,赵元生下班来找高凯超。他在高凯超旁边坐下:"超哥,这都弄一个月了,怎么样?"赵元生已经不耐烦了,"难道再过一个月或者两个月,数据会不一样?"

"所以,才需要检测。现在告诉你的,都只是臆想。"

"什么意向?"赵元生也不想搞明白,只是今天跟一个员工吵架了,气没发泄出来,现在又要天天重复一件在他眼里没有意义的事情,心里不爽,"那你敢担保四个月、五个月,还是这样吗?"

"一般情况下,如果三个月数据不变,就可以认为是稳定状态了。虽然这个时间由公司的实际情况决定,没有理论可以做出保证,但这些都是其他人的经验总结出来的。"

"什么理论那么肯定一年后数据也是稳定的?"

高凯超本来懒懒地坐着,整个人像瘫在椅子上一样,头刚好枕在椅背上。听到赵元生的话,他双手扶住扶手坐了起来,端详了赵元生好一会儿,才说:"你今天是来吵架的?"

赵元生烦闷地一摆手站起来,说:"算了,跟你们这些读书人说不明白,下班!"

高凯超看着他走出去,起来接水喝了口茶:"天天做重复的检测,我都还没喊累呢。"盯着产线的生产数据是一件很枯燥的事情。重复度虽然不高,但很累人。在高凯超眼里,这跟流水线上的操作工没有太大差别,只是流水线上有速度的限制,而他只需控制好自己的速度。

两个月后,赵元生又来找高凯超。刚下过一场雨,空气里都是清新的泥土味。昨天发了奖金后,赵元生去理了个发,洗了工服,今天一切都顺心顺意。"超哥,两个月了。"

高凯超拿支笔抵着下巴:"两个月了,从数据监控的控制图来看,数据一直是稳定的。"

赵元生造作地撸了一下他的头发，说："还要继续第三个月吗？"

"先看下综合分析的结果吧。"高凯超转过脸去，在表格上点了保存和最小化后，才说："是否继续，多久结束统计分析，要听庄经理的。"

庄念轶刚好走进来，看到赵元生后，随口说了句："你也在啊。"接着便直接走到高凯超身边，"你一会儿把数据处理一下。初步来看，两个月的数据也够用了。如果可以，我们就用两个月的数据进行分析。"

两人迅速开启无人干扰的战斗模式。赵元生只好撤退："我先走了。"两人举手以示再见，没人再理赵元生。

高凯超只是检查数据的完整性和可靠性，所以比庄念轶先完成。但两人都太过投入，以至于高凯超做完后已经八点多了，都没有思考过吃饭的问题。高凯超看看外面蓝丝绒般的夜空，再看一眼手表，叹气道："我们忘记点外卖了。算了，我出去活动活动身体。你弄好后，给我电话，咱们一起去吃夜宵。"

庄念轶一个人安静地在办公室里处理数据分析。空调规律地吹着冷风，只有键盘噼噼啪啪的声音回荡在小小的空间里。

高凯超在外面走了会儿就热得不行了，又怕自己进办公室后干扰到庄念轶的分析，幸好电话铃很快就响了。高凯超直接挂掉，大步走回去，打开门，凉气扑面而来。他迅速关上门，一脸享受地说："这天气，空调是我的续命良药。"

庄念轶看着他的样子，差点笑出声来："这么怕热还出去？走，我这边也好了，我们一会儿边吃边说。"

高凯超带庄念轶去了不远处的一家大排档，那里人气特别旺。两人在角落的一个小桌旁坐下，点的都是下饭的小菜。两人都饿坏了，菜一上来，也都不客套，捧起碗就开始吃，都没有讨论最新的分析结果。巧的是，旁边一桌人正在说飞鱼三代的事，这让他俩不自觉地放慢了速度，想听听外部世界都是什么声音。仔细听后，才知道他们都是一线的同事，聊的好多都是他们自己添油加醋发挥的内容。

高凯超放下碗，夹了一块西蓝花放进嘴里，说："这两个月的数据可以用吗？"

庄念轶拿起茶壶，边给高凯超倒茶，边说："刚看了，这两个月的数据很稳定，我已经处理好了。控制图的分析显示合格率获得了真实的显著提升。"庄念轶笑起来，"之前说的间距问题，基本上可以认为已经解决了！"

"优秀！"高凯超举起茶杯，"来，今天先随便庆祝一下，等跟睿科谈妥了，再来第二波庆祝，等项目最终结束了，再来第三波庆祝。"

第二天，庄念轶就拿着所有结果去找了毛自胜。

毛自胜看着分析报告逐个对照指标。对他的每个问题，庄念轶都能迅速精准地回答，而且全程脱稿。看完报告后，毛自胜满意地笑了："很好。"他放下方案，看着庄念轶，"辛苦了几个月，终于有结果了。你今天把这些做成客户汇报报告，明天我们去睿科做改善汇报。"

庄念轶很快就完成了给客户的改善汇报报告。等他到家时，发现妻子正带着孩子在爬行垫上玩。

"明天去客户那边做改善汇报,后面就不忙了。"他开心地大喊,"宝宝,爸爸可以带你去游乐场了。"

晚上,庄念轶看了很久的报告。虽然所有数据他已经了然于胸,但责任在肩,他不敢放松。妻子催促他休息,他答应后又看了一个小时才去睡。迷迷糊糊地梦见自己坐着热气球去看风景。吊篮子的绳子松了,他掉落在下面的泥坑里沾了一身泥,很意外的是,没有受伤。脚下是软绵绵的无处着力的烂泥,他爬起来又掉下去,反复经历着这个过程,费尽好大力气才爬出泥坑。走了一段路后,他终于发现了一处小溪,喝了几口水,洗掉了泥巴。一抬头就看见不远的地方有一座古城堡,他欣喜地跑过去,却被妻子拍醒了。

庄念轶一看时间,已经 7 点 50 分,赶紧一骨碌爬起来。梦里的情景还清晰无比,也不知道如果妻子不把他叫醒,他能不能进到城堡里去。或许,今天到睿科,就是要进城堡。庄念轶三两口把早餐吃完,就匆匆下楼了。他还要去接毛自胜,然后两人一起去睿科。

毛自胜早已等在楼下,看见庄念轶,愣了愣:"今天挺精神呀!要不是认得你的车牌,我还以为上错车了。"

庄念轶专心开车:"这身行头是老婆给我挑的。"

"挺好。"毛自胜说,"她一个人照顾孩子也挺辛苦,你忙完这个项目就休息一下吧。"

每个人都看到了庄念轶的努力,更看到了他的付出。庄念轶认为,只有这样,他对家人的愧疚才会少一些。

睿科的前台散发着一种清香,就像阳光照在翠绿的枝叶上漏下来的缕缕晨光一样让人心神安宁。前台工作人员得知他们的身份后,就带领他们进了会议室,并送上两杯温热的柠檬茶让他们稍后。

不一会儿,会议室的门被推开了,睿科的代表走进来:"毛总、庄经理好。"对方来的也是两人,一个是质量经理,另一个是总经理助理。双方握手问好后,会议便正式进入正题。

庄念轶给每个人发了文件夹,其中的文件把整个方案的纲领和细节数据都完整地呈现了出来。他连好笔记本电脑,开始逐一讲述。整个过程都很安静,只有庄念轶做汇报的声音。空调的风也很温柔,带着香味喷洒在整个房间里。

"按照庄经理刚才的介绍,新的改善除了克服了原本的左右键间隙过大的合格率问题,还提升了产品的性能?"

"是的。我们在样品出来后进行了中长期的测量监控,所以直至今天才来贵公司进行改善汇报。"对方表示理解,礼节性地微笑着并点了点头。庄念轶继续道,"在查找原飞鱼三代问题的时候,我们发现其中一个关键原因与材料有关,所以我们也对原材料进行了更换。原材料的更换,对我们的成本有一定的冲击,但基于我们双方之前一直以来的良好合作,以及我们为客户提供最优品质的宗旨,理应由我们来承担这部分的差额。所以,睿科所有已下的订单全部按照原价格执行,这个已经得到我们林总的特批。更换了原材料,也提升了性能。改善后的飞鱼三代的耐用性将是原飞鱼三代的 1.5 倍。"

睿科的质量经理和总经理助理都不住地点头,看起来相当满意。

毛自胜问:"如果周经理和梁助没有问题,我们是不是就恢复原来的供应,继续正常合作?"

"这还要上面正式的决定。你知道流程还是挺烦人的。你们这次的报告和数据资料我们内部已经都看过了，我个人觉得没问题。其他细节我会仔细向内部相关团队汇报，相信很快会有结果。我原本以为你们只是就原有问题做了改善，没想到还有这么大的惊喜。六西格玛这个管理办法，真的那么神奇吗？"

毛自胜和庄念轶相视一笑。庄念轶看着对方那一脸好奇又期盼的表情，微笑着说："确实，它给我们打开了新世界的大门。它是基于统计学的方法，有非常严谨的问题解决框架和逻辑，解决问题的思路直接而且有效。"

"很好，或许我们也可以学习你们，尝试用用六西格玛方法。"

"有机会我们可以交流一下。"庄念轶笑着说。

"感谢庄经理。讯鑫果然是业内翘楚，相信我们以后还会有更多的合作。"

毛自胜走出睿科大楼就开始笑："订位订位，晚上我请。"

"就不等他们的确切消息了吗？"庄念轶故意问。

毛自胜故意皱着眉，看着他："今天这样的回答还不够确切吗？你还想要人家怎么表扬你？"

庄念轶笑着摆了摆手，走上前开车门，道："毛总，我就是随便开个玩笑。"

结果当天许多人都已经有约，这顿庆功宴便放到了第二天的内部成果汇报和总结之后。

第二天，庄念轶回公司，在从前台到他工位短短几十米的距离，每个人都跟他打招呼。不论是尊敬的还是恭维的，不论是欢快的还是机械的，每句"庄经理早"他都能辨别出其中的滋味。但无论哪种情绪，他都照单全收。不知道是毛自胜把消息散播出来了，还是睿科那边已经迅速地把回音传来了，似乎每个人都知道了结果。无妨，他努力了那么久，付出了那么多，受得起称赞，更何况只是一句寒暄呢？

小助理凑过来说："庄经理，昨天下午睿科那边已经打电话过来了，不只是原来的退单撤回了，可能还要增加新的订单，下个月起恢复供货。销售总监昨天下午就过来找你，因为你调休了，所以找了毛总。"她对庄念轶竖起了大拇指，"你现在可是公司里的大红人了。另外，毛总昨天在销售总监走了之后，已经在我们面前夸过你了。毛总还说，一会儿开会，他请大家喝奶茶，问你要什么口味。"

"嗯？"庄念轶奇怪地看着小助理，"毛总不是最讨厌喝奶茶了吗？"看小助理一脸无辜的样子，庄念轶突然想起昨天自己对毛自胜说的话，"现在单纯喝茶的年轻人不多了"，他肯定是记在心里了。"蜜桃味乌龙茶吧。"庄念轶又提醒小助理，"今天的茶理应我来请。你告诉毛总，让他下次请吧。"

今天的奶茶送得特别快，会议开始前就到了。如果每个岗位都以提高自己服务对象的满意度和自我的不可替代性作为终极目标，那真的太棒了。

袁皓朗拿着他的红茶玛奇朵进入会议室之前，特意举着杯子对庄念轶摇了摇："庄经理，你真让我为难，都不知道该谢你还是不谢你。奶茶我想喝，体重我也想减。"

高凯超在他后面推了一把："赶紧进去吧，就你这毅力还减肥？"

"我怎么就不行了？我跟你说，我今天就立个目标，三个月减三十斤。"袁皓朗喝了一口，三分之一杯奶茶就没了，"你信不信？"

庄念轶进来后，说道："目标数据挺清晰，但怎么做还不知道吧？用六西格玛方法分析一下。"

第15章 案例与报告

不只袁皓朗，高凯超也睁圆了双眼看着庄念轶："六西格玛方法还可以用在这上面？"

"可以试试。"庄念轶连好了电脑，看着袁皓朗说，"飞鱼三代这个项目结束之后，我可以考虑组建一个新的项目，袁皓朗减重项目，高凯超也可以参与进来分析。"

高凯超瘫在椅子上大笑。

"既然人齐了，我们今天的六西格玛项目成果汇总报告会议就开始了。"庄念轶收起表情，半转过身用翻页笔指着屏幕，"这是我们改善后的飞鱼三代成品，旁边是一些最新数据。原本客户投诉退单是因为某些产品的左右键间隙过大导致合格率过低，这个问题我们已经解决。而且经过两个月的监控，过程能力很稳定。"他接着说："除了这个核心问题，我们还更换了原材料，所以耐用性也提高了一个台阶。睿科对我们的改善很满意，甚至追加了订单。"

"能让睿科追加订单是真的厉害！"石兆辉用手抹着冷饮杯子上冒出来的水珠说。

庄念轶看着众人，自信满满地说道："我们还有一些额外的收获！虽然在推进项目的过程中大家有过一些碰撞，但团队的凝聚力是不是变得更好了？我们团队的合作能力得到了空前的提升。"他的眼睛看向曹毅，又看向石兆辉。这两人都认同地微笑起来。"我们全员的质量意识也获得了极大的强化，而且大家终于都学会了用数字说话，不是吗？"

"感谢庄经理，感谢六西格玛方法。"赵元生大声地说。

所有人都被他这种口号式的口吻逗笑了。

庄念轶看着他，笑容越发灿烂："赵元生，你可别光喊口号。产线布局也有了一定的优化。"

石兆辉点着头，很是认同。

"所以，基于睿科追加的订单等变化，我们更新了财务报表。对比我们原来的财务报表，成本投入有了一定的增加，主要是因为我对车间升级的预估不够全面。另外，睿科的新订单让我们的盈利有了一定的增长。所以，财务数据整体都有了新的调整。大家是否能明白？如果我有说得不明白的地方，可以让袁皓朗上来给大家解释一下。"

各部门的人都有自己的专长，大致方向搞懂了，也不会有谁去专门抠具体数据。

"我是第一次接触六西格玛方法，这个方法简直打开了新世界的大门。"袁皓朗把最后一口奶茶喝完，兴奋地说，"从投诉到追加订单，从毫无头绪到客户称赞，一样样都是强势逆袭，简直了！"

石兆辉看着袁皓朗，也笑了："怎么，你还想在哪试验一下六西格玛方法不成？"

"可以在我们财务部推行啊。"袁皓朗还想再喝，却发现他的那杯红茶玛奇朵已经见底了。

"你们财务部的产出是什么？流程不就是固定的那套嘛，还能怎么动？"石兆辉听着袁皓朗的话乐了。

袁皓朗看着眼前那排绿萝想了想，缓慢地说："我想了个大概，六西格玛方法就是定义、测量、分析、改善、控制。我们财务行政后勤就是服务于你们的。你们说我们有什么问题，是不是流程太慢、太烦琐，有时候给你们的报表不精确、有错漏？"

曹毅笑起来，说："可以，袁皓朗，可惜今天你们财务部的头儿不在，你看问题比他清晰。"

石兆辉也附和道："袁皓朗有前途，我们不说你们的报表怎么样，就是那些请款报销之类的手续太复杂，都快被你们绕晕了，还一直看不见钱到账。"

袁皓朗也不知道该摆出什么表情，只是笑了笑，说："然后就是测量各个环节、时间、关键人等；接着用统计方法去分析找出关键原因，看是不是储存的工具太落后了，是不是提交转运的过程有遗失或表述错误，再看看是不是审批环节过多，等等；原因找到之后就是改进，但这个牵涉很多大佬的事，我就管不了了；最后改善如果验证有效，就坚持下来。"

"学得还挺快！"高凯超说，"说得头头是道，你这么快就要出师了吗？"

石兆辉说："能改赶紧改，我对你们的财务流程是真的怕了。要经这个签字，要经那个批准。很多时候只是上面吩咐下来让我们走个流程，而不是我们自己要提交的，还这卡那卡。"

曹毅也说："如果你们财务部的流程能改进，我真的举双手赞同。"

庄念轶坐了下来，说："你这一轮走下来，领悟得不错。你可以提议在财务部推行一下六西格玛方法，对我们来说是一个很好的改进。"

袁皓朗看着庄念轶极其缓慢地点了点头，似在答应，但其实他在思考。六西格玛方法的确很好，但如果涉及换系统，那么势必有成本投入；如果减少流转环节，那么势必会减少审批人，也不知道他们内心会不会有想法。就如庄念轶当初一样，沟通才是最难的一步。

经验教训总结会被安排在下午。虽然成果汇总报告可以只在团队内进行，但经验教训总结会需要邀请相关部门的一把手，毕竟他们也间接参与了整个项目，包括批准和协调。上午的会议是轻松的，下午的会议却很严肃。

庄念轶总结了可以传承的经验，列举了需要改进的不足。他细数了从最初建立体系到组建团队，从取样到测量分析，再到打破先例制造样品，到最后全面升级的每一件事情。"当初组建我们的六西格玛团队时，我把各部门的精英都要过来了，首先感谢各位领导的割爱，让我们这个最强战队得以组建成功，也感谢各位同事的支持，没有你们的付出，就不会有这个项目的成功。后来，取样数量也超出以往数据量的好几倍，过程中还因为发现测量系统有问题，重新取样了一次。没有参与的人很难明白其中巨大的工作量，但还好有大家跟我一起努力走过来了。我们分析了关键原因，找到了改善方向。最后，特别感谢研发部门和制造部门，谢谢孙总和罗总的支持，让曹工和石工配合我完成了样品的生产，才让改善方案中的各个细节得以验证。"

孙宁和罗国栋对看了一眼。罗国栋双手搁在桌上，十指交握，目光落在自己的手上，微微笑了笑。孙宁若有所思地看了一眼庄念轶，把视线转到了自己的手机上。手机安静地躺在笔记本上，孙宁此刻的心情却不平静。

毛自胜特意看向了孙宁，把手搭在了腕表上，摩挲着表带上的纹路。庄念轶果然大气，当初孙宁曾经那样百般阻拦，在林总的审批会上公然拍桌子叫板，给他添了那么多阻力和麻烦，现在他却当着所有人的面感谢孙宁的支持。庄念轶当年入职面试之前，已经在一家国企工作了五年，他完全没有被磨去棱角，依然有着心中的坚持。他在讯鑫的这几年一直都是低头做事不搞人际关系的典型代表，虽然升到了经理的位置，但仍旧不擅长与人打交道。没想到这次超高难度的项目统筹，倒是把他给锻炼出来了，不只在沟通上游刃有余，就连总结汇报都如此顾全大局，给足了每个人面子。

庄念轶继续说："还有，最后的全面升级离不开大家的配合。检测是一件重复度非常高的工作，而且特别枯燥。这个项目我们前后总共检测了几十万个数据，高凯超一直在用心地做到极致。项目之所以如此成功，都是因为大家的辛苦付出，感谢大家。"

此刻，袁皓朗正感叹庄念轶说话的艺术，准备等他说完就鼓掌，突然听到"啪啪啪"的掌声。他转头一看，第一个鼓掌的人竟然是孙宁——研发部门的孙总。接着，所有人都跟着鼓掌，掌声热烈且持久。

石兆辉不好意思地说："庄经理才是功劳最大的人，这几个月他辛苦了。"

罗国栋也说："小庄确实完成得不错，也该表扬表扬自己，别谦虚。"

毛自胜一直安静地看着，脸上带着笑。庄念轶是他一手带出来的，虽然当初只是想甩锅，但没想到他把这个项目完成得这么漂亮。这次会议毛自胜只是被邀请参加，以听为主，所以就没发表意见，而是由他们自己队的人去总结。如果要表扬，也要等下次林总在的审批会上，他再发声。

孙宁笑了笑，说："庄经理，恭喜你的项目取得重大成功，不只成功解决了睿科的投诉，还让他们加了订单，恭喜你。"

会议室里霎时安静下来，所有人的视线都集中到了孙宁的身上。

"谢谢孙总。"庄念轶微笑着回答，"诚如我之前所说，这次成功要感谢各位领导的鼎力支持和我们整个团队的配合，功劳不应该归在我一个人的身上。"

"庄经理，谦虚了。"孙宁说，"我今天要正式向你道歉。"

高凯超的眼睛一下子睁得又圆又大。袁皓朗则是嘴巴一吸，把脸颊两旁的肉都吸进去了，当意识到自己的动作太夸张时，才低头呼气。曹毅肉眼可见地挑高了眉头看向自己的领导。毛自胜本来勾起一侧的嘴角在笑，但脸上皱纹太多，倒让人看不清他那特殊意味的笑了。罗国栋本来在看手机，听到这里也一脸疑惑地抬起头。他不是疑惑道歉的事情，毕竟当初庄念轶遇到的最大阻力便是孙宁，而是疑惑孙宁在这么多人的面前公开给庄念轶道歉。曹毅在，他和毛自胜也在，甚至一线的张世杰、吴振鹏都在。此刻唯一用正常表情看孙宁的，只有石兆辉了。

"当初拒绝修改图纸确实是因为我们研发部门太固守自己的设计，所以产生了很多额外的枝节和误会。多谢庄经理的包容和坚持，才让临时组建的团队能同心协力地完成飞鱼三代的改善。我当时的表达方式欠妥，但只是对事不对人。可现在看来，我对事的处理方式也要改一下。"孙宁坦诚地说，"事实证明，不是任何坚持都是对的，至少，我应该以更包容的态度去对待其他同事所指出的研发部门的问题。"

罗国栋点了点头，放下手机，双手交握等着孙宁说完。罗国栋最开始的时候心里不支持这个项目，直到石兆辉跟他汇报了成果才改变了态度。

"除了要跟庄经理表示歉意，我还要感谢庄经理让我对设计、对数据、对统计学有了更广阔的理解。"孙宁用钢笔挫在厚厚的笔记本上，发出了沉闷的一声，"以后，公司有任何改善，研发部门都会全力支持，绝不以资历或经验来做借口。"

这次的会议，庄念轶感谢了所有人，大家也肯定了他的付出。在庄念轶看来，孙宁的那一番道歉，比什么都重要，甚至比审批会上林总说的那一句"通过"还重要，这是他的正名会。

几天后的下午两点，太阳高照，项目结项会议准时开始。庄念轶把所有项目资料，包括项目报告、财务报告和经验教训总结，都逐一概述了一遍。因为从未一次说过这么多话，所以他甚至觉得说得有点气短，拧开瓶盖喝了一口水之后，等待林总和各位领导的提问。

只有林诚桢问了一个又一个的问题，毕竟是关乎产品质量和市场品牌以及钱袋子的事情。还好所有的数据都装在了庄念轶的脑子里。林诚桢听完庄念轶干脆利落的回答，就没再接话，只是缓缓地点了点头。

销售总监在林诚桢之后第一个说话："庄经理，这个改善到位！还给我们创收了。之前我还准备找市场部特批一些活动经费来支持后面的营销计划，没想到庄经理一步到位，直接搞定。"

就连客服部也对项目的改善大加赞赏，其他部门基本上就是附和了。

毛自胜听完他们的话，隔了一会儿后，说："虽然我是庄念轶的直属领导，理应避嫌，但我还是要表扬一下他。他一个人扛住了所有的压力，超出预期地完成了全新的项目，真的很优秀！六西格玛项目在我们公司是首次尝试，之前没有任何先例可循，我也只是略知一二，无法指导他，但他不仅能一个人扛下来，而且中间还发现了我们测量系统的漏洞，对测量系统进行了修正，做了数据分析和实验验证，最后全面升级了所有受控文件，是挺不容易的。过程虽然曲折，但结果很好，我很欣慰。"

庄念轶微笑着补充道："团队的努力。每个人都付出了很多，我不是一个人在奋斗。"

"很好！非常好！"林诚桢毫不掩饰脸上的兴奋与赞赏之情，"整个项目完成得很出色。所以每次的危机，都是危险之中隐藏着机会。遇到困难和挑战就说明又到了一个证明自己、创立历史里程碑的时候。恭喜庄经理的名字进入讯鑫年度人物的候选名单，希望你最终能 PK 成功，成为今年的年度人物。"

销售总监笑着接话说："我这票肯定投给庄经理。"

林诚桢指着他笑笑，又对薛丹说："薛经理务必要保持这个选举公平公正地开展，确保是贡献最大、影响最大、最能反映讯鑫今年取得的发展与进步的人当选。"

薛丹露出职业微笑，说："收到，林总。我们一直是按照这个指导精神去开展的。历年的评选，过程与数据都完整在册，可追本溯源。"

"薛经理的工作也做得很好。"林诚桢说，"那么飞鱼三代的改善项目就正式结束，项目的各项报告进行归档。"

薛丹说："林总，根据奖励计划和激励机制……"

林诚桢看到毛自胜刚要张嘴，就笑着说："看来，毛总还有话要说，先让毛总说完。"

"林总，虽然这话由我来说，有点为自家孩子讨封赏的意味，但就算这样，我也还是要说一下。据我所知，六西格玛项目一般都有奖励，这是业内的常规做法，而不是因为首次实施搞什么特殊。小庄这次付出了不少，结果也很喜人，所以按照实际结果，我觉得应该增加奖励。"毛自胜看了眼庄念轶，把视线调回到林诚桢身上。

林诚桢点头道："飞鱼三代的改善项目取得了如此好的成绩，肯定是要奖励的，还得大大地奖励。公司给的任何承诺都不会食言，只要拿到结果，全部都会兑现。如果结果超出预期目标，还会增加奖励。在座的各位都是公司的管理层和核心员工，不要担心钱的事。完成目标，钱一分不会少，公司需要大家相互支持、相互成就。讯鑫要走得更远，离不开大家的奋斗。"

袁皓朗接触林总的机会不算多，今天他对林总有了全新的认识。除了庄念轶，他也很想为林总鼓掌。他侧头跟高凯超低声说："林总也很帅，我就喜欢这样的老板。"

高凯超吊着眼睛看着他，一副你的后知后觉已让我无语的表情。老板的理念和精神是否能传达下去，还得看中间的一层领导。

"薛经理跟进一下具体奖励的事情，团队奖金是多少，个人的又是多少。除了奖金，是否还有别的奖励，都一一列好明细发邮件给我。"林诚梽在笔记本上写下几个字后，抬头说，"飞鱼三代这个项目列入讯鑫的大事表里。庄经理还有什么建议或要求？"

"林总，我还真的有。"会议室里的气氛很轻松，庄念轶也就顺着说了下去，"希望公司能正式成立持续改善的部门或团队，持续进行内部改善。在这个项目之初，咨询顾问就给我们指明了方向，首先需要搭建战略和体系。当时，咨询顾问的建议就是让他们来搭建体系，我们执行；或者利用已经获得的经验，我们自己搭建和执行。当时那对我们来说是一种理念和框架，而今天飞鱼三代的成功，让我们整个团队的凝聚力和个人能力都有了极大的提高，所以我建议采用第二种办法，在公司内部搭建专职的持续改善团队。我有信心完成。"

林诚梽拿着笔对他点了点："嗯！庄经理这个提议非常好，现场采纳。"林诚梽想了想，"建班子、定战略、带队伍。这个班子要怎么建？大家有没有建议？"

六西格玛项目团队向来都由公司里最有价值的员工组成，所以除了原本的曹毅、石兆辉、高凯超，也要让销售、客服和市场这几个部门里最熟悉客户需求和市场要求的员工加进来。如果现场讨论人选问题，说不定又会重演飞鱼三代当时的情形。庄念轶还在思考，没有立刻回答。

孙宁说："庄经理的这个建议相当好。我们研发部门也是从这次飞鱼三代的改进项目中，得知了很多原本我们并不重视的关键因子，所以如果需要研发配合，我们一定全力支持。"

毛自胜也说："原本我一直认为质量控制是我们的首要任务，但现在我发现，不断发展、不断完善，才是我们的核心。如果成立新的团队，我希望我能加入其中，质量部门肩负全部的责任和协调。"

罗国栋看了看石兆辉，说："制造部门肯定不用说，第一时间全力支持。石工经过这次，也有了一定的经验，完全可以加入这个队伍中。"

六西格玛方法是真的深入人心，所有人都被它征服了。从最初的不屑与拒绝，怀疑与推脱，再到最后的信服与支持，一步步都走得相当艰难。庄念轶仍然记得罗总的说辞、孙总的愤怒、曹工和石工敷衍的态度，但最终还是挺过来了，结果让所有人都心服口服。

林诚梽微笑道："那这次还是由小庄牵头，具体怎么组建，需要哪些资源，你写个详细的方案发邮件给我。当然，必要时该向咨询公司请教的还是要请教，这钱不能省。"庄念轶应允下来。林诚梽又说："希望今年的讯鑫年度人物能有更多的候选人，不要让小庄孤零零一个人从头跑到尾，否则小庄也会寂寞的，对不对？"

全场的人都笑起来，连连答应会加油入围。散会后，林诚梽特意走过来拍拍庄念轶的肩膀，让他加油。人在受到肯定后会产生什么生物物质，庄念轶已经不记得了，只知道有一股暖流涌上来，流向四肢百骸。进入讯鑫两千来天的日子里，除了复试现场通过时听到林总说的一句"加油"，今天是第二次。熟悉的场合、熟悉的人物、熟悉的感觉，庄念轶觉得自己在讯鑫重生了。他现在有更重要的任务需要完成，他要成为讯鑫的功勋人物。

在庄念轶的建议下，讯鑫的六西格玛持续改善部门迅速开始组建，有了专职的队伍，所有部门都派出精英全力支持内部改善工作。飞鱼三代的项目奖金相当丰厚，庄念轶可以说是名利双收。过程虽苦，但结果绝对值得期待。所以新队伍组建成功的第一天，庄念轶就让所有新老团队的成员都带上家属进行了第一次的团建。

袁皓朗很认同庄念轶和整个六西格玛团队，也很认同六西格玛方法。他曾考虑过加入庄念轶的专职团队，但他毕竟是财务出身，如果更换部门就要完全放弃他的专长。袁皓朗向庄念轶诉说了他的顾虑，庄念轶建议他继续留在财务部，因为在业务部门同样可以发挥六西格玛的作用，不一定非要转到专职团队。袁皓朗考虑了很久，最终还是决定留在财务部，但承诺一定会继续学习六西格玛并且在财务部也会发起新的改善项目。

一个月后，庄念轶受邀参加全国的质量峰会。当他达到指定会场时，人已经不少了。暖黄的灯光在水晶的折射下，明亮璀璨。会议分为两部分，第一部分是嘉宾分享，第二部分是自由交流。庄念轶是第一部分的最后一个分享嘉宾。

台上的每个嘉宾都介绍了自己公司质量改善的成效，台下的听众也在结束时礼貌地鼓掌，但总觉得少了些什么。

庄念轶最后一个上场，皮鞋踩在会场厚实的地毯上毫无声息。自六西格玛项目组建起来，一个个重要的场合像电影一样在他脑海里逐一闪过。他想起了黄泽晗的调侃与帮助，想起了向咨询顾问的一次次求助……今天他能站在这里，经历了太多太多。台下几百人的目光全都集中在他的身上，他觉得肾上腺素在不断增加，深吸一口气后走上讲台："大家好，我是讯鑫的质量经理，我叫庄念轶。"他低头看一眼鞋尖，再抬头微笑着看向台下的听众，"作为嘉宾受邀到台上分享，我总觉得资历还不够，所以今天是抱着学习的态度，来跟大家探讨的。"庄念轶姿态从容，看不出紧张。"我今天要分享的案例源自我们一起重大的产品质量事件，当时这个事件对我们造成了重大的打击。但好在我们走了出来，我们第一次尝试使用六西格玛方法就取得了成功。这也许是一种幸运。其实，我们从第一次导入六西格玛项目，到组建专门的部门，用了不到半年的时间。启动项目这三个多月，我们不只把原有的问题解决了，还让原本退单的客户追加了订单。到目前为止，我们原本年化节省 2 500 万元的目标，已经完成了 58%……"

瞬间，台下掌声雷动。

庄念轶停下来微笑着，等掌声渐止，才接着说："我们自认为我们原有的质量管理体系很有效，面对各种质量事件的时候，总能见招拆招，用灭火的方式来处理问题。但这次的事件，即我们遭遇主要客户退单的那一刻，我们才发现传统的灭火式质量管理无法真正提升我们的产品质量。哪里出了问题就处理哪里，就像长痘痘，哪里冒出了痘痘，就在哪里涂药。很多时候只是做了表面功夫，没有深挖问题的根源。或许在座各位都过了长痘痘的年纪，但我们不妨回顾一下，就能更深刻地理解这个道理。我们原有的质量管理体系处理问题就像除痘痘，不管是不是需要把里面发炎的物质清理掉，就把药涂上去，过几天痘痘可能就消了。但中医就会从调体质、清内火，再到清创上药，用系统性的治标又治本的方式解决问题。后来我们导入了六西格玛方法，奇迹就发生了。它就像中医一样提供了一种系统性的解决问题的方法，帮助公司找到问题的根本原因，并且可以以此建立持续改善的体系。"他在台上走了两步，笑着说："曾经有个朋友对我说，这个项目肯定像唐僧师徒去西天取经一样，要历经九九八十一难才能成功。当时我不信，但不幸的是，还真被说中了。"他转身用翻页笔对投屏的 PPT 进行翻页，"但是，为了这个结果，所有的付出，都是值得的，没有任何努力会白费。"

台下再一次响起热烈的掌声。

"下面我简单介绍一下整个过程，希望能给大家一点启发……"庄念轶在台上侃侃而谈，他的老友黄泽晗在台下微笑着看着他，似乎已经找到了接班人。

庄念轶结束分享，在热烈的掌声中走下台，坐到黄泽晗的旁边。

黄泽晗侧身说道："说得很好，项目很成功，演讲也很成功。"

"谢谢老师，多亏了你的指点。"庄念轶坐在座位上平复着激动的心情。没想过会独自筹建负责项目，没想过会跟那么多人沟通打交道，没想过会上台演讲分享，没想过会设立公司新体系，所有的没想过都一一成功了。一路走来，收获良多。现在他要带着新的团队创出公司更高系数的西格玛水平，让系统学会自检问题和扫描问题，形成持续改善的闭环机制。而六西格玛体系，将是讯鑫质量管理的灯塔，指引他的团队找到更多问题的源头并改善它们，完成新的使命和挑战。

"加油！"庄念轶在心里对自己说。新的里程，自此启程。

15.3 案例简要分析

15.3.1 定义阶段

1. 情节概要

业界翘楚讯鑫以绝对领先的市场占有率傲视同行，产品以高达 98.5%的合格率遥遥领先其他电脑配件商。但是讯鑫最大的客户睿科突然以产品合格率不达标为由把自 5 月后生产的鼠标产品全线退回。经讯鑫内部检验证实，在这些产品中因左右键间隙过大导致的不合格品数量远超合理范围。睿科要求讯鑫限期整改该问题。为了使产品合格率达标，讯鑫的总经理林诚桔要求团队结束灭火式的质量管理模式，并采用更科学的方法解决质量问题。

质量总监毛自胜建议导入六西格玛方法，并推荐质量经理庄念轶负责该项目。庄念轶在请咨询公司快速搭建战略和体系后，完成了项目团队的组建。团队共同制订了项目章程和初始计划，并将项目目标定为年化节省 2 500 万元。庄念轶在清楚六西格玛方法的整个实施流程后，列出了项目风险列表以及对应计划，并在专家的指导下，确定了潜在问题列表。最后庄念轶把项目章程提交公司管理层审批。在项目章程审批通过后，项目进入下一阶段。

2. 阶段分析

在实际运作中，除了个别公司由最高管理层主动推行六西格玛，多数公司都是因为遇到了特殊事件才会导入六西格玛，这些事件包括客户投诉、大规模产品质量问题、公司生存危机等。在本例中，讯鑫是因为遭遇了重大客户投诉才导入六西格玛的。

项目团队在定义阶段要建立项目目标。对于第一次导入六西格玛的公司，项目团队可能还要面临体系建设等辅助工作。项目团队在六西格玛导入初期通常并不顺利，此时各个功能团队不配合是常事。没有推行六西格玛经验的公司可以借助咨询公司等外部力量作为知识补充，但不建议全部由咨询公司代劳。

流程现状分析是对现状的分析，便于项目团队梳理问题发生的背景及相关的流程环节。SIPOC图是流程现状分析最常用的工具。流程现状分析帮助项目团队尽可能还原项目涉及的问题流程以及相关细节，并确定可能存在的关键参数或潜在因子。

项目章程是项目管理的最基本要求。项目团队在分析完项目背景以及财务估算之后，需要起草项目章程。项目章程包含项目执行所需的大部分基础要素，包括人员构成、项目目标、预算与收益、风险列表等。项目章程是六西格玛项目的核心基础文件，但项目团队收集项目章程所需信息的过程并不容易，很多相关团队并不会积极配合并提供数据。

项目风险列表可以是项目章程的一部分，也可以是一份独立文件。该列表描述了实施项目的过程中可能存在的各种风险及其应对措施。在编制这份文件时项目团队可以参考专家意见，但该文件最好由团队共同分析获得。

潜在因子列表是项目团队在项目初期对可能存在的潜在因子进行初步扫描的结果。潜在因子列表并非强制文件，但如果项目团队在项目初期就能获得这份文件，那么项目团队可以大幅减少后续的工作量。潜在因子可以由专家提供，也可以根据现场历史经验获得。在本案例中，由于项目团队成员没有主动分析潜在因子的意识和能力，因此他们无法提供足够的有效信息，最后项目团队只能依靠外部专家来鉴别潜在因子。

项目计划是定义阶段的典型输出，用于明确项目后续的大致活动和日程安排。项目计划是项目审批会评审的重要文件，通常由项目团队的负责人对整个阶段活动和交付进行汇总后获得。在本案例中，项目团队的负责人是质量经理庄念轶，所以庄念轶准备了项目章程和项目计划，并在审批会上进行汇报。

本阶段执行过程中的难点是团队建设。项目团队在组建时会遇到各部门的推诿和阻力，被任命的团队成员很可能存有抵触情绪。在本案例中，各部门不愿意将资源分配在六西格玛项目上，即便被分配到项目团队中的成员也不一定都是真心诚意的。在初步分析原因时，团队成员之间的不信任也会逐步表现出来，这种团队冲突对项目经理的领导力形成了巨大挑战。项目经理可以利用公司管理层自上而下的授权、任命等方式来有效解决团队初期的资源配置问题，本案例中的项目经理庄念轶就是这样做的。

如果项目经理在项目前期能获得管理层足够的支持，并在关键项目活动中积极地带头示范，那么项目可以大大减少不必要的返工情况并加速推进。

▶ 15.3.2 测量阶段

1. 情节概要

庄念轶和团队一起研究问题的状态，并制订了数据收集计划。团队成员质疑抽样计划要求的样本量过大，庄念轶艰难地说服大家暂时接受该抽样计划。测量系统分析的结果显示原来的测量系统存在问题，项目团队必须校正测量系统后重新进行测试。由于测量系统的问题，项目团队不得不重新抽样和测试，这种重复的项目活动让团队成员十分不满。

数据处理结果表明当前产品的真实合格率低于 95%，且产品设计可能存在缺陷。庄念轶向林诚梽汇报测量结果，并指出了潜在原因。林诚梽对质量团队的工作非常不满，所以对毛自胜进行问责，人力资源部门经理薛丹和庄念轶均出面阻止。庄念轶认为，产品质量问题是公司自身的问题，公司不该简单粗暴地让个人来承担结果，当务之急是找到解决问题的方法。林诚梽同意了庄念轶的建议，所有人也都对庄念轶刮目相看，各功能团队的抗拒情绪降温并开始配合项目团队。毛自胜自此彻底改变了之前敷衍的态度，积极参与到项目中。

数据收集按计划完成，庄念轶将数据成果及风险分析提交至第二阶段审批会进行审批。因为所有结果都需要分析后确定，所以林诚梽没有做过多指示并批准了项目推进到第三阶段。

2. 阶段分析

测量阶段是收集项目数据的主体阶段，主要任务包括编制数据收集计划、分析测量系统、确认产品真实现状、采集数据等。测量阶段获得的数据是分析阶段最主要的工作对象。由于后续分析存在不确定性，因此本阶段收集的数据有可能不可用，或者在分析阶段项目团队必须再次收集数据。本阶段的重点是规划整体数据需求以及验证测量系统的有效性。

数据收集计划是一份非常重要但极易被忽视的文件。数据收集计划没有固定格式，通常以表格的形式呈现。该计划包括项目所需测量的所有数据、数据类型、抽样计划及预计后续使用的分析工具。这些数据的来源与潜在因子列表强相关。抽样计划涉及后续样品制作和采样流程，所以抽样计划必须被重点关注。在本案例中，项目团队就对样品抽样数（样本量）有过质疑，因为项目要求运营团队准备样本不是容易的，而要求运营团队准备大量样本更难。此处主要有两个问题，一是，对于生产和测量等团队而言，准备和测量样本都是额外工作。二是，为了使样本具有统计意义，六西格玛项目所需样本量通常远大于常规样本量。项目负责人需要说服团队成员科学地对待抽样计划，以确保后续的分析数据充足有效。在本案例中，庄念轶为了说服团队接受较高的样本量费尽了心思。

测量系统分析是后续数理统计可以被信任的前提。在实操环境中，并非所有公司都在认真执行测量系统分析和校验，因此生产现场会产生很多错误数据和判断。在本案例中，讯鑫的测量系统问题就是导致产品合格率虚高的原因。在六西格玛项目继续执行之前，项目团队必须确保测量系统可用。必要时项目团队还必须重新测量项目目标的现状，以了解项目的真实情况。测量系统分析是公司的常规作业，是一种独立作业，不和六西格玛项目绑定在一起。如果项目团队能确保测量系统可信且可以有效收集数据，那么在项目中可跳过测量系统分析。

过程能力分析是目标过程能力的真实体现，实现过程能力改善是六西格玛追求的项目目标。项目团队在确保测量系统可用之后，必须对项目目标的现状进行确认。此时短期过程能力指数等数据将有效展示项目目标当前的真实情况。在本案例中，庄念轶发现产品的真实合格率远低于98%，这个分析结果给项目带来了巨大压力。

更新后的潜在因子列表是项目获取新信息后对潜在因子列表筛选后的产物。在本案例中，项目团队通过对真实的过程能力和产线情况的分析，发现产品设计可能存在缺陷，这是在项目执行过程中非常普遍的现象。在本阶段，潜在因子列表虽然被更新过，但项目团队并未验证该列表，所以此时的潜在因子列表依然只是潜在怀疑对象，还未被鉴别是关键因子。

失效模式与影响分析（FMEA）是本阶段的有力工具之一，但FMEA并非强制工具。FMEA作为风险预分析、预判断和预控制的经典工具，存在于项目的任一阶段。在本案例中，没有直接提及该工具，但在实际操作过程中，团队可依据实际情况决定是否要使用。

原始数据是经合格的测量系统获得的有效数据，这些数据包括项目目标数据和各种潜在因子的数据。这些原始数据不允许有任何改动，项目团队在应用统计学时会考虑其中的自然波动因素。这些数据按数据收集计划进行收集，但可能无法被直接解读，尤其是当数据量很大时，分析者必须花大量的时间研究数据之间的关联性。对原始数据做初步分析可以帮助项目团队大致确定数据自身的问题，同时项目团队也会获得一些直观的结论。

在项目执行过程中，会发生很多意外，项目团队还可能发现原本不知道的问题和细节。在本案例中，庄念轶在本阶段意外发现产品的真实合格率低下。通常，如果在公司管理中出现此类重大数据偏差，那么相关负责人会被严肃问责。所以在本案例中，毛自胜作为质量团队的第一负责人，差点被处分，这是常见的情况。由于六西格玛方法的宗旨是鼓励团队自主改善，因此公司很少会在项目执行过程中进行人员奖惩。

▶ 15.3.3 分析阶段

1. 情节概要

虽然项目成员对庄念轶有了很大的改观，但在未看到数据分析结果前，所有成员都觉得项目活动太麻烦，再次产生各种抱怨。庄念轶既要平息大家的怨言，又要处理数据。他在毫无头绪之际请教了咨询公司，经专家指点后使用各种统计工具进行数据分析。庄念轶经过仔细计算发现，数据依然有误，所以他再次要求相关人员重新取样、重新测量。由于执行项目的过程中出现了多次重复工作，因此项目团队内部又开始抱怨、抗拒甚至谩骂，但庄念轶最终扛住压力，协调各方人员完成了重测工作。

由于分析后筛选出的关键因子与既往经验相差很大，团队内部再次发生了激烈争执。庄念轶多方游说，才勉强让让项目继续推进，但团队成员对项目推进的正确性产生了怀疑。庄念轶通过大量数据分析，获得了改善方案并申请审批。在新的改善方案中，项目团队要求研发部门进行设计变更。研发负责人孙宁直接在会上发难，认为庄念轶的分析结果毫无可信度。由于财务报表的数字相当吸引人，而且庄念轶的汇报并无逻辑错误，因此林诚桔认为与其止步不前，还不如放手一试，故批准项目进入下一阶段。

2. 阶段分析

本阶段是项目分析和研究数据的主要阶段。本阶段的根因分析主要从定性分析和定量分析两个维度进行。有效的数据收集计划对本阶段的分析有积极的指导作用，可以避免出现数据分析无序化的情况。在本阶段，如果数据分析需要更多的新数据，项目团队就可以安排相应的数据收集活动，收集更多的数据。在本案例中，庄念轶发现测量阶段获得的个别数据存在明显错漏，这是不可接受的数据污染问题，所以他要求团队重新测量。需要注意的是，部分统计工具对样本量有严格要求，如平衡方差分析、试验设计等工具，如果这些工具在应用时缺少数据（哪怕缺少一个数据），就将导致整个分析无效或无法进行。

鱼骨图和故障树是最常见的定性分析工具，在本案例中未被直接提及。实际上，团队在进行详细的数据分析之前，可先进行内部研究，使用鱼骨图或故障树对潜在因子进行判断。其中，鱼骨图是纯粹的定性分析工具，主要依靠专家判断来寻找潜在因子，而故障树则可以构建树状结构，并通过布尔运算厘清顶事件（目标响应）与底事件（潜在因子）之间的逻辑关系，以获得因子显著性的判断。在本案例中，团队就是根据定性分析来判断产品设计可能存在问题的。

假设检验、回归分析、试验设计等定量分析工具是六西格玛分析阶段的主要工具。团队必须根据因子数据的类型选择对应的统计工具。在统计过程中可能存在多种（统计工具的）排列组合，所以项目需要做多少次分析依实际情况来定，不能一概而论。最常见的假设检验包括 t 检验、卡方检验、方差分析等，回归分析包括相关性与简单回归、多元回归、逻辑回归等。这些工具都需要根据实际情况来选择。在本案例中，为了避免阅读障碍而没有写明团队实际应用的统计工具，在实际的六西格玛项目中团队必须执行必要的数理应用统计分析。

理论上，项目团队需要对分析结果进行快速验证，但实际上是否验证取决于公司的情况。在本案例中，项目团队没有进行快速验证，而是选择信任计算机（数理计算）推荐的改善方案。这种做法虽然有一定风险，但这是公司里常见的实操做法。

如果分析结果未通过快速验证，或者在分析过程中无法找到有效的潜在因子，数据分析就失败了。此时，项目必须退回到之前的阶段重新定义或重新测量。在本案例中，庄念轶要求数据重测就是一次小型的退回行为，即项目返回测量阶段重新收集数据。如果执行了多次退回活动还一直失败，那么项目很可能存在失败或被中止的风险。

15.3.4 改善阶段

1. 情节概要

庄念轶获得林诚桔的支持后立刻进行改善。改善的基础执行部分很快被落实，但设计图纸更新的请求没有得到研发部门的支持。庄念轶在使用专业工具获得优化方向和具体参数后，企图绕过拒绝配合的研发部门而直接寻找制造部门准备新样品。不料，制造部门同样拒绝配合。庄念轶请求毛自胜出面协调。最终，庄念轶通过多方沟通获得了制造部门基层员工的支持，加班生产新样品。另外，庄念轶和研发部门的曹毅进行了深入沟通。在曹毅的劝说下，孙宁同意更新设计。在两个主力部门的配合下，新样品很快完成。庄念轶根据新样品进行了短期数据验证，发现改善后的短期能力指数显著提升，问题得到了明显的改善。项目团队成员在看到项目的初步成果后，纷纷改变态度，全力配合庄念轶的工作。

庄念轶提交了新的改善行动项和短期数据验证结果。在审批会上，整个管理团队都对六西格玛方法赞不绝口。林诚梽表示要立刻奖励项目团队，并拍板项目进入最后一个阶段，要求项目团队尽快完成目标。毛自胜私下和庄念轶道了歉。孙宁也开始反思自己的行为。所有人都开始认同六西格玛方法以及项目负责人庄念轶。

2. 阶段分析

改善阶段主要是实施具体改善活动的过程。改善活动主要包括两部分：快速（快赢）改善和系统性改善。

快速改善通常是"所见即所得"的基础改善，改善活动不需要有太多的数理统计应用，如现场作业环境改善、可视化改善、作业指导书变更等。这些改善只需项目团队具有很强的执行力即可，无须等待详细的数理优化结果。项目团队根据已获得的信息即可直接实施改善活动。在本案例中，庄念轶没有等待数学模型优化的结果，就要求产线进行了相应的快速改善，这是实操过程中的常见做法。快速改善通常不会遭遇太多的现场阻力，因为很多改善内容是显而易见的，现场员工均可以轻松地理解改善的目的并配合落实。

系统性改善往往与分析阶段的数理统计有关，部分改善活动甚至需要使用专业工具来求解并优化后才可以实现。例如，在六西格玛项目中常用的回归和试验设计在分析阶段会获得相应的数学模型，在改善阶段，项目团队会使用响应优化器对这些数学模型进行优化求解，以获得确切的改善方向和参数设定值。在本案例中，没有指明项目团队在分析阶段使用了什么工具，但在本阶段提及了响应优化器，说明项目团队使用了相应的模型求解工具。项目团队在获得模型的优化解之后，用这些优化解来实现现场的系统性改善。通常，求优化解的过程需要有经验的六西格玛专家与现场员工配合实施。

此外，如果项目改善活动中有一些非定量的改善活动，那么项目团队可以采用一些创新工具来实现。比较常用的创新工具包括头脑风暴、六项思考帽、设计思维、TRIZ 等。在本案例中，没有明确指出项目团队具体使用的工具名称，在实操过程中项目团队可自行选择合适的创新工具。

控制图（短期）是研究改善后过程稳定性的重要工具。该工具可以快速显示改善后过程的整体能力和状态。此时的控制图和过程能力分析可以一同使用。在本案例中，控制图用于显示改善后关键数据的稳定受控性。

过程能力分析（短期）是较直观的综合性评价指标，可用于衡量项目改善的成果。在本案例中，项目团队在完成综合改善后进行了过程能力分析，分解结果显示过程能力指数显著提升，而且部分参数的 Cpk 值非常高，这说明改善后的过程能力远优于改善前的过程能力。

在改善阶段之前，即便项目成员之间存在不同的想法，但由于没有涉及自己的核心利益，因此项目成员都会保持克制。在改善阶段，由于每个项目成员都要实施改善活动，不再刻意隐藏自己的想法，因此原本隐藏的"怨气"都会在改善过程中爆发出来。所以在改善阶段，项目会遇到各方阻力，改善过程不仅考验团队的执行力，也考验项目负责人的领导力。在本案例中，庄念轶在之前阶段积累的声誉对他在本阶段实施改善活动有很大帮助。项目负责人在面对跨部门难以调和的矛盾时，可以采取多方沟通的迂回策略来实现改善目的，强推改善活动并不是最佳选择。

通常，项目团队在改善阶段的后期就可以看到项目阶段性的改善成果，但此时因为系统参数并未固化，所以如果项目团队不及时巩固强化系统，改善成果就可能付诸东流。项目团队在项目初见成效时不可以沾沾自喜，更不可以论功行赏。在本案例中，庄念轶及时制止林诚梽的奖励行为并且要求项目团队进行最后阶段的控制固化，是非常明智的做法。

15.3.5 控制阶段

1. 情节概要

项目团队对改善成果进行控制，同时对整个产线的相关受控文件进行升级和更新。所有人都为六西格玛方法的神奇效果而折服，各功能团队都全力配合项目团队的工作。这些工作包括宣贯、培训、测试等。庄念轶对改善后的产品进行了中长期监控，并建立了相关的测量点进行数据的收集。两个月后，庄念轶对这两个月的数据进行分析，结果表明，质量问题获得了显著改善。

庄念轶与毛自胜一起向客户汇报改善成果，获得客户的高度赞赏与肯定，客户甚至因此追加了订单。庄念轶在项目团队内部公布了所有成果和新的财务报表，并带领大家一起进行经验教训总结。庄念轶感谢所有人的配合与付出，肯定大家的努力。孙宁公开对他道歉，并表示日后全力支持公司的所有改善项目。

在最后阶段的审批会上，庄念轶提交了项目的所有资料，包括项目报告、项目收益、经验教训总结和财务报表。林诚梽对团队获得的成就非常高兴，批准项目结束归档，对整个项目团队以及项目负责人进行了嘉奖。庄念轶要求公司成立新部门，组建六西格玛实施团队，建立持续改善体系。所有人都全力支持庄念轶的想法。林诚梽当即采纳庄念轶的建议，并指定庄念轶牵头组建该部门。

鉴于讯鑫导入六西格玛方法获得了重大收益，庄念轶受邀参加了行业内质量改善相关的分享会。在会上，庄念轶回顾了讯鑫导入六西格玛的整个历程。他感慨良多，亦暗自加油，一定要让六西格玛方法在公司里发挥长久的作用，让公司的质量体系良性运作。

2. 阶段分析

控制阶段是项目团队对已实现的成果进行控制的阶段。此时，一些常见的受控文件都需要进行相应更新。为了确保所有相关员工都知道更新的内容，并且知道后续的实施方式，项目团队需要进行必要的宣贯和培训。这些活动通常是由项目团队带领现场相关人员共同完成。在本案例中，项目团队共同更新了作业指导书、控制计划、失效模型与效果分析等受控文件。更新这些文件的目的是将已获得的成果和参数体现在具体的作业过程中，并且固化作业过程。

控制阶段需要充分的证据来证明改善成果的有效性，所以在相关措施落地实施之后，项目团队需要对项目关键指标，尤其是系统的过程能力进行中长期监控。因为没有严格的理论来定义监控时间的跨度，所以公司可以自行决定要多久的监控数据。在本案例中，庄念轶起初把监控时间定为三个月，但在持续监控两个月后，他发现数据非常平稳，即认为系统基本稳定而无须更多数据。无法确定中长期监控的时间跨度是常见的问题，该问题在初步导入六西格玛的公司中很常见。如果公司后续建立了正式的持续改善体系，那么在该体系的相关文件中会明确中长期的监控时间跨度。确定改善效果的常见工具是控制图（长期）和过程能力分析（长期），这两个工具可以显示目标过程在监控时间段内的稳定性和绩效表现。

项目报告是对项目所有成果的汇总报告，通常用于最后的结项评审。项目报告的主要内容与项目章程里的描述相呼应。项目报告内容包罗万象，没有统一格式。项目报告会对执行过程中的各大事件进行汇总，对改善行动项和交付成果进行详细描述。其中，项目的财务收益以及项目对组织文化的贡献必不可少。在本案例中，项目报告主要描述的是项目具体改善项与财务收益。

经验教训总结是对项目实施经验的总结，该总结可以采用自我评价与自我批评的形式。经验教训总结可以单独准备，也可以是项目报告的一部分。六西格玛项目的经验教训总结通常以肯定团队成绩为主，以便鼓励项目成员后续开展其他改善项目。这种总结不仅是技术和知识的积累，也是团队项目经验的积累。在本案例中，庄念轶赞扬了团队的合作精神。尽管在执行项目的过程中曾出现了很多不配合的现象，但庄念轶的做法符合六西格玛方法的理念。孙宁向庄念轶道歉的事件也可视为经验教训总结的一部分，这是团队组织凝聚力的提升，也是公司实施六西格玛项目的收益之一。

最佳实践分享是项目结项前后的常见动作，由公司自行决定是否开展最佳实践分享。在公司内部，最佳实践分享在结项前后都可以开展，这种分享通常是兄弟单位间的相互交流；在公司外部，最佳实践分享往往发生在结项之后的社会交流活动中。这些交流活动包括同行业的经验分享或专业机构的竞赛评选等。公司进行外部最佳实践分享是为了宣传公司所获得的推进成果，并且可以借此机会与其他公司相互学习。在本案例中，庄念轶代表自己的公司将讯鑫导入六西格玛的历程与其他公司进行分享，不仅可以让其他公司参考讯鑫的做法，讯鑫也可以收获其他公司的意见与评价。这种交流活动可以帮助参与公司形成持续改善的机制。

15.4 项目报告

注：绝大多数六西格玛报告均以PPT格式撰写（每页PPT都包含标题和正文），以便报告人陈述项目过程和成果。此处由于成书的特殊性，因此将PPT格式转成文本形式（PPT格式的报告将更为简练）。

飞鱼三代鼠标部分产品左右键间隙过大问题六西格玛改善项目报告

15.4.1 定义阶段

1. 项目背景

飞鱼三代鼠标是公司的主力产品,但重要客户睿科以部分产品左右键间隙超差,不满足目标合格率为由,将 5 月后的该款产品全部退回。该产品在之前的质量记录中反馈良好,虽然也曾出现过小批次的部分产品退回,但均能以换货的方式妥善解决。

本次被投诉的产品在客户处的实际测量合格率低于 95%。客户采用系统抽样法,个别批次的抽样数据显示的合格率甚至仅为 92%。客户认为产品的合格率太低,不接受部分退换货的处理方式,故全部退回,并限我们在三个月内完成产品整改,否则客户可能永久停止该产品的采购。

本次涉及的退回件总批次超过 25 万件,直接销售额损失超过 3 000 万元,其中,利润损失超过 340 万元。如果睿科永久停止采购该产品,在不涉及其他产品的情况下,年底公司的利润损失将超过 2 600 万元。

2. 问题初步调查

质量部门的历史记录显示,该产品的左右键间隙的历史合格率大约为 98.5%。左右键间隙是产品的关键特性,研发部门在设计时对该尺寸进行过稳健性设计。即便尺寸出现超差问题,通常产品也不影响客户的正常使用,仅在外观和手感上存在差异。

在客户的退回件中,质量部门采用同样的系统抽样法,在反复核实后,确实发现合格率偏低的情况。退回件的左右键间隙的实测抽检合格率约为 96.7%。该数值虽低于历史合格率和公司既定的质量目标,但与客户描述的数据有较大差异。售后部门据此与客户进行协商和沟通,但未获得有效反馈。由于该关键特性未达到公司内部制定的质量要求,因此公司决定立项整改。

3. 六西格玛导入

公司之前处理质量问题时常使用"灭火式"的处理方式,以先退换货、后内部研究的方式解决客户投诉问题。由于退换货后,来自客户的压力变小,因此后期内部研究时虽然团队使用了 8D 报告等质量工具,但有些问题并未彻底解决,导致部分质量问题始终反复出现。出现这种情况的根本原因是,团队在解决问题的时候未使用科学有效的工具和方法,而且团队没有形成数字化分析与管理的意识,大量依靠团队的历史经验和个别资深员工的主观判断。

针对本次客户投诉,为了寻找质量问题的根因,杜绝同类问题反复出现,提升公司整体的产品性能,公司决定尝试导入六西格玛方法,并将解决该问题作为首个六西格玛项目的目标并予以立项。

4. 问题描述

我们先调查了 2020 年公司的质量客户投诉问题,用帕累托图(见图 15-2)显示,因左右键间隙过大引起的退货数量排名第一。该问题确实是公司目前最棘手的问题。团队经过多次改善,虽有一

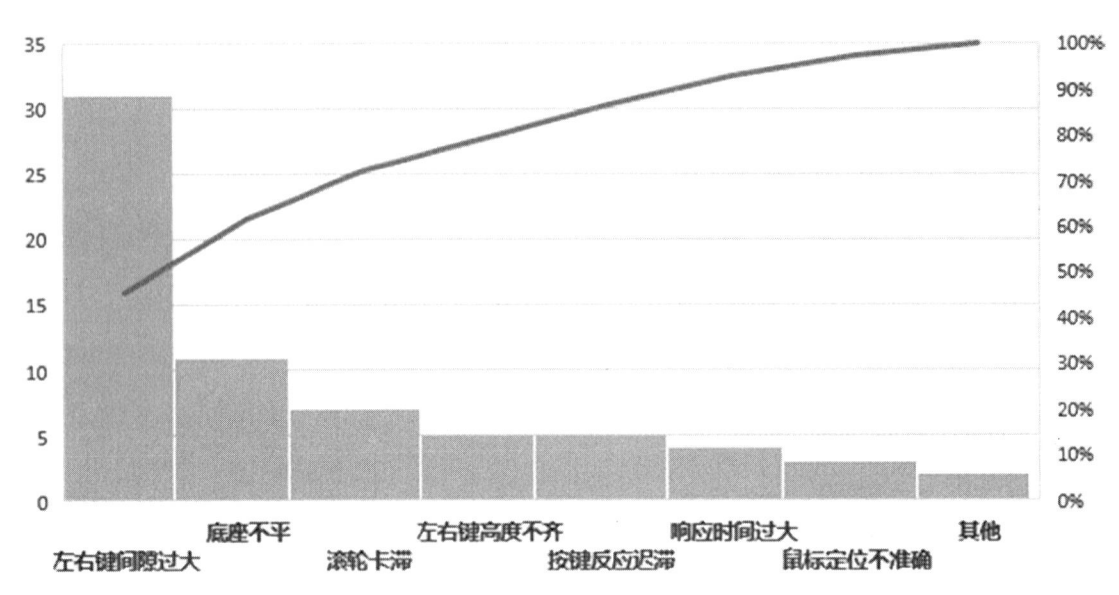

定成效，但本质上并没有彻底解决该问题。

图 15-2 2020 年客户投诉的帕累托图

5. 团队组成

项目团队由各个功能团队的指定负责人组成，各核心成员不仅要完成各自的交付使命，同时要实现其功能团队内部的资源协调等职能。成员清单如表 15-1 所示。

表 15-1 项目团队成员清单

姓 名	功 能	角 色	主要职责
林诚梽	总经理	项目发起人及最高管理者	提供资源，审批项目
庄念轶	质量	项目经理	管理与执行项目活动，协调各项资源，完成项目目标与交付
曹毅	研发	项目核心成员	完成项目中研发相关内容，包括工程确认以及设计变更等
石兆辉	制造	项目核心成员	完成项目中制造工艺相关内容，包括样本制作、资源调配、现场改善等
高凯超	测试	项目核心成员	完成项目需要的各种测试与测量
袁皓朗	财务	项目核心成员	提供项目财务数据以及必要的财务分析
张世杰	制造	扩展成员	提供产线必要的支持
吴振鹏	质量	扩展成员	完成必要的测量或测试任务
外部咨询团队	咨询	扩展成员	提供外部方法论的支持
……	……	……	……

项目管理由项目经理庄念轶负责。庄念轶主持项目会议，指定并落实项目行动项。项目核心成

员全程参与项目会议并提供必要的输出与支持。部分扩展成员在项目执行过程中逐步被识别并加入项目团队。项目同时获得了外部咨询团队的支持，咨询团队在项目执行过程中提供了非常宝贵的意见。

6. 项目章程

项目章程由项目经理庄念轶起草，项目团队共同输入完成，如表 15-2 所示。

表 15-2 项目章程（部分）

要　素	内　容	备　注
项目名称	飞鱼三代鼠标合格率低的问题改善项目	以研究左右键间隙过大问题为主
项目发起人	林诚梽	
项目经理	庄念轶	
涉及功能团队	研发、制造、质量、销售、售后	研发与生产为主要涉及团队
项目级别	（六西格玛绿带）	第一次导入，没有经验，在项目初期并未识别
六西格玛带级	（庄念轶）	未获得正式带级认证，但在项目中扮演该角色
项目目标	将产品合格率提升至 99.8%	
项目收益	初步预估财务收益（年化节省）2 530 万元	初步估算，后续阶段将更新
项目类型和描述	运营改善类，旨在提升产品合格率	区分改善类项目与六西格玛设计项目或事务型项目
导致失败的因素	数据污染；现场执行存在偏差；有无法验明的原因	由于经验缺失，可能存在大量未知因素
项目输出	产线合格率提升，产线数据化管理，团队能力提升等	达成项目目标并提升团队能力
项目约束	项目周期不能超过四个月	客户要求
项目风险	项目成员均为兼职；成员基本没有接受过六西格玛培训	可参考项目风险列表
项目范围和界限	关注本产线左右键间隙过大问题的质量问题	聚焦间隙问题本身，其他问题不额外花费时间研究
需要的支持	保证各功能团队的核心资源	
……	……	……

7. 项目计划

根据项目章程，项目团队设定了项目计划，目标在三个月内完成项目的主要研究并正式回复客户。图 15-3 所示的计划为项目简化地图（Project Mapping），该图中仅罗列了项目中最关键的活动。各阶段的阶段评审、数据模型分析、试验设计等活动被鉴别成项目重要里程碑节点。

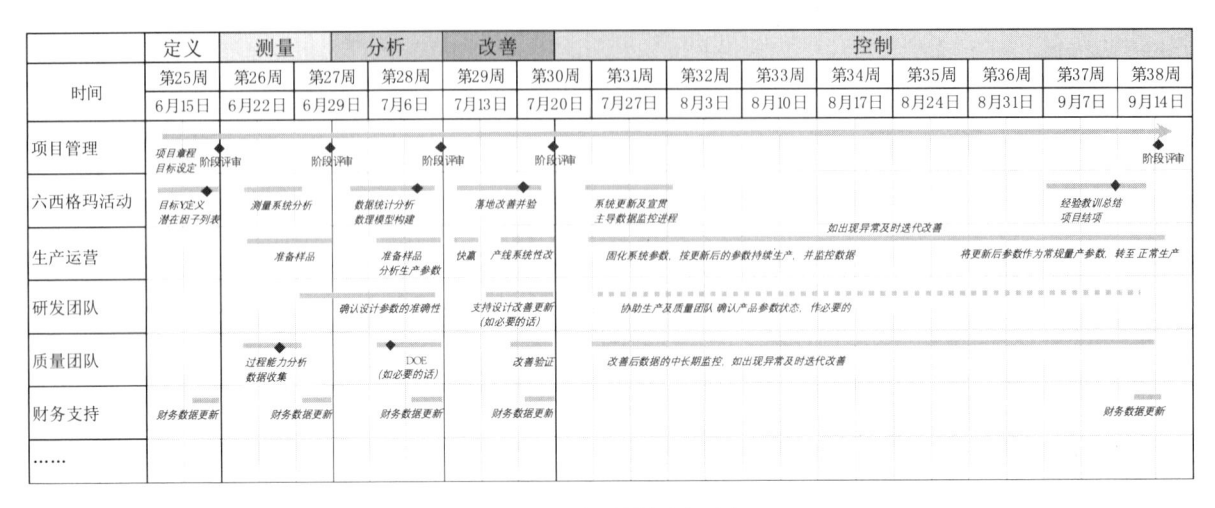

图 15-3 项目计划（部分）

该项目计划在项目推进过程中多次被更新，里程碑的时间节点也发生过变化。

8. 关键参数（Critical To Quality，CTQ）的分析

飞鱼三代鼠标的左右键之间是不规则形状，其中包含多个测量点。根据客户的描述以及技术文件的对比，确定客户所关心的左右键间隙位置如图 15-4 左图所示，该特征参数为鼠标滚轮两侧最宽的测量点。这个点的测量值是本项目后续重点研究的对象，是涉及产品不合格率的关键特性。图 15-4 为产品问题点的确认。

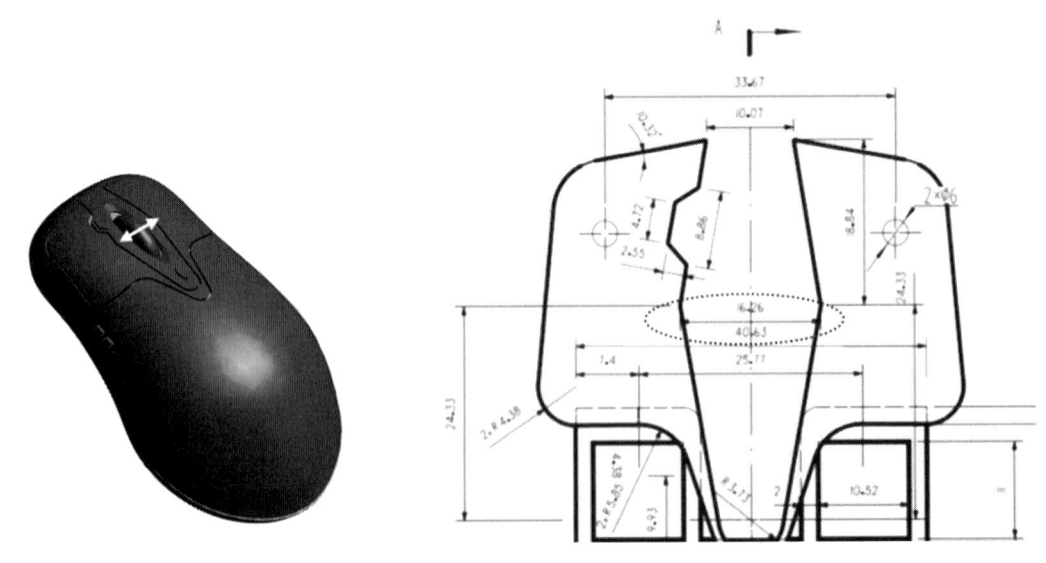

图 15-4 产品问题点的确认

9. SIPOC

为了研究该参数的具体情况，项目团队还原了与该参数相关的加工过程和上下游环境，使用

SIPOC 工具进行范围研究。由于初步研究时没有太具体的信息，因此项目团队仅还原了高水平（High Level）的 SIPOC 过程，如图 15-5 所示。

S 供应商	I 输入	P 过程	O 输出	C 客户
塑料粒子供应商 转轴供应商	原材料塑料粒子 成型设备 成型参数 ……	总成开始 上盖成型 底座成型	上盖半成品 底座半成品	内部客户： 生产运营团队
…… 生产运营团队 ……	A/B产线参数 PCB控制参数 装配工艺SOP 流水线参数 节拍时间 工装夹具 质量验收标准	PCB装配 滚轮装配 小物装配 总成装配	PCB组件 滚轮与底座组件 线缆组件 …… 成品组件	内部客户： 生产运营团队
测试检验团队 …… 物流交付团队	测试标准 检验标准 ……	测试包装 总成结束	通过测试的成品 完成客户交付	外部客户：讯鑫

图 15-5　高水平的 SIPOC 过程

10. 项目目标的定义与设定

根据项目范围，确定本项目目标 Y 为提升飞鱼三代的成品合格率，而其关键参数（分解目标 y）为左右键的间隙值。合格率的公式算法以滚动合格率（RTY）为参考依据，公式如下：

$$合格率 = \frac{合格品数}{总生产数} \times 100\%$$

当前公司的质量基准合格率为 98.5%。在此基础上，项目团队经过激烈讨论提出了相应的项目目标，即将合格率提升至 99.8%。目前，公司很难实现该项目目标，但项目团队认为在六西格玛方法的支持下可以实现该目标。极限目标代表着项目团队的强烈愿望，虽然在本项目中很可能无法实现，但极限目标为项目改善提供了明确的努力方向。目标设定如图 15-6 所示。

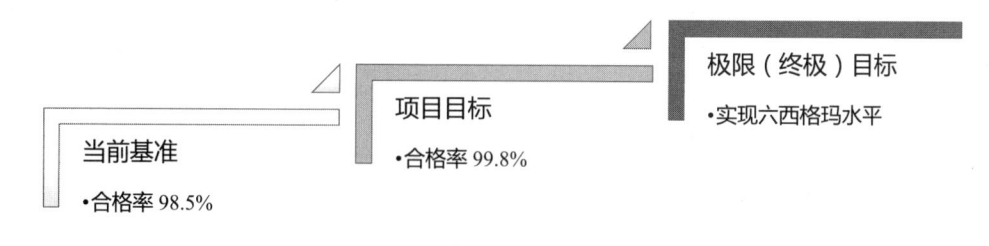

- 当前基准
  - 合格率 98.5%
- 项目目标
  - 合格率 99.8%
- 极限（终极）目标
  - 实现六西格玛水平

图 15-6　目标设定

11. 项目预估收益

根据初步的财务测算，如果项目达成预期目标，那么公司不仅可以挽回与客户之间的业务，还可以实现表 15-3 所示的财务收益，该收益为项目初期的初步估算。同时，项目团队也可以获得业务能力上的提升。

表 15-3 项目初始预估的财务收益

	项目	计算	金额（万元）	备注
成本	外部咨询费用	30	30	含诊断与体系建设费用，不包括后续落地实施
	样品原材料购买	2 200×20/10 000	4	预计需要样品2200件（预估），单件样件物料成本20元
	样件人工费	0.4×92×2 200/10 000	8	平均单件样件工时 0.4 小时（含切换），小时工资92元
	新工装费用	2×66	132	两条流水线，每条流水线的工装为66万元
	试验与测量费用	—	46	含测量系统分析测量、试验设计等
	其他可能新增成本	—	26	厂房能源消耗等
	小计		246	
收益	内部报废率降低，原材料损失减少	12×5 200×(99.8%-98.5%)	811	预估年化产量5 200万件，量产单件物料成本12元
	退换货减少，物流损失减少	1×5 200×(99.8%-98.5%)	68	平均单件物流以及相关费用1元
	退换货减少，生产人工费用降低	0.12×92×5 200×(99.8%-98.5%)	746	平均单件产品生产工时 0.12 小时，小时工资92元
	退换货减少，售后人工费用降低	0.1×92×5 200×(99.8%-98.5%)	622	平均单件退换货处理工时 0.1 小时，小时工资92元
	客户投诉减少，工程支持费用降低	0.05×141×5 200×(99.8%-98.5%)	477	平均单件工程支持工时 0.05 小时，小时工资141元
	其他可能避免成本	—	53	厂房能源节省，以及其他平摊费用节省等
	小计		2 777	
总计			2 530	预估收益，随项目推进而变化

在不考虑市场占有率提升的前提下，以去年出货量为计算依据，预估项目年化收益为 2 530 万元。

12. 项目风险评估

为了避免项目执行过程中出现无法应对的突发状况，项目团队一同分析了当前项目中可能面对的风险,对风险进行了评估、分级,并制订了对应的风险减轻计划。表 15-4 为风险列表的部分内容,其中评估级别被分成 5 级:很高(VH)、高(H)、中(M)、低(L)、很低(VL)。

表 15-4 项目风险列表(部分)

风险编号	风险描述	当前风险状态 严重性	当前风险状态 可能性	当前风险状态 分级	减轻计划	风险应对人	减轻后风险状态 严重性	减轻后风险状态 可能性	减轻后风险状态 分级
1	客户需求变更,取消订单	H	L	H	调整项目计划	GM	M	L	M
2	生产能力不足(人力资源不足)	H	H	H	生产外包/招聘临时工	PM	M	L	L
3	原材料供应不及时	L	M	M	适当备库存/增加供应商数量	PM	L	VL	L
4	项目费用超出预算	H	VL	M	项目过程中对项目费用进行严格控制	PM	M	VL	L
……	……	……	……	……	……	……	……	……	……

13. 潜在因子列表

为了保证项目后续有明确的研究方向,项目团队在本阶段就要使用头脑风暴、鱼骨图、因果矩阵、帕累托图等方法鉴别出大量潜在因子(由于这是公司第一个六西格玛改善项目,项目团队成员未接受相关培训,因此此处并未采用亲和图法等复杂方法)。

项目团队首先通过头脑风暴并结合鱼骨图,从人、机、料、法、环、测六个维度分析出部分可能导致左右键间隙不合格的潜在原因,如图 15-7 所示。

图 15-7 鱼骨图分析(部分)

项目团队首先通过鱼骨图获得大量的潜在因子,然后结合因果矩阵(见表 15-5)和帕累托图(见图 15-8)筛选出产品开发流程中对项目目标影响较大的潜在因子,汇总后得到的潜在因子列表以便后续分析开展。

表 15-5 因果矩阵(部分)

重要度(1~10)			10	8	4	6	7	
关键需求			产品合格率	生产成本	测试成本	安装性能	产品可靠性	总计
序号	流程步骤	流程输入	等级(0,1,3,9)					
1	设计	设计参数	9	3	9	9	3	225
2		原材料选型	9	3	1	1	9	187
3	原材料采购	原材料质量	1	0	0	9	3	85
4	生产	工艺顺序	3	3	1	9	3	133
5		工艺参数	9	3	3	9	1	187
6	测试	测试验证规范	1	3	9	0	3	91
7	……	……	……	……	……	……	……	……
8	……	……	……	……	……	……	……	……

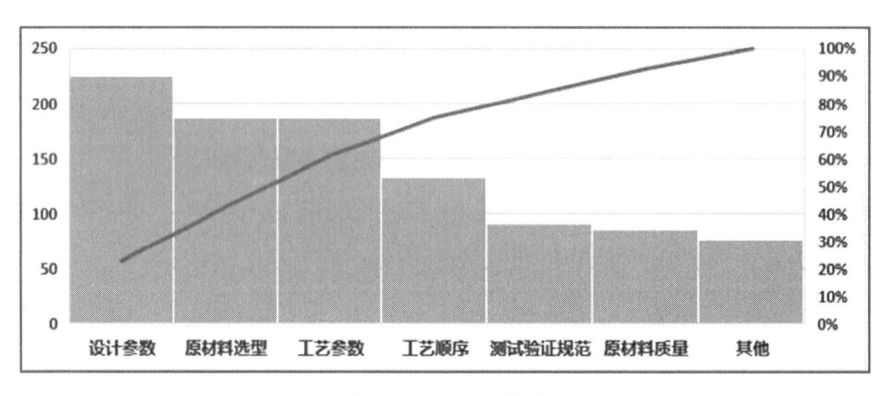

图 15-8 潜在因子初步评估的帕累托图

经过分析,项目团队获得了初始潜在因子列表(后续会在此列表基础上逐步剔除影响较小的因子),如表 15-6 所示。

表 15-6 初始潜在因子列表(部分)

工艺参数不合理	生产车间光照变化大,影响测试准确性
工艺顺序不合理	使用环境温度/湿度超过试验测试范围
材料受热时间过长	装配卡扣设计公差过大,导致部分组件卡扣过松
间隙配合公差过大	原材料在极端环境下稳定性不足
装配操作空间过小	原材料容易产生静电积累
设备缺乏定维定检	表面材质易老化

续表

新员工不熟悉标准操作流程	原材料选型问题，供应商之间差异大
员工遗漏重要步骤	材料强度不足，多次按压后出现明显变形
员工未严格按照工艺规范要求进行操作	模具设计问题，拔模角度过小，导致部分产品超差致使装配变形
抽检方法不合理	工装老化，导致装配工艺不佳，部分产品闭合不严
检验仪器精度不足	……
检验标准不合理	……

本阶段成果以及项目财务预估收益获得了总经理的肯定，项目顺利推进至测量阶段。项目团队后续严格按照项目计划所设定的方向，对潜在因子进行排查和分析。

▶ 15.4.2 测量阶段

1. 数据收集计划

项目团队共同研究问题状态，对潜在因子的数据进行分类分析，针对数据类型制订详细的数据收集计划，并分配负责人进行数据收集。项目团队根据相应的显著性水平和功效值分别计算了所需要的样本量。

在本项目中，默认的显著性水平为 0.05（α），默认的功效值为 0.8（$\beta=0.2$）。样本量计算所需的差值由研发团队确认，标准差则参考历史标准差值。在初步计算获得样本量要求后，项目团队认为样本量过于巨大。经过多方协商，最后项目团队决定以计算获得的样本量为基础，并对该样本量略微调整，以匹配实际生产的资源情况。调整后的样本量不仅尽可能满足了统计方法中对样本量和统计精度的要求，而且匹配了生产现场的实际情况，同时合理控制了项目成本。项目数据收集计划表（部分）如表 15-7 所示。

表 15-7 数据收集计划表（部分）

指标	数据类型	精度要求	收集方法	时间段	频率	样本量	负责人	完成时间	是否需要MSA
退换货原因分类统计	属性	整数	汇总退换货记录	最近3年	每月	不少于25个	×××	×××	否
每批次生产抽检数量	属性	整数	汇总检验记录	最近3年	每批次	不少于100个	×××	×××	如数据无异常可不进行
每批次生产抽检合格数	属性	整数	汇总检验记录	最近3年	每批次	不少于100个	×××	×××	如数据无异常可不进行
按键间隙	连续	小数点后2位	现场抽检	最近25批次	每批次	每批次10个	×××	×××	如数据无异常可不进行

……

2. 测量系统分析

由于测量指标均为日常常用指标，且测量系统一直保持定期校验，因此出于对测量系统的信任，初次数据收集时项目团队未强制要求进行测量系统分析。项目团队在对历史数据分析时发现数据测量出现问题，所以项目团队认为之前获取的合格率等数据可能存在较大偏差。很可能这就是公司内部的合格率与客户端的合格率之间存在巨大差异的主要原因。所以项目团队对测量系统进行了校验。

为保证测量系统校验的有效性，项目团队选定叶锗锋、吴振鹏和徐家祥三位有经验的测量工程师进行测量。这三位工程师经验丰富，在整个测量检验团队中具有足够充分的代表性。测量系统分析的设置按照传统的交叉测量系统的检验方式进行。

第一次测量系统分析的结果令人失望，测量系统的误差过大，因此其测量结果不可信。为确保分析准确，项目团队检查了系统，做了必要的修正后，进行了第二次测量系统分析。结果第二次测量系统分析的结果与第一次类似，如图15-9所示。

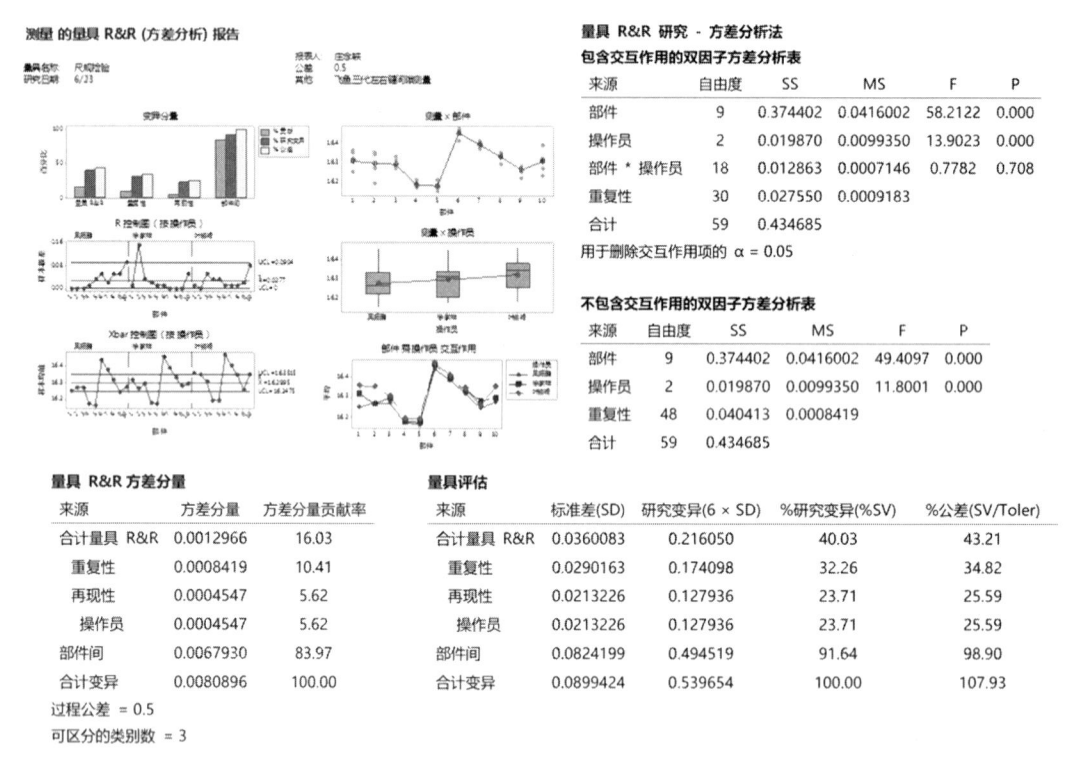

图 15-9 测量系统分析

测量系统过程变异过大，%研究变异和%公差都超过了 40%，远远超出了可接受范围，可区分类别数也只有 3（小于可接受值），所以项目团队认为测量系统存在显著问题。另外，分析显示，测量系统的重复性不佳，所以即便三位有经验的老员工，他们自身的重复性也存在一定的问题。

项目团队针对测量系统进行了修复，重新校正了系统。改善后的测量系统误差占比降至10%以下，详细数据不再罗列。

由于此前测量系统存在重大问题，因此项目团队怀疑产品的历史合格率与真实合格率之间存在重大偏差。所以项目团队使用校正后的测量系统重新测量产品左右键间隙等关键指标，并再次评估过程能力。

3. 过程能力分析

对测量系统校正后，项目团队根据数据收集计划对现有产品进行了系统抽样。记录数据采用最近 200 件样品的抽样测量值，其过程能力分析的结果如图 15-10 所示。当前鼠标的左右键间隙设计值为 16.25mm ± 0.25mm。

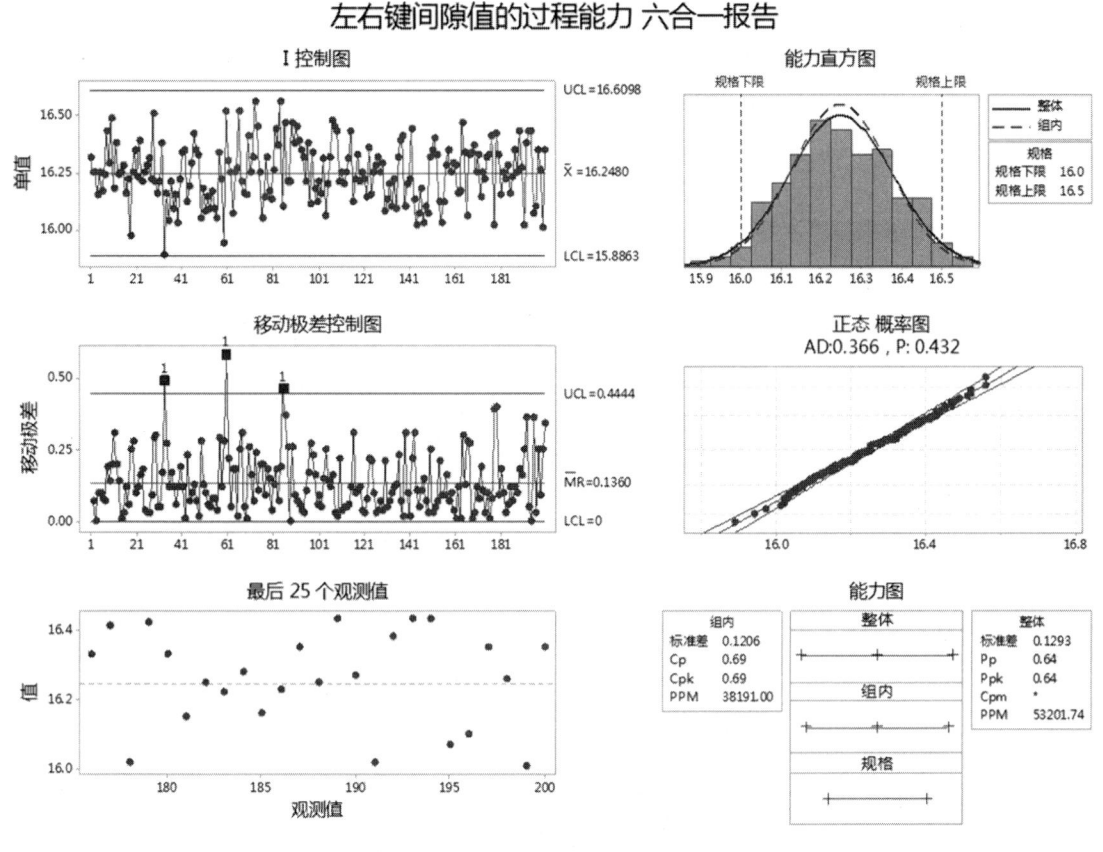

图 15-10 当前产品的过程能力分析

过程能力分析显示数据的稳定性尚可，而抽样前期个别数据的移动极差偏大。经回溯发现，这些偏差可能是设备现场非计划调试引起的，属于特殊原因，不作为系统失控的依据。鉴于近期数据的离散程度在可接受范围内，故项目团队认为数据稳定受控。同时，数据的正态性检验结果显示，没有足够的证据证明数据正态性失拟。所以，项目团队可以信任计算获得的过程能力指数与 PPM 值。

项目团队最终获得的过程能力指数 Cpk 为 0.69，这意味着产品整体的西格玛水平大约是 2 西格玛水平，其整体 PPM 为 53 201，合格率为 94.7%，这个合格率远低于历史基准 98.5% 的合格率。

产品实际的合格率其实远远低于已知的基准值，其主要原因是公司疏于对测量系统的维护和更新，之前很多测量数据可能都存在较大偏差。项目团队讨论后决定依然按既定目标执行项目。

4. 数据收集与初步分析

根据过程能力分析的结果，项目团队进行了多次讨论，研究其中可能存在的各种问题。项目负责人根据讨论结果调整了数据收集计划中的部分设置，并根据更新后的数据收集计划进行样品准备和测量。

同时，针对过程能力分析过程中发现的问题，结合定义阶段获得的潜在因子列表，项目团队进行了设计和过程的失效模式与影响分析。其部分内容如图 15-11 和图 15-12 所示。

设计失效模式与影响分析

零部件	功能需求	潜在失效模式	潜在失效影响	S E V	潜在失效原因	预防控制	O C C	探测手段	D E T	R P N	建议举措	负责人	计划完成日期
鼠标按键	左右键间隙为16.25±0.25mm	左右键弧度超差	左右键与滚轮组件可能出现干涉或间隙	6	设计弧度的回弹范围与材料应力之间的关系计算错误	CAE计算模拟	5	样品耐久性测试	6	180	重新校核计算其关系	曹毅	6月29日
鼠标按键	左右键高度差不大于0.2mm	与底座卡扣接触不平整	按键闭合不严	7	设计的间隙公差过大	公差链计算校验	7	原型功能测试	7	343	重新计算公差链	曹毅	6月28日
卡扣结构	有效支承按键组件的连接	卡扣接口面破损	组件连接不到位，可能出现本体歪斜	7	过盈配合结构尺寸定义偏差	3D模型装配透视检查	4	测量检验	4	112	模型干涉检验	曹毅	7月1日
底座	支撑鼠标本体	安装支撑柱断裂	本体解体	8	支撑柱底部与底座结构设计强度不足	CAE计算模拟	3	冲击试验	3	72	加强底部结构设计	曹毅	7月4日
……	……	……	……		……	……		……		…			

图 15-11 D-FMEA（部分）

过程失效模式与影响分析

过程步骤	功能需求	潜在失效模式	潜在失效影响	S E V	潜在失效原因	预防控制	O C C	探测手段	D E T	R P N	建议举措	负责人	计划完成日期
底座脱模	支撑柱没有变形	脱模时间过长	支撑柱强度低于目标	6	设备设定参数发生漂移	每日开机进行定检	3	抽检目视	3	54	设备对应参数加入日常维护项	石兆辉	6月29日
卡扣安装	本体支撑件通过卡扣与底座可靠连接	卡扣未完全卡入	本体支撑件不平整	6	压入力（压力深度）不足	工装校验	5	防错装置查错	4	120	列入重点检验项	石兆辉	6月28日
按键与滚轮装配	按键与滚轮无干涉	按键与滚轮组件的配合形位公差超差	8	配合面加工尺寸不满足要求	工装校验	7	装配后功能性测试	6	336	列入重点检验项	石兆辉	7月1日
按键组件与底座组件装配	按键组件可靠连接底座且按键无卡滞	连接（曲线）面不平整	影响按键手感	7	装配存在多大的累积误差	主要部件收严制造公差	2	装配后功能性测试	2	28	NA	NA	NA
……	……	……	……		……	……		……		……			

图 15-12 P-FMEA（部分）

项目团队比对了潜在因子列表，并结合因果矩阵等工具进行了快速总结和扫描，获得了进一步分析所需的潜在因子列表，即更新后的潜在因子列表。以下为列表更新后的部分内容：

- 间隙配合公差过大；
- 模具设计问题，拔模角度过小，导致部分产品超差致使装配变形；
- 装配卡扣设计公差过大，导致部分组件卡扣过松；
- 材料强度不足，多次按压后出现明显变形；
- 原材料选型问题，不同供应商之间的原材料差异大；
- 工装老化，导致装配工艺不佳，部分产品闭合不严；
- 工艺顺序不合理；
- 材料受热时间过长；

……

在分析过程中，项目团队发现产品可能存在设计缺陷，部分卡扣与按键相关的公差出现了难以测量或工艺实现困难的问题。在 FMEA 的分析中显示，卡扣与按键相关的公差问题风险值非常高。

项目团队在项目初期未曾预料到这种情况，但此时仅将该风险作为潜在因子，项目团队在后续分析阶段将进一步验证该风险的影响。

15.4.3 分析阶段

1. 数据分析计划

项目团队对收集到的数据类型进行了鉴别，并为不同的数据匹配了相应的统计分析工具。数据分析按测量阶段获得的（更新后的）数据收集表，即数据分析计划表（见表 15-8）进行。此时在数据分析计划表中的潜在因子列表已被更新。

表 15-8 数据分析计划表（对照数据收集计划表）

项目分解目标 y	数据类型	X#	潜在因子 X	潜在因子 X 描述	数据类型	分析工具	备注
左右键间距值	连续数据	X1	间隙配合公差	间隙配合公差过大	连续数据	DOE	建立回归模型
		X2	拔模角度	模具设计问题，拔模角度过小，导致部分产品超差致使装配变形	连续数据	双样本 t	修模前后对比
		X3	装配卡扣公差	装配卡扣设计公差过大，导致部分组件卡扣过松	连续数据	DOE	建立回归模型
		X4	原材料供应商	原材料选型问题，供应商之间差异大	属性数据	DOE	建立回归模型
		X5	工装老化	工装老化，导致装配工艺不佳，部分产品闭合不严	连续数据	双样本 t	新旧工装对比
		X6	工艺顺序	工艺顺序不合理，材料受热时间过长	属性数据	ANOVA	三组可选工序对比
		X7	材料强度	材料强度不足，多次按压后出现明显变形	连续数据	回归	相关性与回归

表 15-8 中仅罗列了部分连续型数据的分析内容，属性数据分析以及其他分析不再赘述。

2. 关于 X5 工装老化的研究

工装老化问题是项目团队最早鉴别出的潜在因子之一。与模具类似，产线的工装可能存在老化问题。为了测试不同寿命的工装定位误差是否影响产品左右键间隙均值（设计名义值为 16.25）的问题，首先对新旧两组工装的老化问题进行研究。

项目团队分别对新旧两组工装生产的样品进行抽样检查，样本量根据之前的数据收集计划表（表 15-7）来收集。其样本量计算结果如图 15-13 所示。

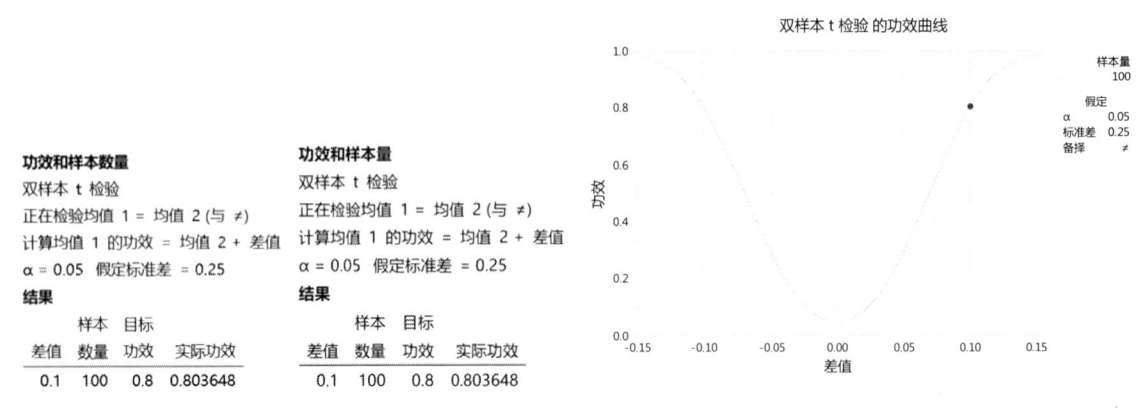

图 15-13 双样本 t 检验的样本量分析

按计算要求，新旧两组工装对应的样本量都不应小于 100 个。项目团队按此要求获得相应数据后，先进行数据的稳定性、正态性和等方差的检验。其检验结果显示，样本的稳定性良好（无显著异常值），正态性良好（正态性检验的 P 值大于默认的显著性水平），等方差校验显示两组数据的方差无显著差异（P 值大于默认的显著性水平）。数据稳定性分析结果如图 15-14 所示，正态性检验和等方差分析如图 15-15 所示。

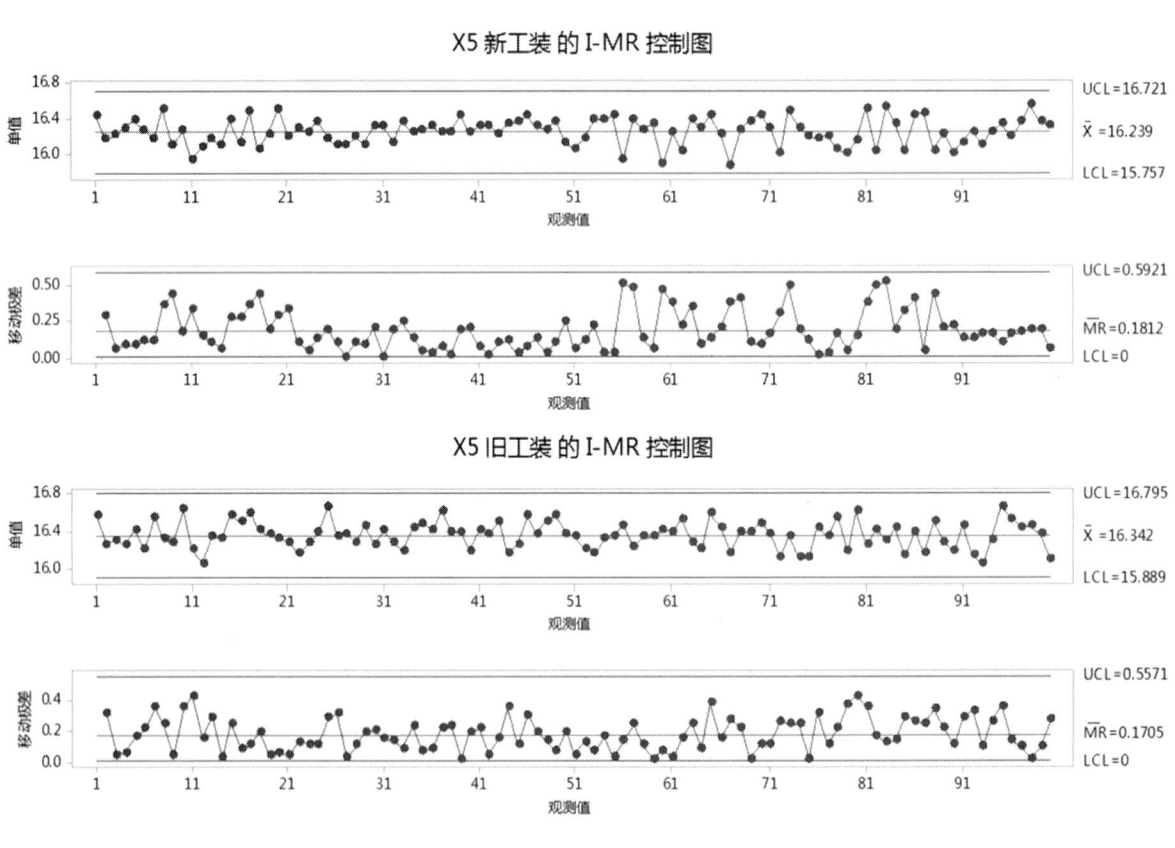

图 15-14 X5 的数据稳定性检验

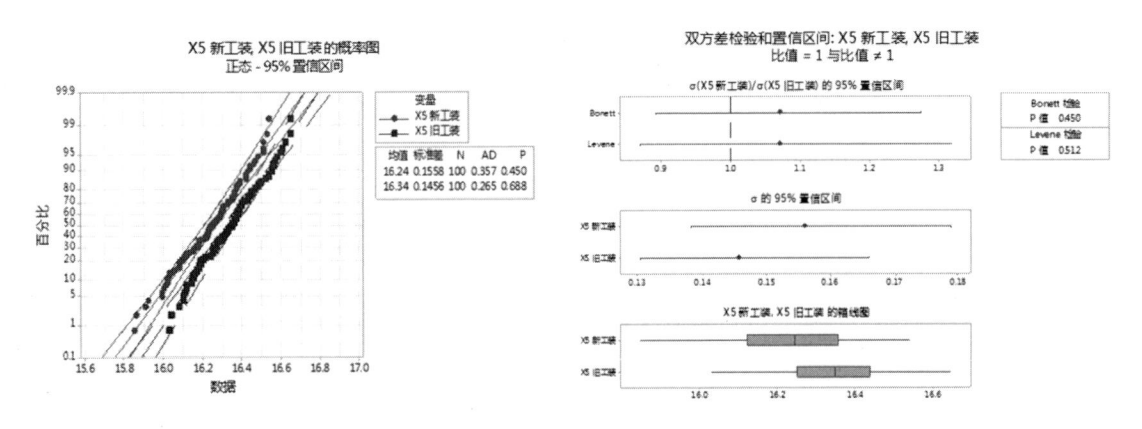

图 15-15　X5 的正态性检验及等方差分析

根据以上分析结果，项目团队进行等方差的双样本 t 检验，结果如图 15-16 所示。

图 15-16　X5 的双样本 t 检验

双样本 t 检验的结果显示，采用新旧两组工装生产的产品均值有显著差异（P 值远小于显著性水平），其中，使用新工装生产的产品均值为 16.239，与设计名义值无显著差异；使用旧工装生产的产品均值为 16.342，与设计名义值存在显著差异。所以，项目团队认为 X5 工装磨损是关键因子之一。产线需要及时更新或调整工装，保持其最佳状态，并对工装定期校验。

3. 关于 X2 拔模角度的研究

项目团队怀疑 X2 拔模角度过小会导致部分产品超差，并最终导致装配变形。因此，项目团队对使用中的一个模具进行修模处理。X2 拔模角度原本并非设计关键参数，由制造团队自行控制，拔模角度修正值为 0.5 度。项目团队分别在修模前后进行取样，研究其左右键间隙的均值是否存在明显差异。

本研究使用双样本 t 检验，其样本量根据测量阶段已计算的样本量进行采样（样本量计算过程略），项目团队在修模前后各抽取 100 个样本，按双样本 t 检验分析路径执行分析。分析使用默认的显著性水平 0.05。

检验结果显示，样本的稳定性良好（无显著异常值），正态性良好（正态性检验 P 值大于显著性水平），等方差校验显示两组数据的方差存在显著差异（P 值小于设定的显著性水平）。数据稳定性分析结果如图 15-17 所示，正态性检验和等方差分析如图 15-18 所示，双样本 t 检验结果如图 15-19 所示。

435

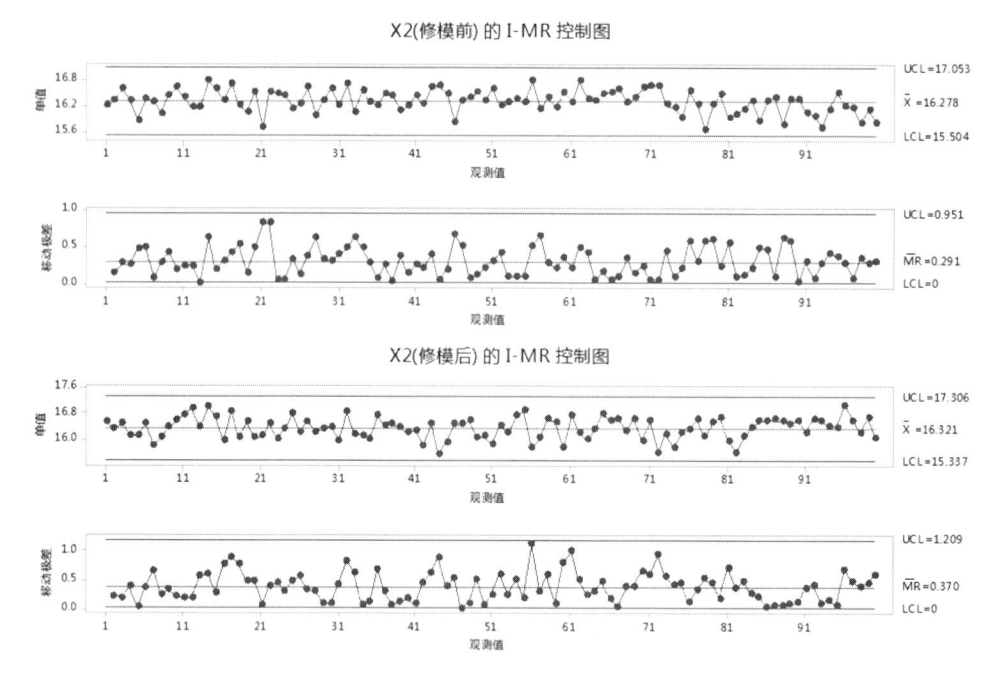

图 15-17　X2 的数据稳定性检验

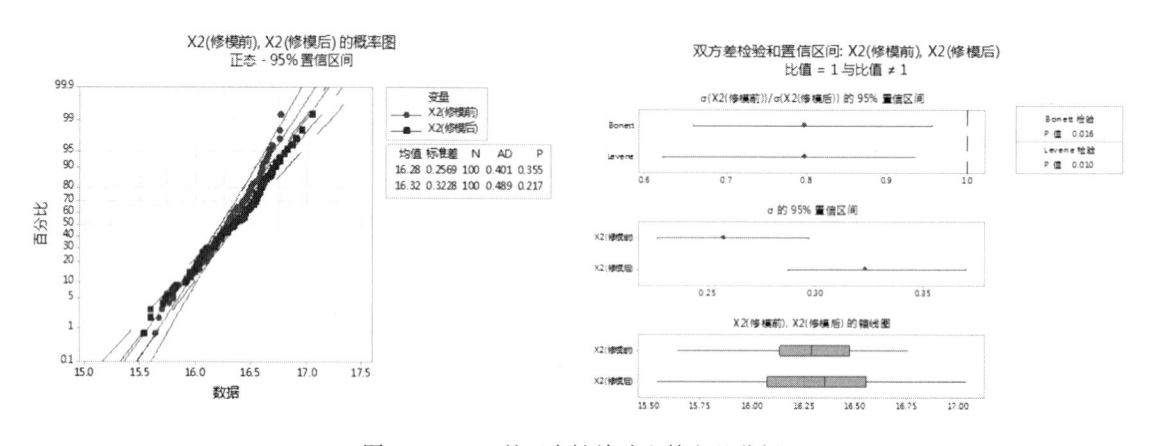

图 15-18　X2 的正态性检验和等方差分析

根据以上分析获得的前置结果，项目团队进行不等方差的双样本 t 检验，并获得图 15-19 所示的计算结果。

图 15-19　X2 的双样本 t 检验

双样本 t 检验显示，修模前后的目标特性的均值有显著差异，修模前的特性均值为 16.321，修模后的特性均值为 16.278，而且修模前的特性均值与目标值 16.25mm ± 0.25mm 有显著差异，所以认为 X2 拔模角度是影响该特性的显著关键因子之一。在后续改善时，项目团队应对模具的拔模角度进行校验，并检查模具的磨损情况。

4. 关于 X6 工艺顺序的研究

飞鱼三代的产线在设计之初准备了三种不同的工艺顺序，原则上，三种工艺顺序都是可行的，三种工艺的差异在于部分组件的安装是否可以并行完成。三种工艺顺序的组件组装顺序不同，理论上，这些先后顺序的差异对产品性能无显著影响。但项目团队在之前的分析中认为，由于组件组装顺序发生变化后，产品局部组件的结构应力可能存在累积，这会导致产品局部出现受力不均的现象，从而可能对鼠标左右键的总成间隙值产生影响。所以项目团队决定对三种工艺顺序都进行抽样分析。三种工艺顺序的比较如图 15-20 所示。目前，产线使用的是其中的工艺顺序 C。

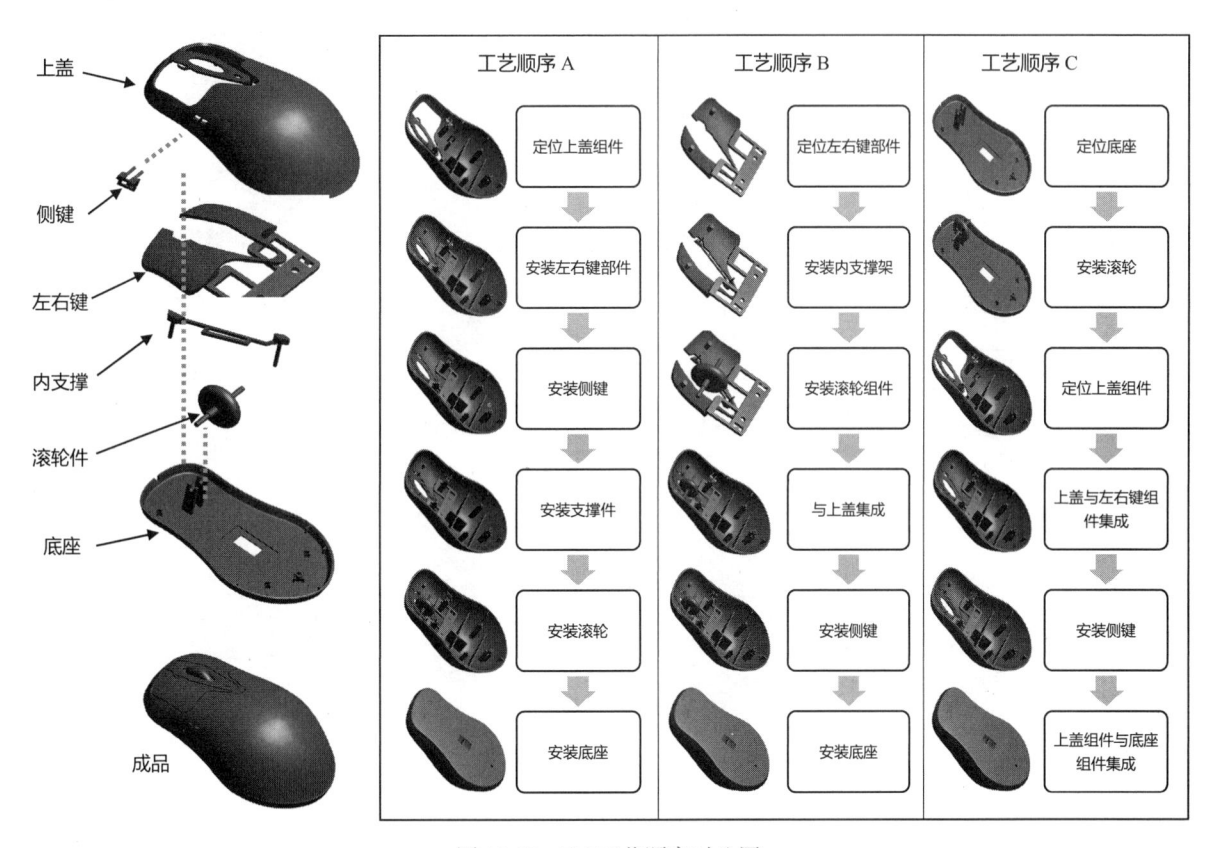

图 15-20 X6 工艺顺序对比图

项目团队使用方差分析对三种不同工艺顺序的样品均值进行比较，分析三种不同的工艺顺序是否会对左右键间隙的均值产生影响。

首先，对样本量进行计算，默认显著性水平为 0.05，功效值为 0.8，差值为 0.1。计算结果如图 15-21 所示。

计算得知，每组样本量不低于 122。项目团队按此样本量分别对每种工艺顺序进行抽样，并分别对采集到的每组数据进行受控、正态和等方差校验。

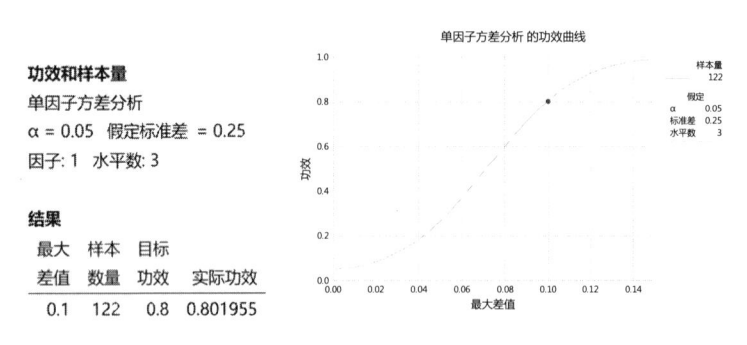

图 15-21 X6 的方差分析样本量分析

根据分析结果可知，数据均稳定受控，分析结果如图 15-22 所示。数据正态性检验无异常，分析结果如图 15-23 所示。三组数据的方差显著不等，后续分析时须使用不等方差的方差分析法进行计算。

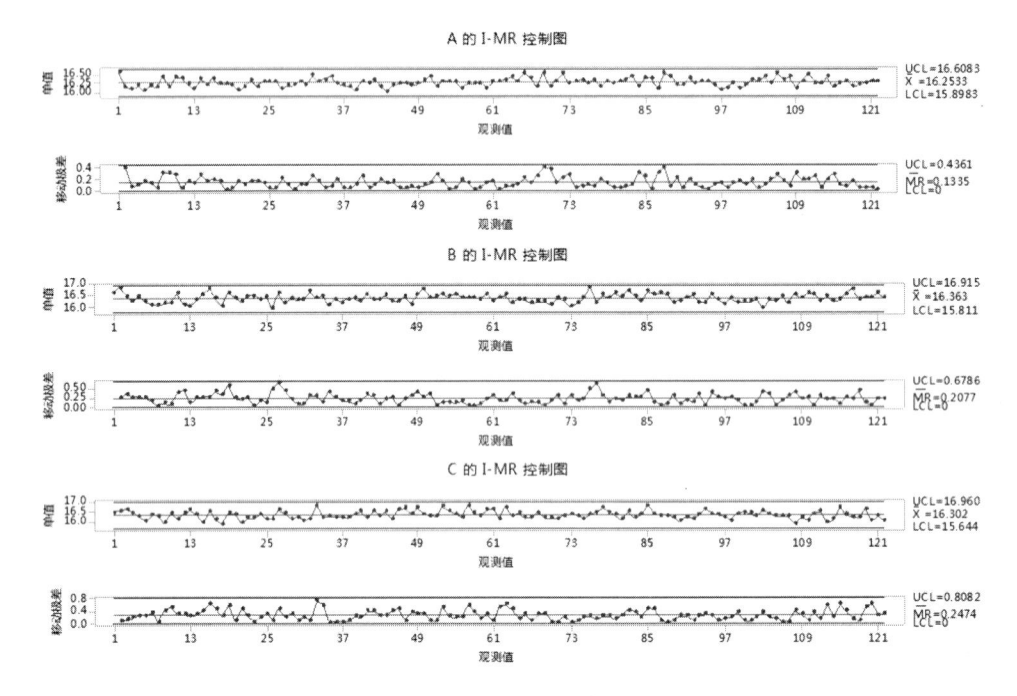

图 15-22 X6 的数据稳定性分析

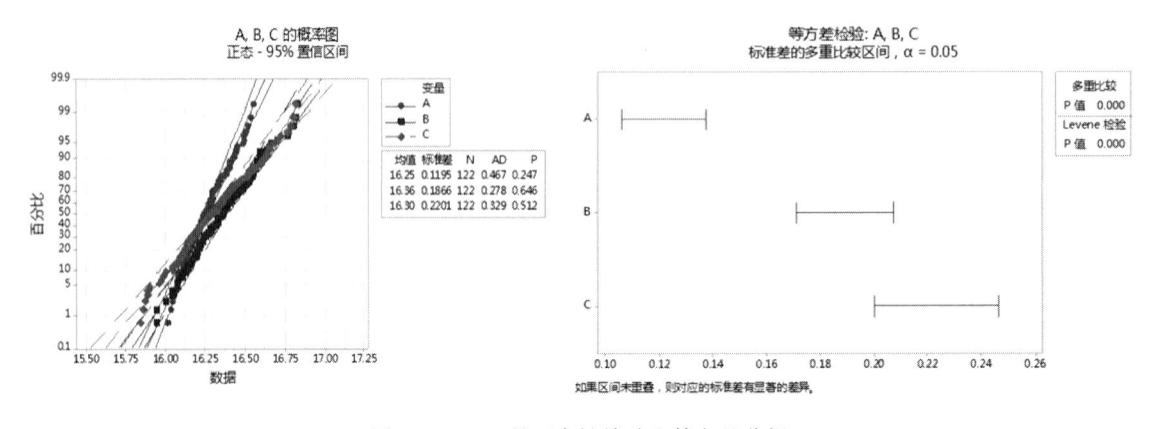

图 15-23 X6 的正态性检验和等方差分析

由于方差不等,因此项目团队采用不等方差的方差分析法(Welch 检验法)进行分析,分析结果如图 15-24 所示。

```
单因子方差分析: A, B, C
原假设        所有均值都相等
备择假设      并非所有的均值都相等
显著性水平    α = 0.05
未针对此分析假定相等方差。

Welch 检验
来源   分子自由度   分母自由度    F 值    P 值
因子        2         225.355    15.17   0.000

模型汇总
R-sq    R-sq (调整)   R-sq (预测)
5.87%      5.35%        4.30%

均值
因子   N     均值      标准差      95% 置信区间
A    122   16.2533    0.1195    (16.2319, 16.2747)
B    122   16.3629    0.1866    (16.3294, 16.3963)
C    122   16.3020    0.2201    (16.2626, 16.3415)
```

图 15-24　X6 的方差分析结果

通过方差分析结果可知,三种工艺顺序生产出来的产品左右键间隙值显著不等(方差分析中的 P 值小于显著性水平),其中,使用工艺顺序 A 生产的产品均值最接近设计名义值 16.25,且相应的标准差最小,故后续改善考虑时,项目团队建议全部采用工艺顺序 A 进行生产。工艺顺序也因此被认为关键因子之一。

5. 关于 X7 材料强度的研究

项目团队认为左右键间隙问题与材料强度也可能存在某些关系,因为曾经出现过极少数产品在多次使用后按键回弹力减小等现象。项目团队使用材料弯曲强度来评价 X7,所以在飞鱼系列鼠标按键材料备选库中寻找了 30 组不同弯曲强度的材料,分别进行测试,并研究它们之间的相关性。

不论是相关性分析还是回归拟合,都显示材料强度与左右键间隙值之间没有显著的相关性。图 15-25 显示相关性系数极低,R^2 值也非常差,说明材料强度与左右键间隙值之间基本不存在相关性或有效的回归模型。所以,X7 材料强度被排除,X7 不是本项目的关键因子。

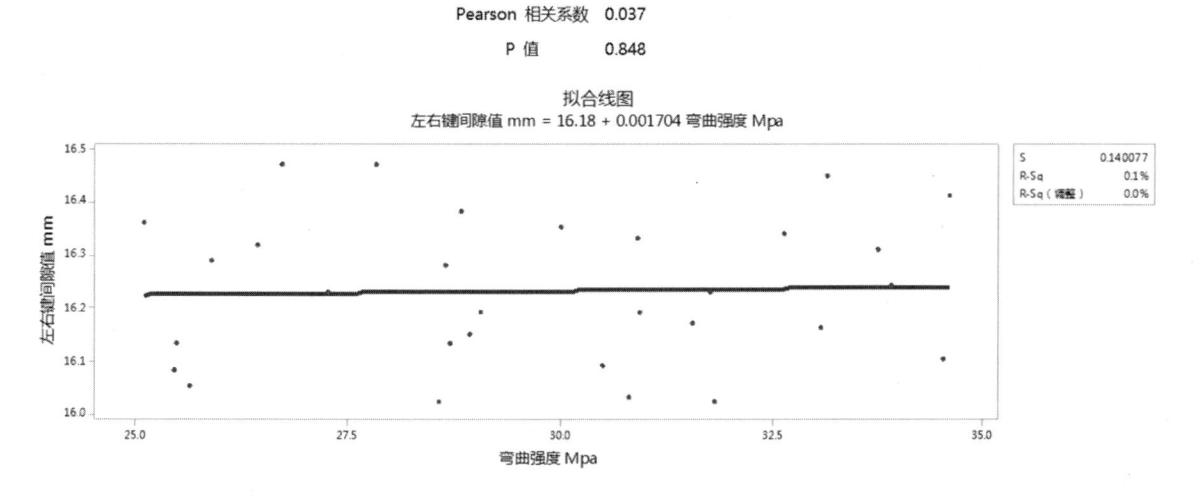

图 15-25　X7 与目标之间的相关性分析与回归模型研究

6. 关于 X1 间隙配合公差、X3 装配卡扣公差与 X4 原材料供应商的试验设计研究

X1 间隙配合公差、X3 装配卡扣公差与 X4 原材料供应商三者之间可能存在某些关联。原本项目团队打算使用多元回归进行分析，在测量阶段的分析发现设计公差可能存在一定问题，因此项目团队希望更谨慎地对待这个问题。在研究实施的可行性之后，项目团队决定使用试验设计进行研究。

该试验设计为 3 因子 2 水平的因子试验，其因子的设定值主要根据现行设计规范获得间隙配合公差（0.1，0.3）和装配卡扣公差（0.05，0.10），然后选择目前最常用的两家供应商进行对比。试验设定仿行数为 2。根据历史经验未设中心点，试验可在一天内准备样品并由同一组试验人员完成。无显著区组差异，故未设区组。依此总计 16 组试验。试验表单如表 15-9 所示。

表 15-9 X1、X3、X4 相关的试验设计试验表单

标准序	运行序	中心点	区组	间隙配合公差	装配卡扣公差	原材料供应商	鼠标左右键间隙 Y
2	1	1	1	0.3	0.05	A	16.39
10	2	1	1	0.3	0.05	A	16.41
11	3	1	1	0.1	0.10	A	16.31
4	4	1	1	0.3	0.10	A	16.49
8	5	1	1	0.3	0.10	B	16.52
7	6	1	1	0.1	0.10	B	16.31
12	7	1	1	0.3	0.10	A	16.48
5	8	1	1	0.1	0.05	B	16.27
1	9	1	1	0.1	0.05	A	16.25
13	10	1	1	0.1	0.05	B	16.29
9	11	1	1	0.1	0.05	A	16.24
15	12	1	1	0.1	0.10	B	16.30
3	13	1	1	0.1	0.10	A	16.29
16	14	1	1	0.3	0.10	B	16.49
6	15	1	1	0.3	0.05	B	16.42
14	16	1	1	0.3	0.05	B	16.39

项目团队根据试验数据进行回归模型分析。经逐步去除不显著项之后，团队获得如图 15-26 所示的方差分析图与帕累托图，以及如图 15-27 所示的回归模型。残差分析和等方差分析如图 15-28 所示。

回归模型显示，模型具有非常好的 R^2 值，其调整值和预测值也均大于 90%。同时，模型本身是显著的（P 值远小于默认显著性水平），无显著失拟（失拟的 P 值大于显著性水平）。另外，残差分析发现，模型的残差均匀分布在 0 值左右，残差分布也服从正态分布；等方差校验显示，响应与两个连续型因子之间的方差无显著差异。综上所述，项目团队认为回归模型是有效的。

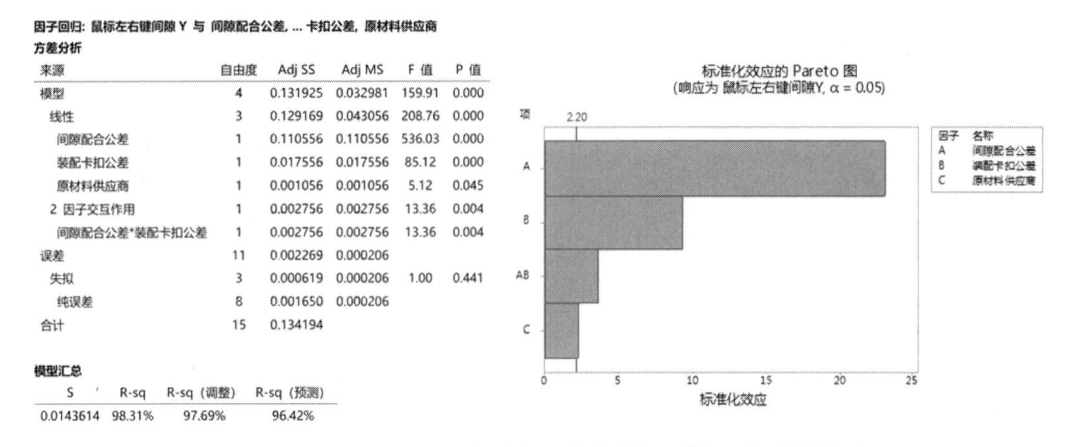

图 15-26　X1、X3、X4 相关的试验设计方差分析图与帕累托图

图 15-27　X1、X3、X4 试验设计获得的回归模型

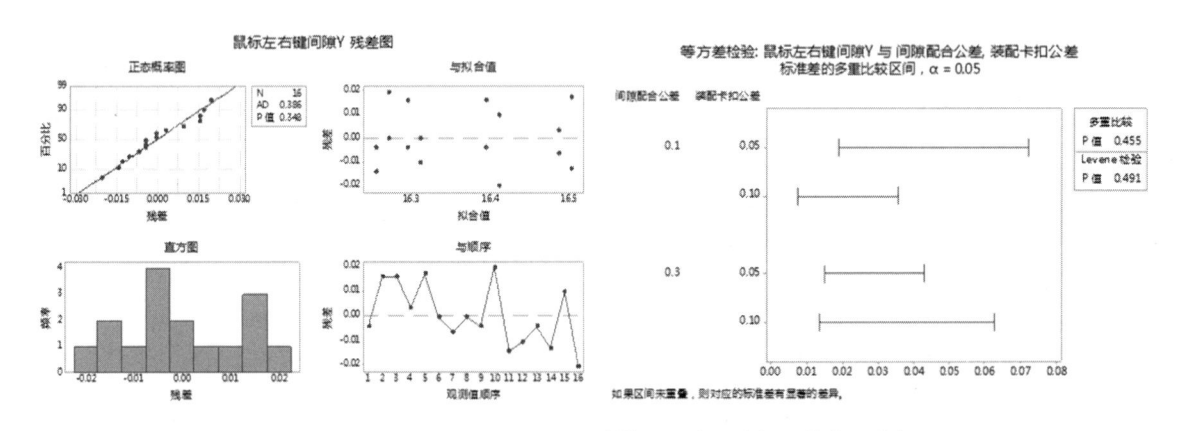

图 15-28　X1、X3、X4 试验设计模型的残差分析和等方差分析

这个回归模型对于项目团队至关重要，也是后续制定改善方案的重要参考依据。根据此模型，项目团队判定 X1 间隙配合公差、X3 装配卡扣公差与 X4 原材料供应商均为项目的关键因子。项目团队初步进行因子图分析，以确定后续改善的方向。因子图如图 15-29 所示。

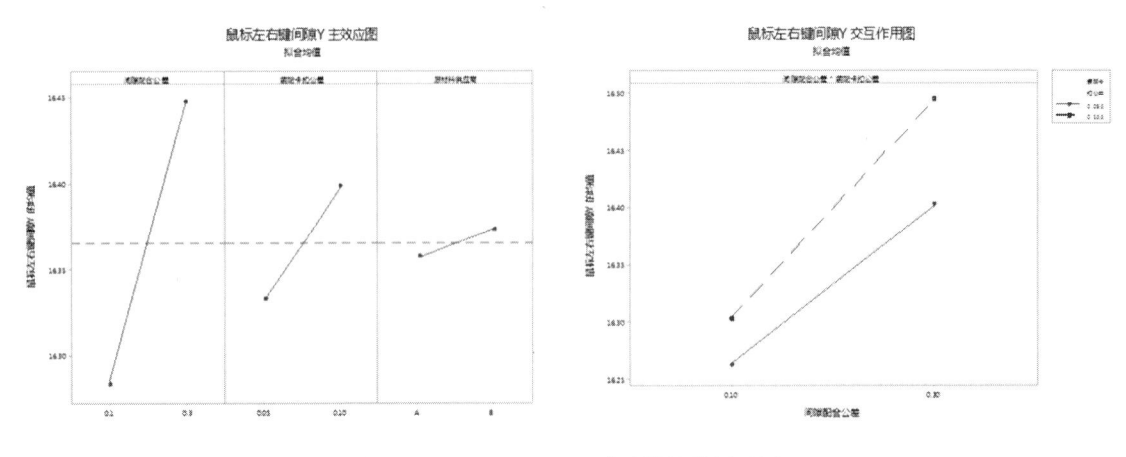

图 15-29　X1、X3、X4 试验设计的因子图

根据因子图的分析，间隙配合公差是影响最大的因子。项目团队因此证实了产品在设计时公差设计可能不合理。试验设计的数据表明，收严配合公差将显著改善左右键的间隙配合问题。

7. 分析阶段汇总

项目团队汇总了本阶段获得的分析结果，并更新了关键因子列表。其中，原材料供应商虽然是个显著因子，但相对其他因子，其影响偏小，需要谨慎对待其在实际改善时的作用。关键因子列表如表 15-10 所示。

表 15-10　关键因子列表

X#	潜在因子 X	结　　论	改善方向	后续行动
X1	间隙配合公差	关键因子	响应优化	需进一步研究
X2	拔模角度	关键因子	快赢	需要一定的样本量跟踪研究
X3	装配卡扣公差	关键因子	响应优化	需进一步研究
X4	原材料供应商	关键因子	快赢	影响力度较小
X5	工装老化	关键因子	快赢	增加对应工装检验项
X6	工艺顺序	关键因子	快赢	直接选择 A 套工艺
X7	材料强度	非关键因子	NA	加入关注列表

项目团队在分析阶段找出了项目目标所涉及的各个关键因子，其中包括生产制造的工艺问题、供应商的问题，也包括产品设计的问题。财务报告的更新数据显示，如果这些关键因子都可以落实改善行动，那么公司在短期内即可获得近千万元的节省。

▶ 15.4.4　改善阶段

1. 快速改善

根据分析阶段的输出，项目有 4 个因子可进行快速改善，项目团队无须等待更多的验证。快速改善对象表如表 15-11 所示。

表 15-11 快速改善对象表

X #	潜在因子 X	改善方向
X2	拔模角度	快赢
X4	原材料供应商	快赢
X5	工装老化	快赢
X6	工艺顺序	快赢

X4 原材料供应商的影响在试验设计的模型中有所体现，可进行后续的响应优化。但由于 X4 影响较小，且是属性变量，因此项目团队认为无须等待试验设计的模型优化结果。根据图 15-29 的分析，供应商 A 的原材料更好，所以项目团队和采购及供应链团队进行协商，增加供应商 A 的供应比例，同时对供应商 B 的原材料进行中长期的跟踪研究。

X2 拔模角度与模具的实测值之间有所差异。在分析阶段发现，模具应严格参照设计值进行修模，优化点如图 15-30 所示。制造团队与模具供应商协商后，分两个批次分别修正了潜在的拔模角度问题。同时，制造团队又对两条产线的模具进行寿命检测和全面维护，并在现场巡检清单中追加了相应的巡检要求。

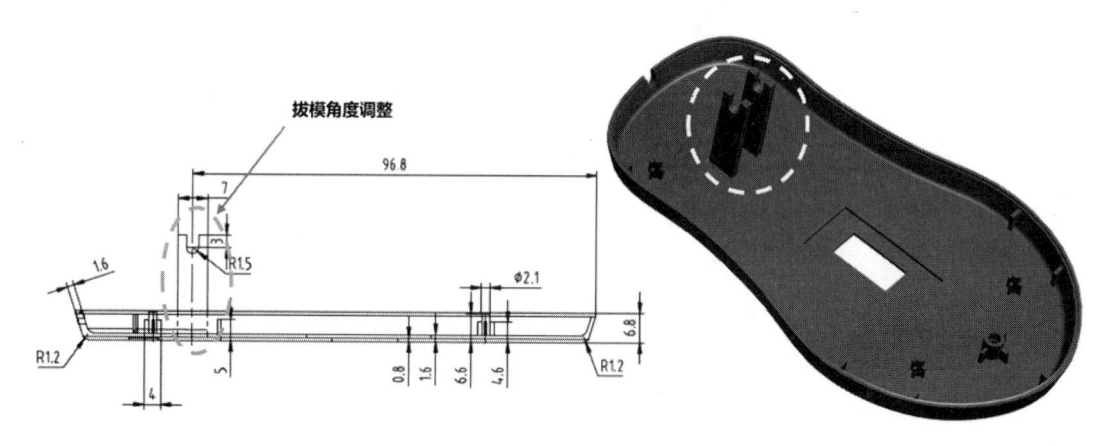

图 15-30 X2 拔模角度优化

X5 工装老化与设备保养维护有关。生产运营团队重新检查了产线的所有设备，并对所有工装都进行了全生命周期管理。生产现场对与飞鱼三代产品相关的工装都增加了固定点检的次数和额外要求，并且要求每批次的首末件均纳入抽检列表内。

X6 工艺顺序在分析阶段已经确定了工艺顺序 A 对左右键间隙的问题帮助最大，故变更安装顺序采用工艺顺序 A。同时，项目团队再次思考了 B 和 C 两个工艺顺序中可能存在的一些问题，并且在工艺顺序 A 中进行了必要的改善和规避。其分析结果如图 15-31 所示。

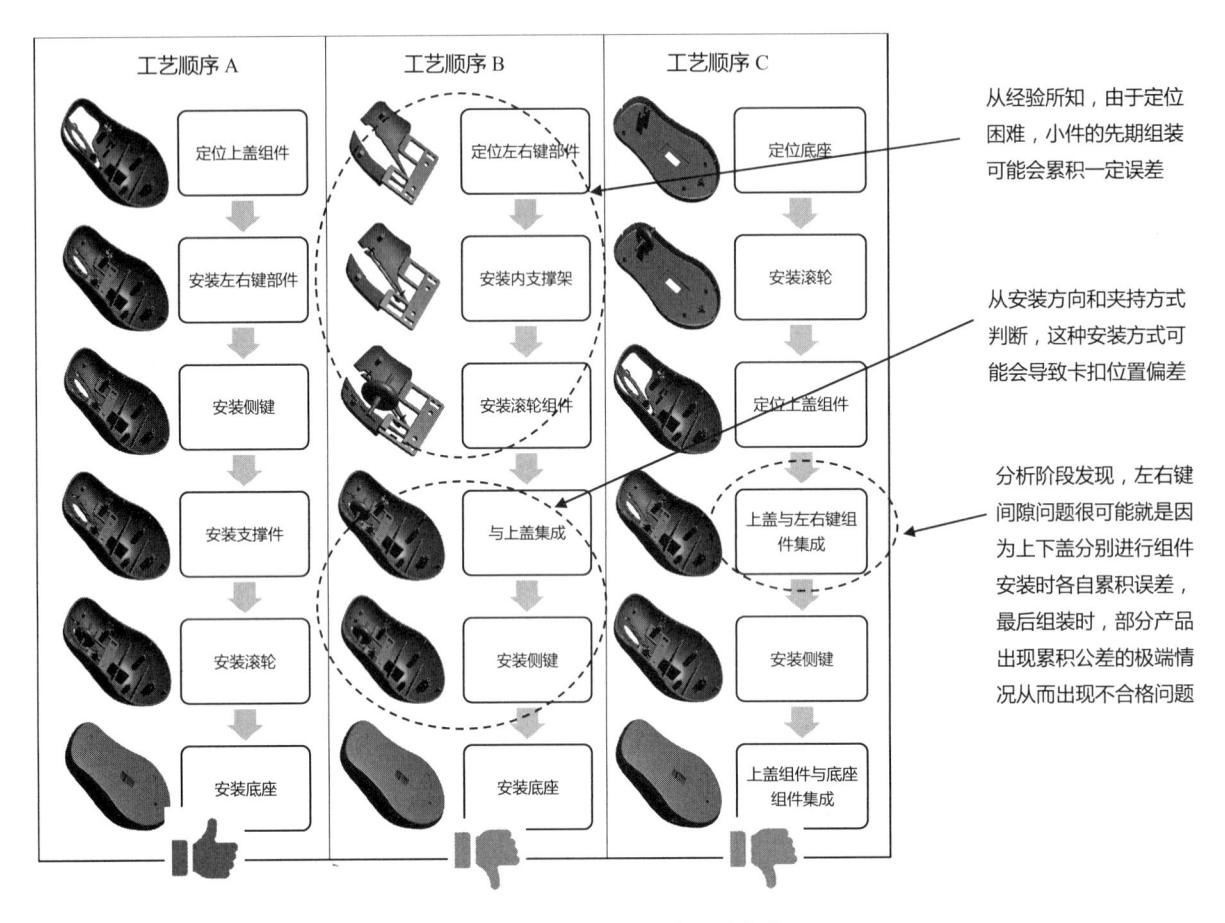

图 15-31　X6 工艺顺序改善优化

2. 模型响应优化

在分析阶段获得了拟合良好的回归模型后，项目团队决定使用该模型进行响应优化，以获得间隙公差等因子的优化值。项目团队对响应优化的目标进行了设定。目标 Y 的优化按设计值（名义值+公差）进行设定，即 16.25mm ± 0.25mm。在该条件下，获得图 15-32 的响应优化解。

该优化解要求将间隙配合公差设为 0.10，装配的卡扣公差设为 0.05，选择 A 供应商。其中，供应商的选择已经由快速改善（快赢）确定。该优化解对应的复合合意性为 0.982 5，即在该参数组合下，实现目标的可能性约为 98.25%。

如果直接采用响应优化的结果，那么这两个公差值比当前设计的公差值要小得多，团队成员在这个值的优化设定上产生了不同的意见。项目经理庄念轶认为，按线性模型的趋势应进一步减少配合公差，但由于当下回归模型边界的限制，无法确定突破目前边界参数之后模型是否依然有效。另外，减少配合公差的做法与研发团队的原设计有出入，在没有被充分验证的情况下，研发团队不确定这种改善是否有效；同时，制造团队认为收严配合公差会增加制造的难度和潜在成本。在多次讨论和研究之后，项目团队决定不突破试验参数，依然使用计算所获得的响应优化值，同时配合应用其他快速改善来验证方案的有效性。

响应优化: 鼠标左右键间隙 Y

响应	目的	下限	目标	上限	权重	重要度
鼠标左右键间隙 Y	望目	16.00	16.25	16.50	1	1

解	间隙配合公差	装配卡扣公差	原材料供应商	鼠标左右键间隙 Y 拟合值	复合合意性
1	0.10	0.05	A	16.2544	0.9825

响应	拟合值	拟合值标准误	95% 置信区间	95% 预测区间
鼠标左右键间隙 Y	16.2544	0.0080	(16.2367, 16.2720)	(16.2182, 16.2906)

优化
D: 0.9825
预测

高曲线低

间隙配合公差
0.30
[0.10]
0.10

装配卡扣公差
0.10
[0.050]
0.050

原材料供应商
B
A
A

鼠标左右键间隙 Y
望目: 16.250
y = 16.2544
d = 0.98250

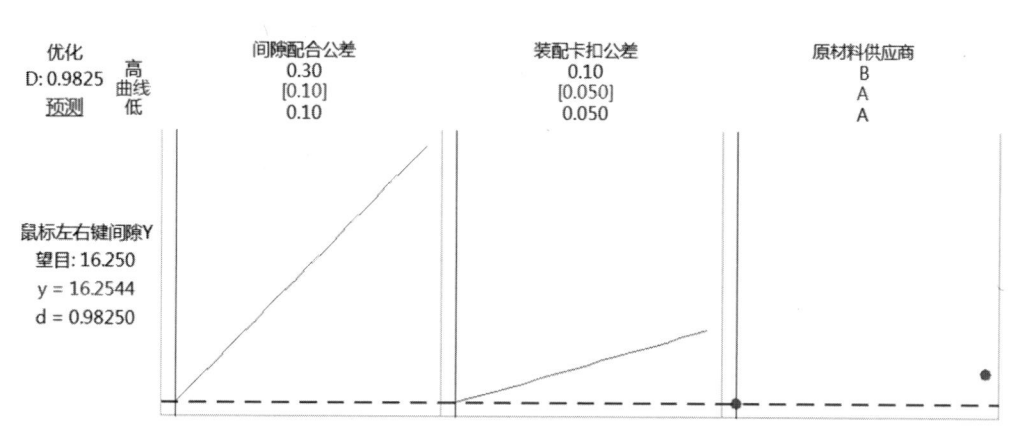

图 15-32 试验设计回归模型的响应优化结果

3. 其他综合改善

生产现场针对已知的其他问题进行了快速改善，如增加人工检验区域的照度、固化产线作业环境、老员工的二次培训等。关于作业区域的布局优化、工艺细节的研究等问题，项目团队与现场员工有很多互动讨论。在收集意见和寻找方案的过程中，项目团队应用了 TRIZ、六顶思考帽、概念选择矩阵等多个工具进行创新和评估。工具应用过程不一一赘述。

4. 短期验证

在完成所有改善项之后，项目团队立即制订了试运行计划。为了尽快验证改善结果，项目团队在试运行过程中采用了系统抽样，每十分钟抽取一次，总计抽取 200 个样本。项目团队针对这些样本进行单样本 t 检验与短期过程能力分析，结果如图 15-33 所示。

初步的数据分析显示，目标参数的测量数据稳定受控，且数据的正态性良好，可用于过程能力的研究。根据计算，整体改善后的过程能力指数 Cpk 为 1.58，约 4.7 西格玛水平。这个过程能力指数与项目前期获得的过程能力指数相比有本质上的飞跃。该短期验证的结果完全符合项目预期结果。为确定目标均值的一致性，项目团队还使用了单样本 t 进行校验。

由于过程能力分析已经完成了数据稳定性和正态性的判断，因此项目团队直接应用单样本 t 检验分析。计算结果如图 15-34 所示。

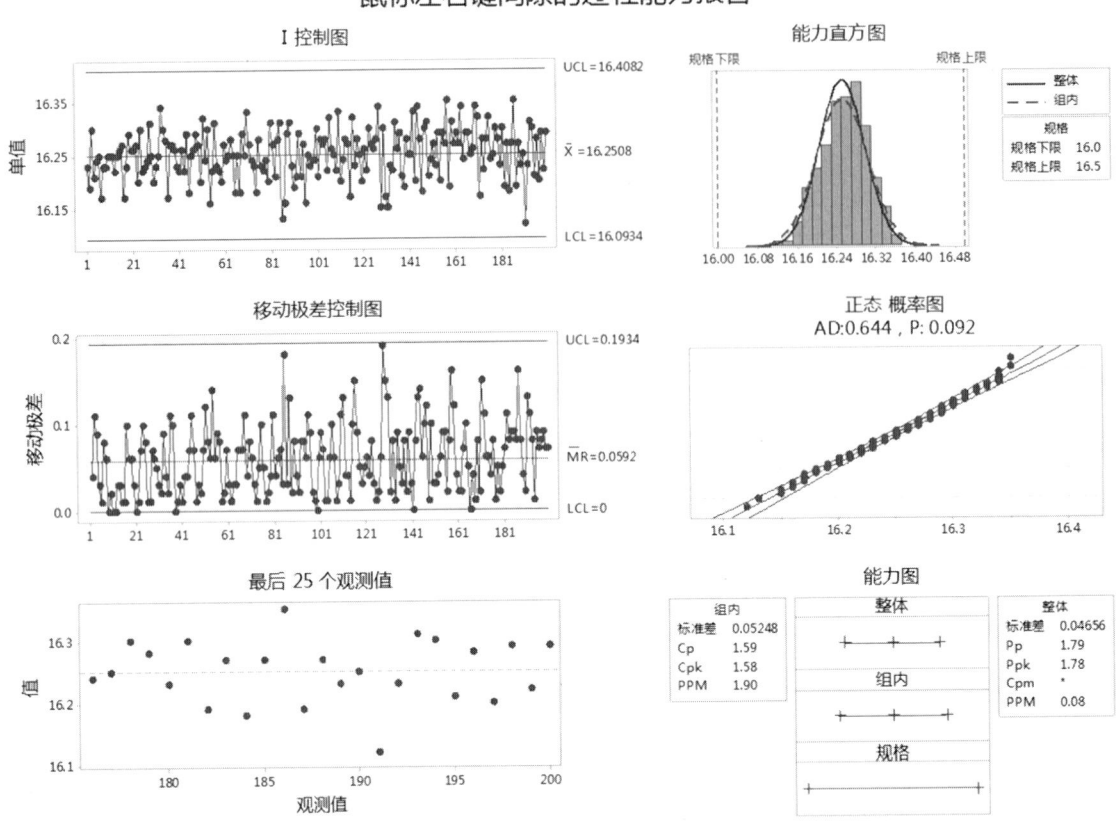

图 15-33 改善后短期过程能力验证

图 15-34 改善后关键特性的均值与目标一致性检验

单样本 t 检验的结果显示，检验的 P 值非常大。项目团队认为该组样本的均值与设计目标值之间没有显著差异，即符合预期目标。

5. 改善结果汇总

项目团队在本阶段进行了多方位的改善行动。一部分是由分析阶段获得的改善方案在本阶段前期就直接使用快赢的形式进行改善。这类改善主要是以生产现场的与配置管理相关的改善活动为主，如人员的能力优化、工艺方案的升级选择、现场布局优化等。另一部分改善则需要项目团队先对之前分析阶段获得的数学模型进行优化后再实施。项目团队获得的参数优化值与团队预期有一定的差异，最后项目团队在平衡现场实施的可行性以及实施成本之后，依然采用了模型响应优化的结果进行改善。

项目团队在实施改善后进行短期过程能力检验，发现改善是行之有效的，初步达成了项目的合格率目标。同时，单样本 t 检验的结果显示，改善对象及左右键间隙的测量值与设计目标值已无显著差异。项目团队以及现场员工都充分肯定了这个改善成果。

在以上成果的基础上，项目团队初步测算可能获得的潜在收益。研究显示，如果项目的成果可以被长期有效实施，那么不仅本项目可以实现原本的既定目标，还可能获得更多的收益。

综上所述，项目团队认为本项目的改善方案是有效的。经总经理批准，项目进入最后的控制阶段。

15.4.5 控制阶段

1. 过程控制方案

项目团队根据改善结果制定了过程控制方案，包括重新规划现场参数测量点、重新定义现场数据的收集规则、更新了现场过程检验的点检清单与巡检内容。现场管理团队对可能出现的质量问题点进行重点关注，采用快速反应的机制进行每日汇报。

因为工艺顺序发生了变化，所以项目团队重新评估了新的工艺顺序，并更新了价值流图。与新工艺顺序有关的关键过程参数也被更新了，这些参数被记录在现场受控文件中。

过程控制方案包括项目后续所需监控的所有测量点，项目团队提出需要监控 2~3 个月的数据并将其作为中长期过程能力的验证数据。项目团队协调现场员工准备新的样品，并准备后续的过程能力验证。

2. 控制计划更新

现场制造与质量团队根据新的工艺更新了控制计划，并将左右键间隙作为关键控制点进行长期监控。在控制计划中，如果产线再次出现多件不合格品，如每 2 小时 5 件及以上不合格品时，产线将即时触发断点机制，由制造与质量团队现场解决。更新后的关键质量点都被纳入现场质量管理体系的管理范围，部分参数由实时跟踪分析（RTA）系统实时传递至管理部门。更新后的控制计划如表 15-12 所示。

项目团队还更新了设计与过程的失效模型作为新的风险控制工具，这些失效模型的更新成为后续改善项目的参考对象。项目团队还将这些控制风险的经验分享给兄弟产线。

表 15-12 控制计划（部分）更新

过程编号	过程名称	操作描述	机器/装置/夹具/工装	特性 过程	特性 产品	特殊特性	产品/过程规范/公差 指标	产品/过程规范/公差 参数	方法 评价测量技术	方法 抽样 样本量	方法 抽样 频率	控制方法	反应计划	责任部门
10	定位上盖组件	1. 将上盖组件定位在工装工具上 2. 清楚零件表面杂质 4. 快速查看是否存在表面质量问题	上盖定位工装	定位	上盖		定位无角度偏差	NA	目视	100%	每件过程检验	常规巡检	按照《现场设备管理办法》由制造部门现场解决	制造
20	安装左右键部件	将鼠标左右键组件从上方压入、卡入指定位置。该配合为过盈配合	定位压入整形器	压装	上盖组件	◇	左右键间隙	16.25±0.25mm	千分尺	5%系统抽样	每批次5件或大批量时每2小时抽5件	常规巡检及飞行检查，每周需进行MSA校验	单件按《现场不合格品控制程序》执行。多件不良触发断点	制造
30	安装侧键	侧向将侧键零件压入上盖组件	手动压入无工具	压装	上盖组件		确认按键方向	NA	目视	100%	每件过程检验	常规巡检	返工，报知现场管理	制造
40	安装支撑件	1. 从上方将支撑件压入 2. 确认支撑件与上盖紧密贴合 4. 确认组件表面状态、去除毛刺	手动压入无工具	压装	上盖组件	△	支撑件不得出现弯曲破损等现象	NA	目视	100%	每件过程检验	常规巡检及飞行检查	按《现场不合格品控制程序》执行	制造
50	安装滚轮	1. 将滚轮压入预安装的卡槽 2. 装入PC组件及其他附件 4. 清除异物	辅助滚轮定位工装	附件定位组装，含压装	附件安装		滚轮无滑出	NA	目视	100%	每件过程检验	常规巡检	按《现场不合格品控制程序》执行	制造
60	安装底座	1. 确认滚轮组件位置，并卡入底座 2. 同时上盖组件与底座完成间隙组装	上下盖组件定位工装（夹具可防错）	总装，含压装	产品总成	◇	本体无明显间隙，各按键可正常弹起，滚轮可自由滑动，表面无质量问题	NA	平面度检验工装	10%随机抽样	每批次300件	常规巡检飞行检查，需进行属性MSA校验	按《测试不合格品控制程序》执行	制造及质量

3. 标准作业指导书 SOP 更新

产线切换成新的工艺顺序后,根据更新后的控制计划,制造和质量团队重新准备了标准作业指导书,并明确了相关的质量检查点。鼠标左右键间隙的测量值被明确定义为后续的关键质量检查点之一。更新后的部分标准作业指导书如图 15-35 所示。

图片说明	工序	工作描述	操作要点	节拍	质量检查点	检查方法	失效反应
定位上盖组件	10	1.将上盖组件定位在工装夹具上 2.清楚零件表面杂质 3.快速查看是否存在表面质量问题	定位时确保定位点角度正确,且无滑移现象	3秒	定位无角度偏差	过程检验	校准定位工装
安装左右键部件	20	将鼠标左右键组件从上方压入,卡入指定位置。该配合为过盈配合	勿使用蛮力,卡入动作应一次迅速完成	5秒	查看左右键间隙	游标卡尺检验	返工,如1小时累计3件即触发断点机制
安装侧键	30	侧向将侧键零件压入上盖组件	侧键为对称件,需确认前后两键的位置顺序	3秒	确认按键方向	目视检查	返工
安装支撑件	40	1.从上方将支撑件压入 2.确认支撑件与上盖紧密贴合 3.确认组件表面状态,去除毛刺	支撑件较细小易折断,注意安装时需确认定位孔的位置,避免出现重复安装	6秒	支撑件不得出现弯曲破损等现象	点击鼠标键,查看回弹力	返工,如零件损坏需报知巡检
安装滚轮	50	1.将滚轮压入预安装的卡槽 2.装入PCB组件及其他附件 3.清除异物	滚轮压入位置必须卡到位,压入时不要触及支撑件,以免其变形	8秒	滚轮无滑出	滚轮滚动顺畅性	返工
安装底座	60	1.确认滚轮组件位置,并卡入底座 2.同时上盖组件与底座完成间隙组装 3.安装完后确认表面状态	压入时可能存在短暂视线阻碍,勿用蛮力,避免内部件损坏	5秒	安装后鼠标本体无明显间隙,各按键无干涉且可正常弹起,滚轮可自由滑动,表面无质量问题	抽检,功能性测试	返工并输入质量系统

图 15-35 标准作业指导书(部分)更新

4. 落地宣贯

本次项目的诸多改善活动都与产线现场有关,故完成以上改善后,由制造部门张世杰向整个产线的现场员工进行宣贯。宣贯的内容不仅包括项目的输出,如产线工艺过程变更、参数变更等,也包括改善的执行过程和相关活动的讨论结果等。

该宣贯得到了人力资源部门的大力支持,所有培训记录都被保存好。部分与现场作业相关的员工还参加了作业考核,考核结果决定了相关岗位的人员配置方式。

项目宣贯活动获得了现场员工的一致好评,他们普遍对于六西格玛方法生产了浓厚的兴趣。

5. 中长期监控

根据过程改善方案的要求,项目团队针对项目目标进行了至少两个月的数据监控。采样方式为每天按系统抽样法,抽取 5 个批次的产品形成子组,进行 60 天的中长期数据监控。相应的过程能力报告如图 15-36 所示。

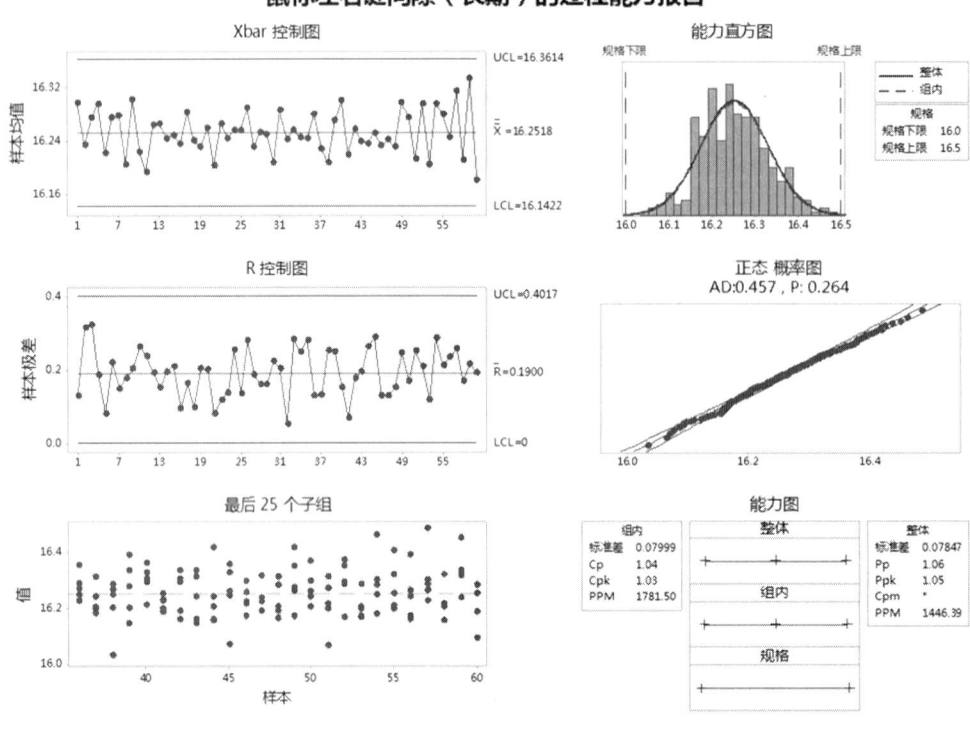

图 15-36 中长期过程能力监控

数据显示，过程能力指数 Cpk 和 Ppk 均在 1 以上，即产品中长期的西格玛水平达到 3 西格玛以上，其估计的 PPM 值为 1 500ppm 左右，即产品合格率约为 99.85%。项目达成了原项目目标 99.8% 的要求，但与项目的极限目标（达到六西格玛水平）相比，还有进一步改进的空间。

6. 最终财务报告

由于项目目标超额实现，同时考虑到改善前的真实合格率从 98.5% 调整到 94.7%，因此项目团队重新测算了财务收益。在不考虑市场份额扩大的情况下，本项目预估年化收益为 10 666 万元。最终财务报告如表 15-13 所示。

表 15-13 项目最终财务报告

	项　目	计　算	金额（万元）	备　注
项目成本	外部咨询费用	28	28	含诊断与体系建设费用，不包括后续落地实施
	样品原材料购买	2 600 × 22/10 000	6	实际消耗样品 2600 件，样件单件物料成本 22 元
	样件人工费	0.3 × 92 × 2 600/10 000	7	实际平均单件样件生产工时 0.3 小时（含切换），小时工资 92 元
	新工装费用	2 × 53	106	两条流水线，每条流水线的实际工装更新为 53 万元

续表

	项 目	计 算	金额（万元）	备 注
项目成本	试验与测量费用	—	13	因试验简化，实际试验设计费用大大低于预期
	其他可能新增成本	—	22	厂房能源消耗等
	小计		182	
收益	内部报废率降低，原材料损失减少	12×5 200×(99.85%–94.7%)	3 214	年产量5 200万件，单件物料成本12元，使用真实94.7%老合格率测算
	退换货减少，物流损失减少	1×5 200×(99.85%–94.7%)	268	平均单件物流以及相关费用1元
	退换货减少，生产人工费用降低	0.12×92×5 200×(99.85%–94.7%)	2 957	平均单件产品生产工时0.12小时，小时工资92元
	退换货减少，售后人工费用降低	0.1×92×5 200×(99.85%–94.7%)	2 464	平均单件退换货处理工时0.1小时，小时工资92元
	客户投诉减少，工程支持费用降低	0.05×141×5 200×(99.85%–94.7%)	1 888	平均工程支持处理工时0.05小时，小时工资141元
	其他可能成本避免	—	58	厂房能源节省，以及其他平摊费用节省等
	小计		10 848	
总计			10 666	

7. 项目简要总结

项目按照六西格玛传统改善的DMAIC框架执行，前后历时近四个月，其中前期项目定义、基础数据收集、测量系统校正和数据分析用时约一个月，执行现场改善与短期验证用时一周半，后期系统文件升级、产线配置、落地宣贯和中长期数据监控用时两个月。

项目基本上实现了最初的项目目标，不仅发现了飞鱼三代鼠标左右键间隙问题的根本原因，并且通过分析与控制，最后将该产品的合格率提升至99.8%。从年化的财务数据上实现了最初的项目目标。

在改善过程中发现的根本原因包括按键间隙配合公差、底座卡扣拔模角度、卡扣装配公差、工装老化、材料强度等方面，涉及多个功能团队。项目涉及的改善点不仅包括现场执行改善、过程工艺改善、配置改善，也包括研发团队的设计变更。本次项目的变更收严了部分设计和制造公差，对制造团队提出了更高的要求。根据团队协商和现场验证，改善后的工艺满足了项目要求，且未出现制造成本的大幅增加。

经过两个月的持续监控，基本认为客户投诉的产品质量问题已经被解决。改善结果也获得了客户的认可和赞赏。以目前获得的财务收益计算，项目基本上实现了 2 500 万元的年化节省目标。如果按项目实施之前真实的产品合格率重新测算，项目的实际年化节省将超过 1 亿元。

在项目执行过程中，项目团队得到了各个功能团队的大力支持，充分保证了项目所需的样品和相关人力，团队协作体现了公司强大的凝聚力。

8. 经验教训

这是公司第一次导入六西格玛方法，在执行过程中出现了很多值得总结的地方。

（1）组建项目团队的难度超出预想。因为各个业务部门都有自己的指标，所以项目团队要保证充分的资源投入有一定困难。六西格玛方法对于绝大多数项目团队成员来说都是陌生的，尤其是与统计方法相关的知识，仅少数成员具备该方面知识。所以团队成员有一定的抵触情绪。为解决该问题，我们从以下三个方面入手：

- 自上而下的强力驱动，为改善工作提供必要的资源支持和充分授权。项目不仅需要公司总经理的大力支持，也需要各功能团队负责人的响应。
- 持续改善氛围的营造。这是第一个六西格玛改善项目，对此必须抱着必胜的信念，并且一直向团队成员和周围的同事释放积极的信号，促使更多人参与到改善活动中。
- 团队协作精神起到的推动作用。在项目执行过程中，项目团队要强调改善不是某个人或某个功能团队的工作，而是需要跨功能团队的协作才能完成。

（2）在现状研究的过程中，项目团队意外发现测量系统的问题，同时确定该产品的历史实际合格率远低于我们所认知的水平。这里暴露出以下两个问题：

- 测量系统维护和管理不到位，过度依赖定期检验或流于形式的数据记录无法起到系统维护的目的。而测量系统的问题将掩盖一大堆深层次的问题。
- 我们对于自身产品的质量过于自信，这是一种自满和骄傲的情绪。我们在任何业务开展的过程中都不应出现这种盲目自信。

（3）借着本次项目的机会，我们认清了我们真实的质量状况，摆正了自身的位置。正视自身的缺陷是项目带来的意外收获。

（4）在探索问题的根本原因时，我们发现有些员工因为担心被问责，而隐藏某些必要信息。事实上，这将对改善活动造成极大的负面影响。我们应当以积极引导、解决问题为指导思想，尽量避免在项目过程中问责，以保证根因分析的可靠性。

（5）所有人在六西格玛项目执行过程中必须保持大胆质疑、谨慎求证的态度，用数据或证据说话，避免纯粹的经验主义。研发团队在面对我们的质疑时出现了负面情绪。虽然项目团队通过统计工具和数学模型获得的结果与历史经验不相符，但我们应该用开放的心态去接受。事实和数据证明，在该产品上，我们部分的设计参数是不合理的。对于这种情况，我们要求改正设计即可，并不会因此来责难研发团队。今后在其他项目上我们也都应该抱着类似的态度。

（6）六西格玛项目并非那么死板，执行过程中每个阶段所需使用的工具并没有统一定论。我们需要针对实际数据和分析目的选用合适的工具。这是非常灵活的过程，将考验团队分析数据和现象的能力。

（7）统计工具或数学模型并不总是能提供一个明确的结论。当出现模棱两可的情况时，我们可以适当听取专家意见。项目在多个阶段的分析和推进都受到了一定的阻力，这与我们自身的六西格玛知识不够稳固有关。我们多次向外部咨询团队请教，从他们那里我们获得了充分的支持，这也是项目最终成功的重要因素之一。

（8）在项目执行过程中，很多同事从不理解和不支持项目工作，到最后一点点融入团队中，主动支持和帮助我们。这个过程不仅体现了六西格玛方法的强大魅力，同时见证了项目团队的成长历程。在这个过程中经历的各种磕磕绊绊都将成为我们未来的成功经验。

9. 后续行动

总部工厂成功完成了飞鱼三代鼠标问题的改善项目，该项目经验将在公司其他兄弟工厂进行经验分享。我们会将此次项目的资料做成标杆参照，在公司的半年度工程会议和年度改善最佳实践大会上进行分享。与此同时，项目的各主要成员将利用内部差旅等业务交流机会与兄弟工厂分享六西格玛方法的推进经验，分享内容包含项目成果、实施方式和各种问题解决方法等。

在项目初期，我们就获得了外部咨询团队的建议，并且对公司未来建设六西格玛体系做了初步规划。我们结合项目执行过程中的经验修正并完善了该规划。后续我们将拟定六西格玛体系，协同人力资源部门健全六西格玛相关人才的培养计划，然后在公司内部全面实施六西格玛方法。

本次六西格玛项目的经验对既有的持续改善体系也产生了促进作用。我们更新了持续改善体系中的交流机制，积极开展对外交流，参加同行业甚至跨行业的六西格玛改善推广与交流活动。

▶ 附：六西格玛体系建设

为了保证项目能够有序开展，项目启动之初，公司便聘请外部咨询团队协助搭建六西格玛战略和体系。战略规划包含六西格玛体系落地实施的路径和公司体系建设的第一个五年规划，如图15-37所示。

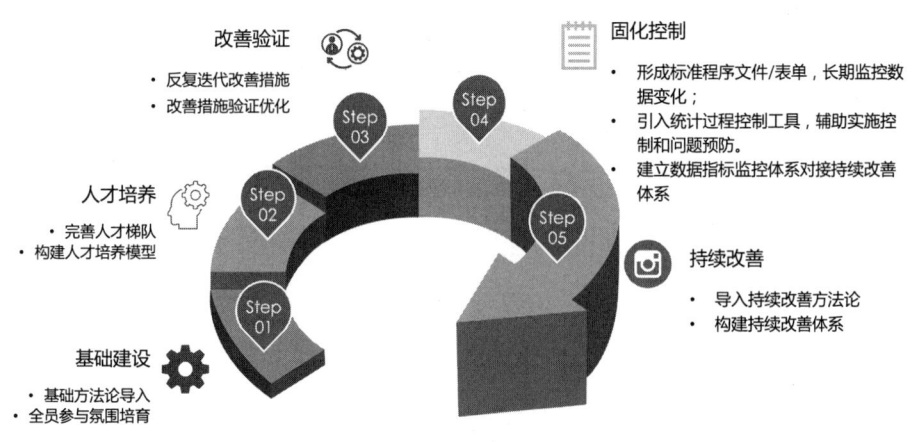

图 15-37　六西格玛体系导入的战略规划

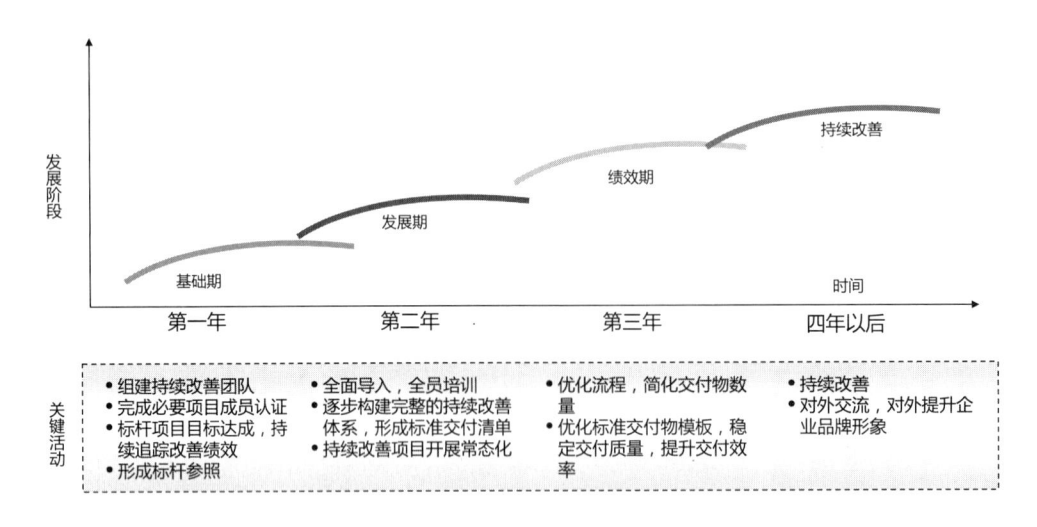

图 15-37　六西格玛体系导入的战略规划（续）

为了确保战略落地，由外部咨询团队协助完成六西格玛体系的初步搭建，形成第一版六西格玛体系文件。该文件的目录示例如图 15-38 所示。该文件对六西格玛方法的主要名词、关键角色、流程框架、评审机制等内容做了详细阐述，确保六西格玛项目执行过程的关键步骤和评审有据可依。该文件不仅为项目执行过程指明了方向，而且为后续人才培养机制奠定了基础。

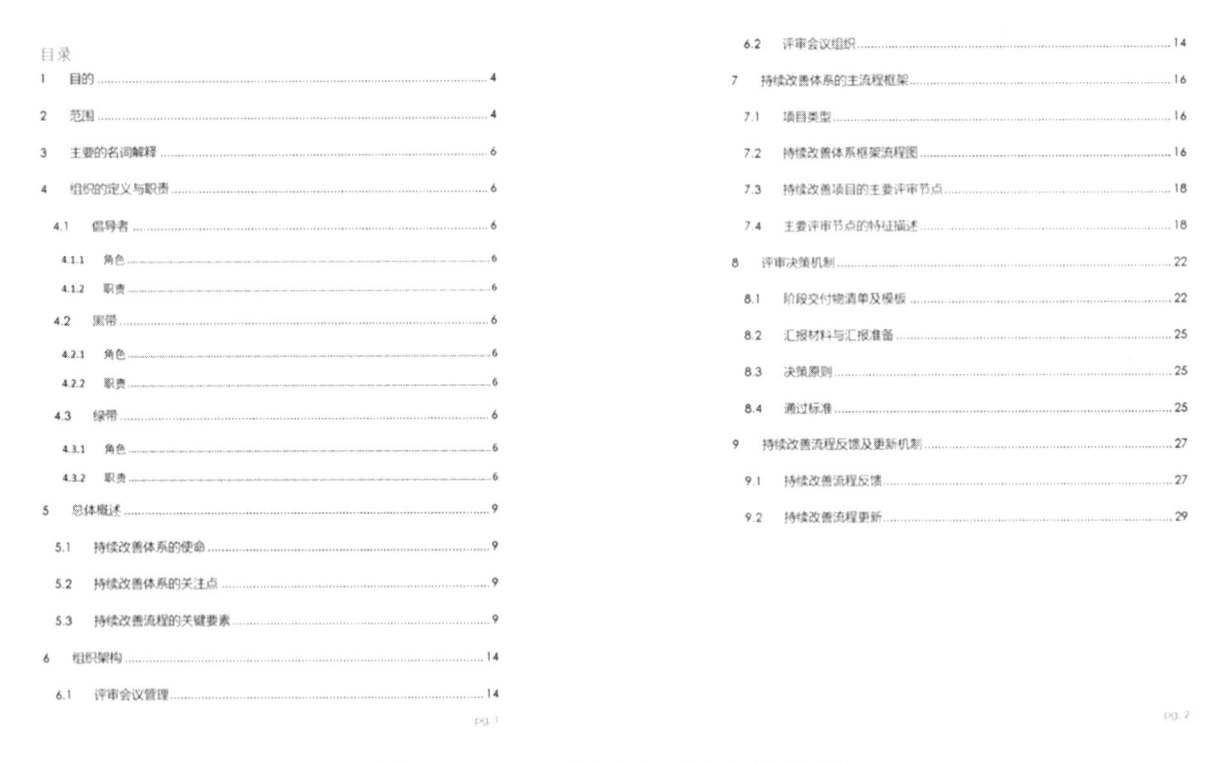

图 15-38　六西格玛体系框架程序文件目录示例

参考文献

[1] 美国 AIAG，德国 VDA. 失效模式及影响分析手册[M]. 北京：中国标准出版社，2019.

[2] 产品与创新管理智库. 产品经理知识体系学习与实践指南[M]. 北京：电子工业出版社，2019.

[3] 伯特而斯. 六西格玛领导手册：白金版[M]. 第 3 版. 北京：电子工业出版社，2016.

[4] 蒙哥马利. 试验设计与分析[M]. 第 6 版. 北京：人民邮电出版社，2007.

[5] 项目管理协会. 项目管理知识体系指南（PMBOK 指南）[M]. 第 6 版. 北京：电子工业出版社，2017.

[6] 孙永伟，谢尔盖·伊克万科. TRIZ：打开创新之门的金钥匙 I [M]. 北京：科学出版社，2015.

反侵权盗版声明

电子工业出版社依法对本作品享有专有出版权。任何未经权利人书面许可，复制、销售或通过信息网络传播本作品的行为；歪曲、篡改、剽窃本作品的行为，均违反《中华人民共和国著作权法》，其行为人应承担相应的民事责任和行政责任，构成犯罪的，将被依法追究刑事责任。

为了维护市场秩序，保护权利人的合法权益，我社将依法查处和打击侵权盗版的单位和个人。欢迎社会各界人士积极举报侵权盗版行为，本社将奖励举报有功人员，并保证举报人的信息不被泄露。

举报电话：（010）88254396；（010）88258888

传　　真：（010）88254397

E-mail：　dbqq@phei.com.cn

通信地址：北京市万寿路 173 信箱
　　　　　电子工业出版社总编办公室

邮　　编：100036